出生前後の就業変化に関する統計
－人口動態職業・産業別統計と21世紀出生児縦断調査のリンケージ分析－

人口動態統計特殊報告

STATISTICS ON CHANGE IN MOTHER'S EMPLOYMENT STATUS BEFORE AND AFTER CHILDBIRTH

SPECIAL REPORT OF VITAL STATISTICS

厚生労働省大臣官房統計情報部編
STATISTICS AND INFORMATION DEPARTMENT,
MINISTER'S SECRETARIAT,
MINISTRY OF HEALTH, LABOUR AND WELFARE

財団法人　厚生統計協会
HEALTH AND WELFARE STATISTICS ASSOCIATION

まえがき

　近年、少子化の進行が大きな社会問題となっております。昨年は「次世代育成支援対策推進法」などが、本年6月には「児童手当法改正法」が成立するとともに、「少子化社会対策大綱」が閣議決定され、厚生労働省をはじめ政府全体として様々な取り組みをしているところです。今後少子化対策を進めていく上で、子どもの出生に大きな影響があると考えられる母親の出産と就業との関連を分析することは重要だと考えられます。

　本報告書は、「平成12年度人口動態職業・産業別統計」と「21世紀出生児縦断調査」の共通の調査客体についてデータリンケージを行い、出生時点を中心としたその前後での母の就業状況の変化を把握・分析し、就業状況の変化をもたらす背景を明らかにし、仕事と子育ての両立支援をはじめとする少子化対策等の基礎資料を得ることを目的として取りまとめたものです。

　本報告書を刊行するにあたり、調査にひとかたならぬ御協力を頂いた方々をはじめ、関係各位に厚くお礼を申し上げるとともに、厚生労働行政施策などの基礎資料として、広範な分野にご活用いただければ幸いです。

平成16年9月

厚生労働省大臣官房統計情報部長

恒　川　謙　司

担　当　係
人口動態・保健統計課計析第二係
TEL　03（5253）1111
　　　　　　内線：7472

出生前後の就業変化に関する統計

目　　　次

まえがき ……………………………………………………………………………………………… 3

I 記　述 ……………………………………………………………………………………… 21

　1　はじめに ……………………………………………………………………………………… 22

　　(1) 概要と目的 ………………………………………………………………………………… 22

　　　　表1-1　人口動態職業・産業別統計と21世紀出生児縦断調査の概要 …………… 22

　　(2) 分析の対象データ ………………………………………………………………………… 23

　　　　表1-2　対象データと人口動態職業・産業別統計の比較 ………………………… 23

　　　　表1-3　対象データと21世紀出生児縦断調査の比較 ……………………………… 23

　　(3) 母の就業状況を観察する時点 …………………………………………………………… 24

　2　母の就業状況の変化 ………………………………………………………………………… 25

　　(1) 母の就業状況の変化パターンの分類 …………………………………………………… 25

　　　　表2-1　母の就業状況の変化 …………………………………………………………… 25

　　　　表2-2　母の就業状況と就業変化パターンの分類 ………………………………… 25

　　(2) 母の就業変化パターンの分析 …………………………………………………………… 27

　　　　表2-3　出生1年前の就業状況からみた出生順位別母の就業変化パターン …… 27

　　　　図2-1　出生1年前の就業状況からみた母の就業変化パターン ………………… 27

　　　① 出生1年前に有職の母 ………………………………………………………………… 28

　　　　図2-2　出生1年前に有職の母の就業変化パターン ……………………………… 28

　　　② 出生1年前に無職の母 ………………………………………………………………… 28

　　　　図2-3　出生1年前に無職の母の就業変化パターン ……………………………… 28

　　(3) 母の就業形態からみた就業状況の変化 ………………………………………………… 29

　　　　表2-4　出生1年前に有職の母の就業形態 ………………………………………… 29

　　　　図2-4　出生1年前に有職の母の就業形態別にみた母の就業変化パターン …… 29

　　　　表2-5　出生1年半後に有職の母の就業形態 ……………………………………… 30

　　　　図2-5　出生1年半後に有職の就業形態別にみた母の就業変化パターン ……… 30

　3　母の就業変化パターン別にみた出生をとりまく環境 ………………………………… 31

　　(1) 母の年齢 …………………………………………………………………………………… 31

　　　　表3-1　母の就業変化パターン・出生順位別にみた母の年齢階級と
　　　　　　　　出生時の母の平均年齢 ………………………………………………………… 31

　　　　図3-1　第1子の出生時の母の年齢階級・市郡別にみた母の就業変化パターン …… 32

　　　　図3-2　第2子以上の出生時の母の年齢階級・市郡別にみた
　　　　　　　　母の就業変化パターン ………………………………………………………… 32

(2) 父母の結婚期間 ··· 33
  表3－2 母の就業変化パターン別にみた嫡出第1子の父母の結婚期間 ············ 33
(3) 学歴 ·· 34
  図3－3 母の学歴・市郡別にみた母の就業変化パターン ·············· 34
  表3－3 母と父の学歴別にみた母の就業変化パターン ·············· 34
(4) 同居構成 ·· 35
  表3－4 母の就業変化パターン別にみた同居構成 ···················· 35
  図3－4 同居構成・市郡別にみた母の就業変化パターン ·············· 36
  表3－5 母の就業変化パターン別にみた祖父母との同居状況の変化 ············ 36
(5) 保育者 ·· 37
 ① ふだんの保育者 ·· 37
  図3－5 母の就業変化パターン別にみた出生半年後のふだんの保育者の組合せ ···· 37
  図3－6 母の就業変化パターン別にみた出生1年半後のふだんの保育者の組合せ ·· 37
 ② 平日の日中の保育者 ·· 38
  表3－6 母の就業変化パターン別にみた出生半年後の平日の日中の保育者 ········ 38
  図3－7 母の就業変化パターン別にみた出生半年後の平日の日中の保育者 ········ 38
  表3－7 母の就業変化パターン別にみた出生半年後の常勤者の育児休業取得状況 ·· 38
  表3－8 母の就業変化パターン別にみた出生1年半後の平日の日中の保育者 ······ 39
  図3－8 母の就業変化パターン別にみた出生1年半後の平日の日中の保育者 ······ 39
  図3－9 母の就業変化パターン別にみた出生1年半後の祖父母との行き来 ········ 39
 ③ 「Ⅰ就業継続型」の平日の日中の保育者 ······························· 40
  図3－10 就業継続型の同居構成・市郡別にみた出生半年後の平日の日中の保育者 ·· 40
  図3－11 就業継続型の同居構成・市郡別にみた出生1年半後の平日の日中の保育者 ···· 40
(6) 父の育児・家事の状況 ·· 41
 ① 父の育児の状況 ·· 41
  表3－9 母の就業変化パターン別にみた出生1年半後の父の育児の状況 ·········· 41
  図3－12 母の就業変化パターン別にみた出生1年半後の父の育児の状況
    【いつもする】 ··· 41
 ② 父の家事の状況 ·· 42
  表3－10 母の就業変化パターン別にみた出生1年半後の父の家事の状況 ·········· 42
  図3－13 母の就業変化パターン別にみた出生1年半後の父の家事の状況
    【いつもする】 ··· 42
(7) 経済状況 ·· 43
 ① 出生前1年間（平成12年）の収入 ····································· 43
  表3－11 母の就業変化パターン別にみた出生前1年間の平均収入 ················ 43

図3－14　母の就業変化パターン別にみた出生前1年間の父母の平均収入 ………… 43
　　　図3－15　母の就業変化パターン別にみた母の収入（出生前1年間） ……………… 44
　　　図3－16　母の就業変化パターン別にみた父の収入（出生前1年間） ……………… 44
　　② 出生後1年間（平成13年）の収入 ……………………………………………………… 45
　　　表3－12　母の就業変化パターン別にみた出生後1年間の平均収入 ………………… 45
　　　図3－17　母の就業変化パターン別にみた出生後1年間の父母の平均収入 ………… 45
　(8) 子育て意識 …………………………………………………………………………………… 46
　　① 子どもを育てていてよかったと思うこと …………………………………………… 46
　　　表3－13　母の就業変化パターン別にみた出生1年半後の子どもを育てていて
　　　　　　　　よかったと思うこと（複数回答） ………………………………………… 46
　　　図3－18　母の就業変化パターン別にみた子どもを育てていてよかったと
　　　　　　　　思うこと（複数回答） ………………………………………………………… 46
　　② 子どもを育てていて負担に思うこと ………………………………………………… 47
　　　表3－14　母の就業変化パターン別にみた出生1年半後の子どもを育てていて
　　　　　　　　負担に思うこと（複数回答） ………………………………………………… 47
　　　図3－19　母の就業変化パターン別にみた子どもを育てていて負担に
　　　　　　　　思うこと（複数回答） ………………………………………………………… 47
4　出生時の職業 ………………………………………………………………………………………… 48
　(1) 出生時の父母の職業 ………………………………………………………………………… 48
　　　表4－1　出生時の母と父の職業別にみた母の就業変化パターン ……………………… 48
　(2) 出生1年前の就業形態と企業規模 …………………………………………………………… 49
　　　表4－2　出生時の母の職業別にみた出生1年前の母の就業形態と企業規模 ………… 49
　(3) 出生時の母の職業別にみた出生半年後の常勤の状況と育児休業の取得状況 ………… 50
　　　表4－3　出生時の母の職業別にみた出生半年後の母の常勤の状況 ……………… 50
　　　図4－1　出生半年後の母の常勤の状況 ………………………………………………… 50
　(4) 出生1年前の有職－無職別標準化出生率の推計 ……………………………………… 51
　　　表4－4　出生時の母の職業別標準化出生率－平成12年度－ ………………………… 51
　　① 推計の仮定及び方法 …………………………………………………………………… 51
　　　表4－5　出生時の母の年齢階級別にみた出生1年前と出生時の母の就業変化 …… 51
　　② 推計結果 ………………………………………………………………………………… 52
　　　表4－6　出生1年前の有職－無職別出生数の推計 …………………………………… 52
　　　表4－7　出生1年前の有職－無職別標準化出生率の推計 …………………………… 52
5　出生前後の就業変化に関する考察 ……………………………………………………………… 53
記　　述（英訳版） ……………………………………………………………………………………… 55

Ⅱ 統計表 …… 103

【母の就業変化の状況】

第 1 表　母と同居している子ども数・構成割合，市郡・母の就業変化パターン（詳細版）・出生順位別 …… 104

第 2 表　母と同居している子ども数・構成割合，市郡・出生1年前の就業状況からみた母の就業変化パターン・出生順位別 …… 105

第 3 表　母と同居している子ども数・構成割合，出生1年前の母の就業形態・出生1年前の就業状況からみた母の就業変化パターン・出生順位別 …… 106

第 4 表　母と同居している子ども数・構成割合，出生1年半後の母の就業形態・出生1年前の母の就業状況・母の就業変化パターン別 …… 108

【出生をとりまく環境】

第 5 表　母と同居している子ども数・構成割合及び母の平均年齢，母の年齢（5歳階級）・市郡・母の就業変化パターン・出生順位別 …… 110

第 6 表　嫡出子数及び平均結婚期間，同居期間・市郡・母の就業変化パターン・出生順位別 …… 116

第 7 表　嫡出子数及び平均結婚期間，同居月数・市郡・母の就業変化パターン・出生順位別 …… 122

第 8 表　母と同居している子ども数・構成割合，母の学歴・市郡・母の就業変化パターン別 …… 126

第 9 表　父と同居している子ども数・構成割合，父の学歴・市郡・母の就業変化パターン別 …… 128

第 10 表　母と同居している子ども数・構成割合，出生半年後の同居構成・市郡・母の就業変化パターン・出生順位別 …… 130

第 11 表　母と同居している子ども数・構成割合，出生1年半後の同居構成・市郡・母の就業変化パターン・出生順位別 …… 136

第 12 表　母と同居している子ども数・構成割合，出生半年後と出生1年半後の同居構成の変化・市郡・母の就業変化パターン・出生順位別 …… 142

第13-1表　母と同居している子ども数・構成割合，出生半年後の同居構成・市郡・出生1年半後の同居構成・母の就業変化パターン別 …… 144

第13-2表　母と同居している子ども数，母の就業変化パターン・出生半年後の同居構成・出生1年半後の同居構成・市郡別 …… 158

第 14 表　母と同居している子ども数・構成割合，出生半年後のふだんの保育者・市郡・母の就業変化パターン・出生順位別 …… 160

第 15 表	母と同居している子ども数・構成割合，出生1年半後のふだんの保育者・ 市郡・母の就業変化パターン・出生順位別	162
第 16 表	母と同居している子ども数・構成割合，出生半年後の平日の日中の保育者・ 市郡・母の就業変化パターン・出生順位別	164
第 17 表	母と同居している子ども数・構成割合，出生半年後の母の育児休業取得状況・ 母の就業変化パターン・出生順位別	168
第18-1表	母と同居している子ども数・構成割合，出生1年半後の平日の日中の保育者・ 同居構成・母の就業変化パターン・市郡別	170
第18-2表	母と同居している子ども数・構成割合，出生1年半後の平日の日中の保育者・ 母の就業変化パターン・出生1年半後の就業形態別	176
第18-3表	出生1年半後の平日の日中の保育者が母の子ども数・構成割合，出生1年半後の 就業形態・母の就業変化パターン・出生時の母の職業（大分類）別	178
第 19 表	母と同居している子ども数・構成割合，出生1年半後の祖父母との行き来・ ふだんの保育者・母の就業変化パターン・出生順位別	180
第 20 表	父と同居している子ども数・総数に対する割合，出生1年半後の父の育児の状況・ 市郡・母の就業変化パターン・出生順位別	186
第 21 表	父と同居している子ども数・総数に対する割合，出生1年半後の父の家事の状況・ 市郡・母の就業変化パターン・出生順位別	192
第22-1表	嫡出子数及び出生前1年間（平成12年）の収入・平均収入，市郡・ 母の就業変化パターン・出生順位別	198
第22-2表	嫡出子数及び出生前1年間（平成12年）の収入・平均収入，同居構成・ 母の就業変化パターン・出生順位別	202
第22-3表	嫡出子数及び出生前1年間（平成12年）の母の収入・母の平均収入，母の労働 時間・母の就業変化パターン・出生順位別	206
第22-4表	嫡出子数及び出生前1年間（平成12年）の母の収入・母の平均収入， 母の育児休業状況・母の就業変化パターン・出生順位別	212
第22-5表	嫡出子数及び出生前1年間（平成12年）の父の収入・父の平均収入，父の労働 時間・母の就業変化パターン・出生順位別	218
第22-6表	嫡出子数及び出生前1年間（平成12年）の収入・平均収入，母の育児休業状況・ 母の就業変化パターン・出生順位別	224
第22-7表	嫡出子数（子育てで出費がかさむと回答があった）及び出生前1年間（平成12年） の収入・平均収入，母の就業変化パターン・子育て費用・出生順位別	230
第22-8表	嫡出子数（子育てで出費がかさむと回答しなかった）及び出生前1年間（平成12年） の収入・平均収入，子育て費用・母の就業変化パターン・出生順位別	236

第23-1表　嫡出子数及び出生後1年間（平成13年）の収入・平均収入，市郡・
母の就業変化パターン・出生順位別 …………………………………… 242

第23-2表　嫡出子数及び出生後1年間（平成13年）の収入・平均収入，同居構成・
母の就業変化パターン・出生順位別 …………………………………… 246

第23-3表　嫡出子数及び出生後1年間（平成13年）の母の収入・母の平均収入，母の学歴・
母の就業変化パターン・出生順位別 …………………………………… 250

第23-4表　嫡出子数及び出生後1年間（平成13年）の母の収入・母の平均収入，
母の育児休業状況・母の就業変化パターン・出生順位別 …………………… 256

第23-5表　嫡出子数及び出生後1年間（平成13年）の父の収入・父の平均収入，父の学歴・
母の就業変化パターン・出生順位別 …………………………………… 262

第23-6表　嫡出子数及び出生後1年間（平成13年）の父の収入・父の平均収入，
母の育児休業状況・母の就業変化パターン・出生順位別 …………………… 268

第23-7表　嫡出子数（子育てで出費がかさむと回答があった）及び出生後1年間（平成13年）
の父の収入・父の平均収入，子育て費用・母の就業変化パターン・出生順位別　・ 274

第23-8表　嫡出子数（子育てで出費がかさむと回答しなかった）及び出生後1年間（平成13年）
の父の収入・父の平均収入，子育て費用・母の就業変化パターン・出生順位別　・ 280

第24-1表　母と同居している子ども数・総数に対する割合，出生1年半後の子どもを育てて
いてよかったと思うこと・同居構成・母の就業変化パターン・出生順位別 ……… 286

第24-2表　母と同居している子ども数・総数に対する割合，出生1年半後の子どもを育てて
いてよかったと思うこと・市郡・母の就業変化パターン別 ………………… 292

第25-1表　母と同居している子ども数・総数に対する割合，出生1年半後の子どもを
育てていて負担に思うこと・同居構成・母の就業変化パターン・出生順位別 … 294

第25-2表　母と同居している子ども数・総数に対する割合，出生1年半後の子どもを
育てていて負担に思うこと・市郡・母の就業変化パターン別 ………………… 300

【出生時の職業】

第 26 表　嫡出子数，出生時の母の職業（大分類）・出生時の父の職業（大分類）・
母の就業変化パターン別 ……………………………………………… 302

第 27 表　母（出生1年前有職の）と同居している子ども数，出生1年前の母の就業形態
及び勤め先の企業規模・出生時の母の職業（大分類）別 …………………… 308

第28-1表　母（出生半年後に常勤の）と同居している子ども数・構成割合，
育児休業取得状況・出生時の母の職業（大分類）別 ………………………… 310

第28-2表　母（出生半年後に常勤の）と同居している子ども数・構成割合，
育児休業を取得しない理由・出生時の母の職業（大分類）別 ………………… 312

第28-3表　母と同居している子ども数，出生1年前の母の就業状況・
出生半年後の母の就業状況・出生時の母の職業（大分類）・
出生1年半後の母の就業状況・母の就業変化パターン別 ･････････････････ 314

第 29 表　母と同居している子ども数，出生時の母の職業（大分類）・母の年齢階級・
母の就業変化パターン別 ･･･ 320

【参考表】

第 1 表　出生数・母の平均年齢及び標準化出生率・出生率（女子人口千対），
母の年齢（5歳階級）・母の職業（大分類）・出生順位別 ････････････････ 322

Ⅲ　用語の解説 ･･･ 332

付　録 ･･･ 335
　人口動態調査出生票 ･･･ 336
　出生届 ･･･ 337
　第1回21世紀出生児縦断調査調査票 ･･････････････････････････････････････ 338
　第2回21世紀出生児縦断調査調査票 ･･････････････････････････････････････ 345

Statistics on change in mother's employment status before and after childbirth

Table of contents

Preface ·· 3
I   Description ··· 21
  1. Introduction ··· 22
    (1) Summary and objectives ··· 22
        Table 1-1   Summary of 'Vital statistics: occupational and industrial aspects' and 'Longitudinal survey of babies in 21st century' ···················· 22
    (2) Scope of data analysis ·· 23
        Table 1-2   Comparison between target data and 'Vital statistics: occupational and industrial aspects' ·· 23
        Table 1-3   Comparison between target data and 'Longitudinal survey of babies in 21st century' ·· 23
    (3) Points in time at which employment status of mother was surveyed ················ 24
  2. Variations in employment status of mother ·· 25
    (1) Classification of variation pattern of employment status of mother ················ 25
        Table 2-1   Changes in employment status of mother ···························· 25
        Table 2-2   Classification of variation pattern of employment status of mother ··· 25
    (2) Analysis of variation pattern of employment status of mother ························ 27
        Table 2-3   Variation pattern of employment status of mother according to live birth order based on employment status of mother one year before childbirth ························ 27
        Figure 2-1   Variation pattern of employment status of mother based on employment status of mother one year before childbirth ···· 27
      ① Mothers in employment one year before childbirth ································ 28
        Figure 2-2   Variation pattern of employment status of mothers in employment one year before childbirth ·························· 28
      ② Unemployed mothers one year before childbirth ································ 28
        Figure 2-3   Variation pattern of employment status of mothers unemployed one year before childbirth ································ 28
    (3) Variation in employment status according to type of employment of mother ········· 29
        Table 2-4   Type of employment of mothers in employment one year before childbirth ·· 29
        Figure 2-4   Variation pattern of employment status of mothers according to type of employment for mothers in employment one year before childbirth ························ 29
        Table 2-5   Type of employment of mothers in employment one and a half years after childbirth ································ 30
        Figure 2-5   Variation pattern of employment status of mothers according to type of employment for mothers in employment one and a half years after childbirth ················ 30

3. Environment surrounding childbirth according to variation pattern
   of employment status of mother ·· 31
   (1) Age of mother ·· 31
       Table 3-1   Age bracket and average age of mother
                   at time of childbirth according to variation pattern
                   of employment status of mother and live birth order ················ 31
       Figure 3-1 Variation pattern of employment status of mother
                   by age bracket of mothers at first childbirth
                   and urban/rural of residence ·· 32
       Figure 3-2 Variation pattern of employment status of mother
                   by age bracket of mothers at second childbirth
                   and over and urban/rural of residence ·· 32
   (2) Duration of marriage of parents ··· 33
       Table 3-2   Duration of marriage of parents at time of childbirth
                   of first legitimate baby according to variation pattern
                   of employment status of mother ·· 33
   (3) Educational background ··· 34
       Figure 3-3 Variation pattern of employment status of mother
                   by educational background of mothers ··· 34
       Table 3-3   Variation pattern of employment status of mothers
                   according to educational background of both parents ················ 34
   (4) Household type ·· 35
       Table 3-4   Household type according to variation pattern
                   of employment status of mother ·· 35
       Figure 3-4 Variation pattern of employment status of mother
                   by household and urban/rural of residence ···································· 36
       Table 3-5   Changes in status of living with grandparents according to
                   variation pattern of employment status of mother ······················ 36
   (5) Person rearing ·· 37
     ① Daily person rearing ·· 37
       Figure 3-5 Combination of daily person rearing half a year after childbirth
                   according to variation pattern of employment status of mother ········ 37
       Figure 3-6 Combination of daily person rearing one and a half years after childbirth
                   according to variation pattern of employment status of mother ········ 37
     ② Weekday daytime person rearing ··· 38
       Table 3-6   Weekday daytime person rearing half a year after childbirth
                   according to variation pattern of employment status of mother ········ 38
       Figure 3-7 Weekday daytime person rearing half a year after childbirth
                   according to variation pattern of employment status of mother ········ 38
       Table 3-7   Status of taking childcare leave by full-time workers half a year
                   after childbirth according to variation pattern of
                   employment status of mother ·· 38
       Table 3-8   Weekday daytime person rearing one and a half years after childbirth
                   according to variation pattern of employment status of mother ········ 39

　　　　Figure 3-8　Weekday daytime person rearing one and a half years after childbirth
　　　　　　　　　according to variation pattern of employment status of mother ········ 39
　　　　Figure 3-9　Frequency of visits from or to grandparents one and a half years after
　　　　　　　　　childbirth according to variation pattern of employment status
　　　　　　　　　of mother ··· 39
　③　Weekday daytime person rearing for 'I Continued in employment' ················ 40
　　　　Figure 3-10　Weekday daytime person rearing for mothers who
　　　　　　　　　　'Continued in employment' half a year after childbirth
　　　　　　　　　　by household type and urban/rural of residence ···················· 40
　　　　Figure 3-11　Weekday daytime person rearing for mothers who
　　　　　　　　　　'Continued in employment' one and a half years after childbirth
　　　　　　　　　　according to household type and urban/rural of residence ············· 40
(6)　Involvement of father in child rearing and household matter ························· 41
　①　Involvement of father in child rearing ·· 41
　　　　Table 3-9　Status of involvement of father in child rearing one and
　　　　　　　　　a half years after childbirth according to variation pattern of
　　　　　　　　　employment status of mother ·· 41
　　　　Figure 3-12　Status of involvement of father in child rearing one and
　　　　　　　　　　a half years after childbirth according to variation pattern of
　　　　　　　　　　employment status of mother (always) ···································· 41
　②　Involvement of father in household matter ·· 42
　　　　Table 3-10　Status of involvement of father in household matter one and
　　　　　　　　　　a half years after childbirth according to variation pattern of
　　　　　　　　　　employment status of mother ·· 42
　　　　Figure 3-13　Status of involvement of father in household matter one and
　　　　　　　　　　a half years after childbirth according to variation pattern of
　　　　　　　　　　employment status of mother (always) ···································· 42
(7)　Economic status ··· 43
　①　Annual income in year before childbirth (2000) ··· 43
　　　　Table 3-11　Average annual income of mother in year before childbirth
　　　　　　　　　　according to variation pattern of employment status of mother ········ 43
　　　　Figure 3-14　Average annual income of parents in year before childbirth
　　　　　　　　　　according to variation pattern of employment status of mother ········ 43
　　　　Figure 3-15　Income of mother according to variation pattern of employment
　　　　　　　　　　status of mother (year before childbirth) ······························· 44
　　　　Figure 3-16　Income of father according to variation pattern of employment
　　　　　　　　　　status of mother (year before childbirth) ······························· 44
　②　Annual income in year after childbirth (2001) ··· 45
　　　　Table 3-12　Average annual income in year before childbirth according to
　　　　　　　　　　variation pattern of employment status of mother ···················· 45
　　　　Figure 3-17　Average annual income of parents in year before childbirth according to
　　　　　　　　　　variation pattern of employment status of mother ···················· 45
(8)　Attitudes towards child rearing ··· 46
　①　Advantages of child rearing ··· 46

Table 3-13　Advantages of child rearing one and a half years after childbirth by variation pattern of employment of mother (multiple answers possible) ················ 46

Figure 3-18　Advantages of child rearing by variation pattern of employment of mother (multiple answers possible) ················ 46

② Disadvantages of child rearing ················ 47

Table 3-14　Disadvantages of child rearing one and a half years after childbirth by variation pattern of employment status of mother (multiple answers possible) ················ 47

Figure 3-19　Disadvantages of child rearing by variation pattern of employment status of mother (multiple answers possible) ················ 47

4. Occupation at time of childbirth ················ 48

(1) Occupations of parents at time of childbirth ················ 48

Table 4-1　Occupations of parents at time of childbirth and variation pattern of employment status of mother ················ 48

(2) Type of employment of mother one year before childbirth and scale of employer ················ 49

Table 4-2　Type of employment of mother and scale of employer one year before childbirth by type of occupation of mother ················ 49

(3) Conditions of employment and taking childcare leave half a year after childbirth according to type of occupation at time of childbirth ················ 50

Table 4-3　Employment status of mothers half a year after childbirth by type of occupation of mother at time of childbirth ················ 50

Figure 4-1　Employment status of mother half a year after childbirth ················ 50

(4) Estimated age-standardized live birth rates according to employment status of mother one year before childbirth ················ 51

Table 4-4　Age-standardized live birth rates by type of occupation of mother at time of childbirth (2000) ················ 51

① Assumptions and methods of estimation ················ 51

Table 4-5　Change in employment status of mothers from a year before and at time of childbirth according to age bracket of mother at time of childbirth ················ 51

② Results of estimation ················ 52

Table 4-6　Estimated live births for employed and unemployed mothers a year before childbirth ················ 52

Table 4-7　Estimated age-standardized live birth rates for employed and unemployed mothers a year before childbirth ················ 52

5. Discussion of changes in employment status before and after childbirth ················ 53

Description (in English) ················ 55

II　Statistics ················ 103

[Changes in employment of mothers]
- Table 1   Number and percentage distribution of children living with mother by urban/rural of residence, variation pattern of employment status of mother (detailed version) and live birth order ·················· 104
- Table 2   Number and percentage distribution of children living with mother, by urban/rural of residence, variation pattern of employment status of mother based on employment one year before childbirth, and live birth order ·················· 105
- Table 3   Number and percentage distribution of children living with mother according to variation pattern of employment status of mother based on type of employment of mother one year before childbirth, and live birth order ·················· 106
- Table 4   Number and percentage distribution of children living with mother according to employment status of mother one and a half years after childbirth, type of employment of mother one year before childbirth and variation pattern of employment status of mother ·················· 108

[Environment surrounding childbirth]
- Table 5   Number and percentage distribution of children living with mother and average age of mother according to age of mother, urban/rural of residence, variation pattern of employment status of mother, and live birth order ·················· 110
- Table 6   Number of legitimate children, average duration of marriage according to period of staying together, urban/rural of residence, variation pattern of employment status of mother, and live birth order ·················· 116
- Table 7   Number of legitimate children average duration of marriage according to period (months) of staying together, urban/rural of residence, variation pattern of employment status of mother, and live birth order ·················· 122
- Table 8   Number and percentage distribution of children living with mother according to educational background of mother, urban/rural of residence, and variation pattern of employment status of mother ·················· 126
- Table 9   Number and percentage distribution of children living with father according to educational background of father, urban/rural of residence, and variation pattern of employment status of mother ·················· 128
- Table 10   Number and percentage distribution of children living with mother according to household type half a year after childbirth, urban/rural of residence, variation pattern of employment status of mother, and live birth order ·················· 130
- Table 11   Number and percentage distribution of children living with mother according to household type one and a half years after childbirth, urban/rural of residence, variation pattern of employment status of mother, and live birth order ·················· 136

Table 12	Number and percentage distribution of children living with mother according to change in type of household between half a year and one and a half years after childbirth, urban/rural of residence, variation pattern of employment status of mother, and live birth order ·················· 142
Table 13-1	Number and percentage distribution of children living with mother according to household type half a year after childbirth, urban/rural of residence, household type one and a half years after childbirth, and variation pattern of employment status of mother ················ 144
Table 13-2	Number of children living with mother according to variation pattern of employment status of mother, household type half a year after childbirth, household type one and a half years after childbirth, and urban/rural of residence ·················· 158
Table 14	Number and percentage distribution of children living with mother based on having a daily person rearing half a year after childbirth, urban/rural of residence, variation pattern of employment status of mother, and live birth order ······································· 160
Table 15	Number and percentage distribution of children living with mother based on having a daily person rearing one and a half years after childbirth, urban/rural of residence, variation pattern of employment status of mother, and live birth order ·················· 162
Table 16	Number and percentage distribution of children living with mother person rearing in weekday daytime half a year after childbirth, urban/rural of residence, variation pattern of employment status of mother, and live birth order ······································· 164
Table 17	Number and percentage distribution of children living with mother according to status of taking childcare leave half a year after childbirth, variation pattern of employment status of mother, and live birth order ·· 168
Table 18-1	Number and percentage distribution of children living with mother, by person rearing in weekday daytime one and a half years after childbirth, household type and variation pattern of employment status of mother, urban/rural of residence ·· 170
Table 18-2	Number and percentage distribution of children living with mother, by person rearing in weekday daytime one and a half years after childbirth, variation pattern of employment status of mother and type of employment one and a half years after childbirth ····························· 176
Table 18-3	Number and percentage distribution of children reared by mother in weekday daytime one and a half years after childbirth, by type of employment one and half years after childbirth and variation pattern of employment status of mother, occupation of mother at childbirth (major classification) ··· 178

Table 19	Number and percentage distribution of children living with mother according to frequency of visits from or to grandparents one and a half years after childbirth, having a daily person rearing, household type, variation pattern of employment status of mother, and live birth order	180
Table 20	Number and proportion of children living with father, by involvement of father in child rearing one and a half years after childbirth, urban/rural of residence, variation pattern of employment status of mother, and live birth order	186
Table 21	Number and proportion of children living with father, by involvement of father in household matter one and a half years after childbirth, urban/rural of residence, variation pattern of employment status of mother, and live birth order	192
Table 22-1	Number of legitimate children and annual income in year before childbirth (2000) and average income according to urban/rural of residence, variation pattern of employment status of mother, and live birth order	198
Table 22-2	Number of legitimate children and annual income in year before childbirth (2000) and average income according to household type, variation pattern of employment status of mother, and live birth order	202
Table 22-3	Number of legitimate children and annual income of mother in year before childbirth (2000) and mother's average income according to number of working hours of mother, variation pattern of employment status of mother, and live birth order	206
Table 22-4	Number of legitimate children and annual income of mother in year before childbirth (2000) and mother's average income according to status of taking childcare leave of mother, variation pattern of employment status of mother, and live birth order	212
Table 22-5	Number of legitimate children and annual income of father in year before childbirth (2000) and father's average income according to number of working hours of father, variation pattern of employment status of mother, and live birth order	218
Table 22-6	Number of legitimate children and annual income in year before childbirth (2000) and average income according to status of taking childcare leave of mother, variation pattern of employment status of mother, and live birth order	224
Table 22-7	Number of legitimate children (who find it a financial burden based on child rearing) and annual income in year before childbirth (2000) and average income according to variation pattern of employment status of mother, expenditures for child rearing, and live birth order	230

Table 22-8　Number of legitimate children (who do not find it a financial burden based on child rearing) and annual income in year before childbirth (2000) and average income according to expenditures for child rearing, variation pattern of employment status of mother, and live birth order ············ 236

Table 23-1　Number of legitimate children and annual income in year after childbirth (2001) and average income according to urban/rural of residence, variation pattern of employment status of mother, and live birth order ·· 242

Table 23-2　Number of legitimate children and annual income in year after childbirth (2001) and average income by household type, variation pattern of employment status of mother, and live birth order ···················· 246

Table 23-3　Number of legitimate children and annual income of mother in year after childbirth (2001) and mother's average income according to income of mother, educational background of mother, variation pattern of employment status of mother, and live birth order ···················· 250

Table 23-4　Number of legitimate children and annual income of mother in year after childbirth (2001) and mother's average income according to status of taking childcare leave of mother, variation pattern of employment status of mother, and live birth order ······················ 256

Table 23-5　Number of legitimate children and annual income of father in year after childbirth (2001) and father's average income according to educational background of father, variation pattern of employment status of mother, and live birth order ································ 262

Table 23-6　Number of legitimate children and annual income of father in year after childbirth (2001) and father's average income according to status of taking childcare leave of mother, variation pattern of employment status of mother, and live birth order ······················ 268

Table 23-7　Number of legitimate children (who agreed that it was a financial burden based on child rearing) and annual income of father in year after childbirth (2001) and father's average income according to expenditures for child rearing, variation pattern of employment status of mother, and live birth order ·· 274

Table 23-8　Number of legitimate children (who disagreed that is was a financial burden based on child rearing) and annual income of father in year after childbirth (2001) and father's average income according to expenditures for child rearing, variation pattern of employment status of mother, and live birth order ·· 280

Table 24-1　Number and proportion of children living with mother one and a half years after childbirth according to advantages of child rearing, household type, variation pattern of employment status of mother, and live birth order ·· 286

Table 24-2　Number and proportion of children living with mother one and a half years after childbirth according to advantage of child rearing, urban / rural of risidence, variation pattern of employment status of mother ············ 292

Table 25-1　Number and proportion of children living with mother one and a half years after childbirth according to disadvantages of child rearing, household type, variation pattern of employment status of mother, and live birth order ·· 294

Table 25-2　Number and proportion of children living with mother one and a half years after childbirth according to disadvantage of child rearing, urban / rural of risidence, variation pattern of employment status of mother ············ 300

[Occupation at time of childbirth]

Table 26　Number of ligitimate children according to type of occupation of mother at time of childbirth (major classification), type of occupation of father at time of childbirth (major classification), and variation pattern of employment status of mother ·· 302

Table 27　Number of children living with employed mothers year before childbirth according to type of employment of mother and office scale of employer a year before childbirth, type of occupation of mother at time of childbirth (major classification) ·· 308

Table 28-1　Number of children living with full-time employed mothers half a year after childbirth according to status of taking childcare leave of mother, and type of occupation of mother at time of childbirth (major classification) ·········· 310

Table 28-2　Number of children living with full-time employed mothers half a year after childbirth according to reason for not taking childcare leave, and type of occupation of mother at time of childbirth (major classification) ·········· 312

Table 28-3　Number of children living with mother according to employment status of mother a year before and half a year after childbirth, type of occupation of mother at time of childbirth (major classification), employment status of mother one and a half years after childbirth, and variation pattern of employment status of mother ·· 314

Table 29　Number of children living with mother according to type of occupation of mother at time of childbirth (major classification), age of mother, and variation pattern of employment status of mother ················ 320

[References]

Table 1　Live births and live birth rates(per 1,000 female population), distributed according to mother's age and mean age of mother ,age-standardized live birth rates by mother's occupation (major groups), and by live birth order ····· 322

III　Description of terms ··· 332

Appendix ·· 335
　Birth sheet for vital statistics ·· 336
　Birth registration ·· 337
　Survey sheets for first longitudinal survey of babies in 21st century ················ 338
　Survey sheets for second longitudinal survey of babies in 21st century ················ 345

I 記 述

1．はじめに

(1) 概要と目的

　本報告は、「平成12年度人口動態職業・産業別統計」と「21世紀出生児縦断調査」（第1回・第2回）の共通の調査客体について、両調査のデータリンケージを行うことにより個人ベースで追跡し、「出生時点を中心としたその前後での母の就業状況の変化」という観点から分析したものである。

　人口動態統計では、5年に1度公表している「人口動態職業・産業別統計」の中で、子どもが生まれたとき（出生時）の父母の職業を全数調査で把握しているが、平成12年度の調査客体のうち、平成13年1月10日～17日の出生票については、別途実施している「21世紀出生児縦断調査」の1月出生児の調査客体と重なっており、第1回調査で出生1年前と半年後、第2回調査で1年半後の父母の就業状況が把握できる。（表1－1）

　したがって、両調査のデータをリンケージすることで、同一客体について、「出生前→出生時→出生後」の母の就業状況を追跡して捉えることができるとともに、出生時の父母の職業や出生後の育児をとりまく環境等、両調査の調査事項を組み合わせた分析が可能である。

　出生という事象は、母の就業状況に多大な影響を与えており、出生に起因する就業状況の変化やそれに伴う様々な面での変化は、出産意欲にも少なからず影響しているものと考えられる。本報告は、出生前後の母の就業状況の変化を把握・分析するとともに、就業状況の変化をもたらす背景を明らかにし、仕事と子育ての両立支援をはじめとする少子化対策等、厚生労働行政施策の基礎資料を得ることを目的として、取りまとめたものである。

表1－1　人口動態職業・産業別統計と21世紀出生児縦断調査の概要

	人口動態職業・産業別統計 【平成12年度・出生票】	21世紀出生児縦断調査 【第1回調査・第2回調査】
調査対象等	調査対象は、平成12年4月1日から平成13年3月31日までの期間に出生したもので、定められた届出期間に届け出られたもの。（出生の全数が対象） 集計対象は、母の年齢が15歳以上。	全国の2001年に出生した子を対象とし、 1月10日から17日の間（1月出生児）及び 7月10日から17日の間（7月出生児）に 出生した子すべてを調査の客体とした。
調査事項	子どもが生まれたときの父母の職業 （大分類）	父母の就業状況、同居者、保育者、父母の家事・育児分担状況、父母の収入　等
備　考		《1月出生児の調査時期》 第1回　平成13年8月1日（月齢6ヶ月） 第2回　平成14年8月1日（年齢1歳6ヶ月）

⬇

《 両調査の共通の調査客体 》
平成13年1月10日から17日の間に出生した子

(2) 分析の対象データ

本報告では、出生前後の母の就業状況の変化を分析するという趣旨に鑑み、「平成12年度人口動態職業・産業別統計」（以下、「職産」という）と「21世紀出生児縦断調査」（以下、「出生児縦断」という）の共通の調査客体（平成13年1月10日から17日の間に出生した子）のうち、「出生児縦断第1回調査及び第2回調査の両方の時点で子が母と同居している者」を集計客体とし、職産、出生児縦断第1回及び第2回のデータをリンケージして分析の対象データを作成した。（集計客体数は21,879件）なお、両調査の調査対象が出生した子であり、同居していない母については情報が得られていないため、分析対象としていない。

参考として、対象データと職産の比較（表1-2）、対象データと出生児縦断の比較（表1-3）をしてみたところ、両者の構造はほぼ同様とみられることから、本報告の分析に用いる対象データは、就業状況の変化の分析に十分耐え得るものであると考えられる。

表1-2 対象データと人口動態職業・産業別統計の比較

母の職業	対象データ 出生数 総数	対象データ 出生数 第1子	対象データ 構成割合(%) 総数	対象データ 構成割合(%) 第1子	平成12年度人口動態職業・産業別統計 出生数 総数	平成12年度人口動態職業・産業別統計 出生数 第1子	平成12年度人口動態職業・産業別統計 構成割合(%) 総数	平成12年度人口動態職業・産業別統計 構成割合(%) 第1子
総　　　　　数	21 879	10 858	100.0	100.0	1 178 905	576 756	100.0	100.0
就 業 者 総 数	5 022	2 745	23.0	25.3	264 668	140 283	22.5	24.3
専門・技術職	1 765	980	8.1	9.0	88 856	47 898	7.5	8.3
管 理 職	57	23	0.3	0.2	3 192	1 276	0.3	0.2
事 務 職	1 666	1 000	7.6	9.2	85 832	48 639	7.3	8.4
販 売 職	350	177	1.6	1.6	19 803	9 451	1.7	1.6
サービス職	356	175	1.6	1.6	22 022	11 076	1.9	1.9
保 安 職	28	18	0.1	0.2	1 716	1 029	0.1	0.2
農林漁業職	95	31	0.4	0.3	4 386	1 299	0.4	0.2
運輸・通信職	19	10	0.1	0.1	1 098	547	0.1	0.1
生産工程・労務職	318	147	1.5	1.4	17 619	8 641	1.5	1.5
分 類 不 能	368	184	1.7	1.7	20 144	10 427	1.7	1.8
無 職	16 857	8 113	77.0	74.7	914 237	436 473	77.5	75.7

注：対象データは、第1回調査及び第2回調査の両方の時点で子が母と同居している場合のみ集計。

表1-3 対象データと21世紀出生児縦断調査の比較

母の就業状況	対象データ 子ども数 第1回	対象データ 子ども数 第2回	対象データ 構成割合(%) 第1回	対象データ 構成割合(%) 第2回	21世紀出生児縦断調査 子ども数 第1回	21世紀出生児縦断調査 子ども数 第2回	21世紀出生児縦断調査 構成割合(%) 第1回	21世紀出生児縦断調査 構成割合(%) 第2回
総　　数	21 879	21 879	100.0	100.0	43 814	43 814	100.0	100.0
無 職	16 099	14 890	73.6	68.1	32 371	29 958	73.9	68.4
有 職	5 483	6 808	25.1	31.1	10 975	13 624	25.0	31.1
常 勤	3 333	3 185	15.2	14.6	6 771	6 515	15.5	14.9
育児休業中	2 113	…	9.7	…	4 447	…	10.1	…
育休以外の常勤	1 220	…	5.6	…	2 324	…	5.3	…
パート・アルバイト	911	2 277	4.2	10.4	1 762	4 420	4.0	10.1
自営業・家業	931	992	4.3	4.5	1 878	1 954	4.3	4.5
内 職	252	300	1.2	1.4	447	608	1.0	1.4
そ の 他	56	54	0.3	0.2	117	127	0.3	0.3
不 詳	297	181	1.4	0.8	468	232	1.1	0.5

注：第1回調査及び第2回調査の両方の時点で子が母と同居している場合のみ集計。

(3) 母の就業状況を観察する時点

今回、出生時点を中心としたその前後での母の就業状況の変化を捉えるにあたっては、同一客体について、①出生1年前（出生児縦断第1回）→②出生時（職産）→③出生半年後（出生児縦断第1回）→④出生1年半後（出生児縦断第2回）の4時点の動きを観察している。この動きは、職産と出生児縦断を組み合わせてはじめて捉えられるものである。

就業状況の変化をみる起点とした「①出生1年前」は、当該子を妊娠する直前のタイミングであり、まだ出生に起因する就業状況の変化が起こる前の時点と考えられ、出生前の定常的な状態を捉えるのに適した時期である。

「②出生時」は、出生という事象が発生した時点であり、出生前後の就業状況の変化を捉える際の基点である。出生時の就業状況を観察することで、出生に起因する離職等の変化が、出生前と出生後のいずれの時点で起きているのかを明らかにすることができる。

「③出生半年後」は、出生後比較的早い段階における就業状況が捉えられる時点である。出生前に有職の場合、産後休暇は終わっているもののまだ育児休業中の者も多く、就業に関しては流動的な時期にあたる。

就業状況の変化をみる終点とした「④出生1年半後」は、現段階で就業状況が判明している最新の時点であるが、育児休業の取得できる期間や、保育所に入園しやすいと言われる4月を過ぎていることを勘案すると、育児休業をとっていた者も概ね職場復帰し、出生後の就業状況や育児をとりまく環境（仕事と育児を両立するための家族の協力体制など）が落ち着いてきた時点と考えられる。この時期には、出生に起因する就業状況の劇的な変化は、概ね終息をむかえているものと想定される。

このように、出生1年前から1年半後にかけての母の就業状況を客体ごとに追跡観察することにより、就業状況が出生に起因して短期的スパンで劇的に変化する状況について、的確に把握できるものと考える。

2. 母の就業状況の変化

(1) 母の就業状況の変化パターンの分類

人口動態職業・産業別統計と21世紀出生児縦断調査をリンケージすることにより、出生1年前、出生時、出生半年後、出生1年半後の4時点での就業状況に加え、出生時の職業をみることができる。

母の就業の有無について、全体としての動きをみると、出生1年前には有職である母が54.4％と半数以上を占めていたが、出生時には無職が77.0％と逆転し、出生1年半後では68.1％と7割近くの母が無職となっている。

この動きは、各個人の就業状況が変化した積み重ねとして現れたものであるが、各々はどう変化しているのか、リンケージデータを用いて個人ベースの就業状況を追跡し、就業状況の変化パターンを定量的に分析することとする。

母の就業状況の変化を詳細にみると、4時点での有職（◆）・無職（◇）の組合せにより、表2－2の左側に示すような多くのパターンがみられる。

表2－1　母の就業状況の変化

	母の就業状況		
	総　数	有　職	無　職
			％
出生1年前	100.0	54.4	44.5
出生時	100.0	23.0	77.0
半年後	100.0	25.1	73.6
1年半後	100.0	31.1	68.1

注：総数には就業状況の不詳を含む。

表2－2　母の就業状況と就業変化パターンの分類

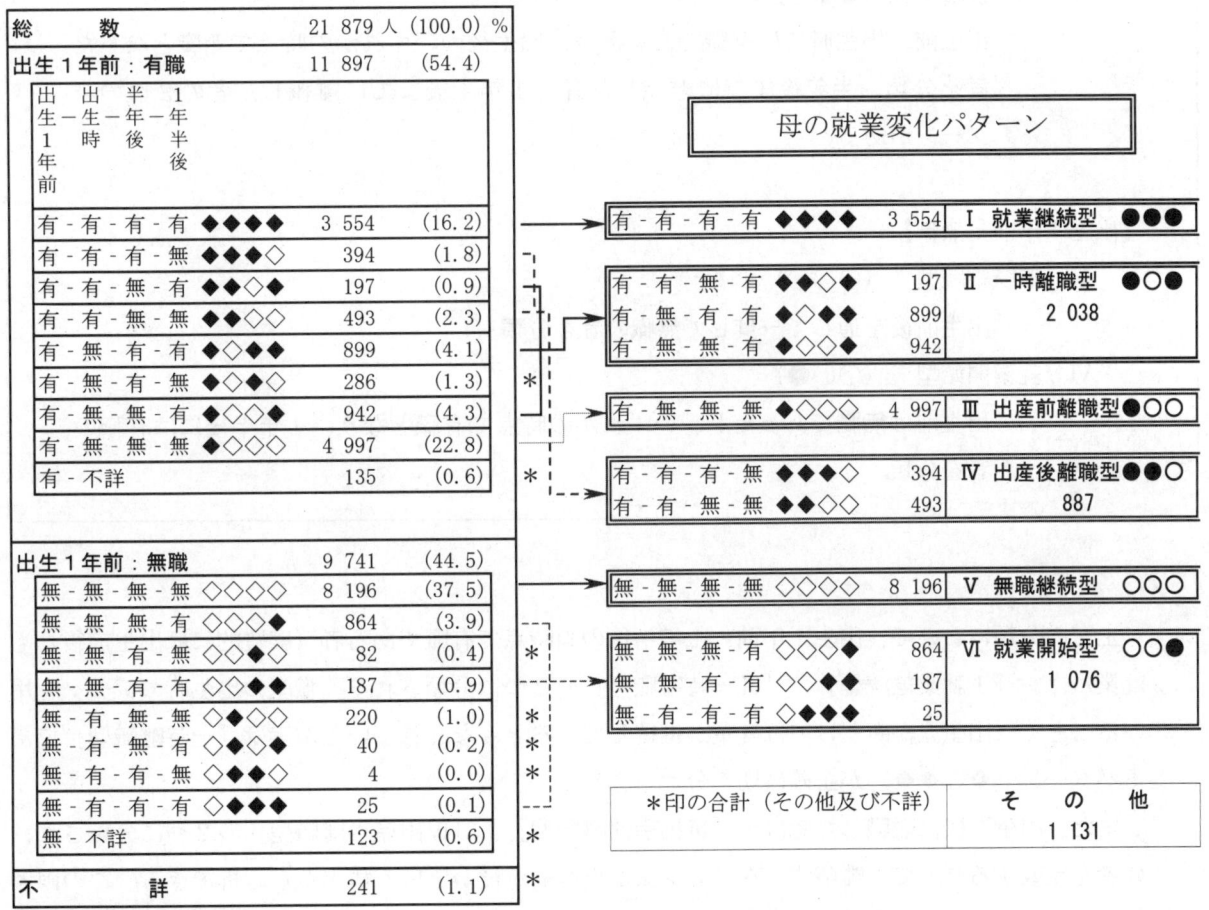

このままでは煩雑で動きが捉えにくいため、これらのパターンについて、母が出生1年前に有職か無職かを基本としつつ、定性的な観点から分類し、次の6つの就業変化パターンを主な分類として、分析を行うこととした。（産前・産後休暇や育児休業中の者は就業に含まれる。）

《 母の就業変化パターンの分類 》

【出生1年前：有職】

Ⅰ　就業継続型　（●●●）
　　出生前後を通じて一貫して有職の者を分類。

Ⅱ　一時離職型　（●○●）
　　出生前に有職であったが、出生を機に一時的に離職し、1年半後には有職の者を分類。産前・産後休暇や育児休業を取らずに一時的に離職という形をとった場合が多いと想定され、そうした場合には実質的に就業継続型に近いと考えられる。

Ⅲ　出産前離職型　（●○○）
　　出生前に有職であったが、出生時には無職となり、出生後も無職のままの者を分類。

Ⅳ　出産後離職型　（●●○）
　　出生前、出生時には有職であったが、出生後のいずれかの時点で無職となった者を分類。半年後までに離職した者と1年半後までに離職した者の2つのパターンがある。

【出生1年前：無職】

Ⅴ　無職継続型　（○○○）
　　出生前後を通じて一貫して無職の者を分類。

Ⅵ　就業開始型　（○○●）
　　出生前は無職であったが、いずれかの時点で有職となり、1年半後には有職の者を分類。

上記の分類において、出生1年前、1年半後の両時点で有職である者（実質的には出生前後とも就業）は、「Ⅰ就業継続型」、「Ⅱ一時離職型」の2つに分類される。職産の出生時のデータを用いることで、出生児縦断だけでは就業が継続しているとみなされていたが実は「一時離職型」であるパターン（◆◇◆）が正確に切り分けられる。

また、出生を機に離職した者は、「Ⅲ出産前離職型」、「Ⅳ出産後離職型」の2つに分類され、両者を比較することで、離職するタイミングが出産前か後かという観点から分析できる。この両者の分類も職産で出生時の職業の有無がわかってはじめて可能である。

このように、両調査を組み合わせることにより、はじめてこうしたパターン分けが可能となっている。

(2) 母の就業変化パターンの分析

母の就業変化パターンについて、その構成割合をみると、出生1年前に有職である母の割合は、総数では約半数であるが、第1子では7割、第2子以上では4割弱と出生順位による違いがみられる。

第1子について母の就業変化パターンの割合をみると、出産前に育児などに専念するため離職したと考えられる「Ⅲ出産前離職型」が38.5％と多く、ついで「Ⅴ無職継続型」が22.2％、「Ⅰ就業継続型」が16.9％となっている。

第2子以上についてみると、出生前から継続して無職の「Ⅴ無職継続型」が52.5％と半数を占めており、ついで「Ⅰ就業継続型」が15.6％となっている。「Ⅲ出産前離職型」は第1子に比べ著しく少ない。

表2-3　出生1年前の就業状況からみた出生順位別母の就業変化パターン

母の就業変化パターン	出生順位 総数	第1子	第2子以上	構成割合 総数	第1子	第2子以上	総数	第1子	第2子以上
			人			％			％
総　　　数	21 879	10 858	11 021	100.0	100.0	100.0			
出生1年前：有職	11 897	7 960	3 937	54.4	73.3	35.7	100.0	100.0	100.0
Ⅰ　就業継続型 ●●●	3 554	1 834	1 720	16.2	16.9	15.6	29.9	23.0	43.7
Ⅱ　一時離職型 ●○●	2 038	1 034	1 004	9.3	9.5	9.1	17.1	13.0	25.5
Ⅲ　出産前離職型 ●○○	4 997	4 181	816	22.8	38.5	7.4	42.0	52.5	20.7
Ⅳ　出産後離職型 ●●○	887	681	206	4.1	6.3	1.9	7.5	8.6	5.2
その他	421	230	191	1.9	2.1	1.7	3.5	2.9	4.9
出生1年前：無職	9 741	2 779	6 962	44.5	25.6	63.2	100.0	100.0	100.0
Ⅴ　無職継続型 ○○○	8 196	2 414	5 782	37.5	22.2	52.5	84.1	86.9	83.1
Ⅵ　就業開始型 ○○●	1 076	237	839	4.9	2.2	7.6	11.0	8.5	12.1
その他	469	128	341	2.1	1.2	3.1	4.8	4.6	4.9
不　　　詳	241	119	122	1.1	1.1	1.1			

図2-1　出生1年前の就業状況からみた母の就業変化パターン

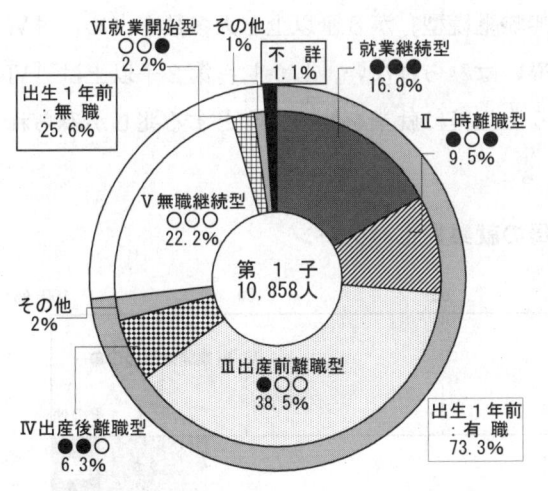

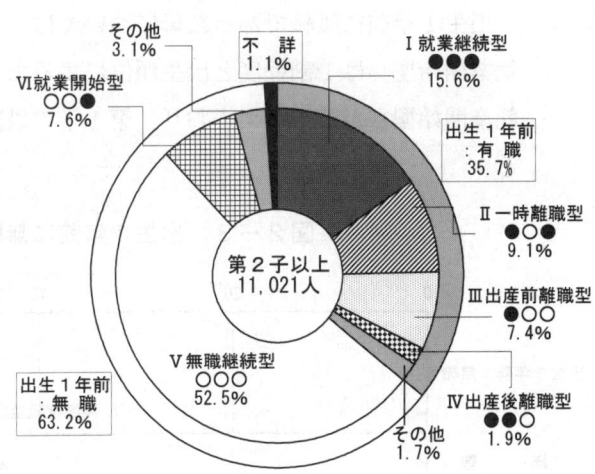

① 出生1年前に有職の母

　出生1年前に有職であった母についてみると、第1子では、「Ⅲ出産前離職型」が52.5%と半数を占め、ついで「Ⅰ就業継続型」が23.0%と約4人に1人が就業を続けている。一方、「Ⅱ一時離職型」、「Ⅳ出産後離職型」はそれぞれ1割前後となっている。

　第1子の出生を機に離職したのは、「Ⅲ出産前離職型」、「Ⅳ出産後離職型」のあわせて6割であるが、そのうち前者が86.0%を占め、9割弱が出産前のタイミングで離職している。また、1年半後も有職の母のうち4割弱が「Ⅱ一時離職型」であり、就業を継続する環境が整わなかった出産などの一時期を離職している。

　第2子以上では、「Ⅲ出産前離職型」が大きく減り、反対に「Ⅰ就業継続型」が43.7%と多くなっている。第1子に比べ就業形態が確立されているか、家族の協力体制などができあがり、就業を継続できる環境にある者が多いと思われる。「Ⅱ一時離職型」も25.5%となっており、出生1年半後に仕事を持つ母の割合が第1子に比べ増えている。

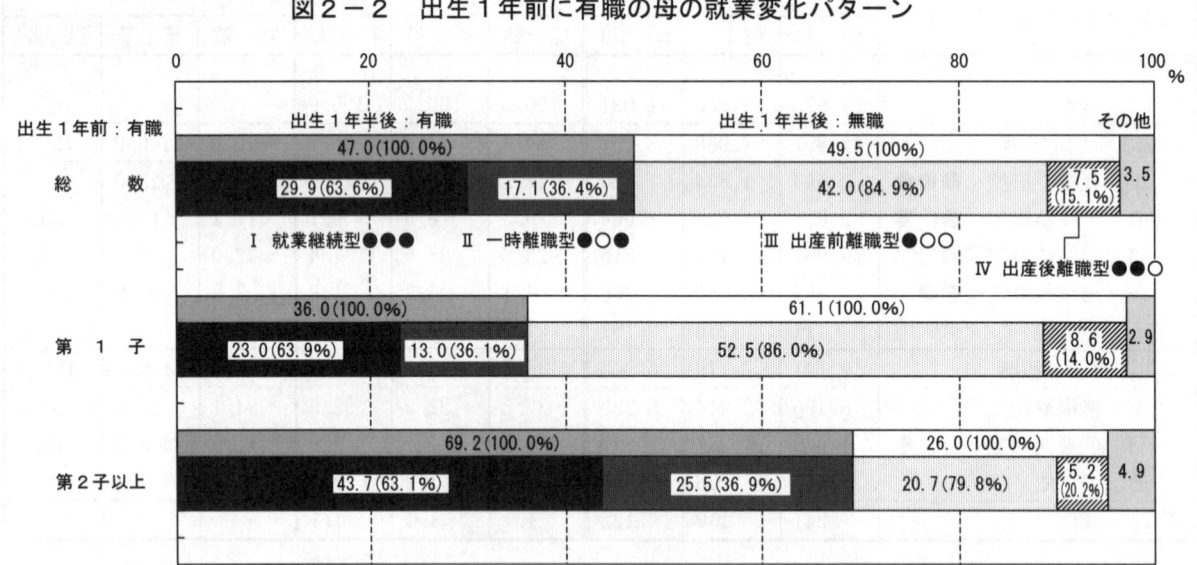

図2-2　出生1年前に有職の母の就業変化パターン

② 出生1年前に無職の母

　出生1年前に無職であった母については、「Ⅴ無職継続型」が8割以上と大多数を占め、「Ⅵ就業開始型」は1割程度と出生順位による大きな違いはみられない。しかし、第2子以上は「Ⅵ就業開始型」が若干増えており、第1子の段階より出生後に就業を始めようとする兆しがみられる。

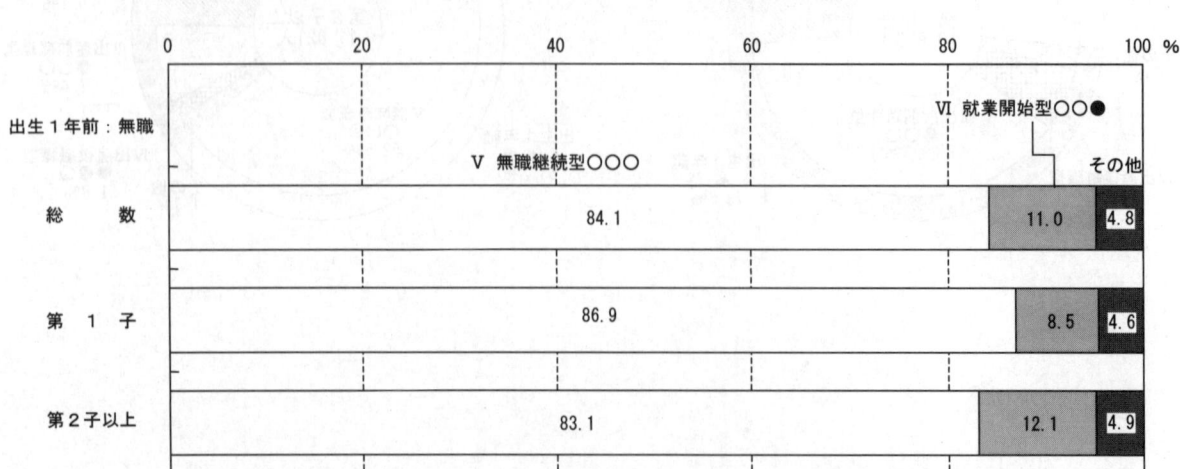

図2-3　出生1年前に無職の母の就業変化パターン

(3) 母の就業形態からみた就業状況の変化

　出生1年前に有職であった母の就業変化パターン別に出生1年前の就業形態をみると、全体では、常勤が58.1%、パート・アルバイトが31.2%となり、常勤者の割合が多い。なかでも「Ⅰ就業継続型」、「Ⅳ出産後離職型」は常勤がそれぞれ80.4%、74.1%と圧倒的に多く、パート・アルバイトが少ない。「Ⅱ一時離職型」、「Ⅲ出産前離職型」はパート・アルバイトが4割程度であるが、常勤は「Ⅲ出産前離職型」の方が多く、就業形態による影響が考えられる。

表2－4　出生1年前に有職の母の就業形態

母の就業変化パターン	出生1年前の母の就業形態				構成割合			
	有職	常勤	パート・アルバイト	その他	有職	常勤	パート・アルバイト	その他
				人				%
出生1年前：有職	11 897	6 913	3 711	1 273	100.0	58.1	31.2	10.7
Ⅰ　就業継続型 ●●●	3 554	2 859	278	417	100.0	80.4	7.8	11.7
Ⅱ　一時離職型 ●○○	2 038	754	860	424	100.0	37.0	42.2	20.8
Ⅲ　出産前離職型●○○	4 997	2 500	2 276	221	100.0	50.0	45.5	4.4
Ⅳ　出産後離職型●●○	887	657	148	82	100.0	74.1	16.7	9.2
その他	421	143	149	129	100.0	34.0	35.4	30.6

注：就業形態別の「その他」には、自営業・家業、内職、その他のものを含む。

　出生1年前の母の就業形態別に就業変化パターンをみると、常勤は「Ⅰ就業継続型」が4割を占め、「Ⅲ出産前離職型」より若干多くなっている。パート・アルバイトは「Ⅲ出産前離職型」が6割、「Ⅰ就業継続型」が1割弱となり、「Ⅲ出産前離職型」が圧倒的である。なお、「Ⅱ一時離職型」は常勤よりパート・アルバイトの方が多くなっている。

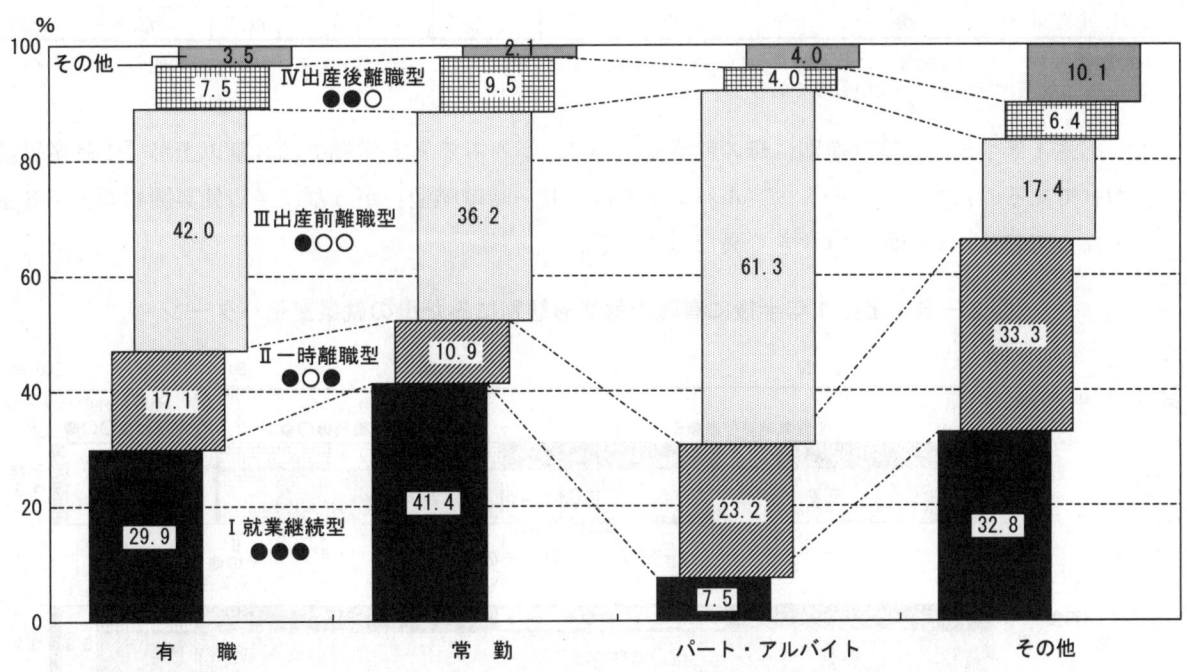

図2－4　出生1年前に有職の母の就業形態別にみた母の就業変化パターン

次に、出生1年前と出生1年半後の母の就業形態の変化を、出生1年半後の就業形態に主点をおいてみた。

出生1年前に有職の母は、1年半後には常勤が54.0％、パート・アルバイトが27.5％と、常勤者がパート・アルバイトより多くなっている。母の就業変化パターン別にみると、「Ⅰ就業継続型」では常勤者が4分の3を占めており、そのほとんどが出生1年前と1年半後で同じ就業形態となっている。ただし、パート・アルバイトであった母の15.5％は常勤に変わっており、若干の変化がみられる。

一方、「Ⅱ一時離職型」は1年半後にはパート・アルバイトが56.1％と半数以上を占めるが、常勤であった母の6割弱がパート・アルバイトに変わっており、「Ⅰ就業継続型」とは異なった特徴を示している。パート・アルバイトは「Ⅰ就業継続型」と同様の傾向である。

出生1年前に無職の「Ⅵ就業開始型」についてみると、パート・アルバイトが6割と多く、常勤が1割程度である。

表2－5　出生1年半後に有職の母の就業形態

母の就業変化パターン	出生1年半後の母の就業形態				構成割合			
	有職	常勤	パート・アルバイト	その他	有職	常勤	パート・アルバイト	その他
総　　数	6 808	3 185	2 277	1 346人	100.0	46.8	33.4	19.8％
出生1年前：有　職	5 605	3 026	1 541	1 038	100.0	54.0	27.5	18.5
Ⅰ　就業継続型●●●	3 554	2 692	388	474	100.0	75.7	10.9	13.3
常　勤	2 859	2 634	163	62	100.0	92.1	5.7	2.2
パート・アルバイト	278	43	207	28	100.0	15.5	74.5	10.1
その他	417	15	18	384	100.0	3.6	4.3	92.1
Ⅱ　一時離職型●〇●	2 038	332	1 143	563	100.0	16.3	56.1	27.6
常　勤	754	232	421	101	100.0	30.8	55.8	13.4
パート・アルバイト	860	88	650	122	100.0	10.2	75.6	14.2
その他	424	12	72	340	100.0	2.8	17.0	80.2
出生1年前：無　職	1 124	131	699	294	100.0	11.7	62.2	26.2
Ⅵ　就業開始型〇〇●	1 076	122	677	277	100.0	11.3	62.9	25.7

注：就業変化パターンの「総数」には不詳を含む。就業形態別の「その他」には、自営業・家業、内職、その他のものを含む。
　　■は就業状況に変化のないものである。

出生1年半後の就業形態別に母の就業変化パターンをみると、常勤では8割以上が「Ⅰ就業継続型」であるのに対し、パート・アルバイトでは「Ⅱ一時離職型」が5割、「Ⅵ就業開始型」が3割となっており、その傾向は大きく異なっている。

図2－5　出生1年半後に有職の就業形態別にみた母の就業変化パターン

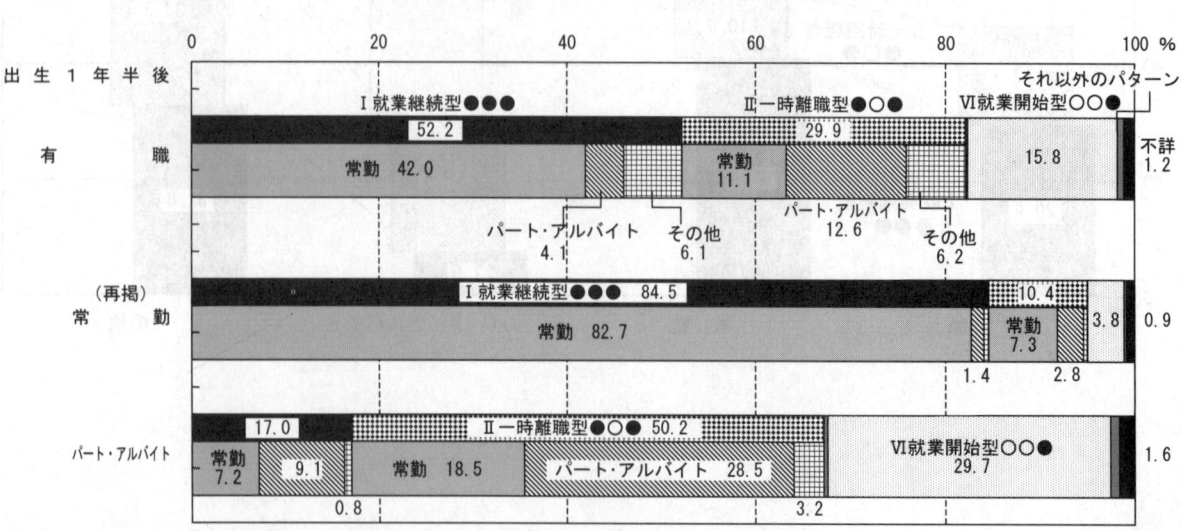

注：各パターンにおける就業形態は出生1年前のものである。

3．母の就業変化パターン別にみた出生をとりまく環境

(1) 母の年齢

　　出生順位別に出生時の母の平均年齢をみると、総数は30.0歳、第1子は28.6歳、第2子以降は31.4歳となっている。

　　母の就業変化パターン別に出生時の年齢をみると、第1子については、ほとんどの就業変化パターンで「25～29歳」が4割を超えているが、「Ⅵ就業開始型」は3割と少なく、「20歳未満」、「20～24歳」の割合が多いため平均年齢が25.7歳と低くなっている。「Ⅱ一時離職型」も「20～24歳」の割合が多く27.7歳と低い。一方「Ⅰ就業継続型」は「30～34歳」の割合が多く29.5歳と高くなっている。

　　第2子以上でみると、年齢構成は高齢にシフトしているものの、第1子と同様の傾向がみられ、平均年齢は「Ⅰ就業継続型」が32.4歳と高く、「Ⅵ就業開始型」が29.4歳と低い。

表3－1　母の就業変化パターン・出生順位別にみた母の年齢階級と出生時の母の平均年齢

母の就業変化パターン	総数	20歳未満	20～24歳	25～29歳	30～34歳	35歳以上	母の平均年齢
総数							
	21 879 人	232	2 462	8 452	7 770	2 963	歳
総　　数	100.0	1.1	11.3	38.6	35.5	13.5	30.0
Ⅰ　就業継続型 ●●●	3 554　100.0	0.1	7.4	35.6	39.8	17.1	30.9
Ⅱ　一時離職型 ●○●	2 038　100.0	1.3	15.4	38.9	30.9	13.6	29.6
Ⅲ　出産前離職型 ●○○	4 997　100.0	0.8	16.2	46.1	27.8	9.1	28.9
Ⅳ　出産後離職型 ●●○	887　100.0	0.2	13.8	41.9	31.3	12.7	29.6
Ⅴ　無職継続型 ○○○	8 196　100.0	1.2	7.3	35.4	41.0	15.1	30.6
Ⅵ　就業開始型 ○○●	1 076　100.0	3.4	18.3	40.1	29.3	8.8	28.6
第1子							
	10 858	215	1 860	5 047	2 880	856	
総　　数	100.0	2.0	17.1	46.5	26.5	7.9	28.6
Ⅰ　就業継続型 ●●●	1 834　100.0	0.2	12.3	46.0	31.5	10.0	29.5
Ⅱ　一時離職型 ●○●	1 034　100.0	2.3	24.1	47.5	19.8	6.3	27.7
Ⅲ　出産前離職型 ●○○	4 181　100.0	0.9	18.3	49.6	25.0	6.2	28.3
Ⅳ　出産後離職型 ●●○	681　100.0	0.3	16.4	46.5	27.5	9.3	29.0
Ⅴ　無職継続型 ○○○	2 414　100.0	3.9	13.0	44.0	29.8	9.4	29.0
Ⅵ　就業開始型 ○○●	237　100.0	13.5	34.2	31.2	14.8	6.3	25.7
第2子以上							
	11 021	17	602	3 405	4 890	2 107	
総　　数	100.0	0.2	5.5	30.9	44.4	19.1	31.4
Ⅰ　就業継続型 ●●●	1 720　100.0	0.0	2.1	24.5	48.7	24.7	32.4
Ⅱ　一時離職型 ●○●	1 004　100.0	0.2	6.4	30.1	42.2	21.1	31.5
Ⅲ　出産前離職型 ●○○	816　100.0	0.0	5.4	28.3	42.3	24.0	31.9
Ⅳ　出産後離職型 ●●○	206　100.0	0.0	4.9	26.7	44.2	24.3	31.9
Ⅴ　無職継続型 ○○○	5 782　100.0	0.2	4.9	31.8	45.7	17.5	31.3
Ⅵ　就業開始型 ○○●	839　100.0	0.6	13.8	42.7	33.4	9.5	29.4

注：母の就業変化パターンの「総数」にはその他を含む。

　　次に、母の年齢階級別に就業変化パターンの割合をみると、第1子については、20歳以上で年齢階級が上がるにつれ、「Ⅰ就業継続型」、「Ⅴ無職継続型」の割合が多くなり、「Ⅲ出産前離職型」、「Ⅱ一時離職型」の割合が少なくなる傾向がある。「20歳未満」では他の年齢階級とは異なり「Ⅴ無職継続型」が最も多い。市郡別にみると、20歳以上のほとんどの年齢階級で、13大都市に比べ郡部において「Ⅰ就業継続型」が多い傾向がみられる。

図3-1 第1子の出生時の母の年齢階級・市郡別にみた母の就業変化パターン

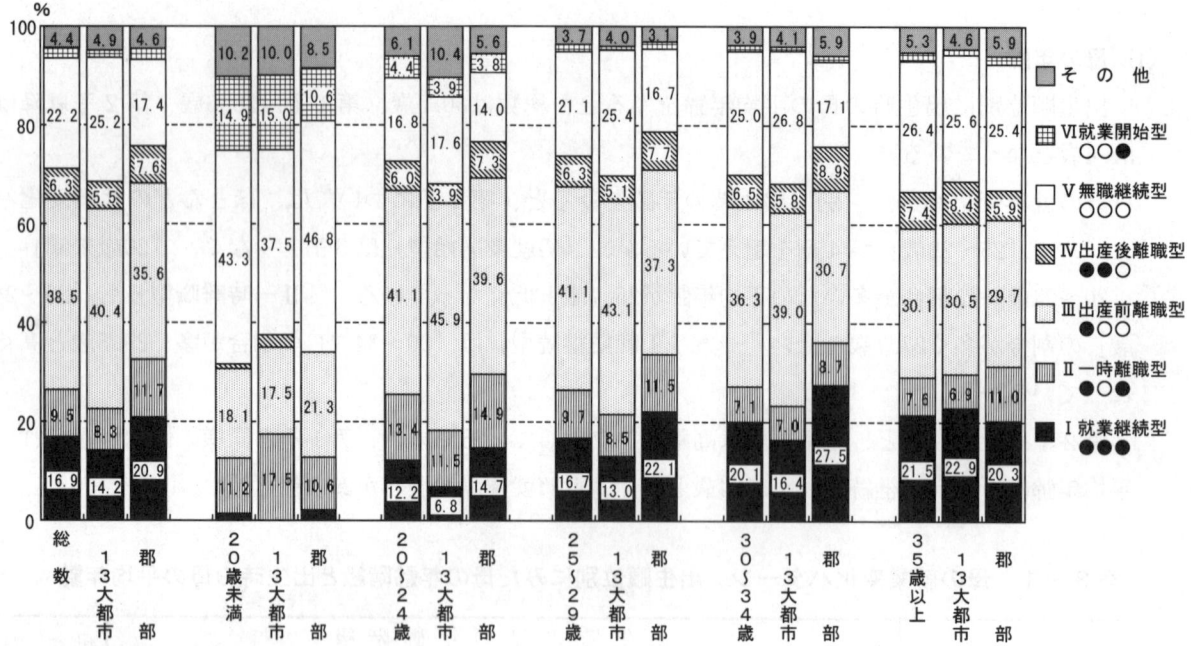

注:市郡別は、13大都市、郡部のみ図示している。

　第2子以上についてみると、「Ⅵ就業開始型」の割合は「20～24歳」では20％程度であるが年齢が上がるにつれ少なくなり、「35歳以上」では4％程度となっている。「Ⅰ就業継続型」の割合は年齢が上がるにつれ多くなっているが、郡部では「35歳以上」が「30～34歳」より少ない。

図3-2 第2子以上の出生時の母の年齢階級・市郡別にみた母の就業変化パターン

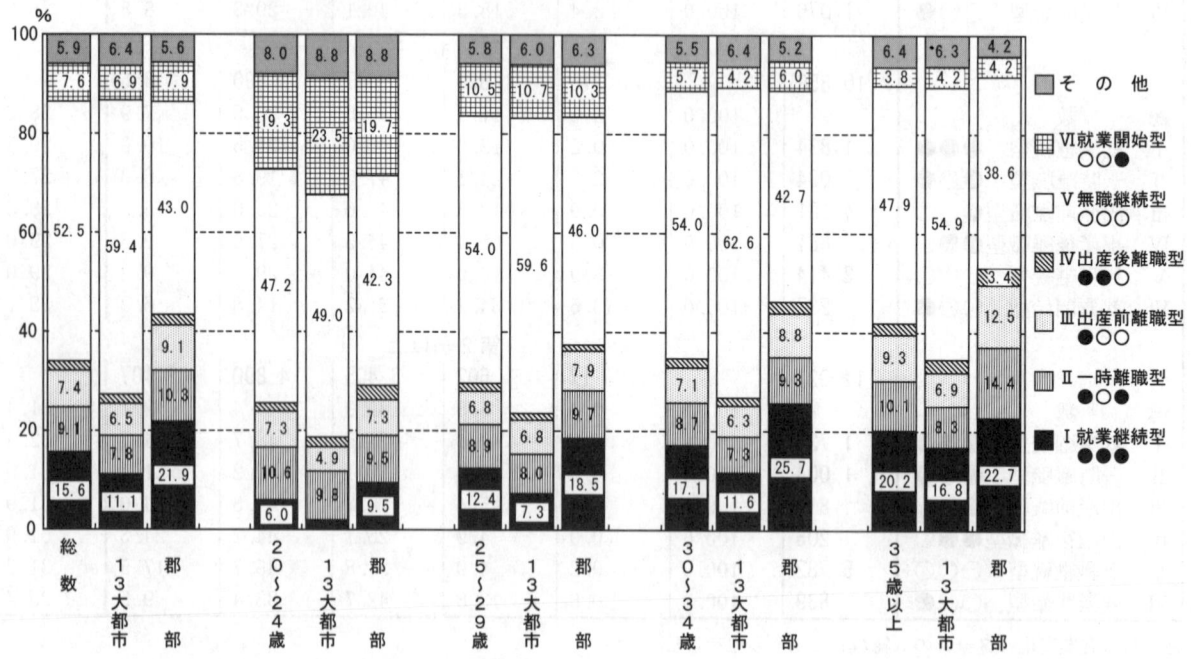

注:市郡別は、13大都市、郡部のみ図示している。

　このように、第1子、第2子以上ともに、年齢が上がるほど、また、13大都市に比べ郡部の方が「Ⅰ就業継続型」が多くなっており、就業が続きやすい状況にあることがうかがわれる。

(2) 父母の結婚期間

　市郡別に第1子出生までの父母の平均結婚期間をみると、総数は1.98年、13大都市は2.23年、郡部は1.75年となり、郡部では13大都市に比べ約0.5年（半年）短くなっている。

　母の就業変化パターン別に第1子出生までの父母の結婚期間をみると、13大都市については、「Ⅴ無職継続型」で「1～2年」が31.7％と他のパターンに比べ多い一方で、「1年未満」、特に「8か月以下」が少ないため、平均結婚期間が2.57年と一番長くなっている。また、「Ⅰ就業継続型」も平均結婚期間が2.49年と比較的長い。一方、「Ⅲ出産前離職型」、「Ⅳ出産後離職型」は「1年未満」が多く、「5年以上」が少ないため、平均結婚期間は短めとなっている。

　郡部についてみると、ほとんどのパターンで13大都市に比べ「1年未満」、「1～2年」の割合が多く、4年以上が少ない。特に、「Ⅱ一時離職型」、「Ⅲ出産前離職型」は「8か月以下」が4割弱と多くを占めている。

表3-2　母の就業変化パターン別にみた嫡出第1子の父母の結婚期間

母の就業変化パターン	総数	1年未満	1～2年	2～3年	3～4年	4～5年	5年以上	(再掲)8か月以下	平均結婚期間
				総　数					
総　数 (人)	10 703	3 970	3 041	1 532	816	499	812	2 605	年 1.98
(%)	100.0	37.1	28.4	14.3	7.6	4.7	7.6	24.3	
Ⅰ 就業継続型 ●●●	1 811	33.0	29.5	15.7	8.0	5.1	8.4	20.6	2.09
Ⅱ 一時離職型 ●○●	995	44.2	26.4	12.5	6.1	3.6	6.6	31.1	1.79
Ⅲ 出産前離職型 ●○○	4 153	42.5	25.7	13.7	7.6	4.2	6.0	28.2	1.82
Ⅳ 出産後離職型 ●●○	676	37.4	25.0	17.2	8.9	3.8	7.4	25.0	1.99
Ⅴ 無職継続型 ○○○	2 389	25.5	35.2	15.2	8.1	5.8	9.9	15.4	2.28
Ⅵ 就業開始型 ○○●	220	49.1	25.5	7.7	6.8	5.0	5.5	36.8	1.64
				(再掲)13大都市					
総　数	2 487	795	676	413	210	137	246	527	2.23
	100.0	32.0	27.2	16.6	8.4	5.5	9.9	21.2	
Ⅰ 就業継続型 ●●●	347	25.9	26.8	19.6	8.4	5.2	13.8	18.2	2.49
Ⅱ 一時離職型 ●○●	208	34.6	30.3	13.9	7.7	4.8	8.2	21.6	2.11
Ⅲ 出産前離職型 ●○○	1 007	38.7	25.3	15.5	7.8	4.7	7.7	25.9	1.97
Ⅳ 出産後離職型 ●●○	139	34.5	23.0	21.6	9.4	3.6	7.2	24.5	2.02
Ⅴ 無職継続型 ○○○	630	21.0	31.7	16.8	10.5	7.9	11.6	11.4	2.57
Ⅵ 就業開始型 ○○●	36	41.7	19.4	19.4	-	8.3	11.1	36.1	2.06
				(再掲)郡　部					
総　数	1 893	833	542	207	127	71	108	556	1.75
	100.0	44.0	28.6	10.9	6.7	3.8	5.7	29.4	
Ⅰ 就業継続型 ●●●	397	36.5	31.7	12.1	8.8	4.8	5.8	22.4	1.90
Ⅱ 一時離職型 ●○●	219	52.1	21.9	9.6	7.3	3.2	5.5	36.5	1.61
Ⅲ 出産前離職型 ●○○	676	53.1	25.3	9.6	5.6	2.1	3.8	37.4	1.48
Ⅳ 出産後離職型 ●●○	138	37.7	30.4	13.8	8.0	4.3	5.8	26.1	1.84
Ⅴ 無職継続型 ○○○	345	30.1	37.4	13.0	5.2	5.5	8.7	16.8	2.07
Ⅵ 就業開始型 ○○●	37	54.1	24.3	2.7	13.5	-	5.4	40.5	1.45

注：父母の結婚期間とは、第1子出生までの期間であり、「総数」は結婚期間不詳を含む。
　　市郡別は出生時のものであり、「総数」にはその他の市を含む。母の就業変化パターンの「総数」にはその他を含む。

(3) 学　歴

　母の学歴別に就業変化パターンの割合をみると、「Ⅰ就業継続型」は、中学校、高校等と学歴が高くなるにつれ多くなり、「大学・大学院」では約25％と4人に1人となっている。各学歴で13大都市に比べ郡部の方が多くなっている。

　父の学歴から母の就業変化パターンをみると、学歴別で大きな違いはみられないが、「大学・大学院」で「Ⅴ無職継続型」が他に比べ少し多い傾向がみられる。

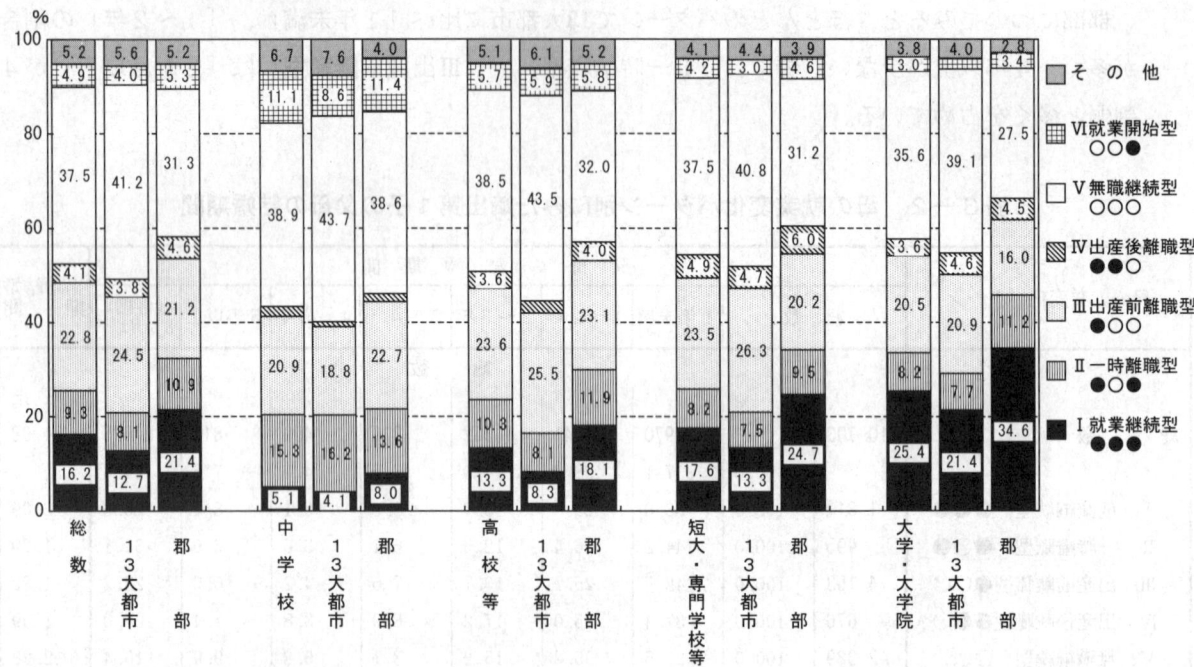

図3－3　母の学歴・市郡別にみた母の就業変化パターン

注：市郡別は、13大都市、郡部のみ図示している。

表3－3　母と父の学歴別にみた母の就業変化パターン

母の就業変化パターン	母の学歴 総数	中学校	高校等	短大・専門学校等	大学・大学院	父の学歴 総数	中学校	高校等	短大・専門学校等	大学・大学院
総　数（人）	21 879	957	8 877	8 890	2 970	21 270	1 461	8 730	3 292	7 587
（％）	(100.0)	(4.4)	(40.6)	(40.6)	(13.6)	(100.0)	(6.9)	(41.0)	(15.5)	(35.7)
	100.0	100.0	100.0	100.0	100.0	100.0	100.0	100.0	100.0	100.0
Ⅰ　就業継続型　●●●	16.2	5.1	13.3	17.6	25.4	16.2	11.2	16.5	17.0	16.9
Ⅱ　一時離職型　●○●	9.3	15.3	10.3	8.2	8.2	8.9	14.6	10.0	9.3	6.5
Ⅲ　出産前離職型　●○○	22.8	20.9	23.6	23.5	20.5	23.1	22.7	23.9	24.7	21.9
Ⅳ　出産後離職型　●●○	4.1	2.1	3.6	4.9	3.6	4.1	3.9	4.1	4.5	4.1
Ⅴ　無職継続型　○○○	37.5	38.9	38.5	37.5	35.6	38.0	32.0	35.3	35.1	44.2
Ⅵ　就業開始型　○○●	4.9	11.1	5.7	4.2	3.0	4.6	8.5	5.5	5.0	2.6
その他	5.2	6.7	5.1	4.1	3.8	5.1	7.0	4.7	4.3	3.8

注：父は同居しているものを対象とした。
　　学歴の「総数」には学歴がその他と不詳を含む。

(4) 同居構成

出生1年半後の同居構成の割合は、全体では75.8%と多くが核家族世帯で、三世代世帯等は21.5%となっている。13大都市では、核家族世帯の割合が85.4%とさらに大きく、逆に郡部では60.5%と小さくなっており、4割が三世代世帯等である。

母の就業変化パターン別に同居構成の割合をみると、13大都市では他のパターンに比べ、「Ⅲ出産前離職型」、「Ⅳ出産後離職型」で核家族世帯の割合が多く、「Ⅰ就業継続型」、「Ⅱ一時離職型」、「Ⅵ就業開始型」で三世代世帯等の割合が多い。また、「Ⅵ就業開始型」では父が単身赴任中以外の母子世帯の割合が多めとなっている。郡部でも「Ⅰ就業継続型」、「Ⅱ一時離職型」で三世代世帯等が多くなっている。

表3-4 母の就業変化パターン別にみた同居構成

母の就業変化パターン	総数		核家族世帯	三世代世帯等	母子世帯	(再掲)父が単身赴任中以外の世帯
		総	数			
総　　数	21 879		16 575	4 695	609	495
	人	% 100.0	75.8	21.5	2.8	2.3
Ⅰ　就業継続型　●●●	3 554	100.0	66.1	31.1	2.8	2.4
Ⅱ　一時離職型　●○●	2 038	100.0	65.7	27.5	6.9	6.3
Ⅲ　出産前離職型●○○	4 997	100.0	81.3	17.0	1.7	1.2
Ⅳ　出産後離職型●●○	887	100.0	75.6	22.5	1.8	1.5
Ⅴ　無職継続型　○○○	8 196	100.0	81.2	17.4	1.4	0.9
Ⅵ　就業開始型　○○●	1 076	100.0	64.6	25.7	9.7	8.6
		(再掲)	13大都市			
総　　数	4 691		4 005	539	147	110
		100.0	85.4	11.5	3.1	2.3
Ⅰ　就業継続型　●●●	598	100.0	82.1	13.7	4.2	3.5
Ⅱ　一時離職型　●○●	380	100.0	79.5	13.2	7.4	6.6
Ⅲ　出産前離職型●○○	1 151	100.0	89.1	8.6	2.3	1.4
Ⅳ　出産後離職型●●○	177	100.0	91.0	8.5	0.6	0.0
Ⅴ　無職継続型　○○○	1 934	100.0	86.2	12.2	1.6	1.0
Ⅵ　就業開始型　○○●	188	100.0	73.9	14.4	11.7	9.0
		(再掲)	郡　部			
総　　数	4 180		2 527	1 545	108	84
		100.0	60.5	37.0	2.6	2.0
Ⅰ　就業継続型　●●●	895	100.0	50.6	47.0	2.3	1.9
Ⅱ　一時離職型　●○●	457	100.0	51.9	43.1	5.0	4.6
Ⅲ　出産前離職型●○○	886	100.0	66.5	32.6	0.9	0.6
Ⅳ　出産後離職型●●○	194	100.0	59.8	37.1	3.1	2.6
Ⅴ　無職継続型　○○○	1 310	100.0	68.6	30.3	1.1	0.5
Ⅵ　就業開始型　○○●	222	100.0	52.3	35.6	12.2	9.9

注：同居構成と市郡は、出生1年半後の状況である。
　　市郡別の「総数」はその他の市と外国を含む。母の就業変化パターンの「総数」にはその他を含む。

次に、同居構成別に母の就業変化パターンの割合をみると、核家族世帯は「Ⅴ無職継続型」が多く、ついで「出産前離職型」となり、市郡による差はあまりみられない。三世代世帯等は13大都市では「Ⅴ無職継続型」が43.8％と多いが、郡部では「Ⅰ就業継続型」が多くなっている。父が単身赴任中以外の母子世帯では、「Ⅱ一時離職型」、「Ⅵ就業開始型」が多い。

また、「Ⅰ就業継続型」は核家族世帯より三世代世帯等で多く、就業が継続している背景として祖父母の支援状況が反映しているものと考えられる。この傾向は、13大都市より郡部で顕著である。

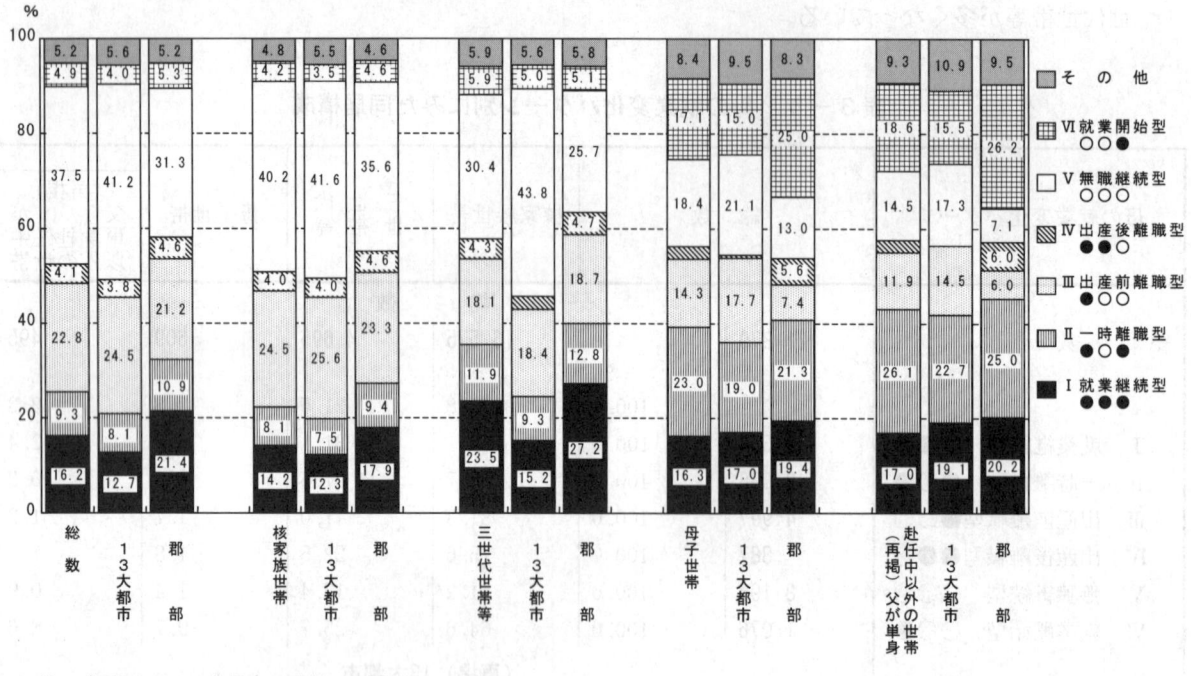

図3－4 同居構成・市郡別にみた母の就業変化パターン

注：市郡別は、13大都市、郡部のみ図示している。

なお、出生半年後と1年半後の祖父母との同居状況の変化をみると、「両時点で同居」は、「Ⅰ就業継続型」が一番多く、ついで「Ⅵ就業開始型」、「Ⅱ一時離職型」となり、1年半後に就業している3パターンで祖父母との同居が多い。これら3パターンでは、「別居から同居へ」、「同居から別居へ」の変動した差も大きくなっており、就業していく過程で祖父母の協力体制が強化されている傾向がみられる。出生後に就業していくためには、祖父母の協力支援体制も大きいものと考えられる。

表3－5 母の就業変化パターン別にみた祖父母との同居状況の変化

母の就業変化パターン	総数	祖父・祖母との同居 両時点で同居	別居から同居へ	同居から別居へ	総数に対する割合（％）両時点で同居	別居から同居へ①	同居から別居へ②	変動の差 ①－②
総　　数	21 879人	4 231	710	503	19.3	3.2	2.3	0.9
Ⅰ　就業継続型　●●●	3 554	1 001	141	69	28.2	4.0	1.9	2.0
Ⅱ　一時離職型　●○○	2 038	517	99	63	25.4	4.9	3.1	1.8
Ⅲ　出産前離職型●○○	4 997	722	145	126	14.4	2.9	2.5	0.4
Ⅳ　出産後離職型●●○	887	174	34	27	19.6	3.8	3.0	0.8
Ⅴ　無職継続型　○○○	8 196	1 284	189	148	15.7	2.3	1.8	0.5
Ⅵ　就業開始型　○○●	1 076	274	62	42	25.5	5.8	3.9	1.9

注：祖父・祖母との同居は、出生半年後と1年半後を比較したものである。母の就業変化の「総数」にはその他を含む。

(5) 保 育 者
　① ふだんの保育者

　　母の就業変化パターン別に出生半年後のふだんの保育者の組合せをみると、すべての就業変化パターンで「母・父母のみ」の割合が最も多いが、「Ⅴ無職継続型」、「Ⅲ出産前離職型」で8割以上を占めるのに対し、「Ⅰ就業継続型」では5割弱となっている。「Ⅰ就業継続型」、「Ⅱ一時離職型」では、他のパターンに比べ「母・父母と祖父母」、「母・父母と保育士等」、「その他」の割合が多く、父母以外の者が育児に関わる度合いが大きい。

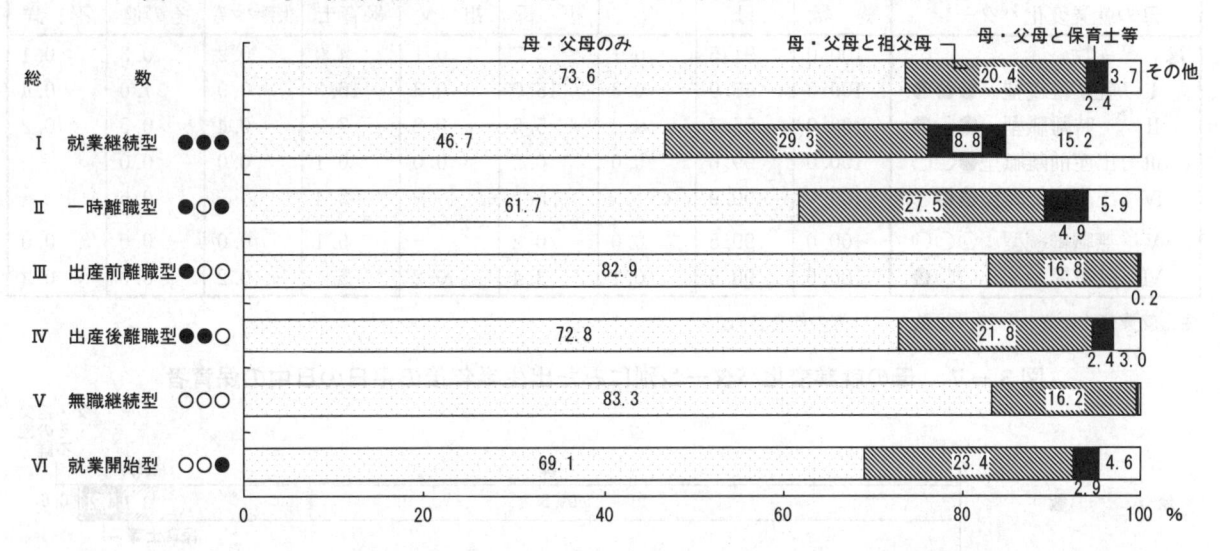

図3-5　母の就業変化パターン別にみた出生半年後のふだんの保育者の組合せ

	母・父母のみ	母・父母と祖父母	母・父母と保育士等	その他
総　　数	73.6	20.4	3.7	2.4
Ⅰ　就業継続型　●●●	46.7	29.3	8.8	15.2
Ⅱ　一時離職型　●○●	61.7	27.5	4.9	5.9
Ⅲ　出産前離職型　●○○	82.9	16.8		0.2
Ⅳ　出産後離職型　●●○	72.8	21.8	2.4	3.0
Ⅴ　無職継続型　○○○	83.3	16.2		
Ⅵ　就業開始型　○○●	69.1	23.4	4.6	2.9

　出生1年半後には、母が就業中である「Ⅰ就業継続型」、「Ⅱ一時離職型」、「Ⅵ就業開始型」の3つのパターンで、保育士等や祖父母を含んだ組合せの割合が圧倒的に多くなる一方で、「母・父母のみ」は激減している。特に「Ⅰ就業継続型」では、「母・父母のみ」は7.6%しかなく、保育士等や祖父母の協力体制のもとで、仕事と育児を両立させている状況がうかがえる。

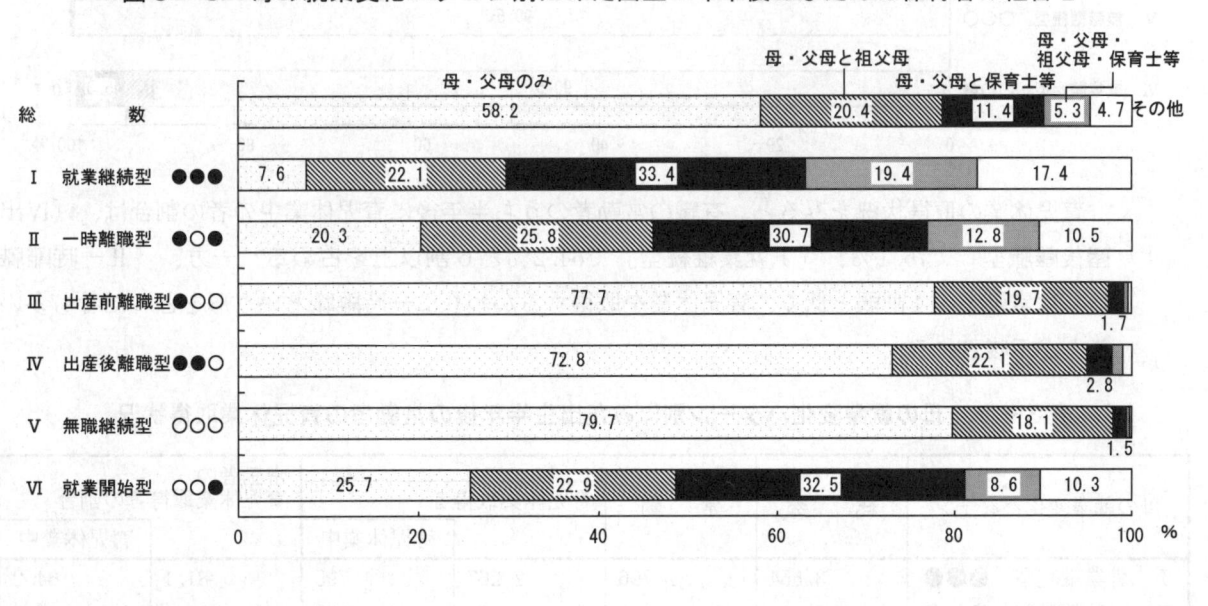

図3-6　母の就業変化パターン別にみた出生1年半後のふだんの保育者の組合せ

	母・父母のみ	母・父母と祖父母	母・父母と保育士等	母・父母・祖父母・保育士等	その他
総　　数	58.2	20.4	11.4	5.3	4.7
Ⅰ　就業継続型　●●●	7.6	22.1	33.4	19.4	17.4
Ⅱ　一時離職型　●○●	20.3	25.8	30.7	12.8	10.5
Ⅲ　出産前離職型　●○○	77.7	19.7			1.7
Ⅳ　出産後離職型　●●○	72.8	22.1			2.8
Ⅴ　無職継続型　○○○	79.7	18.1			1.5
Ⅵ　就業開始型　○○●	25.7	22.9	32.5	8.6	10.3

② 平日の日中の保育者

　出生半年後の平日の日中の保育者を母の就業変化パターン別にみると、すべてのパターンで「母」が最も多いが、この時点で就業していない「Ⅴ無職継続型」、「Ⅲ出産前離職型」ではほとんどが「母」である。

　「Ⅰ就業継続型」では「祖母」が15.0%、「保育士等」が17.2%と他のパターンに比べ多いが、まだ約6割は「母」となっており、産休等を終え仕事へ復帰する者がいる一方で、育児休業中の者も多いことがうかがえる。

表3-6　母の就業変化パターン別にみた出生半年後の平日の日中の保育者

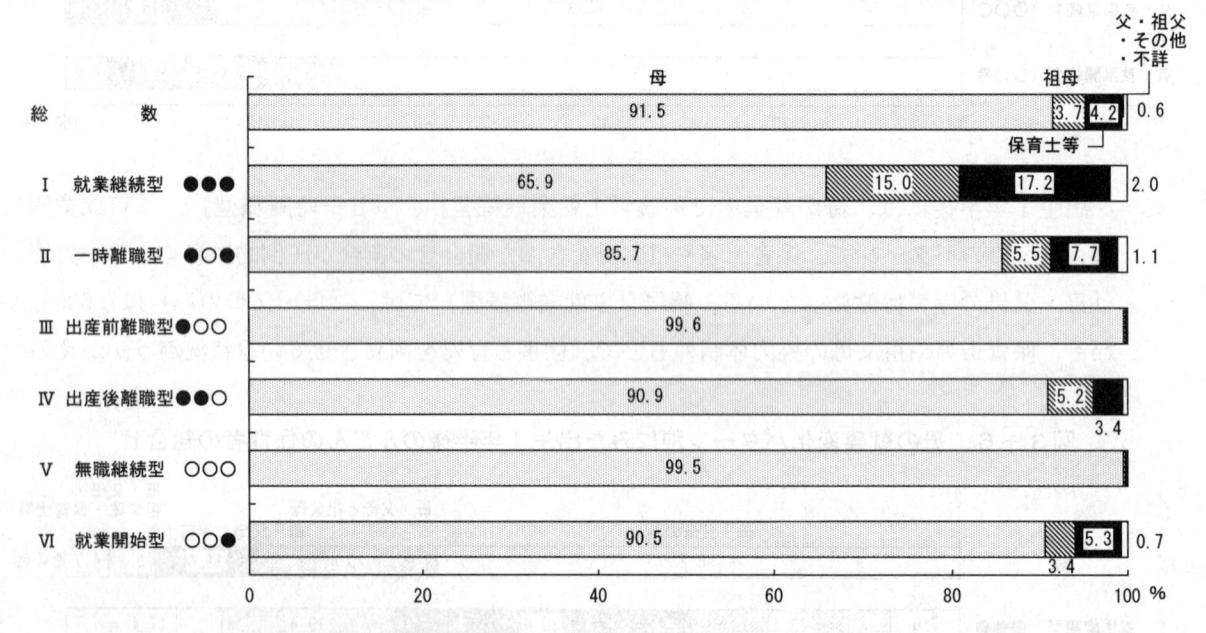

母の就業変化パターン	総数	母	父	祖母	祖父	保育士	保育ママ等	その他	不詳
総　　数	100.0	91.5	0.1	3.7	0.1	4.0	0.2	0.3	0.1
Ⅰ　就業継続型　●●●	100.0	65.9	0.3	15.0	0.3	16.3	0.9	1.0	0.4
Ⅱ　一時離職型　●○●	100.0	85.7	0.2	5.5	0.2	7.2	0.4	0.5	0.2
Ⅲ　出産前離職型●○○	100.0	99.6	0.0	0.2	0.0	0.1	0.0	0.0	-
Ⅳ　出産後離職型●●○	100.0	90.9	-	5.2	-	3.4	-	0.6	-
Ⅴ　無職継続型　○○○	100.0	99.5	0.0	0.2	-	0.1	0.0	0.0	0.0
Ⅵ　就業開始型　○○●	100.0	90.5	0.1	3.4	0.2	5.1	0.2	0.3	0.2

注：就業変化パターンの「総数」にはその他を含む。

図3-7　母の就業変化パターン別にみた出生半年後の平日の日中の保育者

　育児休業の取得状況をみると、有職の常勤者のうち半年後に育児休業中の者の割合は、「Ⅳ出産後離職型」で76.1%、「Ⅰ就業継続型」で64.2%と6割以上を占める。一方、「Ⅱ一時離職型」は常勤者の4割弱と低く、育児休業を取得するかわりに一時離職という形をとった者も多いことが示唆される。

表3-7　母の就業変化パターン別にみた出生半年後の常勤者の育児休業取得状況

母の就業変化パターン	総　数	常　勤	育児休業取得者	育児休業中	常勤者の育児休業取得者の割合	育児休業中
Ⅰ　就業継続型　●●●	3 554	2 796	2 267	1 795	81.1	64.2
Ⅱ　一時離職型　●○●	2 038	146	73	55	50.0	37.7
Ⅳ　出産後離職型●●○	887	297	263	226	88.6	76.1
Ⅵ　就業開始型　○○●	1 076	35	6	3	17.1	8.6

注：育児休業取得者は、育児休業を「すでに取得した」、「現在取得中である」、「これから取得する予定である」を合わせた者である。

次に、出生1年半後の平日の日中の保育者を母の就業変化パターン別にみると、母が就業中である「Ⅰ就業継続型」、「Ⅱ一時離職型」、「Ⅵ就業開始型」の3つのパターンで、「保育士等」が大幅に増加し、各々56.8％、42.3％、43.7％となっている。また、「祖母」の割合も多くなっており、子どもを保育所や祖母に預けて仕事をしている状況がうかがえる。

表3-8　母の就業変化パターン別にみた出生1年半後の平日の日中の保育者

母の就業変化パターン	総数	母	父	祖母	祖父	保育士	保育ママ等	その他	不詳
総数	100.0	76.6	0.2	5.5	0.3	16.9	0.2	0.2	0.1
Ⅰ　就業継続型　●●●	100.0	18.3	0.3	22.5	1.1	56.0	0.8	1.0	0.1
Ⅱ　一時離職型　●○●	100.0	44.4	0.5	11.7	0.6	42.1	0.3	0.4	0.0
Ⅲ　出産前離職型●○○	100.0	97.9	0.1	0.3	0.0	1.6	0.0	-	0.1
Ⅳ　出産後離職型●●○	100.0	95.8	-	0.6	-	3.4	0.1	-	0.1
Ⅴ　無職継続型　○○○	100.0	98.1	0.1	0.3	0.1	1.4	0.0	0.0	0.0
Ⅵ　就業開始型　○○●	100.0	45.4	0.3	8.9	0.9	43.4	0.3	0.7	0.1

注：就業変化パターンの「総数」にはその他を含む。

図3-8　母の就業変化パターン別にみた出生1年半後の平日の日中の保育者

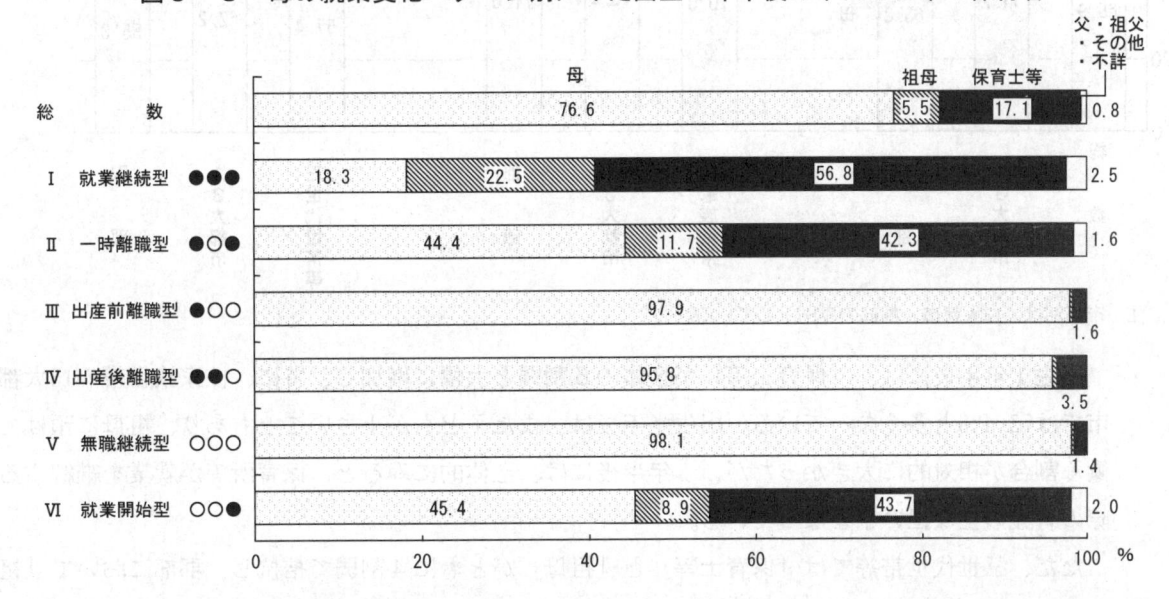

また、出生1年半後の祖父母との行き来の状況をみると、祖父母との同居を含め、祖父母との行き来が週2～3回以上行われている割合は、「Ⅰ就業継続型」が最も多く、約7割となっている。他の就業中の2パターンについても、無職のパターンに比べ多くなっている。

図3-9　母の就業変化パターン別にみた出生1年半後の祖父母との行き来

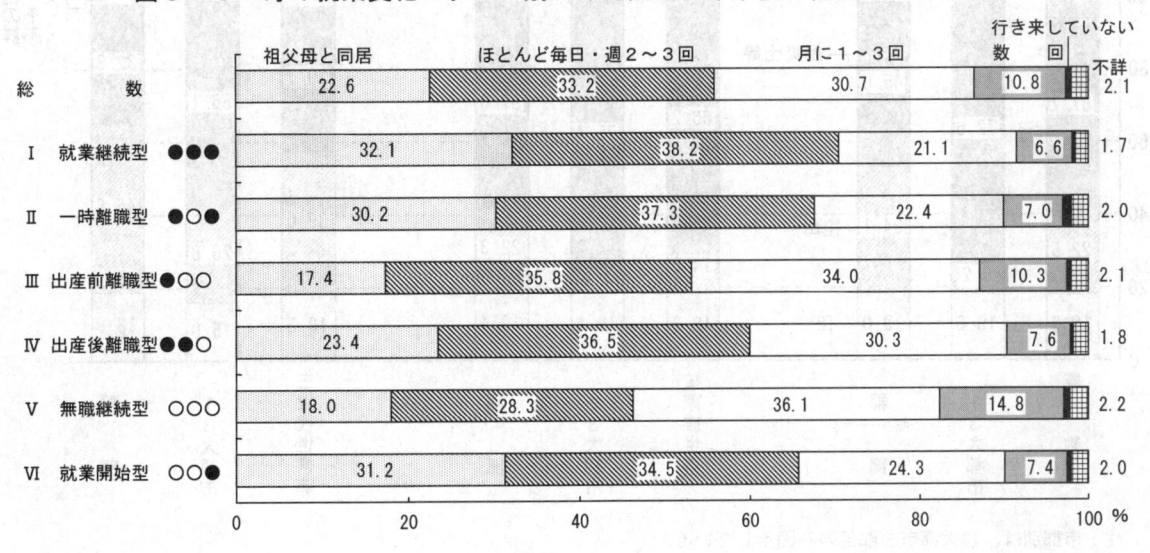

③ 「Ⅰ就業継続型」の平日の日中の保育者

　一貫して就業を継続している「Ⅰ就業継続型」の平日の日中の保育者について、同居構成別・市郡別にみると、出生半年後には、全体では、母が多いものの「保育士等」と「祖母」がほぼ同程度の割合であるが、両者を比較すると、核家族世帯では「保育士等」が、三世代世帯等では「祖母」の方が多くなっている。さらに、市郡別にみると、核家族世帯、三世代世帯等ともに、13大都市より郡部の方が「祖母」に保育を任せている割合が多く、13大都市全体では「保育士等」が、郡部全体では「祖母」の方が多い状況であった。

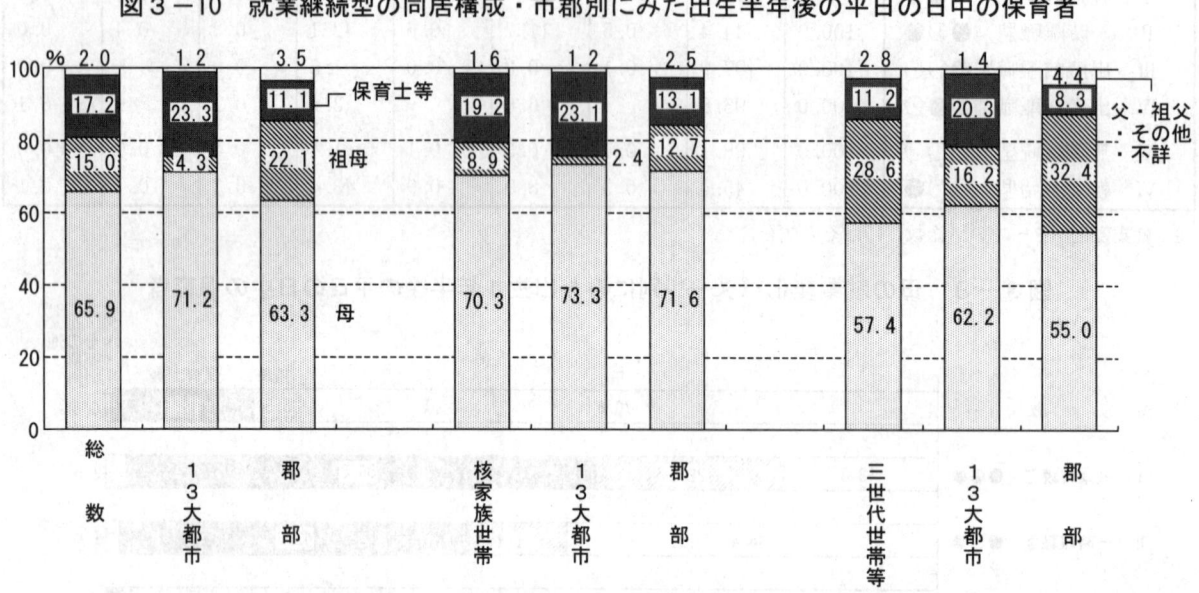

図3-10　就業継続型の同居構成・市郡別にみた出生半年後の平日の日中の保育者

注：市郡別は、13大都市、郡部のみ図示している。

　出生1年半後には、「保育士等」が全体の6割弱と大幅に増加し、特に、核家族世帯の13大都市では75.4%と多くなっている。出生半年後は、まだ子どもが小さいこともあり、祖母に預けて働く割合が相対的に大きかったが、1年半後には、全体的にみると、保育所等が就業を継続する際の育児の主な担い手となっている。

　ただ、三世代世帯等では「保育士等」と「祖母」がともに4割弱で拮抗し、郡部において「祖母」が5割弱で最も多くなっており、半年後と同様、核家族世帯より三世代世帯等で、13大都市より郡部で「祖母」に保育を任せている割合が多いという傾向がみられる。

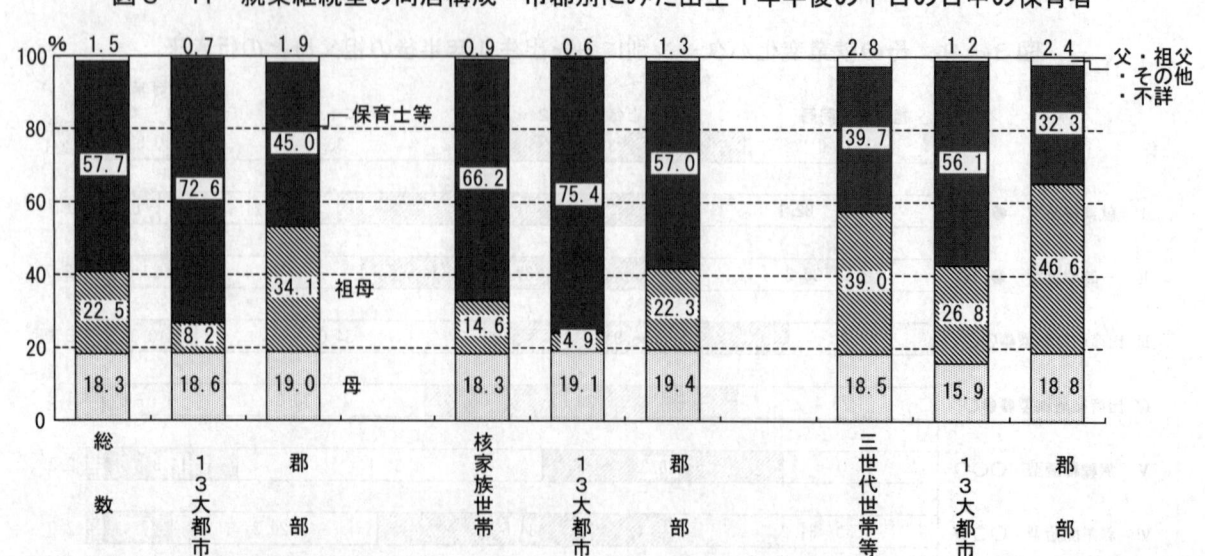

図3-11　就業継続型の同居構成・市郡別にみた出生1年半後の平日の日中の保育者

注：市郡別は、13大都市、郡部のみ図示している。

(6) 父の育児・家事の状況

① 父の育児の状況

母の就業変化パターン別に出生1年半後の父の育児の状況をみると、すべてのパターンで、「いつもする」割合が最も多い育児項目は、「家の中で相手をする」となっている。

母が「Ⅰ就業継続型」の父は、すべての育児項目で「いつもする」割合が他のパターンに比べ多くなっており、積極的に育児に参加している状況がうかがえる。

一方、「Ⅴ無職継続型」、「Ⅲ出産前離職型」は、多くの項目で、他のパターンに比べ「まったくしない」割合が多くなっている。

概して、母が就業している場合の方が、父が母と協力して育児に参加する傾向がみられ、特に「Ⅰ就業継続型」で顕著である。

表3-9　母の就業変化パターン別にみた出生1年半後の父の育児の状況

母の就業変化パターン	総数	食事の世話をする いつもする	食事の世話をする まったくしない	おむつを取り換える いつもする	おむつを取り換える まったくしない	入浴させる いつもする	入浴させる まったくしない	寝かしつける いつもする	寝かしつける まったくしない	家の中で話し相手や遊び相手をする いつもする	家の中で話し相手や遊び相手をする まったくしない	屋外へ遊びに連れて行く いつもする	屋外へ遊びに連れて行く まったくしない
総　数	100.0	9.2	11.6	8.3	12.0	35.0	4.6	11.0	17.2	44.3	0.6	17.6	2.6
Ⅰ　就業継続型　●●●	100.0	17.3	7.2	19.5	8.7	43.8	3.6	17.4	11.2	54.0	0.5	32.5	1.6
Ⅱ　一時離職型　●○●	100.0	10.9	11.5	9.7	12.9	34.7	5.2	11.5	15.6	46.4	0.7	19.5	3.3
Ⅲ　出産前離職型　●○○	100.0	6.9	13.4	6.0	12.2	37.3	4.8	10.0	19.7	48.7	0.5	14.4	3.0
Ⅳ　出産後離職型　●●○	100.0	7.3	10.1	5.6	10.4	39.3	3.8	12.3	19.3	46.7	0.2	16.1	2.5
Ⅴ　無職継続型　○○○	100.0	6.9	13.0	5.0	13.0	30.3	5.1	8.5	18.8	38.2	0.7	13.5	2.8
Ⅵ　就業開始型　○○●	100.0	11.2	9.4	9.0	11.8	32.6	3.9	12.2	14.5	42.0	0.7	17.2	2.5

注：　　　は各項目で、最も多い数値である。
　　父と同居しているものを対象とした。
　　育児の状況は、「いつもする」、「まったくしない」以外に、「ときどき」、「ほとんどしない」、「不詳」がある。
　　就業変化パターンの「総数」にはその他を含む。

図3-12　母の就業変化パターン別にみた
出生1年半後の父の育児の状況　【いつもする】

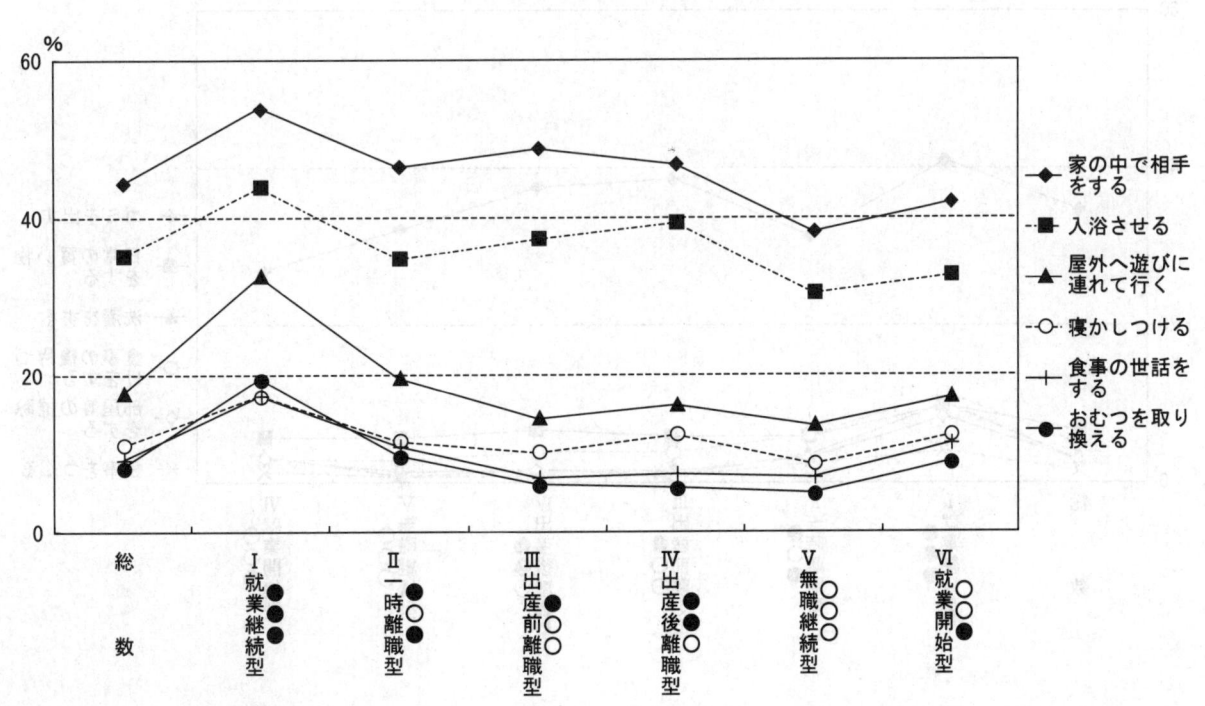

② 父の家事の状況

母の就業変化パターン別に出生1年半後の父の家事の状況をみると、すべてのパターンで、「いつもする」割合が最も多い家事項目は「ゴミを出す」となっており、他の項目に比べ突出している。

育児と同じように、母が「Ⅰ就業継続型」の父は、すべての家事項目で「いつもする」割合が他のパターンに比べ多く、父が家事を分担している状況がうかがえる。また、「まったくしない」割合は「Ⅴ無職継続型」、「Ⅲ出産前離職型」、「Ⅵ就業開始型」で多い。

概して、母が就業している場合の方が、父が家事を分担する度合いが強い傾向がみられ、特に「Ⅰ就業継続型」でこの傾向が強くなっている。

表3-10　母の就業変化パターン別にみた出生1年半後の父の家事の状況

母の就業変化パターン	総数	食事をつくる いつもする	食事をつくる まったくしない	食事の後片づけをする いつもする	食事の後片づけをする まったくしない	部屋等の掃除をする いつもする	部屋等の掃除をする まったくしない	洗濯をする いつもする	洗濯をする まったくしない	ゴミを出す いつもする	ゴミを出す まったくしない	日常の買い物をする いつもする	日常の買い物をする まったくしない
総数	100.0	1.5	48.6	4.8	37.1	2.8	37.3	2.7	57.9	34.7	25.4	6.5	23.4
Ⅰ 就業継続型 ●●●	100.0	4.0	39.5	11.4	26.8	8.4	24.6	10.0	40.3	41.0	21.0	9.9	20.6
Ⅱ 一時離職型 ●●○	100.0	2.4	45.7	6.0	36.9	3.2	36.6	3.5	56.2	31.3	28.0	5.8	27.1
Ⅲ 出産前離職型 ●○○	100.0	0.8	51.7	3.8	40.1	1.4	42.5	0.9	63.8	38.6	24.4	5.8	22.6
Ⅳ 出産後離職型 ●●○	100.0	0.8	50.9	3.9	35.7	1.6	38.7	1.6	58.7	37.5	23.8	6.7	23.7
Ⅴ 無職継続型 ○○○	100.0	0.7	52.4	2.8	40.2	1.3	40.1	0.8	62.9	32.2	26.9	5.6	23.6
Ⅵ 就業開始型 ○○●	100.0	1.3	46.0	2.9	37.9	3.1	37.1	3.3	60.2	26.9	32.4	5.7	28.4

注：　　　は各項目で、最も多い数値である。
父と同居しているものを対象とした。
家事の状況は、「いつもする」、「まったくしない」以外に、「ときどき」、「ほとんどしない」、「不詳」がある。
就業変化パターンの「総数」にはその他を含む。

図3-13　母の就業変化パターン別にみた
出生1年半後の父の家事の状況　【いつもする】

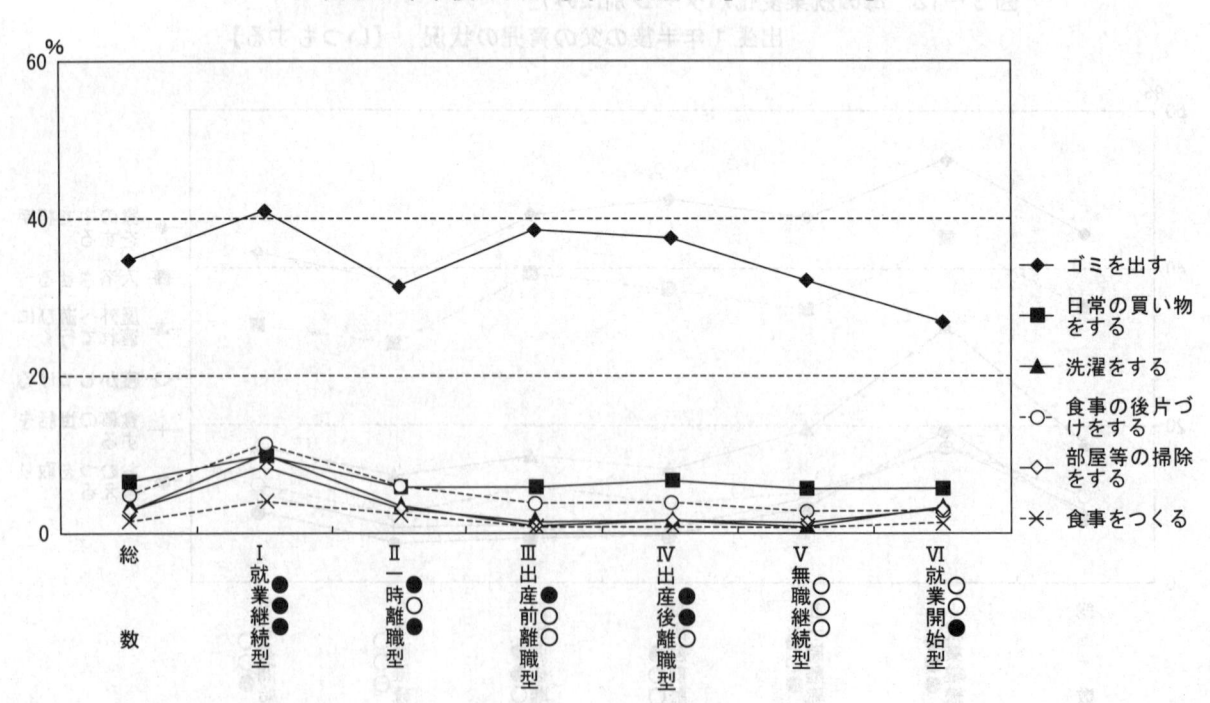

(7) 経済状況

① 出生前1年間（平成12年）の収入

母の就業変化パターン別に出生前1年間の収入をみると、母の平均収入は、1年間を通じて有職だったと想定される「Ⅰ就業継続型」と「Ⅳ出産後離職型」で高く、それぞれ314万円、232万円となっている。両者を比較すると、母の平均収入は「Ⅰ就業継続型」の方が高く、一方で父の平均収入にはあまり差がみられないことから、母は自分の収入が高ければ、父の収入にかかわらず、出生後に仕事を辞めずに就業を継続する傾向が強いことがうかがえる。

表3-11 母の就業変化パターン別にみた出生前1年間の平均収入
（万円）

母の就業変化パターン	母の収入	父の収入	全収入
総　　　数	96	453	563
Ⅰ　就業継続型 ●●●	314	443	771
Ⅱ　一時離職型 ●○●	111	379	505
Ⅲ　出産前離職型 ●○○	104	425	542
Ⅳ　出産後離職型 ●●○	232	436	676
Ⅴ　無職継続型 ○○○	1	507	518
Ⅵ　就業開始型 ○○●	7	382	401

注：嫡出子を対象とした。
　　就業変化パターンの「総数」にはその他を含む。

「Ⅱ一時離職型」と「Ⅲ出産前離職型」の母の平均収入は、無職であった期間があることや、常勤の割合が少ないこと等から、100万円程度と少なくなっている。

また、父の平均収入をみると、母が「Ⅴ無職継続型」の父が最も高く、「Ⅵ就業開始型」、「Ⅱ一時離職型」は低くなっており、父の収入が高いと母は無職を継続し、低いと就業を開始・再開するという傾向がみられる。

図3-14　母の就業変化パターン別にみた出生前1年間の父母の平均収入

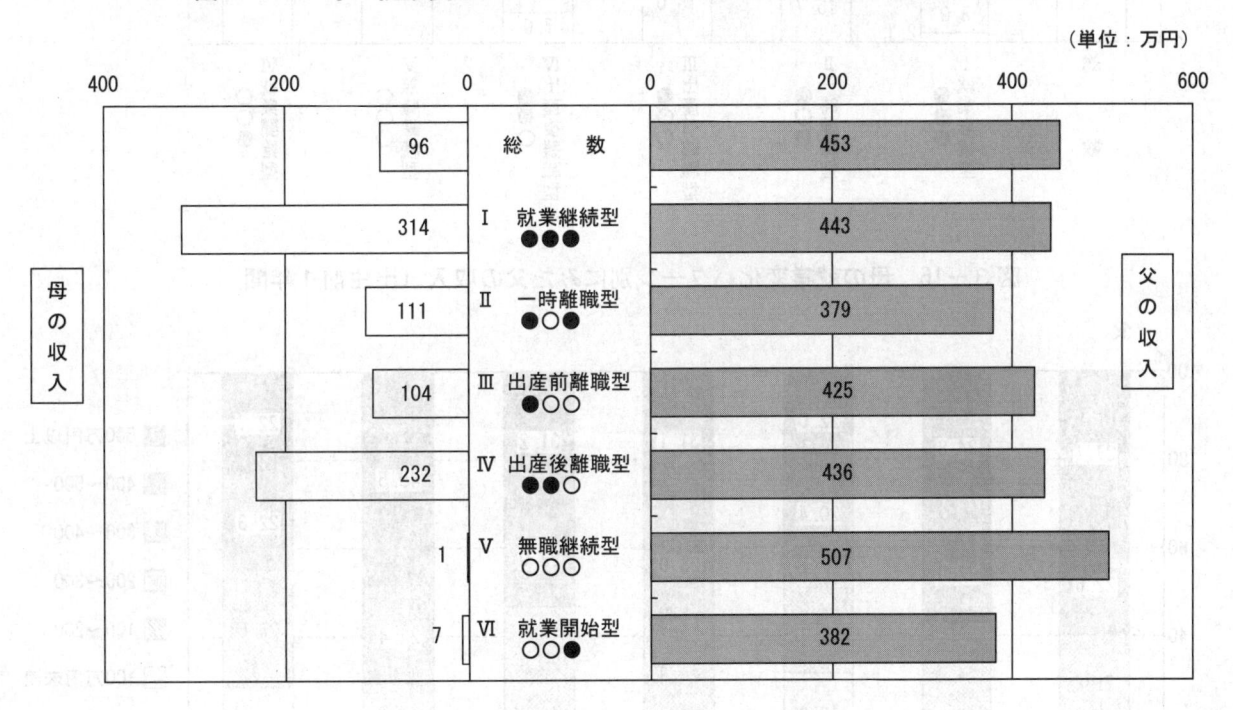

（単位：万円）

母の就業変化パターン	母の収入	父の収入
総　　　数	96	453
Ⅰ　就業継続型 ●●●	314	443
Ⅱ　一時離職型 ●○●	111	379
Ⅲ　出産前離職型 ●○○	104	425
Ⅳ　出産後離職型 ●●○	232	436
Ⅴ　無職継続型 ○○○	1	507
Ⅵ　就業開始型 ○○●	7	382

さらに、出生前1年間の父母の収入について収入階級別の構成割合をみると、母は「Ⅰ就業継続型」で高い収入階級の割合が多く、特に「500万円以上」、「400～500万円」が他のパターンに比べ多くなっている。

父では、母が「Ⅴ無職継続型」で高い収入階級の割合が多く、「500万円以上」が約5割を占める。父の収入が高く、母が就業しなくても生活に困らないことから、無職を継続し育児に専念しているという姿がうかがえる。

一方、母が「Ⅵ就業開始型」、「Ⅱ一時離職型」の父では、低い収入階級の割合が多くなっている。

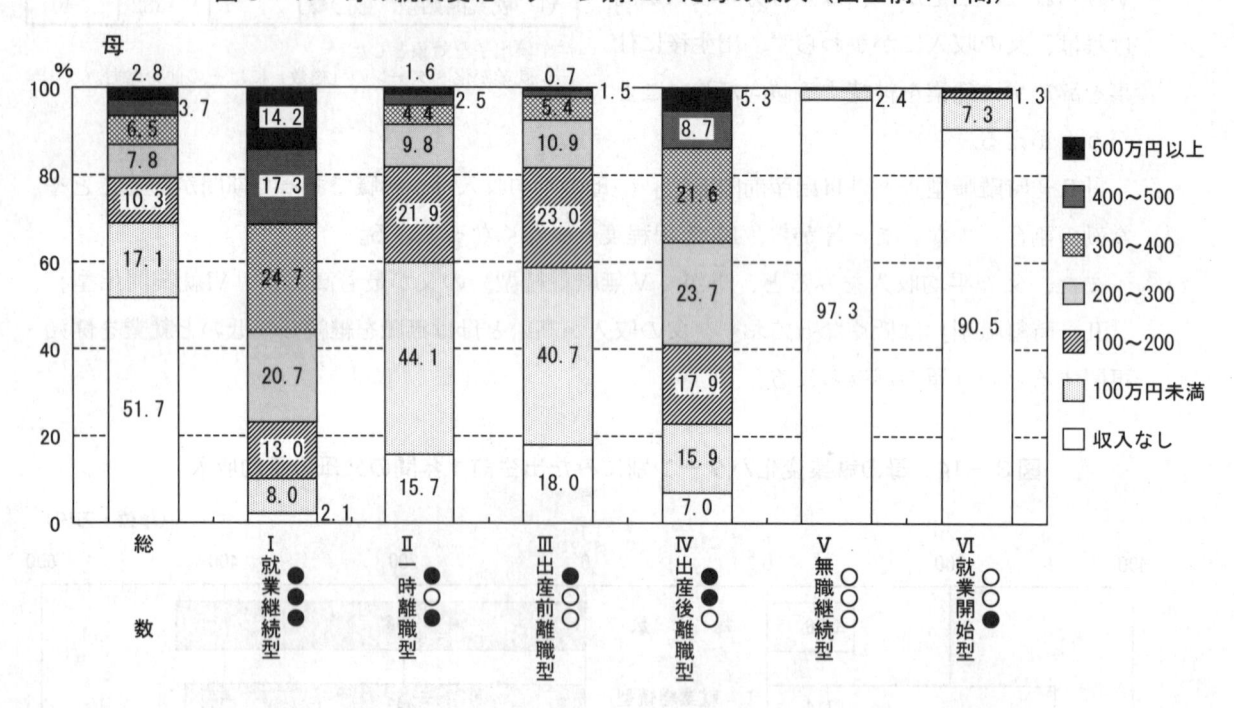

図3-15 母の就業変化パターン別にみた母の収入（出生前1年間）

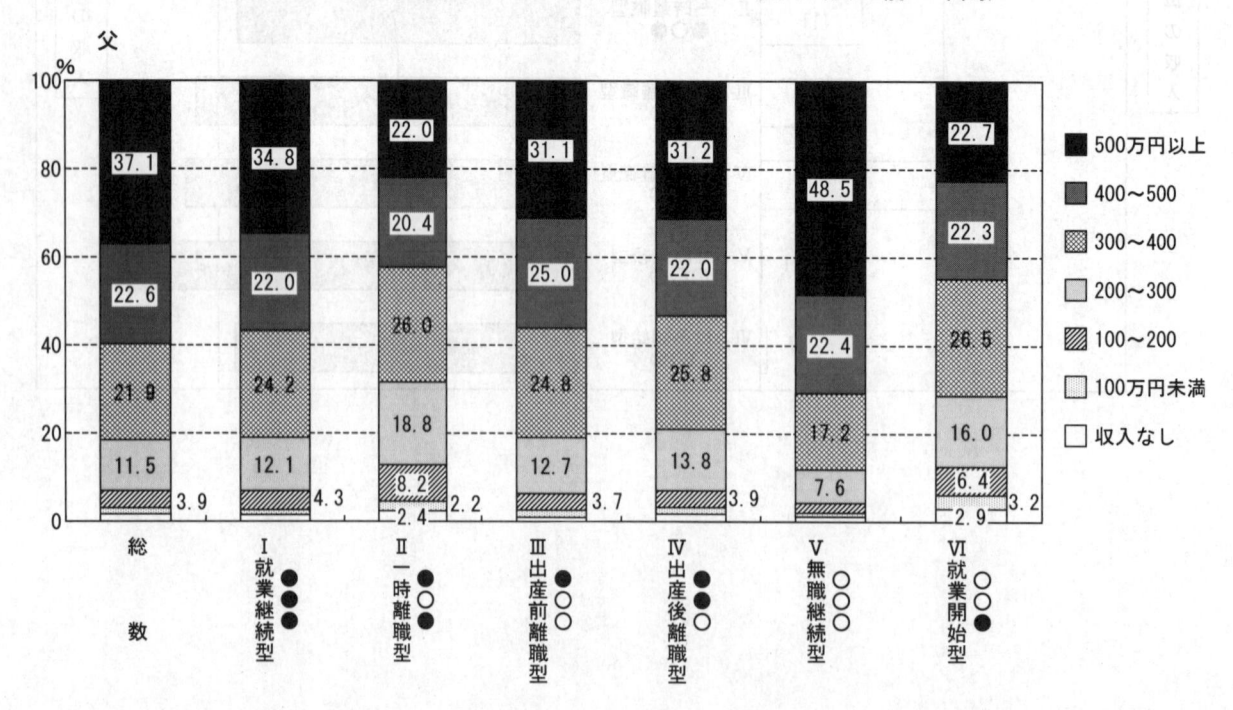

図3-16 母の就業変化パターン別にみた父の収入（出生前1年間）

② 出生後1年間（平成13年）の収入

母の就業変化パターン別に、出生後1年間の収入をみると、母の平均収入は、育児休業や離職した期間があることから、新たに就業を開始した「Ⅵ就業開始型」を除き、出生前1年間に比べ低くなっている。就業を継続している「Ⅰ就業継続型」の平均収入は172万円と他のパターンに比べ高くなっているが、それでも出生前1年間の5割強の水準であり、一時的な側面はあるものの、出生により収入が低下している状況がみられる。

父の平均収入は、全体的に若干高くなっているものの、出生前1年間とほぼ同じ傾向がみられる。ただ、母が「Ⅵ就業開始型」の父に限っては、他のパターンと異なり、平均収入が下がっており、父の収入の減少が母の就業開始につながっている可能性がある。

表3-12　母の就業変化パターン別にみた出生後1年間の平均収入

（万円）

母の就業変化パターン	母の収入	父の収入	全収入
総　　数	32	461	518
Ⅰ　就業継続型　●●●	172	446	648
Ⅱ　一時離職型　●○●	41	382	444
Ⅲ　出産前離職型●○○	1	443	466
Ⅳ　出産後離職型●●○	26	465	521
Ⅴ　無職継続型　○○○	0	516	535
Ⅵ　就業開始型　○○●	23	364	409

注：嫡出子を対象とした。
　　就業変化パターンの「総数」にはその他を含む。

図3-17　母の就業変化パターン別にみた出生後1年間の父母の平均収入

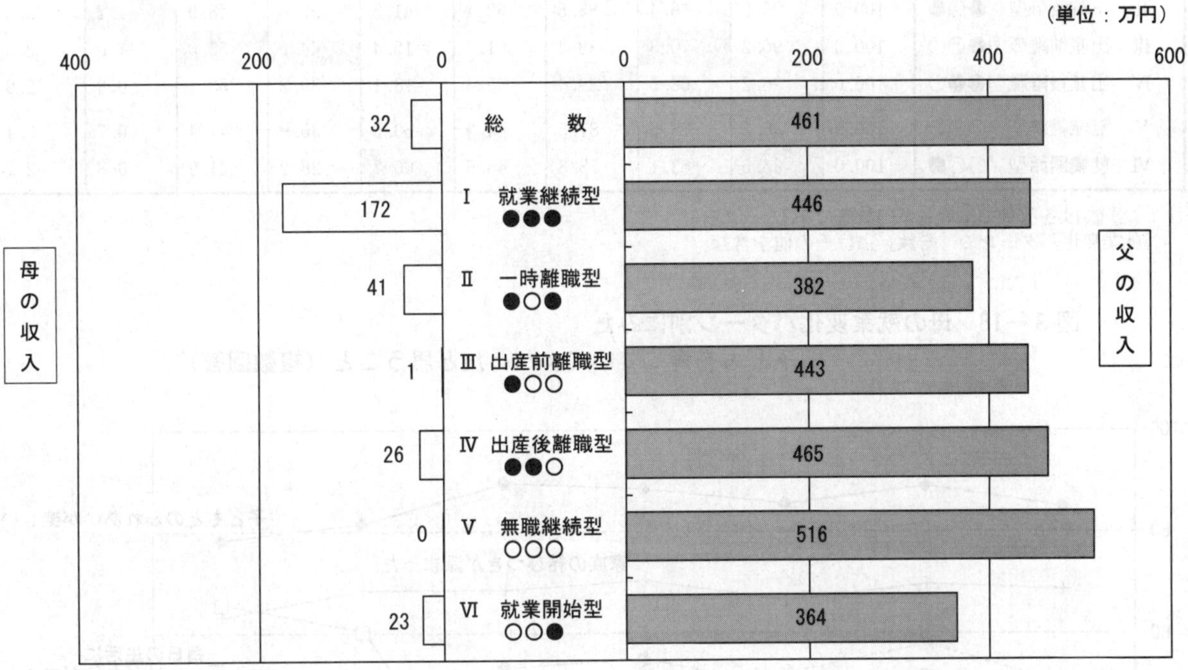

（単位：万円）

パターン	母の収入	父の収入
総　数	32	461
Ⅰ　就業継続型　●●●	172	446
Ⅱ　一時離職型　●○●	41	382
Ⅲ　出産前離職型●○○	1	443
Ⅳ　出産後離職型●●○	26	465
Ⅴ　無職継続型　○○○	0	516
Ⅵ　就業開始型　○○●	23	364

(8) 子育て意識

① 子どもを育てていてよかったと思うこと

　母の就業変化パターン別に出生1年半後の「子どもを育てていてよかったと思うこと」をみると、すべての就業変化パターンで、「よかったと思うことがある」の割合が非常に多く、特に「子どもとのふれあいが楽しい」の割合が多い。「子育てを通じて自分の友人が増えた」は、無職の3パターン（Ⅲ、Ⅳ、Ⅴ）で多くなっている。

　なお、「上の子に、兄・姉の自覚がめばえた」は「Ⅲ出産前離職型」と「Ⅳ出産後離職型」でかなり少なくなっているが、これは第1子の割合が多く、兄・姉がいないケースが多いためである。

表3-13　母の就業変化パターン別にみた
出生1年半後の子どもを育てていてよかったと思うこと（複数回答）

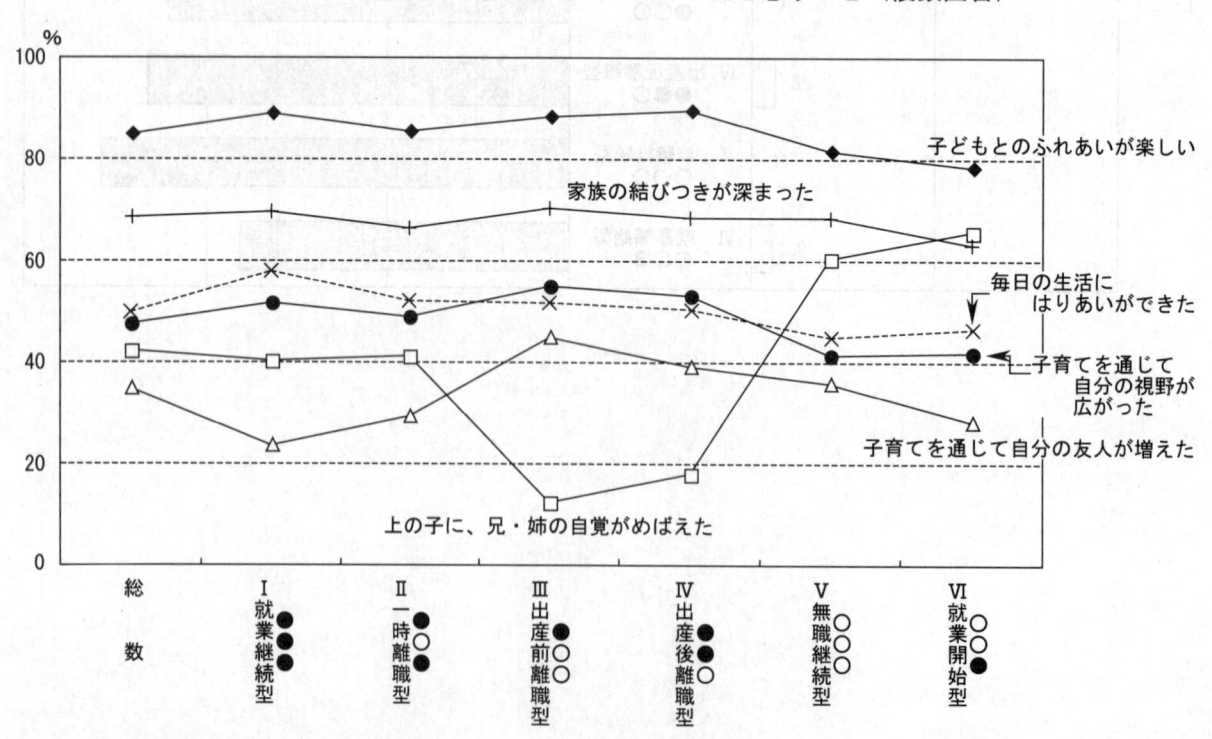

母の就業変化パターン	総数	家族の結びつきが深まった	子どもとのふれあいが楽しい	毎日の生活にはりあいができた	上の子に兄・姉の自覚がめばえた	子育てを通じて自分の友人が増えた	子育てを通じて自分の視野が広がった	よかったと思うことは特にない	不詳
総　数	100.0	96.0	68.6	85.0	49.8	42.4	34.9	47.6	0.8	3.2
Ⅰ　就業継続型　●●●	100.0	95.5	69.6	89.0	58.0	40.4	23.6	51.7	0.6	3.9
Ⅱ　一時離職型　●●○	100.0	95.5	66.4	85.5	52.1	41.3	29.4	48.9	1.2	3.3
Ⅲ　出産前離職型●○○	100.0	96.2	70.3	88.4	51.7	12.4	44.9	55.0	1.0	2.9
Ⅳ　出産後離職型●●○	100.0	96.2	68.5	89.6	50.4	18.1	39.2	53.1	0.9	2.9
Ⅴ　無職継続型　○○○	100.0	96.2	68.5	81.5	44.9	60.5	35.9	41.4	0.7	3.1
Ⅵ　就業開始型　○○●	100.0	96.6	63.1	78.3	46.5	65.7	28.2	41.9	0.8	2.7

注：　　　は各項目で、最も多い数値である。
　　就業変化パターンの「総数」にはその他を含む。

図3-18　母の就業変化パターン別にみた
子どもを育てていてよかったと思うこと（複数回答）

② 子どもを育てていて負担に思うこと

　母の就業変化パターン別に出生1年半後の「子どもを育てていて負担に思うこと」をみると、「子育てで出費がかさむ」は、他のパターンに比べ全収入の平均が低かった「Ⅵ就業開始型」、「Ⅱ一時離職型」で多くなっており、子育ての経済的負担感が、出生後に仕事を始める動機のひとつとなっていることがうかがえる。

　また、身体的負担感である「子育てによる身体の疲れが大きい」は「Ⅴ無職継続型」で多くなっている。

　「仕事が十分にできない」は「Ⅱ一時離職型」で、「子どもが病気がちである」は「Ⅰ就業継続型」で最も多いが、両者とも就業中の3パターン（Ⅰ、Ⅱ、Ⅵ）で多いという特徴がある。背景として、育児と仕事の両方をこなさなければならないことや、子どもが保育所等で集団生活をすることで病気にかかりやすいことなどが考えられる。

　逆に「目が離せないので気が休まらない」は無職の3パターン（Ⅲ、Ⅳ、Ⅴ）で若干多めとなっている。平日日中の育児を主として母が担っていることなどが影響していると考えられる。

表3－14　母の就業変化パターン別にみた
　　　　出生1年半後の子どもを育てていて負担に思うこと（複数回答）

母の就業変化パターン	総数	子育てによる身体の疲れが大きい	子育てで出費がかさむ	自分の自由な時間が持てない	夫婦で楽しむ時間がない	仕事が十分にできない	子育てが大変なことを身近な人が理解してくれない	子どもが病気がちである	目が離せないので気が休まらない	負担に思うことは特にない	不詳
総　　数	100.0	83.9	47.1	30.6	73.0	28.2	18.4	7.3	7.6	42.3	12.6	3.5
Ⅰ　就業継続型　●●●	100.0	81.8	46.6	27.4	70.4	28.7	29.6	6.5	13.8	32.7	14.0	4.2
Ⅱ　一時離職型　●●○	100.0	82.5	43.8	35.9	67.9	24.3	36.8	7.9	12.4	38.7	13.9	3.6
Ⅲ　出産前離職型●○○	100.0	85.2	44.1	28.8	75.5	29.5	14.7	7.0	2.9	44.5	11.7	3.0
Ⅳ　出産後離職型●●○	100.0	84.2	41.6	26.4	74.3	26.8	20.1	8.7	4.6	43.9	12.9	2.9
Ⅴ　無職継続型　○○○	100.0	84.8	51.3	30.5	75.1	29.0	9.4	7.9	6.3	46.0	11.9	3.3
Ⅵ　就業開始型　○○●	100.0	83.0	40.5	40.5	63.4	24.7	32.9	5.3	11.6	36.7	13.9	3.1

注：■は各項目で、最も多い数値である。
　　就業変化パターンの「総数」にはその他を含む。

図3－19　母の就業変化パターン別にみた
　　　　子どもを育てていて負担に思うこと（複数回答）

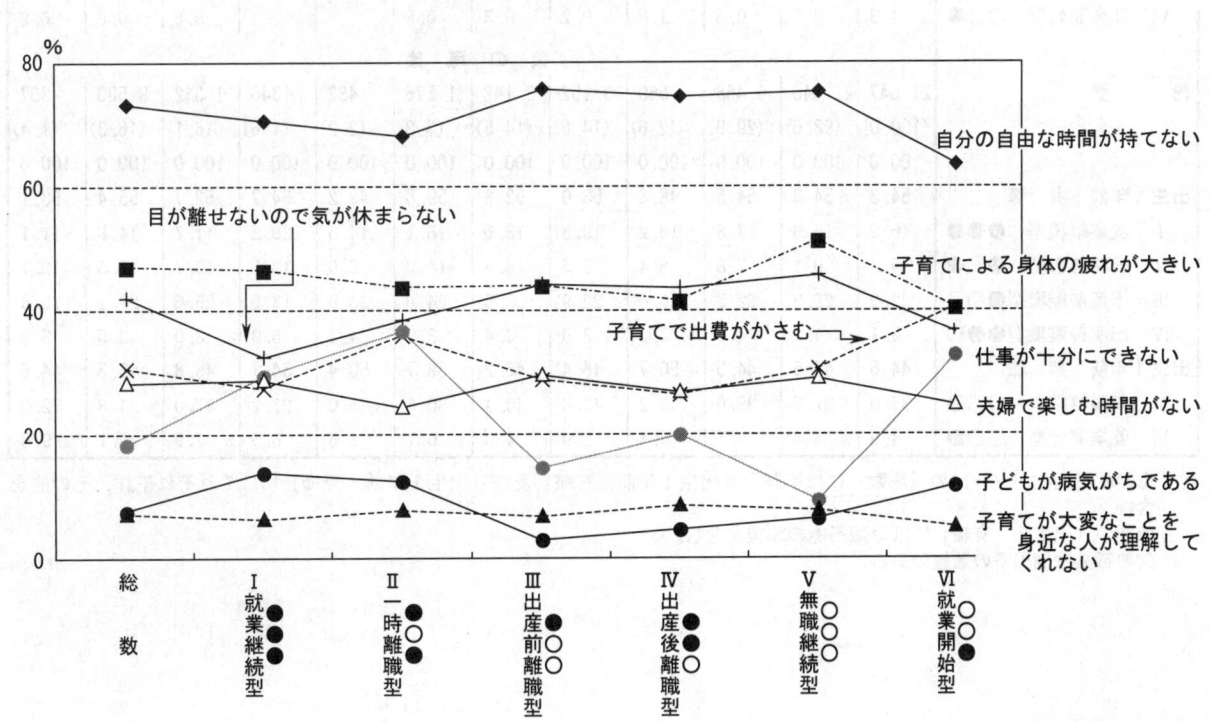

4．出生時の職業
(1) 出生時の父母の職業

　出生時の母の就業状況をみると、有職であった母は23.0%と割合が少なく、無職であった母が圧倒的に多い。

　出生時に有職の母は、ほとんどが出生1年前にも有職であり、主として「Ⅰ就業継続型」、「Ⅳ出産後離職型」の2パターンに分類されるが、有職全体でみると、「Ⅰ就業継続型」が7割、「Ⅳ出産後離職型」が2割弱である。母の職業別にみると、特に「専門・技術職」がほかの職業に比べて「Ⅰ就業継続型」の割合が多く8割弱となっている。

　一方、出生時に無職であった母の42.8%は出生1年前には有職であり、出産前に離職したり、一時離職中であったりしたことがわかる。

　父の職業から母の就業変化パターンをみると、ほとんどの職業で「Ⅴ無職継続型」が最も多く4割前後であるが、父が「農林漁業職」では「Ⅰ就業継続型」の母が多いという特徴がみられる。

表4－1　出生時の母と父の職業別にみた母の就業変化パターン

母の就業変化パターン	総数	出生時：有職	専門・技術職	管理職	事務職	販売職	サービス職	保安職	農林漁業職	運輸・通信職	生産工程・労務職	出生時：無職
						母の職業						
総　数 (人)	21 879	5 022	1 765	57	1 666	350	356	28	95	19	318	16 857
(%)	(100.0)	(23.0)	(8.1)	(0.3)	(7.6)	(1.6)	(1.6)	(0.1)	(0.4)	(0.1)	(1.5)	(77.0)
	100.0	100.0	100.0	100.0	100.0	100.0	100.0	100.0	100.0	100.0	100.0	100.0
出生1年前：有職	54.4	93.3	97.4	82.5	97.2	96.0	95.5	78.6	78.9	78.9	94.0	42.8
Ⅰ　就業継続型●●●	16.2	70.8	78.3	71.9	74.8	67.4	70.2	50.0	54.7	63.2	72.0	-
Ⅱ　一時離職型●○●	9.3	3.9	3.2	1.8	2.9	8.6	6.5	-	7.4	-	4.4	10.9
Ⅲ　出産前離職型●○○	22.8	-	-	-	-	-	-	-	-	-	-	29.6
Ⅳ　出産後離職型●●○	4.1	17.7	15.1	7.0	18.4	18.9	18.0	28.6	16.8	5.3	16.7	-
出生1年前：無職	44.5	5.8	1.7	14.0	2.1	2.9	3.7	17.9	21.1	21.1	4.4	56.1
Ⅴ　無職継続型○○○	37.5	-	-	-	-	-	-	-	-	-	-	48.6
Ⅵ　就業開始型○○●	4.9	0.5	0.5	1.8	0.2	0.3	0.8	-	-	5.3	0.3	6.2
						父の職業						
総　数	21 647	21 340	6 468	560	3 152	3 142	1 576	482	340	1 312	3 530	307
(%)	(100.0)	(98.6)	(29.9)	(2.6)	(14.6)	(14.5)	(7.3)	(2.2)	(1.6)	(6.1)	(16.3)	(1.4)
	100.0	100.0	100.0	100.0	100.0	100.0	100.0	100.0	100.0	100.0	100.0	100.0
出生1年前：有職	54.3	54.3	54.5	48.6	53.0	52.8	59.8	49.2	64.7	52.7	55.4	53.1
Ⅰ　就業継続型●●●	16.2	16.3	17.8	18.2	19.8	13.6	15.1	14.5	28.2	11.7	14.8	11.1
Ⅱ　一時離職型●○●	9.2	9.1	7.8	8.4	5.7	8.8	14.0	5.0	13.5	10.7	11.5	12.7
Ⅲ　出産前離職型●○○	22.9	22.9	22.5	16.6	22.9	25.3	24.0	23.9	13.5	25.6	23.2	22.8
Ⅳ　出産後離職型●●○	4.1	4.1	4.5	3.2	3.5	3.4	3.9	4.1	5.9	3.0	3.5	3.3
出生1年前：無職	44.6	44.6	44.5	50.7	46.4	46.2	38.7	50.4	34.7	45.8	43.3	44.6
Ⅴ　無職継続型○○○	37.6	37.7	39.0	43.2	42.0	40.4	30.6	45.0	21.2	37.0	34.8	32.9
Ⅵ　就業開始型○○●	4.9	4.8	4.1	4.1	2.9	4.3	6.7	3.5	6.5	7.9	6.7	9.8

注：母の就業変化パターンの「総数」には不詳、「出生1年前：有職」及び「出生1年前：無職」にはそれぞれ不詳、その他を含む。
　　職業の「出生時：有職」には分類不能の職業を含む。
　　父の職業は嫡出子の数値である。

(2) 出生1年前の母の就業形態と勤め先の企業規模

　出生1年前の母の就業形態についてみると、出生時に有職の者では、常勤が8割弱、パート・アルバイト、自営業・家業がそれぞれ1割となっている。出生時に無職の者では、出生1年前に有職であった者のうち、常勤とパート・アルバイトが45％前後、自営業・家業が1割弱と、出生時に有職の者と比べ、パート・アルバイトの割合が多くなっている。

　出生時の母の職業別にみると、「専門・技術職」、「事務職」は常勤が9割弱と多いのに対し、「農林漁業職」は自営業・家業が8割を占めている。「管理職」、「販売職」、「サービス職」は常勤が5割程度と少なく、「販売職」、「サービス職」はパート・アルバイトの割合が他の職業に比べ多くなっている。「Ⅰ就業継続型」についてみると、総数と同じ傾向であるが、全ての職業でパート・アルバイトの割合が少なくなっており、常勤や自営業・家業で就業が継続しやすい状況となっている。

　出生1年前に常勤である母の勤め先の企業規模についてみると、出生時の有職の者では、「5～99人」が3割、「官公庁」が2割であるのに対し、出生時に無職の者では、「5～99人」が4割と1割ほど多く、官公庁が少なくなっている。

　出生時の母の職業別にみると、職業により企業規模の構成にばらつきがみられ、例えば、「販売職」は「500人以上」が多く、「サービス職」は「5～99人」が多いといった特徴がある。「Ⅰ就業継続型」についてみると、多くの職業で総数に比べ「官公庁」の割合が多くなっており、就業を継続しやすい環境が整っていることがうかがえる。

表4－2　出生時の母の職業別にみた出生1年前の母の就業形態と勤め先の企業規模

出生時の母の職業	総数		常勤		勤め先の企業規模					パート・アルバイト	自営業・家業
					1～4人	5～99	100～499	500人以上	官公庁		
	人	％									
総数（出生1年前：有職）											
総　　数	11 897	100.0	58.1	(100.0)	(3.8)	(35.9)	(23.6)	(24.0)	(11.2)	31.2	8.1
出生時：有職	4 684	100.0	77.9	(100.0)	(2.7)	(30.7)	(22.6)	(23.2)	(19.1)	10.6	10.9
専門・技術職	1 719	100.0	86.6	(100.0)	(1.7)	(31.0)	(25.4)	(16.3)	(23.9)	7.3	5.4
管　理　職	47	100.0	51.1	(100.0)	(4.2)	(70.8)	(8.3)	(12.5)	－	2.1	40.4
事　務　職	1 620	100.0	85.1	(100.0)	(2.6)	(28.1)	(21.2)	(26.3)	(20.7)	8.0	6.6
販　売　職	336	100.0	54.8	(100.0)	(5.4)	(33.7)	(12.5)	(45.1)	(1.1)	16.1	29.2
サービス職	340	100.0	54.1	(100.0)	(8.2)	(44.6)	(22.3)	(14.7)	(5.4)	18.5	26.8
保　安　職	22	100.0	90.9	(100.0)	－	(10.0)	－	(10.0)	(75.0)	－	4.5
農林漁業職	75	100.0	12.0	(100.0)	(22.2)	(33.3)	(22.2)	(11.1)	(11.1)	8.0	78.7
運輸・通信職	15	100.0	73.3	(100.0)	－	(18.2)	－	(72.7)	－	13.3	13.3
生産工程・労務職	299	100.0	73.6	(100.0)	(0.5)	(30.5)	(27.3)	(39.5)	(0.9)	15.7	9.0
出生時：無職	7 213	100.0	45.3	(100.0)	(5.0)	(41.6)	(24.6)	(24.9)	(2.5)	44.6	6.3
（再掲）Ⅰ　就業継続型●●●											
出生時：有職	3 554	100.0	80.4	(100.0)	(2.6)	(27.5)	(22.6)	(22.9)	(22.9)	7.8	11.2
専門・技術職	1 382	100.0	88.5	(100.0)	(1.7)	(28.5)	(25.3)	(15.6)	(26.9)	5.9	4.9
管　理　職	41	100.0	51.2	(100.0)	(4.8)	(66.7)	(9.5)	(14.3)	－	－	43.9
事　務　職	1 247	100.0	87.2	(100.0)	(2.6)	(24.3)	(20.9)	(25.8)	(25.4)	5.7	6.9
販　売　職	236	100.0	51.3	(100.0)	(5.8)	(32.2)	(11.6)	(45.5)	(1.7)	14.4	34.3
サービス職	250	100.0	56.0	(100.0)	(8.6)	(42.1)	(21.4)	(15.0)	(7.1)	16.0	27.6
保　安　職	14	100.0	92.9	(100.0)	－	－	－	(15.4)	(84.6)	－	7.1
農林漁業職	52	100.0	9.6	(100.0)	(40.0)	(20.0)	－	(20.0)	(20.0)	5.8	84.6
運輸・通信職	12	100.0	75.0	(100.0)	－	(11.1)	－	(88.9)	－	16.7	8.3
生産工程・労務職	229	100.0	75.1	(100.0)	(0.6)	(27.3)	(30.2)	(39.0)	(1.2)	13.1	10.0

注：「出生1年前：有職」には内職、その他の就業形態を含む。「常勤」には企業規模不詳を含む。
　　「出生時：有職」には分類不能な職業を含む。

(3) 出生時の母の職業別にみた出生半年後の常勤の状況と育児休業の取得状況

　出生時に有職の母について職業別に出生半年後の常勤の状況をみると、出生1年前に対する半年後の常勤の割合は、概ね8～9割程度であるが、「販売職」で若干少なく7割となっている。また、育児休業取得率は、「専門・技術職」が86.8％と高く、「販売職」が72.7％と低めになっている。概して、出生1年前に対する半年後の常勤の割合が多いと、育児休業取得率が高い傾向がみられ、育児休業を取得しやすい環境が常勤者に仕事を継続しやすくさせているとも考えられる。

　なお、「Ⅰ就業継続型」では、出生1年前に対する半年後の常勤の割合が総数に比べ1割ほど多く、育児休業取得率は同程度となっている。

表4－3　出生時の母の職業別にみた出生半年後の母の常勤の状況

出生時の母の職業	出生1年前 常勤 ①	出生半年後：常勤 常勤 ②	出生半年後：常勤 育児休業取得者 ③	出生1年前に対する半年後の常勤の割合 ②÷①	育児休業取得率 ③÷②
	人	人	人	％	％
総　数					
出生時：有職	3 648	3 136	2 560	86.0	81.6
専門・技術職	1 488	1 326	1 151	89.1	86.8
管理職	24	20	13	83.3	65.0
事務職	1 379	1 207	939	87.5	77.8
販売職	184	132	96	71.7	72.7
サービス職	184	154	116	83.7	75.3
保安職	20	15	13	75.0	86.7
農林漁業職	9	3	2	33.3	66.7
運輸・通信職	11	10	9	90.9	90.0
生産工程・労務職	220	193	156	87.7	80.8
（再掲）Ⅰ　就業継続型					
出生時：有職	2 859	2 796	2 267	97.8	81.1
専門・技術職	1 223	1 206	1 045	98.6	86.7
管理職	21	19	12	90.5	63.2
事務職	1 088	1 071	819	98.4	76.5
販売職	121	110	79	90.9	71.8
サービス職	140	131	97	93.6	74.0
保安職	13	13	12	100.0	92.3
農林漁業職	5	3	2	60.0	66.7
運輸・通信職	9	9	8	100.0	88.9
生産工程・労務職	172	168	137	97.7	81.5

注：出生時に有職の母を対象としている。
　「出生時：有職」には分類不能な職業を含む。
　育児休業取得者は、育児休業を「すでに取得した」、「現在取得中である」、「これから取得する予定である」を合わせたものである。

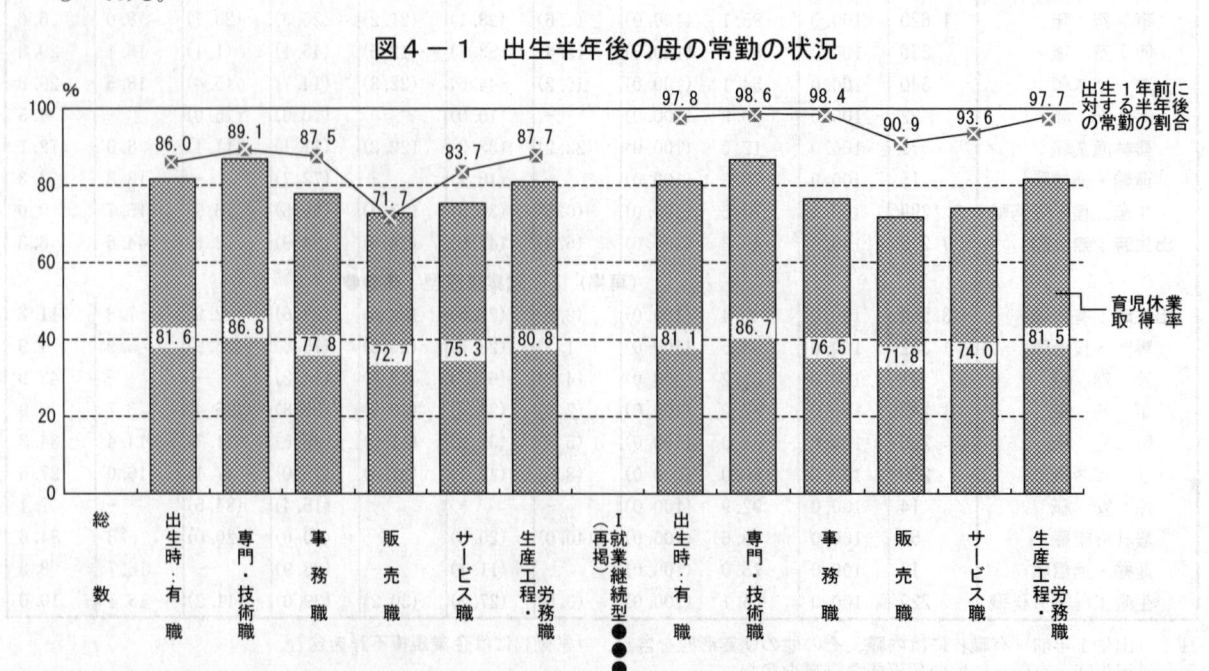

図4－1　出生半年後の母の常勤の状況

(4) 出生1年前の有職－無職別標準化出生率の推計

従来から、人口動態職業・産業別統計では、標準化出生率（年齢構成の差を取り除いて比較できるよう標準化した出生率）を出生時の父母の職業別に算出しており、その中で有職－無職別にも把握している。

母の職業別標準化出生率は、各職業に就く女性の出産意欲の高さを反映したものと考えられるが、その背景として、職業の特性や母本人の就業継続意識、出産をめぐる職場環境等も少なからず影響しているものと想定され、職業ごとにその状況を観察することにより、出生の状況を社会経済面から分析することができる。平成12年度の結果をみると、母の職業別標準化出生率は、「管理職」が最も高くなっている。

表4－4　出生時の母の職業別標準化出生率－平成12年度－

出生時の母の職業	標準化出生率
総　　数	25.8
出生時：有　職	9.9
専門・技術職	16.6
管　理　職	75.3
事　務　職	8.2
販　売　職	6.0
サービス職	7.4
保　安　職	21.4
農林漁業職	23.2
運輸・通信職	7.8
生産工程・労務職	5.0
出生時：無　職	52.9

さて、今回の分析結果から、出生1年前の就業状況のうち有職－無職別についてのみ、出生時との関係が把握できる。そこで、参考までに、職業別にはわからないものの、出生1年前の有職－無職別の標準化出生率を粗く推計し、出生時と比較してみた。

① 推計の仮定及び方法

今回の分析で、出生時に無職であった母の約4割が出生1年前には有職であった一方で、出生時に有職であった母の中にも、1年前には無職であった者がわずかながら存在することがわかった。このような有職－無職間の変化状況（出生時：無職（又は有職）に占める出生1年前：有職－無職別の構成割合）を年齢階級別にみたものが、表4－5である。

表4－5　出生時の母の年齢階級別にみた出生1年前と出生時の母の就業変化

母の就業状況	総数	～19歳	20～24	25～29	30～34	35～39	40～44	45～
			実		数			
総　数	21 879	232	2 462	8 452	7 770	2 664	290	9
出生時：有職	4 976	12	441	1 822	1 887	716	94	4
1年前：有職◆◆	4 684	8	414	1 731	1 773	664	90	4
1年前：無職◇◆	292	4	27	91	114	52	4	－
出生時：無職	16 662	213	1 988	6 540	5 816	1 908	192	5
1年前：有職◆◇	7 213	65	1 169	3 145	2 082	665	84	3
1年前：無職◇◇	9 449	148	819	3 395	3 734	1 243	108	2
不　詳	241	7	33	90	67	40	4	－
			構　成　割　合		（％）			
出生時：有職	100.0	100.0	100.0	100.0	100.0	100.0	100.0	
1年前：有職◆◆ ①	94.1	66.7	93.9	95.0	94.0	92.7	95.9	
1年前：無職◇◆ ②	5.9	33.3	6.1	5.0	6.0	7.3	4.1	
出生時：無職	100.0	100.0	100.0	100.0	100.0	100.0	100.0	
1年前：有職◆◇ ③	43.3	30.5	58.8	48.1	35.8	34.9	44.2	
1年前：無職◇◇ ④	56.7	69.5	41.2	51.9	64.2	65.1	55.8	

注：「不詳」は出生1年前に就業状況が不詳の場合を含む。
　　45歳以上の数値が少ないため、40歳以上を一括して割合を算出した。

表4－5に示した割合が平成12年度の出生全体について成り立つと仮定して、年齢階級別に、出生時の母の有職－無職別出生数から、出生1年前の母の有職－無職別の出生数を、次式により推計する。

「出生1年前：有職の出生数」＝　「出生時：有職の出生数」×①
　　　　　　　　　　　　　　　＋「出生時：無職の出生数」×③

「出生1年前：無職の出生数」＝　「出生時：有職の出生数」×②
　　　　　　　　　　　　　　　＋「出生時：無職の出生数」×④

② 推計結果

前述の仮定及び方法に基づき推計すると、各年齢階級における出生1年前の有職－無職別出生数の推計値は表4－6のとおりとなる。

表4－6　出生1年前の有職－無職別出生数の推計

母の就業状況	総数	～19歳	20～24	25～29	30～34	35～39	40～44	45～
平成12年度人口動態職業・産業別統計									
総数	1 178 885	20 091	159 262	463 494	393 701	127 164	14 769	404
出生時：有職	264 666	1 130	25 819	102 198	95 378	35 431	4 574	136
出生時：無職	914 219	18 961	133 443	361 296	298 323	91 733	10 195	268
推計値									
総数	1 178 885	20 091	159 262	463 494	393 701	127 164	14 769	404
出生1年前：有職	650 459	6 540	102 706	270 836	196 409	64 830	8 890	249
出生1年前：無職	528 426	13 551	56 556	192 658	197 292	62 334	5 879	155

注：総数には年齢不詳を含まない。

さらに、この推計結果を用いて、出生1年前の有職－無職別標準化出生率（女子人口千対）を推計した。（表4－7）

表4－7　出生1年前の有職－無職別標準化出生率の推計

母の就業状況	標準化出生率	出生率（女子人口千対）							
		総数	～19歳	20～24	25～29	30～34	35～39	40～44	45～
平成12年度人口動態職業・産業別統計									
総数	25.8	21.4	5.5	39.4	98.0	92.8	32.3	3.9	0.1
出生時：有職	9.9	10.4	2.3	9.8	33.0	41.6	15.5	1.8	0.0
出生時：無職	52.9	31.4	6.1	100.8	230.8	156.3	56.3	8.1	0.2
推計値									
総数	25.8	21.4	5.5	39.4	98.0	92.8	32.3	3.9	0.1
出生1年前：有職	24.4	25.5	13.4	38.9	87.6	85.8	28.4	3.5	0.1
出生1年前：無職	30.0	18.1	4.4	42.7	123.1	103.4	38.3	4.7	0.1

出生1年前の有職－無職別にみると、標準化出生率（推計値）は出生1年前：有職が24.4、無職が30.0となり、無職が若干高いという傾向がみられる。

一方、出生時の有職－無職別標準化出生率では、有職で9.9、無職で52.9と有職－無職間の差が大きく開いている。これは、特に20代の年齢階級で出生率の格差が大きいことが影響しており、この層を中心に出生時までに離職していることがうかがえる。

少子化が進む今、働く女性が安心して出産できるよう、より働きやすい環境の整備をすすめていくとともに、今後の動向をみまもる必要があると考えられる。

5．出生前後の就業変化に関する考察

　ここまで、出生前後の母の就業状況や出生をとりまく環境について、就業変化パターンに着目した分析を行ってきたが、各パターンの主な特徴をまとめるとともに、就業や育児をめぐる環境について考察する。

　まず、出生1年半後に就業している3パターンについてみると、
　　「Ⅰ就業継続型」：　母の年齢、学歴、収入が高めで、常勤者の割合が出生前後を通じて多く、常勤者の育児休業取得率も高い。また、平日日中の保育を保育士等に任せている割合が最も多い。
　　「Ⅱ一時離職型」：　母の年齢が若干低めで、出生1年前のパート等の割合が多い上、出生前後で常勤からパート等へ変わる割合が多い。
　　「Ⅵ就業開始型」：　母の平均年齢が低く、パート等の割合が多い。
という特徴がある。

　このうち、「Ⅱ一時離職型」と「Ⅵ就業開始型」については、父の収入が低め、経済的負担感（子育てで出費がかさむ）が大きめ、母子世帯の割合が他に比べて多い、といった共通した特徴がみられ、就業を再開・開始する動機とつながっている可能性が大きい。両者とも、就業をしていく中で祖父母が別居から同居になる割合が他に比べて多く、祖父母の支援体制が強化されていることがうかがわれる。

　また、3パターンに共通する特徴としては、
①13大都市より郡部において、核家族世帯より三世代世帯等において構成割合が多い。（図3－4）
②祖父母との同居割合や行き来が多い。（図3－9）
③1年半後における平日日中の育児の主な担い手は保育士等である。（図3－8）
④父が育児・家事に参加している度合いが比較的大きい。（表3－9，表3－10）
⑤負担感では「仕事が十分にできない」、「子どもが病気がちである」が他のパターンに比べて多い。（表3－14）
といったことがあげられる。13大都市より郡部における割合が多い要因としては、保育所の待機児童が都市部に比べ少ないことから保育所に入りやすいことに加え、祖父母等に育児を頼めるケースが多く、結果として働ける状況にあることが考えられる。

　このように、出生後に就業するかどうかは、母本人の就業継続意識や経済上の要請といった各個人の事情におうところも大きいが、実際に育児と仕事を両立させ就業できている背景として、（主として平日日中の）保育の協力者の確保、父の育児・家事への積極的参加や祖父母の支援といった周囲の協力支援体制等が欠かせないことがわかる。また、就業を中断せず継続していく上で、産前・産後休暇や育児休業をとりやすい職場環境の整備も重要な要素である。少子化がすすむ中、就業継続意識の強い女性が「子どもか仕事か」といった選択をせまられるのではなく、「子どもも仕事も」という意識で安心して出産できるよう、保育所の充実や、父の育児・家事への参加意識の向上等の環境整備をさらにすすめていく必要があるものと考える。

次に、1年半後に就業していない3パターンについてみると、

「Ⅲ出産前離職型」： 出生1年前の常勤とパート等が各々半数程度で、結婚期間が短めである。第1子では約4割と最も多くを占めるが、第2子では少なくなっている。

「Ⅳ出産後離職型」： 出生1年前の常勤割合や常勤者の育児休業取得率が「Ⅰ就業継続型」並に高いが、全体に占める割合は少なく少数派である。

「Ⅴ無職継続型」： 第2子以上で約5割と多数を占める。母の年齢や父の収入が高めで、結婚期間が長く、身体的な負担感（子育てによる身体の疲れが大きい）が全パターンの中で最も多い。

という特徴がある。

これら3パターンに共通して、核家族世帯の割合が多く、保育者は母が中心で、「目が離せないので気が休まらない」という負担感が若干多いという傾向がみられる。

今後、少子化対策をすすめていく上で、就業せずに育児に専念している母への支援という視点も重要になってくると考えられるが、少しでも育児の負担感を軽減するために、保育所での一時保育を拡充する等により、母が育児から解放される時間を持てるような環境を作っていくことも有効な施策の一つであろう。

最後になるが、今回の分析で、出生1年前から1年半後にかけての母の就業状況の変化が定量的に把握できたとともに、そうした変化をもたらす背景について、かなり明らかになったものと考える。

出生1年半後以降については、子育てが一段落した後の再就職が時間の経過とともに増えてくる等、出生前後の劇的な変化から比較的緩やかな変化へと移行していくことが想定されるが、こうした中長期的スパンでの動向については、現段階で収集できるデータの制約上、本報告では分析していない。引き続き実施される21世紀出生児縦断調査の結果等を待って、さらに分析をすすめる必要があると考える。

Part I Description

1. Introduction

(1) Summary and objectives

This report analyzes the results of reviewing individual subjects who were covered by both the 'Vital statistics in 2000: occupational and industrial aspects' and the 'First and second longitudinal surveys of babies in the 21st century' through data linkage with regard to changes in the employment status of mothers before and after childbirth of a baby.

'Vital statistics', published every 5 years, shows the occupation of the parents at the time of childbirth through a comprehensive survey. Among the subjects of the survey in 2000, those who submitted birth sheets between January 10 and 17, 2001, were identical to those who were born in January among the subjects of the longitudinal survey of babies in the 21st century. The occupations of the parents one year before and one and a half year after childbirth were indicated in the first survey and the occupations at half a year after childbirth are indicted in the second survey (Table 1-1).

The linkage between both sets of data made it possible to trace the employment status of individual mothers before, at the time of, and after childbirth, and to analyze this by combining survey items, including the occupations of the parents at the time of childbirth and the environment surrounding child rearing after childbirth.

Childbirth of a baby significantly affects the employment status of mothers. Changes in the employment status accompanied by various other changes can thus affect the desire to have children.

This report aims at obtaining basic information to help determine the policies of the Ministry, such as measures to counteract the declining birthrate, including the improvement of support systems for balancing work and child rearing, through an understanding and analysis of the changes in the employment status of mothers before and after childbirth, and investigating the factors behind such changes.

Table 1-1   Summary of 'Vital statistics: occupational and industrial aspects' and 'Longitudinal survey of babies in 21st century'

	Vital statistics: occupational and industrial aspects (2000, Childbirth sheet)	Longitudinal survey of babies in 21st century (First and second)
Scope, etc.	The scope of the survey covered those who were born between April 1, 2000, and March 31, 2001, and registered a birth during the designated period (All babies were covered)The subjects were mothers aged 15 or over.	Babies born in 2001 throughout the nation. All babies who were born in the following period were covered : Between January 10 and 17 (Babies born in January), Between July 10 and 17 (Babies born in July)
Survey items	Occupations of the parents at the time of childbirth (major classification)	Occupation of the parents, household type, person rearing, involvement of the father in household matter and child rearing, income of the parents, etc.
Notes		(Survey time points for babies born in January)First survey: August 1, 2001 (6 months old)Second survey: August 1, 2002 (18 months old)

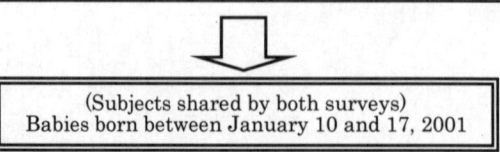

(Subjects shared by both surveys)
Babies born between January 10 and 17, 2001

(2) Scope of data analysis

The data for the present analysis is derived from 'Vital statistics in 2000: occupational and industrial aspects' (referred to as 'Vital statistics' hereinafter) and the 'Longitudinal survey of babies in the 21st century' (referred to as the 'Longitudinal survey' hereinafter) for 'subjects who stayed with their mothers in both the first and second Longitudinal survey's among those who were subjects of both the Vital statistics and Longitudinal surveys (born between January 10 and 17, 2001) in order to analyze changes in the employment status of the mothers before and after childbirth (the total number of subjects covered was 21,879). It should be noted that mothers who did not stay with their babies are not covered, since no information is available on them from either of the surveys in which the babies were investigated.

Since the composition of Vital statistics and the Longitudinal survey appears to be similar based on a comparison of the target data (Table 1-2 and Table 1-3, respectively), the data are regarded as being a reasonable basis for analyzing changes in employment status.

Table 1-2 Comparison between target data and 'Vital statistics: occupational and industrial aspects'

Occupation of the mother	Target data — Live births Total	Target data — Live births 1st child	Target data — Percentage (%) Total	Target data — Percentage (%) 1st child	Vital statistics 2000 — Live births Total	Vital statistics 2000 — Live births 1st child	Vital statistics 2000 — Percentage (%) Total	Vital statistics 2000 — Percentage (%) 1st child
Total	21 879	10 858	100.0	100.0	1 178 905	576 756	100.0	100.0
Total number of mothers in employment	5 022	2 745	23.0	25.3	264 668	140 283	22.5	24.3
Professional and technical workers	1 765	980	8.1	9.0	88 856	47 898	7.5	8.3
Managers and officials	57	23	0.3	0.2	3 192	1 276	0.3	0.2
Clerical and related workers	1 666	1 000	7.6	9.2	85 832	48 639	7.3	8.4
Sales staff	350	177	1.6	1.6	19 803	9 451	1.7	1.6
Service workers	356	175	1.6	1.6	22 022	11 076	1.9	1.9
Security service workers	28	18	0.1	0.2	1 716	1 029	0.1	0.2
Agricultural, forestry and fisheries workers	95	31	0.4	0.3	4 386	1 299	0.4	0.2
Workers in transport and communications occupations	19	10	0.1	0.1	1 098	547	0.1	0.1
Workers in manufacturing and manual laboring	318	147	1.5	1.4	17 619	8 641	1.5	1.5
Other occupations	368	184	1.7	1.7	20 144	10 427	1.7	1.8
Unemployed	16 857	8 113	77.0	74.7	914 237	436 473	77.5	75.7

Note: Target data were collected for children living with mothers in both first and second surveys.

Table 1-3 Comparison between target data and 'Longitudinal survey of babies in 21st century'

Employment status of the mother	Target data - Number of children - First	Target data - Number of children - Second	Target data - Percentage (%) - First	Target data - Percentage (%) - Second	Longitudinal surveys of babies in the 21st century - Number of children - First	Longitudinal surveys of babies in the 21st century - Number of children - Second	Longitudinal surveys of babies in the 21st century - Percentage (%) - First	Longitudinal surveys of babies in the 21st century - Percentage (%) - Second
Total	21 879	21 879	100.0	100.0	43 814	43 814	100.0	100.0
Unemployed	16 099	14 890	73.6	68.1	32 371	29 958	73.9	68.4
Employed	5 483	6 808	25.1	31.1	10 975	13 624	25.0	31.1
Full-time workers	3 333	3 185	15.2	14.6	6 771	6 515	15.5	14.9
On childcare leave	2 113	...	9.7	...	4 447	...	10.1	...
Not on childcare leave	1 220	...	5.6	...	2 324	...	5.3	...
Part-time worker	911	2 277	4.2	10.4	1 762	4 420	4.0	10.1
Self-employed or family worker	931	992	4.3	4.5	1 878	1 954	4.3	4.5
Piece worker at home	252	300	1.2	1.4	447	608	1.0	1.4
Others	56	54	0.3	0.2	117	127	0.3	0.3
Unknown	297	181	1.4	0.8	468	232	1.1	0.5

Note: Target data was collected for children living with their mothers in both first and second surveys.

(3) Points in time at which employment status of mother was surveyed

In this report, individual subjects were surveyed at four time points: ① One year before childbirth (the first Longitudinal survey); ② At the time of childbirth (Vital statistics); ③ Half a year after childbirth (the first Longitudinal survey); and ④ One and a half years after childbirth (the second Longitudinal survey), in order to determine any changes in the employment status of the mother before and after childbirth. This transition could not be revealed without the data linkage between Vital statistics and the Longitudinal survey.

The first time point '① One year before childbirth' is just prior to pregnancy, by which time changes in employment status due to childbirth will not have occurred. Thus, the constant status before childbirth can be seen at this point in time.

'② At the time of childbirth' is the point in time on which changes in employment status due to childbirth are based. Observation of the employment status at the time of childbirth makes it clear whether any variation in employment status due to childbirth, such as unemployment, occurred before or after childbirth.

'③ Half a year after childbirth' is the time at which the employment status in the relatively early stage after childbirth can be seen. The employment status is still fluid at this time when many mothers in employment before childbirth are still on childcare leave even after the completion of maternity leave.

At the last time point '④ One and a half years after childbirth', the latest employment status of the mother is shown. It is assumed that employment after childbirth and the environment surrounding child rearing (such as the cooperation of the family in balancing work and child rearing) has been stabilized by this point in time by which most mothers who took childcare leave have returned to the workplace, taking into consideration the longest period of childcare leave and the difficulty of getting children into nurseries after April. Any significant changes due to childbirth would have been largely settled by this time.

By observing the employment status of individual mother from one year before to one and a half years after childbirth, dramatic short-term variations in employment status due to childbirth can be clearly identified.

2. Variations in employment status of mother

(1) Classification of variation pattern of employment status of mother

Combined data from 'Vital statistics in 2000: occupational and industrial aspects' and 'Longitudinal survey of babies in 21st century' show the type of occupation and employment status at the four time points of one year before, at the time of, half a year after, and one and a half years after childbirth.

In general, while the proportion of mothers in employment was 54.4% at one year before childbirth, unemployed mothers accounted for 77.0% at the time of childbirth and 68.1% at one and a half years after childbirth.

Table 2-1 Changes in employment status of mother

	Employment of mother		
	Total	Employed	Unemployed
			%
One year before childbirth	100.0	54.4	44.5
At the time of childbirth	100.0	23.0	77.0
A half a year after childbirth	100.0	25.1	73.6
One and a half years after childbirth	100.0	31.1	68.1

Note: 'Total' includes 'Unknown'.

This is the general trend of the employment status of mothers. In order to find out individual changes, quantitative analysis of the variation pattern of employment status is made by tracing individual mothers using the linkage data.

Different variation pattern of employment status of mothers can be observed, as represented in the left column of Table 2-2 through the combination of determining the employed (♦) and unemployed (◇) status at the four points in time.

Table 2-2 Classification of variation pattern of employment status of mother

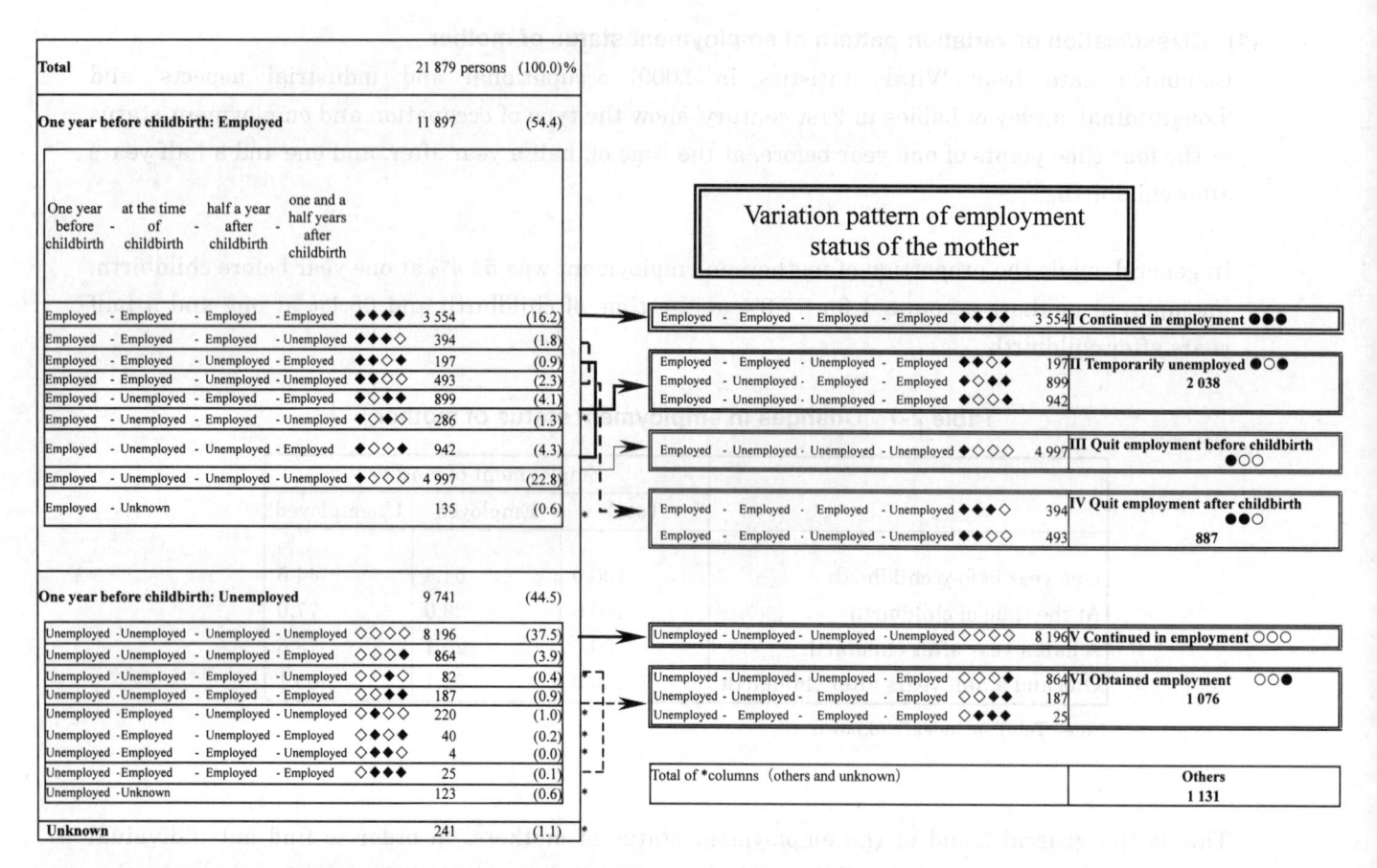

Total					21 879 persons	(100.0)%

One year before childbirth: Employed — 11 897 (54.4)

One year before childbirth	at the time of childbirth	half a year after childbirth	one and a half years after childbirth			
Employed	- Employed	- Employed	- Employed	◆◆◆◆	3 554	(16.2)
Employed	- Employed	- Employed	- Unemployed	◆◆◆◇	394	(1.8)
Employed	- Employed	- Unemployed	- Employed	◆◆◇◆	197	(0.9)
Employed	- Employed	- Unemployed	- Unemployed	◆◆◇◇	493	(2.3)
Employed	- Unemployed	- Employed	- Employed	◆◇◆◆	899	(4.1)
Employed	- Unemployed	- Employed	- Unemployed	◆◇◆◇	286	(1.3)
Employed	- Unemployed	- Unemployed	- Employed	◆◇◇◆	942	(4.3)
Employed	- Unemployed	- Unemployed	- Unemployed	◆◇◇◇	4 997	(22.8)
Employed	- Unknown				135	(0.6)

One year before childbirth: Unemployed — 9 741 (44.5)

Unemployed	-Unemployed	- Unemployed	- Unemployed	◇◇◇◇	8 196	(37.5)
Unemployed	-Unemployed	- Unemployed	- Employed	◇◇◇◆	864	(3.9)
Unemployed	-Unemployed	- Employed	- Unemployed	◇◇◆◇	82	(0.4)
Unemployed	-Unemployed	- Employed	- Employed	◇◇◆◆	187	(0.9)
Unemployed	-Employed	- Unemployed	- Unemployed	◇◆◇◇	220	(1.0)
Unemployed	-Employed	- Unemployed	- Employed	◇◆◇◆	40	(0.2)
Unemployed	-Employed	- Employed	- Unemployed	◇◆◆◇	4	(0.0)
Unemployed	-Employed	- Employed	- Employed	◇◆◆◆	25	(0.1)
Unemployed	-Unknown				123	(0.6)

Unknown		241	(1.1)

Variation pattern of employment status of the mother

Employed	- Employed	- Employed	- Employed	◆◆◆◆	3 554	**I Continued in employment** ●●●

Employed	- Employed	- Unemployed	- Employed	◆◆◇◆	197	**II Temporarily unemployed** ●○●
Employed	- Unemployed	- Employed	- Employed	◆◇◆◆	899	2 038
Employed	- Unemployed	- Unemployed	- Employed	◆◇◇◆	942	

| Employed | - Unemployed | - Unemployed | - Unemployed | ◆◇◇◇ | 4 997 | **III Quit employment before childbirth** ●○○ |

| Employed | - Employed | - Employed | - Unemployed | ◆◆◆◇ | 394 | **IV Quit employment after childbirth** ●●○ |
| Employed | - Employed | - Unemployed | - Unemployed | ◆◆◇◇ | 493 | 887 |

| Unemployed | - Unemployed | - Unemployed | - Unemployed | ◇◇◇◇ | 8 196 | **V Continued in employment** ○○○ |

Unemployed	- Unemployed	- Unemployed	- Employed	◇◇◇◆	864	**VI Obtained employment** ○○●
Unemployed	- Unemployed	- Employed	- Employed	◇◇◆◆	187	1 076
Unemployed	- Employed	- Employed	- Employed	◇◆◆◆	25	

Total of *columns (others and unknown)	Others 1 131

Note: ◆Employed, ◇Unemployed
Data 'at the time of childbirth' is derived from Vital statistics, 'one year before childbirth' and 'half a year after childbirth' from the first Longitudinal survey, and 'one and a half years after childbirth' from the second Longitudinal survey.

Due to the complexity of the patterns, analysis was conducted using the following six major variation pattern of employment status classified from the qualitative viewpoint based on the employment status of the mothers one year before childbirth (mothers on maternity leave or childcare leave are included among the employed).

Classification of variation pattern of employment status of mother

[One year before childbirth: employed]

I   Continued in employment (●●●)
Continued to be employed before and after childbirth.

II   Temporarily unemployed (●○●)
Mothers in employment one and a half years after childbirth who had been employed before childbirth and were temporarily unemployed after childbirth. It is assumed that they were temporarily unemployed without taking maternity leave or childcare leave. In fact, they are considered to be similar to the category of 'Continued in employment'.

III   Quit employment before childbirth (●○○)
These are mothers who were employed before childbirth, and became unemployed from the time of childbirth.

IV   Quit employment after childbirth (●●○)
These are mothers who were employed before and at the time of childbirth, and became unemployed from some point after childbirth. They are divided into those who quit employment within half a year after childbirth and those who quit within one and a half years after childbirth.

[One year before childbirth: Unemployed]

V   Continued to be unemployed (○○○)
These mothers continued to be unemployed before and after childbirth.

VI   Obtained employment (○○●)
These mothers were unemployed before childbirth, became employed at some point after childbirth, and were in employment one and a half years after childbirth.

In the above classification, mothers in employment both at one year before and one and a half years after childbirth (those who continued to be employed before and after childbirth in fact), can be classified into 'I Continued in employment' and 'II Temporarily unemployed'. By using data at the time of childbirth from Vital statistics, mothers who were regarded as being in the category of 'Continued in employment' in the Longitudinal survey can be correctly divided into 'Continued in employment' and 'Temporarily unemployed'(◆◇◆◆).

On the other hand, those who quit employment due to childbirth can be divided into those who 'III Quit employment before childbirth' and those who 'IV Quit employment after childbirth'. Comparison of these two patterns reveals whether they quit before or after childbirth. These two patterns can also be separated using data on employment at the time of childbirth from Vital statistics.

The combination of items in both the studies enables such a classification to be made.

(2) Analysis of variation pattern of employment status of mother

Mothers in employment one year before childbirth accounted for almost 50% of the total. While accounting for 70% for the first baby, the proportion dropped below 40% for the second baby and subsequent babies. Thus, there are differences according to the order of the birth.

For the first baby, the category 'III Quit employment before childbirth' accounted for 38.5% followed by 22.2% for 'V Continued to be unemployed' and 16.9% for 'I Continued in employment'.

For the second baby and subsequent babies, 'V Continued to be unemployed' accounted for 52.5%, followed by 15.6% for 'I Continued in employment'. The proportion in the category of 'III Quit employment before childbirth' is significantly lower than that for the first baby.

Table 2-3 Variation pattern of employment status of mother according to live birth order based on employment status of mother one year before childbirth

Variation pattern of employment status of mothers	Live birth order Total	1st child	2nd child and over	Percentage distribution Total	1st child	2nd child and over	Total	1st child	2nd child and over
			persons			%			%
Total	21 879	10 858	11 021	100.0	100.0	100.0			
One year before childbirth: Employed	11 897	7 960	3 937	54.4	73.3	35.7	100.0	100.0	100.0
I Continued in employment ●●●	3 554	1 834	1 720	16.2	16.9	15.6	29.9	23.0	43.7
II Temporarily unemployed ●○●	2 038	1 034	1 004	9.3	9.5	9.1	17.1	13.0	25.5
III Quit employment before childbirth ●○○	4 997	4 181	816	22.8	38.5	7.4	42.0	52.5	20.7
IV Quit employment after childbirth ●●○	887	681	206	4.1	6.3	1.9	7.5	8.6	5.2
Others	421	230	191	1.9	2.1	1.7	3.5	2.9	4.9
One year before childbirth: Unemployed	9 741	2 779	6 962	44.5	25.6	63.2	100.0	100.0	100.0
V Continued to be unemployed ○○○	8 196	2 414	5 782	37.5	22.2	52.5	84.1	86.9	83.1
VI Obtained employment ○○●	1 076	237	839	4.9	2.2	7.6	11.0	8.5	12.1
Others	469	128	341	2.1	1.2	3.1	4.8	4.6	4.9
Unknown	241	119	122	1.1	1.1	1.1			

Figure 2-1 Variation pattern of employment status of mother based on employment status of mother one year before childbirth

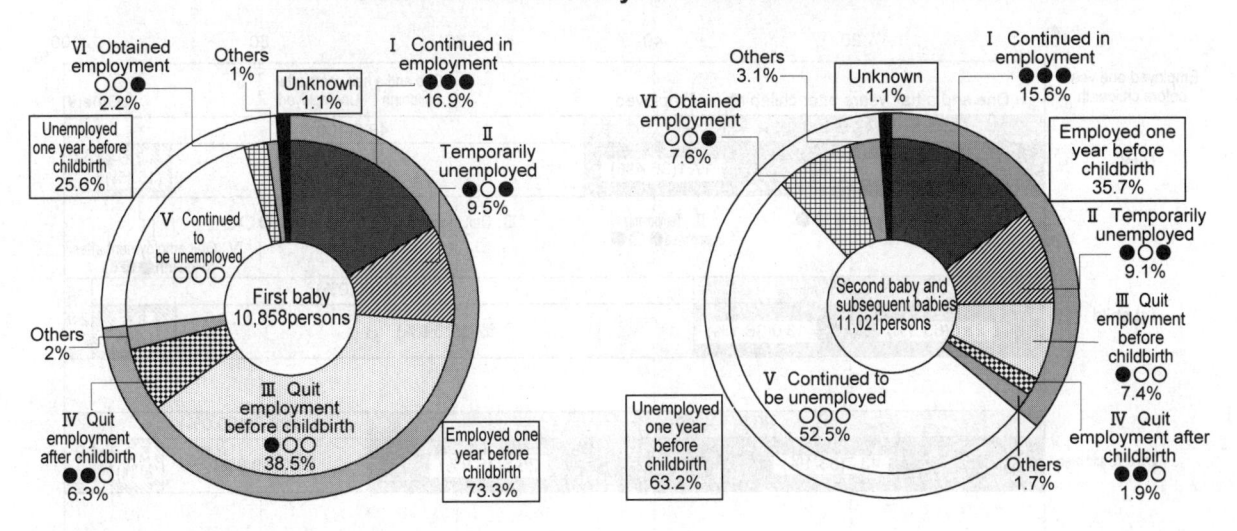

Left chart (First baby 10,858 persons):
- VI Obtained employment ○○● 2.2%
- Others 1%
- Unknown 1.1%
- I Continued in employment ●●● 16.9%
- II Temporarily unemployed ●○○ 9.5%
- III Quit employment before childbirth ●○○ 38.5%
- Employed one year before childbirth 73.3%
- IV Quit employment after childbirth ●●○ 6.3%
- Others 2%
- V Continued to be unemployed ○○○
- Unemployed one year before childbirth 25.6%

Right chart (Second baby and subsequent babies 11,021 persons):
- Others 3.1%
- Unknown 1.1%
- I Continued in employment ●●● 15.6%
- Employed one year before childbirth 35.7%
- II Temporarily unemployed ●○○ 9.1%
- III Quit employment before childbirth ●○○ 7.4%
- IV Quit employment after childbirth ●●○ 1.9%
- Others 1.7%
- V Continued to be unemployed ○○○ 52.5%
- Unemployed one year before childbirth 63.2%
- VI Obtained employment ○○● 7.6%

① **Mothers in employment one year before childbirth**

For mothers in employment one year before childbirth, the category 'III Quit employment before childbirth' accounted for 52.5%, followed by 23.0%, almost a quarter of 'I Continued in employment', for the first baby. On the other hand, 'II Temporarily unemployed' and 'IV Quit employment after childbirth' accounted for almost 10% respectively.

Those who quit employment due to childbirth of the first baby are divided into 'III Quit employment before childbirth' and 'IV Quit employment after childbirth', accounting for 60% combined. The former group accounted for 86.0%, indicating that almost 90% quit employment before childbirth. The category 'II Temporarily unemployed' accounted for 40% of mothers in employment one and a half years after childbirth. They were temporarily unemployed due to conditions that prevented them from continuing in employment.

For the second baby and subsequent babies, while the percentage of the category 'III Quit employment before childbirth' declined significantly, 'I Continued in employment' accounted for 43.7%. It can be considered that the environment had improved compared with that for the first baby due to factors such as established employment status or cooperation from the family. Combined with 'II Temporarily unemployed', which accounted for 25.5%, more mothers were employed one and a half years after childbirth of the second baby and subsequent babies than for the first baby.

Figure 2-2 Variation pattern of employment status of mother in employment one year before childbirth

- I Continued in employment ●●●
- II Temporarily unemployed ●○○
- III Quit employment before childbirth ●○○
- IV Quit employment after childbirth ●●○

Total: One and a half years after childbirth: Employed 47.0(100.0%) [29.9(63.6%) | 17.1(36.4%)]; Unemployed 49.5(100%) [42.0(84.9%) | 7.5(15.1%)]; Others 3.5

1st child: 36.0(100.0%) [23.0(63.9%) | 13.0(36.1%)]; 61.1(100.0%) [52.5(86.0%) | 8.6(14.0%)]; 2.9

2nd child and over: 69.2(100.0%) [43.7(63.1%) | 25.5(36.9%)]; 26.0(100.0%) [20.7(79.8%) | 5.2(20.2%)]; 4.9

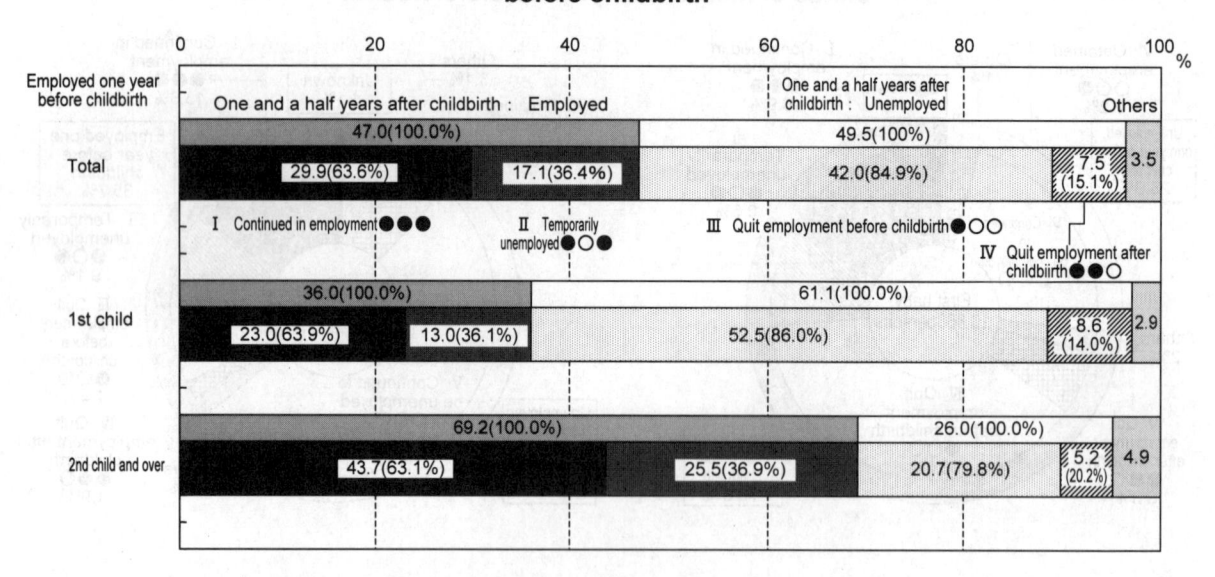

② Unemployed mothers one year before childbirth

For unemployed mothers one year before childbirth, 'V Continued to be unemployed' accounted for 80%, and the category 'VI Obtained employment' accounted for around 10% with no significant difference between the order of the birth. However, increased numbers in the category 'VI Obtained employment' for the second baby and subsequent babies can be regarded as the sign of a desire for employment.

Figure 2-3 Variation pattern of employment status of mothers unemployed one year before childbirth

- V Continued to be unemployed ○○○
- VI Obtained employment ○○●

Total: 84.1 | 11.0 | 4.8
1st child: 86.9 | 8.5 | 4.6
2nd child and over: 83.1 | 12.1 | 4.9

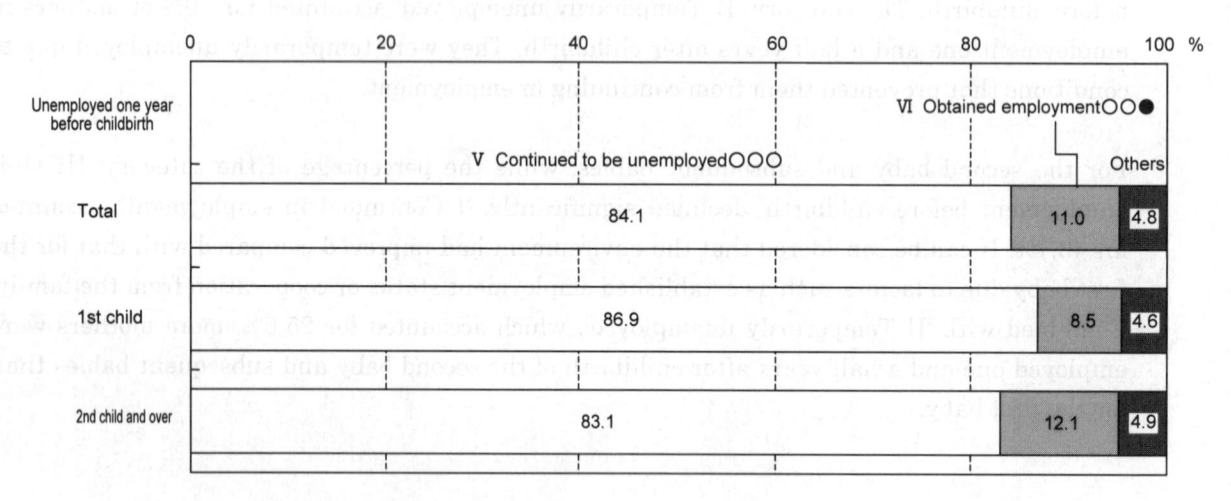

(3) Variation in employment status according to conditions of employment of mother

The conditions of employment for mothers in employment one year before childbirth was analyzed according to the variation pattern of employment status. While full-time workers accounted for 58.1%, the proportion of part-time workers was 31.2%. For 'I Continued in employment' and 'IV Quit employment after childbirth', full-time workers dominated at 80.4% and 74.1%, respectively. For 'II Temporarily unemployed' and 'III Quit employment before childbirth', part-time workers accounted for 40%. More full-time workers were observed in 'III Quit employment before childbirth', suggesting that employment conditions (whether full-time or part-time) affects whether the employment status changes.

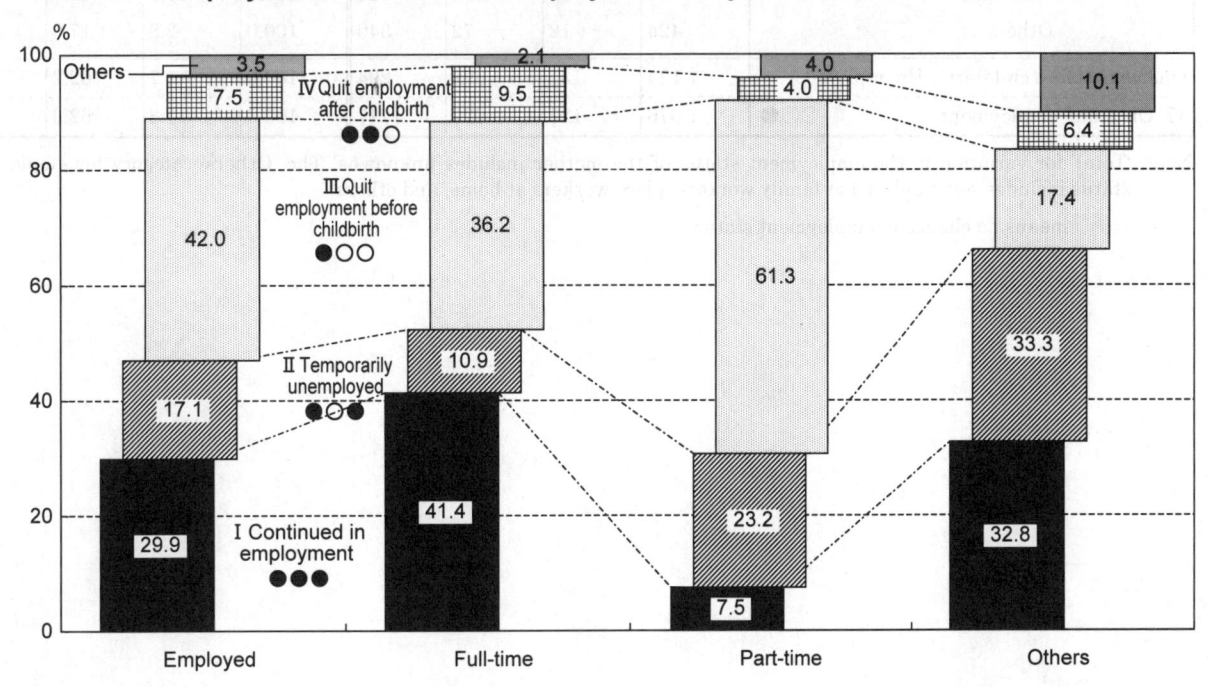

Table 2-4 Type of employment of mothers in employment one year before childbirth

Variation pattern of employment status of mother	Employment status of mother one year before childbirth				Percentage			
	Employed	Full-time	Part-time	Others	Employed	Full-time	Part-time	Others
				persons				%
One year before childbirth: Employed	11 897	6 913	3 711	1 273	100.0	58.1	31.2	10.7
I Continued in employment ●●●	3 554	2 859	278	417	100.0	80.4	7.8	11.7
II Temporarily unemployed ●○●	2 038	754	860	424	100.0	37.0	42.2	20.8
III Quit employment before childbirth ●○○	4 997	2 500	2 276	221	100.0	50.0	45.5	4.4
IV Quit employment after childbirth ●●○	887	657	148	82	100.0	74.1	16.7	9.2
Others	421	143	149	129	100.0	34.0	35.4	30.6

Note: 'Others' category for employment status includes self-employed or family workers, piece workers at home and other workers.

Variation pattern of employment status of the mothers were analyzed according to their conditions of employment one year before childbirth. For full-time workers, 'I Continued in employment' accounted for 40%, which was slightly higher than that of the 'III Quit employment before childbirth' category. For part-time workers, 'III Quit employment before childbirth' dominated at 60% compared with almost 10% for 'I Continued in employment'. The category of 'II Temporarily unemployed', showed more part-time workers than full-time workers.

Figure 2-4 Variation pattern of employment status of mothers according to type of employment for mothers in employment one year before childbirth

	Employed	Full-time	Part-time	Others
Others	3.5	2.1	4.0	10.1
IV Quit employment after childbirth ●●○	7.5	9.5	4.0	6.4
III Quit employment before childbirth ●○○	42.0	36.2	61.3	17.4
II Temporarily unemployed ●○●	17.1	10.9	23.2	33.3
I Continued in employment ●●●	29.9	41.4	7.5	32.8

Changes in the employment status between one year before and one and a half years after childbirth are analyzed based on the conditions of employment one and a half years after childbirth.

For mothers in employment one year before childbirth, full-time workers accounted for 54.0%, higher than the 27.5% for part-time workers one and a half years after childbirth. As for variation pattern of employment status of the mothers, full-time workers dominated, accounting for three-fourths of 'I Continued in employment', and most of them continued their employment status between one year before childbirth and one and a half years after childbirth. However, it should be noted that 15.5% of part-time workers shifted to full-time work.

On the other hand, part-time workers dominated with 56.1% of the 'II Temporarily unemployed' one and a half years after childbirth, and almost 60% of the mothers who were full-time workers employment before childbirth shifted to part-time work. Although this trend is different from that in 'I Continued in employment', part-time workers showed a similar trend for both.

For the 'VI Obtained employment' category of mothers who were unemployed one year before childbirth, part-time workers dominated with 60% compared with almost 10% for full-time workers.

Table 2-5 Type of employment of mothers in employment one and a half years after childbirth

Variation pattern of employment status of mother	Type of Employment of mother one and a half years after childbirth				Percentage distribution			
	Employed	Full-time	Part-time	Others	Employed	Full-time	Part-time	Others
				persons				%
Total	6 808	3 185	2 277	1 346	100.0	46.8	33.4	19.8
One year before childbirth: Employed	5 605	3 026	1 541	1 038	100.0	54.0	27.5	18.5
I Continued to be unemployed ●●●	3 554	2 692	388	474	100.0	75.7	10.9	13.3
Full-time	2 859	2 634	163	62	100.0	92.1	5.7	2.2
Part-time	278	43	207	28	100.0	15.5	74.5	10.1
Others	417	15	18	384	100.0	3.6	4.3	92.1
II Temporarily unemployed ●○●	2 038	332	1 143	563	100.0	16.3	56.1	27.6
Full-time	754	232	421	101	100.0	30.8	55.8	13.4
Part-time	860	88	650	122	100.0	10.2	75.6	14.2
Others	424	12	72	340	100.0	2.8	17.0	80.2
One year before childbirth: Unemployed	1 124	131	699	294	100.0	11.7	62.2	26.2
VI Obtained employment ○○●	1 076	122	677	277	100.0	11.3	62.9	25.7

Note: 'Total' for variation in the employment status of the mother includes unknowns. The 'Others' category for employment status includes self-employed or family workers, piece workers at home, and others.

▨ means no change in employment status.

Variation pattern of employment among the mothers were analyzed according to their conditions of employment one and a half years after childbirth. While more than 80% of the full-time workers belonged to the category of 'I Continued in employment', 50% and 30% of part-time workers belonged to the categories 'II Temporarily unemployed' and 'VI Obtained employment', respectively. Thus, this shows that there were significant differences.

Figure 2-5 Variation pattern of employment status of mothers according to conditions of employment for mothers in employment one and a half years after childbirth

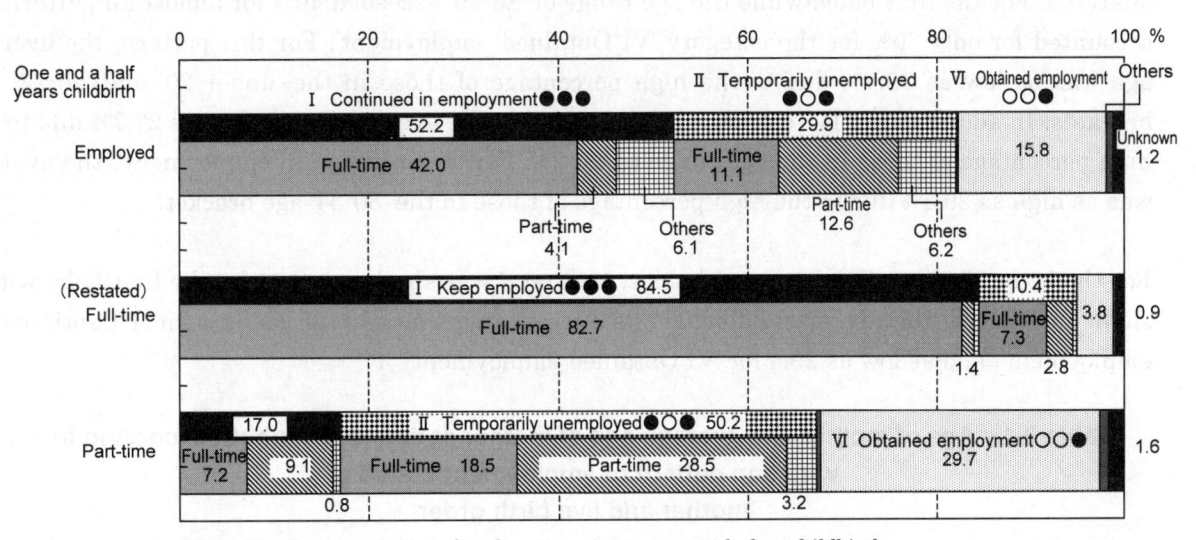

One and a half years childbirth	I Continued in employment	II Temporarily unemployed	VI Obtained employment	Others
Employed	52.2 (Full-time 42.0, Part-time 4.1, Others 6.1)	29.9 (Full-time 11.1, Part-time 12.6, Others 6.2)	15.8	Unknown 1.2
(Restated) Full-time	I Keep employed 84.5 (Full-time 82.7, 1.4, 2.8)	10.4 (Full-time 7.3, 3.2)	Full-time 3.8	0.9
Part-time	17.0 (Full-time 7.2, 9.1, 0.8)	II Temporarily unemployed 50.2 (Full-time 18.5, Part-time 28.5, 3.2)	VI Obtained employment 29.7	1.6

Note: Employment status of each pattern is at one year before childbirth.

3. Environment surrounding childbirth according to variation pattern of employment status of mother

(1) Age of mother

The average age of the mothers at the time of childbirth for the total, for the first baby, and for the second baby and subsequent babies was 30.0, 28.6, and 31.4, respectively.

The age of the mother at the time of childbirth according to variation pattern of employment was analyzed. For the first baby, while the age range of '25-29' exceeded 40% for almost all patterns, it accounted for only 30% for the category 'VI Obtained employment'. For this pattern, the average age was as low as 25.7% due to the high percentage of those in the 'under 20' and '20-24' age brackets. In addition, for 'II Temporarily unemployed', the average was as low as 27.7% due to the high percentage of those in the age range of '20-24'. For 'I Continued in employment', the average was as high as 29.5% due to the high percentage of those in the '30-34' age bracket.

For the second baby and subsequent babies, the trend was similar to that for the first baby with a slight increase in the age at childbirth. The average age was as high as 32.4 for 'I Continued in employment', and as low as 29.4 for 'VI Obtained employment'.

Table 3-1 Age of mother and average age of mother at time of childbirth according to variation pattern of employment status of mother and live birth order

Variation pattern of employment status of mother		Total		Under 20	20-24	25-29	30-34	Aged 35 or over	Average age of mothers
Total									
		21 879 persons	%	232	2 462	8 452	7 770	2 963	Years of age
Total			100.0	1.1	11.3	38.6	35.5	13.5	30.0
I Continued in employment	●●●	3 554	100.0	0.1	7.4	35.6	39.8	17.1	30.9
II Temporarily unemployed	●○●	2 038	100.0	1.3	15.4	38.9	30.9	13.6	29.6
III Quit employment before childbirth	●○○	4 997	100.0	0.8	16.2	46.1	27.8	9.1	28.9
IV Quit employment after childbirth	●●○	887	100.0	0.2	13.8	41.9	31.3	12.7	29.6
V Continued to be unemployed	○○○	8 196	100.0	1.2	7.3	35.4	41.0	15.1	30.6
VI Obtained employment	○○●	1 076	100.0	3.4	18.3	40.1	29.3	8.8	28.6
First baby									
		10 858		215	1 860	5 047	2 880	856	
Total			100.0	2.0	17.1	46.5	26.5	7.9	28.6
I Continued in employment	●●●	1 834	100.0	0.2	12.3	46.0	31.5	10.0	29.5
II Temporarily unemployed	●○●	1 034	100.0	2.3	24.1	47.5	19.8	6.3	27.7
III Quit employment before childbirth	●○○	4 181	100.0	0.9	18.3	49.6	25.0	6.2	28.3
IV Quit employment after childbirth	●●○	681	100.0	0.3	16.4	46.5	27.5	9.3	29.0
V Continued to be unemployed	○○○	2 414	100.0	3.9	13.0	44.0	29.8	9.4	29.0
VI Obtained employment	○○●	237	100.0	13.5	34.2	31.2	14.8	6.3	25.7
Second baby and subsequent babies									
		11 021		17	602	3 405	4 890	2 107	
Total			100.0	0.2	5.5	30.9	44.4	19.1	31.4
I Continued in employment	●●●	1 720	100.0	0.0	2.1	24.5	48.7	24.7	32.4
II Temporarily unemployed	●○●	1 004	100.0	0.2	6.4	30.1	42.2	21.1	31.5
III Quit employment before childbirth	●○○	816	100.0	0.0	5.4	28.3	42.3	24.0	31.9
IV Quit employment after childbirth	●●○	206	100.0	0.0	4.9	26.7	44.2	24.3	31.9
V Continued to be unemployed	○○○	5 782	100.0	0.2	4.9	31.8	45.7	17.5	31.3
VI Obtained employment	○○●	839	100.0	0.6	13.8	42.7	33.4	9.5	29.4

Note : Totals for the employment status of the mothers includes 'Others'.

Variation pattern of employment status of mothers according to the age bracket of the mother were analyzed. For the first baby, while the percentage of those who 'I Continued in employment' and 'V Continued to be unemployed' increased, that for 'III Quit before childbirth' and 'II Temporarily unemployed' declined with age for those aged 20 and over. For the 'Under 20' age bracket, unlike other age brackets, the category 'V Continued to be unemployed' was dominant. Analysis by urban/rural of residence shows that those who 'I Continued in employment' tended to live more in rural areas than in the 13 major cities for most of the age brackets of those aged 20 and over.

Figure 3-1 Variation Pattern of employment status of mothers by age of mothers at first childbirth and urban/rural of residence

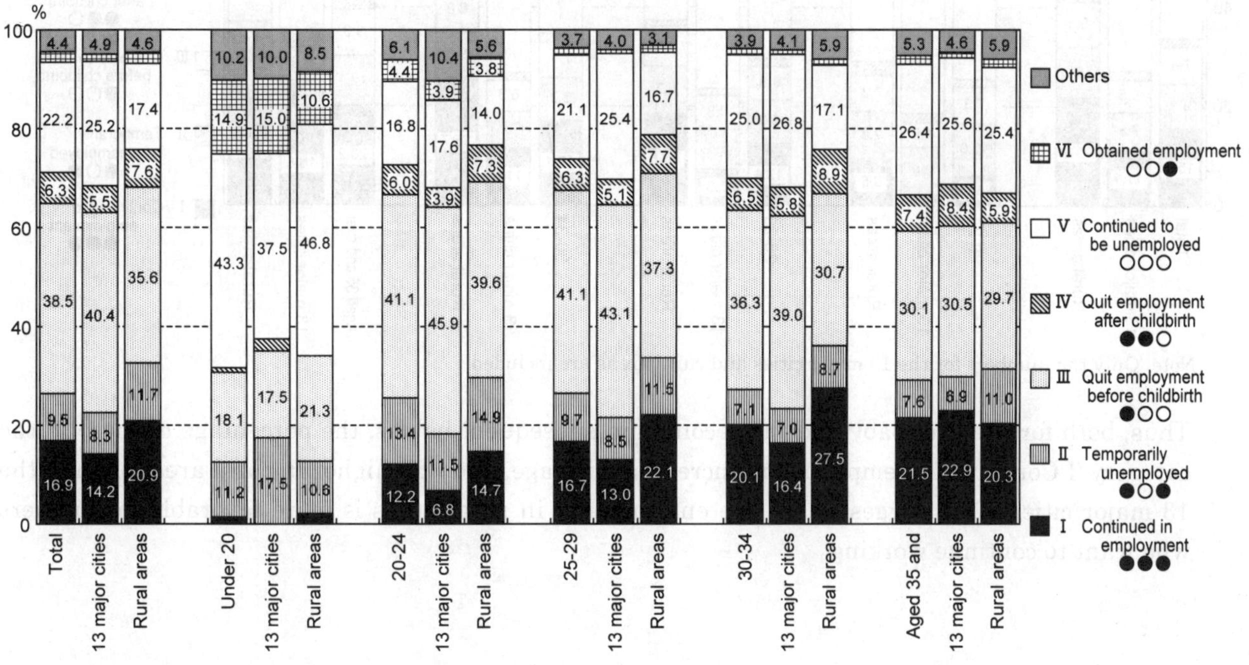

Note: Only the numbers for the 13 major cities and rural areas are included.

For the second baby and subsequent babies, while those who 'VI Obtained employment' accounted for about 20% of the '20-24' age bracket, it fell with age to about 4% for those aged '35 and over'. Although the percentage of 'I Continued in employment' increased with age, the rate for those aged '35 and over' was less than that for the '30-34' age bracket in rural areas.

Figure 3-2 Variation Pattern of employment status of mother by age of mothers at second childbirth and over and urban/rural of residence

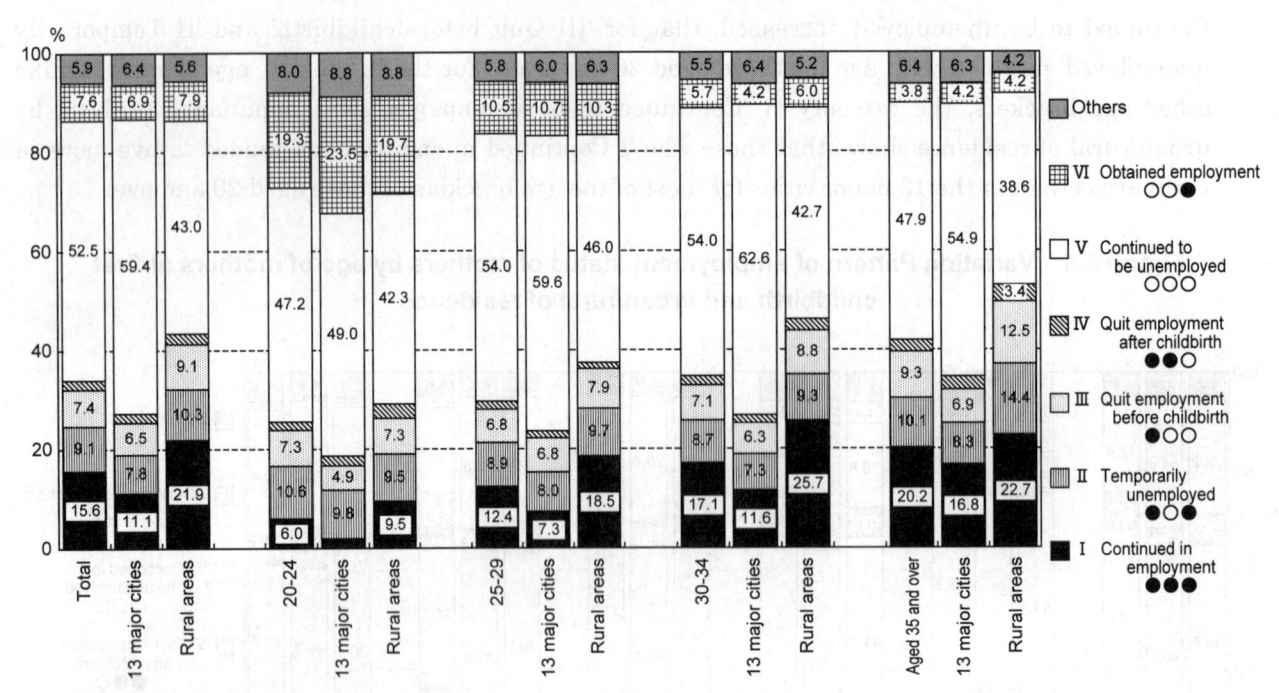

	Total	13 major cities	Rural areas	20-24	13 major cities	Rural areas	25-29	13 major cities	Rural areas	30-34	13 major cities	Rural areas	Aged 35 and over	13 major cities	Rural areas
Others	5.9	6.4	5.6	8.0	8.8	8.8	5.8	6.0	6.3	5.5	6.4	5.2	6.4	6.3	4.2
VI Obtained employment	7.6	6.9	7.9	19.3	23.5	19.7	10.5	10.7	10.3	5.7	4.2	6.0	3.8	4.2	4.2
V Continued to be unemployed	52.5	59.4	43.0	47.2	49.0	42.3	54.0	59.6	46.0	54.0	62.6	42.7	47.9	54.9	38.6
IV Quit employment after childbirth	7.4	6.5	9.1	7.3	4.9	7.3	6.8	6.8	7.9	7.1	6.3	8.8	9.3	6.9	3.4 / 12.5
III Quit employment before childbirth	9.1	7.8	10.3	10.6	9.8	9.5	8.9	8.0	9.7	8.7	7.3	9.3	10.1	8.3	14.4
II Temporarily unemployed	15.6	11.1	21.9	6.0		9.5	12.4	7.3	18.5	17.1	11.6	25.7	20.2	16.8	22.7
I Continued in employment															

Note: Only the numbers for the 13 major cities and rural areas are included.

Thus, both for the first baby and the second and subsequent babies, the percentage of those in the category 'I Continued in employment' increased with age, and was higher in rural areas than in the 13 major cities. This suggests that the environment in rural areas is more favorable for mothers who want to continue working.

(2) Duration of marriage of parents

The average duration of the marriage of the parents before childbirth of the first baby was analyzed by type urban/rural of residence. It was 1.98 years for the total, and 2.23 years for those living in the 13 major cities, 0.5 years shorter than the 1.75 years for rural areas.

The duration according to the variation pattern of the employment status of the mother was analyzed. In the 13 major cities, the average for 'V Continued to be unemployed' was 2.57 years, the longest of all due to the relatively high percentage of 31.7% for '1-2 years' and low percentage of the 'Under a year' category, especially that for '8 months or less'. The 2.49 years for 'I Continued in employment' is also relatively long. On the other hand, for the categories 'III Quit employment before childbirth' and 'IV Quit employment after childbirth', the duration was relatively short due to the high percentage of those in the 'Under a year' category and the low percentage of those in the '5 years and over' category.

In rural areas, for most of the patterns, the majority came under the 'Under a year' and '1-2 years' categories, with a low percentage for '4 years and over'. In particular, for the categories of 'II Temporarily unemployed' and 'III Quit employment before childbirth', those whose duration of marriage was '8 months or less' dominated at almost 40%.

Table 3-2 Duration of marriage of parents at time of childbirth of first legitimate baby according to variation pattern of employment status of mother

Variation pattern of employment status of mother		Total persons	Total %	Under one year	1-2 years	2-3 years	3-4 years	4-5 years	5 years and over	(restated) less than 8 months	Average length of marriage (years)
Total											
Total		10 703		3 970	3 041	1 532	816	499	812	2 605	1.98
			100.0	37.1	28.4	14.3	7.6	4.7	7.6	24.3	
I	Continued in employment ●●●	1 811	100.0	33.0	29.5	15.7	8.0	5.1	8.4	20.6	2.09
II	Temporarily unemployed ●○●	995	100.0	44.2	26.4	12.5	6.1	3.6	6.6	31.1	1.79
III	Quit employment before childbirth ●○○	4 153	100.0	42.5	25.7	13.7	7.6	4.2	6.0	28.2	1.82
IV	Quit employment after childbirth ●●○	676	100.0	37.4	25.0	17.2	8.9	3.8	7.4	25.0	1.99
V	Continued to be unemployed ○○○	2 389	100.0	25.5	35.2	15.2	8.1	5.8	9.9	15.4	2.28
VI	Obtained employment ○○●	220	100.0	49.1	25.5	7.7	6.8	5.0	5.5	36.8	1.64
(restated) 13 major cities											
Total		2 487		795	676	413	210	137	246	527	2.23
			100.0	32.0	27.2	16.6	8.4	5.5	9.9	21.2	
I	Continued in employment ●●●	347	100.0	25.9	26.8	19.6	8.4	5.2	13.8	18.2	2.49
II	Temporarily unemployed ●○●	208	100.0	34.6	30.3	13.9	7.7	4.8	8.2	21.6	2.11
III	Quit employment before childbirth ●○○	1 007	100.0	38.7	25.3	15.5	7.8	4.7	7.7	25.9	1.97
IV	Quit employment after childbirth ●●○	139	100.0	34.5	23.0	21.6	9.4	3.6	7.2	24.5	2.02
V	Continued to be unemployed ○○○	630	100.0	21.0	31.7	16.8	10.5	7.9	11.6	11.4	2.57
VI	Obtained employment ○○●	36	100.0	41.7	19.4	19.4	-	8.3	11.1	36.1	2.06
(restated) rural areas											
Total		1 893		833	542	207	127	71	108	556	1.75
			100.0	44.0	28.6	10.9	6.7	3.8	5.7	29.4	
I	Continued in employment ●●●	397	100.0	36.5	31.7	12.1	8.8	4.8	5.8	22.4	1.90
II	Temporarily unemployed ●○●	219	100.0	52.1	21.9	9.6	7.3	3.2	5.5	36.5	1.61
III	Quit employment before childbirth ●○○	676	100.0	53.1	25.3	9.6	5.6	2.1	3.8	37.4	1.48
IV	Quit employment after childbirth ●●○	138	100.0	37.7	30.4	13.8	8.0	4.3	5.8	26.1	1.84
V	Continued to be unemployed ○○○	345	100.0	30.1	37.4	13.0	5.2	5.5	8.7	16.8	2.07
VI	Obtained employment ○○●	37	100.0	54.1	24.3	2.7	13.5	-	5.4	40.5	1.45

Note : Duration of the marriage of the parents indicates the length of time at the time of childbirth of the first baby and the totals include the category of 'Unknown'.
Numbers for rural areas are at the time of childbirth, and the totals include the numbers for other cities. Totals for the employment status of the mother includes the category of 'Others'.

(3) Educational background

The proportion by educational background was analyzed according to the variation pattern of the employment status of the mother. The proportion for 'I Continued in employment' increased among those with a more extensive educational background, and accounted for 25% for the 'University' education category. The educational background of mothers in the 13 major cities was higher than those in rural areas.

Variation pattern of employment status of the mother were not significantly affected by the educational background of the father. The category 'V Continued to be unemployed' was slightly higher for 'University'.

Figure 3-3 Variation patterns of employment of mother by educational background of mother

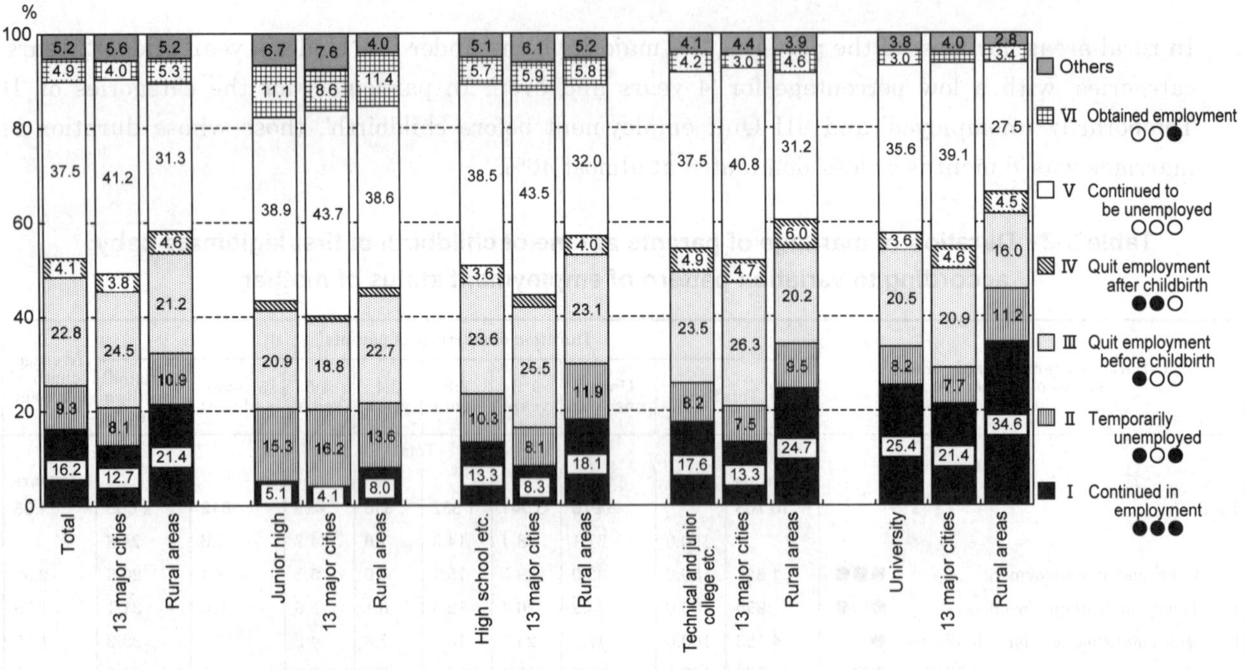

Note: Only the numbers for the 13 major cities and rural areas are included.

Table 3-3 Variation pattern of employment status of mother according to educational background of both parents

Variation pattern of employment status of mother		Educational background of mothers					Educational background of fathers				
		Total	Junior high school	High school etc.	Technical and junior college etc.	University	Total	Junior high school	High school etc.	College etc.	University
Total		persons 21 879	957	8 877	8 890	2 970	persons 21 270	1 461	8 730	3 292	7 587
		% (100.0)	(4.4)	(40.6)	(40.6)	(13.6)	% (100.0)	(6.9)	(41.0)	(15.5)	(35.7)
		100.0	100.0	100.0	100.0	100.0	100.0	100.0	100.0	100.0	100.0
I	Continued in employment ●●●	16.2	5.1	13.3	17.6	25.4	16.2	11.2	16.5	17.0	16.9
II	Temporarily unemployed ●○●	9.3	15.3	10.3	8.2	8.2	8.9	14.6	10.0	9.3	6.5
III	Quit employment before childbirth ●○○	22.8	20.9	23.6	23.5	20.5	23.1	22.7	23.9	24.7	21.9
IV	Quit employment after childbirth ●●○	4.1	2.1	3.6	4.9	3.6	4.1	3.9	4.1	4.5	4.1
V	Continued to be unemployed ○○○	37.5	38.9	38.5	37.5	35.6	38.0	32.0	35.3	35.1	44.2
VI	Obtained employment ○○●	4.9	11.1	5.7	4.2	3.0	4.6	8.5	5.5	5.0	2.6
Others		5.2	6.7	5.1	4.1	3.8	5.1	7.0	4.7	4.3	3.8

Note: Fathers living with children are covered.
Total of educational background includes others and unknown.

(4) Household type

The household type one and a half years after childbirth was analyzed. While nuclear families dominated with 75.8%, three-generation families accounted for 21.5%. Nuclear families dominated with 85.4% in the 13 major cities. In contrast, while this type of household accounted for 60.5% in rural areas, the proportion still shows that three-generation families accounted for almost 40%.

Household type ording to the variation pattern of the employment status of the mother was analyzed. In the 13 major cities, while nuclear families dominated for the categories 'III Quit employment before childbirth' and 'IV Quit employment after childbirth', three-generation families dominated for the categories 'I Continued in employment', 'II Temporarily unemployed', and 'VI Obtained employment'. For 'VI Obtained employment', the percentage of single-mother families, with the exception of ones with the father staying away from home, is relatively high. In addition, in rural areas, three-generation families dominated for the categories 'I Continued in employment' and 'II Temporarily unemployed'.

Table 3-4 Household type according to variation pattern of employment status of mother

Variation pattern of employment status of mother		Total		Nuclear families	Three-generation families	Single-mother families	(restated) Other than those with father staying away from home
		\multicolumn{6}{c}{Total}					
Total		21 879 persons		16 575	4 695	609	495
			100.0 %	75.8	21.5	2.8	2.3
I Continued in employment	●●●	3 554	100.0	66.1	31.1	2.8	2.4
II Temporarily unemployed	●○●	2 038	100.0	65.7	27.5	6.9	6.3
III Quit employment before childbirth	●○○	4 997	100.0	81.3	17.0	1.7	1.2
IV Quit employment after childbirth	●●○	887	100.0	75.6	22.5	1.8	1.5
V Continued to be unemployed	○○○	8 196	100.0	81.2	17.4	1.4	0.9
VI Obtained employment	○○●	1 076	100.0	64.6	25.7	9.7	8.6
		\multicolumn{6}{c}{(restated) 13 major cities}					
Total		4 691		4 005	539	147	110
			100.0	85.4	11.5	3.1	2.3
I Continued in employment	●●●	598	100.0	82.1	13.7	4.2	3.5
II Temporarily unemployed	●○●	380	100.0	79.5	13.2	7.4	6.6
III Quit employment before childbirth	●○○	1 151	100.0	89.1	8.6	2.3	1.4
IV Quit employment after childbirth	●●○	177	100.0	91.0	8.5	0.6	0.0
V Continued to be unemployed	○○○	1 934	100.0	86.2	12.2	1.6	1.0
VI Obtained employment	○○●	188	100.0	73.9	14.4	11.7	9.0
		\multicolumn{6}{c}{(restated) rural areas}					
Total		4 180		2 527	1 545	108	84
			100.0	60.5	37.0	2.6	2.0
I Continued in employment	●●●	895	100.0	50.6	47.0	2.3	1.9
II Temporarily unemployed	●○●	457	100.0	51.9	43.1	5.0	4.6
III Quit employment before childbirth	●○○	886	100.0	66.5	32.6	0.9	0.6
IV Quit employment after childbirth	●●○	194	100.0	59.8	37.1	3.1	2.6
V Continued to be unemployed	○○○	1 310	100.0	68.6	30.3	1.1	0.5
VI Obtained employment	○○●	222	100.0	52.3	35.6	12.2	9.9

Note: Figures are at one and half a year after childbirth.
Total for rural areas includes other cities and foreign countries. Total for variation pattern of employment status of mothers includes the category of 'Others'.

The variation pattern of the employment status of the mother was analyzed according to the type of household. The category 'V Continued to be unemployed' accounted for the highest number followed by 'III Quit employment before childbirth' for nuclear families, with a slight difference for the urban/rural of residence. For three-generation families, while 'V Continued to be unemployed' accounted for 43.8% in the 13 major cities, 'I Continued in employment' formed the majority in rural areas. For single-mother families, with the exception of ones with the father staying away from home, the proportion for 'II Temporarily unemployed' and 'VI Obtained employment' was relatively high.

The category 'I Continued in employment' was observed more often for three-generation families than for nuclear families. This may reflect the fact that grandparents help the mothers to continue working. This trend was more significant in rural areas than in the 13 major cities.

Figure 3-4 Variation Pattern of employment status of mothers by household and urban/rural of residence

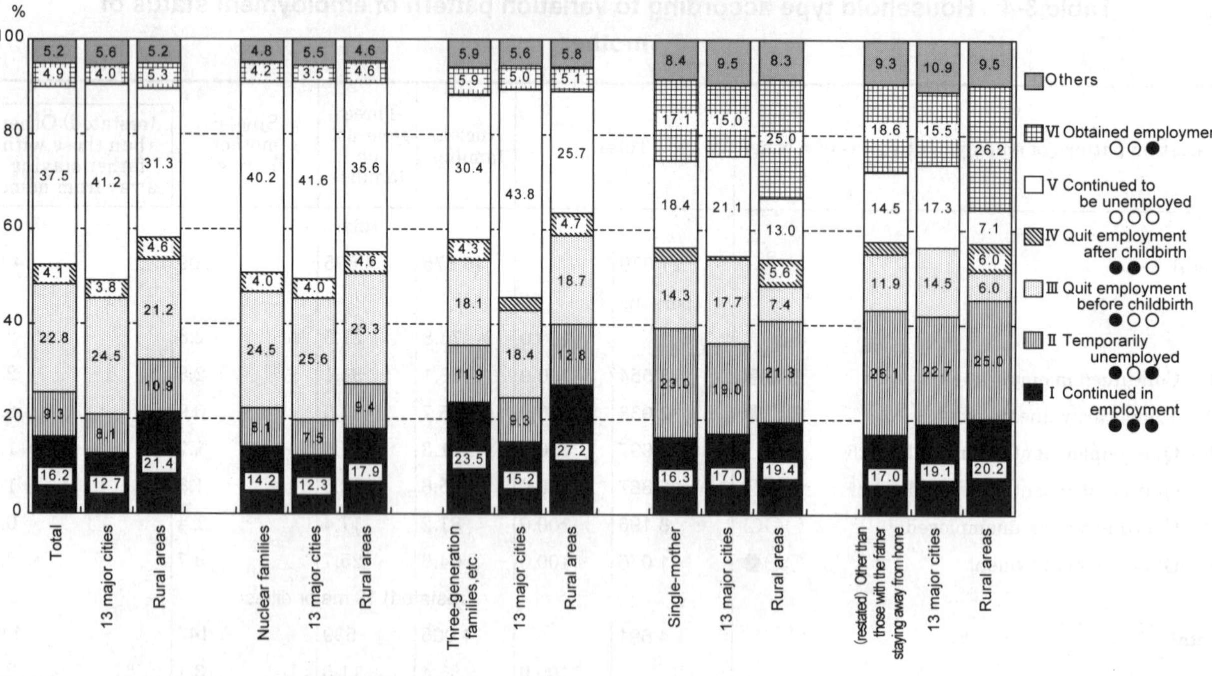

Note: Only the numbers for the 13 major cities and rural areas are included.

Variation in the employment status of mothers staying with their grandparents between half a year and one and a half years after childbirth was analyzed. The category 'I Continued in employment' formed the majority followed by 'VI Obtained employment' and 'II Temporarily unemployed' for those 'Staying with their grandparents at both time points'. Those following the three patterns for mothers in employment one and a half years after childbirth tended to stay with their grandparents. For these three patterns, the percentage of those changing 'From separated from to staying with' and 'From staying with to separated from' is also high. This suggests strengthened support from grandparents in the process of employment of the mothers. Support from grandparents is an important factor in enabling mothers to continue in employment after childbirth.

Table 3-5 Changes in status of living with grandparents according to variation pattern of employment status of mother

Variation pattern of employment status of mother			Total	Living with grandparents			Percentage (%)			Difference between 1 and 2
				Continued living with	From separated from to living with	From living with to separated from	Continued living with	From separated from to living with-1	From living with to separated from-2	
Total			persons 21 879	4 231	710	503	19.3	3.2	2.3	0.9
I	Continued in employment	●●●	3 554	1 001	141	69	28.2	4.0	1.9	2.0
II	Temporarily unemployed	●○●	2 038	517	99	63	25.4	4.9	3.1	1.8
III	Quit employment before childbirth	●○○	4 997	722	145	126	14.4	2.9	2.5	0.4
IV	Quit employment after childbirth	●●○	887	174	34	27	19.6	3.8	3.0	0.8
V	Continued to be unemployed	○○○	8 196	1 284	189	148	15.7	2.3	1.8	0.5
VI	Obtained employment	○○●	1 076	274	62	42	25.5	5.8	3.9	1.9

Note: Status of living with grandparents is compared between half a year and one and half a year after childbirth. Total of variation pattern of employment status of mothers includes others.

(5) Person rearing

① Daily person rearing

The support of daily person rearing half a year after childbirth was analyzed according to the variation pattern of the employment status of the mother. 'Mothers or parents only' formed the majority for all patterns. The proportion exceeded 80% for 'V Continued to be unemployed' and 'III Quit employment before childbirth', accounting for less than 50% for 'I Continued in employment'. The percentage for 'Mothers, parents, and grandparents', 'Mothers, parents, and nursery teachers, etc.' and 'Others' was relatively high for 'I Continued in employment' and 'II Temporarily unemployed'. In other words, people other than the parents were more involved with child rearing for these patterns.

Figure 3-5 Combination of daily person rearing half a year after childbirth according to variation pattern of employment status of mother

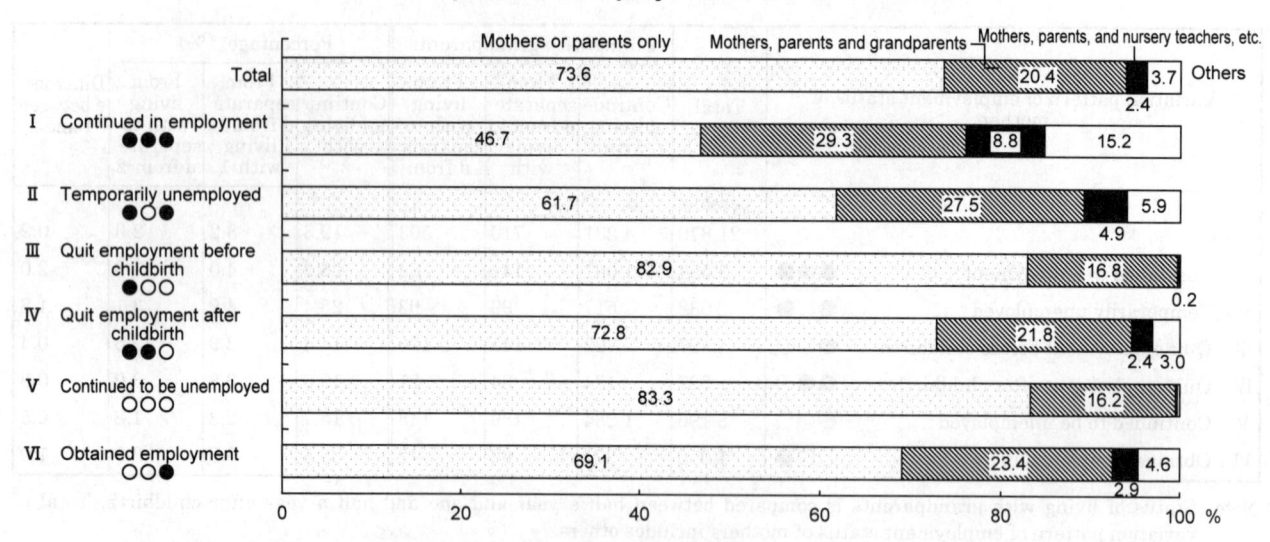

Pattern	Mothers or parents only	Mothers, parents and grandparents	Mothers, parents, and nursery teachers, etc.	Others
Total	73.6	20.4	2.4	3.7
I Continued in employment ●●●	46.7	29.3	8.8	15.2
II Temporarily unemployed ●○●	61.7	27.5	4.9	5.9
III Quit employment before childbirth ●○○	82.9	16.8		0.2
IV Quit employment after childbirth ●●○	72.8	21.8	2.4	3.0
V Continued to be unemployed ○○○	83.3	16.2		
VI Obtained employment ○○●	69.1	23.4	2.9	4.6

For the three patterns for mothers in employment, 'I Continued in employment', 'II Temporarily unemployed' and 'VI Obtained employment', while the percentage for the combination with nursery teachers or grandparents dramatically increased one and a half years after childbirth, that for 'Mothers or parents only' dramatically decreased. Especially for 'I Continued in employment', 'Mothers or parents only' accounted for only 7.6%. This suggests that the balance of work and child rearing was maintained with the support of nursery teachers or grandparents.

Figure 3-6 Combination of daily person rearing one and a half years after childbirth according to variation pattern of employment status of mother

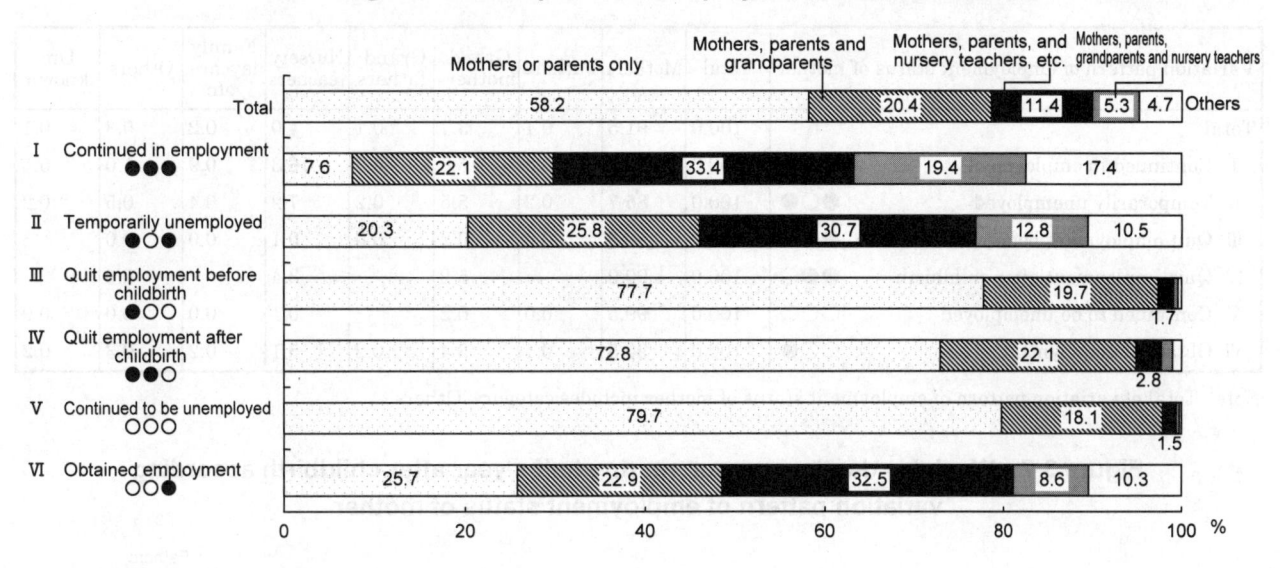

	Mothers or parents only	Mothers, parents and grandparents	Mothers, parents, and nursery teachers, etc.	Mothers, parents, grandparents and nursery teachers	Others
Total	58.2	20.4	11.4	5.3	4.7
I Continued in employment ●●●	7.6	22.1	33.4	19.4	17.4
II Temporarily unemployed ●○●	20.3	25.8	30.7	12.8	10.5
III Quit employment before childbirth ●○○	77.7	19.7			1.7
IV Quit employment after childbirth ●●○	72.8	22.1			2.8
V Continued to be unemployed ○○○	79.7	18.1			1.5
VI Obtained employment ○○●	25.7	22.9	32.5	8.6	10.3

② **Weekday daytime person rearing**

The support of weekday daytime person rearing half a year after childbirth was analyzed according to the variation pattern of the employment status of the mother. 'Mothers' formed the majority in all patterns, and accounted for nearly 100% for unemployed mothers who 'V Continued to be unemployed' and 'III Quit employment before childbirth'.

For 'I Continued in employment', 'Mothers' accounted for almost 60% with a relatively higher percentage for 'Grandmothers' and 'Nursery teachers, etc' (15.0% and 17.2%, respectively). This suggests that many mothers were still on childcare leave, while some resumed work after maternity leave.

Table 3-6 Weekday daytime person rearing half a year after childbirth according to variation pattern of employment status of mother

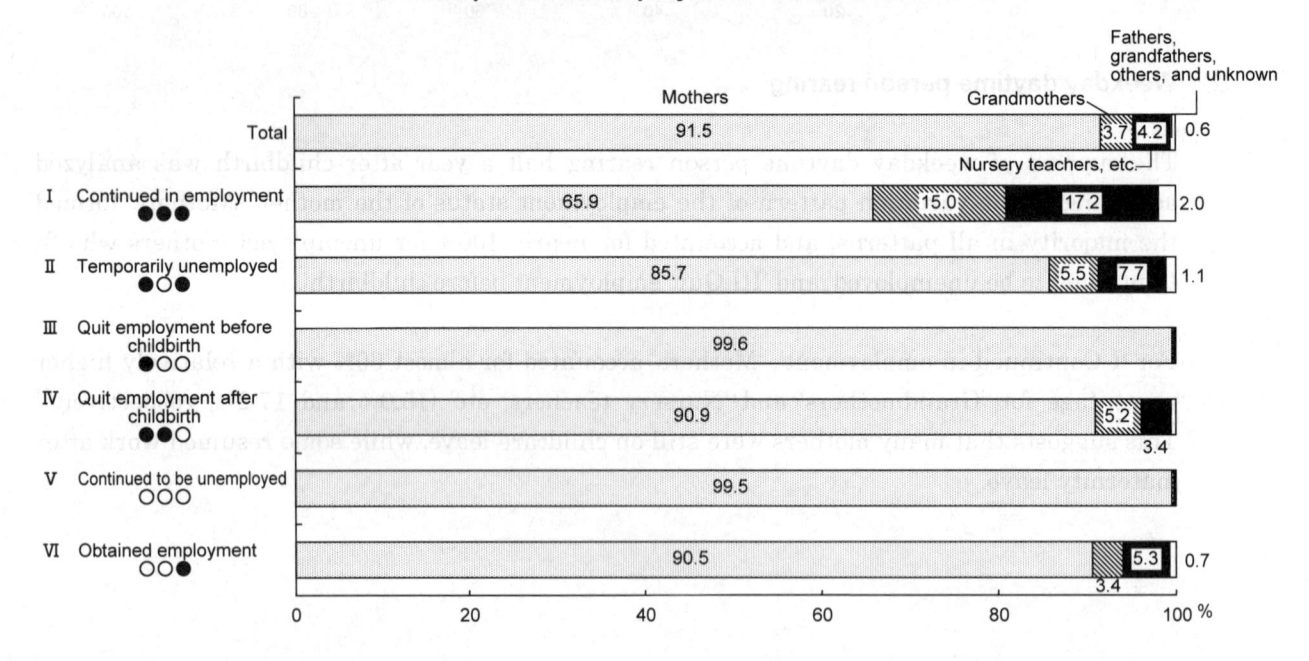

Variation pattern of employment status of mother		Total	Mothers	Fathers	Grand-mothers	Grand-fathers	Nursery teachers	Family daycare, etc.	Others	Un-known
Total		100.0	91.5	0.1	3.7	0.1	4.0	0.2	0.3	0.1
I Continued in employment	●●●	100.0	65.9	0.3	15.0	0.3	16.3	0.9	1.0	0.4
II Temporarily unemployed	●○●	100.0	85.7	0.2	5.5	0.2	7.2	0.4	0.5	0.2
III Quit employment before childbirth	●○○	100.0	99.6	0.0	0.2	0.0	0.1	0.0	0.0	-
IV Quit employment after childbirth	●●○	100.0	90.9	-	5.2	-	3.4	-	0.6	-
V Continued to be unemployed	○○○	100.0	99.5	0.0	0.2	-	0.1	0.0	0.0	0.0
VI Obtained employment	○○●	100.0	90.5	0.1	3.4	0.2	5.1	0.2	0.3	0.2

Note: Total of variation pattern of employment status of mother includes category 'Others'.

Figure 3-7 Weekday daytime person rearing half a year after childbirth according variation pattern of employment status of mother

Full-time employed mothers on childcare leave half a year after childbirth accounted for 76.1% of the category 'IV Quit employment after childbirth' and 64.2% of 'I Continued in employment'. On the other hand, they accounted for less than 40% of 'II Temporarily unemployed'. This suggests that many were temporarily unemployed instead of taking childcare leave.

Table 3-7 Status of taking childcare leave of full-time workers half a year after childbirth according to variation pattern of employment status of mother

Variation pattern of employment status of mother		Total	Working full-time			Percentage of full-time workers taking childcare leave	
				Taking childcare leave			
					On childcare leave		On childcare leave
I	Continued in employment ●●●	3 554	2 796	2 267	1 795	81.1	64.2
II	Temporarily unemployed ●○●	2 038	146	73	55	50.0	37.7
IV	Quit employment after childbirth ●●○	887	297	263	226	88.6	76.1
VI	Obtained employment ○○●	1 076	35	6	3	17.1	8.6

Note: Number of those taking childcare leave includes 'already taken', 'on leave' and 'will take'.

The support of weekday daytime person rearing one and a half years after childbirth was analyzed according to the variation pattern of the employment status of the mother. For the three patterns for mothers in employment, 'I Continued in employment', 'II Temporarily unemployed' and 'VI Obtained employment', the percentages for 'Nursery teachers, etc.' significantly increased to 56.8%, 42.3%, and 43.7%, respectively. Combined with the increased percentage for 'Grandmothers', this suggests that mothers in employment depend on nursery teachers and grandmothers for the rearing of their children.

Table 3-8 Weekday daytime person rearing one and a half years after childbirth according to variation pattern of employment status of mother

Variation pattern of employment status of mother		Total	Mothers	Fathers	Grandmothers	Grandfathers	Nursery teachers	Family daycare, etc.	Others	Unknown
Total		100.0	76.6	0.2	5.5	0.3	16.9	0.2	0.2	0.1
I	Continued in employment ●●●	100.0	18.3	0.3	22.5	1.1	56.0	0.8	1.0	0.1
II	Temporarily unemployed ●○●	100.0	44.4	0.5	11.7	0.6	42.1	0.3	0.4	0.0
III	Quit employment before childbirth ●○○	100.0	97.9	0.1	0.3	0.0	1.6	0.0	-	0.1
IV	Quit employment after childbirth ●●○	100.0	95.8	-	0.6	-	3.4	0.1	-	0.1
V	Continued to be unemployed ○○○	100.0	98.1	0.1	0.3	0.1	1.4	0.0	0.0	0.0
VI	Obtained employment ○○●	100.0	45.4	0.3	8.9	0.9	43.4	0.3	0.7	0.1

Note: Total for variation pattern of employment status of mother includes category 'Others'.

Figure 3-8 Weekday daytime person rearing one and a half years after childbirth according to variation pattern of employment status of mother

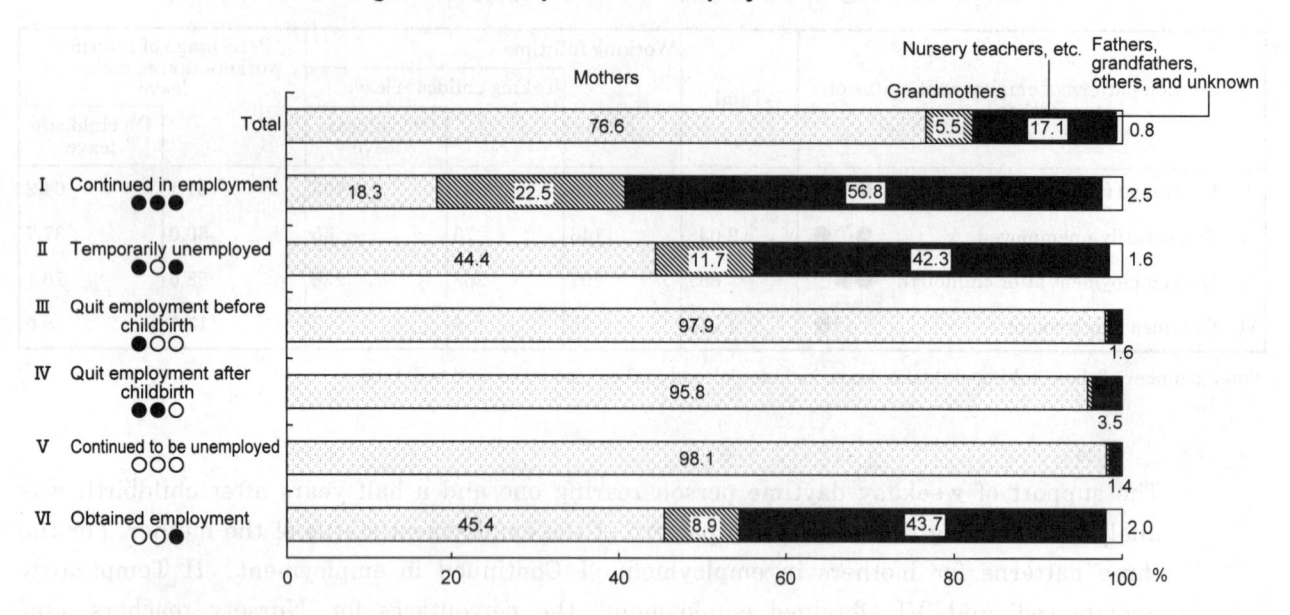

	Mothers	Grandmothers	Nursery teachers, etc.	Fathers, grandfathers, others, and unknown
Total	76.6	5.5	17.1	0.8
I Continued in employment ●●●	18.3 / 22.5		56.8	2.5
II Temporarily unemployed ●○●	44.4	11.7	42.3	1.6
III Quit employment before childbirth ●○○	97.9			1.6
IV Quit employment after childbirth ●●○	95.8			3.5
V Continued to be unemployed ○○○	98.1			1.4
VI Obtained employment ○○●	45.4	8.9	43.7	2.0

Visits from or to grandparents one and a half years after childbirth were analyzed. Visits from or to grandparents more than twice a week, including staying with them, accounted for almost 70% for the category 'I Continued in employment'. The percentage for the other two patterns of mothers in employment was also higher than that for those who were unemployed.

Figure 3-9 Frequency of visits from or to grandparents one and a half years after childbirth according to variation pattern of employment status of mother

	Living with grandparents	Almost everyday or 2-3 times a week	1-3 times a month	Occasionally	No visits or no grandparents	Unknown
Total	22.6	33.2	30.7	10.8		2.1
I Continued in employment ●●●	32.1	38.2	21.1	6.6		1.7
II Temporarily unemployed ●○●	30.2	37.3	22.4	7.0		2.0
III Quit employment before childbirth ●○○	17.4	35.8	34.0	10.3		2.1
IV Quit employment after childbirth ●●○	23.4	36.5	30.3	7.6		1.8
V Continued to be unemployed ○○○	18.0	28.3	36.1	14.8		2.2
VI Obtained employment ○○●	31.2	34.5	24.3	7.4		2.0

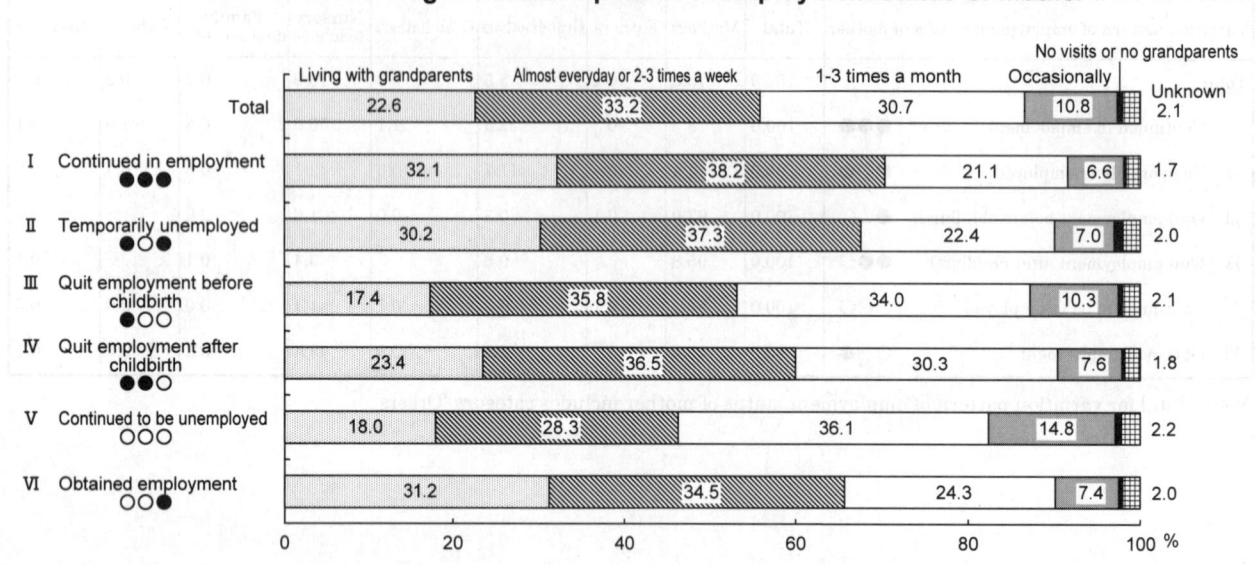

③ Weekday daytime person rearing for 'I Continued in employment'

The weekday daytime person rearing for 'I Continued in employment' by household type and urban/rural of residence were analyzed. Half a year after childbirth, 'Mothers' formed the majority followed by 'Nursery teachers, etc.' and 'Grandmothers' accounting for almost the same percentage in general. The percentage for 'Nursery teachers, etc.' is higher than that for 'Grandmothers' for nuclear families, but this was the opposite for three-generation families. The percentage for 'Grandmothers' was higher both for nuclear families and three-generation families in rural areas than in the 13 major cities. The percentage for 'Nursery teachers, etc.' was higher in the 13 major cities as a whole, and that for 'Grandmothers' was higher in rural areas.

Figure 3-10 Weekday daytime person rearing for mothers who 'Continued in employment' half a year after childbirth by household type and urban/rural of residence

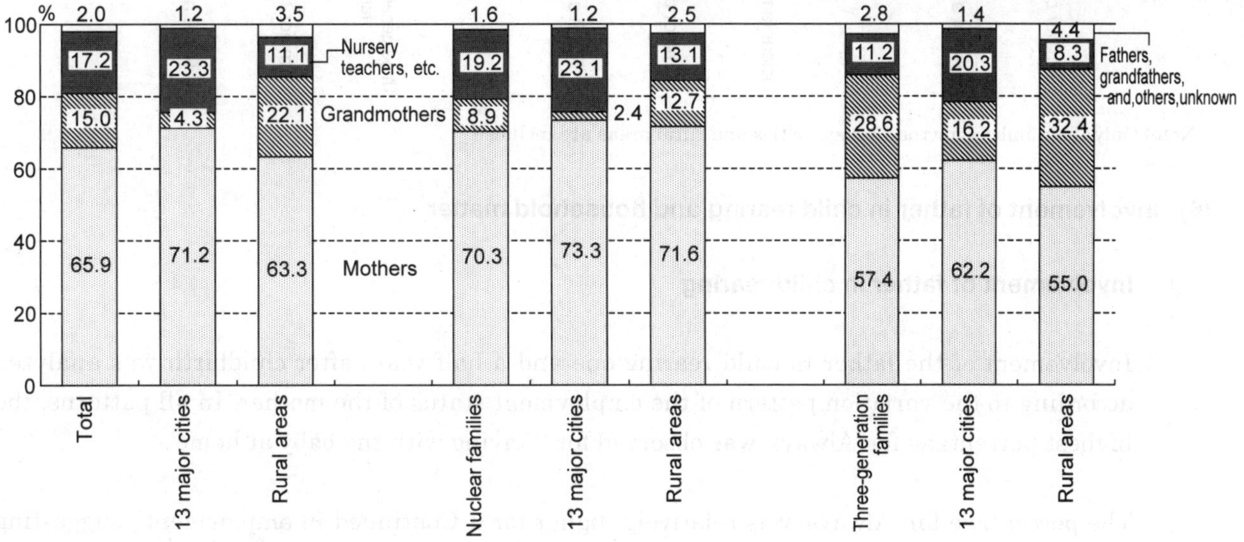

Note: Only the numbers for the 13 major cities and rural areas are included.

One and a half years after childbirth, 'Nursery teachers, etc.' accounted for as high as almost 60% in general, in particular, the 75.4% for nuclear families in the 13 major cities can be noted. While grandmothers play a major role in taking care of children during working hours, half a year after childbirth, partly because the baby is so young, 'Nursery teachers, etc.' play a major role in helping mothers to continue working one and a half years after childbirth.

For three-generation families, however, both 'Nursery teachers, etc.' and 'Grandmothers' accounted for almost 40% in general, and 'Grandmothers' accounted for almost 50% in rural areas. 'Grandmothers' play a major role in child rearing for three-generation families compared with nuclear families, and in rural areas compared with the 13 major cities within half a year after childbirth.

Figure 3-11 Weekday daytime person rearing for mothers who 'Continued in employment' one and a half years after childbirth according to household type and urban/rural of residence

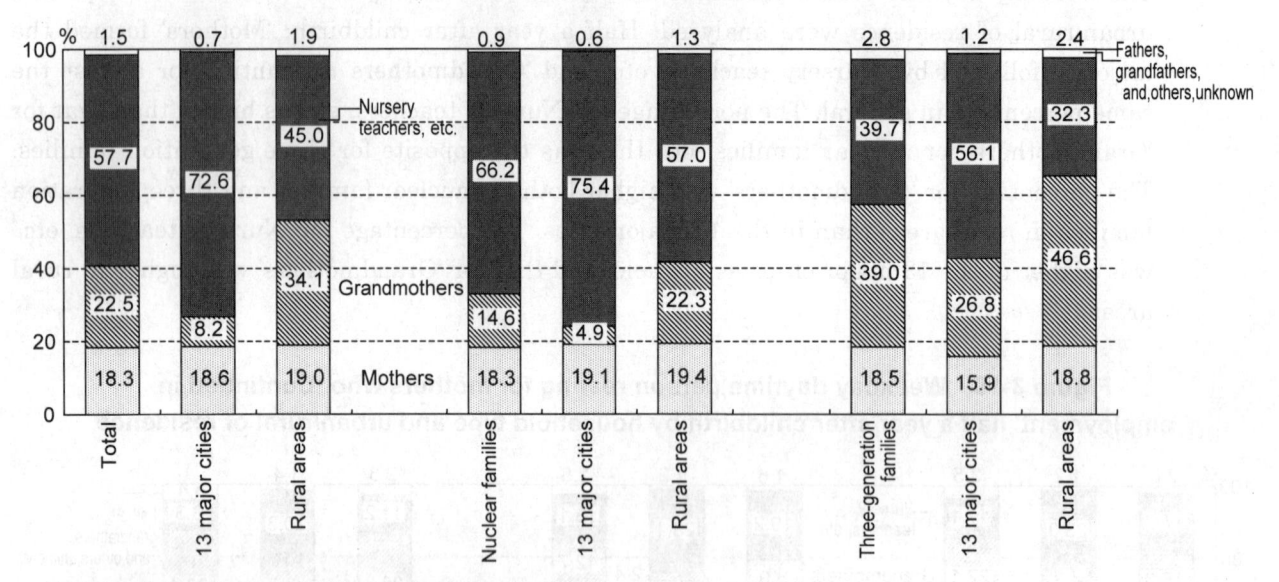

	Total	13 major cities	Rural areas	Nuclear families	13 major cities	Rural areas	Three-generation families	13 major cities	Rural areas
Fathers, grandfathers, and, others, unknown	1.5	0.7	1.9	0.9	0.6	1.3	2.8	1.2	2.4
Nursery teachers, etc.	57.7	72.6	45.0	66.2	75.4	57.0	39.7	56.1	32.3
Grandmothers	22.5	8.2	34.1	14.6	4.9	22.3	39.0	26.8	46.6
Mothers	18.3	18.6	19.0	18.3	19.1	19.4	18.5	15.9	18.8

Note: Only the numbers for the 13 major cities and rural areas are included.

(6) Involvement of father in child rearing and household matter

① Involvement of father in child rearing

Involvement of the father in child rearing one and a half years after childbirth was analyzed according to the variation pattern of the employment status of the mother. In all patterns, the highest percentage for 'Always' was observed for 'Playing with the baby at home'.

The percentage for 'Always' was relatively higher for 'I Continued in employment', suggesting that fathers are actively involved in child rearing.

On the other hand, the percentage for 'Not at all' was higher for 'V Continued to be unemployed' and 'III Quit employment before childbirth' than that for other patterns for many items.

In general, child rearing was shared by the parents in the case of mothers in employment, especially for the category 'I Continued in employment'.

Table 3-9 Status of involvement of father in child rearing one and a half years after childbirth according to variation pattern of employment status of mother

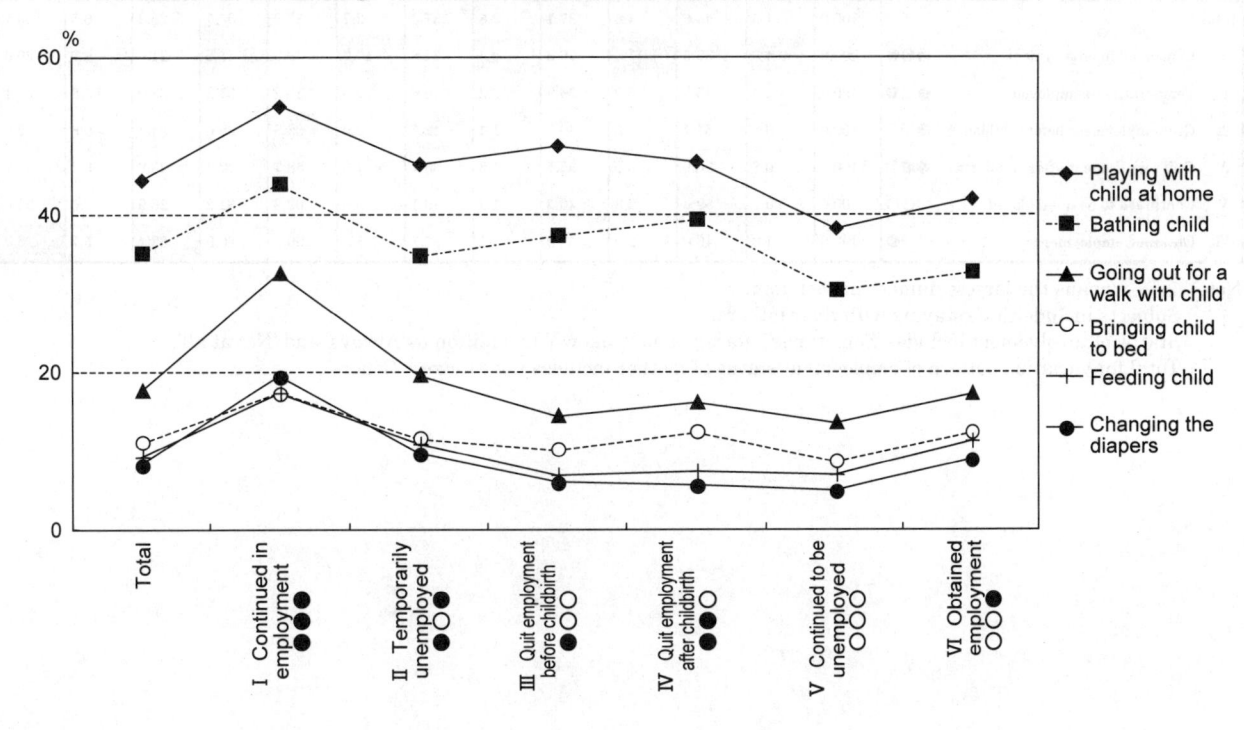

Variation pattern of employment status of mother		Total	Feeding child		Changing the diapers		Bathing child		Bringing child to bed		Play with child at home		Going out for a walk with child	
			Always	Not at all	Always	Not at all	Always	Not at all	Always	Not at all	Always	Not at all	Always	Not at all
Total		100.0	9.2	11.6	8.3	12.0	35.0	4.6	11.0	17.2	44.3	0.6	17.6	2.6
I	Continued in employment ●●●	100.0	17.3	7.2	19.5	8.7	43.8	3.6	17.4	11.2	54.0	0.5	32.5	1.6
II	Temporarily unemployed ●○●	100.0	10.9	11.5	9.7	12.9	34.7	5.2	11.5	15.6	46.4	0.7	19.5	3.3
III	Quit employment before childbirth ●○○	100.0	6.9	13.4	6.0	12.2	37.3	4.8	10.0	19.7	48.7	0.5	14.4	3.0
IV	Quit employment after childbirth ●●○	100.0	7.3	10.1	5.6	10.4	39.3	3.8	12.3	19.3	46.7	0.2	16.1	2.5
V	Continued to be unemployed ○○○	100.0	6.9	13.0	5.0	13.0	30.3	5.1	8.5	18.8	38.2	0.7	13.5	2.8
VI	Obtained employment ○○●	100.0	11.2	9.4	9.0	11.8	32.6	3.9	12.2	14.5	42.0	0.7	17.2	2.5

Note: ▨ means the largest number in each item.
Subjects include those living with their fathers.
Status of involvement includes 'Sometimes', 'Rarely' and 'Unkown' in addition to 'Always' and 'Not at all'.
Total for variation pattern of employment status of mother includes the category 'Others'.

Figure 3-12 Status of involvement of father in child rearing one and a half years after childbirth according to variation pattern of employment status of mother (always)

83

② Involvement of father in household matter

Involvement of the father in household matter one and a half years after childbirth was analyzed according to the variation pattern of the employment status of the mother. In all patterns, the highest percentage for 'Always' by far was observed for 'Dumping'.

As seen in the involvement of the father in child rearing, the percentage for 'Always' was higher for 'I Continued in employment', suggesting that fathers are actively involved in household matter. The percentage for 'Not at all' was high for 'V Continued to be unemployed', 'III Quit employment before childbirth' and 'VI Obtained employment'.

In general, fathers whose spouse was employed tended to be involved in household matter, in particular for the category 'I Continued in employment'.

Table 3-10 Status of involvement of father in household matter one and a half years after childbirth according to variation pattern of employment status of mother

Variation pattern of employment status of mother		Total	Preparing meals Always	Preparing meals Not at all	Washing dishes Always	Washing dishes Not at all	Cleaning rooms Always	Cleaning rooms Not at all	Doing the laundry Always	Doing the laundry Not at all	Dumping Always	Dumping Not at all	Going shopping Always	Going shopping Not at all
Total		100.0	1.5	48.6	4.8	37.1	2.8	37.3	2.7	57.9	34.7	25.4	6.5	23.4
I	Continued in employment ●●●	100.0	4.0	39.5	11.4	26.8	8.4	24.6	10.0	40.3	41.0	21.0	9.9	20.6
II	Temporarily unemployed ●○●	100.0	2.4	45.7	6.0	36.9	3.2	36.6	3.5	56.2	31.3	28.0	5.8	27.1
III	Quit employment before childbirth ●○○	100.0	0.8	51.7	3.8	40.1	1.4	42.5	0.9	63.8	38.6	24.4	5.8	22.6
IV	Quit employment after childbirth ●●○	100.0	0.8	50.9	3.9	35.7	1.6	38.7	1.6	58.7	37.5	23.8	6.7	23.7
V	Continued to be unemployed ○○○	100.0	0.7	52.4	2.8	40.2	1.3	40.1	0.8	62.9	32.2	26.9	5.6	23.6
VI	Obtained employment ○○●	100.0	1.3	46.0	2.9	37.9	3.1	37.1	3.3	60.2	26.9	32.4	5.7	28.4

Note: ▭ means the largest number in each item.
Subjects include those staying with their fathers.
Status of involvement includes 'Sometimes', 'Rarely' and 'Unkown' in addition to 'Always' and 'Not at all'.
Total for variation pattern of employment status of mother includes the category 'Others'.

Figure 3-13 Status of involvement of father in household matter one and a half years after childbirth according to variation pattern of employment status of mother (always)

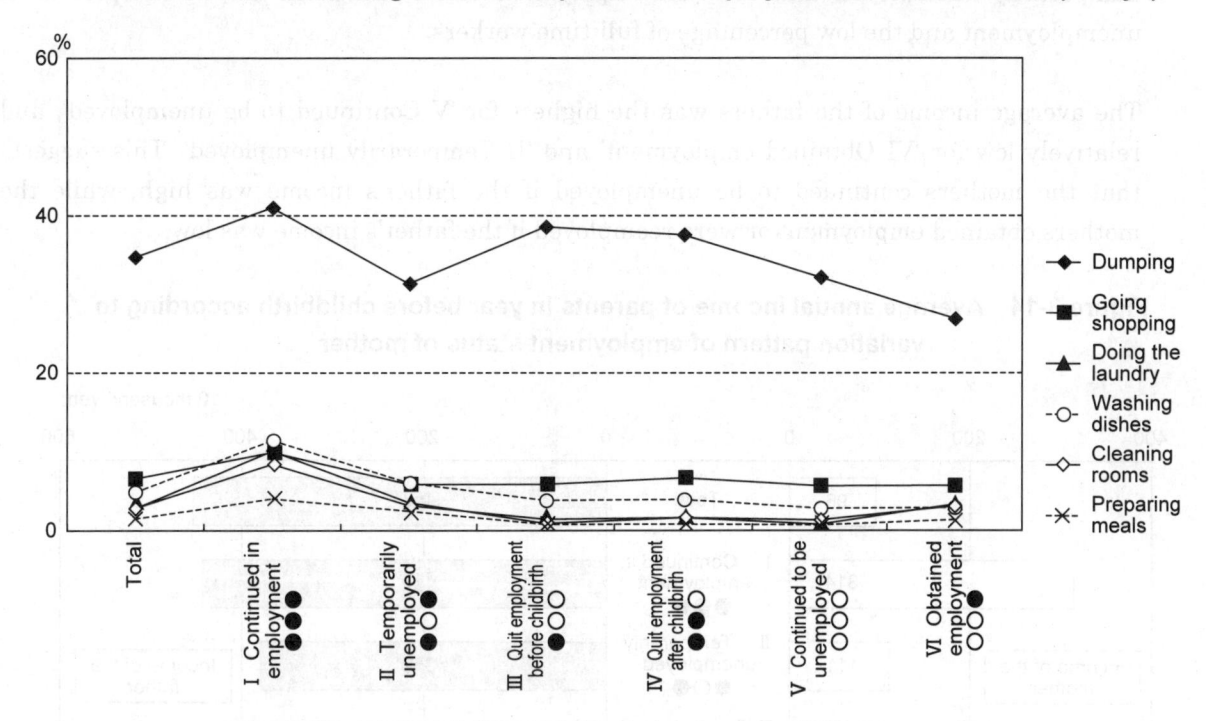

[Line chart showing percentages (0-60%) for household involvement categories — Dumping, Going shopping, Doing the laundry, Washing dishes, Cleaning rooms, Preparing meals — across categories: Total, I Continued in employment, II Temporarily unemployed, III Quit employment before childbirth, IV Quit employment after childbirth, V Continued to be unemployed, VI Obtained employment]

(7) Economic status

① Annual income in the year before childbirth (2000)

Annual income of the mother in the year before childbirth was analyzed according to the variation pattern of the employment status of the mother. The average annual income of the mother is higher for those employed throughout the year, including those in the categories 'I Continued in employment' and 'IV Quit employment after childbirth'(3.14 million yen and 2.32 million yen, respectively). While the average annual income is higher for 'I Continued in employment', no difference was observed in the average income of the fathers. This suggests that mothers with a high income tend to continue working after childbirth, irrespective of the father's income.

Table 3-11 Average annual income of mother in year before childbirth according to variation pattern of employment status of mother

(10 thousand yen)

Variation pattern of employment status of mother		Income of mother	Income of father	Income of all
Total		96	453	563
I Continued in employment	●●●	314	443	771
II Temporarily unemployed	●○●	111	379	505
III Quit employment before childbirth	●○○	104	425	542
IV Quit employment after childbirth	●●○	232	436	676
V Continued to be unemployed	○○○	1	507	518
VI Obtained employment	○○●	7	382	401

Note: Only legitimate babies are included.
Total for variation pattern of employment status of mother includes the category 'Others'.

The average income of the mothers was as low as about 1 million yen for the categories of 'II Temporarily unemployed' and 'III Quit employment before childbirth' due to the periods of unemployment and the low percentage of full-time workers.

The average income of the fathers was the highest for 'V Continued to be unemployed', and relatively low for 'VI Obtained employment' and 'II Temporarily unemployed'. This suggests that the mothers continued to be unemployed if the father's income was high, while the mothers obtained employment or were reemployed if the father's income was low.

Figure 3-14 Average annual income of parents in year before childbirth according to variation pattern of employment status of mother

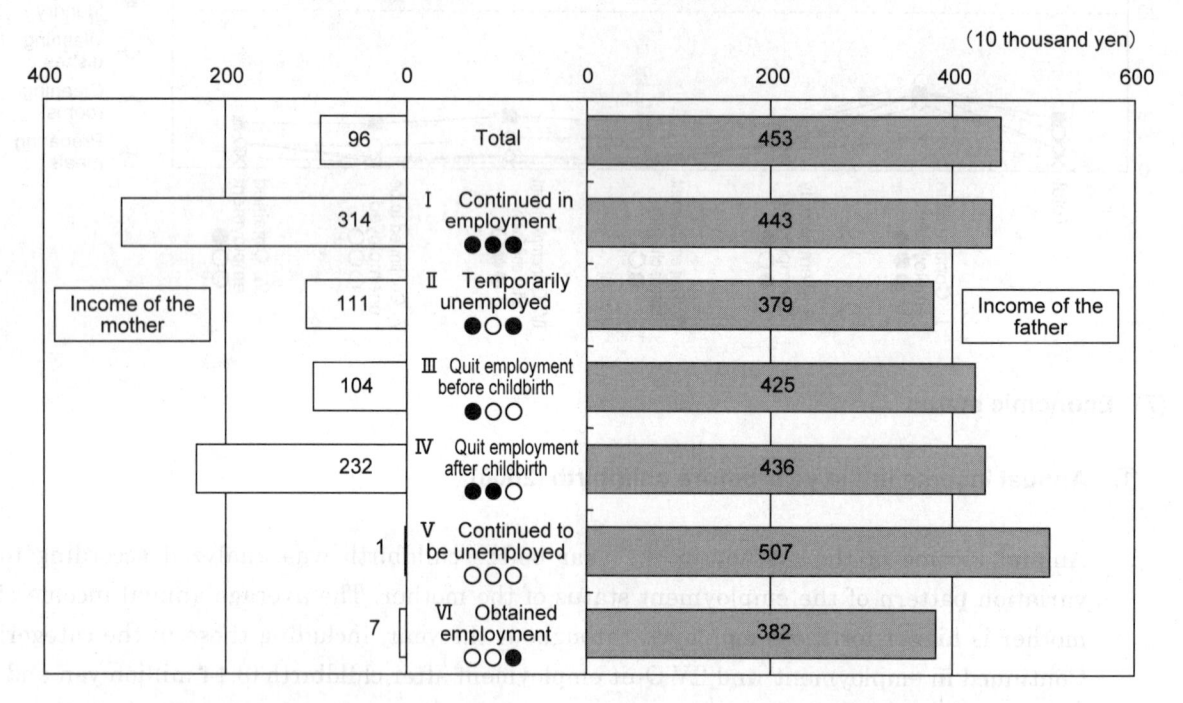

(10 thousand yen)

Category	Income of the mother	Income of the father
Total	96	453
I Continued in employment ●●●	314	443
II Temporarily unemployed ●○●	111	379
III Quit employment before childbirth ●○○	104	425
IV Quit employment after childbirth ●●○	232	436
V Continued to be unemployed ○○○	1	507
VI Obtained employment ○○●	7	382

The annual income of the parents in the year before childbirth according to income bracket was analyzed. Mothers in the high-income bracket frequently came under the category 'I Continued in employment'. In particular, the percentage for '5 million yen or over' and '4-5 million yen' was relatively high.

Fathers in the high-income bracket frequently came under the category 'V Continued to be unemployed', and '5 million yen or over' accounted for almost 50%. This suggests that mothers concentrate on child rearing since they do not have to work due to the high income of their spouse.

On the other hand, it was noted that fathers in the low-income bracket often came under the category of 'VI Obtained employment' and 'II Temporarily unemployed'.

Figure 3-15 Income of mother according to variation pattern of employment status of mother (year before childbirth)

Category	No income	Under 1M	1-2M	2-3M	3-4M	4-5M	5M and above
Total	51.7	17.1	10.3	7.8	6.5	3.7	2.8
I Continued in employment ●●●	2.1	8.0	13.0	20.7	24.7	17.3	14.2
II Temporarily unemployed ●○	15.7	44.1	21.9	9.8	4.4	2.5	1.6
III Quit employment before childbirth ●○	18.0	40.7	23.0	10.9	5.4	1.5	0.7
IV Quit employment after childbirth ●●	7.0	15.9	17.9	23.7	21.6	8.7	5.3
V Continued to be unemployed ○○○	97.3						2.4
VI Obtained employment ●○○	90.5		1.3		7.3		

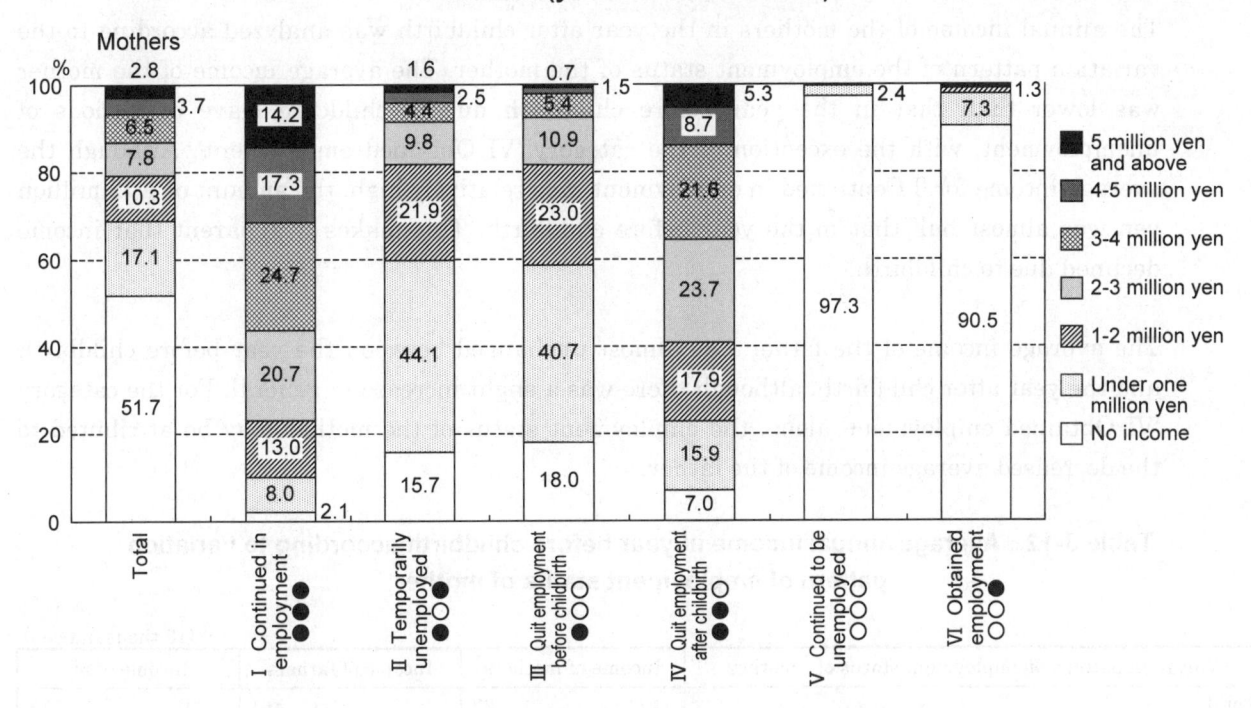

Figure 3-16 Income of father according to variation pattern of employment status of mother (year before childbirth)

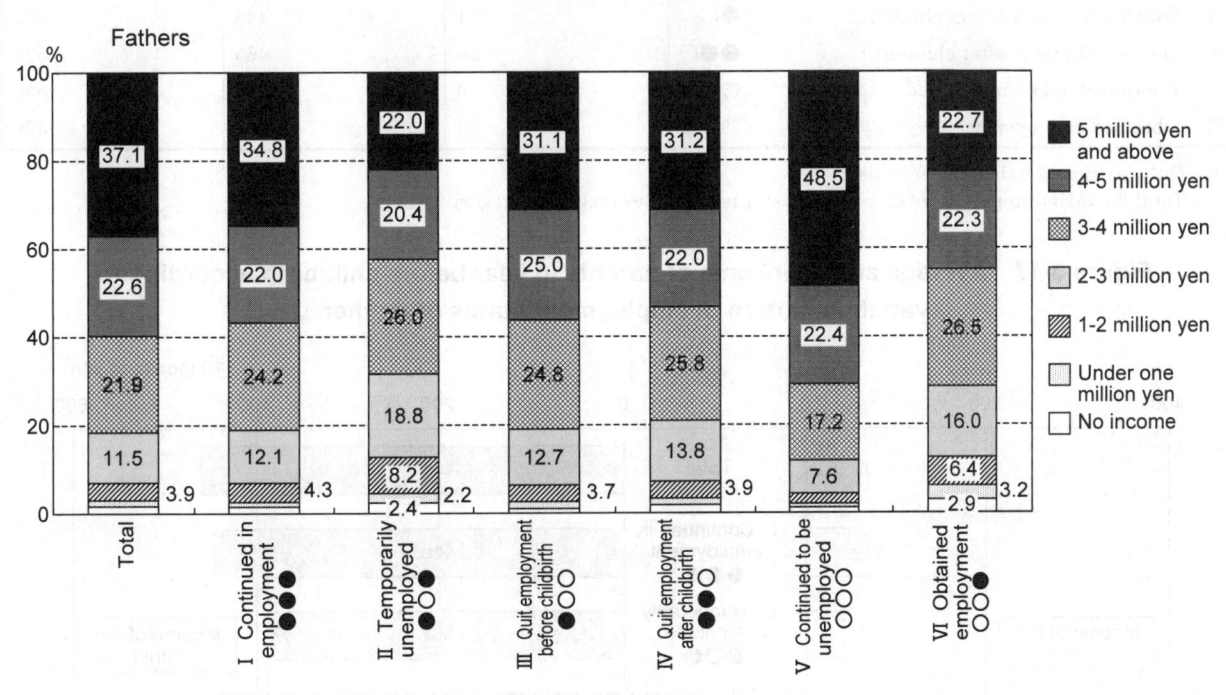

Category	No income	Under 1M	1-2M	2-3M	3-4M	4-5M	5M and above
Total	3.9		11.5	21.9	22.6		37.1
I Continued in employment ●●●	4.3		12.1	24.2	22.0		34.8
II Temporarily unemployed ●○	2.4	8.2	18.8	26.0	20.4		22.0
III Quit employment before childbirth ●○	2.2	3.7	12.7	24.8	25.0		31.1
IV Quit employment after childbirth ●●	3.9		13.8	25.8	22.0		31.2
V Continued to be unemployed ○○○		7.6	17.2	22.4		48.5	
VI Obtained employment ●○○	3.2	2.9	6.4	16.0	26.5	22.3	22.7

② Annual income in year after childbirth (2001)

The annual income of the mothers in the year after childbirth was analyzed according to the variation pattern of the employment status of the mother. The average income of the mother was lower than that in the year before childbirth due to childcare leave or periods of unemployment, with the exception of the category 'VI Obtained employment'. Although the average income for 'I Continued in employment' was relatively high, the amount of 1.72 million yen was almost half that in the year before childbirth. This makes it apparent that income declined due to childbirth.

The average income of the father was almost unchanged between the year before childbirth and the year after childbirth, although there was a slight increase in general. For the category 'VI Obtained employment' alone, the employment status of the mother may be attributed to the decreased average income of the father.

Table 3-12 Average annual income in year before childbirth according to variation pattern of employment status of mother

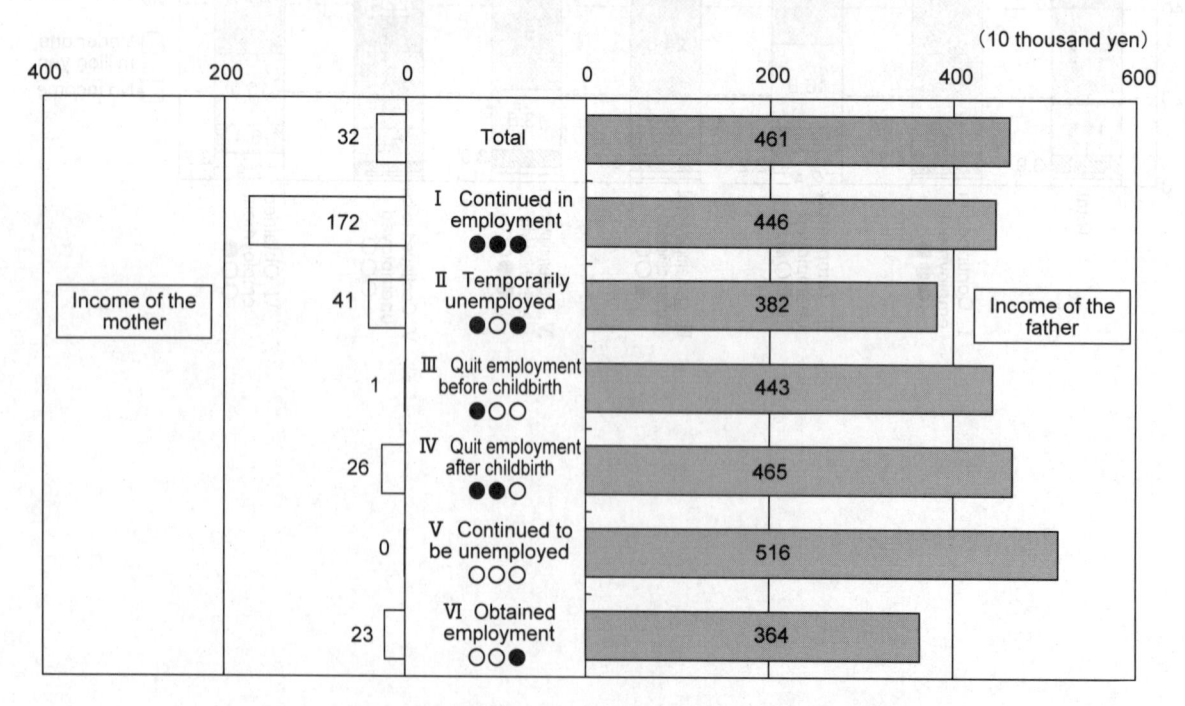

(10 thousand yen)

Variation pattern of employment status of mother		Income of mothers	Income of fathers	Income of all
Total		32	461	518
I Continued in employment	●●●	172	446	648
II Temporarily unemployed	●○●	41	382	444
III Quit employment before childbirth	●○○	1	443	466
IV Quit employment after childbirth	●●○	26	465	521
V Continued to be unemployed	○○○	0	516	535
VI Obtained employment	○○●	23	364	409

Note: Only legitimate babies are included.
Total for variation pattern of employment status of mother includes category 'Others'.

Figure 3-17 Average annual income of parents in year before childbirth according to variation pattern of employment status of mother

(10 thousand yen)

Income of the mother	Category	Income of the father
32	Total	461
172	I Continued in employment ●●●	446
41	II Temporarily unemployed ●○●	382
1	III Quit employment before childbirth ●○○	443
26	IV Quit employment after childbirth ●●○	465
0	V Continued to be unemployed ○○○	516
23	VI Obtained employment ○○●	364

(8) Attitudes towards child rearing

① Advantages of child rearing

The advantages of child rearing one and a half years after childbirth were analyzed according to the variation pattern of the employment status of the mother. In all patterns, the percentage for 'Advantages', especially 'Skinship with the baby is valuable' was very high. The percentage for 'Human network widened through rearing the baby' was high for the three patterns of unemployed mothers (III, IV, and V).

The percentage for 'Older siblings raised their self esteem as elders' was significantly lower for 'III Quit employment before childbirth' and 'IV Quit employment after childbirth', since the proportion of those with a first baby and no siblings was high.

Table 3-13 Advantages of child rearing one and a half years after childbirth by pattern in changes of employment of mothers (multiple answers possible)

Variation pattern of employment status of mother		Total	Advantages (multiple answers)						No advantages	Unknown
			Family ties strengthened	Skinship with child is valuable	Everyday life became worthwhile	Elder siblings got selfesteem as elders	Human network widened through rearing child	Viewpoint was broadend through rearing child		
Total		100.0	96.0	68.6	85.0	49.8	42.4	34.9	47.6	0.8	3.2
I Continued in employment	●●●	100.0	95.5	69.6	89.0	58.0	40.4	23.6	51.7	0.6	3.9
II Temporarily unemployed	●○●	100.0	95.5	66.4	85.5	52.1	41.3	29.4	48.9	1.2	3.3
III Quit employment before childbirth	●○○	100.0	96.2	70.3	88.4	51.7	12.4	44.9	55.0	1.0	2.9
IV Quit employment after childbirth	●●○	100.0	96.2	68.5	89.6	50.4	18.1	39.2	53.1	0.9	2.9
V Continued to be unemployed	○○○	100.0	96.2	68.5	81.5	44.9	60.5	35.9	41.4	0.7	3.1
VI Obtained employment	○○●	100.0	96.6	63.1	78.3	46.5	65.7	28.2	41.9	0.8	2.7

Note: ▨ means the largest number in each item.
Ttotal for variation pattern of employment status of mother includes category 'Others'.

Figure 3-18 Advantages of child rearing by variation pattern of employment status of mothers (multiple answers possible)

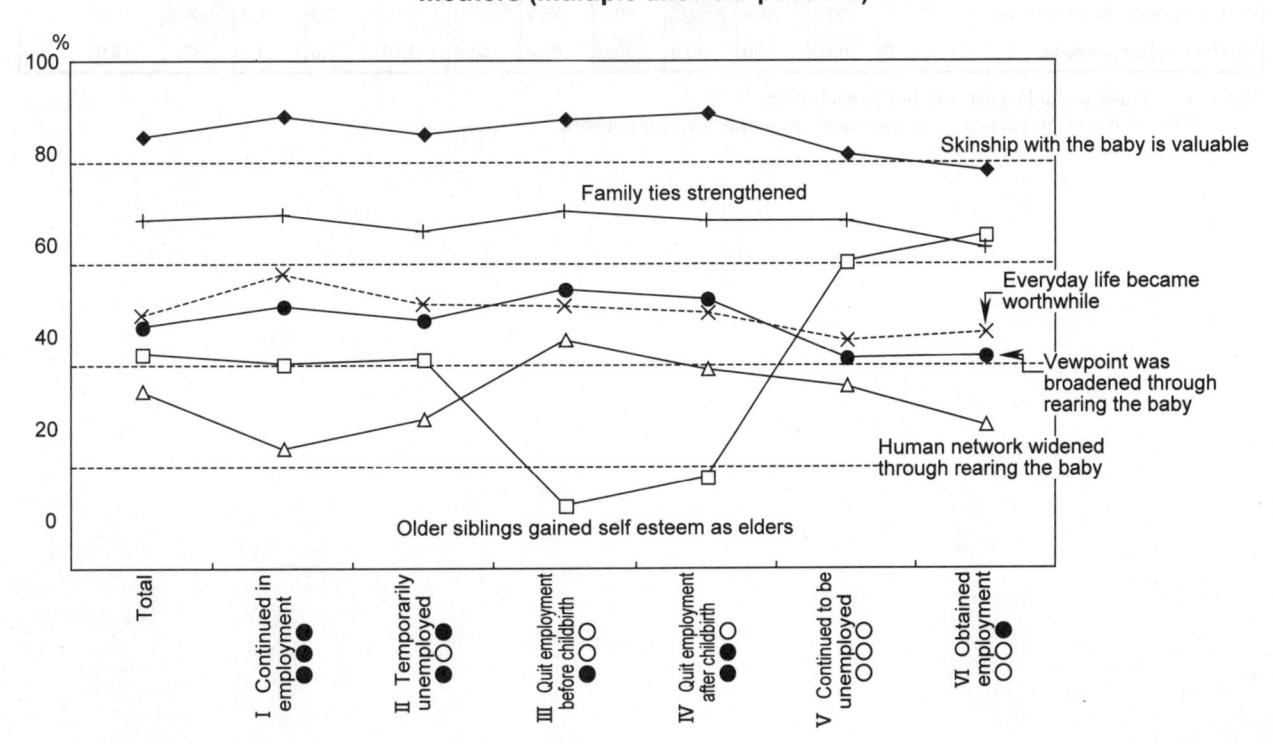

② Disadvantages of child rearing

The disadvantages of child rearing one and a half years after childbirth were analyzed according to the variation pattern of the employment status of the mother. The percentage of those facing a 'Financial burden' was higher for the categories 'VI Obtained employment' and 'II Temporarily unemployed', whose income was relatively low, suggesting that the financial burden is one of the reasons why mothers start working after childbirth.

The percentage for 'Physical burdens' was relatively high for 'V Continued to be unemployed'.

While the percentage for 'Work involvement' was the highest for 'II Temporarily unemployed', 'The baby's weakness' was the highest for 'I Continued in employment', respectively. Both were high for the three patterns for mothers in employment (I, II, and VI).

This can be attributed to the balance of work and child rearing, and the baby's weakness caused by staying with other children in nurseries, etc.

In contrast, 'Constant tension due to an active baby' is slightly higher for the three unemployed patterns (III, IV and V). This can be attributed to the fact that mothers play a major role in rearing the baby in the weekday daytime.

Table 3-14 Disadvantages of child rearing one and a half years after childbirth by variation pattern of employment status of mothers (multiple answers possible)

Variation pattern of employment of mother		Total	Physical burdens	financial burdens	Lack of free time	Lack of time with partners	Work involvement	Lack of familiar persons' understanding	Child's weakness	Constant tension due to the active child	Do not feel burdensome	Unknown
Total		100.0	83.9	47.1	30.6	73.0	28.2	18.4	7.3	7.6	42.3	12.6	3.5
I Continued in employment	●●●	100.0	81.8	46.6	27.4	70.4	28.7	29.6	6.5	13.8	32.7	14.0	4.2
II Temporarily unemployed	●○●	100.0	82.5	43.8	35.9	67.9	24.3	36.8	7.9	12.4	38.7	13.9	3.6
III Quit employment before childbirth	●○○	100.0	85.2	44.1	28.8	75.5	29.5	14.7	7.0	2.9	44.5	11.7	3.0
IV Quit employment after childbirth	●●○	100.0	84.2	41.6	26.4	74.3	26.8	20.1	8.7	4.6	43.9	12.9	2.9
V Continued to be unemployed	○○○	100.0	84.8	51.3	30.5	75.1	29.0	9.4	7.9	6.3	46.0	11.9	3.3
VI Obtained employment	○○●	100.0	83.0	40.5	40.5	63.4	24.7	32.9	5.3	11.6	36.7	13.9	3.1

Note: means the largest number in each item.
Total of variation pattern of employment of mother includes others.

Figure 3-19 Disadvantages of child rearing by variation pattern of employment of mothers (multiple answers possible)

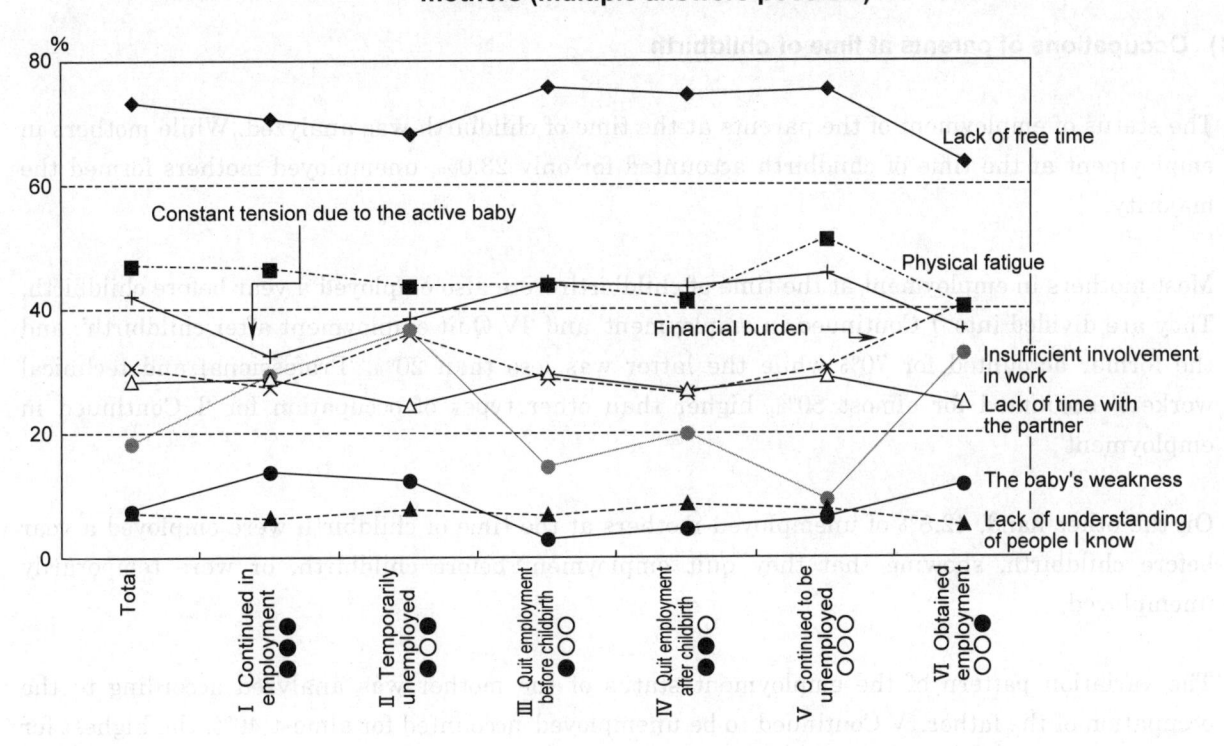

4. Occupation at time of childbirth

(1) Occupations of parents at time of childbirth

The status of employment of the parents at the time of childbirth was analyzed. While mothers in employment at the time of childbirth accounted for only 23.0%, unemployed mothers formed the majority.

Most mothers in employment at the time of childbirth were also employed a year before childbirth. They are divided into 'I Continued in employment' and 'IV Quit employment after childbirth', and the former accounted for 70% while the latter was less than 20%. 'Professional and technical workers' accounted for almost 80%, higher than other types of occupation for 'I Continued in employment'.

On the other hand, 42.8% of unemployed mothers at the time of childbirth were employed a year before childbirth, showing that they quit employment before childbirth, or were temporarily unemployed.

The variation pattern of the employment status of the mother was analyzed according to the occupation of the father. 'V Continued to be unemployed' accounted for almost 40%, the highest for almost all occupations. It can be noted that the percentage for 'I Continued in employment' is relatively higher for fathers in the category 'Agricultural, forestry and fisheries workers'.

Table 4-1 Types and percentages of employed mothers by occupation (major classification) and variation pattern of employment status of mothers

Variation pattern of employment status of mother	Total	Occupation at time of childbirth											At the time of childbirth: unemployed
		At the time of childbirth											
		: employed	Professional and technical workers	Managers and officials	Clerical and related workers	Sales workers	Service workers	Protective service workers	Agriculture, forestry and fisheries workers	Workers in transport and communications occupations	Workers in manufacturing and manual labor	
		Occupation of the mother											
Total (Persons)	21 879	5 022	1 765	57	1 666	350	356	28	95	19	318	16 857
%	(100.0)	(23.0)	(8.1)	(0.3)	(7.6)	(1.6)	(1.6)	(0.1)	(0.4)	(0.1)	(1.5)	(77.0)
	100.0	100.0	100.0	100.0	100.0	100.0	100.0	100.0	100.0	100.0	100.0	100.0
One year before childbirth: employed	54.4	93.3	97.4	82.5	97.2	96.0	95.5	78.6	78.9	78.9	94.0	42.8
I Continued in employment ●●●	16.2	70.8	78.3	71.9	74.8	67.4	70.2	50.0	54.7	63.2	72.0	-
II Temporarily unemployed ●○●	9.3	3.9	3.2	1.8	2.9	8.6	6.5	-	7.4	-	4.4	10.9
III Quit before childbirth ●○○	22.8	-	-	-	-	-	-	-	-	-	-	29.6
IV Quit after the childbirth ●●○	4.1	17.7	15.1	7.0	18.4	18.9	18.0	28.6	16.8	5.3	16.7	-
One year before childbirth: unemployed	44.5	5.8	1.7	14.0	2.1	2.9	3.7	17.9	21.1	21.1	4.4	56.1
V Continued to be unemployed ○○○	37.5	-	-	-	-	-	-	-	-	-	-	48.6
VI Obtained employment ○○●	4.9	0.5	0.5	1.8	0.2	0.3	0.8	-	-	5.3	0.3	6.2
		Occupation of the father											
Total	21 647	21 340	6 468	560	3 152	3 142	1 576	482	340	1 312	3 530	307
	(100.0)	(98.6)	(29.9)	(2.6)	(14.6)	(14.5)	(7.3)	(2.2)	(1.6)	(6.1)	(16.3)	(1.4)
	100.0	100.0	100.0	100.0	100.0	100.0	100.0	100.0	100.0	100.0	100.0	100.0
One year before childbirth: employed	54.3	54.3	54.5	48.6	53.0	52.8	59.8	49.2	64.7	52.7	55.4	53.1
I Continued in employment ●●●	16.2	16.3	17.8	18.2	19.8	13.6	15.1	14.5	28.2	11.7	14.8	11.1
II Temporarily unemployed ●○●	9.2	9.1	7.8	8.4	5.7	8.8	14.0	5.0	13.5	10.7	11.5	12.7
III Quit before childbirth ●○○	22.9	22.9	22.5	16.6	22.9	25.3	24.0	23.9	13.5	25.6	23.2	22.8
IV Quit after the childbirth ●●○	4.1	4.1	4.5	3.2	3.5	3.4	3.9	4.1	5.9	3.0	3.5	3.3
One year before childbirth: unemployed	44.6	44.6	44.5	50.7	46.4	46.2	38.7	50.4	34.7	45.8	43.3	44.6
V Continued to be unemployed ○○○	37.6	37.7	39.0	43.2	42.0	40.4	30.6	45.0	21.2	37.0	34.8	32.9
VI Obtained employment ○○●	4.9	4.8	4.1	4.1	2.9	4.3	6.7	3.5	6.5	7.9	6.7	9.8

Note: Variation pattern of employment status of mother include 'unknown', 'One year before childbirth: employed' and 'One year before childbirth: unemployed' include 'unknown' and 'others', respectively.
'At the time of childbirth: employed' includes occupations not classifiable.
Coverage of occupation of the fathers is for legitimate child.

(2) Employment status of mother one year before childbirth and scale of employer

The employment status of the mother one year before childbirth was analyzed. For mothers in employment at the time of childbirth, while full-time workers accounted for less than 80%, part-time workers and self-employed or family workers each accounted for almost 10%. For unemployed mothers at the time of childbirth, full-time and part-time workers accounted for around 45%, and self-employed or family workers accounted for less than 10%. The percentage of part-time workers was higher than for those employed at the time of childbirth.

As for the type of occupation of the mothers at the time of childbirth, while full-time workers dominated with almost 90% for 'Professional and technical workers' and 'Clerical and related workers', self-employed and family workers dominated with 80% for 'Agricultural, forestry and fisheries workers'. The percentage of full-time workers was as low as around 50% for 'Managers and officials', 'Sales workers', and 'Service workers', and that for part-time workers was relatively high for 'Sales workers' and 'Service workers'. For 'I Continued in employment', although a similar trend was observed, the percentage of part-time workers was relatively low for all occupations, suggesting that it is easier for full-time, self-employed or family workers to continue working.

The scale of the employers of full-time workers one year before childbirth was analyzed. The scale of '5-99' workers accounted for 30%, and 'Public offices' accounted for 20% for mothers in employment at the time of childbirth. On the other hand, for those unemployed at the time of childbirth, while the scale of '5-99' accounted for 40%, 10% up from that for mothers in employment at the time of childbirth, the percentage for 'Public offices' was relatively low.

The scale of the employers varied according to the type of occupation of the mothers at the time of childbirth. For example, '500 employees and over' formed the majority for 'Sales workers', and '5-99' for 'Service workers'. For 'I Continued in employment', the percentage for 'Public offices' was higher for most types of occupations. This suggests that the environment that enables mothers to continue working is more established in public offices.

Table 4-2 Employment status of mother and scale of employer one year before childbirth by type of occupation of mother

Occupation of mother at time of childbirth	Total (Persons)	Total (%)	Full-time		1-4	5-99	100-499	over 500	Public offices	Part-time	Self-employed or family worker
					One year after childbirth: employed — Number of employees						
					Total						
Total	11 897	100.0	58.1	(100.0)	(3.8)	(35.9)	(23.6)	(24.0)	(11.2)	31.2	8.1
At the time of childbirth: employed	4 684	100.0	77.9	(100.0)	(2.7)	(30.7)	(22.6)	(23.2)	(19.1)	10.6	10.9
Professional and technical workers	1 719	100.0	86.6	(100.0)	(1.7)	(31.0)	(25.4)	(16.3)	(23.9)	7.3	5.4
Managers and officials	47	100.0	51.1	(100.0)	(4.2)	(70.8)	(8.3)	(12.5)	-	2.1	40.4
Clerical and related workers	1 620	100.0	85.1	(100.0)	(2.6)	(28.1)	(21.2)	(26.3)	(20.7)	8.0	6.6
Sales workers	336	100.0	54.8	(100.0)	(5.4)	(33.7)	(12.5)	(45.1)	(1.1)	16.1	29.2
Service workers	340	100.0	54.1	(100.0)	(8.2)	(44.6)	(22.3)	(14.7)	(5.4)	18.5	26.8
Protective service workers	22	100.0	90.9	(100.0)	-	(10.0)	-	(10.0)	(75.0)	-	4.5
Agricultural, forestry, and fisheries workers	75	100.0	12.0	(100.0)	(22.2)	(33.3)	(22.2)	(11.1)	(11.1)	8.0	78.7
Workers in transport and communications occupations	15	100.0	73.3	(100.0)	-	(18.2)	-	(72.7)	-	13.3	13.3
Workers in manufacturing and manual labor	299	100.0	73.6	(100.0)	(0.5)	(30.5)	(27.3)	(39.5)	(0.9)	15.7	9.0
At the time of childbirth: unemployed	7 213	100.0	45.3	(100.0)	(5.0)	(41.6)	(24.6)	(24.9)	(2.5)	44.6	6.3
(restated) I Continued in employment ●●●											
At the time of childbirth: employed	3 554	100.0	80.4	(100.0)	(2.6)	(27.5)	(22.6)	(22.6)	(22.9)	7.8	11.2
Professional and technical workers	1 382	100.0	88.5	(100.0)	(1.7)	(28.5)	(25.3)	(15.6)	(26.9)	5.9	4.9
Managers and officials	41	100.0	51.2	(100.0)	(4.8)	(66.7)	(9.5)	(14.3)	-	-	43.9
Clerical and related workers	1 247	100.0	87.2	(100.0)	(2.6)	(24.3)	(20.9)	(25.8)	(25.4)	5.7	6.9
Sales workers	236	100.0	51.3	(100.0)	(5.8)	(32.2)	(11.6)	(45.5)	(1.7)	14.4	34.3
Service workers	250	100.0	56.0	(100.0)	(8.6)	(42.1)	(21.4)	(15.0)	(7.1)	16.0	27.6
Protective service workers	14	100.0	92.9	(100.0)	-	-	-	(15.4)	(84.6)	-	7.1
Agricultural, forestry, and fisheries workers	52	100.0	9.6	(100.0)	(40.0)	(20.0)	-	(20.0)	(20.0)	5.8	84.6
Workers in transport and communications occupations	12	100.0	75.0	(100.0)	-	(11.1)	-	(88.9)	-	16.7	8.3
Workers in manufacturing and manual labor	229	100.0	75.1	(100.0)	(0.6)	(27.3)	(30.2)	(39.0)	(1.2)	13.1	10.0

Note: 'One year before childbirth: employed' includes 'piece workers at home' and 'others'. 'Full-time workers' includes 'unknown scale of the employer'.
'At the time of childbirth: employed' includes occupations not classifiable.

(3) Conditions of employment and taking childcare leave half a year after childbirth according to type of occupation at time of childbirth

For mothers in employment at the time of childbirth, the conditions of employment half a year after childbirth were analyzed according to the type of occupation. The percentage for full-time workers half a year after childbirth was almost 80-90% of those one year before childbirth. This was slightly higher than almost 70% for 'Sales workers'.

The percentage of mothers who took childcare leave was 86.8% for 'Professional and technical workers', higher than the 72.7% for 'Sales workers'. In general, the percentage of those who took childcare leave tended to be high if the percentage of full-time workers half a year after childbirth was high compared with that one year before childbirth. This can be interpreted as indicating that the availability of childcare leave helped the mothers to continue working.

For 'I Continued in employment', the percentage of full-time workers half a year after childbirth compared with that one year before childbirth was 10% higher than the proportion in general, and the percentage of those who took childcare leave was almost the same.

Table 4-3 Employment status of mothers half a year after childbirth by type of occupation of mother at time of childbirth

Occupation of mother at time of childbirth	One year before childbirth Full-time (1)	Full-time (2)	Those taking childcare leave (3)	Percentage of full-time workers half a year after childbirth compared with one a year after childbirth (2)÷(1)	Proportion of those taking childcare leave (3)÷(2)
	persons	persons	persons	%	%
Total					
At the time of childbirth: employed	3 648	3 136	2 560	86.0	81.6
Professional and technical workers	1 488	1 326	1 151	89.1	86.8
Managers and officials	24	20	13	83.3	65.0
Clerical and related workers	1 379	1 207	939	87.5	77.8
Sales workers	184	132	96	71.7	72.7
Service workers	184	154	116	83.7	75.3
Protective service workers	20	15	13	75.0	86.7
Agricultural, forestry, and fisheries workers	9	3	2	33.3	66.7
Workers in transport and communications occupations	11	10	9	90.9	90.0
Workers in manufacturing and manual labor	220	193	156	87.7	80.8
(restated) I Continued in employment ●●●					
At the time of childbirth: employed	2 859	2 796	2 267	97.8	81.1
Professional and technical workers	1 223	1 206	1 045	98.6	86.7
Managers and officials	21	19	12	90.5	63.2
Clerical and related workers	1 088	1 071	819	98.4	76.5
Sales workers	121	110	79	90.9	71.8
Service workers	140	131	97	93.6	74.0
Protective service workers	13	13	12	100.0	92.3
Agricultural, forestry, and fisheries workers	5	3	2	60.0	66.7
Workers in transport and communications occupations	9	9	8	100.0	88.9
Workers in manufacturing and manual labor	172	168	137	97.7	81.5

Note: Covers mothers employed at the time of childbirth.
'At the time of childbirth: employed' includes occupations not classifiable.
Those taking childcare leave include 'already taken', 'on leave', and 'will take'.

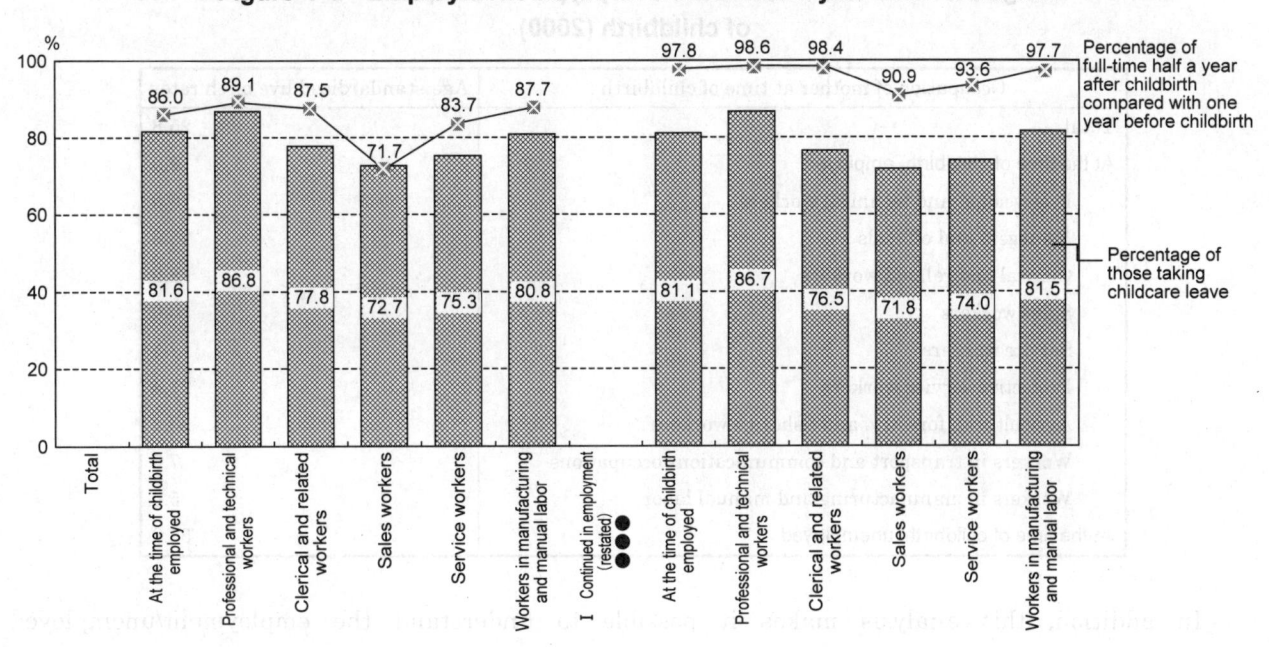

Figure 4-1 Employment status of mother half a year after childbirth

[Bar chart showing percentages. Values displayed:
- Total: 81.6 / 86.0
- At the time of childbirth employed: 86.8 / 89.1
- Professional and technical workers: 77.8 / 87.5
- Clerical and related workers: 72.7 / 71.7
- Sales workers: 75.3 / 83.7
- Service workers: 80.8 / 87.7
- Workers in manufacturing and manual labor (Continued in employment (restated))
- At the time of childbirth employed: 81.1 / 97.8
- Professional and technical workers: 86.7 / 98.6
- Clerical and related workers: 76.5 / 98.4
- Sales workers: 71.8 / 90.9
- Service workers: 74.0 / 93.6
- Workers in manufacturing and manual labor: 81.5 / 97.7

Line: Percentage of full-time half a year after childbirth compared with one year before childbirth
Bars: Percentage of those taking childcare leave]

(4) Estimated age-standardized live birth rates according to employment status of mother one year before childbirth

'Vital statistics: occupational and industrial aspects' shows the calculated age-standardized live birth rates (birth rate standardized to enable comparison without considering differences in age) according to the type of occupation of the parents at the time of childbirth and by employment status.

The age-standardized live birth rates according to the type of occupation of the mother is regarded as representing the attitude of the mother towards childbirth according to the type of occupation. Background factors, including the characteristics of each type of occupation, the willingness of the mothers to continue working, and the working environment related to childbirth are expected to affect this. Observation according to type of occupation makes socioeconomic analysis of childbirth possible. According to the results in 2000, the highest age-standardized live birth rates by the type of occupation of the mother was observed for 'Managers and officials'.

Table 4-4 Age-standardized live birth rates by type of occupation of the mother at time of childbirth (2000)

Occupation of mother at time of childbirth	Age-standardized live birth rates
Total	25.8
At the time of childbirth: employed	9.9
Professional and technical workers	16.6
Managers and officials	75.3
Clerical and related workers	8.2
Sales workers	6.0
Service workers	7.4
Protective service workers	21.4
Agricultural, forestry, and fisheries workers	23.2
Workers in transport and communications occupations	7.8
Workers in manufacturing and manual labor	5.0
At the time of childbirth: unemployed	52.9

In addition, this analysis makes it possible to understand the employment/unemployed relationship between one year before childbirth and at the time of childbirth. The roughly estimated age-standardized live birth rates for mothers employed or unemployed one year before childbirth was compared with that at the time of childbirth.

① **Assumptions and methods of estimation**

The present analysis revealed that about 40% of unemployed mothers at the time of childbirth were employed one year before childbirth, while a slight number of mothers in employment at the time of childbirth were unemployed one year before childbirth. Such a transition in the employment/unemployment relationship (the percentage of employed/unemployed one year before childbirth among those unemployed (or employed) mothers at the time of childbirth) by age bracket is shown in Table 4-5.

Table 4-5 Change in employment status of mothers from a year before and at time of childbirth according to age of mother at time of childbirth

Employment status of the mother	Total	Aged 19 and under	20-24	25-29	30-34	35-39	40-44	Aged 45 and over
	Number							
Total	21 879	232	2 462	8 452	7 770	2 664	290	9
At the time of childbirth: employed	4 976	12	441	1 822	1 887	716	94	4
One year before: employed◆◆	4 684	8	414	1 731	1 773	664	90	4
One year before: unemployed◇◆	292	4	27	91	114	52	4	-
At the time of childbirth: unemployed	16 662	213	1 988	6 540	5 816	1 908	192	5
One year before: employed◆◇	7 213	65	1 169	3 145	2 082	665	84	3
One year before: unemployed◇◇	9 449	148	819	3 395	3 734	1 243	108	2
Unknown	241	7	33	90	67	40	4	-
	Percentage (%)							
At the time of childbirth: employed	100.0	100.0	100.0	100.0	100.0	100.0	100.0	
One year before: employed◆◆ ①	94.1	66.7	93.9	95.0	94.0	92.7	95.9	
One year before: unemployed◇◆ ②	5.9	33.3	6.1	5.0	6.0	7.3	4.1	
At the time of childbirth: unemployed	100.0	100.0	100.0	100.0	100.0	100.0	100.0	
One year before: employed◆◇ ③	43.3	30.5	58.8	48.1	35.8	34.9	44.2	
One year before: umemployed◇◇ ④	56.7	69.5	41.2	51.9	64.2	65.1	55.8	

Note: 'Unkown' includes unknown employment one year before childbirth.
Due to the small number of subjects '45 and over', these were combined with the number for '40-44'.

Assuming that the percentage shown in Table 4-5 is true for childbirth in 2000 as a whole, the number of childbirth by mothers who were employed/unemployed one year before childbirth can be calculated from the number of childbirth by mothers who were employed/unemployed at the time of childbirth by age bracket, using the following equation.

'Number of childbirth by mothers who were employed one year before childbirth'='Number of childbirth by mothers who were employed at the time of childbirth'×①+'Number of childbirth by mothers who were unemployed at the time of childbirth'×③

'Number of childbirth by mothers who were unemployed one year before childbirth'='Number of childbirth by mothers who were employed at the time of childbirth'×②+'Number of childbirth by mothers who were unemployed at the time of childbirth'×④

② **Results of the estimation**

Table 4-6 shows the estimated number of childbirth by mothers who were employed/unemployed one year before childbirth by age bracket based on the above-mentioned assumptions and method.

Table 4-6 Estimated live births for employed and unemployed mothers a year before childbirth

Employment status of mother	Total	Aged 19 and under	20-24	25-29	30-34	35-39	40-44	45 and over
\multicolumn{9}{c}{Vital statistics in 2000: occupational and industrial aspects}								
Total	1 178 885	20 091	159 262	463 494	393 701	127 164	14 769	404
At the time of the childbirth: employed	264 666	1 130	25 819	102 198	95 378	35 431	4 574	136
At the time of the childbirth: unemployed	914 219	18 961	133 443	361 296	298 323	91 733	10 195	268
\multicolumn{9}{c}{Estimated values}								
Total	1 178 885	20 091	159 262	463 494	393 701	127 164	14 769	404
One year before childbirth: employed	650 459	6 540	102 706	270 836	196 409	64 830	8 890	249
One year before childbirth: unemployed	528 426	13 551	56 556	192 658	197 292	62 334	5 879	155

In addition, the age-standardized live birth rates for mothers who were employed/unemployed one year before childbirth (per 1,000 females) was estimated (Table 4-7).

Table 4-7 Estimated age-standardized live birth rates for employed and unemployed mothers a year before childbirth

Employment status of the mother	Age-standardized live birth rates	Birthrate (per 1000 females)							
		Total	at the age of 19 and under	20-24	25-29	30-34	35-39	40-44	over 45
	Vital statistics in 2000: occupational and industrial aspects								
Total	25.8	21.4	5.5	39.4	98.0	92.8	32.3	3.9	0.1
At the time of childbirth: employed	9.9	10.4	2.3	9.8	33.0	41.6	15.5	1.8	0.0
At the time of childbirth: unemployed	52.9	31.4	6.1	100.8	230.8	156.3	56.3	8.1	0.2
	Estimated								
Total	25.8	21.4	5.5	39.4	98.0	92.8	32.3	3.9	0.1
One year before childbirth: employed	24.4	25.5	13.4	38.9	87.6	85.8	28.4	3.5	0.1
One year before childbirth: unemployed	30.0	18.1	4.4	42.7	123.1	103.4	38.3	4.7	0.1

The age-standardized live birth rates (estimated) was 24.4 for those mothers who were employed a year before childbirth, and 30.0 or slightly higher for those unemployed.

On the other hand, the age-standardized live birth rates was quite different between the mothers who were employed and unemployed at the time of childbirth (9.9 and 52.9, respectively). This reflects the substantial differences in the birthrate for the age bracket of the 20s. This suggests that mainly mothers in their 20s quit employment before childbirth.

As the decline in the birthrate progresses, further improvements in the working environment should be implemented to ensure childbirth without anxiety, and the future trend should be monitored.

5. Discussion of changes in employment status before and after childbirth

In this report, the employment of mothers before and after childbirth and the environment surrounding childbirth were analyzed based on variation pattern of employment status of the mothers. A summary of the features of each pattern and discussion of the environment surrounding employment and child rearing is given below.

The three patterns among mothers who were employed one and a half years after childbirth can be characterized as follows:

'I Continued in employment':
the age, educational background and income of the mothers was relatively high. The percentage of full-time workers was high before and after childbirth, and the proportion of those taking childcare leave was also high. Nursery teachers played a major role as weekday daytime person rearing.

'II Temporarily unemployed':
The age of mothers was slightly lower. The percentage of part-time workers one year before childbirth was high, and that of mothers who switched from full-time to part-time around childbirth was also high.

'VI Obtained employment':
The average age of these mothers was low. The proportion of part-time workers was high.

The relatively low income of the fathers, the greater financial burden, and the higher percentage of single-mother families were characteristics shared by 'II Temporarily unemployed' and 'VI Obtained employment'. These factors possibly induced mothers to resume or start work. In both patterns, the proportion of those changing from separating from to staying with their grandparents was relatively high for mothers who obtained employment, suggesting strengthened support from the grandparents.

Characteristics shared by the three patterns include:

① The higher percentage in rural areas than in the 13 major cities for three-generation families than for nuclear families (Figure 3-4)
② The high percentage of those staying with or having visits from or to grandparents (Figure 3-9)
③ Nursery teachers played the main role in child rearing in the weekday daytime one and a half years after childbirth (Figure 3-8)
④ The involvement of the fathers in child rearing and household matter was deeper (Tables 3-9, 3-10)
⑤ Among the disadvantages, 'work involvement' and 'the baby's weakness' was more frequently observed than for other patterns (Table 3-14)

The higher percentage in rural areas than in the 13 major cities appears to reflect the more favorable environment for mothers to work, including the availability of positions in nurseries due to the fewer number of babies waiting, and the support of grandparents in child rearing.

Thus, employment after childbirth depends not only on the situation of the individual, including the attitude of the mother towards working or economic factors, but also on the surrounding support network such as person rearing (mainly in the weekday daytime), the level of involvement of the father in child rearing and household matter, and the support of grandparents as the foundation for balancing child rearing and work. To continue working without interruption, improvements in the working environment, including maternity or childcare leave are also essential. In the context of the declining birthrate, the environment, such as the establishment of nursery systems and the involvement of the father in child rearing and household matter, should be further improved to enable women who have a strong will to continue working to have a child without anxiety while balancing child rearing and work, and thus avoid forcing them to choose between having a child or working.

The three patterns for those mothers who were unemployed have the following characteristics:

'III Quit employment before childbirth':
Full-time and part-time workers both accounted for 50% one year before childbirth, and the duration of marriage was relatively short. This dominated at 40% for the first baby, but the proportion was lower for the second baby and subsequent babies.

'IV Quit employment after childbirth':
The percentage of full-time workers and those who were taking childcare leave one year before childbirth was as high as for 'I Continued in employment', but these were the minority in general.

'V Continued to be unemployed':
This dominated with 50% for the second baby and subsequent babies. The age of the mothers and the income of the fathers were relatively high, and the duration of marriage was long. The percentage of those suffering from physical burdens (physical fatigue due to child rearing) was the highest for all patterns.

Characteristics shared by these three patterns include that the percentage of nuclear families was high, that mothers played a major role in child rearing, and that the percentage of those with 'Constant tension due to the active baby' was a little high.

For future measures to cope with the declining birthrate, one of the most important factors affecting employment status is support for mothers who concentrate on child rearing without being employed. An effective measure will be to create an environment in which the mothers can have time free from child rearing by expanding temporary childcare in nurseries and in other ways in order to minimize the disadvantages of child rearing.

In conclusion, this analysis reveals not only a quantitative understanding of the variation in the employment status of mothers from one year before to one and a half years after childbirth, but also identifies the background factors.

Relatively moderate variations in the employment status of the mothers, such as a gradual increase over time in reemployment after the completion of the first stage of child rearing, are assumed for one and a half years after childbirth or later. However, such a medium- to long-term transition has not been analyzed in this report due to the limited amount of available data. Further analysis will be necessary after the completion of other studies, including the next longitudinal survey of babies in the 21st century.

Ⅱ 統 計 表
Part Ⅱ Statistical tables

統計表

表章記号の規約

Symbols used in tables

—	計数のない場合 Magnitude zero
…	計数不明の場合 Data not available
・	統計項目のあり得ない場合 Category not applicable
0.0 0.00	単位の2分の1未満の場合 Magnitude not zero, but less than half of unit employed

第1表 母と同居している子ども数・構成割合，市郡・母の就業変化パターン（詳細版）・出生順位別

注：1）◆は有職、◇は無職である。
2）「出生時」は職産、「出生1年前」「半年後」は出生児縦断第1回、「1年半後」は出生児縦断第2回による。
3）市郡は、出生時のものである。

パターン列：出生1年前 − 出生時 − 半年後 − 1年半後

母の就業変化パターン（詳細版）	実数 総数	13大都市	その他の市	郡部	構成割合(%) 総数	13大都市	その他の市	郡部
総数								
総数	21 879	4 750	12 959	4 170	100.0	100.0	100.0	100.0
出生1年前：有職	11 897	2 414	6 959	2 524	54.4	50.8	53.7	60.5
有-有-有-有 ◆◆◆◆	3 554	605	2 047	902	16.2	12.7	15.8	21.6
有-有-有-無 ◆◆◆◇	394	71	240	83	1.8	1.5	1.9	2.0
有-有-無-有 ◆◆◇◆	197	32	114	51	0.9	0.7	0.9	1.2
有-有-無-無 ◆◆◇◇	493	109	277	107	2.3	2.3	2.1	2.6
有-無-有-有 ◆◇◆◆	899	172	516	211	4.1	3.6	4.0	5.1
有-無-有-無 ◆◇◆◇	286	66	163	57	1.3	1.4	1.3	1.4
有-無-無-有 ◆◇◇◆	942	183	556	203	4.3	3.9	4.3	4.9
有-無-無-無 ◆◇◇◇	4 997	1 156	2 960	881	22.8	24.3	22.8	21.1
有-不詳	135	20	86	29	0.6	0.4	0.7	0.7
出生1年前：無職	9 741	2 284	5 853	1 604	44.5	48.1	45.2	38.5
無-無-無-無 ◇◇◇◇	8 196	1 963	4 933	1 300	37.5	41.3	38.1	31.2
無-無-無-有 ◇◇◇◆	864	162	525	177	3.9	3.4	4.1	4.2
無-無-有-無 ◇◇◆◇	82	15	54	13	0.4	0.3	0.4	0.3
無-無-有-有 ◇◇◆◆	187	30	120	37	0.9	0.6	0.9	0.9
無-有-無-無 ◇◆◇◇	220	73	118	29	1.0	1.5	0.9	0.7
無-有-無-有 ◇◆◇◆	40	8	20	12	0.2	0.2	0.2	0.3
無-有-有-無 ◇◆◆◇	4	1	2	1	0.0	0.0	0.0	0.0
無-有-有-有 ◇◆◆◆	25	3	17	5	0.1	0.1	0.1	0.1
無-不詳	123	29	64	30	0.6	0.6	0.5	0.7
不詳	241	52	147	42	1.1	1.1	1.1	1.0
第1子								
総数	10 858	2 522	6 421	1 915	100.0	100.0	100.0	100.0
出生1年前：有職	7 960	1 770	4 701	1 489	73.3	70.2	73.2	77.8
有-有-有-有 ◆◆◆◆	1 834	354	1 080	400	16.9	14.0	16.8	20.9
有-有-有-無 ◆◆◆◇	278	53	173	52	2.6	2.1	2.7	2.7
有-有-無-有 ◆◆◇◆	107	20	64	23	1.0	0.8	1.0	1.2
有-有-無-無 ◆◆◇◇	403	86	228	89	3.7	3.4	3.6	4.6
有-無-有-有 ◆◇◆◆	343	60	199	84	3.2	2.4	3.1	4.4
有-無-有-無 ◆◇◆◇	138	32	79	27	1.3	1.3	1.2	1.4
有-無-無-有 ◆◇◇◆	584	134	332	118	5.4	5.3	5.2	6.2
有-無-無-無 ◆◇◇◇	4 181	1 014	2 487	680	38.5	40.2	38.7	35.5
有-不詳	92	17	59	16	0.8	0.7	0.9	0.8
出生1年前：無職	2 779	721	1 650	408	25.6	28.6	25.7	21.3
無-無-無-無 ◇◇◇◇	2 414	639	1 429	346	22.2	25.3	22.3	18.1
無-無-無-有 ◇◇◇◆	183	31	120	32	1.7	1.2	1.9	1.7
無-無-有-無 ◇◇◆◇	26	7	17	2	0.2	0.3	0.3	0.1
無-無-有-有 ◇◇◆◆	47	7	32	8	0.4	0.3	0.5	0.4
無-有-無-無 ◇◆◇◇	54	21	24	9	0.5	0.8	0.4	0.5
無-有-無-有 ◇◆◇◆	11	4	3	4	0.1	0.2	0.0	0.2
無-有-有-無 ◇◆◆◇	3	1	2	−	0.0	0.0	0.0	−
無-有-有-有 ◇◆◆◆	7	−	7	−	0.1	−	0.1	−
無-不詳	34	11	16	7	0.3	0.4	0.2	0.4
不詳	119	31	70	18	1.1	1.2	1.1	0.9
第2子以上								
総数	11 021	2 228	6 538	2 255	100.0	100.0	100.0	100.0
出生1年前：有職	3 937	644	2 258	1 035	35.7	28.9	34.5	45.9
有-有-有-有 ◆◆◆◆	1 720	251	967	502	15.6	11.3	14.8	22.3
有-有-有-無 ◆◆◆◇	116	18	67	31	1.1	0.8	1.0	1.4
有-有-無-有 ◆◆◇◆	90	12	50	28	0.8	0.5	0.8	1.2
有-有-無-無 ◆◆◇◇	90	23	49	18	0.8	1.0	0.7	0.8
有-無-有-有 ◆◇◆◆	556	112	317	127	5.0	5.0	4.8	5.6
有-無-有-無 ◆◇◆◇	148	34	84	30	1.3	1.5	1.3	1.3
有-無-無-有 ◆◇◇◆	358	49	224	85	3.2	2.2	3.4	3.8
有-無-無-無 ◆◇◇◇	816	142	473	201	7.4	6.4	7.2	8.9
有-不詳	43	3	27	13	0.4	0.1	0.4	0.6
出生1年前：無職	6 962	1 563	4 203	1 196	63.2	70.2	64.3	53.0
無-無-無-無 ◇◇◇◇	5 782	1 324	3 504	954	52.5	59.4	53.6	42.3
無-無-無-有 ◇◇◇◆	681	131	405	145	6.2	5.9	6.2	6.4
無-無-有-無 ◇◇◆◇	56	8	37	11	0.5	0.4	0.6	0.5
無-無-有-有 ◇◇◆◆	140	23	88	29	1.3	1.0	1.3	1.3
無-有-無-無 ◇◆◇◇	166	52	94	20	1.5	2.3	1.4	0.9
無-有-無-有 ◇◆◇◆	29	4	17	8	0.3	0.2	0.3	0.4
無-有-有-無 ◇◆◆◇	1	−	−	1	0.0	−	−	0.0
無-有-有-有 ◇◆◆◆	18	3	10	5	0.2	0.1	0.2	0.2
無-不詳	89	18	48	23	0.8	0.8	0.7	1.0
不詳	122	21	77	24	1.1	0.9	1.2	1.1

2表

第2表 母と同居している子ども数・構成割合，市郡・出生1年前の就業状況からみた母の就業変化パターン・出生順位別

母の就業変化パターン	実数 総数	13大都市	その他の市	郡部	構成割合（%）総数	13大都市	その他の市	郡部
総数								
総数	21 879	4 750	12 959	4 170	100.0	100.0	100.0	100.0
出生1年前：有職	11 897	2 414	6 959	2 524	54.4	50.8	53.7	60.5
Ⅰ 就業継続型 ●●●	3 554	605	2 047	902	16.2	12.7	15.8	21.6
Ⅱ 一時離職型 ●○●	2 038	387	1 186	465	9.3	8.1	9.2	11.2
Ⅲ 出産前離職型 ●○○	4 997	1 156	2 960	881	22.8	24.3	22.8	21.1
Ⅳ 出産後離職型 ●●○	887	180	517	190	4.1	3.8	4.0	4.6
その他	421	86	249	86	1.9	1.8	1.9	2.1
出生1年前：無職	9 741	2 284	5 853	1 604	44.5	48.1	45.2	38.5
Ⅴ 無職継続型 ○○○	8 196	1 963	4 933	1 300	37.5	41.3	38.1	31.2
Ⅵ 就業開始型 ○○●	1 076	195	662	219	4.9	4.1	5.1	5.3
その他	469	126	258	85	2.1	2.7	2.0	2.0
不詳	241	52	147	42	1.1	1.1	1.1	1.0
第1子								
総数	10 858	2 522	6 421	1 915	100.0	100.0	100.0	100.0
出生1年前：有職	7 960	1 770	4 701	1 489	73.3	70.2	73.2	77.8
Ⅰ 就業継続型 ●●●	1 834	354	1 080	400	16.9	14.0	16.8	20.9
Ⅱ 一時離職型 ●○●	1 034	214	595	225	9.5	8.5	9.3	11.7
Ⅲ 出産前離職型 ●○○	4 181	1 014	2 487	680	38.5	40.2	38.7	35.5
Ⅳ 出産後離職型 ●●○	681	139	401	141	6.3	5.5	6.2	7.4
その他	230	49	138	43	2.1	1.9	2.1	2.2
出生1年前：無職	2 779	721	1 650	408	25.6	28.6	25.7	21.3
Ⅴ 無職継続型 ○○○	2 414	639	1 429	346	22.2	25.3	22.3	18.1
Ⅵ 就業開始型 ○○●	237	38	159	40	2.2	1.5	2.5	2.1
その他	128	44	62	22	1.2	1.7	1.0	1.1
不詳	119	31	70	18	1.1	1.2	1.1	0.9
第2子以上								
総数	11 021	2 228	6 538	2 255	100.0	100.0	100.0	100.0
出生1年前：有職	3 937	644	2 258	1 035	35.7	28.9	34.5	45.9
Ⅰ 就業継続型 ●●●	1 720	251	967	502	15.6	11.3	14.8	22.3
Ⅱ 一時離職型 ●○●	1 004	173	591	240	9.1	7.8	9.0	10.6
Ⅲ 出産前離職型 ●○○	816	142	473	201	7.4	6.4	7.2	8.9
Ⅳ 出産後離職型 ●●○	206	41	116	49	1.9	1.8	1.8	2.2
その他	191	37	111	43	1.7	1.7	1.7	1.9
出生1年前：無職	6 962	1 563	4 203	1 196	63.2	70.2	64.3	53.0
Ⅴ 無職継続型 ○○○	5 782	1 324	3 504	954	52.5	59.4	53.6	42.3
Ⅵ 就業開始型 ○○●	839	157	503	179	7.6	7.0	7.7	7.9
その他	341	82	196	63	3.1	3.7	3.0	2.8
不詳	122	21	77	24	1.1	0.9	1.2	1.1

注：市郡は、出生時のものである。

3表（2-1）

第3表　母と同居している子ども数・構成割合，出生1年前の母の就業形態

総数

母の就業変化パターン	総数	出生1年 無職 総数	無職	学生
				実
総　　数	21 879	9 741	9 501	240
出生1年前：有　職	11 897	-	-	-
Ⅰ　就業継続型　●●●	3 554	-	-	-
Ⅱ　一時離職型　●○●	2 038	-	-	-
Ⅲ　出産前離職型●○○	4 997	-	-	-
Ⅳ　出産後離職型●●○	887	-	-	-
そ　の　他	421	-	-	-
出生1年前：無　職	9 741	9 741	9 501	240
Ⅴ　無職継続型　○○○	8 196	8 196	8 038	158
Ⅵ　就業開始型　○○●	1 076	1 076	1 013	63
そ　の　他	469	469	450	19
不　　詳	241	-	-	-
				構　成
総　　数	100.0	44.5	43.4	1.1
出生1年前：有　職	100.0	-	-	-
Ⅰ　就業継続型　●●●	100.0	-	-	-
Ⅱ　一時離職型　●○●	100.0	-	-	-
Ⅲ　出産前離職型●○○	100.0	-	-	-
Ⅳ　出産後離職型●●○	100.0	-	-	-
そ　の　他	100.0	-	-	-
出生1年前：無　職	100.0	100.0	97.5	2.5
Ⅴ　無職継続型　○○○	100.0	100.0	98.1	1.9
Ⅵ　就業開始型　○○●	100.0	100.0	94.1	5.9
そ　の　他	100.0	100.0	95.9	4.1
不　　詳	100.0	-	-	-

第1子

母の就業変化パターン	総数	出生1年 無職 総数	無職	学生
				実
総　　数	10 858	2 779	2 555	224
出生1年前：有　職	7 960	-	-	-
Ⅰ　就業継続型　●●●	1 834	-	-	-
Ⅱ　一時離職型　●○●	1 034	-	-	-
Ⅲ　出産前離職型●○○	4 181	-	-	-
Ⅳ　出産後離職型●●○	681	-	-	-
そ　の　他	230	-	-	-
出生1年前：無　職	2 779	2 779	2 555	224
Ⅴ　無職継続型　○○○	2 414	2 414	2 265	149
Ⅵ　就業開始型　○○●	237	237	179	58
そ　の　他	128	128	111	17
不　　詳	119	-	-	-
				構　成
総　　数	100.0	25.6	23.5	2.1
出生1年前：有　職	100.0	-	-	-
Ⅰ　就業継続型　●●●	100.0	-	-	-
Ⅱ　一時離職型　●○●	100.0	-	-	-
Ⅲ　出産前離職型●○○	100.0	-	-	-
Ⅳ　出産後離職型●●○	100.0	-	-	-
そ　の　他	100.0	-	-	-
出生1年前：無　職	100.0	100.0	91.9	8.1
Ⅴ　無職継続型　○○○	100.0	100.0	93.8	6.2
Ⅵ　就業開始型　○○●	100.0	100.0	75.5	24.5
そ　の　他	100.0	100.0	86.7	13.3
不　　詳	100.0	-	-	-

・出生1年前の就業状況からみた母の就業変化パターン・出生順位別

| 前の母の就業形態 ||||||| 不詳 |
総数	常勤	パート・アルバイト	自営業・家業	内職	その他	
<td colspan="7">**数**</td>						
11 897	6 913	3 711	965	220	88	241
11 897	6 913	3 711	965	220	88	-
3 554	2 859	278	399	7	11	-
2 038	754	860	297	102	25	-
4 997	2 500	2 276	101	83	37	-
887	657	148	72	7	3	-
421	143	149	96	21	12	-
-	-	-	-	-	-	-
-	-	-	-	-	-	-
-	-	-	-	-	-	-
-	-	-	-	-	-	241
<td colspan="7">**割合(%)**</td>						
54.4	31.6	17.0	4.4	1.0	0.4	1.1
100.0	58.1	31.2	8.1	1.8	0.7	-
100.0	80.4	7.8	11.2	0.2	0.3	-
100.0	37.0	42.2	14.6	5.0	1.2	-
100.0	50.0	45.5	2.0	1.7	0.7	-
100.0	74.1	16.7	8.1	0.8	0.3	-
100.0	34.0	35.4	22.8	5.0	2.9	-
-	-	-	-	-	-	-
-	-	-	-	-	-	-
-	-	-	-	-	-	-
-	-	-	-	-	-	100.0

| 前の母の就業形態 ||||||| 不詳 |
総数	常勤	パート・アルバイト	自営業・家業	内職	その他	
<td colspan="7">**数**</td>						
7 960	5 158	2 383	346	24	49	119
7 960	5 158	2 383	346	24	49	-
1 834	1 639	65	124	-	6	-
1 034	561	360	96	8	9	-
4 181	2 295	1 780	65	12	29	-
681	550	93	36	1	1	-
230	113	85	25	3	4	-
-	-	-	-	-	-	-
-	-	-	-	-	-	-
-	-	-	-	-	-	-
-	-	-	-	-	-	119
<td colspan="7">**割合(%)**</td>						
73.3	47.5	21.9	3.2	0.2	0.5	1.1
100.0	64.8	29.9	4.3	0.3	0.6	-
100.0	89.4	3.5	6.8	-	0.3	-
100.0	54.3	34.8	9.3	0.8	0.9	-
100.0	54.9	42.6	1.6	0.3	0.7	-
100.0	80.8	13.7	5.3	0.1	0.1	-
100.0	49.1	37.0	10.9	1.3	1.7	-
-	-	-	-	-	-	-
-	-	-	-	-	-	-
-	-	-	-	-	-	-
-	-	-	-	-	-	100.0

第3表 母と同居している子ども数・構成割合，出生1年前の母の就業形態

第2子以上

母の就業変化パターン	総数	無職 総数	無職	出生1年 学生
				実
総　　数	11 021	6 962	6 946	16
出生1年前：有　職	3 937	－	－	－
Ⅰ　就業継続型　●●●	1 720	－	－	－
Ⅱ　一時離職型　●○●	1 004	－	－	－
Ⅲ　出産前離職型●○○	816	－	－	－
Ⅳ　出産後離職型●●○	206	－	－	－
そ　の　他	191	－	－	－
出生1年前：無　職	6 962	6 962	6 946	16
Ⅴ　無職継続型　○○○	5 782	5 782	5 773	9
Ⅵ　就業開始型　○○●	839	839	834	5
そ　の　他	341	341	339	2
不　　詳	122	－	－	－
				構　成
総　　数	100.0	63.2	63.0	0.1
出生1年前：有　職	100.0	－	－	－
Ⅰ　就業継続型　●●●	100.0	－	－	－
Ⅱ　一時離職型　●○●	100.0	－	－	－
Ⅲ　出産前離職型●○○	100.0	－	－	－
Ⅳ　出産後離職型●●○	100.0	－	－	－
そ　の　他	100.0	－	－	－
出生1年前：無　職	100.0	100.0	99.8	0.2
Ⅴ　無職継続型　○○○	100.0	100.0	99.8	0.2
Ⅵ　就業開始型　○○●	100.0	100.0	99.4	0.6
そ　の　他	100.0	100.0	99.4	0.6
不　　詳	100.0	－	－	－

第4表 母と同居している子ども数・構成割合，出生1年半後の

実　数

出生1年前の母の就業状況・母の就業変化パターン	総数	無職	出生1年半後の母の 有 総数	常勤
総　　数	21 879	14 890	6 808	3 185
無　　職	9 741	8 531	1 124	131
有　　職	11 897	6 203	5 605	3 026
常　勤	6 913	3 241	3 616	2 866
パート・アルバイト	3 711	2 542	1 147	133
その他	1 273	420	842	27
不　　詳	241	156	79	28
出生1年前：有　職	11 897	6 203	5 605	3 026
常　勤	6 913	3 241	3 616	2 866
パート・アルバイト	3 711	2 542	1 147	133
その他	1 273	420	842	27
Ⅰ　就業継続型　●●●	3 554	－	3 554	2 692
常　勤	2 859	－	2 859	2 634
パート・アルバイト	278	－	278	43
その他	417	－	417	15
Ⅱ　一時離職型　●○●	2 038	－	2 038	332
常　勤	754	－	754	232
パート・アルバイト	860	－	860	88
その他	424	－	424	12
Ⅲ　出産前離職型●○○	4 997	4 997	－	－
常　勤	2 500	2 500	－	－
パート・アルバイト	2 276	2 276	－	－
その他	221	221	－	－
Ⅳ　出産後離職型●●○	887	887	－	－
常　勤	657	657	－	－
パート・アルバイト	148	148	－	－
その他	82	82	－	－
出生1年前：無　職	9 741	8 531	1 124	131
Ⅴ　無職継続型　○○○	8 196	8 196	－	－
Ⅵ　就業開始型　○○●	1 076	－	1 076	122

・出生1年前の就業状況からみた母の就業変化パターン・出生順位別

前 の 母 の 就 業 形 態							不 詳
総 数	常 勤	パート・アルバイト	有 職			
^	^	^	自営業・家業	内 職	その他	^

数

3 937	1 755	1 328	619	196	39	122
3 937	1 755	1 328	619	196	39	-
1 720	1 220	213	275	7	5	-
1 004	193	500	201	94	16	-
816	205	496	36	71	8	-
206	107	55	36	6	2	-
191	30	64	71	18	8	-
-	-	-	-	-	-	-
-	-	-	-	-	-	-
-	-	-	-	-	-	122

割 合（%）

35.7	15.9	12.0	5.6	1.8	0.4	1.1
100.0	44.6	33.7	15.7	5.0	1.0	-
100.0	70.9	12.4	16.0	0.4	0.3	-
100.0	19.2	49.8	20.0	9.4	1.6	-
100.0	25.1	60.8	4.4	8.7	1.0	-
100.0	51.9	26.7	17.5	2.9	1.0	-
100.0	15.7	33.5	37.2	9.4	4.2	-
-	-	-	-	-	-	-
-	-	-	-	-	-	-
-	-	-	-	-	-	100.0

母の就業形態・出生1年前の母の就業状況・母の就業変化パターン別

構成割合（%）

就 業 形 態			出 生 1 年 半 後 の 母 の 就 業 形 態				
職		不 詳	^	^	有 職		^
パート・アルバイト	その他	^	総 数	常 勤	パート・アルバイト	その他	

2 277	1 346	181	100.0	46.8	33.4	19.8
699	294	86	100.0	11.7	62.2	26.2
1 541	1 038	89	100.0	54.0	27.5	18.5
587	163	56	100.0	79.3	16.2	4.5
863	151	22	100.0	11.6	75.2	13.2
91	724	11	100.0	3.2	10.8	86.0
37	14	6	100.0	35.4	46.8	17.7

1 541	1 038	89	100.0	54.0	27.5	18.5
587	163	56	100.0	79.3	16.2	4.5
863	151	22	100.0	11.6	75.2	13.2
91	724	11	100.0	3.2	10.8	86.0

388	474	-	100.0	75.7	10.9	13.3
163	62	-	100.0	92.1	5.7	2.2
207	28	-	100.0	15.5	74.5	10.1
18	384	-	100.0	3.6	4.3	92.1

1 143	563	-	100.0	16.3	56.1	27.6
421	101	-	100.0	30.8	55.8	13.4
650	122	-	100.0	10.2	75.6	14.2
72	340	-	100.0	2.8	17.0	80.2

699	294	86	100.0	11.7	62.2	26.2
677	277	-	100.0	11.3	62.9	25.7

5表（3-1）

第5表　母と同居している子ども数・構成割合及び母の平均年齢，

総　数

実　数

母の就業変化パターン	総　数	19歳以下	20～24歳	25～29歳	30～34歳	35～39歳	40～44歳	45歳以上	平均年齢（歳）
				総　数					
総　　数	21 879	232	2 462	8 452	7 770	2 664	290	9	30.0
出生1年前：有　職	11 897	73	1 583	4 876	3 855	1 329	174	7	29.7
Ⅰ　就業継続型　●●●	3 554	3	262	1 265	1 415	535	71	3	30.9
Ⅱ　一時離職型　●○●	2 038	26	313	793	629	241	35	1	29.6
Ⅲ　出産前離職型●○○	4 997	39	809	2 305	1 390	408	45	1	28.9
Ⅳ　出産後離職型●●○	887	2	122	372	278	98	15	-	29.6
そ　の　他	286	2	52	97	98	34	2	1	29.5
不　　詳	135	1	25	44	45	13	6	1	30.1
出生1年前：無　職	9 741	152	846	3 486	3 848	1 295	112	2	30.4
Ⅴ　無職継続型　○○○	8 196	102	597	2 901	3 361	1 139	94	2	30.6
Ⅵ　就業開始型　○○●	1 076	37	197	432	315	88	7	-	28.6
そ　の　他	346	10	37	115	124	55	5	-	30.3
不　　詳	123	3	15	38	48	13	6	-	30.4
不　　詳	241	7	33	90	67	40	4	-	29.9
				13大都市					
総　　数	4 691	41	381	1 751	1 761	693	63	1	30.5
出生1年前：有　職	2 395	16	227	965	827	315	44	1	30.2
Ⅰ　就業継続型　●●●	598	-	21	193	241	118	24	1	31.9
Ⅱ　一時離職型　●○●	380	7	42	146	126	52	7	-	30.0
Ⅲ　出産前離職型●○○	1 151	7	133	532	365	103	11	-	29.4
Ⅳ　出産後離職型●●○	177	1	13	67	61	33	2	-	30.6
そ　の　他	67	1	14	18	26	8	-	-	29.1
不　　詳	22	-	4	9	8	1	-	-	29.1
出生1年前：無　職	2 244	23	148	769	915	370	19	-	30.8
Ⅴ　無職継続型　○○○	1 934	16	99	655	825	322	17	-	31.1
Ⅵ　就業開始型　○○●	188	6	35	75	48	24	-	-	28.8
そ　の　他	93	1	12	27	32	21	-	-	30.8
不　　詳	29	-	2	12	10	3	2	-	30.4
不　　詳	52	2	6	17	19	8	-	-	29.8
				その他の市					
総　　数	12 993	141	1 495	5 073	4 582	1 524	170	8	29.9
出生1年前：有　職	6 975	40	954	2 903	2 221	752	99	6	29.6
Ⅰ　就業継続型　●●●	2 061	2	162	740	802	313	40	2	30.9
Ⅱ　一時離職型　●○●	1 201	14	191	473	373	131	18	1	29.4
Ⅲ　出産前離職型●○○	2 956	22	488	1 381	808	233	23	1	28.8
Ⅳ　出産後離職型●●○	512	1	72	225	157	45	12	-	29.5
そ　の　他	159	-	26	56	53	21	2	1	29.9
不　　詳	86	1	15	28	28	9	4	1	30.3
出生1年前：無　職	5 870	97	527	2 109	2 325	742	68	2	30.3
Ⅴ　無職継続型　○○○	4 946	63	377	1 758	2 032	653	61	2	30.6
Ⅵ　就業開始型　○○●	666	25	118	269	201	52	1	-	28.5
そ　の　他	195	6	21	63	72	30	3	-	30.2
不　　詳	63	3	11	19	20	7	3	-	29.8
不　　詳	148	4	14	61	36	30	3	-	30.4
				郡　部					
総　　数	4 180	50	586	1 622	1 421	444	57	-	29.7
出生1年前：有　職	2 518	17	402	1 005	802	261	31	-	29.4
Ⅰ　就業継続型　●●●	895	1	79	332	372	104	7	-	30.4
Ⅱ　一時離職型　●○●	457	5	80	174	130	58	10	-	29.6
Ⅲ　出産前離職型●○○	886	10	188	391	214	72	11	-	28.5
Ⅳ　出産後離職型●●○	194	-	37	78	59	19	1	-	29.1
そ　の　他	59	1	12	23	18	5	-	-	28.5
不　　詳	27	-	6	7	9	3	2	-	30.3
出生1年前：無　職	1 621	32	171	605	607	181	25	-	30.1
Ⅴ　無職継続型　○○○	1 310	23	121	485	503	162	16	-	30.3
Ⅵ　就業開始型　○○●	222	6	44	88	66	12	6	-	28.6
そ　の　他	58	3	4	25	20	4	2	-	29.7
不　　詳	31	-	2	7	18	3	1	-	31.4
不　　詳	41	1	13	12	12	2	1	-	28.1

注：1）市郡は、出生1年半後のものである。
　　2）市郡別の総数には外国在住分を含む。

母の年齢（5歳階級）・市郡・母の就業変化パターン・出生順位別

構成割合（％）

母の就業変化パターン	総　数	19歳以下	20～24歳	25～29歳	30～34歳	35～39歳	40～44歳	45歳以上
				総　数				
総　数	100.0	1.1	11.3	38.6	35.5	12.2	1.3	0.0
出生1年前：有　職	100.0	0.6	13.3	41.0	32.4	11.2	1.5	0.1
Ⅰ　就業継続型　●●●	100.0	0.1	7.4	35.6	39.8	15.1	2.0	0.1
Ⅱ　一時離職型　●○●	100.0	1.3	15.4	38.9	30.9	11.8	1.7	0.0
Ⅲ　出産前離職型●○○	100.0	0.8	16.2	46.1	27.8	8.2	0.9	0.0
Ⅳ　出産後離職型●●○	100.0	0.2	13.8	41.9	31.3	11.0	1.7	－
そ　の　他	100.0	0.7	18.2	33.9	34.3	11.9	0.7	0.3
不　　　詳	100.0	0.7	18.5	32.6	33.3	9.6	4.4	0.7
出生1年前：無　職	100.0	1.6	8.7	35.8	39.5	13.3	1.1	0.0
Ⅴ　無職継続型　○○○	100.0	1.2	7.3	35.4	41.0	13.9	1.1	0.0
Ⅵ　就業開始型　○○●	100.0	3.4	18.3	40.1	29.3	8.2	0.7	－
そ　の　他	100.0	2.9	10.7	33.2	35.8	15.9	1.4	－
不　　　詳	100.0	2.4	12.2	30.9	39.0	10.6	4.9	－
不　　　詳	100.0	2.9	13.7	37.3	27.8	16.6	1.7	－
				13大都市				
総　数	100.0	0.9	8.1	37.3	37.5	14.8	1.3	0.0
出生1年前：有　職	100.0	0.7	9.5	40.3	34.5	13.2	1.8	0.0
Ⅰ　就業継続型　●●●	100.0	－	3.5	32.3	40.3	19.7	4.0	0.2
Ⅱ　一時離職型　●○●	100.0	1.8	11.1	38.4	33.2	13.7	1.8	－
Ⅲ　出産前離職型●○○	100.0	0.6	11.6	46.2	31.7	8.9	1.0	－
Ⅳ　出産後離職型●●○	100.0	0.6	7.3	37.9	34.5	18.6	1.1	－
そ　の　他	100.0	1.5	20.9	26.9	38.8	11.9	－	－
不　　　詳	100.0	－	18.2	40.9	36.4	4.5	－	－
出生1年前：無　職	100.0	1.0	6.6	34.3	40.8	16.5	0.8	－
Ⅴ　無職継続型　○○○	100.0	0.8	5.1	33.9	42.7	16.6	0.9	－
Ⅵ　就業開始型　○○●	100.0	3.2	18.6	39.9	25.5	12.8	－	－
そ　の　他	100.0	1.1	12.9	29.0	34.4	22.6	－	－
不　　　詳	100.0	－	6.9	41.4	34.5	10.3	6.9	－
不　　　詳	100.0	3.8	11.5	32.7	36.5	15.4	－	－
				その他の市				
総　数	100.0	1.1	11.5	39.0	35.3	11.7	1.3	0.1
出生1年前：有　職	100.0	0.6	13.7	41.6	31.8	10.8	1.4	0.1
Ⅰ　就業継続型　●●●	100.0	0.1	7.9	35.9	38.9	15.2	1.9	0.1
Ⅱ　一時離職型　●○●	100.0	1.2	15.9	39.4	31.1	10.9	1.5	0.1
Ⅲ　出産前離職型●○○	100.0	0.7	16.5	46.7	27.3	7.9	0.8	0.0
Ⅳ　出産後離職型●●○	100.0	0.2	14.1	43.9	30.7	8.8	2.3	－
そ　の　他	100.0	－	16.4	35.2	33.3	13.2	1.3	0.6
不　　　詳	100.0	1.2	17.4	32.6	32.6	10.5	4.7	1.2
出生1年前：無　職	100.0	1.7	9.0	35.9	39.6	12.6	1.2	0.0
Ⅴ　無職継続型　○○○	100.0	1.3	7.6	35.5	41.1	13.2	1.2	0.0
Ⅵ　就業開始型　○○●	100.0	3.8	17.7	40.4	30.2	7.8	0.2	－
そ　の　他	100.0	3.1	10.8	32.3	36.9	15.4	1.5	－
不　　　詳	100.0	4.8	17.5	30.2	31.7	11.1	4.8	－
不　　　詳	100.0	2.7	9.5	41.2	24.3	20.3	2.0	－
				郡　部				
総　数	100.0	1.2	14.0	38.8	34.0	10.6	1.4	－
出生1年前：有　職	100.0	0.7	16.0	39.9	31.9	10.4	1.2	－
Ⅰ　就業継続型　●●●	100.0	0.1	8.8	37.1	41.6	11.6	0.8	－
Ⅱ　一時離職型　●○●	100.0	1.1	17.5	38.1	28.4	12.7	2.2	－
Ⅲ　出産前離職型●○○	100.0	1.1	21.2	44.1	24.2	8.1	1.2	－
Ⅳ　出産後離職型●●○	100.0	－	19.1	40.2	30.4	9.8	0.5	－
そ　の　他	100.0	1.7	20.3	39.0	30.5	8.5	－	－
不　　　詳	100.0	－	22.2	25.9	33.3	11.1	7.4	－
出生1年前：無　職	100.0	2.0	10.5	37.3	37.4	11.2	1.5	－
Ⅴ　無職継続型　○○○	100.0	1.8	9.2	37.0	38.4	12.4	1.2	－
Ⅵ　就業開始型　○○●	100.0	2.7	19.8	39.6	29.7	5.4	2.7	－
そ　の　他	100.0	5.2	6.9	43.1	34.5	6.9	3.4	－
不　　　詳	100.0	－	6.5	22.6	58.1	9.7	3.2	－
不　　　詳	100.0	2.4	31.7	29.3	29.3	4.9	2.4	－

5表（3-2）

第5表 母と同居している子ども数・構成割合及び母の平均年齢，

第1子

実　数

母の就業変化パターン	総数	19歳以下	20〜24歳	25〜29歳	30〜34歳	35〜39歳	40〜44歳	45歳以上	平均年齢（歳）
総　数				総　数					
総　数	10 858	215	1 860	5 047	2 880	754	100	2	28.6
出生1年前：有　職	7 960	71	1 417	3 811	2 072	520	68	1	28.6
Ⅰ　就業継続型　●●●	1 834	3	226	843	578	160	24	-	29.5
Ⅱ　一時離職型　●○●	1 034	24	249	491	205	55	9	1	27.7
Ⅲ　出産前離職型　●○○	4 181	39	765	2 074	1 045	235	23	-	28.3
Ⅳ　出産後離職型　●●○	681	2	112	317	187	55	8	-	29.0
そ　の　他	138	2	42	51	34	9	-	-	27.5
不　　詳	92	1	23	35	23	6	4	-	28.9
出生1年前：無　職	2 779	137	420	1 184	784	224	29	1	28.6
Ⅴ　無職継続型　○○○	2 414	93	313	1 063	719	198	27	1	29.0
Ⅵ　就業開始型　○○●	237	32	81	74	35	14	1	-	25.7
そ　の　他	94	9	22	37	19	7	-	-	27.2
不　　詳	34	3	4	10	11	5	1	-	28.9
不　　詳	119	7	23	52	24	10	3	-	28.4
				13大都市					
総　数	2 494	40	279	1 137	776	234	28	-	29.4
出生1年前：有　職	1 757	16	205	810	542	161	23	-	29.4
Ⅰ　就業継続型　●●●	354	-	19	148	127	50	10	-	30.8
Ⅱ　一時離職型　●○●	208	7	32	97	54	15	3	-	28.7
Ⅲ　出産前離職型　●○○	1 008	7	128	490	303	71	9	-	29.0
Ⅳ　出産後離職型　●●○	137	1	11	58	45	21	1	-	30.2
そ　の　他	31	1	11	9	7	3	-	-	27.3
不　　詳	19	-	4	8	6	1	-	-	28.6
出生1年前：無　職	707	22	70	316	223	71	5	-	29.3
Ⅴ　無職継続型　○○○	628	15	49	289	208	62	5	-	29.6
Ⅵ　就業開始型　○○●	36	6	11	9	7	3	-	-	25.8
そ　の　他	31	1	8	13	6	3	-	-	27.9
不　　詳	12	-	2	5	2	3	-	-	29.2
不　　詳	30	2	4	11	11	2	-	-	28.7
				その他の市					
総　数	6 446	128	1 132	3 014	1 698	418	54	2	28.5
出生1年前：有　職	4 705	38	853	2 282	1 211	283	37	1	28.5
Ⅰ　就業継続型　●●●	1 081	2	141	498	340	87	13	-	29.4
Ⅱ　一時離職型　●○●	603	12	150	291	116	28	5	1	27.5
Ⅲ　出産前離職型　●○○	2 490	22	459	1 250	616	134	9	-	28.3
Ⅳ　出産後離職型　●●○	396	1	68	188	106	26	7	-	28.9
そ　の　他	76	-	21	31	19	5	-	-	27.9
不　　詳	59	1	14	24	14	3	3	-	28.9
出生1年前：無　職	1 673	86	269	697	478	127	15	1	28.5
Ⅴ　無職継続型　○○○	1 451	56	201	624	442	113	14	1	28.9
Ⅵ　就業開始型　○○●	159	21	53	52	23	10	-	-	25.9
そ　の　他	49	6	13	19	8	3	-	-	26.5
不　　詳	14	3	2	2	5	1	1	-	27.6
不　　詳	68	4	10	35	9	8	2	-	28.7
				郡　部					
総　数	1 910	47	449	892	404	100	18	-	27.8
出生1年前：有　職	1 492	17	359	716	317	75	8	-	27.8
Ⅰ　就業継続型　●●●	399	1	66	197	111	23	1	-	28.7
Ⅱ　一時離職型　●○●	223	5	67	103	35	12	1	-	27.1
Ⅲ　出産前離職型　●○○	680	10	178	333	124	30	5	-	27.4
Ⅳ　出産後離職型　●●○	145	-	33	69	36	7	-	-	28.0
そ　の　他	31	1	10	11	8	1	-	-	26.7
不　　詳	14	-	5	3	3	2	1	-	29.0
出生1年前：無　職	397	29	81	170	83	25	9	-	27.8
Ⅴ　無職継続型　○○○	333	22	63	149	69	22	8	-	28.1
Ⅵ　就業開始型　○○●	42	5	17	13	5	1	1	-	25.1
そ　の　他	14	2	1	5	5	1	-	-	28.2
不　　詳	8	-	-	3	4	1	-	-	30.8
不　　詳	21	1	9	6	4	-	1	-	26.9

注：1）市郡は、出生1年半後のものである。
　　2）市郡別の総数には外国在住分を含む。

母の年齢（5歳階級）・市郡・母の就業変化パターン・出生順位別

構成割合（％）

母の就業変化パターン	総数	19歳以下	20～24歳	25～29歳	30～34歳	35～39歳	40～44歳	45歳以上
				総　数				
総　　数	100.0	2.0	17.1	46.5	26.5	6.9	0.9	0.0
出生1年前：有職	100.0	0.9	17.8	47.9	26.0	6.5	0.9	0.0
Ⅰ　就業継続型　●●●	100.0	0.2	12.3	46.0	31.5	8.7	1.3	-
Ⅱ　一時離職型　●○●	100.0	2.3	24.1	47.5	19.8	5.3	0.9	0.1
Ⅲ　出産前離職型●○○	100.0	0.9	18.3	49.6	25.0	5.6	0.6	-
Ⅳ　出産後離職型●●○	100.0	0.3	16.4	46.5	27.5	8.1	1.2	-
そ の 他	100.0	1.4	30.4	37.0	24.6	6.5	-	-
不　　詳	100.0	1.1	25.0	38.0	25.0	6.5	4.3	-
出生1年前：無職	100.0	4.9	15.1	42.6	28.2	8.1	1.0	0.0
Ⅴ　無職継続型　○○○	100.0	3.9	13.0	44.0	29.8	8.2	1.1	0.0
Ⅵ　就業開始型　○○●	100.0	13.5	34.2	31.2	14.8	5.9	0.4	-
そ の 他	100.0	9.6	23.4	39.4	20.2	7.4	-	-
不　　詳	100.0	8.8	11.8	29.4	32.4	14.7	2.9	-
不　　詳	100.0	5.9	19.3	43.7	20.2	8.4	2.5	-
				13大都市				
総　　数	100.0	1.6	11.2	45.6	31.1	9.4	1.1	-
出生1年前：有職	100.0	0.9	11.7	46.1	30.8	9.2	1.3	-
Ⅰ　就業継続型　●●●	100.0	-	5.4	41.8	35.9	14.1	2.8	-
Ⅱ　一時離職型　●○●	100.0	3.4	15.4	46.6	26.0	7.2	1.4	-
Ⅲ　出産前離職型●○○	100.0	0.7	12.7	48.6	30.1	7.0	0.9	-
Ⅳ　出産後離職型●●○	100.0	0.7	8.0	42.3	32.8	15.3	0.7	-
そ の 他	100.0	3.2	35.5	29.0	22.6	9.7	-	-
不　　詳	100.0	-	21.1	42.1	31.6	5.3	-	-
出生1年前：無職	100.0	3.1	9.9	44.7	31.5	10.0	0.7	-
Ⅴ　無職継続型　○○○	100.0	2.4	7.8	46.0	33.1	9.9	0.8	-
Ⅵ　就業開始型　○○●	100.0	16.7	30.6	25.0	19.4	8.3	-	-
そ の 他	100.0	3.2	25.8	41.9	19.4	9.7	-	-
不　　詳	100.0	-	16.7	41.7	16.7	25.0	-	-
不　　詳	100.0	6.7	13.3	36.7	36.7	6.7	-	-
				その他の市				
総　　数	100.0	2.0	17.6	46.8	26.3	6.5	0.8	0.0
出生1年前：有職	100.0	0.8	18.1	48.5	25.7	6.0	0.8	0.0
Ⅰ　就業継続型　●●●	100.0	0.2	13.0	46.1	31.5	8.0	1.2	-
Ⅱ　一時離職型　●○●	100.0	2.0	24.9	48.3	19.2	4.6	0.8	0.2
Ⅲ　出産前離職型●○○	100.0	0.9	18.4	50.2	24.7	5.4	0.4	-
Ⅳ　出産後離職型●●○	100.0	0.3	17.2	47.5	26.8	6.6	1.8	-
そ の 他	100.0	-	27.6	40.8	25.0	6.6	-	-
不　　詳	100.0	1.7	23.7	40.7	23.7	5.1	5.1	-
出生1年前：無職	100.0	5.1	16.1	41.7	28.6	7.6	0.9	0.1
Ⅴ　無職継続型　○○○	100.0	3.9	13.9	43.0	30.5	7.8	1.0	0.1
Ⅵ　就業開始型　○○●	100.0	13.2	33.3	32.7	14.5	6.3	-	-
そ の 他	100.0	12.2	26.5	38.8	16.3	6.1	-	-
不　　詳	100.0	21.4	14.3	14.3	35.7	7.1	7.1	-
不　　詳	100.0	5.9	14.7	51.5	13.2	11.8	2.9	-
				郡　　部				
総　　数	100.0	2.5	23.5	46.7	21.2	5.2	0.9	-
出生1年前：有職	100.0	1.1	24.1	48.0	21.2	5.0	0.5	-
Ⅰ　就業継続型　●●●	100.0	0.3	16.5	49.4	27.8	5.8	0.3	-
Ⅱ　一時離職型　●○●	100.0	2.2	30.0	46.2	15.7	5.4	0.4	-
Ⅲ　出産前離職型●○○	100.0	1.5	26.2	49.0	18.2	4.4	0.7	-
Ⅳ　出産後離職型●●○	100.0	-	22.8	47.6	24.8	4.8	-	-
そ の 他	100.0	3.2	32.3	35.5	25.8	3.2	-	-
不　　詳	100.0	-	35.7	21.4	21.4	14.3	7.1	-
出生1年前：無職	100.0	7.3	20.4	42.8	20.9	6.3	2.3	-
Ⅴ　無職継続型　○○○	100.0	6.6	18.9	44.7	20.7	6.6	2.4	-
Ⅵ　就業開始型　○○●	100.0	11.9	40.5	31.0	11.9	2.4	2.4	-
そ の 他	100.0	14.3	7.1	35.7	35.7	7.1	-	-
不　　詳	100.0	-	-	37.5	50.0	12.5	-	-
不　　詳	100.0	4.8	42.9	28.6	19.0	-	4.8	-

5表（3-3）

第5表 母と同居している子ども数・構成割合及び母の平均年齢，

第2子以上

実　数

母の就業変化パターン	総　数	19歳以下	20～24歳	25～29歳	30～34歳	35～39歳	40～44歳	45歳以上	平均年齢（歳）
総　数					総　数				
総　数	11 021	17	602	3 405	4 890	1 910	190	7	31.4
出生1年前：有　職	3 937	2	166	1 065	1 783	809	106	6	32.0
Ⅰ　就業継続型　●●●	1 720	-	36	422	837	375	47	3	32.4
Ⅱ　一時離職型　●○●	1 004	2	64	302	424	186	26	-	31.5
Ⅲ　出産前離職型●○○	816	-	44	231	345	173	22	1	31.9
Ⅳ　出産後離職型●●○	206	-	10	55	91	43	7	-	31.9
そ　の　他	148	-	10	46	64	25	2	1	31.3
不　　　詳	43	-	2	9	22	7	2	1	32.8
出生1年前：無　職	6 962	15	426	2 302	3 064	1 071	83	1	31.1
Ⅴ　無職継続型　○○○	5 782	9	284	1 838	2 642	941	67	1	31.3
Ⅵ　就業開始型　○○●	839	5	116	358	280	74	6	-	29.4
そ　の　他	252	1	15	78	105	48	5	-	31.5
不　　　詳	89	-	11	28	37	8	5	-	30.9
不　　　詳	122	-	10	38	43	30	1	-	31.3
					13大都市				
総　数	2 197	1	102	614	985	459	35	1	31.8
出生1年前：有　職	638	-	22	155	285	154	21	1	32.4
Ⅰ　就業継続型　●●●	244	-	2	45	114	68	14	1	33.4
Ⅱ　一時離職型　●○●	172	-	10	49	72	37	4	-	31.7
Ⅲ　出産前離職型●○○	143	-	5	42	62	32	2	-	31.9
Ⅳ　出産後離職型●●○	40	-	2	9	16	12	1	-	32.1
そ　の　他	36	-	3	9	19	5	-	-	30.7
不　　　詳	3	-	-	1	2	-	-	-	32.1
出生1年前：無　職	1 537	1	78	453	692	299	14	-	31.5
Ⅴ　無職継続型　○○○	1 306	1	50	366	617	260	12	-	31.7
Ⅵ　就業開始型　○○●	152	-	24	66	41	21	-	-	29.5
そ　の　他	62	-	4	14	26	18	-	-	32.3
不　　　詳	17	-	-	7	8	-	2	-	31.3
不　　　詳	22	-	2	6	8	6	-	-	31.3
					その他の市				
総　数	6 547	13	363	2 059	2 884	1 106	116	6	31.4
出生1年前：有　職	2 270	2	101	621	1 010	469	62	5	32.0
Ⅰ　就業継続型　●●●	980	-	21	242	462	226	27	2	32.5
Ⅱ　一時離職型　●○●	598	2	41	182	257	103	13	-	31.4
Ⅲ　出産前離職型●○○	466	-	29	131	192	99	14	1	31.9
Ⅳ　出産後離職型●●○	116	-	4	37	51	19	5	-	31.7
そ　の　他	83	-	5	25	34	16	2	1	31.8
不　　　詳	27	-	1	4	14	6	1	1	33.4
出生1年前：無　職	4 197	11	258	1 412	1 847	615	53	1	31.0
Ⅴ　無職継続型　○○○	3 495	7	176	1 134	1 590	540	47	1	31.3
Ⅵ　就業開始型　○○●	507	4	65	217	178	42	1	-	29.4
そ　の　他	146	-	8	44	64	27	3	-	31.5
不　　　詳	49	-	9	17	15	6	2	-	30.4
不　　　詳	80	-	4	26	27	22	1	-	31.8
					郡　　部				
総　数	2 270	3	137	730	1 017	344	39	-	31.3
出生1年前：有　職	1 026	-	43	289	485	186	23	-	31.9
Ⅰ　就業継続型　●●●	496	-	13	135	261	81	6	-	31.9
Ⅱ　一時離職型　●○●	234	-	13	71	95	46	9	-	31.9
Ⅲ　出産前離職型●○○	206	-	10	58	90	42	6	-	31.9
Ⅳ　出産後離職型●●○	49	-	4	9	23	12	1	-	32.2
そ　の　他	28	-	2	12	10	4	-	-	30.5
不　　　詳	13	-	1	4	6	1	1	-	31.6
出生1年前：無　職	1 224	3	90	435	524	156	16	-	30.8
Ⅴ　無職継続型　○○○	977	1	58	336	434	140	8	-	31.0
Ⅵ　就業開始型　○○●	180	1	27	75	61	11	5	-	29.5
そ　の　他	44	1	3	20	15	3	2	-	30.2
不　　　詳	23	-	2	4	14	2	1	-	31.6
不　　　詳	20	-	4	6	8	2	-	-	29.5

注：1）市郡は，出生1年半後のものである。
　　2）市郡別の総数には外国在住分を含む。

母の年齢（5歳階級）・市郡・母の就業変化パターン・出生順位別

構成割合（%）

母の就業変化パターン	総数	19歳以下	20～24歳	25～29歳	30～34歳	35～39歳	40～44歳	45歳以上
				総　数				
総　数	100.0	0.2	5.5	30.9	44.4	17.3	1.7	0.1
出生1年前：有職	100.0	0.1	4.2	27.1	45.3	20.5	2.7	0.2
Ⅰ　就業継続型　●●●	100.0	-	2.1	24.5	48.7	21.8	2.7	0.2
Ⅱ　一時離職型　●○●	100.0	0.2	6.4	30.1	42.2	18.5	2.6	-
Ⅲ　出産前離職型●○○	100.0	-	5.4	28.3	42.3	21.2	2.7	0.1
Ⅳ　出産後離職型●●○	100.0	-	4.9	26.7	44.2	20.9	3.4	-
そ　の　他	100.0	-	6.8	31.1	43.2	16.9	1.4	0.7
不　　詳	100.0	-	4.7	20.9	51.2	16.3	4.7	2.3
出生1年前：無職	100.0	0.2	6.1	33.1	44.0	15.4	1.2	0.0
Ⅴ　無職継続型　○○○	100.0	0.2	4.9	31.8	45.7	16.3	1.2	0.0
Ⅵ　就業開始型　○○●	100.0	0.6	13.8	42.7	33.4	8.8	0.7	-
そ　の　他	100.0	0.4	6.0	31.0	41.7	19.0	2.0	-
不　　詳	100.0	-	12.4	31.5	41.6	9.0	5.6	-
不　　詳	100.0	-	8.2	31.1	35.2	24.6	0.8	-
				13大都市				
総　数	100.0	0.0	4.6	27.9	44.8	20.9	1.6	0.0
出生1年前：有職	100.0	-	3.4	24.3	44.7	24.1	3.3	0.2
Ⅰ　就業継続型　●●●	100.0	-	0.8	18.4	46.7	27.9	5.7	0.4
Ⅱ　一時離職型　●○●	100.0	-	5.8	28.5	41.9	21.5	2.3	-
Ⅲ　出産前離職型●○○	100.0	-	3.5	29.4	43.4	22.4	1.4	-
Ⅳ　出産後離職型●●○	100.0	-	5.0	22.5	40.0	30.0	2.5	-
そ　の　他	100.0	-	8.3	25.0	52.8	13.9	-	-
不　　詳	100.0	-	-	33.3	66.7	-	-	-
出生1年前：無職	100.0	0.1	5.1	29.5	45.0	19.5	0.9	-
Ⅴ　無職継続型　○○○	100.0	0.1	3.8	28.0	47.2	19.9	0.9	-
Ⅵ　就業開始型　○○●	100.0	-	15.8	43.4	27.0	13.8	-	-
そ　の　他	100.0	-	6.5	22.6	41.9	29.0	-	-
不　　詳	100.0	-	-	41.2	47.1	-	11.8	-
不　　詳	100.0	-	9.1	27.3	36.4	27.3	-	-
				その他の市				
総　数	100.0	0.2	5.5	31.4	44.1	16.9	1.8	0.1
出生1年前：有職	100.0	0.1	4.4	27.4	44.5	20.7	2.7	0.2
Ⅰ　就業継続型　●●●	100.0	-	2.1	24.7	47.1	23.1	2.8	0.2
Ⅱ　一時離職型　●○●	100.0	0.3	6.9	30.4	43.0	17.2	2.2	-
Ⅲ　出産前離職型●○○	100.0	-	6.2	28.1	41.2	21.2	3.0	0.2
Ⅳ　出産後離職型●●○	100.0	-	3.4	31.9	44.0	16.4	4.3	-
そ　の　他	100.0	-	6.0	30.1	41.0	19.3	2.4	1.2
不　　詳	100.0	-	3.7	14.8	51.9	22.2	3.7	3.7
出生1年前：無職	100.0	0.3	6.1	33.6	44.0	14.7	1.3	0.0
Ⅴ　無職継続型　○○○	100.0	0.2	5.0	32.4	45.5	15.5	1.3	0.0
Ⅵ　就業開始型　○○●	100.0	0.8	12.8	42.8	35.1	8.3	0.2	-
そ　の　他	100.0	-	5.5	30.1	43.8	18.5	2.1	-
不　　詳	100.0	-	18.4	34.7	30.6	12.2	4.1	-
不　　詳	100.0	-	5.0	32.5	33.8	27.5	1.3	-
				郡　部				
総　数	100.0	0.1	6.0	32.2	44.8	15.2	1.7	-
出生1年前：有職	100.0	-	4.2	28.2	47.3	18.1	2.2	-
Ⅰ　就業継続型　●●●	100.0	-	2.6	27.2	52.6	16.3	1.2	-
Ⅱ　一時離職型　●○●	100.0	-	5.6	30.3	40.6	19.7	3.8	-
Ⅲ　出産前離職型●○○	100.0	-	4.9	28.2	43.7	20.4	2.9	-
Ⅳ　出産後離職型●●○	100.0	-	8.2	18.4	46.9	24.5	2.0	-
そ　の　他	100.0	-	7.1	42.9	35.7	14.3	-	-
不　　詳	100.0	-	7.7	30.8	46.2	7.7	7.7	-
出生1年前：無職	100.0	0.2	7.4	35.5	42.8	12.7	1.3	-
Ⅴ　無職継続型　○○○	100.0	0.1	5.9	34.4	44.4	14.3	0.8	-
Ⅵ　就業開始型　○○●	100.0	0.6	15.0	41.7	33.9	6.1	2.8	-
そ　の　他	100.0	2.3	6.8	45.5	34.1	6.8	4.5	-
不　　詳	100.0	-	8.7	17.4	60.9	8.7	4.3	-
不　　詳	100.0	-	20.0	30.0	40.0	10.0	-	-

構成割合（%）

6表（3-1）

第6表　嫡出子数及び平均結婚期間，

総　数

母の就業変化パターン	総　数	1年未満	1～2年	2～3年	3～4年
					総
総　　数	21 647	4 333	3 492	2 817	2 536
出生1年前：有　職	11 751	3 384	2 223	1 472	1 089
Ⅰ　就業継続型　●●●	3 510	631	579	439	391
Ⅱ　一時離職型　●○●	1 988	500	304	229	180
Ⅲ　出産前離職型●○○	4 960	1 871	1 105	633	394
Ⅳ　出産後離職型●●○	881	268	177	136	97
そ　の　他	283	75	40	23	19
不　　　詳	129	39	18	12	8
出生1年前：無　職	9 661	897	1 230	1 314	1 413
Ⅴ　無職継続型　○○○	8 150	707	1 064	1 073	1 194
Ⅵ　就業開始型　○○●	1 050	130	121	175	169
そ　の　他	339	44	33	47	31
不　　　詳	122	16	12	19	19
不　　　詳	235	52	39	31	34
					13　大
総　　数	4 696	866	766	635	553
出生1年前：有　職	2 382	665	474	338	214
Ⅰ　就業継続型　●●●	590	98	96	83	59
Ⅱ　一時離職型　●○●	378	80	70	47	35
Ⅲ　出産前離職型●○○	1 149	413	261	166	97
Ⅳ　出産後離職型●●○	180	52	32	34	21
そ　の　他	65	17	10	7	1
不　　　詳	20	5	5	1	1
出生1年前：無　職	2 264	190	284	290	331
Ⅴ　無職継続型　○○○	1 950	150	252	237	291
Ⅵ　就業開始型　○○●	191	21	20	36	22
そ　の　他	94	14	9	15	10
不　　　詳	29	5	3	2	8
不　　　詳	50	11	8	7	8
					そ　の
総　　数	12 814	2 564	2 083	1 679	1 532
出生1年前：有　職	6 869	1 985	1 312	868	647
Ⅰ　就業継続型　●●●	2 022	383	339	250	230
Ⅱ　一時離職型　●○●	1 155	293	174	134	104
Ⅲ　出産前離職型●○○	2 936	1 080	664	384	236
Ⅳ　出産後離職型●●○	514	163	103	77	56
そ　の　他	161	43	21	14	15
不　　　詳	81	23	11	9	6
出生1年前：無　職	5 801	548	746	792	864
Ⅴ　無職継続型　○○○	4 902	434	639	656	725
Ⅵ　就業開始型　○○●	646	84	82	97	111
そ　の　他	190	22	18	28	18
不　　　詳	63	8	7	11	10
不　　　詳	144	31	25	19	21
					郡
総　　数	4 137	903	643	503	451
出生1年前：有　職	2 500	734	437	266	228
Ⅰ　就業継続型　●●●	898	150	144	106	102
Ⅱ　一時離職型　●○●	455	127	60	48	41
Ⅲ　出産前離職型●○○	875	378	180	83	61
Ⅳ　出産後離職型●●○	187	53	42	25	20
そ　の　他	57	15	9	2	3
不　　　詳	28	11	2	2	1
出生1年前：無　職	1 596	159	200	232	218
Ⅴ　無職継続型　○○○	1 298	123	173	180	178
Ⅵ　就業開始型　○○●	213	25	19	42	36
そ　の　他	55	8	6	4	3
不　　　詳	30	3	2	6	1
不　　　詳	41	10	6	5	5

注：市郡は、出生時のものである。

同居期間・市郡・母の就業変化パターン・出生順位別

4〜5年	5〜10年	10〜15年	15〜20年	20年以上	不　詳	平均結婚期間(年)
数						
2 263	5 244	771	105	3	83	3.71
902	2 176	399	64	1	41	3.19
374	919	143	23	-	11	3.92
162	486	99	16	-	12	3.76
274	539	113	20	-	11	2.44
57	119	21	3	-	3	2.77
24	83	14	1	1	3	3.99
11	30	9	1	-	1	3.85
1 344	3 018	361	40	2	42	4.35
1 133	2 602	304	37	1	35	4.39
157	258	32	1	1	6	3.93
43	120	19	1	-	1	4.54
11	38	6	1	-	-	4.58
17	50	11	1	-	-	3.54
都　市						
474	1 188	167	18	-	29	3.75
168	432	74	7	-	10	3.07
53	170	24	4	-	3	3.98
31	93	20	-	-	2	3.75
66	118	23	3	-	2	2.38
12	24	4	-	-	1	2.76
5	22	2	-	-	1	3.85
1	5	1	-	-	1	3.45
303	745	91	11	-	19	4.48
256	659	76	11	-	18	4.53
36	50	5	-	-	1	4.00
8	30	8	-	-	-	4.62
3	6	2	-	-	-	4.14
3	11	2	-	-	-	3.35
他 の 市						
1 365	3 043	444	54	2	48	3.67
535	1 232	229	34	1	26	3.15
216	510	78	9	-	7	3.83
101	269	59	12	-	9	3.76
169	320	66	11	-	6	2.46
33	69	10	1	-	2	2.69
11	44	9	1	1	2	4.03
5	20	7	-	-	-	4.03
821	1 778	209	20	1	22	4.30
698	1 540	175	18	1	16	4.34
93	151	22	1	-	5	3.90
24	70	9	-	-	1	4.48
6	17	3	1	-	-	4.47
9	33	6	-	-	-	3.45
部						
424	1 013	160	33	1	6	3.76
199	512	96	23	-	5	3.38
105	239	41	10	-	1	4.11
30	124	20	4	-	1	3.79
39	101	24	6	-	3	2.46
12	26	7	2	-	-	3.01
8	17	3	-	-	-	4.01
5	5	1	1	-	-	3.62
220	495	61	9	1	1	4.34
179	403	53	8	-	1	4.37
28	57	5	-	1	-	3.97
11	20	2	1	-	-	4.59
2	15	1	-	-	-	5.26
5	6	3	1	-	-	4.09

6表（3-2）

第6表 嫡出子数及び平均結婚期間,

第1子

母の就業変化パターン	総　数	1年未満	1～2年	2～3年	3～4年
					総
総　　数	10 703	3 970	3 041	1 532	816
出生1年前：有　職	7 856	3 159	2 084	1 117	592
Ⅰ　就業継続型　●●●	1 811	597	534	285	144
Ⅱ　一時離職型　●○●	995	440	263	124	61
Ⅲ　出産前離職型●○○	4 153	1 767	1 067	570	316
Ⅳ　出産後離職型●●○	676	253	169	116	60
そ　の　他	135	65	34	11	7
不　　　詳	86	37	17	11	4
出生1年前：無　職	2 732	769	927	399	214
Ⅴ　無職継続型　○○○	2 389	610	841	364	193
Ⅵ　就業開始型　○○●	220	108	56	17	15
そ　の　他	90	38	23	13	3
不　　　詳	33	13	7	5	3
不　　　詳	115	42	30	16	10
				13	大
総　　数	2 487	795	676	413	210
出生1年前：有　職	1 749	620	455	287	139
Ⅰ　就業継続型　●●●	347	90	93	68	29
Ⅱ　一時離職型　●○●	208	72	63	29	16
Ⅲ　出産前離職型●○○	1 007	390	255	156	79
Ⅳ　出産後離職型●●○	139	48	32	30	13
そ　の　他	31	15	7	3	1
不　　　詳	17	5	5	1	1
出生1年前：無　職	708	165	214	120	68
Ⅴ　無職継続型　○○○	630	132	200	106	66
Ⅵ　就業開始型　○○●	36	15	7	7	-
そ　の　他	31	13	4	7	1
不　　　詳	11	5	3	-	1
不　　　詳	30	10	7	6	3
					そ　の
総　　数	6 323	2 342	1 823	912	479
出生1年前：有　職	4 635	1 847	1 233	675	351
Ⅰ　就業継続型　●●●	1 067	362	315	169	80
Ⅱ　一時離職型　●○●	568	254	152	74	29
Ⅲ　出産前離職型●○○	2 470	1 018	641	349	199
Ⅳ　出産後離職型●●○	399	153	95	67	36
そ　の　他	77	38	19	7	5
不　　　詳	54	22	11	9	2
出生1年前：無　職	1 620	471	570	229	123
Ⅴ　無職継続型　○○○	1 414	374	512	213	109
Ⅵ　就業開始型　○○●	147	73	40	9	10
そ　の　他	44	18	16	4	2
不　　　詳	15	6	2	3	2
不　　　詳	68	24	20	8	5
					郡
総　　数	1 893	833	542	207	127
出生1年前：有　職	1 472	692	396	155	102
Ⅰ　就業継続型　●●●	397	145	126	48	35
Ⅱ　一時離職型　●○●	219	114	48	21	16
Ⅲ　出産前離職型●○○	676	359	171	65	38
Ⅳ　出産後離職型●●○	138	52	42	19	11
そ　の　他	27	12	8	1	1
不　　　詳	15	10	1	1	1
出生1年前：無　職	404	133	143	50	23
Ⅴ　無職継続型　○○○	345	104	129	45	18
Ⅵ　就業開始型　○○●	37	20	9	1	5
そ　の　他	15	7	3	2	-
不　　　詳	7	2	2	2	-
不　　　詳	17	8	3	2	2

注：市郡は、出生時のものである。

同居期間・市郡・母の就業変化パターン・出生順位別

4～5年	5～10年	10～15年	15～20年	20年以上	不　詳	平均結婚期間 （年）
数						
499	723	81	8	−	33	1.98
338	486	51	4	−	25	1.90
92	144	8	1	−	6	2.09
36	57	9	−	−	5	1.79
175	223	25	2	−	8	1.82
26	44	6	−	−	2	1.99
6	9	−	−	−	3	1.68
3	9	3	1	−	1	2.47
155	229	28	3	−	8	2.21
139	208	25	3	−	6	2.28
11	10	2	−	−	1	1.64
3	9	−	−	−	1	1.85
2	2	1	−	−	−	2.23
6	8	2	1	−	−	2.21
都　市						
137	219	26	1	−	10	2.23
82	144	15	−	−	7	2.10
18	45	3	−	−	1	2.49
10	14	3	−	−	1	2.11
47	72	6	−	−	2	1.97
5	8	2	−	−	1	2.02
2	2	−	−	−	1	1.76
−	3	1	−	−	1	3.00
54	72	11	1	−	3	2.53
50	62	10	1	−	3	2.57
3	4	−	−	−	−	2.06
1	5	−	−	−	−	2.27
−	1	1	−	−	−	2.57
1	3	−	−	−	−	2.15
他　の　市						
291	409	48	1	−	18	1.96
208	278	30	−	−	13	1.89
55	78	4	−	−	4	2.03
19	32	5	−	−	3	1.75
114	129	17	−	−	3	1.85
15	29	3	−	−	1	2.03
2	4	−	−	−	2	1.55
3	6	1	−	−	−	2.27
79	126	16	1	−	5	2.13
70	118	14	1	−	3	2.20
8	4	2	−	−	1	1.59
−	3	−	−	−	1	1.52
1	1	−	−	−	−	2.14
4	5	2	−	−	−	2.16
部						
71	95	7	6	−	5	1.75
48	64	6	4	−	5	1.67
19	21	1	1	−	1	1.90
7	11	1	−	−	1	1.61
14	22	2	2	−	3	1.48
6	7	1	−	−	−	1.84
2	3	−	−	−	−	1.95
−	−	1	1	−	−	2.64
22	31	1	1	−	−	2.00
19	28	1	1	−	−	2.07
−	2	−	−	−	−	1.45
2	1	−	−	−	−	1.92
1	−	−	−	−	−	1.88
1	−	−	1	−	−	2.50

6表（3－3）

第6表　嫡出子数及び平均結婚期間，

第2子以上

母の就業変化パターン	総　数	1年未満	1～2年	2～3年	3～4年
					総
総　　数	10 944	363	451	1 285	1 720
出生1年前：有　職	3 895	225	139	355	497
Ⅰ　就業継続型　●●●	1 699	34	45	154	247
Ⅱ　一時離職型　●○●	993	60	41	105	119
Ⅲ　出産前離職型●○○	807	104	38	63	78
Ⅳ　出産後離職型●●○	205	15	8	20	37
そ　の　他	148	10	6	12	12
不　　詳	43	2	1	1	4
出生1年前：無　職	6 929	128	303	915	1 199
Ⅴ　無職継続型　○○○	5 761	97	223	709	1 001
Ⅵ　就業開始型　○○●	830	22	65	158	154
そ　の　他	249	6	10	34	28
不　　詳	89	3	5	14	16
不　　詳	120	10	9	15	24
					13　大
総　　数	2 209	71	90	222	343
出生1年前：有　職	633	45	19	51	75
Ⅰ　就業継続型　●●●	243	8	3	15	30
Ⅱ　一時離職型　●○●	170	8	7	18	19
Ⅲ　出産前離職型●○○	142	23	6	10	18
Ⅳ　出産後離職型●●○	41	4	-	4	8
そ　の　他	34	2	3	4	-
不　　詳	3	-	-	-	-
出生1年前：無　職	1 556	25	70	170	263
Ⅴ　無職継続型　○○○	1 320	18	52	131	225
Ⅵ　就業開始型　○○●	155	6	13	29	22
そ　の　他	63	1	5	8	9
不　　詳	18	-	-	2	7
不　　詳	20	1	1	1	5
					そ　の
総　　数	6 491	222	260	767	1 053
出生1年前：有　職	2 234	138	79	193	296
Ⅰ　就業継続型　●●●	955	21	24	81	150
Ⅱ　一時離職型　●○●	587	39	22	60	75
Ⅲ　出産前離職型●○○	466	62	23	35	37
Ⅳ　出産後離職型●●○	115	10	8	10	20
そ　の　他	84	5	2	7	10
不　　詳	27	1	-	-	4
出生1年前：無　職	4 181	77	176	563	741
Ⅴ　無職継続型　○○○	3 488	60	127	443	616
Ⅵ　就業開始型　○○●	499	11	42	88	101
そ　の　他	146	4	2	24	16
不　　詳	48	2	5	8	8
不　　詳	76	7	5	11	16
					郡
総　　数	2 244	70	101	296	324
出生1年前：有　職	1 028	42	41	111	126
Ⅰ　就業継続型　●●●	501	5	18	58	67
Ⅱ　一時離職型　●○●	236	13	12	27	25
Ⅲ　出産前離職型●○○	199	19	9	18	23
Ⅳ　出産後離職型●●○	49	1	-	6	9
そ　の　他	30	3	1	1	2
不　　詳	13	1	1	1	-
出生1年前：無　職	1 192	26	57	182	195
Ⅴ　無職継続型　○○○	953	19	44	135	160
Ⅵ　就業開始型　○○●	176	5	10	41	31
そ　の　他	40	1	3	2	3
不　　詳	23	1	-	4	1
不　　詳	24	2	3	3	3

注：市郡は、出生時のものである。

同居期間・市郡・母の就業変化パターン・出生順位別

4～5年	5～10年	10～15年	15～20年	20年以上	不　詳	平均結婚期間 (年)
数						
1 764	4 521	690	97	3	50	5.40
564	1 690	348	60	1	16	5.78
282	775	135	22	-	5	5.88
126	429	90	16	-	7	5.74
99	316	88	18	-	3	5.66
31	75	15	3	-	1	5.35
18	74	14	1	1	-	6.05
8	21	6	-	-	-	6.59
1 189	2 789	333	37	2	34	5.19
994	2 394	279	34	1	29	5.27
146	248	30	1	1	5	4.54
40	111	19	1	-	-	5.50
9	36	5	1	-	-	5.45
11	42	9	-	-	-	4.82
都　市						
337	969	141	17	-	19	5.48
86	288	59	7	-	3	5.74
35	125	21	4	-	2	6.11
21	79	17	-	-	1	5.77
19	46	17	3	-	-	5.26
7	16	2	-	-	-	5.22
3	20	2	-	-	-	5.69
1	2	-	-	-	-	5.86
249	673	80	10	-	16	5.37
206	597	66	10	-	15	5.47
33	46	5	-	-	1	4.46
7	25	8	-	-	-	5.77
3	5	1	-	-	-	5.09
2	8	2	-	-	-	5.14
他 の 市						
1 074	2 634	396	53	2	30	5.35
327	954	199	34	1	13	5.78
161	432	74	9	-	3	5.83
82	237	54	12	-	6	5.71
55	191	49	11	-	3	5.74
18	40	7	1	-	1	4.99
9	40	9	1	1	-	6.25
2	14	6	-	-	-	7.55
742	1 652	193	19	1	17	5.14
628	1 422	161	17	1	13	5.21
85	147	20	1	-	4	4.58
24	67	9	-	-	-	5.36
5	16	3	1	-	-	5.19
5	28	4	-	-	-	4.61
部						
353	918	153	27	1	1	5.45
151	448	90	19	-	-	5.82
86	218	40	9	-	-	5.85
23	113	19	4	-	-	5.80
25	79	22	4	-	-	5.75
6	19	6	2	-	-	6.32
6	14	3	-	-	-	5.86
5	5	-	-	-	-	4.76
198	464	60	8	1	1	5.13
160	375	52	7	-	1	5.20
28	55	5	-	1	-	4.50
9	19	2	1	-	-	5.60
1	15	1	-	-	-	6.28
4	6	3	-	-	-	5.22

7表（2-1）

第7表　嫡出子数及び平均結婚期間,

母の就業変化パターン	総数	0月	1	2	3	4	5
総　数							
総　数	21 647	118	112	75	168	394	438
Ⅰ　就業継続型 ●●●	3 510	10	9	12	23	55	56
Ⅱ　一時離職型 ●○●	1 988	12	20	13	24	44	54
Ⅲ　出産前離職型 ●○○	4 960	25	38	23	61	181	208
Ⅳ　出産後離職型 ●●○	881	4	5	3	10	26	32
Ⅴ　無職継続型 ○○○	8 150	48	26	14	32	47	59
Ⅵ　就業開始型 ○○●	1 050	9	6	7	6	14	7
そ の 他	1 108	10	8	3	12	27	22
総　数	4 696	23	21	16	32	83	92
Ⅰ　就業継続型 ●●●	590	1	1	2	5	10	13
Ⅱ　一時離職型 ●○●	378	-	2	1	7	6	9
Ⅲ　出産前離職型 ●○○	1 149	8	7	7	13	37	45
Ⅳ　出産後離職型 ●●○	180	1	1	1	1	7	4
Ⅴ　無職継続型 ○○○	1 950	10	7	1	2	10	11
Ⅵ　就業開始型 ○○●	191	3	1	3	-	6	1
そ の 他	258	-	2	1	4	7	9
総　数	12 814	70	73	44	95	226	264
Ⅰ　就業継続型 ●●●	2 022	7	6	7	12	26	35
Ⅱ　一時離職型 ●○●	1 155	7	12	8	14	28	34
Ⅲ　出産前離職型 ●○○	2 936	8	27	12	34	106	119
Ⅳ　出産後離職型 ●●○	514	3	3	2	6	11	22
Ⅴ　無職継続型 ○○○	4 902	32	16	10	23	34	38
Ⅵ　就業開始型 ○○●	646	4	4	3	4	7	5
そ の 他	639	9	5	2	2	14	11
総　数	4 137	25	18	15	41	85	82
Ⅰ　就業継続型 ●●●	898	2	2	3	6	19	8
Ⅱ　一時離職型 ●○●	455	5	6	4	3	10	11
Ⅲ　出産前離職型 ●○○	875	9	4	4	14	38	44
Ⅳ　出産後離職型 ●●○	187	-	1	-	3	8	6
Ⅴ　無職継続型 ○○○	1 298	6	3	3	7	3	10
Ⅵ　就業開始型 ○○●	213	2	1	1	2	1	2
そ の 他	211	1	1	-	6	6	2
第1子							
総　数	10 703	41	78	62	149	376	411
Ⅰ　就業継続型 ●●●	1 811	3	6	9	21	53	54
Ⅱ　一時離職型 ●○●	995	5	10	10	20	42	47
Ⅲ　出産前離職型 ●○○	4 153	16	26	20	57	173	198
Ⅳ　出産後離職型 ●●○	676	1	5	3	7	25	29
Ⅴ　無職継続型 ○○○	2 389	11	20	12	29	46	56
Ⅵ　就業開始型 ○○●	220	4	5	5	6	13	7
そ の 他	459	1	6	3	9	24	20
総　数	2 487	12	18	13	30	77	86
Ⅰ　就業継続型 ●●●	347	-	1	1	5	9	11
Ⅱ　一時離職型 ●○●	208	-	1	1	6	6	8
Ⅲ　出産前離職型 ●○○	1 007	7	7	6	12	35	43
Ⅳ　出産後離職型 ●●○	139	-	1	1	1	6	4
Ⅴ　無職継続型 ○○○	630	4	6	1	2	10	11
Ⅵ　就業開始型 ○○●	36	1	-	2	-	5	1
そ の 他	120	-	2	1	4	6	8
総　数	6 323	19	48	36	83	217	246
Ⅰ　就業継続型 ●●●	1 067	2	4	5	11	26	35
Ⅱ　一時離職型 ●○●	568	2	5	6	11	27	29
Ⅲ　出産前離職型 ●○○	2 470	4	17	10	31	101	113
Ⅳ　出産後離職型 ●●○	399	1	3	2	3	11	19
Ⅴ　無職継続型 ○○○	1 414	7	12	8	21	33	35
Ⅵ　就業開始型 ○○●	147	2	4	3	4	7	5
そ の 他	258	1	3	2	2	12	10
総　数	1 893	10	12	13	36	82	79
Ⅰ　就業継続型 ●●●	397	1	1	3	5	18	8
Ⅱ　一時離職型 ●○●	219	3	4	3	3	9	10
Ⅲ　出産前離職型 ●○○	676	5	2	4	14	37	42
Ⅳ　出産後離職型 ●●○	138	-	1	-	3	8	6
Ⅴ　無職継続型 ○○○	345	-	2	1	6	3	10
Ⅵ　就業開始型 ○○●	37	1	-	-	2	1	1
そ の 他	81	-	1	-	3	6	2

注：市郡は、出生時のものである。

同居月数・市郡・母の就業変化パターン・出生順位別

	6	7	8	9	10	11	12月以上	不 詳	平均結婚期間(年)
総数									
	725	547	297	539	546	374	17 231	83	3.71
	98	89	50	75	92	62	2 868	11	3.92
	87	61	39	56	50	40	1 476	12	3.76
	349	242	118	259	226	141	3 078	11	2.44
	37	39	25	31	30	26	610	3	2.77
	91	74	46	86	101	83	7 408	35	4.39
	31	12	6	6	14	12	914	6	3.93
	32	30	13	26	33	10	877	5	4.11
都市									
	142	112	54	107	100	84	3 801	29	3.75
	16	14	7	9	10	10	489	3	3.98
	13	11	2	8	10	11	296	2	3.75
	77	56	24	63	44	32	734	2	2.38
	9	7	6	6	5	4	127	1	2.76
	18	14	10	16	28	23	1 782	18	4.53
	4	1	-	-	-	2	169	1	4.00
	5	9	5	5	3	2	204	2	4.04
他の市									
	439	313	171	317	327	225	10 202	48	3.67
	67	53	27	44	59	40	1 632	7	3.83
	51	33	26	31	28	21	853	9	3.76
	199	134	66	150	136	89	1 850	6	2.46
	24	23	14	18	18	19	349	2	2.69
	58	48	27	52	55	41	4 452	16	4.34
	20	7	5	4	12	9	557	5	3.90
	20	15	6	18	19	6	509	3	4.08
郡部									
	144	122	72	115	119	65	3 228	6	3.76
	15	22	16	22	23	12	747	1	4.11
	23	17	11	17	12	8	327	1	3.79
	73	52	28	46	46	20	494	3	2.46
	4	9	5	7	7	3	134	-	3.01
	15	12	9	18	18	19	1 174	1	4.37
	7	4	1	2	2	1	188	-	3.97
	7	6	2	3	11	2	164	-	4.30
総数									
	684	521	283	515	501	349	6 700	33	1.98
	94	84	49	73	89	62	1 208	6	2.09
	81	56	38	54	42	35	550	5	1.79
	331	237	115	248	214	132	2 378	8	1.82
	37	39	23	30	29	25	421	2	1.99
	84	68	41	80	87	76	1 773	6	2.28
	26	10	5	6	11	10	111	1	1.64
	31	27	12	24	29	9	259	5	2.03
都市									
	136	104	51	99	89	80	1 682	10	2.23
	15	14	7	9	8	10	256	1	2.49
	12	9	2	8	9	10	135	1	2.11
	75	53	23	58	41	30	615	2	1.97
	9	7	5	6	5	3	90	1	2.02
	17	12	9	13	24	23	495	3	2.57
	3	1	-	-	-	2	21	-	2.06
	5	8	5	5	2	2	70	2	2.24
他の市									
	411	300	162	304	305	211	3 963	18	1.96
	64	48	26	43	58	40	701	4	2.03
	48	31	25	29	22	19	311	3	1.75
	185	134	64	145	130	84	1 449	3	1.85
	24	23	13	18	17	19	245	1	2.03
	53	45	23	49	51	37	1 037	3	2.20
	18	5	5	4	9	7	73	1	1.59
	19	14	6	16	18	5	147	3	1.89
郡部									
	137	117	70	112	107	58	1 055	5	1.75
	15	22	16	21	23	12	251	1	1.90
	21	16	11	17	11	6	104	1	1.61
	71	50	28	45	43	18	314	3	1.48
	4	9	5	6	7	3	86	-	1.84
	14	11	9	18	12	16	241	-	2.07
	5	4	-	2	2	1	17	-	1.45
	7	5	1	3	9	2	42	-	2.18

7表（2-2）

第7表　嫡出子数及び平均結婚期間，

母の就業変化パターン	総数	0月	1	2	3	4	5
第2子以上							
総　　数	10 944	77	34	13	19	18	27
Ⅰ　就業継続型　●●●	1 699	7	3	3	2	2	2
Ⅱ　一時離職型　●○●	993	7	10	3	4	2	7
Ⅲ　出産前離職型●○○	807	9	12	3	4	8	10
Ⅳ　出産後離職型●●○	205	3	-	-	3	1	3
Ⅴ　無職継続型　○○○	5 761	37	6	2	3	1	3
Ⅵ　就業開始型　○○●	830	5	1	2	-	1	2
その他	649	9	2	-	3	3	13
総　　数	2 209	11	3	3	2	6	6
Ⅰ　就業継続型　●●●	243	1	-	1	-	1	2
Ⅱ　一時離職型　●○●	170	-	1	-	1	-	1
Ⅲ　出産前離職型●○○	142	1	-	1	1	2	2
Ⅳ　出産後離職型●●○	41	1	-	-	-	1	-
Ⅴ　無職継続型　○○○	1 320	6	1	-	-	-	-
Ⅵ　就業開始型　○○●	155	2	1	1	-	1	1
その他	138	-	-	-	-	1	-
総　　数	6 491	51	25	8	12	9	18
Ⅰ　就業継続型　●●●	955	5	2	2	1	-	-
Ⅱ　一時離職型　●○●	587	5	7	2	3	1	5
Ⅲ　出産前離職型●○○	466	4	10	2	3	5	6
Ⅳ　出産後離職型●●○	115	2	-	-	3	-	3
Ⅴ　無職継続型　○○○	3 488	25	4	2	2	1	3
Ⅵ　就業開始型　○○●	499	2	-	-	-	-	-
その他	381	8	2	-	-	2	1
総　　数	2 244	15	6	2	5	3	3
Ⅰ　就業継続型　●●●	501	1	1	-	1	1	1
Ⅱ　一時離職型　●○●	236	2	2	1	-	1	2
Ⅲ　出産前離職型●○○	199	4	2	-	-	1	2
Ⅳ　出産後離職型●●○	49	-	-	-	-	-	-
Ⅴ　無職継続型　○○○	953	6	1	-	1	-	-
Ⅵ　就業開始型　○○●	176	1	-	1	-	-	-
その他	130	1	-	-	3	-	-

注：市郡は、出生時のものである。

同居月数・市郡・母の就業変化パターン・出生順位別

6	7	8	9	10	11	12月以上	不　詳	平均結婚期間 (年)
数								
41	26	14	24	45	25	10 531	50	5.40
4	5	1	2	3	-	1 660	5	5.88
6	5	1	2	8	5	926	7	5.74
18	5	3	11	12	9	700	3	5.66
-	-	2	1	1	1	189	1	5.35
7	6	5	6	14	7	5 635	29	5.27
5	2	1	-	3	2	803	5	4.54
1	3	1	2	4	1	618	-	5.56
都　市								
6	8	3	8	11	4	2 119	19	5.48
1	-	-	-	2	-	233	2	6.11
1	2	-	-	1	1	161	1	5.77
2	3	1	5	3	2	119	-	5.26
-	-	1	-	-	1	37	-	5.22
1	2	1	3	4	-	1 287	15	5.47
1	-	-	-	-	-	148	1	4.46
-	1	-	-	1	-	134	-	5.57
他　の　市								
28	13	9	13	22	14	6 239	30	5.35
3	5	1	1	1	-	931	3	5.83
3	2	1	2	6	2	542	6	5.71
14	-	2	5	6	5	401	3	5.74
-	-	1	-	1	-	104	1	4.99
5	3	4	3	4	4	3 415	13	5.21
2	2	-	-	3	2	484	4	4.58
1	1	-	2	1	1	362	-	5.54
部								
7	5	2	3	12	7	2 173	1	5.45
-	-	-	1	-	-	496	-	5.85
2	1	-	-	1	2	223	-	5.80
2	2	-	1	3	2	180	-	5.75
-	-	-	1	-	-	48	-	6.32
1	1	-	-	6	3	933	1	5.20
2	-	1	-	-	-	171	-	4.50
-	1	1	-	2	-	122	-	5.63

第8表 母と同居している子ども数・構成

実数

母の就業変化パターン	総数	中学校	専修・専門学校(中学校卒業後)	高校	専修・専門学校(高校卒業後)	短大・高専	大学	大学院	その他	不詳
					総 数					
総　　数	21 879	957	301	8 576	3 797	5 093	2 847	123	19	166
Ⅰ　就業継続型　●●●	3 554	49	38	1 143	792	770	705	49	3	5
Ⅱ　一時離職型　●○●	2 038	146	43	868	387	345	228	15	5	1
Ⅲ　出産前離職型　●○○	4 997	200	72	2 020	832	1 258	586	23	2	4
Ⅳ　出産後離職型　●●○	887	20	9	312	202	237	102	4	1	-
Ⅴ　無職継続型　○○○	8 196	372	101	3 314	1 235	2 100	1 033	24	6	11
Ⅵ　就業開始型　○○●	1 076	106	18	490	190	180	83	6	1	2
そ　の　他	1 131	64	20	429	159	203	110	2	1	143
					13大都市					
総　　数	4 691	197	60	1 474	826	1 205	835	58	2	34
Ⅰ　就業継続型　●●●	598	8	4	123	148	123	163	28	-	1
Ⅱ　一時離職型　●○●	380	32	9	116	78	75	62	7	1	-
Ⅲ　出産前離職型　●○○	1 151	37	10	381	208	326	182	5	1	1
Ⅳ　出産後離職型　●●○	177	2	3	36	40	55	38	3	-	-
Ⅴ　無職継続型　○○○	1 934	86	28	640	288	541	338	11	-	2
Ⅵ　就業開始型　○○●	188	17	2	88	28	32	18	2	-	1
そ　の　他	263	15	4	90	36	53	34	2	-	29
					その他の市					
総　　数	12 993	584	182	5 110	2 223	3 072	1 657	58	11	96
Ⅰ　就業継続型　●●●	2 061	27	24	659	446	461	422	18	1	3
Ⅱ　一時離職型　●○●	1 201	90	24	519	232	199	127	7	2	1
Ⅲ　出産前離職型　●○○	2 956	123	50	1 177	469	769	349	16	1	2
Ⅳ　出産後離職型　●●○	512	15	3	197	116	134	45	1	1	-
Ⅴ　無職継続型　○○○	4 946	218	60	2 031	740	1 278	595	12	4	8
Ⅵ　就業開始型　○○●	666	69	11	289	127	112	53	4	1	-
そ　の　他	651	42	10	238	93	119	66	-	1	82
					郡　部					
総　　数	4 180	176	59	1 991	747	809	349	7	6	36
Ⅰ　就業継続型　●●●	895	14	10	361	198	186	120	3	2	1
Ⅱ　一時離職型　●○●	457	24	10	233	77	71	39	1	2	-
Ⅲ　出産前離職型　●○○	886	40	12	461	154	161	55	2	-	1
Ⅳ　出産後離職型　●●○	194	3	3	79	46	47	16	-	-	-
Ⅴ　無職継続型　○○○	1 310	68	13	643	207	278	97	1	2	1
Ⅵ　就業開始型　○○●	222	20	5	113	35	36	12	-	-	1
そ　の　他	216	7	6	101	30	30	10	-	-	32

注：1）市郡は、出生1年半後のものである。
　　2）市郡別の総数には外国在住分を含む。

割合，母の学歴・市郡・母の就業変化パターン別

構成割合（%）

母の就業変化パターン	総数	中学校	専修・専門学校（中学校卒業後）	高校	専修・専門学校（高校卒業後）	短大・高専	大学	大学院	その他	不詳
総数										
総数	100.0	4.4	1.4	39.2	17.4	23.3	13.0	0.6	0.1	0.8
Ⅰ 就業継続型 ●●●	100.0	1.4	1.1	32.2	22.3	21.7	19.8	1.4	0.1	0.1
Ⅱ 一時離職型 ●○●	100.0	7.2	2.1	42.6	19.0	16.9	11.2	0.7	0.2	0.0
Ⅲ 出産前離職型 ●○○	100.0	4.0	1.4	40.4	16.6	25.2	11.7	0.5	0.0	0.1
Ⅳ 出産後離職型 ●●○	100.0	2.3	1.0	35.2	22.8	26.7	11.5	0.5	0.1	-
Ⅴ 無職継続型 ○○○	100.0	4.5	1.2	40.4	15.1	25.6	12.6	0.3	0.1	0.1
Ⅵ 就業開始型 ○○●	100.0	9.9	1.7	45.5	17.7	16.7	7.7	0.6	0.1	0.2
その他	100.0	5.7	1.8	37.9	14.1	17.9	9.7	0.2	0.1	12.6
13大都市										
総数	100.0	4.2	1.3	31.4	17.6	25.7	17.8	1.2	0.0	0.7
Ⅰ 就業継続型 ●●●	100.0	1.3	0.7	20.6	24.7	20.6	27.3	4.7	-	0.2
Ⅱ 一時離職型 ●○●	100.0	8.4	2.4	30.5	20.5	19.7	16.3	1.8	0.3	-
Ⅲ 出産前離職型 ●○○	100.0	3.2	0.9	33.1	18.1	28.3	15.8	0.4	0.1	0.1
Ⅳ 出産後離職型 ●●○	100.0	1.1	1.7	20.3	22.6	31.1	21.5	1.7	-	-
Ⅴ 無職継続型 ○○○	100.0	4.4	1.4	33.1	14.9	28.0	17.5	0.6	-	0.1
Ⅵ 就業開始型 ○○●	100.0	9.0	1.1	46.8	14.9	17.0	9.6	1.1	-	0.5
その他	100.0	5.7	1.5	34.2	13.7	20.2	12.9	0.8	-	11.0
その他の市										
総数	100.0	4.5	1.4	39.3	17.1	23.6	12.8	0.4	0.1	0.7
Ⅰ 就業継続型 ●●●	100.0	1.3	1.2	32.0	21.6	22.4	20.5	0.9	0.0	0.1
Ⅱ 一時離職型 ●○●	100.0	7.5	2.0	43.2	19.3	16.6	10.6	0.6	0.2	0.1
Ⅲ 出産前離職型 ●○○	100.0	4.2	1.7	39.8	15.9	26.0	11.8	0.5	0.0	0.1
Ⅳ 出産後離職型 ●●○	100.0	2.9	0.6	38.5	22.7	26.2	8.8	0.2	0.2	-
Ⅴ 無職継続型 ○○○	100.0	4.4	1.2	41.1	15.0	25.8	12.0	0.1	0.1	0.2
Ⅵ 就業開始型 ○○●	100.0	10.4	1.7	43.4	19.1	16.8	8.0	0.6	0.2	-
その他	100.0	6.5	1.5	36.6	14.3	18.3	10.1	-	0.2	12.6
郡部										
総数	100.0	4.2	1.4	47.6	17.9	19.4	8.3	0.2	0.1	0.9
Ⅰ 就業継続型 ●●●	100.0	1.6	1.1	40.3	22.1	20.8	13.4	0.3	0.2	0.1
Ⅱ 一時離職型 ●○●	100.0	5.3	2.2	51.0	16.8	15.5	8.5	0.2	0.4	-
Ⅲ 出産前離職型 ●○○	100.0	4.5	1.4	52.0	17.4	18.2	6.2	0.2	-	0.1
Ⅳ 出産後離職型 ●●○	100.0	1.5	1.5	40.7	23.7	24.2	8.2	-	-	-
Ⅴ 無職継続型 ○○○	100.0	5.2	1.0	49.1	15.8	21.2	7.4	0.1	0.2	0.1
Ⅵ 就業開始型 ○○●	100.0	9.0	2.3	50.9	15.8	16.2	5.4	-	-	0.5
その他	100.0	3.2	2.8	46.8	13.9	13.9	4.6	-	-	14.8

第9表　父と同居している子ども数・構成

実　数

母の就業変化パターン	総数	中学校	専修・専門学校(中学校卒業後)	高校	専修・専門学校(高校卒業後)	短大・高専	大学	大学院	その他	不詳
総　数										
総　数	21 270	1 461	284	8 446	2 640	652	6 866	721	17	183
Ⅰ　就業継続型　●●●	3 455	163	44	1 395	429	131	1 157	126	2	8
Ⅱ　一時離職型　●○●	1 898	214	32	843	262	45	447	47	4	4
Ⅲ　出産前離職型●○○	4 910	332	70	2 019	670	143	1 509	154	3	10
Ⅳ　出産後離職型●●○	871	57	6	348	116	32	283	28	1	-
Ⅴ　無職継続型　○○○	8 084	468	95	2 989	912	245	3 028	327	2	18
Ⅵ　就業開始型　○○●	972	124	22	460	131	34	179	16	2	4
そ　の　他	1 080	103	15	392	120	22	263	23	3	139
13大都市										
総　数	4 544	286	39	1 404	583	116	1 850	226	3	37
Ⅰ　就業継続型　●●●	573	25	3	177	62	14	241	49	1	1
Ⅱ　一時離職型　●○●	352	33	1	121	62	8	112	14	1	-
Ⅲ　出産前離職型●○○	1 125	63	10	364	178	30	431	46	-	3
Ⅳ　出産後離職型●●○	176	10	2	45	22	6	81	10	-	-
Ⅴ　無職継続型　○○○	1 903	101	13	561	211	49	872	93	1	2
Ⅵ　就業開始型　○○●	166	21	7	69	19	4	39	5	-	2
そ　の　他	249	33	3	67	29	5	74	9	-	29
その他の市										
総　数	12 639	856	163	5 044	1 549	389	4 091	437	10	100
Ⅰ　就業継続型　●●●	2 008	90	27	801	254	86	684	61	1	4
Ⅱ　一時離職型　●○●	1 112	132	20	499	153	25	252	26	2	3
Ⅲ　出産前離職型●○○	2 903	203	37	1 202	374	80	905	97	3	2
Ⅳ　出産後離職型●●○	503	35	3	206	70	14	160	15	1	-
Ⅴ　無職継続型　○○○	4 879	271	59	1 813	534	152	1 821	214	1	14
Ⅵ　就業開始型　○○●	611	69	9	292	93	19	117	11	1	-
そ　の　他	623	56	8	231	71	13	152	13	2	77
郡　部										
総　数	4 072	319	82	1 996	508	147	915	55	4	46
Ⅰ　就業継続型　●●●	874	48	14	417	113	31	232	16	-	3
Ⅱ　一時離職型　●○●	434	49	11	223	47	12	83	7	1	1
Ⅲ　出産前離職型●○○	878	66	23	451	118	33	171	11	-	5
Ⅳ　出産後離職型●●○	188	12	1	97	24	12	40	1	1	-
Ⅴ　無職継続型　○○○	1 296	96	23	615	167	44	330	19	-	2
Ⅵ　就業開始型　○○●	195	34	6	99	19	11	23	-	1	2
そ　の　他	207	14	4	94	20	4	36	1	1	33

注：1）市郡は、出生1年半後のものである。
　　2）市郡別の総数には外国在住分を含む。

割合, 父の学歴・市郡・母の就業変化パターン別

構成割合（％）

母の就業変化パターン	総数	中学校	専修・専門学校（中学校卒業後）	高校	専修・専門学校（高校卒業後）	短大・高専	大学	大学院	その他	不詳
総数					総　　数					
総　数	100.0	6.9	1.3	39.7	12.4	3.1	32.3	3.4	0.1	0.9
Ⅰ　就業継続型　●●●	100.0	4.7	1.3	40.4	12.4	3.8	33.5	3.6	0.1	0.2
Ⅱ　一時離職型　●○●	100.0	11.3	1.7	44.4	13.8	2.4	23.6	2.5	0.2	0.2
Ⅲ　出産前離職型●○○	100.0	6.8	1.4	41.1	13.6	2.9	30.7	3.1	0.1	0.2
Ⅳ　出産後離職型●●○	100.0	6.5	0.7	40.0	13.3	3.7	32.5	3.2	0.1	-
Ⅴ　無職継続型　○○○	100.0	5.8	1.2	37.0	11.3	3.0	37.5	4.0	0.0	0.2
Ⅵ　就業開始型　○○●	100.0	12.8	2.3	47.3	13.5	3.5	18.4	1.6	0.2	0.4
そ　の　他	100.0	9.5	1.4	36.3	11.1	2.0	24.4	2.1	0.3	12.9
					13大都市					
総　数	100.0	6.3	0.9	30.9	12.8	2.6	40.7	5.0	0.1	0.8
Ⅰ　就業継続型　●●●	100.0	4.4	0.5	30.9	10.8	2.4	42.1	8.6	0.2	0.2
Ⅱ　一時離職型　●○●	100.0	9.4	0.3	34.4	17.6	2.3	31.8	4.0	0.3	-
Ⅲ　出産前離職型●○○	100.0	5.6	0.9	32.4	15.8	2.7	38.3	4.1	-	0.3
Ⅳ　出産後離職型●●○	100.0	5.7	1.1	25.6	12.5	3.4	46.0	5.7	-	-
Ⅴ　無職継続型　○○○	100.0	5.3	0.7	29.5	11.1	2.6	45.8	4.9	0.1	0.1
Ⅵ　就業開始型　○○●	100.0	12.7	4.2	41.6	11.4	2.4	23.5	3.0	-	1.2
そ　の　他	100.0	13.3	1.2	26.9	11.6	2.0	29.7	3.6	-	11.6
					その他の市					
総　数	100.0	6.8	1.3	39.9	12.3	3.1	32.4	3.5	0.1	0.8
Ⅰ　就業継続型　●●●	100.0	4.5	1.3	39.9	12.6	4.3	34.1	3.0	0.0	0.2
Ⅱ　一時離職型　●○●	100.0	11.9	1.8	44.9	13.8	2.2	22.7	2.3	0.2	0.3
Ⅲ　出産前離職型●○○	100.0	7.0	1.3	41.4	12.9	2.8	31.2	3.3	0.1	0.1
Ⅳ　出産後離職型●●○	100.0	7.0	0.6	41.0	13.9	2.8	31.8	3.0	-	-
Ⅴ　無職継続型　○○○	100.0	5.6	1.2	37.2	10.9	3.1	37.3	4.4	0.0	0.3
Ⅵ　就業開始型　○○●	100.0	11.3	1.5	47.8	15.2	3.1	19.1	1.8	0.2	-
そ　の　他	100.0	9.0	1.3	37.1	11.4	2.1	24.4	2.1	0.3	12.4
					郡　　部					
総　数	100.0	7.8	2.0	49.0	12.5	3.6	22.5	1.4	0.1	1.1
Ⅰ　就業継続型　●●●	100.0	5.5	1.6	47.7	12.9	3.5	26.5	1.8	-	0.3
Ⅱ　一時離職型　●○●	100.0	11.3	2.5	51.4	10.8	2.8	19.1	1.6	0.2	0.2
Ⅲ　出産前離職型●○○	100.0	7.5	2.6	51.4	13.4	3.8	19.5	1.3	-	0.6
Ⅳ　出産後離職型●●○	100.0	6.4	0.5	51.6	12.8	6.4	21.3	0.5	0.5	-
Ⅴ　無職継続型　○○○	100.0	7.4	1.8	47.5	12.9	3.4	25.5	1.5	-	0.2
Ⅵ　就業開始型　○○●	100.0	17.4	3.1	50.8	9.7	5.6	11.8	-	0.5	1.0
そ　の　他	100.0	6.8	1.9	45.4	9.7	1.9	17.4	0.5	0.5	15.9

10表（3－1）

第10表　母と同居している子ども数・構成割合，

母の就業変化パターン	総数	父母のみ	父母と双子・三つ子の兄姉	父母と兄姉	父母と母方の祖父母	父母と父方の祖父母	父母と祖父母	父母とその他	母のみ又は母と兄姉のみ	母と祖父母等	核家族世帯	三世代世帯等	母子世帯
<td colspan="13" style="text-align:center">総　数</td>
総　　数	21 879	8 565	188	8 134	1 173	3 280	17	93	159	270	16 887	4 563	429
出生1年前：有　職	11 897	6 252	121	2 534	725	1 944	11	54	110	146	8 907	2 734	256
Ⅰ　就業継続型 ●●●	3 554	1 349	29	1 056	296	723	7	16	33	45	2 434	1 042	78
Ⅱ　一時離職型 ●○●	2 038	723	14	671	142	393	-	10	36	49	1 408	545	85
Ⅲ　出産前離職型 ●○○	4 997	3 479	62	560	206	601	4	20	28	37	4 101	831	65
Ⅳ　出産後離職型 ●●○	887	535	12	130	50	144	-	5	4	7	677	199	11
そ の 他	286	98	4	91	22	56	-	2	7	6	193	80	13
不　　詳	135	68	-	26	9	27	-	1	2	2	94	37	4
出生1年前：無　職	9 741	2 219	67	5 519	431	1 299	6	38	45	117	7 805	1 774	162
Ⅴ　無職継続型 ○○○	8 196	1 984	61	4 666	341	1 017	6	28	25	68	6 711	1 392	93
Ⅵ　就業開始型 ○○●	1 076	136	4	595	74	203	-	8	16	40	735	285	56
そ の 他	346	68	2	186	11	66	-	2	3	8	256	79	11
不　　詳	123	31	-	72	5	13	-	-	1	1	103	18	2
不　　詳	241	94	-	81	17	37	-	1	4	7	175	55	11
<td colspan="13" style="text-align:center">13大都市</td>
総　　数	4 750	2 195	59	1 859	198	309	6	18	50	56	4 113	531	106
出生1年前：有　職	2 414	1 554	40	508	108	133	3	8	35	25	2 102	252	60
Ⅰ　就業継続型 ●●●	605	303	8	199	38	31	2	3	12	9	510	74	21
Ⅱ　一時離職型 ●○●	387	174	2	142	23	26	-	3	11	6	318	52	17
Ⅲ　出産前離職型 ●○○	1 156	910	26	105	37	58	1	2	10	7	1 041	98	17
Ⅳ　出産後離職型 ●●○	180	127	2	35	7	9	-	-	-	-	164	16	-
そ の 他	66	25	2	24	3	7	-	-	2	3	51	10	5
不　　詳	20	15	-	3	-	2	-	-	-	-	18	2	-
出生1年前：無　職	2 284	619	19	1 332	86	174	3	10	14	27	1 970	273	41
Ⅴ　無職継続型 ○○○	1 963	553	19	1 128	71	150	3	9	10	20	1 700	233	30
Ⅵ　就業開始型 ○○●	195	28	-	130	12	16	-	1	3	5	158	29	8
そ の 他	97	28	-	58	2	6	-	-	1	2	86	8	3
不　　詳	29	10	-	16	1	2	-	-	-	-	26	3	-
不　　詳	52	22	-	19	4	2	-	-	1	4	41	6	5
<td colspan="13" style="text-align:center">その他の市</td>
総　　数	12 959	5 149	109	4 946	680	1 773	6	52	90	154	10 204	2 511	244
出生1年前：有　職	6 959	3 765	65	1 506	417	1 029	3	30	60	84	5 336	1 479	144
Ⅰ　就業継続型 ●●●	2 047	805	19	628	165	381	2	9	14	24	1 452	557	38
Ⅱ　一時離職型 ●○●	1 186	428	6	407	81	211	-	2	20	31	841	294	51
Ⅲ　出産前離職型 ●○○	2 960	2 112	30	333	116	316	1	13	16	23	2 475	446	39
Ⅳ　出産後離職型 ●●○	517	316	8	72	36	75	-	3	3	4	396	114	7
そ の 他	163	59	2	50	13	31	-	2	5	1	111	46	6
不　　詳	86	45	-	16	6	15	-	1	2	1	61	22	3
出生1年前：無　職	5 853	1 325	44	3 389	254	721	3	21	27	69	4 758	999	96
Ⅴ　無職継続型 ○○○	4 933	1 186	38	2 883	193	559	3	16	13	42	4 107	771	55
Ⅵ　就業開始型 ○○●	662	91	4	363	49	118	-	3	11	23	458	170	34
そ の 他	194	33	2	106	8	38	-	2	2	3	141	48	5
不　　詳	64	15	-	37	4	6	-	-	1	1	52	10	2
不　　詳	147	59	-	51	9	23	-	1	3	1	110	33	4
<td colspan="13" style="text-align:center">郡部</td>
総　　数	4 170	1 221	20	1 329	295	1 198	5	23	19	60	2 570	1 521	79
出生1年前：有　職	2 524	933	16	520	200	782	5	16	15	37	1 469	1 003	52
Ⅰ　就業継続型 ●●●	902	241	2	229	93	311	3	4	7	12	472	411	19
Ⅱ　一時離職型 ●○●	465	121	6	122	38	156	-	5	5	12	249	199	17
Ⅲ　出産前離職型 ●○○	881	457	6	122	53	227	2	5	2	7	585	287	9
Ⅳ　出産後離職型 ●●○	190	92	2	23	7	60	-	2	1	3	117	69	4
そ の 他	57	14	-	17	6	18	-	-	-	2	31	24	2
不　　詳	29	8	-	7	3	10	-	-	-	1	15	13	1
出生1年前：無　職	1 604	275	4	798	91	404	-	7	4	21	1 077	502	25
Ⅴ　無職継続型 ○○○	1 300	245	4	655	77	308	-	3	2	6	904	388	8
Ⅵ　就業開始型 ○○●	219	17	-	102	13	69	-	4	2	12	119	86	14
そ の 他	55	7	-	22	1	22	-	-	-	3	29	23	3
不　　詳	30	6	-	19	-	5	-	-	-	1	25	5	1
不　　詳	42	13	-	11	4	12	-	-	-	2	24	16	2

注：市郡は、出生時のものである。

出生半年後の同居構成・市郡・母の就業変化パターン・出生順位別

構成割合（％）

母の就業変化パターン	総数	父母と同居 父母又は父母と兄弟のみ 父母のみ	父母と双子・三つ子の兄姉	父母と兄姉	父母と祖父・祖母 父母と母方の祖父母	父母と父方の祖父母	父母と祖父母	父母とその他	母と同居 母のみ又は母と兄姉のみ	母と祖父母等	核家族世帯	三世代世帯等	母子世帯
					総数								
総　　数	100.0	39.1	0.9	37.2	5.4	15.0	0.1	0.4	0.7	1.2	77.2	20.9	2.0
出生1年前：有職	100.0	52.6	1.0	21.3	6.1	16.3	0.1	0.5	0.9	1.2	74.9	23.0	2.2
Ⅰ　就業継続型　●●●	100.0	38.0	0.8	29.7	8.3	20.3	0.2	0.5	0.9	1.3	68.5	29.3	2.2
Ⅱ　一時離職型　●〇●	100.0	35.5	0.7	32.9	7.0	19.3	-	0.5	1.8	2.4	69.1	26.7	4.2
Ⅲ　出産前離職型●〇〇	100.0	69.6	1.2	11.2	4.1	12.0	0.1	0.4	0.6	0.7	82.1	16.6	1.3
Ⅳ　出産後離職型●●〇	100.0	60.3	1.4	14.7	5.6	16.2	-	0.6	0.5	0.8	76.3	22.4	1.2
その他	100.0	34.3	1.4	31.8	7.7	19.6	-	0.7	2.4	2.1	67.5	28.0	4.5
不　　詳	100.0	50.4	-	19.3	6.7	20.0	-	0.7	1.5	1.5	69.6	27.4	3.0
出生1年前：無職	100.0	22.8	0.7	56.7	4.4	13.3	0.1	0.4	0.5	1.2	80.1	18.2	1.7
Ⅴ　無職継続型　〇〇〇	100.0	24.2	0.7	56.9	4.2	12.4	0.1	0.3	0.3	0.8	81.9	17.0	1.1
Ⅵ　就業開始型　〇〇●	100.0	12.6	0.4	55.3	6.9	18.9	-	0.7	1.5	3.7	68.3	26.5	5.2
その他	100.0	19.7	0.6	53.8	3.2	19.1	-	0.6	0.9	2.3	74.0	22.8	3.2
不　　詳	100.0	25.2	-	58.5	4.1	10.6	-	-	0.8	0.8	83.7	14.6	1.6
不　　詳	100.0	39.0	-	33.6	7.1	15.4	-	0.4	1.7	2.9	72.6	22.8	4.6
					13大都市								
総　　数	100.0	46.2	1.2	39.1	4.2	6.5	0.1	0.4	1.1	1.2	86.6	11.2	2.2
出生1年前：有職	100.0	64.4	1.7	21.0	4.5	5.5	0.1	0.3	1.4	1.0	87.1	10.4	2.5
Ⅰ　就業継続型　●●●	100.0	50.1	1.3	32.9	6.3	5.1	0.3	0.5	2.0	1.5	84.3	12.2	3.5
Ⅱ　一時離職型　●〇●	100.0	45.0	0.5	36.7	5.9	6.7	-	0.8	2.8	1.6	82.2	13.4	4.4
Ⅲ　出産前離職型●〇〇	100.0	78.7	2.2	9.1	3.2	5.0	0.1	0.2	0.9	0.6	90.1	8.5	1.5
Ⅳ　出産後離職型●●〇	100.0	70.6	1.1	19.4	3.9	5.0	-	-	-	-	91.1	8.9	-
その他	100.0	37.9	3.0	36.4	4.5	10.6	-	-	3.0	4.5	77.3	15.2	7.6
不　　詳	100.0	75.0	-	15.0	-	10.0	-	-	-	-	90.0	10.0	-
出生1年前：無職	100.0	27.1	0.8	58.3	3.8	7.6	0.1	0.4	0.6	1.2	86.3	12.0	1.8
Ⅴ　無職継続型　〇〇〇	100.0	28.2	1.0	57.5	3.6	7.6	0.2	0.5	0.5	1.0	86.6	11.9	1.5
Ⅵ　就業開始型　〇〇●	100.0	14.4	-	66.7	6.2	8.2	-	0.5	1.5	2.6	81.0	14.9	4.1
その他	100.0	28.9	-	59.8	2.1	6.2	-	-	1.0	2.1	88.7	8.2	3.1
不　　詳	100.0	34.5	-	55.2	3.4	6.9	-	-	-	-	89.7	10.3	-
不　　詳	100.0	42.3	-	36.5	7.7	3.8	-	-	1.9	7.7	78.8	11.5	9.6
					その他の市								
総　　数	100.0	39.7	0.8	38.2	5.2	13.7	0.0	0.4	0.7	1.2	78.7	19.4	1.9
出生1年前：有職	100.0	54.1	0.9	21.6	6.0	14.8	0.0	0.4	0.9	1.2	76.7	21.3	2.1
Ⅰ　就業継続型　●●●	100.0	39.3	0.9	30.7	8.1	18.6	0.1	0.4	0.7	1.2	70.9	27.2	1.9
Ⅱ　一時離職型　●〇●	100.0	36.1	0.5	34.3	6.8	17.8	-	0.2	1.7	2.6	70.9	24.8	4.3
Ⅲ　出産前離職型●〇〇	100.0	71.4	1.0	11.3	3.9	10.7	0.0	0.4	0.5	0.8	83.6	15.1	1.3
Ⅳ　出産後離職型●●〇	100.0	61.1	1.5	13.9	7.0	14.5	-	0.6	0.6	0.8	76.6	22.1	1.4
その他	100.0	36.2	1.2	30.7	8.0	19.0	-	1.2	3.1	0.6	68.1	28.2	3.7
不　　詳	100.0	52.3	-	18.6	7.0	17.4	-	1.2	2.3	1.2	70.9	25.6	3.5
出生1年前：無職	100.0	22.6	0.8	57.9	4.3	12.3	0.1	0.4	0.5	1.2	81.3	17.1	1.6
Ⅴ　無職継続型　〇〇〇	100.0	24.0	0.8	58.4	3.9	11.3	0.1	0.3	0.3	0.9	83.3	15.6	1.1
Ⅵ　就業開始型　〇〇●	100.0	13.7	0.6	54.8	7.4	17.8	-	0.5	1.7	3.5	69.2	25.7	5.1
その他	100.0	17.0	1.0	54.6	4.1	19.6	-	1.0	1.0	1.5	72.7	24.7	2.6
不　　詳	100.0	23.4	-	57.8	6.3	9.4	-	-	1.6	1.6	81.3	15.6	3.1
不　　詳	100.0	40.1	-	34.7	6.1	15.6	-	0.7	2.0	0.7	74.8	22.4	2.7
					郡部								
総　　数	100.0	29.3	0.5	31.9	7.1	28.7	0.1	0.6	0.5	1.4	61.6	36.5	1.9
出生1年前：有職	100.0	37.0	0.6	20.6	7.9	31.0	0.2	0.6	0.6	1.5	58.2	39.7	2.1
Ⅰ　就業継続型　●●●	100.0	26.7	0.2	25.4	10.3	34.5	0.3	0.4	0.8	1.3	52.3	45.6	2.1
Ⅱ　一時離職型　●〇●	100.0	26.0	1.3	26.2	8.2	33.5	-	1.1	1.1	2.6	53.5	42.8	3.7
Ⅲ　出産前離職型●〇〇	100.0	51.9	0.7	13.8	6.0	25.8	0.2	0.6	0.2	0.8	66.4	32.6	1.0
Ⅳ　出産後離職型●●〇	100.0	48.4	1.1	12.1	3.7	31.6	-	1.1	0.5	1.6	61.6	36.3	2.1
その他	100.0	24.6	-	29.8	10.5	31.6	-	-	-	3.5	54.4	42.1	3.5
不　　詳	100.0	27.6	-	24.1	10.3	34.5	-	-	-	3.4	51.7	44.8	3.4
出生1年前：無職	100.0	17.1	0.2	49.8	5.7	25.2	-	0.4	0.2	1.3	67.1	31.3	1.6
Ⅴ　無職継続型　〇〇〇	100.0	18.8	0.3	50.4	5.9	23.7	-	0.2	0.2	0.5	69.5	29.8	0.6
Ⅵ　就業開始型　〇〇●	100.0	7.8	-	46.6	5.9	31.5	-	1.8	0.9	5.5	54.3	39.3	6.4
その他	100.0	12.7	-	40.0	1.8	40.0	-	-	-	5.5	52.7	41.8	5.5
不　　詳	100.0	20.0	-	63.3	-	16.7	-	-	-	-	83.3	16.7	-
不　　詳	100.0	31.0	-	26.2	9.5	28.6	-	-	-	4.8	57.1	38.1	4.8

10表（3-2）

第10表　母と同居している子ども数・構成割合，

第1子

実　数

| 母の就業変化パターン | 総数 | 父母と同居 ||||||| 母と同居 ||| 核家族世帯 | 三世代世帯等 | 母子世帯 |
||| 父母又は父母と兄弟のみ ||| 父母と祖父・祖母 |||| 父母とその他 | 母のみ又は母と兄姉のみ | 母と祖父母等 ||||
		父母のみ	父母と双子・三つ子の兄姉	父母と兄姉	父母と母方の祖父母	父母と父方の祖父母	父母と祖父母							
総　　　数	10 858	8 460	91	43	554	1 409	6	41	75	179	8 594	2 010	254
出生1年前：有　職	7 960	6 195	58	16	427	1 066	5	32	58	103	6 269	1 530	161
Ⅰ　就業継続型　●●●	1 834	1 334	14	8	133	299	2	10	10	24	1 356	444	34
Ⅱ　一時離職型　●○●	1 034	712	7	1	86	171	-	4	18	35	720	261	53
Ⅲ　出産前離職型●○○	4 181	3 453	29	4	165	459	3	15	21	32	3 486	642	53
Ⅳ　出産後離職型●●○	681	533	6	2	31	98	-	3	3	5	541	132	8
そ の 他	138	97	2	1	7	22	-	-	4	5	100	29	9
不　　　詳	92	66	-	-	5	17	-	-	2	2	66	22	4
出生1年前：無　職	2 779	2 176	33	24	119	331	1	9	16	70	2 233	460	86
Ⅴ　無職継続型　○○○	2 414	1 950	30	19	94	267	1	6	9	38	1 999	368	47
Ⅵ　就業開始型　○○●	237	130	2	4	22	46	-	2	5	26	136	70	31
そ の 他	94	67	1	-	2	16	-	1	1	6	68	19	7
不　　　詳	34	29	-	1	1	2	-	-	1	-	30	3	1
不　　　詳	119	89	-	3	8	12	-	-	1	6	92	20	7
13大都市														
総　　　数	2 522	2 167	29	8	105	138	2	8	23	42	2 204	253	65
出生1年前：有　職	1 770	1 540	20	2	75	88	1	6	18	20	1 562	170	38
Ⅰ　就業継続型　●●●	354	296	4	2	24	15	-	2	4	6	302	42	10
Ⅱ　一時離職型　●○●	214	172	1	-	16	12	-	2	5	6	173	30	11
Ⅲ　出産前離職型●○○	1 014	905	13	-	31	49	-	2	8	6	918	82	14
Ⅳ　出産後離職型●●○	139	127	1	-	3	8	-	-	-	-	128	11	-
そ の 他	32	25	1	-	1	2	-	-	1	2	26	3	3
不　　　詳	17	15	-	-	-	2	-	-	-	-	15	2	-
出生1年前：無　職	721	605	9	5	27	49	1	2	5	18	619	79	23
Ⅴ　無職継続型　○○○	639	542	9	4	23	41	1	2	4	13	555	67	17
Ⅵ　就業開始型　○○●	38	26	-	1	3	4	-	-	1	3	27	7	4
そ の 他	33	27	-	-	1	3	-	-	-	2	27	4	2
不　　　詳	11	10	-	-	-	1	-	-	-	-	10	1	-
不　　　詳	31	22	-	1	3	1	-	-	-	4	23	4	4
その他の市														
総　　　数	6 421	5 094	53	32	317	759	1	22	46	97	5 179	1 099	143
出生1年前：有　職	4 701	3 735	31	13	244	569	1	16	36	56	3 779	830	92
Ⅰ　就業継続型　●●●	1 080	798	9	5	78	168	-	5	5	12	812	251	17
Ⅱ　一時離職型　●○●	595	423	3	1	44	91	-	-	12	21	427	135	33
Ⅲ　出産前離職型●○○	2 487	2 096	14	4	90	242	1	9	12	19	2 114	342	31
Ⅳ　出産後離職型●●○	401	315	4	2	24	50	-	2	2	2	321	76	4
そ の 他	79	59	1	1	4	10	-	-	3	1	61	14	4
不　　　詳	59	44	-	-	4	8	-	-	2	1	44	12	3
出生1年前：無　職	1 650	1 304	22	17	69	183	-	6	9	40	1 343	258	49
Ⅴ　無職継続型　○○○	1 429	1 169	19	14	51	146	-	4	3	23	1 202	201	26
Ⅵ　就業開始型　○○●	159	88	2	3	16	30	-	1	4	15	93	47	19
そ の 他	46	33	1	-	1	7	-	1	1	2	34	9	3
不　　　詳	16	14	-	-	1	-	-	-	1	-	14	1	1
不　　　詳	70	55	-	2	4	7	-	-	1	1	57	11	2
郡　　部														
総　　　数	1 915	1 199	9	3	132	512	3	11	6	40	1 211	658	46
出生1年前：有　職	1 489	920	7	1	108	409	3	10	4	27	928	530	31
Ⅰ　就業継続型　●●●	400	240	1	1	31	116	1	3	1	6	242	151	7
Ⅱ　一時離職型　●○●	225	117	3	-	26	68	-	2	1	8	120	96	9
Ⅲ　出産前離職型●○○	680	452	2	-	44	168	2	4	1	7	454	218	8
Ⅳ　出産後離職型●●○	141	91	1	-	4	40	-	1	1	3	92	45	4
そ の 他	27	13	-	-	2	10	-	-	-	2	13	12	2
不　　　詳	16	7	-	-	1	7	-	-	-	1	7	8	1
出生1年前：無　職	408	267	2	2	23	99	-	1	2	12	271	123	14
Ⅴ　無職継続型　○○○	346	239	2	1	20	80	-	-	2	2	242	100	4
Ⅵ　就業開始型　○○●	40	16	-	-	3	12	-	1	-	8	16	16	8
そ の 他	15	7	-	-	-	6	-	-	-	1	7	6	2
不　　　詳	7	5	-	1	-	1	-	-	-	-	6	1	-
不　　　詳	18	12	-	-	1	4	-	-	-	1	12	5	1

注：市郡は、出生時のものである。

出生半年後の同居構成・市郡・母の就業変化パターン・出生順位別

構成割合（％）

母の就業変化パターン	総数	父母と同居						父母とその他	母と同居		核家族世帯	三世代世帯等	母子世帯
		父母又は父母と兄弟のみ			父母と祖父・祖母				母のみ又は母と兄姉のみ	母と祖父母等			
		父母のみ	父母と双子・三つ子の兄姉	父母と兄姉	父母と母方の祖父母	父母と父方の祖父母	父母と祖父母						
総　　　　　数							総　　数					
総　　　　数	100.0	77.9	0.8	0.4	5.1	13.0	0.1	0.4	0.7	1.6	79.1	18.5	2.3
出生1年前：有　職	100.0	77.8	0.7	0.2	5.4	13.4	0.1	0.4	0.7	1.3	78.8	19.2	2.0
Ⅰ　就業継続型　●●●	100.0	72.7	0.8	0.4	7.3	16.3	0.1	0.5	0.5	1.3	73.9	24.2	1.9
Ⅱ　一時離職型　●○●	100.0	68.9	0.7	0.1	8.3	16.5	-	0.4	1.7	3.4	69.6	25.2	5.1
Ⅲ　出産前離職型●○○	100.0	82.6	0.7	0.1	3.9	11.0	0.1	0.4	0.5	0.8	83.4	15.4	1.3
Ⅳ　出産後離職型●●○	100.0	78.3	0.9	0.3	4.6	14.4	-	0.4	0.4	0.7	79.4	19.4	1.2
そ　の　他	100.0	70.3	1.4	0.7	5.1	15.9	-	-	2.9	3.6	72.5	21.0	6.5
不　　詳	100.0	71.7	-	-	5.4	18.5	-	-	2.2	2.2	71.7	23.9	4.3
出生1年前：無　職	100.0	78.3	1.2	0.9	4.3	11.9	0.0	0.3	0.6	2.5	80.4	16.6	3.1
Ⅴ　無職継続型　○○○	100.0	80.8	1.2	0.8	3.9	11.1	0.0	0.2	0.4	1.6	82.8	15.2	1.9
Ⅵ　就業開始型　○○●	100.0	54.9	0.8	1.7	9.3	19.4	-	0.8	2.1	11.0	57.4	29.5	13.1
そ　の　他	100.0	71.3	1.1	-	2.1	17.0	-	1.1	1.1	6.4	72.3	20.2	7.4
不　　詳	100.0	85.3	-	2.9	2.9	5.9	-	-	2.9	-	88.2	8.8	2.9
不　　　　詳	100.0	74.8	-	2.5	6.7	10.1	-	-	0.8	5.0	77.3	16.8	5.9
13大都市													
総　　　　数	100.0	85.9	1.1	0.3	4.2	5.5	0.1	0.3	0.9	1.7	87.4	10.0	2.6
出生1年前：有　職	100.0	87.0	1.1	0.1	4.2	5.0	0.1	0.3	1.0	1.1	88.2	9.6	2.1
Ⅰ　就業継続型　●●●	100.0	83.6	1.1	0.6	6.8	4.2	0.3	0.6	1.1	1.7	85.3	11.9	2.8
Ⅱ　一時離職型　●○●	100.0	80.4	0.5	-	7.5	5.6	-	0.9	2.3	2.8	80.8	14.0	5.1
Ⅲ　出産前離職型●○○	100.0	89.3	1.3	-	3.1	4.8	-	0.2	0.8	0.6	90.5	8.1	1.4
Ⅳ　出産後離職型●●○	100.0	91.4	0.7	-	2.2	5.8	-	-	-	-	92.1	7.9	-
そ　の　他	100.0	78.1	3.1	-	3.1	6.3	-	-	3.1	6.3	81.3	9.4	9.4
不　　詳	100.0	88.2	-	-	-	11.8	-	-	-	-	88.2	11.8	-
出生1年前：無　職	100.0	83.9	1.2	0.7	3.7	6.8	0.1	0.3	0.7	2.5	85.9	11.0	3.2
Ⅴ　無職継続型　○○○	100.0	84.8	1.4	0.6	3.6	6.4	0.2	0.3	0.6	2.0	86.9	10.5	2.7
Ⅵ　就業開始型　○○●	100.0	68.4	-	2.6	7.9	10.5	-	-	2.6	7.9	71.1	18.4	10.5
そ　の　他	100.0	81.8	-	-	3.0	9.1	-	-	-	6.1	81.8	12.1	6.1
不　　詳	100.0	90.9	-	-	-	9.1	-	-	-	-	90.9	9.1	-
不　　　　詳	100.0	71.0	-	3.2	9.7	3.2	-	-	-	12.9	74.2	12.9	12.9
その他の市													
総　　　　数	100.0	79.3	0.8	0.5	4.9	11.8	0.0	0.3	0.7	1.5	80.7	17.1	2.2
出生1年前：有　職	100.0	79.5	0.7	0.3	5.2	12.2	0.0	0.3	0.8	1.2	80.4	17.7	2.0
Ⅰ　就業継続型　●●●	100.0	73.9	0.8	0.5	7.2	15.6	-	0.5	0.5	1.1	75.2	23.2	1.6
Ⅱ　一時離職型　●○●	100.0	71.1	0.5	0.2	7.4	15.3	-	-	2.0	3.5	71.8	22.7	5.5
Ⅲ　出産前離職型●○○	100.0	84.3	0.6	0.2	3.6	9.7	0.0	0.4	0.5	0.8	85.0	13.8	1.2
Ⅳ　出産後離職型●●○	100.0	78.6	1.0	0.5	6.0	12.5	-	0.5	0.5	0.5	80.0	19.0	1.0
そ　の　他	100.0	74.7	1.3	1.3	5.1	12.7	-	-	3.8	1.3	77.2	17.7	5.1
不　　詳	100.0	74.6	-	-	6.8	13.6	-	-	3.4	1.7	74.6	20.3	5.1
出生1年前：無　職	100.0	79.0	1.3	1.0	4.2	11.1	-	0.4	0.5	2.4	81.4	15.6	3.0
Ⅴ　無職継続型　○○○	100.0	81.8	1.3	1.0	3.6	10.2	-	0.3	0.2	1.6	84.1	14.1	1.8
Ⅵ　就業開始型　○○●	100.0	55.3	1.3	1.9	10.1	18.9	-	0.6	2.5	9.4	58.5	29.6	11.9
そ　の　他	100.0	71.7	2.2	-	2.2	15.2	-	2.2	2.2	4.3	73.9	19.6	6.5
不　　詳	100.0	87.5	-	-	6.3	-	-	-	6.3	-	87.5	6.3	6.3
不　　　　詳	100.0	78.6	-	2.9	5.7	10.0	-	-	1.4	1.4	81.4	15.7	2.9
郡　　部													
総　　　　数	100.0	62.6	0.5	0.2	6.9	26.7	0.2	0.6	0.3	2.1	63.2	34.4	2.4
出生1年前：有　職	100.0	61.8	0.5	0.1	7.3	27.5	0.2	0.7	0.3	1.8	62.3	35.6	2.1
Ⅰ　就業継続型　●●●	100.0	60.0	0.3	0.3	7.8	29.0	0.3	0.8	0.3	1.5	60.5	37.8	1.8
Ⅱ　一時離職型　●○●	100.0	52.0	1.3	-	11.6	30.2	-	0.9	0.4	3.6	53.3	42.7	4.0
Ⅲ　出産前離職型●○○	100.0	66.5	0.3	-	6.5	24.7	0.3	0.6	0.1	1.0	66.8	32.1	1.2
Ⅳ　出産後離職型●●○	100.0	64.5	0.7	-	2.8	28.4	-	0.7	0.7	2.1	65.2	31.9	2.8
そ　の　他	100.0	48.1	-	-	7.4	37.0	-	-	-	7.4	48.1	44.4	7.4
不　　詳	100.0	43.8	-	-	6.3	43.8	-	-	-	6.3	43.8	50.0	6.3
出生1年前：無　職	100.0	65.4	0.5	0.5	5.6	24.3	-	0.2	0.5	2.9	66.4	30.1	3.4
Ⅴ　無職継続型　○○○	100.0	69.1	0.6	0.3	5.8	23.1	-	-	0.6	0.6	69.9	28.9	1.2
Ⅵ　就業開始型　○○●	100.0	40.0	-	-	7.5	30.0	-	2.5	-	20.0	40.0	40.0	20.0
そ　の　他	100.0	46.7	-	-	-	40.0	-	-	-	13.3	46.7	40.0	13.3
不　　詳	100.0	71.4	-	14.3	-	14.3	-	-	-	-	85.7	14.3	-
不　　　　詳	100.0	66.7	-	-	5.6	22.2	-	-	-	5.6	66.7	27.8	5.6

10表（3-3）

第10表　母と同居している子ども数・構成割合，

第2子以上

実　数

母の就業変化パターン	総数	父母と同居						母と同居			核家族世帯	三世代世帯等	母子世帯
^	^	父母又は父母と兄弟のみ			父母と祖父・祖母			父母とその他	母のみ又は母と兄姉のみ	母と祖父母等	^	^	^	^
^	^	父母のみ	父母と双子・三つ子の兄姉	父母と兄姉	父母と母方の祖父母	父母と父方の祖父母	父母と祖父母	^	^	^	^	^	^

総　数

総　数	11 021	105	97	8 091	619	1 871	11	52	84	91	8 293	2 553	175
出生1年前：有　職	3 937	57	63	2 518	298	878	6	22	52	43	2 638	1 204	95
Ⅰ　就業継続型　●●●	1 720	15	15	1 048	163	424	5	6	23	21	1 078	598	44
Ⅱ　一時離職型　●○●	1 004	11	7	670	56	222	-	6	18	14	688	284	32
Ⅲ　出産前離職型●○○	816	26	33	556	41	142	1	5	7	5	615	189	12
Ⅳ　出産後離職型●●○	206	2	6	128	19	46	-	2	1	2	136	67	3
そ　の　他	148	1	2	90	15	34	-	2	3	1	93	51	4
不　　詳	43	2	-	26	4	10	-	1	-	-	28	15	-
出生1年前：無　職	6 962	43	34	5 495	312	968	5	29	29	47	5 572	1 314	76
Ⅴ　無職継続型　○○○	5 782	34	31	4 647	247	750	5	22	16	30	4 712	1 024	46
Ⅵ　就業開始型　○○●	839	6	2	591	52	157	-	6	11	14	599	215	25
そ　の　他	252	1	1	186	9	50	-	1	2	2	188	60	4
不　　詳	89	2	-	71	4	11	-	-	-	-	73	15	1
不　　詳	122	5	-	78	9	25	-	1	3	1	83	35	4

13大都市

総　数	2 228	28	30	1 851	93	171	4	10	27	14	1 909	278	41
出生1年前：有　職	644	14	20	506	33	45	2	2	17	5	540	82	22
Ⅰ　就業継続型　●●●	251	7	4	197	14	16	1	1	8	3	208	32	11
Ⅱ　一時離職型　●○●	173	2	1	142	7	14	-	1	6	-	145	22	6
Ⅲ　出産前離職型●○○	142	5	13	105	6	9	1	-	2	1	123	16	3
Ⅳ　出産後離職型●●○	41	-	1	35	4	1	-	-	-	-	36	5	-
そ　の　他	34	-	1	24	2	5	-	-	1	1	25	7	2
不　　詳	3	-	-	3	-	-	-	-	-	-	3	-	-
出生1年前：無　職	1 563	14	10	1 327	59	125	2	8	9	9	1 351	194	18
Ⅴ　無職継続型　○○○	1 324	11	10	1 124	48	109	2	7	6	7	1 145	166	13
Ⅵ　就業開始型　○○●	157	2	-	129	9	12	-	1	2	2	131	22	4
そ　の　他	64	1	-	58	1	3	-	-	1	-	59	4	1
不　　詳	18	-	-	16	1	1	-	-	-	-	16	2	-
不　　詳	21	-	-	18	1	1	-	-	1	-	18	2	1

その他の市

総　数	6 538	55	56	4 914	363	1 014	5	30	44	57	5 025	1 412	101
出生1年前：有　職	2 258	30	34	1 493	173	460	2	14	24	28	1 557	649	52
Ⅰ　就業継続型　●●●	967	7	10	623	87	213	2	4	9	12	640	306	21
Ⅱ　一時離職型　●○●	591	5	3	406	37	120	-	2	8	10	414	159	18
Ⅲ　出産前離職型●○○	473	16	16	329	26	74	-	4	4	4	361	104	8
Ⅳ　出産後離職型●●○	116	1	4	70	12	25	-	1	1	2	75	38	3
そ　の　他	84	-	1	49	9	21	-	2	2	-	50	32	2
不　　詳	27	1	-	16	2	7	-	1	-	-	17	10	-
出生1年前：無　職	4 203	21	22	3 372	185	538	3	15	18	29	3 415	741	47
Ⅴ　無職継続型　○○○	3 504	17	19	2 869	142	413	3	12	10	19	2 905	570	29
Ⅵ　就業開始型　○○●	503	3	2	360	33	88	-	2	7	8	365	123	15
そ　の　他	148	-	1	106	7	31	-	1	1	1	107	39	2
不　　詳	48	1	-	37	3	6	-	-	-	1	38	9	1
不　　詳	77	4	-	49	5	16	-	1	2	-	53	22	2

郡　部

総　数	2 255	22	11	1 326	163	686	2	12	13	20	1 359	863	33
出生1年前：有　職	1 035	13	9	519	92	373	2	6	11	10	541	473	21
Ⅰ　就業継続型　●●●	502	1	1	228	62	195	2	1	6	6	230	260	12
Ⅱ　一時離職型　●○●	240	4	3	122	12	88	-	3	4	4	129	103	8
Ⅲ　出産前離職型●○○	201	5	4	122	9	59	-	1	1	-	131	69	1
Ⅳ　出産後離職型●●○	49	1	1	23	3	20	-	1	-	-	25	24	-
そ　の　他	30	1	-	17	4	8	-	-	-	-	18	12	-
不　　詳	13	1	-	7	2	2	-	-	-	-	8	5	-
出生1年前：無　職	1 196	8	2	796	68	305	-	6	2	9	806	379	11
Ⅴ　無職継続型　○○○	954	6	2	654	57	228	-	3	-	4	662	288	4
Ⅵ　就業開始型　○○●	179	1	-	102	10	57	-	3	2	4	103	70	6
そ　の　他	40	-	-	22	1	16	-	-	-	1	22	17	1
不　　詳	23	1	-	18	-	4	-	-	-	-	19	4	-
不　　詳	24	1	-	11	3	8	-	-	-	1	12	11	1

注：市郡は、出生時のものである。

出生半年後の同居構成・市郡・母の就業変化パターン・出生順位別

構成割合（%）

母の就業変化パターン	総数	父母と同居: 父母のみ	父母又は父母と兄弟のみ: 父母と双子・三つ子の兄姉	父母と兄姉	父母と祖父・祖母: 父母と母方の祖父母	父母と父方の祖父母	父母と祖父母	父母とその他	母と同居: 母のみ又は母と兄姉のみ	母と祖父母等	核家族世帯	三世代世帯等	母子世帯
総　数													
総　数	100.0	1.0	0.9	73.4	5.6	17.0	0.1	0.5	0.8	0.8	75.2	23.2	1.6
出生1年前：有職	100.0	1.4	1.6	64.0	7.6	22.3	0.2	0.6	1.3	1.1	67.0	30.6	2.4
Ⅰ　就業継続型 ●●●	100.0	0.9	0.9	60.9	9.5	24.7	0.3	0.3	1.3	1.2	62.7	34.8	2.6
Ⅱ　一時離職型 ●○●	100.0	1.1	0.7	66.7	5.6	22.1	-	0.6	1.8	1.4	68.5	28.3	3.2
Ⅲ　出産前離職型 ●○○	100.0	3.2	4.0	68.1	5.0	17.4	0.1	0.6	0.9	0.6	75.4	23.2	1.5
Ⅳ　出産後離職型 ●●○	100.0	1.0	2.9	62.1	9.2	22.3	-	1.0	0.5	1.0	66.0	32.5	1.5
その他	100.0	0.7	1.4	60.8	10.1	23.0	-	1.4	2.0	0.7	62.8	34.5	2.7
不詳	100.0	4.7	-	60.5	9.3	23.3	-	2.3	-	-	65.1	34.9	-
出生1年前：無職	100.0	0.6	0.5	78.9	4.5	13.9	0.1	0.4	0.4	0.7	80.0	18.9	1.1
Ⅴ　無職継続型 ○○○	100.0	0.6	0.5	80.4	4.3	13.0	0.1	0.4	0.3	0.5	81.5	17.7	0.8
Ⅵ　就業開始型 ○○●	100.0	0.7	0.2	70.4	6.2	18.7	-	0.7	1.3	1.7	71.4	25.6	3.0
その他	100.0	0.4	0.4	73.8	3.6	19.8	-	0.4	0.8	0.8	74.6	23.8	1.6
不詳	100.0	2.2	-	79.8	4.5	12.4	-	-	-	1.1	82.0	16.9	1.1
不詳	100.0	4.1	-	63.9	7.4	20.5	-	0.8	2.5	0.8	68.0	28.7	3.3
13大都市													
総　数	100.0	1.3	1.3	83.1	4.2	7.7	0.2	0.4	1.2	0.6	85.7	12.5	1.8
出生1年前：有職	100.0	2.2	3.1	78.6	5.1	7.0	0.3	0.3	2.6	0.8	83.9	12.7	3.4
Ⅰ　就業継続型 ●●●	100.0	2.8	1.6	78.5	5.6	6.4	0.4	0.4	3.2	1.2	82.9	12.7	4.4
Ⅱ　一時離職型 ●○●	100.0	1.2	0.6	82.1	4.0	8.1	-	0.6	3.5	-	83.8	12.7	3.5
Ⅲ　出産前離職型 ●○○	100.0	3.5	9.2	73.9	4.2	6.3	0.7	-	1.4	0.7	86.6	11.3	2.1
Ⅳ　出産後離職型 ●●○	100.0	-	2.4	85.4	9.8	2.4	-	-	-	-	87.8	12.2	-
その他	100.0	-	2.9	70.6	5.9	14.7	-	-	2.9	2.9	73.5	20.6	5.9
不詳	100.0	-	-	100.0	-	-	-	-	-	-	100.0	-	-
出生1年前：無職	100.0	0.9	0.6	84.9	3.8	8.0	0.1	0.5	0.6	0.6	86.4	12.4	1.2
Ⅴ　無職継続型 ○○○	100.0	0.8	0.8	84.9	3.6	8.2	0.2	0.5	0.5	0.5	86.5	12.5	1.0
Ⅵ　就業開始型 ○○●	100.0	1.3	-	82.2	5.7	7.6	-	0.6	1.3	1.3	83.4	14.0	2.5
その他	100.0	1.6	-	90.6	1.6	4.7	-	-	1.6	-	92.2	6.3	1.6
不詳	100.0	-	-	88.9	5.6	5.6	-	-	-	-	88.9	11.1	-
不詳	100.0	-	-	85.7	4.8	4.8	-	-	4.8	-	85.7	9.5	4.8
その他の市													
総　数	100.0	0.8	0.9	75.2	5.6	15.5	0.5	0.5	0.7	0.9	76.9	21.6	1.5
出生1年前：有職	100.0	1.3	1.5	66.1	7.7	20.4	0.1	0.6	1.1	1.2	69.0	28.7	2.3
Ⅰ　就業継続型 ●●●	100.0	0.7	1.0	64.4	9.0	22.0	0.2	0.4	0.9	1.2	66.2	31.6	2.2
Ⅱ　一時離職型 ●○●	100.0	0.8	0.5	68.7	6.3	20.3	-	0.3	1.4	1.7	70.1	26.9	3.0
Ⅲ　出産前離職型 ●○○	100.0	3.4	3.4	69.6	5.5	15.6	-	0.8	0.8	0.8	76.3	22.0	1.7
Ⅳ　出産後離職型 ●●○	100.0	0.9	3.4	60.3	10.3	21.6	-	0.9	0.9	1.7	64.7	32.8	2.6
その他	100.0	-	1.2	58.3	10.7	25.0	-	2.4	2.4	-	59.5	38.1	2.4
不詳	100.0	3.7	-	59.3	7.4	25.9	-	3.7	-	-	63.0	37.0	-
出生1年前：無職	100.0	0.5	0.5	80.2	4.4	12.8	0.1	0.4	0.4	0.7	81.3	17.6	1.1
Ⅴ　無職継続型 ○○○	100.0	0.5	0.5	81.9	4.1	11.8	0.1	0.3	0.3	0.5	82.9	16.3	0.8
Ⅵ　就業開始型 ○○●	100.0	0.6	0.4	71.6	6.6	17.5	-	0.4	1.4	1.6	72.6	24.5	3.0
その他	100.0	-	0.7	71.6	4.7	20.9	-	0.7	0.7	0.7	72.3	26.4	1.4
不詳	100.0	2.1	-	77.1	6.3	12.5	-	-	-	2.1	79.2	18.8	2.1
不詳	100.0	5.2	-	63.6	6.5	20.8	-	1.3	2.6	-	68.8	28.6	2.6
郡部													
総　数	100.0	1.0	0.5	58.8	7.2	30.4	0.1	0.5	0.6	0.9	60.3	38.3	1.5
出生1年前：有職	100.0	1.3	0.9	50.1	8.9	36.0	0.2	0.6	1.1	1.0	52.3	45.7	2.0
Ⅰ　就業継続型 ●●●	100.0	0.2	0.2	45.4	12.4	38.8	0.4	0.2	1.2	1.2	45.8	51.8	2.4
Ⅱ　一時離職型 ●○●	100.0	1.7	1.3	50.8	5.0	36.7	-	1.3	1.7	1.7	53.8	42.9	3.3
Ⅲ　出産前離職型 ●○○	100.0	2.5	2.0	60.6	4.5	29.4	-	0.5	0.5	-	65.2	34.3	0.5
Ⅳ　出産後離職型 ●●○	100.0	2.0	2.0	46.9	6.1	40.8	-	2.0	-	-	51.0	49.0	-
その他	100.0	3.3	-	56.7	13.3	26.7	-	-	-	-	60.0	40.0	-
不詳	100.0	7.7	-	53.8	15.4	23.1	-	-	-	-	61.5	38.5	-
出生1年前：無職	100.0	0.7	0.2	66.6	5.7	25.5	-	0.5	0.2	0.8	67.4	31.7	0.9
Ⅴ　無職継続型 ○○○	100.0	0.6	0.2	68.6	6.0	23.9	-	-	-	0.4	69.4	30.2	0.4
Ⅵ　就業開始型 ○○●	100.0	0.6	-	57.0	5.6	31.8	-	1.7	1.1	2.2	57.5	39.1	3.4
その他	100.0	-	-	55.0	2.5	40.0	-	-	-	2.5	55.0	42.5	2.5
不詳	100.0	4.3	-	78.3	-	17.4	-	-	-	-	82.6	17.4	-
不詳	100.0	4.2	-	45.8	12.5	33.3	-	-	-	4.2	50.0	45.8	4.2

第11表 母と同居している子ども数・構成割合,

総数

実数

母の就業変化パターン	総数	父母又は父母と兄弟のみ 父のみ	父母と兄姉	父母と祖父・祖母 父母と母方の祖父母	父母と祖父・祖母 父母と父方の祖父母	父母と祖父母	父母とその他	母のみ又は母と兄姉のみ	母と祖父母等	核家族世帯	三世代世帯等	母子世帯	(再掲)父が単身赴任中以外の母子世帯
総数													
総　　数	21 879	7 904	8 671	1 242	3 355	6	92	256	353	16 575	4 695	609	495
出生1年前：有　職	11 897	5 748	2 953	768	2 002	3	64	159	200	8 701	2 837	359	300
Ⅰ　就業継続型　●●●	3 554	1 241	1 109	319	765	2	19	39	60	2 350	1 105	99	84
Ⅱ　一時離職型　●○●	2 038	678	660	151	397	-	12	67	73	1 338	560	140	129
Ⅲ　出産前離職型●○○	4 997	3 215	847	215	604	1	28	39	48	4 062	848	87	59
Ⅳ　出産後離職型●●○	887	471	200	49	148	-	3	4	12	671	200	16	13
そ　の　他	286	78	111	26	59	-	1	7	4	189	86	11	9
不　　詳	135	65	26	8	29	-	1	3	3	91	38	6	6
出生1年前：無　職	9 741	2 065	5 634	458	1 318	3	28	94	141	7 699	1 807	235	182
Ⅴ　無職継続型　○○○	8 196	1 850	4 806	364	1 040	2	22	44	68	6 656	1 428	112	72
Ⅵ　就業開始型　○○●	1 076	123	572	73	200	1	3	40	64	695	277	104	92
そ　の　他	346	61	189	16	66	-	2	6	6	250	84	12	12
不　　詳	123	31	67	5	12	-	1	4	3	98	18	7	6
不　　詳	241	91	84	16	35	-	-	3	12	175	51	15	13
13大都市													
総　　数	4 691	2 051	1 954	196	320	2	21	75	72	4 005	539	147	110
出生1年前：有　職	2 395	1 445	606	104	139	2	14	43	42	2 051	259	85	66
Ⅰ　就業継続型　●●●	598	289	202	42	35	1	4	13	12	491	82	25	21
Ⅱ　一時離職型　●○●	380	161	141	20	27	-	3	14	14	302	50	28	25
Ⅲ　出産前離職型●○○	1 151	848	178	31	60	1	7	13	13	1 026	99	26	16
Ⅳ　出産後離職型●●○	177	111	50	8	7	-	-	1	-	161	15	1	-
そ　の　他	67	20	31	3	8	-	-	2	3	51	11	5	4
不　　詳	22	16	4	-	2	-	-	-	-	20	2	-	-
出生1年前：無　職	2 244	583	1 328	90	180	-	7	31	25	1 911	277	56	39
Ⅴ　無職継続型　○○○	1 934	524	1 143	73	157	-	6	16	15	1 667	236	31	19
Ⅵ　就業開始型　○○●	188	26	113	12	15	-	-	14	8	139	27	22	17
そ　の　他	93	23	57	3	6	-	1	1	2	80	10	3	3
不　　詳	29	10	15	2	2	-	-	-	-	25	4	-	-
不　　詳	52	23	20	2	1	-	-	1	5	43	3	6	5
その他の市													
総　　数	12 993	4 741	5 288	732	1 828	3	47	149	205	10 029	2 610	354	301
出生1年前：有　職	6 975	3 449	1 754	443	1 082	1	32	97	117	5 203	1 558	214	184
Ⅰ　就業継続型　●●●	2 061	733	673	175	416	1	10	19	34	1 406	602	53	46
Ⅱ　一時離職型　●○●	1 201	406	393	91	215	-	7	47	42	799	313	89	83
Ⅲ　出産前離職型●○○	2 956	1 942	502	123	325	-	11	21	32	2 444	459	53	38
Ⅳ　出産後離職型●●○	512	282	108	33	78	-	2	2	7	390	113	9	8
そ　の　他	159	43	63	15	32	-	1	5	-	106	48	5	4
不　　詳	86	43	15	6	16	-	1	3	2	58	23	5	5
出生1年前：無　職	5 870	1 236	3 478	279	724	2	15	50	86	4 714	1 020	136	113
Ⅴ　無職継続型　○○○	4 946	1 111	2 973	216	566	1	12	22	45	4 084	795	67	47
Ⅵ　就業開始型　○○●	666	80	360	50	119	1	1	21	34	440	171	55	53
そ　の　他	195	32	109	11	34	-	1	4	4	141	46	8	8
不　　詳	63	13	36	2	5	-	1	3	3	49	8	6	5
不　　詳	148	56	56	10	22	-	-	2	2	112	32	4	4
郡部													
総　　数	4 180	1 104	1 423	314	1 207	1	23	32	76	2 527	1 545	108	84
出生1年前：有　職	2 518	848	591	221	781	-	17	19	41	1 439	1 019	60	50
Ⅰ　就業継続型　●●●	895	219	234	102	314	-	5	7	14	453	421	21	17
Ⅱ　一時離職型　●○●	457	111	126	40	155	-	2	6	17	237	197	23	21
Ⅲ　出産前離職型●○○	886	422	167	61	219	-	9	5	3	589	289	8	5
Ⅳ　出産後離職型●●○	194	75	41	8	63	-	1	1	5	116	72	6	5
そ　の　他	59	15	16	8	19	-	-	-	1	31	27	1	1
不　　詳	27	6	7	2	11	-	-	-	1	13	13	1	1
出生1年前：無　職	1 621	244	824	89	414	1	6	13	30	1 068	510	43	30
Ⅴ　無職継続型　○○○	1 310	213	686	75	317	1	4	6	8	899	397	14	6
Ⅵ　就業開始型　○○●	222	17	99	11	66	-	2	5	22	116	79	27	22
そ　の　他	58	6	23	2	26	-	-	1	-	29	28	1	1
不　　詳	31	8	16	1	5	-	-	1	-	24	6	1	1
不　　詳	41	12	8	4	12	-	-	-	5	20	16	5	4

注：1）同居構成と市郡は、出生1年半後のものである。
　　2）市郡別の総数には外国在住分を含む。

出生1年半後の同居構成・市郡・母の就業変化パターン・出生順位別

構成割合（%）

母の就業変化パターン	総数	父母と同居: 父母又は父母と兄弟のみ 父のみ	母のみ	父母と兄姉	父母と祖父・祖母: 父母と母方の祖父母	父母と父方の祖父母	父母と祖父母	父母とその他	母と同居: 母のみ又は母と兄姉のみ	母と祖父母等	核家族世帯	三世代世帯等	母子世帯	(再掲)父が単身赴任中以外の母子世帯
						総　　数								
総　　数	100.0	36.1	39.6	5.7	15.3	0.0		0.4	1.2	1.6	75.8	21.5	2.8	2.3
出生1年前：有職	100.0	48.3	24.8	6.5	16.8	0.0		0.5	1.3	1.7	73.1	23.8	3.0	2.5
Ⅰ 就業継続型 ●●●	100.0	34.9	31.2	9.0	21.5	0.1		0.5	1.1	1.7	66.1	31.1	2.8	2.4
Ⅱ 一時離職型 ●〇●	100.0	33.3	32.4	7.4	19.5	-		0.6	3.3	3.6	65.7	27.5	6.9	6.3
Ⅲ 出産前離職型 ●〇〇	100.0	64.3	17.0	4.3	12.1	0.0		0.6	0.8	1.0	81.3	17.0	1.7	1.2
Ⅳ 出産後離職型 ●●〇	100.0	53.1	22.5	5.5	16.7	-		0.3	0.5	1.4	75.6	22.5	1.8	1.5
そ の 他	100.0	27.3	38.8	9.1	20.6	-		0.3	2.4	1.4	66.1	30.1	3.8	3.1
不　　詳	100.0	48.1	19.3	5.9	21.5	-		0.7	2.2	2.2	67.4	28.1	4.4	4.4
出生1年前：無職	100.0	21.2	57.8	4.7	13.5	0.0		0.3	1.0	1.4	79.0	18.6	2.4	1.9
Ⅴ 無職継続型 〇〇〇	100.0	22.6	58.6	4.4	12.7	0.0		0.5	0.5	0.8	81.2	17.4	1.4	0.9
Ⅵ 就業開始型 〇〇●	100.0	11.4	53.2	6.8	18.6	0.1		0.3	3.7	5.9	64.6	25.7	9.7	8.6
そ の 他	100.0	17.6	54.6	4.6	19.1	-		0.6	1.7	1.7	72.3	24.3	3.5	3.5
不　　詳	100.0	25.2	54.5	4.1	9.8	-		0.8	3.3	2.4	79.7	14.6	5.7	4.9
不　　詳	100.0	37.8	34.9	6.6	14.5	-		-	1.2	5.0	72.6	21.2	6.2	5.4
						13大都市								
総　　数	100.0	43.7	41.7	4.2	6.8	0.0		0.4	1.6	1.5	85.4	11.5	3.1	2.3
出生1年前：有職	100.0	60.3	25.3	4.3	5.8	0.1		0.6	1.8	1.8	85.6	10.8	3.5	2.8
Ⅰ 就業継続型 ●●●	100.0	48.3	33.8	7.0	5.9	0.2		0.7	2.2	2.0	82.1	13.7	4.2	3.5
Ⅱ 一時離職型 ●〇●	100.0	42.4	37.1	5.3	7.1	-		0.8	3.7	3.7	79.5	13.2	7.4	6.6
Ⅲ 出産前離職型 ●〇〇	100.0	73.7	15.5	2.7	5.2	0.1		0.6	1.1	1.1	89.1	8.6	2.3	1.4
Ⅳ 出産後離職型 ●●〇	100.0	62.7	28.2	4.5	4.0	-		-	0.6	-	91.0	8.5	0.6	-
そ の 他	100.0	29.9	46.3	4.5	11.9	-		-	3.0	4.5	76.1	16.4	7.5	6.0
不　　詳	100.0	72.7	18.2	-	9.1	-		-	-	-	90.9	9.1	-	-
出生1年前：無職	100.0	26.0	59.2	4.0	8.0	-		0.3	1.4	1.1	85.2	12.3	2.5	1.7
Ⅴ 無職継続型 〇〇〇	100.0	27.1	59.1	3.8	8.1	-		0.3	0.8	0.8	86.2	12.2	1.6	1.0
Ⅵ 就業開始型 〇〇●	100.0	13.8	60.1	6.4	8.0	-		-	7.4	4.3	73.9	14.4	11.7	9.0
そ の 他	100.0	24.7	61.3	3.2	6.5	-		1.1	1.1	2.2	86.0	10.8	3.2	3.2
不　　詳	100.0	34.5	51.7	6.9	6.9	-		-	-	-	86.2	13.8	-	-
不　　詳	100.0	44.2	38.5	3.8	1.9	-		-	1.9	9.6	82.7	5.8	11.5	9.6
						その他の市								
総　　数	100.0	36.5	40.7	5.6	14.1	0.0		0.4	1.1	1.6	77.2	20.1	2.7	2.3
出生1年前：有職	100.0	49.4	25.1	6.4	15.5	0.0		0.5	1.4	1.7	74.6	22.3	3.1	2.6
Ⅰ 就業継続型 ●●●	100.0	35.6	32.7	8.5	20.2	0.0		0.5	0.9	1.6	68.2	29.2	2.6	2.2
Ⅱ 一時離職型 ●〇●	100.0	33.8	32.7	7.6	17.9	-		0.6	3.9	3.5	66.5	26.1	7.4	6.9
Ⅲ 出産前離職型 ●〇〇	100.0	65.7	17.0	4.2	11.0	-		0.4	0.7	1.1	82.7	15.5	1.8	1.3
Ⅳ 出産後離職型 ●●〇	100.0	55.1	21.1	6.4	15.2	-		0.4	0.4	1.4	76.2	22.1	1.8	1.6
そ の 他	100.0	27.0	39.6	9.4	20.1	-		0.6	3.1	-	66.7	30.2	3.1	2.5
不　　詳	100.0	50.0	17.4	7.0	18.6	-		1.2	3.5	2.3	67.4	26.7	5.8	5.8
出生1年前：無職	100.0	21.1	59.3	4.8	12.3	0.0		0.3	0.9	1.5	80.3	17.4	2.3	1.9
Ⅴ 無職継続型 〇〇〇	100.0	22.5	60.1	4.4	11.4	0.0		0.2	0.4	0.9	82.6	16.1	1.4	1.0
Ⅵ 就業開始型 〇〇●	100.0	12.0	54.1	7.5	17.9	0.2		0.2	3.3	5.1	66.1	25.7	8.3	8.0
そ の 他	100.0	16.4	55.9	5.6	17.4	-		0.5	2.1	2.1	72.3	23.6	4.1	4.1
不　　詳	100.0	20.6	57.1	3.2	7.9	-		1.6	4.8	4.8	77.8	12.7	9.5	7.9
不　　詳	100.0	37.8	37.8	6.8	14.9	-		-	1.4	1.4	75.7	21.6	2.7	2.7
						郡　　部								
総　　数	100.0	26.4	34.0	7.5	28.9	0.0		0.6	0.8	1.8	60.5	37.0	2.6	2.0
出生1年前：有職	100.0	33.7	23.5	8.8	31.0	-		0.7	0.8	1.6	57.1	40.5	2.4	2.0
Ⅰ 就業継続型 ●●●	100.0	24.5	26.1	11.4	35.1	-		0.6	0.8	1.6	50.6	47.0	2.3	1.9
Ⅱ 一時離職型 ●〇●	100.0	24.3	27.6	8.8	33.9	-		0.4	1.3	3.7	51.9	43.1	5.0	4.6
Ⅲ 出産前離職型 ●〇〇	100.0	47.6	18.8	6.9	24.7	-		1.0	0.6	0.3	66.5	32.6	0.9	0.6
Ⅳ 出産後離職型 ●●〇	100.0	38.7	21.1	4.1	32.5	-		0.5	0.5	2.6	59.8	37.1	3.1	2.6
そ の 他	100.0	25.4	27.1	13.6	32.2	-		-	-	1.7	52.5	45.8	1.7	1.7
不　　詳	100.0	22.2	25.9	7.4	40.7	-		-	-	3.7	48.1	48.1	3.7	3.7
出生1年前：無職	100.0	15.1	50.8	5.5	25.5	0.1		0.4	0.8	1.9	65.9	31.5	2.7	1.9
Ⅴ 無職継続型 〇〇〇	100.0	16.3	52.4	5.7	24.2	0.1		0.3	0.5	0.6	68.6	30.3	1.1	0.5
Ⅵ 就業開始型 〇〇●	100.0	7.7	44.6	5.0	29.7	-		0.9	2.3	9.9	52.3	35.6	12.2	9.9
そ の 他	100.0	10.3	39.7	3.4	44.8	-		-	1.7	-	50.0	48.3	1.7	1.7
不　　詳	100.0	25.8	51.6	3.2	16.1	-		-	3.2	-	77.4	19.4	3.2	3.2
不　　詳	100.0	29.3	19.5	9.8	29.3	-		-	-	12.2	48.8	39.0	12.2	9.8

11表（3－2）

第11表　母と同居している子ども数・構成割合，

第1子

母の就業変化パターン	総数	父母と同居 父母又は父母と兄弟のみ 父のみ	父母と兄姉	父母と祖父・祖母 父母と母方の祖父母	父母と父方の祖父母	父母と祖父母	父母とその他	母と同居 母のみ又は母と兄姉のみ	母と祖父母等	核家族世帯	三世代世帯等	母子世帯	（再掲）父が単身赴任中以外の母子世帯
						実数							

実数

						総　数							
総　　　数	10 858	7 808	633	587	1 423	2	46	118	241	8 441	2 058	359	298
出生1年前：有　職	7 960	5 694	443	458	1 084	-	37	86	158	6 137	1 579	244	202
Ⅰ　就業継続型　●●●	1 834	1 229	77	152	314	-	8	14	40	1 306	474	54	48
Ⅱ　一時離職型　●○●	1 034	667	18	83	169	-	7	33	57	685	259	90	82
Ⅲ　出産前離職型　●○○	4 181	3 188	266	172	459	-	20	30	46	3 454	651	76	51
Ⅳ　出産後離職型　●●○	681	469	61	36	100	-	2	4	9	530	138	13	11
そ の 他	138	77	19	10	26	-	-	3	3	96	36	6	5
不　　詳	92	64	2	5	16	-	-	2	3	66	21	5	5
出生1年前：無　職	2 779	2 027	183	123	329	2	9	31	75	2 210	463	106	88
Ⅴ　無職継続型　○○○	2 414	1 818	165	97	273	1	6	19	35	1 983	377	54	40
Ⅵ　就業開始型　○○●	237	120	11	20	40	1	1	9	35	131	62	44	40
そ の 他	94	60	5	5	15	-	2	2	5	65	22	7	7
不　　詳	34	29	2	1	1	-	-	1	-	31	2	1	1
不　　　詳	119	87	7	6	10	-	-	1	8	94	16	9	8
						13大都市							
総　　　数	2 494	2 024	139	95	132	-	14	35	55	2 163	241	90	68
出生1年前：有　職	1 757	1 431	94	71	87	-	12	26	36	1 525	170	62	47
Ⅰ　就業継続型　●●●	354	282	12	25	16	-	3	6	10	294	44	16	12
Ⅱ　一時離職型　●○●	208	159	3	12	13	-	2	7	12	162	27	19	17
Ⅲ　出産前離職型　●○○	1 008	843	59	27	49	-	7	11	12	902	83	23	15
Ⅳ　出産後離職型　●●○	137	111	14	6	5	-	-	1	-	125	11	1	-
そ の 他	31	20	5	1	2	-	-	1	2	25	3	3	3
不　　詳	19	16	1	-	2	-	-	-	-	17	2	-	-
出生1年前：無　職	707	570	44	23	45	-	2	8	15	614	70	23	17
Ⅴ　無職継続型　○○○	628	513	40	19	39	-	1	5	11	553	59	16	11
Ⅵ　就業開始型　○○●	36	25	2	2	2	-	-	3	2	27	4	5	4
そ の 他	31	22	1	2	3	-	1	-	2	23	6	2	2
不　　詳	12	10	1	-	1	-	-	-	-	11	1	-	-
不　　　詳	30	23	1	1	-	-	-	1	4	24	1	5	4
						その他の市							
総　　　数	6 446	4 689	394	345	789	1	22	70	136	5 083	1 157	206	175
出生1年前：有　職	4 705	3 419	272	261	597	-	16	50	90	3 691	874	140	117
Ⅰ　就業継続型　●●●	1 081	729	54	88	178	-	4	7	21	783	270	28	26
Ⅱ　一時離職型　●○●	603	400	11	45	90	-	3	23	31	411	138	54	49
Ⅲ　出産前離職型　●○○	2 490	1 925	166	93	254	-	7	14	31	2 091	354	45	31
Ⅳ　出産後離職型　●●○	396	280	29	25	53	-	2	2	5	309	80	7	6
そ の 他	76	43	11	6	14	-	-	2	-	54	20	2	1
不　　詳	59	42	1	4	8	-	-	2	2	43	12	4	4
出生1年前：無　職	1 673	1 217	117	80	188	1	6	20	44	1 334	275	64	56
Ⅴ　無職継続型　○○○	1 451	1 094	106	62	152	-	5	12	20	1 200	219	32	25
Ⅵ　就業開始型　○○●	159	79	9	15	29	1	-	5	21	88	45	26	25
そ の 他	49	32	2	2	7	-	1	2	3	34	10	5	5
不　　詳	14	12	-	1	-	-	-	1	-	12	1	1	1
不　　　詳	68	53	5	4	4	-	-	-	2	58	8	2	2
						郡　部							
総　　　数	1 910	1 087	100	147	502	1	10	13	50	1 187	660	63	55
出生1年前：有　職	1 492	838	77	126	400	-	9	10	32	915	535	42	38
Ⅰ　就業継続型　●●●	399	218	11	39	120	-	1	1	9	229	160	10	10
Ⅱ　一時離職型　●○●	223	108	4	26	66	-	2	3	14	112	94	17	16
Ⅲ　出産前離職型　●○○	680	417	41	52	156	-	6	5	3	458	214	8	5
Ⅳ　出産後離職型　●●○	145	75	18	5	42	-	-	1	4	93	47	5	5
そ の 他	31	14	3	3	10	-	-	-	1	17	13	1	1
不　　詳	14	6	1	-	6	-	-	-	1	6	7	1	-
出生1年前：無　職	397	238	22	20	96	1	1	3	16	260	118	19	15
Ⅴ　無職継続型　○○○	333	209	19	16	82	1	-	2	4	228	99	6	4
Ⅵ　就業開始型　○○●	42	16	-	3	9	-	1	1	12	16	13	13	11
そ の 他	14	6	2	-	5	-	-	-	-	8	6	-	-
不　　詳	8	7	1	1	-	-	-	-	-	8	-	-	-
不　　　詳	21	11	1	1	6	-	-	-	2	12	7	2	2

注：1）同居構成と市郡は、出生1年半後のものである。
　　2）市郡別の総数には外国在住分を含む。

出生1年半後の同居構成・市郡・母の就業変化パターン・出生順位別

構成割合（%）

母の就業変化パターン	総数	父母と同居 父母又は父母と兄弟のみ 父母のみ	父母と兄姉	父母と母方の祖父母	父母と父方の祖父母	父母と祖父母	父母とその他	母と同居 母のみ又は母と兄姉のみ	母と祖父母等	核家族世帯	三世代世帯等	母子世帯	(再掲)父が単身赴任中以外の母子世帯
					総　数								
総　　数	100.0	71.9	5.8	5.4	13.1	0.0	0.4	1.1	2.2	77.7	19.0	3.3	2.7
出生1年前：有職	100.0	71.5	5.6	5.8	13.6	-	0.5	1.1	2.0	77.1	19.8	3.1	2.5
Ⅰ　就業継続型　●●●	100.0	67.0	4.2	8.3	17.1	-	0.4	0.8	2.2	71.2	25.8	2.9	2.6
Ⅱ　一時離職型　●○●	100.0	64.5	1.7	8.0	16.3	-	0.7	3.2	5.5	66.2	25.0	8.7	7.9
Ⅲ　出産前離職型●○○	100.0	76.2	6.4	4.1	11.0	-	0.5	0.7	1.1	82.6	15.6	1.8	1.2
Ⅳ　出産後離職型●●○	100.0	68.9	9.0	5.3	14.7	-	0.3	0.6	1.3	77.8	20.3	1.9	1.6
そ　の　他	100.0	55.8	13.8	7.2	18.8	-	-	2.2	2.2	69.6	26.1	4.3	3.6
不　　詳	100.0	69.6	2.2	5.4	17.4	-	-	2.2	3.3	71.7	22.8	5.4	5.4
出生1年前：無職	100.0	72.9	6.6	4.4	11.8	0.1	0.3	1.1	2.7	79.5	16.7	3.8	3.2
Ⅴ　無職継続型　○○○	100.0	75.3	6.8	4.0	11.3	0.0	0.2	0.8	1.4	82.1	15.6	2.2	1.7
Ⅵ　就業開始型　○○●	100.0	50.6	4.6	8.4	16.9	0.4	0.4	3.8	14.8	55.3	26.2	18.6	16.9
そ　の　他	100.0	63.8	5.3	5.3	16.0	-	2.1	2.1	5.3	69.1	23.4	7.4	7.4
不　　詳	100.0	85.3	5.9	2.9	2.9	-	-	2.9	-	91.2	5.9	2.9	2.9
不　　詳	100.0	73.1	5.9	5.0	8.4	-	-	0.8	6.7	79.0	13.4	7.6	6.7
					13大都市								
総　　数	100.0	81.2	5.6	3.8	5.3	-	0.6	1.4	2.2	86.7	9.7	3.6	2.7
出生1年前：有職	100.0	81.4	5.4	4.0	5.0	-	0.7	1.5	2.0	86.8	9.7	3.5	2.7
Ⅰ　就業継続型　●●●	100.0	79.7	3.4	7.1	4.5	-	0.8	1.7	2.8	83.1	12.4	4.5	3.4
Ⅱ　一時離職型　●○●	100.0	76.4	1.4	5.8	6.3	-	1.0	3.4	5.8	77.9	13.0	9.1	8.2
Ⅲ　出産前離職型●○○	100.0	83.6	5.9	2.7	4.9	-	0.7	1.1	1.2	89.5	8.2	2.3	1.5
Ⅳ　出産後離職型●●○	100.0	81.0	10.2	4.4	3.6	-	-	0.7	-	91.2	8.0	0.7	-
そ　の　他	100.0	64.5	16.1	3.2	6.5	-	-	3.2	6.5	80.6	9.7	9.7	9.7
不　　詳	100.0	84.2	5.3	-	10.5	-	-	-	-	89.5	10.5	-	-
出生1年前：無職	100.0	80.6	6.2	3.3	6.4	-	0.3	1.1	2.1	86.8	9.9	3.3	2.4
Ⅴ　無職継続型　○○○	100.0	81.7	6.4	3.0	6.2	-	0.2	0.8	1.8	88.1	9.4	2.5	1.8
Ⅵ　就業開始型　○○●	100.0	69.4	5.6	5.6	5.6	-	-	8.3	5.6	75.0	11.1	13.9	11.1
そ　の　他	100.0	71.0	3.2	6.5	9.7	-	3.2	-	6.5	74.2	19.4	6.5	6.5
不　　詳	100.0	83.3	8.3	-	8.3	-	-	-	-	91.7	8.3	-	-
不　　詳	100.0	76.7	3.3	3.3	-	-	-	3.3	13.3	80.0	* 3.3	16.7	13.3
					その他の市								
総　　数	100.0	72.7	6.1	5.4	12.2	0.0	0.3	1.1	2.1	78.9	17.9	3.2	2.7
出生1年前：有職	100.0	72.7	5.8	5.5	12.7	-	0.3	1.1	1.9	78.4	18.6	3.0	2.5
Ⅰ　就業継続型　●●●	100.0	67.4	5.0	8.1	16.5	-	0.4	0.6	1.9	72.4	25.0	2.6	2.4
Ⅱ　一時離職型　●○●	100.0	66.3	1.8	7.5	14.9	-	0.5	3.8	5.1	68.2	22.9	9.0	8.1
Ⅲ　出産前離職型●○○	100.0	77.3	6.7	3.7	10.2	-	0.3	0.6	1.2	84.0	14.2	1.8	1.2
Ⅳ　出産後離職型●●○	100.0	70.7	7.3	6.3	13.4	-	0.5	0.5	1.3	78.0	20.2	1.8	1.5
そ　の　他	100.0	56.6	14.5	7.9	18.4	-	-	2.6	-	71.1	26.3	2.6	1.3
不　　詳	100.0	71.2	1.7	6.8	13.6	-	-	3.4	3.4	72.9	20.3	6.8	6.8
出生1年前：無職	100.0	72.7	7.0	4.8	11.2	0.1	0.4	1.2	2.6	79.7	16.4	3.8	3.3
Ⅴ　無職継続型　○○○	100.0	75.4	7.3	4.3	10.5	-	0.3	0.8	1.4	82.7	15.1	2.2	1.7
Ⅵ　就業開始型　○○●	100.0	49.7	5.7	9.4	18.2	0.6	-	3.1	13.2	55.3	28.3	16.4	15.7
そ　の　他	100.0	65.3	4.1	4.1	14.3	-	2.0	4.1	6.1	69.4	20.4	10.2	10.2
不　　詳	100.0	85.7	-	7.1	-	-	-	7.1	-	85.7	7.1	7.1	7.1
不　　詳	100.0	77.9	7.4	5.9	5.9	-	-	-	2.9	85.3	11.8	2.9	2.9
					郡　部								
総　　数	100.0	56.9	5.2	7.7	26.3	0.1	0.5	0.7	2.6	62.1	34.6	3.3	2.9
出生1年前：有職	100.0	56.2	5.2	8.4	26.8	-	0.6	0.7	2.1	61.3	35.9	2.8	2.5
Ⅰ　就業継続型　●●●	100.0	54.6	2.8	9.8	30.1	-	0.3	0.3	2.3	57.4	40.1	2.5	2.5
Ⅱ　一時離職型　●○●	100.0	48.4	1.8	11.7	29.6	-	0.9	1.3	6.3	50.2	42.2	7.6	7.2
Ⅲ　出産前離職型●○○	100.0	61.3	6.0	7.6	22.9	-	0.9	0.7	0.4	67.4	31.5	1.2	0.7
Ⅳ　出産後離職型●●○	100.0	51.7	12.4	3.4	29.0	-	-	0.7	2.8	64.1	32.4	3.4	3.4
そ　の　他	100.0	45.2	9.7	9.7	32.3	-	-	-	3.2	54.8	41.9	3.2	3.2
不　　詳	100.0	42.9	-	7.1	42.9	-	-	-	7.1	42.9	50.0	7.1	7.1
出生1年前：無職	100.0	59.9	5.5	5.0	24.2	0.3	0.3	0.8	4.0	65.5	29.7	3.8	3.8
Ⅴ　無職継続型　○○○	100.0	62.8	5.7	4.8	24.6	0.3	-	0.6	1.2	68.5	29.7	1.8	1.2
Ⅵ　就業開始型　○○●	100.0	38.1	-	7.1	21.4	-	2.4	2.4	28.6	38.1	31.0	31.0	26.2
そ　の　他	100.0	42.9	14.3	7.1	35.7	-	-	-	-	57.1	42.9	-	-
不　　詳	100.0	87.5	12.5	-	-	-	-	-	-	100.0	-	-	-
不　　詳	100.0	52.4	4.8	4.8	28.6	-	-	-	9.5	57.1	33.3	9.5	9.5

11表（3-3）

第2子以上

第11表　母と同居している子ども数・構成割合，

実　数

母の就業変化パターン	総数	父母と同居 父母又は父母と兄弟のみ 父のみ	父母と兄姉	父母と母方の祖父母	父母と父方の祖父母	父母と祖父・祖母 父母と祖父母	父母とその他	母と同居 母のみ又は母と兄姉のみ	母と祖父母等	核家族世帯	三世代世帯等	母子世帯	（再掲）父が単身赴任中以外の母子世帯

総　数

総　数	11 021	96	8 038	655	1 932	4	46	138	112	8 134	2 637	250	197
出生1年前：有職	3 937	54	2 510	310	918	3	27	73	42	2 564	1 258	115	98
Ⅰ　就業継続型●●●	1 720	12	1 032	167	451	2	11	25	20	1 044	631	45	36
Ⅱ　一時離職型●○●	1 004	11	642	68	228	-	5	34	16	653	301	50	47
Ⅲ　出産前離職型●○○	816	27	581	43	145	1	8	9	2	608	197	11	8
Ⅳ　出産後離職型●●○	206	2	139	13	48	-	1	-	3	141	62	3	2
その他	148	1	92	16	33	-	1	4	1	93	50	5	4
不詳	43	1	24	3	13	-	1	1	-	25	17	1	1
出生1年前：無職	6 962	38	5 451	335	989	1	19	63	66	5 489	1 344	129	94
Ⅴ　無職継続型○○○	5 782	32	4 641	267	767	1	16	25	33	4 673	1 051	58	32
Ⅵ　就業開始型○○●	839	3	561	53	160	-	2	31	29	564	215	60	52
その他	252	1	184	11	51	-	-	4	1	185	62	5	5
不詳	89	2	65	4	11	-	1	3	3	67	16	6	5
不　詳	122	4	77	10	25	-	-	2	4	81	35	6	5

13大都市

総　数	2 197	27	1 815	101	188	2	7	40	17	1 842	298	57	42
出生1年前：有職	638	14	512	33	52	2	2	17	6	526	89	23	19
Ⅰ　就業継続型●●●	244	7	190	17	19	1	1	7	2	197	38	9	9
Ⅱ　一時離職型●○●	172	2	138	8	14	-	1	7	2	140	23	9	8
Ⅲ　出産前離職型●○○	143	5	119	4	11	1	-	2	1	124	16	3	1
Ⅳ　出産後離職型●●○	40	-	36	2	2	-	-	-	-	36	4	-	-
その他	36	-	26	2	6	-	-	1	1	26	8	2	1
不詳	3	-	3	-	-	-	-	-	-	3	-	-	-
出生1年前：無職	1 537	13	1 284	67	135	-	5	23	10	1 297	207	33	22
Ⅴ　無職継続型○○○	1 306	11	1 103	54	118	-	5	11	4	1 114	177	15	8
Ⅵ　就業開始型○○●	152	1	111	10	13	-	-	11	6	112	23	17	13
その他	62	1	56	1	3	-	-	1	-	57	4	1	1
不詳	17	-	14	2	1	-	-	-	-	14	3	-	-
不　詳	22	-	19	1	1	-	-	-	1	19	2	1	1

その他の市

総　数	6 547	52	4 894	387	1 039	2	25	79	69	4 946	1 453	148	126
出生1年前：有職	2 270	30	1 482	182	485	1	16	47	27	1 512	684	74	67
Ⅰ　就業継続型●●●	980	4	619	87	238	1	6	12	13	623	332	25	20
Ⅱ　一時離職型●○●	598	6	382	46	125	-	4	24	11	388	175	35	34
Ⅲ　出産前離職型●○○	466	17	336	30	71	-	4	7	1	353	105	8	7
Ⅳ　出産後離職型●●○	116	2	79	8	25	-	-	-	2	81	33	2	2
その他	83	-	52	9	18	-	1	3	-	52	28	3	3
不詳	27	1	14	2	8	-	1	1	-	15	11	1	1
出生1年前：無職	4 197	19	3 361	199	536	1	9	30	42	3 380	745	72	57
Ⅴ　無職継続型○○○	3 495	17	2 867	154	414	1	7	10	25	2 884	576	35	22
Ⅵ　就業開始型○○●	507	1	351	35	90	-	1	16	13	352	126	29	28
その他	146	-	107	9	27	-	-	2	1	107	36	3	3
不詳	49	1	36	1	5	-	1	2	3	37	7	5	4
不　詳	80	3	51	6	18	-	-	2	-	54	24	2	2

郡　部

総　数	2 270	17	1 323	167	705	-	13	19	26	1 340	885	45	29
出生1年前：有職	1 026	10	514	95	381	-	8	9	9	524	484	18	12
Ⅰ　就業継続型●●●	496	1	223	63	194	-	4	6	5	224	261	11	7
Ⅱ　一時離職型●○●	234	3	122	14	89	-	-	3	3	125	103	6	5
Ⅲ　出産前離職型●○○	206	5	126	9	63	-	3	-	-	131	75	-	-
Ⅳ　出産後離職型●●○	49	-	23	3	21	-	1	-	1	23	25	1	-
その他	28	1	13	5	9	-	-	-	-	14	14	1	-
不詳	13	-	7	1	5	-	-	-	-	7	6	-	-
出生1年前：無職	1 224	6	802	69	318	-	5	10	14	808	392	24	15
Ⅴ　無職継続型○○○	977	4	667	59	235	-	4	4	4	671	298	8	2
Ⅵ　就業開始型○○●	180	1	99	8	57	-	1	4	10	100	66	14	11
その他	44	-	21	1	21	-	-	1	-	21	22	1	-
不詳	23	1	15	1	5	-	-	1	-	16	6	1	1
不　詳	20	1	7	3	6	-	-	-	3	8	9	3	2

注：1）同居構成と市郡は、出生1年半後のものである。
　　2）市郡別の総数には外国在住分を含む。

出生1年半後の同居構成・市郡・母の就業変化パターン・出生順位別

構成割合（％）

母の就業変化パターン	総数	父のみ	父母と兄姉	父母と母方の祖父母	父母と父方の祖父母	父母と祖父母	父母とその他	母のみ又は母と兄姉のみ	母と祖父母等	核家族世帯	三世代世帯等	母子世帯	(再掲)父が単身赴任中以外の母子世帯
総　　　数						総　　数							
総　　　数	100.0	0.9	72.9	5.9	17.5	0.0	0.4	1.3	1.0	73.8	23.9	2.3	1.8
出生1年前：有職	100.0	1.4	63.8	7.9	23.3	0.1	0.7	1.9	1.1	65.1	32.0	2.9	2.5
Ⅰ　就業継続型　●●●	100.0	0.7	60.0	9.7	26.2	0.1	0.6	1.5	1.2	60.7	36.7	2.6	2.1
Ⅱ　一時離職型　●○●	100.0	1.1	63.9	6.8	22.7	-	0.5	3.4	1.6	65.0	30.0	5.0	4.7
Ⅲ　出産前離職型●○○	100.0	3.3	71.2	5.3	17.8	0.1	1.0	1.1	0.2	74.5	24.1	1.3	1.0
Ⅳ　出産後離職型●●○	100.0	1.0	67.5	6.3	23.3	-	0.5	-	1.5	68.4	30.1	1.5	1.0
そ　の　他	100.0	0.7	62.2	10.8	22.3	-	0.7	2.7	0.7	62.8	33.8	3.4	2.7
不　　　詳	100.0	2.3	55.8	7.0	30.2	-	2.3	2.3	-	58.1	39.5	2.3	2.3
出生1年前：無職	100.0	0.5	78.3	4.8	14.2	0.0	0.3	0.9	0.9	78.8	19.3	1.9	1.4
Ⅴ　無職継続型　○○○	100.0	0.6	80.3	4.6	13.3	0.0	0.3	0.4	0.6	80.8	18.2	1.0	0.6
Ⅵ　就業開始型　○○●	100.0	0.4	66.9	6.3	19.1	-	0.2	3.7	3.5	67.2	25.6	7.2	6.2
そ　の　他	100.0	0.4	73.0	4.4	20.2	-	-	1.6	0.4	73.4	24.6	2.0	2.0
不　　　詳	100.0	2.2	73.0	4.5	12.4	-	1.1	3.4	3.4	75.3	18.0	6.7	5.6
不　　　詳	100.0	3.3	63.1	8.2	20.5	-	-	1.6	3.3	66.4	28.7	4.9	4.1
						13大都市							
総　　　数	100.0	1.2	82.6	4.6	8.6	0.1	0.3	1.8	0.8	83.8	13.6	2.6	1.9
出生1年前：有職	100.0	2.2	80.3	5.2	8.2	0.3	0.3	2.7	0.9	82.4	13.9	3.6	3.0
Ⅰ　就業継続型　●●●	100.0	2.9	77.9	7.0	7.8	0.4	0.4	2.9	0.8	80.7	15.6	3.7	3.7
Ⅱ　一時離職型　●○●	100.0	1.2	80.2	4.7	8.1	-	0.6	4.1	1.2	81.4	13.4	5.2	4.7
Ⅲ　出産前離職型●○○	100.0	3.5	83.2	2.8	7.7	0.7	-	1.4	0.7	86.7	11.2	2.1	0.7
Ⅳ　出産後離職型●●○	100.0	-	90.0	5.0	5.0	-	-	-	-	90.0	10.0	-	-
そ　の　他	100.0	-	72.2	5.6	16.7	-	-	2.8	2.8	72.2	22.2	5.6	2.8
不　　　詳	100.0	-	100.0	-	-	-	-	-	-	100.0	-	-	-
出生1年前：無職	100.0	0.8	83.5	4.4	8.8	-	0.3	1.5	0.7	84.4	13.5	2.1	1.4
Ⅴ　無職継続型　○○○	100.0	0.8	84.5	4.1	9.0	-	0.4	0.8	0.3	85.3	13.6	1.1	0.6
Ⅵ　就業開始型　○○●	100.0	0.7	73.0	6.6	8.6	-	-	7.2	3.9	73.7	15.1	11.2	8.6
そ　の　他	100.0	1.6	90.3	1.6	4.8	-	-	1.6	-	91.9	6.5	1.6	1.6
不　　　詳	100.0	-	82.4	11.8	5.9	-	-	-	-	82.4	17.6	-	-
不　　　詳	100.0	-	86.4	4.5	4.5	-	-	-	4.5	86.4	9.1	4.5	4.5
						その他の市							
総　　　数	100.0	0.8	74.8	5.9	15.9	0.0	0.4	1.2	1.1	75.5	22.2	2.3	1.9
出生1年前：有職	100.0	1.3	65.3	8.0	21.4	0.0	0.7	2.1	1.2	66.6	30.1	3.3	3.0
Ⅰ　就業継続型　●●●	100.0	0.4	63.2	8.9	24.3	0.1	0.6	1.2	1.3	63.6	33.9	2.6	2.0
Ⅱ　一時離職型　●○●	100.0	1.0	63.9	7.7	20.9	-	0.7	4.0	1.8	64.9	29.3	5.9	5.7
Ⅲ　出産前離職型●○○	100.0	3.6	72.1	6.4	15.2	-	0.9	1.5	0.2	75.8	22.5	1.7	1.5
Ⅳ　出産後離職型●●○	100.0	1.7	68.1	6.9	21.6	-	-	-	1.7	69.8	28.4	1.7	1.7
そ　の　他	100.0	-	62.7	10.8	21.7	-	1.2	3.6	-	62.7	33.7	3.6	3.6
不　　　詳	100.0	3.7	51.9	7.4	29.6	-	3.7	3.7	-	55.6	40.7	3.7	3.7
出生1年前：無職	100.0	0.5	80.1	4.7	12.8	0.0	0.2	0.7	1.0	80.5	17.8	1.7	1.4
Ⅴ　無職継続型　○○○	100.0	0.5	82.0	4.4	11.8	0.0	0.2	0.3	0.7	82.5	16.5	1.0	0.6
Ⅵ　就業開始型　○○●	100.0	0.2	69.2	6.9	17.8	-	0.2	3.2	2.6	69.4	24.9	5.7	5.5
そ　の　他	100.0	-	73.3	6.2	18.5	-	-	1.4	0.7	73.3	24.7	2.1	2.1
不　　　詳	100.0	2.0	73.5	2.0	10.2	-	2.0	4.1	6.1	75.5	14.3	10.2	8.2
不　　　詳	100.0	3.8	63.8	7.5	22.5	-	-	2.5	-	67.5	30.0	2.5	2.5
						郡　部							
総　　　数	100.0	0.7	58.3	7.4	31.1	-	0.6	0.8	1.1	59.0	39.0	2.0	1.3
出生1年前：有職	100.0	1.0	50.1	9.3	37.1	-	0.8	0.9	0.9	51.1	47.2	1.8	1.2
Ⅰ　就業継続型　●●●	100.0	0.2	45.0	12.7	39.1	-	0.8	1.2	1.0	45.2	52.6	2.2	1.4
Ⅱ　一時離職型　●○●	100.0	1.3	52.1	6.0	38.0	-	-	1.3	1.3	53.4	44.0	2.6	2.1
Ⅲ　出産前離職型●○○	100.0	2.4	61.2	4.4	30.6	-	1.5	-	-	63.6	36.4	-	-
Ⅳ　出産後離職型●●○	100.0	-	46.9	6.1	42.9	-	2.0	-	2.0	46.9	51.0	2.0	-
そ　の　他	100.0	3.6	46.4	17.9	32.1	-	-	-	-	50.0	50.0	-	-
不　　　詳	100.0	-	53.8	7.7	38.5	-	-	-	-	53.8	46.2	-	-
出生1年前：無職	100.0	0.5	65.5	5.6	26.0	-	0.4	0.8	1.1	66.0	32.0	2.0	1.2
Ⅴ　無職継続型　○○○	100.0	0.4	68.3	6.0	24.1	-	0.4	0.4	0.4	68.7	30.5	0.8	0.2
Ⅵ　就業開始型　○○●	100.0	0.6	55.0	4.4	31.7	-	0.6	2.2	5.6	55.6	36.7	7.8	6.1
そ　の　他	100.0	-	47.7	2.3	47.7	-	-	2.3	-	47.7	50.0	2.3	2.3
不　　　詳	100.0	4.3	65.2	4.3	21.7	-	-	4.3	-	69.6	26.1	4.3	4.3
不　　　詳	100.0	5.0	35.0	15.0	30.0	-	-	-	15.0	40.0	45.0	15.0	10.0

第12表　母と同居している子ども数・構成割合，出生半年後と出生

母の就業変化パターン	総数	両時点で祖父母と別居	祖父母と別居→同居	両時点で祖父母と同居	祖父母と同居→別居	総数	両時点で祖父母と別居	祖父母と別居→同居①	両時点で祖父母と同居	祖父母と同居→別居②	変動の差 ①−②
総数			**総数**					**総数**			
総数	21 879	16 435	710	4 231	503	100.0	75.1	3.2	19.3	2.3	0.9
Ⅰ 就業継続型 ●●●	3 554	2 343	141	1 001	69	100.0	65.9	4.0	28.2	1.9	2.0
Ⅱ 一時離職型 ●●●	2 038	1 359	99	517	63	100.0	66.7	4.9	25.4	3.1	1.8
Ⅲ 出産前離職型 ●○○	4 997	4 004	145	722	126	100.0	80.1	2.9	14.4	2.5	0.4
Ⅳ 出産後離職型 ●●○	887	652	34	174	27	100.0	73.5	3.8	19.6	3.0	0.8
Ⅴ 無職継続型 ○○○	8 196	6 575	189	1 284	148	100.0	80.2	2.3	15.7	1.8	0.5
Ⅵ 就業開始型 ○○●	1 076	698	62	274	42	100.0	64.9	5.8	25.5	3.9	1.9
その他	1 131	804	40	259	28	100.0	71.1	3.5	22.9	2.5	1.1
			13大都市					**13大都市**			
総数	4 691	4 016	125	460	90	100.0	85.6	2.7	9.8	1.9	0.7
Ⅰ 就業継続型 ●●●	598	500	24	65	9	100.0	83.6	4.0	10.9	1.5	2.5
Ⅱ 一時離職型 ●●●	380	312	16	43	9	100.0	82.1	4.2	11.3	2.4	1.8
Ⅲ 出産前離職型 ●○○	1 151	1 021	27	78	25	100.0	88.7	2.3	6.8	2.2	0.2
Ⅳ 出産後離職型 ●●○	177	156	5	10	6	100.0	88.1	2.8	5.6	3.4	−0.6
Ⅴ 無職継続型 ○○○	1 934	1 659	36	208	31	100.0	85.8	1.9	10.8	1.6	0.3
Ⅵ 就業開始型 ○○●	188	149	7	27	5	100.0	79.3	3.7	14.4	2.7	1.1
その他	263	219	10	29	5	100.0	83.3	3.8	11.0	1.9	1.9
			その他の市					**その他の市**			
総数	12 993	9 932	421	2 340	300	100.0	76.4	3.2	18.0	2.3	0.9
Ⅰ 就業継続型 ●●●	2 061	1 395	84	540	42	100.0	67.7	4.1	26.2	2.0	2.0
Ⅱ 一時離職型 ●●●	1 201	817	55	292	37	100.0	68.0	4.6	24.3	3.1	1.5
Ⅲ 出産前離職型 ●○○	2 956	2 405	91	388	72	100.0	81.4	3.1	13.1	2.4	0.6
Ⅳ 出産後離職型 ●●○	512	381	19	98	14	100.0	74.4	3.7	19.1	2.7	1.0
Ⅴ 無職継続型 ○○○	4 946	4 032	110	718	86	100.0	81.5	2.2	14.5	1.7	0.5
Ⅵ 就業開始型 ○○●	666	432	43	160	31	100.0	64.9	6.5	24.0	4.7	1.8
その他	651	470	19	144	18	100.0	72.2	2.9	22.1	2.8	0.2
			郡部					**郡部**			
総数	4 180	2 477	164	1 431	108	100.0	59.3	3.9	34.2	2.6	1.3
Ⅰ 就業継続型 ●●●	895	448	33	396	18	100.0	50.1	3.7	44.2	2.0	1.7
Ⅱ 一時離職型 ●●●	457	230	28	182	17	100.0	50.3	6.1	39.8	3.7	2.4
Ⅲ 出産前離職型 ●○○	886	575	27	256	28	100.0	64.9	3.0	28.9	3.2	−0.1
Ⅳ 出産後離職型 ●●○	194	113	10	66	5	100.0	58.2	5.2	34.0	2.6	2.6
Ⅴ 無職継続型 ○○○	1 310	880	43	358	29	100.0	67.2	3.3	27.3	2.2	1.1
Ⅵ 就業開始型 ○○●	222	117	12	87	6	100.0	52.7	5.4	39.2	2.7	2.7
その他	216	114	11	86	5	100.0	52.8	5.1	39.8	2.3	2.8
第1子											
			総数					**総数**			
総数	10 858	8 326	387	1 859	286	100.0	76.7	3.6	17.1	2.6	0.9
Ⅰ 就業継続型 ●●●	1 834	1 293	83	421	37	100.0	70.5	4.5	23.0	2.0	2.5
Ⅱ 一時離職型 ●●●	1 034	685	59	248	42	100.0	66.2	5.7	24.0	4.1	1.6
Ⅲ 出産前離職型 ●○○	4 181	3 402	120	556	103	100.0	81.4	2.9	13.3	2.5	0.4
Ⅳ 出産後離職型 ●●○	681	518	29	115	19	100.0	76.1	4.3	16.9	2.8	1.5
Ⅴ 無職継続型 ○○○	2 414	1 951	63	343	57	100.0	80.8	2.6	14.2	2.4	0.2
Ⅵ 就業開始型 ○○●	237	129	15	80	13	100.0	54.4	6.3	33.8	5.5	0.8
その他	477	348	18	96	15	100.0	73.0	3.8	20.1	3.1	0.6
			13大都市					**13大都市**			
総数	2 494	2 154	70	211	59	100.0	86.4	2.8	8.5	2.4	0.4
Ⅰ 就業継続型 ●●●	354	297	16	35	6	100.0	83.9	4.5	9.9	1.7	2.8
Ⅱ 一時離職型 ●●●	208	166	12	24	6	100.0	79.8	5.8	11.5	2.9	2.9
Ⅲ 出産前離職型 ●○○	1 008	897	24	64	23	100.0	89.0	2.4	6.3	2.3	0.1
Ⅳ 出産後離職型 ●●○	137	123	4	7	3	100.0	89.8	2.9	5.1	2.2	0.7
Ⅴ 無職継続型 ○○○	628	543	10	59	16	100.0	86.5	1.6	9.4	2.5	−1.0
Ⅵ 就業開始型 ○○●	36	28	-	6	2	100.0	77.8	-	16.7	5.6	−5.6
その他	123	100	4	16	3	100.0	81.3	3.3	13.0	2.4	0.8
			その他の市					**その他の市**			
総数	6 446	5 021	232	1 034	159	100.0	77.9	3.6	16.0	2.5	1.1
Ⅰ 就業継続型 ●●●	1 081	771	47	239	24	100.0	71.3	4.3	22.1	2.2	2.1
Ⅱ 一時離職型 ●●●	603	415	29	136	23	100.0	68.8	4.8	22.6	3.8	1.0
Ⅲ 出産前離職型 ●○○	2 490	2 057	76	301	56	100.0	82.6	3.1	12.1	2.2	0.8
Ⅳ 出産後離職型 ●●○	396	305	17	65	9	100.0	77.0	4.3	16.4	2.3	2.0
Ⅴ 無職継続型 ○○○	1 451	1 187	39	195	30	100.0	81.8	2.7	13.4	2.1	0.6
Ⅵ 就業開始型 ○○●	159	85	11	54	9	100.0	53.5	6.9	34.0	5.7	1.3
その他	266	201	13	44	8	100.0	75.6	4.9	16.5	3.0	1.9
			郡部					**郡部**			
総数	1 910	1 147	85	614	64	100.0	60.1	4.5	32.1	3.4	1.1
Ⅰ 就業継続型 ●●●	399	225	20	147	7	100.0	56.4	5.0	36.8	1.8	3.3
Ⅱ 一時離職型 ●●●	223	104	18	88	13	100.0	46.6	8.1	39.5	5.8	2.2
Ⅲ 出産前離職型 ●○○	680	446	20	191	23	100.0	65.6	2.9	28.1	3.4	−0.4
Ⅳ 出産後離職型 ●●○	145	89	8	43	5	100.0	61.4	5.5	29.7	3.4	2.1
Ⅴ 無職継続型 ○○○	333	220	14	89	10	100.0	66.1	4.2	26.7	3.0	1.2
Ⅵ 就業開始型 ○○●	42	16	4	20	2	100.0	38.1	9.5	47.6	4.8	4.8
その他	88	47	1	36	4	100.0	53.4	1.1	40.9	4.5	−3.4

注：1）市郡は，出生1年半後のものである。
　　2）市郡別の総数には外国在住分を含む。
　　3）祖父・祖母との同居は，出生半年後と1年半後を比較したものである。

1年半後の同居構成の変化・市郡・母の就業変化パターン・出生順位別

母の就業変化パターン		実数 総数	両時点で祖父母と別居	祖父母と別居→同居	両時点で祖父母と同居	祖父母と同居→別居	構成割合(%) 総数	両時点で祖父母と別居	祖父母と別居→同居 ①	両時点で祖父母と同居	祖父母と同居→別居 ②	変動の差 ①−②
第2子以上												
			総　数					総　数				
総　数		11 021	8 109	323	2 372	217	100.0	73.6	2.9	21.5	2.0	1.0
Ⅰ 就業継続型	●●●	1 720	1 050	58	580	32	100.0	61.0	3.4	33.7	1.9	1.5
Ⅱ 一時離職型	●○●	1 004	674	40	269	21	100.0	67.1	4.0	26.8	2.1	1.9
Ⅲ 出産前離職型	●○○	816	602	25	166	23	100.0	73.8	3.1	20.3	2.8	0.2
Ⅳ 出産後離職型	●●○	206	134	5	59	8	100.0	65.0	2.4	28.6	3.9	-1.5
Ⅴ 無職継続型	○○○	5 782	4 624	126	941	91	100.0	80.0	2.2	16.3	1.6	0.6
Ⅵ 就業開始型	○○●	839	569	47	194	29	100.0	67.8	5.6	23.1	3.5	2.1
その他		654	456	22	163	13	100.0	69.7	3.4	24.9	2.0	1.4
			13大都市					13大都市				
総　数		2 197	1 862	55	249	31	100.0	84.8	2.5	11.3	1.4	1.1
Ⅰ 就業継続型	●●●	244	203	8	30	3	100.0	83.2	3.3	12.3	1.2	2.0
Ⅱ 一時離職型	●○●	172	146	4	19	3	100.0	84.9	2.3	11.0	1.7	0.6
Ⅲ 出産前離職型	●○○	143	124	3	14	2	100.0	86.7	2.1	9.8	1.4	0.7
Ⅳ 出産後離職型	●●○	40	33	1	3	3	100.0	82.5	2.5	7.5	7.5	-5.0
Ⅴ 無職継続型	○○○	1 306	1 116	26	149	15	100.0	85.5	2.0	11.4	1.1	0.8
Ⅵ 就業開始型	○○●	152	121	7	21	3	100.0	79.6	4.6	13.8	2.0	2.6
その他		140	119	6	13	2	100.0	85.0	4.3	9.3	1.4	2.9
			その他の市					その他の市				
総　数		6 547	4 911	189	1 306	141	100.0	75.0	2.9	19.9	2.2	0.7
Ⅰ 就業継続型	●●●	980	624	37	301	18	100.0	63.7	3.8	30.7	1.8	1.9
Ⅱ 一時離職型	●○●	598	402	26	156	14	100.0	67.2	4.3	26.1	2.3	2.0
Ⅲ 出産前離職型	●○○	466	348	15	87	16	100.0	74.7	3.2	18.7	3.4	-0.2
Ⅳ 出産後離職型	●●○	116	76	2	33	5	100.0	65.5	1.7	28.4	4.3	-2.6
Ⅴ 無職継続型	○○○	3 495	2 845	71	523	56	100.0	81.4	2.0	15.0	1.6	0.4
Ⅵ 就業開始型	○○●	507	347	32	106	22	100.0	68.4	6.3	20.9	4.3	2.0
その他		385	269	6	100	10	100.0	69.9	1.6	26.0	2.6	-1.0
			郡　部					郡　部				
総　数		2 270	1 330	79	817	44	100.0	58.6	3.5	36.0	1.9	1.5
Ⅰ 就業継続型	●●●	496	223	13	249	11	100.0	45.0	2.6	50.2	2.2	0.4
Ⅱ 一時離職型	●○●	234	126	10	94	4	100.0	53.8	4.3	40.2	1.7	2.6
Ⅲ 出産前離職型	●○○	206	129	7	65	5	100.0	62.6	3.4	31.6	2.4	1.0
Ⅳ 出産後離職型	●●○	49	24	2	23	−	100.0	49.0	4.1	46.9	−	4.1
Ⅴ 無職継続型	○○○	977	660	29	269	19	100.0	67.6	3.0	27.5	1.9	1.0
Ⅵ 就業開始型	○○●	180	101	8	67	4	100.0	56.1	4.4	37.2	2.2	2.2
その他		128	67	10	50	1	100.0	52.3	7.8	39.1	0.8	7.0

13-1表（7-1）

第13-1表 母と同居している子ども数・構成割合, 出生半年後の総数

実数

出生1年半後の同居構成	総数	父母と同居 父母又は父母と兄弟のみ			父母と同居 父母と祖父・祖母			父母とその他	母と同居 母のみ又は母と兄姉のみ	母と同居 母と祖父母等	核家族世帯	三世代世帯等	母子世帯
		父母のみ	父母と双子・三つ子の兄姉	父母と兄姉	父母と母方の祖父母	父母と父方の祖父母	父母と祖父母						

総数

出生1年半後の同居構成	総数	父母のみ	父母と双子・三つ子の兄姉	父母と兄姉	父母と母方の祖父母	父母と父方の祖父母	父母と祖父母	父母とその他	母のみ又は母と兄姉のみ	母と祖父母等	核家族世帯	三世代世帯等	母子世帯
総　　数	21 879	8 565	188	8 134	1 173	3 280	17	93	159	270	16 887	4 563	429
父母のみ	7 904	7 630	1	9	77	137	-	13	13	24	7 640	227	37
父母と兄姉	8 671	491	183	7 745	64	121	-	24	20	23	8 419	209	43
父母と母方の祖父母	1 242	136	4	112	953	12	4	1	-	20	252	970	20
父母と父方の祖父母	3 355	168	-	173	24	2 965	8	4	-	13	341	3 001	13
父母と祖父母	6	2	-	-	-	-	4	-	-	-	2	4	-
父母とその他	92	17	-	15	2	11	-	46	-	1	32	59	1
母のみ又は母と兄姉のみ	256	47	-	53	10	11	-	2	111	22	100	23	133
母と祖父母等	353	74	-	27	43	23	1	3	15	167	101	70	182

13大都市

出生1年半後の同居構成	総数	父母のみ	父母と双子・三つ子の兄姉	父母と兄姉	父母と母方の祖父母	父母と父方の祖父母	父母と祖父母	父母とその他	母のみ又は母と兄姉のみ	母と祖父母等	核家族世帯	三世代世帯等	母子世帯
総　　数	4 691	2 183	61	1 828	186	307	6	18	50	52	4 072	517	102
父母のみ	2 051	1 988	1	2	21	23	-	4	6	6	1 991	48	12
父母と兄姉	1 954	104	60	1 755	12	10	-	5	5	3	1 919	27	8
父母と母方の祖父母	196	31	-	21	136	-	1	-	-	7	52	137	7
父母と父方の祖父母	320	18	-	27	2	269	3	-	-	1	45	274	1
父母と祖父母	2	-	-	-	-	-	2	-	-	-	-	2	-
父母とその他	21	9	-	2	2	-	-	8	-	-	11	10	-
母のみ又は母と兄姉のみ	75	15	-	15	6	3	-	1	30	5	30	10	35
母と祖父母等	72	18	-	6	7	2	-	-	9	30	24	9	39

その他の市

出生1年半後の同居構成	総数	父母のみ	父母と双子・三つ子の兄姉	父母と兄姉	父母と母方の祖父母	父母と父方の祖父母	父母と祖父母	父母とその他	母のみ又は母と兄姉のみ	母と祖父母等	核家族世帯	三世代世帯等	母子世帯
総　　数	12 993	5 160	103	4 946	689	1 791	6	52	88	158	10 209	2 538	246
父母のみ	4 741	4 593	-	6	38	81	-	6	5	12	4 599	125	17
父母と兄姉	5 288	303	99	4 722	47	77	-	15	10	15	5 124	139	25
父母と母方の祖父母	732	72	4	73	564	7	1	1	-	10	149	573	10
父母と父方の祖父母	1 828	111	-	90	9	1 604	2	4	-	8	201	1 619	8
父母と祖父母	3	1	-	-	-	-	2	-	-	-	1	2	-
父母とその他	47	7	-	9	-	5	-	25	-	1	16	30	1
母のみ又は母と兄姉のみ	149	28	-	27	3	6	-	1	70	14	55	10	84
母と祖父母等	205	45	-	19	28	11	1	-	3	98	64	40	101

郡部

出生1年半後の同居構成	総数	父母のみ	父母と双子・三つ子の兄姉	父母と兄姉	父母と母方の祖父母	父母と父方の祖父母	父母と祖父母	父母とその他	母のみ又は母と兄姉のみ	母と祖父母等	核家族世帯	三世代世帯等	母子世帯
総　　数	4 180	1 218	24	1 355	295	1 182	5	23	20	58	2 597	1 505	78
父母のみ	1 104	1 045	-	1	15	33	-	3	2	5	1 046	51	7
父母と兄姉	1 423	84	24	1 264	5	34	-	4	4	4	1 372	43	8
父母と母方の祖父母	314	33	-	18	253	5	2	-	-	3	51	260	3
父母と父方の祖父母	1 207	39	-	56	13	1 092	3	-	-	4	95	1 108	4
父母と祖父母	1	1	-	-	-	-	-	-	-	-	1	-	-
父母とその他	23	1	-	3	-	6	-	13	-	-	4	19	-
母のみ又は母と兄姉のみ	32	4	-	11	1	2	-	-	11	3	15	3	14
母と祖父母等	76	11	-	2	8	10	-	3	3	39	13	21	42

注：1）市郡は、出生1年半後のものである。
　　2）市郡別の総数には外国在住分を含む。
　　3）就業変化パターンの総数にはその他を含む。

同居構成・市郡・出生1年半後の同居構成・母の就業変化パターン別

構成割合（％）

出生1年半後の同居構成	総数	父母と同居 父母又は父母と兄弟のみ 父母のみ	父母と双子・三つ子の兄姉	父母と兄姉	父母と母方の祖父母	父母と父方の祖父母	父母と祖父母	父母とその他	母と同居 母のみ又は母と兄姉のみ	母と祖父母等	核家族世帯	三世代世帯等	母子世帯
						総 数							
総　　数	100.0	39.1	0.9	37.2	5.4	15.0	0.1	0.4	0.7	1.2	77.2	20.9	2.0
父母のみ	100.0	96.5	0.0	0.1	1.0	1.7	-	0.2	0.2	0.3	96.7	2.9	0.5
父母と兄姉	100.0	5.7	2.1	89.3	0.7	1.4	-	0.3	0.2	0.3	97.1	2.4	0.5
父母と母方の祖父母	100.0	11.0	0.3	9.0	76.7	1.0	0.3	0.1	-	1.6	20.3	78.1	1.6
父母と父方の祖父母	100.0	5.0	-	5.2	0.7	88.4	0.2	0.1	-	0.4	10.2	89.4	0.4
父母と祖父母	100.0	33.3	-	-	-	-	66.7	-	-	-	33.3	66.7	-
父母とその他	100.0	18.5	-	16.3	2.2	12.0	-	50.0	-	1.1	34.8	64.1	1.1
母のみ又は母と兄姉のみ	100.0	18.4	-	20.7	3.9	4.3	-	0.8	43.4	8.6	39.1	9.0	52.0
母と祖父母等	100.0	21.0	-	7.6	12.2	6.5	0.3	0.8	4.2	47.3	28.6	19.8	51.6
						13大都市							
総　　数	100.0	46.5	1.3	39.0	4.0	6.5	0.1	0.4	1.1	1.1	86.8	11.0	2.2
父母のみ	100.0	96.9	0.0	0.1	1.0	1.1	-	0.2	0.3	0.3	97.1	2.3	0.6
父母と兄姉	100.0	5.3	3.1	89.8	0.6	0.5	-	0.3	0.3	0.2	98.2	1.4	0.4
父母と母方の祖父母	100.0	15.8	-	10.7	69.4	-	0.5	-	-	3.6	26.5	69.9	3.6
父母と父方の祖父母	100.0	5.6	-	8.4	0.6	84.1	0.9	-	-	0.3	14.1	85.6	0.3
父母と祖父母	100.0	-	-	-	-	-	100.0	-	-	-	-	100.0	-
父母とその他	100.0	42.9	-	9.5	9.5	-	-	38.1	-	-	52.4	47.6	-
母のみ又は母と兄姉のみ	100.0	20.0	-	20.0	8.0	4.0	-	1.3	40.0	6.7	40.0	13.3	46.7
母と祖父母等	100.0	25.0	-	8.3	9.7	2.8	-	-	12.5	41.7	33.3	12.5	54.2
						その他の市							
総　　数	100.0	39.7	0.8	38.1	5.3	13.8	0.0	0.4	0.7	1.2	78.6	19.5	1.9
父母のみ	100.0	96.9	-	0.1	0.8	1.7	-	0.1	0.1	0.3	97.0	2.6	0.4
父母と兄姉	100.0	5.7	1.9	89.3	0.9	1.5	-	0.3	0.2	0.3	96.9	2.6	0.5
父母と母方の祖父母	100.0	9.8	0.5	10.0	77.0	1.0	0.1	0.1	-	1.4	20.4	78.3	1.4
父母と父方の祖父母	100.0	6.1	-	4.9	0.5	87.7	0.1	0.2	-	0.4	11.0	88.6	0.4
父母と祖父母	100.0	33.3	-	-	-	-	66.7	-	-	-	33.3	66.7	-
父母とその他	100.0	14.9	-	19.1	-	10.6	-	53.2	-	2.1	34.0	63.8	2.1
母のみ又は母と兄姉のみ	100.0	18.8	-	18.1	2.0	4.0	-	0.7	47.0	9.4	36.9	6.7	56.4
母と祖父母等	100.0	22.0	-	9.3	13.7	5.4	0.5	-	1.5	47.8	31.2	19.5	49.3
						郡　部							
総　　数	100.0	29.1	0.6	32.4	7.1	28.3	0.1	0.6	0.5	1.4	62.1	36.0	1.9
父母のみ	100.0	94.7	-	0.1	1.4	3.0	-	0.3	0.2	0.5	94.7	4.6	0.6
父母と兄姉	100.0	5.9	1.7	88.8	0.4	2.4	-	0.3	0.3	0.3	96.4	3.0	0.6
父母と母方の祖父母	100.0	10.5	-	5.7	80.6	1.6	0.6	-	-	1.0	16.2	82.8	1.0
父母と父方の祖父母	100.0	3.2	-	4.6	1.1	90.5	0.2	-	-	0.3	7.9	91.8	0.3
父母と祖父母	100.0	100.0	-	-	-	-	-	-	-	-	100.0	-	-
父母とその他	100.0	4.3	-	13.0	-	26.1	-	56.5	-	-	17.4	82.6	-
母のみ又は母と兄姉のみ	100.0	12.5	-	34.4	3.1	6.3	-	-	34.4	9.4	46.9	9.4	43.8
母と祖父母等	100.0	14.5	-	2.6	10.5	13.2	-	3.9	3.9	51.3	17.1	27.6	55.3

第13-1表　母と同居している子ども数・構成割合，出生半年後の

13-1表（7-2）

I　就業継続型 ●●●

実　数

| 出生1年半後の同居構成 | 総数 | 父母と同居 |||||| 母と同居 ||| 核家族世帯 | 三世代世帯等 | 母子世帯 |
||||父母又は父母と兄弟のみ|||父母と祖父・祖母|||||||||
			父母のみ	父母と双子・三つ子の兄姉	父母と兄姉	父母と母方の祖父母	父母と父方の祖父母	父母と祖父母	父母とその他	母のみ又は母と兄姉のみ	母と祖父母等			
						総　数							
総　数	3 554	1 349	29	1 056	296	723	7	16	33	45	2 434	1 042	78
父母のみ	1 241	1 202	-	1	11	19	-	4	3	1	1 203	34	4
父母と兄姉	1 109	53	29	990	8	16	-	1	6	6	1 072	25	12
父母と母方の祖父母	319	36	-	17	259	-	2	-	-	5	53	261	5
父母と父方の祖父母	765	32	-	34	7	683	3	2	-	4	66	695	4
父母と祖父母	2	-	-	-	-	-	2	-	-	-	-	2	-
父母とその他	19	4	-	4	1	3	-	7	-	-	8	11	-
母のみ又は母と兄姉のみ	39	8	-	6	-	1	-	1	21	2	14	2	23
母と祖父母等	60	14	-	4	10	1	-	1	3	27	18	12	30
						13大都市							
総　数	598	308	8	194	35	29	2	3	11	8	510	69	19
父母のみ	289	280	-	-	4	2	-	1	2	-	280	7	2
父母と兄姉	202	6	8	185	1	1	-	-	1	-	199	2	1
父母と母方の祖父母	42	8	-	4	27	-	1	-	-	2	12	28	2
父母と父方の祖父母	35	3	-	4	2	26	-	-	-	-	7	28	-
父母と祖父母	1	-	-	-	-	-	1	-	-	-	-	1	-
父母とその他	4	2	-	-	1	-	-	1	-	-	2	2	-
母のみ又は母と兄姉のみ	13	4	-	1	-	-	-	1	7	-	5	1	7
母と祖父母等	12	5	-	-	-	-	-	-	1	6	5	-	7
						その他の市							
総　数	2 061	800	21	633	166	389	2	9	15	26	1 454	566	41
父母のみ	733	710	-	1	7	12	-	1	1	1	711	20	2
父母と兄姉	673	39	21	590	7	7	-	1	3	5	650	15	8
父母と母方の祖父母	175	19	-	10	144	-	-	-	-	2	29	144	2
父母と父方の祖父母	416	19	-	21	-	369	1	2	-	4	40	372	4
父母と祖父母	1	-	-	-	-	-	1	-	-	-	-	1	-
父母とその他	10	1	-	3	-	1	-	5	-	-	4	6	-
母のみ又は母と兄姉のみ	19	4	-	4	-	-	-	-	10	1	8	-	11
母と祖父母等	34	8	-	4	8	-	-	1	13	12	8	14	
						郡　部							
総　数	895	241	-	229	95	305	3	4	7	11	470	407	18
父母のみ	219	212	-	-	-	5	-	2	-	-	212	7	-
父母と兄姉	234	8	-	215	-	8	-	-	2	1	223	8	3
父母と母方の祖父母	102	9	-	3	88	-	1	-	-	1	12	89	1
父母と父方の祖父母	314	10	-	9	5	288	2	-	-	-	19	295	-
父母と祖父母	-	-	-	-	-	-	-	-	-	-	-	-	-
父母とその他	5	1	-	1	-	2	-	1	-	-	2	3	-
母のみ又は母と兄姉のみ	7	-	-	1	-	1	-	-	4	1	1	1	5
母と祖父母等	14	1	-	-	2	1	-	1	1	8	1	4	9

注：1）市郡は、出生1年半後のものである。
　　2）市郡別の総数には外国在住分を含む。

同居構成・市郡・出生1年半後の同居構成・母の就業変化パターン別

構成割合（％）

出生1年半後の同居構成	総数	父母と同居 父母又は父母と兄弟のみ 父母のみ	父母と双子・三つ子の兄姉	父母と兄姉	父母と祖父・祖母 父母と母方の祖父母	父母と父方の祖父母	父母と祖父母	父母とその他	母と同居 母のみ又は母と兄姉のみ	母と祖父母等	核家族世帯	三世代世帯等	母子世帯
_____	_____	総	数	_	_								
総　　数	100.0	38.0	0.8	29.7	8.3	20.3	0.2	0.5	0.9	1.3	68.5	29.3	2.2
父母のみ	100.0	96.9	-	0.1	0.9	1.5	-	0.3	0.2	0.1	96.9	2.7	0.3
父母と兄姉	100.0	4.8	2.6	89.3	0.7	1.4	-	0.1	0.5	0.5	96.7	2.3	1.1
父母と母方の祖父母	100.0	11.3	-	5.3	81.2	-	0.6	-	-	1.6	16.6	81.8	1.6
父母と父方の祖父母	100.0	4.2	-	4.4	0.9	89.3	0.4	0.3	-	0.5	8.6	90.8	0.5
父母と祖父母	100.0	-	-	-	-	-	100.0	-	-	-	-	100.0	-
父母とその他	100.0	21.1	-	21.1	5.3	15.8	-	36.8	-	-	42.1	57.9	-
母のみ又は母と兄姉のみ	100.0	20.5	-	15.4	-	2.6	-	2.6	53.8	5.1	35.9	5.1	59.0
母と祖父母等	100.0	23.3	-	6.7	16.7	1.7	-	1.7	5.0	45.0	30.0	20.0	50.0
					13大都市								
総　　数	100.0	51.5	1.3	32.4	5.9	4.8	0.3	0.5	1.8	1.3	85.3	11.5	3.2
父母のみ	100.0	96.9	-	-	1.4	0.7	-	0.3	0.7	-	96.9	2.4	0.7
父母と兄姉	100.0	3.0	4.0	91.6	0.5	0.5	-	-	0.5	-	98.5	1.0	0.5
父母と母方の祖父母	100.0	19.0	-	9.5	64.3	-	2.4	-	-	4.8	28.6	66.7	4.8
父母と父方の祖父母	100.0	8.6	-	11.4	5.7	74.3	-	-	-	-	20.0	80.0	-
父母と祖父母	100.0	-	-	-	-	-	100.0	-	-	-	-	100.0	-
父母とその他	100.0	50.0	-	-	25.0	-	-	25.0	-	-	50.0	50.0	-
母のみ又は母と兄姉のみ	100.0	30.8	-	7.7	-	-	-	7.7	53.8	-	38.5	7.7	53.8
母と祖父母等	100.0	41.7	-	-	-	-	-	-	8.3	50.0	41.7	-	58.3
					その他の市								
総　　数	100.0	38.8	1.0	30.7	8.1	18.9	0.1	0.4	0.7	1.3	70.5	27.5	2.0
父母のみ	100.0	96.9	-	0.1	1.0	1.6	-	0.1	0.1	0.1	97.0	2.7	0.3
父母と兄姉	100.0	5.8	3.1	87.7	1.0	1.0	-	0.1	0.4	0.7	96.6	2.2	1.2
父母と母方の祖父母	100.0	10.9	-	5.7	82.3	-	-	-	-	1.1	16.6	82.3	1.1
父母と父方の祖父母	100.0	4.6	-	5.0	-	88.7	0.2	0.5	-	1.0	9.6	89.4	1.0
父母と祖父母	100.0	-	-	-	-	-	100.0	-	-	-	-	100.0	-
父母とその他	100.0	10.0	-	30.0	-	10.0	-	50.0	-	-	40.0	60.0	-
母のみ又は母と兄姉のみ	100.0	21.1	-	21.1	-	-	-	-	52.6	5.3	42.1	-	57.9
母と祖父母等	100.0	23.5	-	11.8	23.5	-	-	-	2.9	38.2	35.3	23.5	41.2
					郡　　部								
総　　数	100.0	26.9	-	25.6	10.6	34.1	0.3	0.4	0.8	1.2	52.5	45.5	2.0
父母のみ	100.0	96.8	-	-	2.3	-	-	0.9	-	-	96.8	3.2	-
父母と兄姉	100.0	3.4	-	91.9	-	3.4	-	-	0.9	0.4	95.3	3.4	1.3
父母と母方の祖父母	100.0	8.8	-	2.9	86.3	-	1.0	-	-	1.0	11.8	87.3	1.0
父母と父方の祖父母	100.0	3.2	-	2.9	1.6	91.7	0.6	-	-	-	6.1	93.9	-
父母と祖父母													
父母とその他	100.0	20.0	-	20.0	-	40.0	-	20.0	-	-	40.0	60.0	-
母のみ又は母と兄姉のみ	100.0	-	-	14.3	-	14.3	-	-	57.1	14.3	14.3	14.3	71.4
母と祖父母等	100.0	7.1	-	-	14.3	7.1	-	7.1	7.1	57.1	7.1	28.6	64.3

13-1表（7-3）

第13-1表　母と同居している子ども数・構成割合，出生半年後の

Ⅱ　一時離職型　●○●

実　数

出生1年半後の同居構成	総数	父母と同居 父母又は父母と兄弟のみ 父母のみ	父母と双子・三つ子の兄姉	父母と兄姉	父母と祖父・祖母 父母と母方の祖父母	父母と父方の祖父母	父母と祖父母	父母とその他	母と同居 母のみ又は母と兄姉のみ	母と祖父母等	核家族世帯	三世代世帯等	母子世帯
総　　数					総　　数								
総　　数	2 038	723	14	671	142	393	-	10	36	49	1 408	545	85
父母のみ	678	642	-	2	12	21	-	1	-	-	644	34	-
父母と兄姉	660	12	14	613	1	10	-	3	4	3	639	14	7
父母と母方の祖父母	151	16	-	16	113	2	-	-	-	4	32	115	4
父母と父方の祖父母	397	24	-	18	4	350	-	-	-	1	42	354	1
父母と祖父母	-	-	-	-	-	-	-	-	-	-	-	-	-
父母とその他	12	2	-	2	-	2	-	5	-	1	4	7	1
母のみ又は母と兄姉のみ	67	7	-	15	1	5	-	-	30	9	22	6	39
母と祖父母等	73	20	-	5	11	3	-	1	2	31	25	15	33
					13大都市								
総　　数	380	171	2	141	22	26	-	3	10	5	314	51	15
父母のみ	161	153	-	1	4	2	-	1	-	-	154	7	-
父母と兄姉	141	4	2	134	-	-	-	-	1	-	140	-	1
父母と母方の祖父母	20	3	-	1	16	-	-	-	-	-	4	16	-
父母と父方の祖父母	27	3	-	2	-	22	-	-	-	-	5	22	-
父母と祖父母	-	-	-	-	-	-	-	-	-	-	-	-	-
父母とその他	3	1	-	-	-	-	-	2	-	-	1	2	-
母のみ又は母と兄姉のみ	14	1	-	2	1	2	-	-	7	1	3	3	8
母と祖父母等	14	6	-	1	1	-	-	-	2	4	7	1	6
					その他の市								
総　　数	1 201	432	6	407	82	216	-	2	23	33	845	300	56
父母のみ	406	389	-	1	3	13	-	-	-	-	390	16	-
父母と兄姉	393	6	6	368	1	6	-	1	2	3	380	8	5
父母と母方の祖父母	91	7	-	12	67	1	-	-	-	4	19	68	4
父母と父方の祖父母	215	13	-	9	2	190	-	-	-	1	22	192	1
父母と祖父母	-	-	-	-	-	-	-	-	-	-	-	-	-
父母とその他	7	1	-	2	-	2	-	1	-	-	3	3	1
母のみ又は母と兄姉のみ	47	6	-	11	-	3	-	-	21	6	17	3	27
母と祖父母等	42	10	-	4	9	1	-	-	-	18	14	10	18
					郡　　部								
総　　数	457	120	6	123	38	151	-	5	3	11	249	194	14
父母のみ	111	100	-	-	5	6	-	-	-	-	100	11	-
父母と兄姉	126	2	6	111	-	4	-	2	1	-	119	6	1
父母と母方の祖父母	40	6	-	3	30	1	-	-	-	-	9	31	-
父母と父方の祖父母	155	8	-	7	2	138	-	-	-	-	15	140	-
父母と祖父母	-	-	-	-	-	-	-	-	-	-	-	-	-
父母とその他	2	-	-	-	-	-	-	2	-	-	-	2	-
母のみ又は母と兄姉のみ	6	-	-	2	-	-	-	-	2	2	2	-	4
母と祖父母等	17	4	-	-	1	2	-	1	-	9	4	4	9

注：1）市郡は、出生1年半後のものである。
　　2）市郡別の総数には外国在住分を含む。

同居構成・市郡・出生1年半後の同居構成・母の就業変化パターン別

構成割合（％）

出生1年半後の同居構成	総数	父母と同居 父母又は父母と兄弟のみ 父母のみ	父母と双子・三つ子の兄姉	父母と兄姉	父母と祖父・祖母 父母と母方の祖父母	父母と父方の祖父母	父母と祖父母	父母とその他	母と同居 母のみ又は母と兄姉のみ	母と祖父母等	核家族世帯	三世代世帯等	母子世帯
					総 数								
総　　数	100.0	35.5	0.7	32.9	7.0	19.3	-	0.5	1.8	2.4	69.1	26.7	4.2
父母のみ	100.0	94.7	-	0.3	1.8	3.1	-	0.1	-	-	95.0	5.0	-
父母と兄姉	100.0	1.8	2.1	92.9	0.2	1.5	-	0.5	0.6	0.5	96.8	2.1	1.1
父母と母方の祖父母	100.0	10.6	-	10.6	74.8	1.3	-	-	-	2.6	21.2	76.2	2.6
父母と父方の祖父母	100.0	6.0	-	4.5	1.0	88.2	-	-	-	0.3	10.6	89.2	0.3
父母と祖父母	-	-	-	-	-	-	-	-	-	-	-	-	-
父母とその他	100.0	16.7	-	16.7	-	16.7	-	41.7	-	8.3	33.3	58.3	8.3
母のみ又は母と兄姉のみ	100.0	10.4	-	22.4	1.5	7.5	-	-	44.8	13.4	32.8	9.0	58.2
母と祖父母等	100.0	27.4	-	6.8	15.1	4.1	-	1.4	2.7	42.5	34.2	20.5	45.2
					13大都市								
総　　数	100.0	45.0	0.5	37.1	5.8	6.8	-	0.8	2.6	1.3	82.6	13.4	3.9
父母のみ	100.0	95.0	-	0.6	2.5	1.2	-	0.6	-	-	95.7	4.3	-
父母と兄姉	100.0	2.8	1.4	95.0	-	-	-	-	0.7	-	99.3	-	0.7
父母と母方の祖父母	100.0	15.0	-	5.0	80.0	-	-	-	-	-	20.0	80.0	-
父母と父方の祖父母	100.0	11.1	-	7.4	-	81.5	-	-	-	-	18.5	81.5	-
父母と祖父母	-	-	-	-	-	-	-	-	-	-	-	-	-
父母とその他	100.0	33.3	-	-	-	-	-	66.7	-	-	33.3	66.7	-
母のみ又は母と兄姉のみ	100.0	7.1	-	14.3	7.1	14.3	-	-	50.0	7.1	21.4	21.4	57.1
母と祖父母等	100.0	42.9	-	7.1	7.1	-	-	-	14.3	28.6	50.0	7.1	42.9
					その他の市								
総　　数	100.0	36.0	0.5	33.9	6.8	18.0	-	0.2	1.9	2.7	70.4	25.0	4.7
父母のみ	100.0	95.8	-	0.2	0.7	3.2	-	-	-	-	96.1	3.9	-
父母と兄姉	100.0	1.5	1.5	93.6	0.3	1.5	-	0.3	0.5	0.8	96.7	2.0	1.3
父母と母方の祖父母	100.0	7.7	-	13.2	73.6	1.1	-	-	-	4.4	20.9	74.7	4.4
父母と父方の祖父母	100.0	6.0	-	4.2	0.9	88.4	-	-	-	0.5	10.2	89.3	0.5
父母と祖父母	-	-	-	-	-	-	-	-	-	-	-	-	-
父母とその他	100.0	14.3	-	28.6	-	28.6	-	14.3	-	14.3	42.9	42.9	14.3
母のみ又は母と兄姉のみ	100.0	12.8	-	23.4	1.5	6.4	-	-	44.7	12.8	36.2	6.4	57.4
母と祖父母等	100.0	23.8	-	9.5	21.4	2.4	-	-	-	42.9	33.3	23.8	42.9
					郡　部								
総　　数	100.0	26.3	1.3	26.9	8.3	33.0	-	1.1	0.7	2.4	54.5	42.5	3.1
父母のみ	100.0	90.1	-	-	4.5	5.4	-	-	-	-	90.1	9.9	-
父母と兄姉	100.0	1.6	4.8	88.1	-	3.2	-	1.6	0.8	-	94.4	4.8	0.8
父母と母方の祖父母	100.0	15.0	-	7.5	75.0	2.5	-	-	-	-	22.5	77.5	-
父母と父方の祖父母	100.0	5.2	-	4.5	1.3	89.0	-	-	-	-	9.7	90.3	-
父母と祖父母	-	-	-	-	-	-	-	-	-	-	-	-	-
父母とその他	100.0	-	-	-	-	-	-	100.0	-	-	-	100.0	-
母のみ又は母と兄姉のみ	100.0	-	-	33.3	-	-	-	-	33.3	33.3	33.3	-	66.7
母と祖父母等	100.0	23.5	-	-	5.9	11.8	-	5.9	-	52.9	23.5	23.5	52.9

13-1表 (7-4)

第13-1表 母と同居している子ども数・構成割合, 出生半年後の

Ⅲ 出産前離職型●○○

実数

出生1年半後の同居構成	総数	父母と同居 父母又は父母と兄弟のみ 父母のみ	父母と双子・三つ子の兄姉	父母と兄姉	父母と祖父・祖母 父母と母方の祖父母	父母と父方の祖父母	父母と祖父母	父母とその他	母と同居 母のみ又は母と兄姉のみ	母と祖父母等	核家族世帯	三世代世帯等	母子世帯
					総　数								
総　　数	4 997	3 479	62	560	206	601	4	20	28	37	4 101	831	65
父母のみ	3 215	3 121	-	3	27	49	-	4	3	8	3 124	80	11
父母と兄姉	847	222	62	527	11	21	-	1	3	-	811	33	3
父母と母方の祖父母	215	42	-	8	156	3	2	-	-	4	50	161	4
父母と父方の祖父母	604	56	-	16	5	523	1	-	-	3	72	529	3
父母と祖父母	1	-	-	-	-	-	1	-	-	-	-	1	-
父母とその他	28	6	-	3	1	3	-	15	-	-	9	19	-
母のみ又は母と兄姉のみ	39	11	-	3	2	-	-	-	19	4	14	2	23
母と祖父母等	48	21	-	-	4	2	-	-	3	18	21	6	21
					13大都市								
総　　数	1 151	904	26	106	32	62	1	2	10	8	1 036	97	18
父母のみ	848	825	-	1	7	10	-	1	2	2	826	18	4
父母と兄姉	178	47	26	103	-	2	-	-	-	-	176	2	-
父母と母方の祖父母	31	9	-	-	21	-	-	-	-	1	9	21	1
父母と父方の祖父母	60	9	-	2	-	49	-	-	-	-	11	49	-
父母と祖父母	1	-	-	-	-	-	1	-	-	-	-	1	-
父母とその他	7	5	-	-	1	-	-	1	-	-	5	2	-
母のみ又は母と兄姉のみ	13	5	-	-	2	-	-	-	5	1	5	2	6
母と祖父母等	13	4	-	-	1	1	-	-	3	4	4	2	7
					その他の市								
総　　数	2 956	2 112	26	330	118	317	1	12	16	24	2 468	448	40
父母のみ	1 942	1 893	-	1	14	26	-	3	1	4	1 894	43	5
父母と兄姉	502	139	26	310	10	14	-	1	2	-	475	25	2
父母と母方の祖父母	123	22	-	7	89	1	1	-	-	3	29	91	3
父母と父方の祖父母	325	39	-	8	2	275	-	-	-	1	47	277	1
父母と祖父母	-	-	-	-	-	-	-	-	-	-	-	-	-
父母とその他	11	1	-	1	-	1	-	8	-	-	2	9	-
母のみ又は母と兄姉のみ	21	2	-	3	-	-	-	-	13	3	5	2	16
母と祖父母等	32	16	-	-	3	-	-	-	13	16	3	13
					郡　部								
総　　数	886	461	10	123	55	222	2	6	2	5	594	285	7
父母のみ	422	401	-	1	5	13	-	-	-	2	402	18	2
父母と兄姉	167	36	10	114	1	5	-	-	1	-	160	6	1
父母と母方の祖父母	61	11	-	1	46	2	-	-	-	-	12	49	-
父母と父方の祖父母	219	8	-	6	3	199	1	-	-	2	14	203	2
父母と祖父母	-	-	-	-	-	-	-	-	-	-	-	-	-
父母とその他	9	-	-	1	-	2	-	6	-	-	1	8	-
母のみ又は母と兄姉のみ	5	4	-	-	-	-	-	-	1	-	4	-	1
母と祖父母等	3	1	-	-	-	1	-	-	-	1	1	1	1

注：1) 市郡は、出生1年半後のものである。
　　2) 市郡別の総数には外国在住分を含む。

同居構成・市郡・出生1年半後の同居構成・母の就業変化パターン別

構成割合（％）

出生1年半後の同居構成	総数	父母と同居 父母又は父母と兄弟のみ 父母のみ	父母と双子・三つ子の兄姉	父母と兄姉	父母と祖父・祖母 父母と母方の祖父母	父母と父方の祖父母	父母と祖父母	父母とその他	母と同居 母のみ又は母と兄姉のみ	母と祖父母等	核家族世帯	三世代世帯等	母子世帯
					総　数								
総　数	100.0	69.6	1.2	11.2	4.1	12.0	0.1	0.4	0.6	0.7	82.1	16.6	1.3
父母のみ	100.0	97.1	-	0.1	0.8	1.5	-	0.1	0.1	0.2	97.2	2.5	0.3
父母と兄姉	100.0	26.2	7.3	62.2	1.3	2.5	-	0.1	0.4	-	95.7	3.9	0.4
父母と母方の祖父母	100.0	19.5	-	3.7	72.6	1.4	0.9	-	-	1.9	23.3	74.9	1.9
父母と父方の祖父母	100.0	9.3	-	2.6	0.8	86.6	0.2	-	-	0.5	11.9	87.6	0.5
父母と祖父母	100.0	-	-	-	-	-	100.0	-	-	-	-	100.0	-
父母とその他	100.0	21.4	-	10.7	3.6	10.7	-	53.6	-	-	32.1	67.9	-
母のみ又は母と兄姉のみ	100.0	28.2	-	7.7	5.1	-	-	-	48.7	10.3	35.9	5.1	59.0
母と祖父母等	100.0	43.8	-	-	8.3	4.2	-	-	6.3	37.5	43.8	12.5	43.8
					13大都市								
総　数	100.0	78.5	2.3	9.2	2.8	5.4	0.1	0.2	0.9	0.7	90.0	8.4	1.6
父母のみ	100.0	97.3	-	0.1	0.8	1.2	-	0.1	0.2	0.2	97.4	2.1	0.5
父母と兄姉	100.0	26.4	14.6	57.9	-	1.1	-	-	-	-	98.9	1.1	-
父母と母方の祖父母	100.0	29.0	-	-	67.7	-	-	-	-	3.2	29.0	67.7	3.2
父母と父方の祖父母	100.0	15.0	-	3.3	-	81.7	-	-	-	-	18.3	81.7	-
父母と祖父母	100.0	-	-	-	-	-	100.0	-	-	-	-	100.0	-
父母とその他	100.0	71.4	-	-	14.3	-	-	14.3	-	-	71.4	28.6	-
母のみ又は母と兄姉のみ	100.0	38.5	-	-	15.4	-	-	-	38.5	7.7	38.5	15.4	46.2
母と祖父母等	100.0	30.8	-	-	7.7	7.7	-	-	23.1	30.8	30.8	15.4	53.8
					その他の市								
総　数	100.0	71.4	0.9	11.2	4.1	10.7	0.0	0.4	0.5	0.8	83.5	15.2	1.4
父母のみ	100.0	97.5	-	0.1	0.7	1.3	-	0.2	0.1	0.2	97.5	2.2	0.3
父母と兄姉	100.0	27.7	5.2	61.8	2.0	2.8	-	0.2	0.4	-	94.6	5.0	0.4
父母と母方の祖父母	100.0	17.9	-	5.7	72.4	0.8	0.8	-	-	2.4	23.6	74.0	2.4
父母と父方の祖父母	100.0	12.0	-	2.5	0.6	84.6	-	-	-	0.3	14.5	85.2	0.3
父母と祖父母	-	-	-	-	-	-	-	-	-	-	-	-	-
父母とその他	100.0	9.1	-	9.1	-	9.1	-	72.7	-	-	18.2	81.8	-
母のみ又は母と兄姉のみ	100.0	9.5	-	14.3	-	-	-	-	61.9	14.3	23.8	-	76.2
母と祖父母等	100.0	50.0	-	-	9.4	-	-	-	-	40.6	50.0	9.4	40.6
					郡　部								
総　数	100.0	52.0	1.1	13.9	6.2	25.1	0.2	0.7	0.2	0.6	67.0	32.2	0.8
父母のみ	100.0	95.0	-	0.2	1.2	3.1	-	-	-	0.5	95.3	4.3	0.5
父母と兄姉	100.0	21.6	6.0	68.3	0.6	3.0	-	-	0.6	-	95.8	3.6	0.6
父母と母方の祖父母	100.0	18.0	-	1.6	75.4	3.3	1.6	-	-	-	19.7	80.3	-
父母と父方の祖父母	100.0	3.7	-	2.7	1.4	90.9	0.5	-	-	0.9	6.4	92.7	0.9
父母と祖父母	-	-	-	-	-	-	-	-	-	-	-	-	-
父母とその他	100.0	-	-	11.1	-	22.2	-	66.7	-	-	11.1	88.9	-
母のみ又は母と兄姉のみ	100.0	80.0	-	-	-	-	-	-	20.0	-	80.0	-	20.0
母と祖父母等	100.0	33.3	-	-	-	33.3	-	-	-	33.3	33.3	33.3	33.3

13-1表（7-5）

第13-1表　母と同居している子ども数・構成割合，出生半年後の

Ⅳ　出産後離職型●●○

実　数

出生1年半後の同居構成	総数	父母と同居 父母又は父母と兄弟のみ 父母のみ	父母と双子・三つ子の兄姉	父母と兄姉	父母と祖父・祖母 父母と母方の祖父母	父母と父方の祖父母	父母と祖父母	父母とその他	母と同居 母のみ又は母と兄姉のみ	母と祖父母等	核家族世帯	三世代世帯等	母子世帯
\multicolumn{14}{c}{総　数}
総　数	887	535	12	130	50	144	-	5	4	7	677	199	11
父母のみ	471	450	-	-	7	12	-	-	1	1	450	19	2
父母と兄姉	200	54	12	125	5	2	-	1	1	-	191	8	1
父母と母方の祖父母	49	11	-	2	34	-	-	1	-	1	13	35	1
父母と父方の祖父母	148	12	-	3	3	130	-	-	-	-	15	133	-
父母と祖父母	-	-	-	-	-	-	-	-	-	-	-	-	-
父母とその他	3	1	-	-	-	-	-	2	-	-	1	2	-
母のみ又は母と兄姉のみ	4	2	-	-	-	-	-	-	2	-	2	-	2
母と祖父母等	12	5	-	-	1	-	-	1	-	5	5	2	5
\multicolumn{14}{c}{13大都市}
総　数	177	125	4	32	8	8	-	-	-	-	161	16	-
父母のみ	111	108	-	-	1	2	-	-	-	-	108	3	-
父母と兄姉	50	12	4	31	3	-	-	-	-	-	47	3	-
父母と母方の祖父母	8	4	-	-	4	-	-	-	-	-	4	4	-
父母と父方の祖父母	7	-	-	1	-	6	-	-	-	-	1	6	-
父母と祖父母	-	-	-	-	-	-	-	-	-	-	-	-	-
父母とその他	-	-	-	-	-	-	-	-	-	-	-	-	-
母のみ又は母と兄姉のみ	1	1	-	-	-	-	-	-	-	-	1	-	-
母と祖父母等	-	-	-	-	-	-	-	-	-	-	-	-	-
\multicolumn{14}{c}{その他の市}
総　数	512	314	6	75	33	75	-	3	2	4	395	111	6
父母のみ	282	271	-	-	3	7	-	-	1	-	271	10	1
父母と兄姉	108	24	6	73	2	2	-	1	-	-	103	5	-
父母と母方の祖父母	33	5	-	1	26	-	-	1	-	-	6	27	-
父母と父方の祖父母	78	9	-	1	2	66	-	-	-	-	10	68	-
父母と祖父母	-	-	-	-	-	-	-	-	-	-	-	-	-
父母とその他	2	1	-	-	-	-	-	1	-	-	1	1	-
母のみ又は母と兄姉のみ	2	1	-	-	-	-	-	-	1	-	1	-	1
母と祖父母等	7	3	-	-	-	-	-	-	-	4	3	-	4
\multicolumn{14}{c}{郡　部}
総　数	194	95	2	23	7	61	-	2	1	3	120	70	4
父母のみ	75	70	-	-	1	3	-	-	-	1	70	4	1
父母と兄姉	41	18	2	21	-	-	-	-	-	-	41	-	-
父母と母方の祖父母	8	2	-	1	4	-	-	-	-	1	3	4	1
父母と父方の祖父母	63	3	-	1	1	58	-	-	-	-	4	59	-
父母と祖父母	-	-	-	-	-	-	-	-	-	-	-	-	-
父母とその他	1	-	-	-	-	-	-	1	-	-	-	1	-
母のみ又は母と兄姉のみ	1	-	-	-	-	-	-	-	1	-	-	-	1
母と祖父母等	5	2	-	-	1	-	-	1	-	1	2	2	1

注：1）市郡は，出生1年半後のものである。
　　2）市郡別の総数には外国在住分を含む。

同居構成・市郡・出生1年半後の同居構成・母の就業変化パターン別

構成割合（％）

出生1年半後の同居構成	総数	父母と同居 父母又は父母と兄弟のみ 父母のみ	父母と双子・三つ子の兄姉	父母と兄姉	父母と祖父・祖母 父母と母方の祖父母	父母と父方の祖父母	父母と祖父母	父母とその他	母と同居 母のみ又は母と兄姉のみ	母と祖父母等	核家族世帯	三世代世帯等	母子世帯
					総　　数								
総　　数	100.0	60.3	1.4	14.7	5.6	16.2	－	0.6	0.5	0.8	76.3	22.4	1.2
父母のみ	100.0	95.5	－	－	1.5	2.5	－	－	0.2	0.2	95.5	4.0	0.4
父母と兄姉	100.0	27.0	6.0	62.5	2.5	1.0	－	0.5	0.5	－	95.5	4.0	0.5
父母と母方の祖父母	100.0	22.4	－	4.1	69.4	－	－	2.0	－	2.0	26.5	71.4	2.0
父母と父方の祖父母	100.0	8.1	－	2.0	2.0	87.8	－	－	－	－	10.1	89.9	－
父母と祖父母	－	－	－	－	－	－	－	－	－	－	－	－	－
父母とその他	100.0	33.3	－	－	－	－	－	66.7	－	－	33.3	66.7	－
母のみ又は母と兄姉のみ	100.0	50.0	－	－	－	－	－	－	50.0	－	50.0	－	50.0
母と祖父母等	100.0	41.7	－	－	8.3	－	－	8.3	－	41.7	41.7	16.7	41.7
					13大都市								
総　　数	100.0	70.6	2.3	18.1	4.5	4.5	－	－	－	－	91.0	9.0	－
父母のみ	100.0	97.3	－	－	0.9	1.8	－	－	－	－	97.3	2.7	－
父母と兄姉	100.0	24.0	8.0	62.0	6.0	－	－	－	－	－	94.0	6.0	－
父母と母方の祖父母	100.0	50.0	－	－	50.0	－	－	－	－	－	50.0	50.0	－
父母と父方の祖父母	100.0	－	－	14.3	－	85.7	－	－	－	－	14.3	85.7	－
父母と祖父母	－	－	－	－	－	－	－	－	－	－	－	－	－
父母とその他	－	－	－	－	－	－	－	－	－	－	－	－	－
母のみ又は母と兄姉のみ	100.0	100.0	－	－	－	－	－	－	－	－	100.0	－	－
母と祖父母等	－	－	－	－	－	－	－	－	－	－	－	－	－
					その他の市								
総　　数	100.0	61.3	1.2	14.6	6.4	14.6	－	0.6	0.4	0.8	77.1	21.7	1.2
父母のみ	100.0	96.1	－	－	1.1	2.5	－	－	0.4	－	96.1	3.5	0.4
父母と兄姉	100.0	22.2	5.6	67.6	1.9	1.9	－	0.9	－	－	95.4	4.6	－
父母と母方の祖父母	100.0	15.2	－	3.0	78.8	－	－	3.0	－	－	18.2	81.8	－
父母と父方の祖父母	100.0	11.5	－	1.3	2.6	84.6	－	－	－	－	12.8	87.2	－
父母と祖父母	－	－	－	－	－	－	－	－	－	－	－	－	－
父母とその他	100.0	50.0	－	－	－	－	－	50.0	－	－	50.0	50.0	－
母のみ又は母と兄姉のみ	100.0	50.0	－	－	－	－	－	－	50.0	－	50.0	－	50.0
母と祖父母等	100.0	42.9	－	－	－	－	－	－	－	57.1	42.9	－	57.1
					郡　　部								
総　　数	100.0	49.0	1.0	11.9	3.6	31.4	－	1.0	0.5	1.5	61.9	36.1	2.1
父母のみ	100.0	93.3	－	－	1.3	4.0	－	－	－	1.3	93.3	5.3	1.3
父母と兄姉	100.0	43.9	4.9	51.2	－	－	－	－	－	－	100.0	－	－
父母と母方の祖父母	100.0	25.0	－	12.5	50.0	－	－	－	－	12.5	37.5	50.0	12.5
父母と父方の祖父母	100.0	4.8	－	1.6	1.6	92.1	－	－	－	－	6.3	93.7	－
父母と祖父母	－	－	－	－	－	－	－	－	－	－	－	－	－
父母とその他	100.0	－	－	－	－	－	－	100.0	－	－	－	100.0	－
母のみ又は母と兄姉のみ	100.0	－	－	－	－	－	－	－	100.0	－	－	－	100.0
母と祖父母等	100.0	40.0	－	－	20.0	－	－	20.0	－	20.0	40.0	40.0	20.0

13-1表 (7-6)

第13-1表 母と同居している子ども数・構成割合，出生半年後の

V 無職継続型 ○○○

実　数

出生1年半後の同居構成	総数	父母と同居 父母又は父母と兄弟のみ 父母のみ	父母と双子・三つ子の兄姉	父母と兄姉	父母と祖父・祖母 父母と母方の祖父母	父母と父方の祖父母	父母と祖父母	父母とその他	母と同居 母のみ又は母と兄姉のみ	母と祖父母等	核家族世帯	三世代世帯等	母子世帯

総　数

総　数	8 196	1 984	61	4 666	341	1 017	6	28	25	68	6 711	1 392	93
父母のみ	1 850	1 790	1	3	15	23	-	2	5	11	1 794	40	16
父母と兄姉	4 806	119	58	4 523	31	48	-	12	4	11	4 700	91	15
父母と母方の祖父母	364	24	2	47	282	6	-	-	-	3	73	288	3
父母と父方の祖父母	1 040	28	-	68	4	931	4	1	-	4	96	940	4
父母と祖父母	2	1	-	-	-	-	1	-	-	-	1	1	-
父母とその他	22	3	-	5	-	2	-	12	-	-	8	14	-
母のみ又は母と兄姉のみ	44	12	-	11	4	2	-	1	13	1	23	7	14
母と祖父母等	68	7	-	9	5	5	1	-	3	38	16	11	41

13大都市

総　数	1 934	546	19	1 110	70	149	3	9	11	17	1 675	231	28
父母のみ	524	507	1	-	5	5	-	1	1	4	508	11	5
父母と兄姉	1 143	27	18	1 077	7	6	-	4	2	2	1 122	17	4
父母と母方の祖父母	73	6	-	11	53	-	-	-	-	3	17	53	3
父母と父方の祖父母	157	2	-	14	-	137	3	-	-	1	16	140	1
父母と祖父母	-	-	-	-	-	-	-	-	-	-	-	-	-
父母とその他	6	-	-	2	-	-	-	4	-	-	2	4	-
母のみ又は母と兄姉のみ	16	2	-	5	2	-	-	-	7	-	7	2	7
母と祖父母等	15	2	-	1	3	1	-	-	1	7	3	4	8

その他の市

総　数	4 946	1 205	36	2 875	198	561	3	16	10	42	4 116	778	52
父母のみ	1 111	1 079	-	3	6	14	-	1	2	6	1 082	21	8
父母と兄姉	2 973	77	34	2 798	20	28	-	7	2	7	2 909	55	9
父母と母方の祖父母	216	14	2	29	166	5	-	-	-	-	45	171	-
父母と父方の祖父母	566	19	-	33	3	508	1	1	-	1	52	513	1
父母と祖父母	1	-	-	-	-	-	1	-	-	-	-	1	-
父母とその他	12	3	-	2	-	1	-	6	-	-	5	7	-
母のみ又は母と兄姉のみ	22	10	-	2	1	2	-	1	5	1	12	4	6
母と祖父母等	45	3	-	8	2	3	1	-	1	27	11	6	28

郡　部

総　数	1 310	232	6	678	73	307	-	3	4	7	916	383	11
父母のみ	213	203	-	-	4	4	-	-	2	-	203	8	2
父母と兄姉	686	15	6	645	4	14	-	1	-	1	666	19	1
父母と母方の祖父母	75	4	-	7	63	1	-	-	-	-	11	64	-
父母と父方の祖父母	317	7	-	21	1	286	-	-	-	2	28	287	2
父母と祖父母	1	1	-	-	-	-	-	-	-	-	1	-	-
父母とその他	4	-	-	1	-	1	-	2	-	-	1	3	-
母のみ又は母と兄姉のみ	6	-	-	4	1	-	-	-	1	-	4	1	1
母と祖父母等	8	2	-	-	1	1	-	-	1	4	2	1	5

注：1）市郡は、出生1年半後のものである。
　　2）市郡別の総数には外国在住分を含む。

同居構成・市郡・出生1年半後の同居構成・母の就業変化パターン別

構成割合（％）

| 出生1年半後の同居構成 | 総数 | 父母と同居 ||||||| 母と同居 || 核家族世帯 | 三世代世帯等 | 母子世帯 |
||||父母又は父母と兄弟のみ|| 父母と祖父・祖母 ||||||||
		父母のみ	父母と双子・三つ子の兄姉	父母と兄姉	父母と母方の祖父母	父母と父方の祖父母	父母と祖父母	父母とその他	母のみ又は母と兄姉のみ	母と祖父母等			
総数														
総　数	100.0	24.2	0.7	56.9	4.2	12.4	0.1	0.3	0.3	0.8	81.9	17.0	1.1
父母のみ	100.0	96.8	0.1	0.2	0.8	1.2	-	0.1	0.3	0.6	97.0	2.2	0.9
父母と兄姉	100.0	2.5	1.2	94.1	0.6	1.0	-	0.2	0.1	0.2	97.8	1.9	0.3
父母と母方の祖父母	100.0	6.6	0.5	12.9	77.5	1.6	-	-	-	0.8	20.1	79.1	0.8
父母と父方の祖父母	100.0	2.7	-	6.5	0.4	89.5	0.4	0.1	-	0.4	9.2	90.4	0.4
父母と祖父母	100.0	50.0	-	-	-	-	50.0	-	-	-	50.0	50.0	-
父母とその他	100.0	13.6	-	22.7	-	9.1	-	54.5	-	-	36.4	63.6	-
母のみ又は母と兄姉のみ	100.0	27.3	-	25.0	9.1	4.5	-	2.3	29.5	2.3	52.3	15.9	31.8
母と祖父母等	100.0	10.3	-	13.2	7.4	7.4	1.5	-	4.4	55.9	23.5	16.2	60.3
13大都市														
総　数	100.0	28.2	1.0	57.4	3.6	7.7	0.2	0.5	0.6	0.9	86.6	11.9	1.4
父母のみ	100.0	96.8	0.2	-	1.0	1.0	-	0.2	0.2	0.8	96.9	2.1	1.0
父母と兄姉	100.0	2.4	1.6	94.2	0.6	0.5	-	0.3	0.2	0.2	98.2	1.5	0.3
父母と母方の祖父母	100.0	8.2	-	15.1	72.6	-	-	-	-	4.1	23.3	72.6	4.1
父母と父方の祖父母	100.0	1.3	-	8.9	-	87.3	1.9	-	-	0.6	10.2	89.2	0.6
父母と祖父母														
父母とその他	100.0	-	-	33.3	-	-	-	66.7	-	-	33.3	66.7	-
母のみ又は母と兄姉のみ	100.0	12.5	-	31.3	12.5	-	-	-	43.8	-	43.8	12.5	43.8
母と祖父母等	100.0	13.3	-	6.7	20.0	6.7	-	-	6.7	46.7	20.0	26.7	53.3
その他の市														
総　数	100.0	24.4	0.7	58.1	4.0	11.3	0.1	0.3	0.2	0.8	83.2	15.7	1.1
父母のみ	100.0	97.1	-	0.3	0.5	1.3	-	0.1	0.2	0.5	97.4	1.9	0.7
父母と兄姉	100.0	2.6	1.1	94.1	0.7	0.9	-	0.2	0.1	0.2	97.8	1.8	0.3
父母と母方の祖父母	100.0	6.5	0.9	13.4	76.9	2.3	-	-	-	-	20.8	79.2	-
父母と父方の祖父母	100.0	3.4	-	5.8	0.5	89.8	0.2	0.2	-	0.2	9.2	90.6	0.2
父母と祖父母	100.0	-	-	-	-	-	100.0	-	-	-	-	100.0	-
父母とその他	100.0	25.0	-	16.7	-	8.3	-	50.0	-	-	41.7	58.3	-
母のみ又は母と兄姉のみ	100.0	45.5	-	9.1	4.5	9.1	-	4.5	22.7	4.5	54.5	18.2	27.3
母と祖父母等	100.0	6.7	-	17.8	4.4	6.7	2.2	-	2.2	60.0	24.4	13.3	62.2
郡部														
総　数	100.0	17.7	0.5	51.8	5.6	23.4	-	0.2	0.3	0.5	69.9	29.2	0.8
父母のみ	100.0	95.3	-	-	1.9	1.9	-	-	0.9	-	95.3	3.8	0.9
父母と兄姉	100.0	2.2	0.9	94.0	0.6	2.0	-	0.1	-	0.1	97.1	2.8	0.1
父母と母方の祖父母	100.0	5.3	-	9.3	84.0	1.3	-	-	-	-	14.7	85.3	-
父母と父方の祖父母	100.0	2.2	-	6.6	0.3	90.2	-	-	-	0.6	8.8	90.5	0.6
父母と祖父母	100.0	100.0	-	-	-	-	-	-	-	-	100.0	-	-
父母とその他	100.0	-	-	25.0	-	25.0	-	50.0	-	-	25.0	75.0	-
母のみ又は母と兄姉のみ	100.0	-	-	66.7	16.7	-	-	-	16.7	-	66.7	16.7	16.7
母と祖父母等	100.0	25.0	-	-	-	12.5	-	-	12.5	50.0	25.0	12.5	62.5

第13-1表　母と同居している子ども数・構成割合, 出生半年後の

Ⅵ　就業開始型　○○●

実　数

出生1年半後の同居構成	総数	父母と同居 父母又は父母と兄弟のみ 父母のみ	父母と双子・三つ子の兄姉	父母と兄姉	父母と祖父・祖母 父母と母方の祖父母	父母と父方の祖父母	父母と祖父母	父母とその他	母と同居 母のみ又は母と兄姉のみ	母と祖父母等	核家族世帯	三世代世帯等	母子世帯
					総　数								
総　数	1 076	136	4	595	74	203	-	8	16	40	735	285	56
父母のみ	123	111	-	-	2	6	-	2	-	2	111	10	2
父母と兄姉	572	6	4	534	6	17	-	4	1	-	544	27	1
父母と母方の祖父母	73	1	-	16	56	-	-	-	-	-	17	56	-
父母と父方の祖父母	200	7	-	25	-	167	-	-	-	1	32	167	1
父母と祖父母	1	1	-	-	-	-	-	-	-	-	1	-	-
父母とその他	3	-	-	-	-	1	-	2	-	-	-	3	-
母のみ又は母と兄姉のみ	40	5	-	13	3	2	-	-	14	3	18	5	17
母と祖父母等	64	5	-	7	7	10	-	-	1	34	12	17	35
					13大都市								
総　数	188	28	-	124	10	16	-	1	3	6	152	27	9
父母のみ	26	25	-	-	-	1	-	-	-	-	25	1	-
父母と兄姉	113	1	-	109	-	1	-	1	1	-	110	2	1
父母と母方の祖父母	12	-	-	3	9	-	-	-	-	-	3	9	-
父母と父方の祖父母	15	-	-	2	-	13	-	-	-	-	2	13	-
父母と祖父母	-	-	-	-	-	-	-	-	-	-	-	-	-
父母とその他	-	-	-	-	-	-	-	-	-	-	-	-	-
母のみ又は母と兄姉のみ	14	2	-	7	1	1	-	-	2	1	9	2	3
母と祖父母等	8	-	-	3	-	-	-	-	-	5	3	-	5
					その他の市								
総　数	666	90	4	366	50	121	-	4	10	21	460	175	31
父母のみ	80	71	-	-	2	5	-	1	-	1	71	8	1
父母と兄姉	360	5	4	330	6	13	-	2	-	-	339	21	-
父母と母方の祖父母	50	1	-	13	36	-	-	-	-	-	14	36	-
父母と父方の祖父母	119	5	-	16	-	97	-	-	-	1	21	97	1
父母と祖父母	1	1	-	-	-	-	-	-	-	-	1	-	-
父母とその他	1	-	-	-	-	-	-	1	-	-	-	1	-
母のみ又は母と兄姉のみ	21	3	-	4	2	-	-	-	10	2	7	2	12
母と祖父母等	34	4	-	3	4	6	-	-	-	17	7	10	17
					郡　部								
総　数	222	18	-	105	14	66	-	3	3	13	123	83	16
父母のみ	17	15	-	-	-	-	-	1	-	1	15	1	1
父母と兄姉	99	-	-	95	-	3	-	1	-	-	95	4	-
父母と母方の祖父母	11	-	-	-	11	-	-	-	-	-	-	11	-
父母と父方の祖父母	66	2	-	7	-	57	-	-	-	-	9	57	-
父母と祖父母	-	-	-	-	-	-	-	-	-	-	-	-	-
父母とその他	2	-	-	-	-	1	-	1	-	-	-	2	-
母のみ又は母と兄姉のみ	5	-	-	2	-	1	-	-	2	-	2	1	2
母と祖父母等	22	1	-	1	3	4	-	-	1	12	2	7	13

注：1）市郡は、出生1年半後のものである。
　　2）市郡別の総数には外国在住分を含む。

同居構成・市郡・出生1年半後の同居構成・母の就業変化パターン別

構成割合（％）

出生1年半後の同居構成	総数	父母と同居 父母又は父母と兄弟のみ 父母のみ	父母と双子・三つ子の兄姉	父母と兄姉	父母と祖父・祖母 父母と母方の祖父母	父母と父方の祖父母	父母と祖父母	父母とその他	母と同居 母のみ又は母と兄姉のみ	母と祖父母等	核家族世帯	三世代世帯等	母子世帯
					総　数								
総　数	100.0	12.6	0.4	55.3	6.9	18.9	-	0.7	1.5	3.7	68.3	26.5	5.2
父母のみ	100.0	90.2	-	-	1.6	4.9	-	1.6	-	1.6	90.2	8.1	1.6
父母と兄姉	100.0	1.0	0.7	93.4	1.0	3.0	-	0.7	0.2	-	95.1	4.7	0.2
父母と母方の祖父母	100.0	1.4	-	21.9	76.7	-	-	-	-	-	23.3	76.7	-
父母と父方の祖父母	100.0	3.5	-	12.5	-	83.5	-	-	-	0.5	16.0	83.5	0.5
父母と祖父母	100.0	100.0	-	-	-	-	-	-	-	-	100.0	-	-
父母とその他	100.0	-	-	-	-	33.3	-	66.7	-	-	-	100.0	-
母のみ又は母と兄姉のみ	100.0	12.5	-	32.5	7.5	5.0	-	-	35.0	7.5	45.0	12.5	42.5
母と祖父母等	100.0	7.8	-	10.9	10.9	15.6	-	-	1.6	53.1	18.8	26.6	54.7
					13大都市								
総　数	100.0	14.9	-	66.0	5.3	8.5	-	0.5	1.6	3.2	80.9	14.4	4.8
父母のみ	100.0	96.2	-	-	-	3.8	-	-	-	-	96.2	3.8	-
父母と兄姉	100.0	0.9	-	96.5	-	0.9	-	0.9	0.9	-	97.3	1.8	0.9
父母と母方の祖父母	100.0	-	-	25.0	75.0	-	-	-	-	-	25.0	75.0	-
父母と父方の祖父母	100.0	-	-	13.3	-	86.7	-	-	-	-	13.3	86.7	-
父母と祖父母	-	-	-	-	-	-	-	-	-	-	-	-	-
父母とその他	-	-	-	-	-	-	-	-	-	-	-	-	-
母のみ又は母と兄姉のみ	100.0	14.3	-	50.0	7.1	7.1	-	-	14.3	7.1	64.3	14.3	21.4
母と祖父母等	100.0	-	-	37.5	-	-	-	-	-	62.5	37.5	-	62.5
					その他の市								
総　数	100.0	13.5	0.6	55.0	7.5	18.2	-	0.6	1.5	3.2	69.1	26.3	4.7
父母のみ	100.0	88.8	-	-	2.5	6.3	-	1.3	-	1.3	88.8	10.0	1.3
父母と兄姉	100.0	1.4	1.1	91.7	1.7	3.6	-	0.6	-	-	94.2	5.8	-
父母と母方の祖父母	100.0	2.0	-	26.0	72.0	-	-	-	-	-	28.0	72.0	-
父母と父方の祖父母	100.0	4.2	-	13.4	-	81.5	-	-	-	0.8	17.6	81.5	0.8
父母と祖父母	100.0	100.0	-	-	-	-	-	-	-	-	100.0	-	-
父母とその他	100.0	-	-	-	-	-	-	100.0	-	-	-	100.0	-
母のみ又は母と兄姉のみ	100.0	14.3	-	19.0	9.5	-	-	-	47.6	9.5	33.3	9.5	57.1
母と祖父母等	100.0	11.8	-	8.8	11.8	17.6	-	-	-	50.0	20.6	29.4	50.0
					郡　部								
総　数	100.0	8.1	-	47.3	6.3	29.7	-	1.4	1.4	5.9	55.4	37.4	7.2
父母のみ	100.0	88.2	-	-	-	-	-	5.9	-	5.9	88.2	5.9	5.9
父母と兄姉	100.0	-	-	96.0	-	3.0	-	1.0	-	-	96.0	4.0	-
父母と母方の祖父母	100.0	-	-	-	100.0	-	-	-	-	-	-	100.0	-
父母と父方の祖父母	100.0	3.0	-	10.6	-	86.4	-	-	-	-	13.6	86.4	-
父母と祖父母	-	-	-	-	-	-	-	-	-	-	-	-	-
父母とその他	100.0	-	-	-	-	50.0	-	50.0	-	-	-	100.0	-
母のみ又は母と兄姉のみ	100.0	-	-	40.0	-	20.0	-	-	40.0	-	40.0	20.0	40.0
母と祖父母等	100.0	4.5	-	4.5	13.6	18.2	-	-	4.5	54.5	9.1	31.8	59.1

第13-2表　母と同居している子ども数，母の就業変化

出生半年後の同居構成	出生1年半後の同居構成	総数	I 就業継続型 ●●●	II 一時離職型 ●○●	III 出産前離職型 ●○○	IV 出産後離職型 ●●○	V 無職継続型 ○○○	VI 就業開始型 ○○●
				総　数				
総　数	総　数	21 879	3 554	2 038	4 997	887	8 196	1 076
	核家族世帯	16 575	2 350	1 338	4 062	671	6 656	695
	三世代世帯等	4 695	1 105	560	848	200	1 428	277
	母子世帯	609	99	140	87	16	112	104
	（再掲）夫が単身赴任中	114	15	11	28	3	40	12
核家族世帯	総　数	16 887	2 434	1 408	4 101	677	6 711	735
	核家族世帯	16 059	2 275	1 283	3 935	641	6 494	655
	三世代世帯等	627	127	78	131	29	178	50
	母子世帯	201	32	47	35	7	39	30
	（再掲）夫が単身赴任中	48	4	5	15	1	16	5
三世代世帯等	総　数	4 563	1 042	545	831	199	1 392	285
	核家族世帯	436	59	48	113	27	131	37
	三世代世帯等	4 034	969	476	710	170	1 243	226
	母子世帯	93	14	21	8	2	18	22
	（再掲）夫が単身赴任中	24	4	3	5	1	8	3
母子世帯	総　数	429	78	85	65	11	93	56
	核家族世帯	80	16	7	14	3	31	3
	三世代世帯等	34	9	6	7	1	7	1
	母子世帯	315	53	72	44	7	55	52
	（再掲）夫が単身赴任中	42	7	3	8	1	16	4
				13大都市				
総　数	総　数	4 691	598	380	1 151	177	1 934	188
	核家族世帯	4 005	491	302	1 026	161	1 667	139
	三世代世帯等	539	82	50	99	15	236	27
	母子世帯	147	25	28	26	1	31	22
	（再掲）夫が単身赴任中	37	4	3	10	1	12	5
核家族世帯	総　数	4 072	510	314	1 036	161	1 675	152
	核家族世帯	3 910	479	294	1 002	155	1 630	135
	三世代世帯等	108	21	10	25	5	35	5
	母子世帯	54	10	10	9	1	10	12
	（再掲）夫が単身赴任中	19	2	2	4	1	6	3
三世代世帯等	総　数	517	69	51	97	16	231	27
	核家族世帯	75	9	7	20	6	28	3
	三世代世帯等	423	59	40	73	10	197	22
	母子世帯	19	1	4	4	-	6	2
	（再掲）夫が単身赴任中	5	-	-	3	-	2	-
母子世帯	総　数	102	19	15	18	-	28	9
	核家族世帯	20	3	1	4	-	9	1
	三世代世帯等	8	2	-	1	-	4	-
	母子世帯	74	14	14	13	-	15	8
	（再掲）夫が単身赴任中	13	2	1	3	-	4	2

注：1）市郡は、出生1年半後のものである。
　　2）市郡別の総数には外国在住分を含む。
　　3）就業変化パターンの総数にはその他を含む。

パターン・出生半年後の同居構成・出生1年半後の同居構成・市郡別

出生半年後の同居構成	出生1年半後の同居構成	総数	I 就業継続型 ●●●	II 一時離職型 ●○●	III 出産前離職型 ●○○	IV 出産後離職型 ●●○	V 無職継続型 ○○○	VI 就業開始型 ○○●
				その他の市				
総　数	総　数	12 993	2 061	1 201	2 956	512	4 946	666
	核家族世帯	10 029	1 406	799	2 444	390	4 084	440
	三世代世帯等	2 610	602	313	459	113	795	171
	母子世帯	354	53	89	53	9	67	55
	（再掲）夫が単身赴任中	53	7	6	15	1	20	2
核家族世帯	総　数	10 209	1 454	845	2 468	395	4 116	460
	核家族世帯	9 723	1 361	770	2 369	374	3 991	410
	三世代世帯等	367	73	44	78	17	102	36
	母子世帯	119	20	31	21	4	23	14
	（再掲）夫が単身赴任中	19	2	2	8	-	6	1
三世代世帯等	総　数	2 538	566	300	448	111	778	175
	核家族世帯	264	35	24	68	15	76	29
	三世代世帯等	2 224	523	263	377	96	692	134
	母子世帯	50	8	13	3	-	10	12
	（再掲）夫が単身赴任中	13	3	2	2	-	5	1
母子世帯	総　数	246	41	56	40	6	52	31
	核家族世帯	42	10	5	7	1	17	1
	三世代世帯等	19	6	6	4	-	1	1
	母子世帯	185	25	45	29	5	34	29
	（再掲）夫が単身赴任中	21	2	2	5	1	9	-
				郡　部				
総　数	総　数	4 180	895	457	886	194	1 310	222
	核家族世帯	2 527	453	237	589	116	899	116
	三世代世帯等	1 545	421	197	289	72	397	79
	母子世帯	108	21	23	8	6	14	27
	（再掲）夫が単身赴任中	24	4	2	3	1	8	5
核家族世帯	総　数	2 597	470	249	594	120	916	123
	核家族世帯	2 418	435	219	562	111	869	110
	三世代世帯等	151	33	24	27	7	41	9
	母子世帯	28	2	6	5	2	6	4
	（再掲）夫が単身赴任中	10	-	1	3	-	4	1
三世代世帯等	総　数	1 505	407	194	285	70	383	83
	核家族世帯	94	15	17	24	4	27	5
	三世代世帯等	1 387	387	173	260	64	354	70
	母子世帯	24	5	4	1	2	2	8
	（再掲）夫が単身赴任中	6	1	1	-	1	1	2
母子世帯	総　数	78	18	14	7	4	11	16
	核家族世帯	15	3	1	3	1	3	1
	三世代世帯等	7	1	-	2	1	2	-
	母子世帯	56	14	13	2	2	6	15
	（再掲）夫が単身赴任中	8	3	-	-	-	3	2

第14表 母と同居している子ども数・構成割合，出生

母の就業変化パターン	実数 総数	母・父母のみ	母・父母と祖父母	母・父母と保育士等	その他	構成割合(%) 総数	母・父母のみ	母・父母と祖父母	母・父母と保育士等	その他
総数										
総数			総数					総数		
総　数	21 879	16 097	4 453	515	813	100.0	73.6	20.4	2.4	3.7
Ⅰ 就業継続型 ●●●	3 554	1 661	1 041	312	540	100.0	46.7	29.3	8.8	15.2
Ⅱ 一時離職型 ●○●	2 038	1 258	560	99	121	100.0	61.7	27.5	4.9	5.9
Ⅲ 出産前離職型 ●○○	4 997	4 145	838	8	6	100.0	82.9	16.8	0.2	0.1
Ⅳ 出産後離職型 ●●○	887	646	193	21	27	100.0	72.8	21.8	2.4	3.0
Ⅴ 無職継続型 ○○○	8 196	6 828	1 329	16	23	100.0	83.3	16.2	0.2	0.3
Ⅵ 就業開始型 ○○●	1 076	743	252	31	50	100.0	69.1	23.4	2.9	4.6
			13大都市					13大都市		
総　数	4 750	3 792	701	140	116	100.0	79.8	14.8	2.9	2.4
Ⅰ 就業継続型 ●●●	605	339	104	90	72	100.0	56.0	17.2	14.9	11.9
Ⅱ 一時離職型 ●○●	387	260	89	22	16	100.0	67.2	23.0	5.7	4.1
Ⅲ 出産前離職型 ●○○	1 156	1 014	138	1	3	100.0	87.7	11.9	0.1	0.3
Ⅳ 出産後離職型 ●●○	180	149	22	9	-	100.0	82.8	12.2	5.0	-
Ⅴ 無職継続型 ○○○	1 963	1 680	267	8	8	100.0	85.6	13.6	0.4	0.4
Ⅵ 就業開始型 ○○●	195	147	37	3	8	100.0	75.4	19.0	1.5	4.1
			その他の市					その他の市		
総　数	12 959	9 602	2 562	306	489	100.0	74.1	19.8	2.4	3.8
Ⅰ 就業継続型 ●●●	2 047	968	574	193	312	100.0	47.3	28.0	9.4	15.2
Ⅱ 一時離職型 ●○●	1 186	720	320	66	80	100.0	60.7	27.0	5.6	6.7
Ⅲ 出産前離職型 ●○○	2 960	2 467	487	3	3	100.0	83.3	16.5	0.1	0.1
Ⅳ 出産後離職型 ●●○	517	369	121	6	21	100.0	71.4	23.4	1.2	4.1
Ⅴ 無職継続型 ○○○	4 933	4 144	768	7	14	100.0	84.0	15.6	0.1	0.3
Ⅵ 就業開始型 ○○●	662	461	151	19	31	100.0	69.6	22.8	2.9	4.7
			郡部					郡部		
総　数	4 170	2 703	1 190	69	208	100.0	64.8	28.5	1.7	5.0
Ⅰ 就業継続型 ●●●	902	354	363	29	156	100.0	39.2	40.2	3.2	17.3
Ⅱ 一時離職型 ●○●	465	278	151	11	25	100.0	59.8	32.5	2.4	5.4
Ⅲ 出産前離職型 ●○○	881	664	213	4	-	100.0	75.4	24.2	0.5	-
Ⅳ 出産後離職型 ●●○	190	128	50	6	6	100.0	67.4	26.3	3.2	3.2
Ⅴ 無職継続型 ○○○	1 300	1 004	294	1	1	100.0	77.2	22.6	0.1	0.1
Ⅵ 就業開始型 ○○●	219	135	64	9	11	100.0	61.6	29.2	4.1	5.0
第1子										
			総数					総数		
総　数	10 858	8 162	2 162	203	330	100.0	75.2	19.9	1.9	3.0
Ⅰ 就業継続型 ●●●	1 834	970	501	140	223	100.0	52.9	27.3	7.6	12.2
Ⅱ 一時離職型 ●○●	1 034	671	285	31	47	100.0	64.9	27.6	3.0	4.5
Ⅲ 出産前離職型 ●○○	4 181	3 492	684	2	3	100.0	83.5	16.4	0.0	0.1
Ⅳ 出産後離職型 ●●○	681	519	133	11	18	100.0	76.2	19.5	1.6	2.6
Ⅴ 無職継続型 ○○○	2 414	2 028	376	4	6	100.0	84.0	15.6	0.2	0.2
Ⅵ 就業開始型 ○○●	237	145	75	5	12	100.0	61.2	31.6	2.1	5.1
			13大都市					13大都市		
総　数	2 522	2 032	373	74	42	100.0	80.6	14.8	2.9	1.7
Ⅰ 就業継続型 ●●●	354	210	58	55	31	100.0	59.3	16.4	15.5	8.8
Ⅱ 一時離職型 ●○●	214	149	55	7	3	100.0	69.6	25.7	3.3	1.4
Ⅲ 出産前離職型 ●○○	1 014	890	122	-	2	100.0	87.8	12.0	-	0.2
Ⅳ 出産後離職型 ●●○	139	116	18	5	-	100.0	83.5	12.9	3.6	-
Ⅴ 無職継続型 ○○○	639	545	89	3	2	100.0	85.3	13.9	0.5	0.3
Ⅵ 就業開始型 ○○●	38	26	10	1	1	100.0	68.4	26.3	2.6	2.6
			その他の市					その他の市		
総　数	6 421	4 848	1 247	106	220	100.0	75.5	19.4	1.7	3.4
Ⅰ 就業継続型 ●●●	1 080	580	285	73	142	100.0	53.7	26.4	6.8	13.1
Ⅱ 一時離職型 ●○●	595	386	152	20	37	100.0	64.9	25.5	3.4	6.2
Ⅲ 出産前離職型 ●○○	2 487	2 086	399	1	1	100.0	83.9	16.0	0.0	0.0
Ⅳ 出産後離職型 ●●○	401	297	87	4	13	100.0	74.1	21.7	1.0	3.2
Ⅴ 無職継続型 ○○○	1 429	1 213	211	1	4	100.0	84.9	14.8	0.1	0.3
Ⅵ 就業開始型 ○○●	159	98	51	2	8	100.0	61.6	32.1	1.3	5.0
			郡部					郡部		
総　数	1 915	1 282	542	23	68	100.0	66.9	28.3	1.2	3.6
Ⅰ 就業継続型 ●●●	400	180	158	12	50	100.0	45.0	39.5	3.0	12.5
Ⅱ 一時離職型 ●○●	225	136	78	4	7	100.0	60.4	34.7	1.8	3.1
Ⅲ 出産前離職型 ●○○	680	516	163	1	-	100.0	75.9	24.0	0.1	-
Ⅳ 出産後離職型 ●●○	141	106	28	2	5	100.0	75.2	19.9	1.4	3.5
Ⅴ 無職継続型 ○○○	346	270	76	-	-	100.0	78.0	22.0	-	-
Ⅵ 就業開始型 ○○●	40	21	14	2	3	100.0	52.5	35.0	5.0	7.5

注：1）ふだんの保育者の総数は不詳を含む。
　　2）就業変化パターンの総数にはその他を含む。

半年後のふだんの保育者・市郡・母の就業変化パターン・出生順位別

母の就業変化パターン	実数 総数	母・父母のみ	母・父母と祖父母	母・父母と保育士等	その他	構成割合（%）総数	母・父母のみ	母・父母と祖父母	母・父母と保育士等	その他
第2子以上										
			総　数					総　数		
総　数	11 021	7 935	2 291	312	483	100.0	72.0	20.8	2.8	4.4
Ⅰ　就業継続型 ●●●	1 720	691	540	172	317	100.0	40.2	31.4	10.0	18.4
Ⅱ　一時離職型 ●○●	1 004	587	275	68	74	100.0	58.5	27.4	6.8	7.4
Ⅲ　出産前離職型 ●○○	816	653	154	6	3	100.0	80.0	18.9	0.7	0.4
Ⅳ　出産後離職型 ●●○	206	127	60	10	9	100.0	61.7	29.1	4.9	4.4
Ⅴ　無職継続型 ○○○	5 782	4 800	953	12	17	100.0	83.0	16.5	0.2	0.3
Ⅵ　就業開始型 ○○●	839	598	177	26	38	100.0	71.3	21.1	3.1	4.5
			13大都市					13大都市		
総　数	2 228	1 760	328	66	74	100.0	79.0	14.7	3.0	3.3
Ⅰ　就業継続型 ●●●	251	129	46	35	41	100.0	51.4	18.3	13.9	16.3
Ⅱ　一時離職型 ●○●	173	111	34	15	13	100.0	64.2	19.7	8.7	7.5
Ⅲ　出産前離職型 ●○○	142	124	16	1	1	100.0	87.3	11.3	0.7	0.7
Ⅳ　出産後離職型 ●●○	41	33	4	4	-	100.0	80.5	9.8	9.8	-
Ⅴ　無職継続型 ○○○	1 324	1 135	178	5	6	100.0	85.7	13.4	0.4	0.5
Ⅵ　就業開始型 ○○●	157	121	27	2	7	100.0	77.1	17.2	1.3	4.5
			その他の市					その他の市		
総　数	6 538	4 754	1 315	200	269	100.0	72.7	20.1	3.1	4.1
Ⅰ　就業継続型 ●●●	967	388	289	120	170	100.0	40.1	29.9	12.4	17.6
Ⅱ　一時離職型 ●○●	591	334	168	46	43	100.0	56.5	28.4	7.8	7.3
Ⅲ　出産前離職型 ●○○	473	381	88	2	2	100.0	80.5	18.6	0.4	0.4
Ⅳ　出産後離職型 ●●○	116	72	34	2	8	100.0	62.1	29.3	1.7	6.9
Ⅴ　無職継続型 ○○○	3 504	2 931	557	6	10	100.0	83.6	15.9	0.2	0.3
Ⅵ　就業開始型 ○○●	503	363	100	17	23	100.0	72.2	19.9	3.4	4.6
			郡　部					郡　部		
総　数	2 255	1 421	648	46	140	100.0	63.0	28.7	2.0	6.2
Ⅰ　就業継続型 ●●●	502	174	205	17	106	100.0	34.7	40.8	3.4	21.1
Ⅱ　一時離職型 ●○●	240	142	73	7	18	100.0	59.2	30.4	2.9	7.5
Ⅲ　出産前離職型 ●○○	201	148	50	3	-	100.0	73.6	24.9	1.5	-
Ⅳ　出産後離職型 ●●○	49	22	22	4	1	100.0	44.9	44.9	8.2	2.0
Ⅴ　無職継続型 ○○○	954	734	218	1	1	100.0	76.9	22.9	0.1	0.1
Ⅵ　就業開始型 ○○●	179	114	50	7	8	100.0	63.7	27.9	3.9	4.5

第15表 母と同居している子ども数・構成割合, 出生

母の就業変化パターン	実数 総数	母・父のみ	母・父母と祖父母	母・父母と保育士等	母・父母と祖父母・保育士等	その他	不詳	構成割合(%) 総数	母・父のみ	母・父母と祖父母	母・父母と保育士等	母・父母と祖父母・保育士等	その他	不詳
総数														
総　数	21 879	12 726	4 457	2 505	1 151	1 032	8	100.0	58.2	20.4	11.4	5.3	4.7	0.0
Ⅰ 就業継続型 ●●●	3 554	271	787	1 186	689	619	2	100.0	7.6	22.1	33.4	19.4	17.4	0.1
Ⅱ 一時離職型 ●○●	2 038	414	526	625	260	213	-	100.0	20.3	25.8	30.7	12.8	10.5	-
Ⅲ 出生前離職型 ●○○	4 997	3 882	984	84	25	20	2	100.0	77.7	19.7	1.7	0.5	0.4	0.0
Ⅳ 出生後離職型 ●●○	887	646	196	25	11	9	-	100.0	72.8	22.1	2.8	1.2	1.0	-
Ⅴ 無職継続型 ○○○	8 196	6 535	1 487	123	32	17	2	100.0	79.7	18.1	1.5	0.4	0.2	0.0
Ⅵ 就業開始型 ○○●	1 076	277	246	350	92	111	-	100.0	25.7	22.9	32.5	8.6	10.3	-
13大都市														
総　数	4 691	3 078	703	599	184	125	2	100.0	65.6	15.0	12.8	3.9	2.7	0.0
Ⅰ 就業継続型 ●●●	598	50	66	306	106	70	-	100.0	8.4	11.0	51.2	17.7	11.7	-
Ⅱ 一時離職型 ●○●	380	90	69	143	49	29	-	100.0	23.7	18.2	37.6	12.9	7.6	-
Ⅲ 出生前離職型 ●○○	1 151	965	159	16	5	5	1	100.0	83.8	13.8	1.4	0.4	0.4	0.1
Ⅳ 出生後離職型 ●●○	177	147	23	6	1	-	-	100.0	83.1	13.0	3.4	0.6	-	-
Ⅴ 無職継続型 ○○○	1 934	1 591	302	34	5	2	-	100.0	82.3	15.6	1.8	0.3	0.1	-
Ⅵ 就業開始型 ○○●	188	53	38	73	9	15	-	100.0	28.2	20.2	38.8	4.8	8.0	-
その他の市														
総　数	12 993	7 638	2 590	1 473	701	587	4	100.0	58.8	19.9	11.3	5.4	4.5	0.0
Ⅰ 就業継続型 ●●●	2 061	164	422	706	422	346	1	100.0	8.0	20.5	34.3	20.5	16.8	0.0
Ⅱ 一時離職型 ●○●	1 201	227	326	371	153	124	-	100.0	18.9	27.1	30.9	12.7	10.3	-
Ⅲ 出生前離職型 ●○○	2 956	2 311	573	46	16	9	1	100.0	78.2	19.4	1.6	0.5	0.3	0.0
Ⅳ 出生後離職型 ●●○	512	365	120	12	9	6	-	100.0	71.3	23.4	2.3	1.8	1.2	-
Ⅴ 無職継続型 ○○○	4 946	3 990	862	62	21	10	1	100.0	80.7	17.4	1.3	0.4	0.2	0.0
Ⅵ 就業開始型 ○○●	666	175	161	208	55	67	-	100.0	26.3	24.2	31.2	8.3	10.1	-
郡部														
総　数	4 180	1 997	1 163	432	266	320	2	100.0	47.8	27.8	10.3	6.4	7.7	0.0
Ⅰ 就業継続型 ●●●	895	57	299	174	161	203	1	100.0	6.4	33.4	19.4	18.0	22.7	0.1
Ⅱ 一時離職型 ●○●	457	97	131	111	58	60	-	100.0	21.2	28.7	24.3	12.7	13.1	-
Ⅲ 出生前離職型 ●○○	886	602	252	22	4	6	-	100.0	67.9	28.4	2.5	0.5	0.7	-
Ⅳ 出生後離職型 ●●○	194	131	53	6	1	3	-	100.0	67.5	27.3	3.1	0.5	1.5	-
Ⅴ 無職継続型 ○○○	1 310	949	322	27	6	5	1	100.0	72.4	24.6	2.1	0.5	0.4	0.1
Ⅵ 就業開始型 ○○●	222	49	47	69	28	29	-	100.0	22.1	21.2	31.1	12.6	13.1	-
第1子														
総　数	10 858	6 383	2 293	1 123	549	506	4	100.0	58.8	21.1	10.3	5.1	4.7	0.0
Ⅰ 就業継続型 ●●●	1 834	130	422	621	332	327	2	100.0	7.1	23.0	33.9	18.1	17.8	0.1
Ⅱ 一時離職型 ●○●	1 034	195	294	310	131	104	-	100.0	18.9	28.4	30.0	12.7	10.1	-
Ⅲ 出生前離職型 ●○○	4 181	3 299	799	50	19	13	1	100.0	78.9	19.1	1.2	0.5	0.3	0.0
Ⅳ 出生後離職型 ●●○	681	515	143	12	5	6	-	100.0	75.6	21.0	1.8	0.7	0.9	-
Ⅴ 無職継続型 ○○○	2 414	1 895	471	27	13	7	1	100.0	78.5	19.5	1.1	0.5	0.3	0.0
Ⅵ 就業開始型 ○○●	237	41	67	71	26	32	-	100.0	17.3	28.3	30.0	11.0	13.5	-
13大都市														
総　数	2 494	1 636	374	311	101	72	-	100.0	65.6	15.0	12.5	4.0	2.9	-
Ⅰ 就業継続型 ●●●	354	21	42	194	55	42	-	100.0	5.9	11.9	54.8	15.5	11.9	-
Ⅱ 一時離職型 ●○●	208	44	45	73	30	16	-	100.0	21.2	21.6	35.1	14.4	7.7	-
Ⅲ 出生前離職型 ●○○	1 008	845	140	13	5	5	-	100.0	83.8	13.9	1.3	0.5	0.5	-
Ⅳ 出生後離職型 ●●○	137	114	20	3	-	-	-	100.0	83.2	14.6	2.2	-	-	-
Ⅴ 無職継続型 ○○○	628	516	99	9	2	2	-	100.0	82.2	15.8	1.4	0.3	0.3	-
Ⅵ 就業開始型 ○○●	36	12	7	12	1	4	-	100.0	33.3	19.4	33.3	2.8	11.1	-
その他の市														
総　数	6 446	3 808	1 374	647	335	280	2	100.0	59.1	21.3	10.0	5.2	4.3	0.0
Ⅰ 就業継続型 ●●●	1 081	91	240	356	208	185	1	100.0	8.4	22.2	32.9	19.2	17.1	0.1
Ⅱ 一時離職型 ●○●	603	105	188	180	71	59	-	100.0	17.4	31.2	29.9	11.8	9.8	-
Ⅲ 出生前離職型 ●○○	2 490	1 975	474	27	11	2	1	100.0	79.3	19.0	1.1	0.4	0.1	0.0
Ⅳ 出生後離職型 ●●○	396	296	88	4	4	4	-	100.0	74.7	22.2	1.0	1.0	1.0	-
Ⅴ 無職継続型 ○○○	1 451	1 145	284	11	8	3	-	100.0	78.9	19.6	0.8	0.6	0.2	-
Ⅵ 就業開始型 ○○●	159	24	48	49	20	18	-	100.0	15.1	30.2	30.8	12.6	11.3	-
郡部														
総　数	1 910	932	545	164	113	154	2	100.0	48.8	28.5	8.6	5.9	8.1	0.1
Ⅰ 就業継続型 ●●●	399	18	140	71	69	100	1	100.0	4.5	35.1	17.8	17.3	25.1	0.3
Ⅱ 一時離職型 ●○●	223	46	61	57	30	29	-	100.0	20.6	27.4	25.6	13.5	13.0	-
Ⅲ 出生前離職型 ●○○	680	476	185	10	3	6	-	100.0	70.0	27.2	1.5	0.4	0.9	-
Ⅳ 出生後離職型 ●●○	145	103	35	4	1	2	-	100.0	71.0	24.1	2.8	0.7	1.4	-
Ⅴ 無職継続型 ○○○	333	232	88	7	2	3	1	100.0	69.7	26.4	2.1	0.9	0.6	0.3
Ⅵ 就業開始型 ○○●	42	5	12	10	5	10	-	100.0	11.9	28.6	23.8	11.9	23.8	-

注：1）市郡は、出生1年半後のものである。
　　2）市郡別の総数には外国在住分を含む。
　　3）就業変化パターンの総数にはその他を含む。

1年半後のふだんの保育者・市郡・母の就業変化パターン・出生順位別

母の就業変化パターン	総数	母・父母のみ	母・父母と祖父母	母・父母と保育士等	母・父母と祖父母・保育士等	その他	不詳	総数	母・父母のみ	母・父母と祖父母	母・父母と保育士等	母・父母と祖父母・保育士等	その他	不詳
第2子以上				総　数							総　数			
総　数	11 021	6 343	2 164	1 382	602	526	4	100.0	57.6	19.6	12.5	5.5	4.8	0.0
Ⅰ　就業継続型　●●●	1 720	141	365	565	357	292	-	100.0	8.2	21.2	32.8	20.8	17.0	-
Ⅱ　一時離職型　●○●	1 004	219	232	315	129	109	-	100.0	21.8	23.1	31.4	12.8	10.9	-
Ⅲ　出生前離職型●○○	816	583	185	34	6	7	1	100.0	71.4	22.7	4.2	0.7	0.9	0.1
Ⅳ　出生後離職型●●○	206	131	53	13	6	3	-	100.0	63.6	25.7	6.3	2.9	1.5	-
Ⅴ　無職継続型　○○○	5 782	4 640	1 016	96	19	10	1	100.0	80.2	17.6	1.7	0.3	0.2	0.0
Ⅵ　就業開始型　○○●	839	236	179	279	66	79	-	100.0	28.1	21.3	33.3	7.9	9.4	-
				13大都市							13大都市			
総　数	2 197	1 442	329	288	83	53	2	100.0	65.6	15.0	13.1	3.8	2.4	0.1
Ⅰ　就業継続型　●●●	244	29	24	112	51	28	-	100.0	11.9	9.8	45.9	20.9	11.5	-
Ⅱ　一時離職型　●○●	172	46	24	70	19	13	-	100.0	26.7	14.0	40.7	11.0	7.6	-
Ⅲ　出生前離職型●○○	143	120	19	3	-	-	1	100.0	83.9	13.3	2.1	-	-	0.7
Ⅳ　出生後離職型●●○	40	33	3	3	1	-	-	100.0	82.5	7.5	7.5	2.5	-	-
Ⅴ　無職継続型　○○○	1 306	1 075	203	25	3	-	-	100.0	82.3	15.5	1.9	0.2	-	-
Ⅵ　就業開始型　○○●	152	41	31	61	8	11	-	100.0	27.0	20.4	40.1	5.3	7.2	-
				その他の市							その他の市			
総　数	6 547	3 830	1 216	826	366	307	2	100.0	58.5	18.6	12.6	5.6	4.7	0.0
Ⅰ　就業継続型　●●●	980	73	182	350	214	161	-	100.0	7.4	18.6	35.7	21.8	16.4	-
Ⅱ　一時離職型　●○●	598	122	138	191	82	65	-	100.0	20.4	23.1	31.9	13.7	10.9	-
Ⅲ　出生前離職型●○○	466	336	99	19	5	7	-	100.0	72.1	21.2	4.1	1.1	1.5	-
Ⅳ　出生後離職型●●○	116	69	32	8	5	2	-	100.0	59.5	27.6	6.9	4.3	1.7	-
Ⅴ　無職継続型　○○○	3 495	2 845	578	51	13	7	1	100.0	81.4	16.5	1.5	0.4	0.2	0.0
Ⅵ　就業開始型　○○●	507	151	113	159	35	49	-	100.0	29.8	22.3	31.4	6.9	9.7	-
				郡　部							郡　部			
総　数	2 270	1 065	618	268	153	166	-	100.0	46.9	27.2	11.8	6.7	7.3	-
Ⅰ　就業継続型　●●●	496	39	159	103	92	103	-	100.0	7.9	32.1	20.8	18.5	20.8	-
Ⅱ　一時離職型　●○●	234	51	70	54	28	31	-	100.0	21.8	29.9	23.1	12.0	13.2	-
Ⅲ　出生前離職型●○○	206	126	67	12	1	-	-	100.0	61.2	32.5	5.8	0.5	-	-
Ⅳ　出生後離職型●●○	49	28	18	2	-	1	-	100.0	57.1	36.7	4.1	-	2.0	-
Ⅴ　無職継続型　○○○	977	717	234	20	3	3	-	100.0	73.4	24.0	2.0	0.3	0.3	-
Ⅵ　就業開始型　○○●	180	44	35	59	23	19	-	100.0	24.4	19.4	32.8	12.8	10.6	-

16表（2－1）

第16表　母と同居している子ども数・構成割合，出生

実　数

母の就業変化パターン	総　数	母	父	祖　母	祖　父	保育士	保育ママ等	その他	不　詳
総　数									
総　　数	21 879	20 013	25	807	19	877	48	60	30
Ⅰ　就業継続型　●●●	3 554	2 342	11	532	11	578	32	34	14
Ⅱ　一時離職型　●●●	2 038	1 747	4	112	4	147	9	10	5
Ⅲ　出産前離職型●○○	4 997	4 975	2	12	1	5	1	1	-
Ⅳ　出産後離職型●●○	887	806	-	46	-	30	-	5	-
Ⅴ　無職継続型　○○○	8 196	8 155	3	20	-	11	1	4	2
Ⅵ　就業開始型　○○●	1 076	974	1	37	2	55	2	3	2
13大都市									
総　　数	4 750	4 471	6	50	3	187	20	5	8
Ⅰ　就業継続型　●●●	605	431	4	26	-	130	11	1	2
Ⅱ　一時離職型　●●●	387	342	1	10	3	24	6	-	1
Ⅲ　出産前離職型●○○	1 156	1 153	-	-	-	2	1	-	-
Ⅳ　出産後離職型●●○	180	171	-	2	-	7	-	-	-
Ⅴ　無職継続型　○○○	1 963	1 950	-	2	-	6	-	3	2
Ⅵ　就業開始型　○○●	195	183	1	3	-	7	1	-	-
その他の市									
総　　数	12 959	11 848	17	473	8	546	20	32	15
Ⅰ　就業継続型　●●●	2 047	1 340	5	307	4	354	15	15	7
Ⅱ　一時離職型　●●●	1 186	1 000	3	67	1	101	1	9	4
Ⅲ　出産前離職型●○○	2 960	2 946	2	9	-	3	-	-	-
Ⅳ　出産後離職型●●○	517	468	-	29	-	16	-	4	-
Ⅴ　無職継続型　○○○	4 933	4 911	3	12	-	5	1	1	-
Ⅵ　就業開始型　○○●	662	597	-	23	2	37	1	1	1
郡　部									
総　　数	4 170	3 694	2	284	8	144	8	23	7
Ⅰ　就業継続型　●●●	902	571	2	199	7	94	6	18	5
Ⅱ　一時離職型　●●●	465	405	-	35	-	22	2	1	-
Ⅲ　出産前離職型●○○	881	876	-	3	1	-	-	-	-
Ⅳ　出産後離職型●●○	190	167	-	15	-	7	-	1	-
Ⅴ　無職継続型　○○○	1 300	1 294	-	6	-	-	-	-	-
Ⅵ　就業開始型　○○●	219	194	-	11	-	11	-	2	1
第１子									
総　　数	10 858	10 020	13	410	9	332	26	35	13
Ⅰ　就業継続型　●●●	1 834	1 289	6	257	5	231	19	21	6
Ⅱ　一時離職型　●●●	1 034	916	1	54	2	51	3	5	2
Ⅲ　出産前離職型●○○	4 181	4 167	2	9	1	1	-	1	-
Ⅳ　出産後離職型●●○	681	630	-	31	-	17	-	3	-
Ⅴ　無職継続型　○○○	2 414	2 395	2	9	-	3	1	3	1
Ⅵ　就業開始型　○○●	237	205	-	18	1	9	1	1	2
13大都市									
総　　数	2 522	2 389	3	29	1	87	7	2	4
Ⅰ　就業継続型　●●●	354	258	3	17	-	69	5	-	2
Ⅱ　一時離職型　●●●	214	201	-	4	1	6	2	-	-
Ⅲ　出産前離職型●○○	1 014	1 013	-	-	-	1	-	-	-
Ⅳ　出産後離職型●●○	139	134	-	2	-	3	-	-	-
Ⅴ　無職継続型　○○○	639	633	-	1	-	2	-	2	1
Ⅵ　就業開始型　○○●	38	35	-	1	-	2	-	-	-
その他の市									
総　　数	6 421	5 908	8	258	5	199	14	22	7
Ⅰ　就業継続型　●●●	1 080	759	1	159	3	134	9	12	3
Ⅱ　一時離職型　●●●	595	515	1	35	1	35	1	5	2
Ⅲ　出産前離職型●○○	2 487	2 479	2	6	-	-	-	-	-
Ⅳ　出産後離職型●●○	401	367	-	20	-	11	-	3	-
Ⅴ　無職継続型　○○○	1 429	1 419	2	5	-	1	1	1	-
Ⅵ　就業開始型　○○●	159	139	-	12	1	5	1	-	1
郡　部									
総　　数	1 915	1 723	2	123	3	46	5	11	2
Ⅰ　就業継続型　●●●	400	272	2	81	2	28	5	9	1
Ⅱ　一時離職型　●●●	225	200	-	15	-	10	-	-	-
Ⅲ　出産前離職型●○○	680	675	-	3	1	-	-	1	-
Ⅳ　出産後離職型●●○	141	129	-	9	-	3	-	-	-
Ⅴ　無職継続型　○○○	346	343	-	3	-	-	-	-	-
Ⅵ　就業開始型　○○●	40	31	-	5	-	2	-	1	1

注：1）市郡は、出生時のものである。
　　2）就業変化パターンの総数にはその他を含む。

半年後の平日の日中の保育者・市郡・母の就業変化パターン・出生順位別

母の就業変化パターン	総　数	母	父	祖母	祖父	保育士	保育ママ等	その他	不　詳
第2子以上									
				総　数					
総　　数	11 021	9 993	12	397	10	545	22	25	17
Ⅰ　就業継続型　●●●	1 720	1 053	5	275	6	347	13	13	8
Ⅱ　一時離職型　●○●	1 004	831	3	58	2	96	6	5	3
Ⅲ　出産前離職型●○○	816	808	-	3	-	4	1	-	-
Ⅳ　出産後離職型●●○	206	176	-	15	-	13	-	2	-
Ⅴ　無職継続型　○○○	5 782	5 760	1	11	-	8	-	1	1
Ⅵ　就業開始型　○○●	839	769	1	19	1	46	1	2	-
				13大都市					
総　　数	2 228	2 082	3	21	2	100	13	3	4
Ⅰ　就業継続型　●●●	251	173	1	9	-	61	6	1	-
Ⅱ　一時離職型　●○●	173	141	1	6	2	18	4	-	1
Ⅲ　出産前離職型●○○	142	140	-	-	-	1	1	-	-
Ⅳ　出産後離職型●●○	41	37	-	-	-	4	-	-	-
Ⅴ　無職継続型　○○○	1 324	1 317	-	1	-	4	-	1	1
Ⅵ　就業開始型　○○●	157	148	1	2	-	5	1	-	-
				その他の市					
総　　数	6 538	5 940	9	215	3	347	6	10	8
Ⅰ　就業継続型　●●●	967	581	4	148	1	220	6	3	4
Ⅱ　一時離職型　●○●	591	485	2	32	-	66	-	4	2
Ⅲ　出産前離職型●○○	473	467	-	3	-	3	-	-	-
Ⅳ　出産後離職型●●○	116	101	-	9	-	5	-	1	-
Ⅴ　無職継続型　○○○	3 504	3 492	1	7	-	4	-	-	-
Ⅵ　就業開始型　○○●	503	458	-	11	1	32	-	1	-
				郡　部					
総　　数	2 255	1 971	-	161	5	98	3	12	5
Ⅰ　就業継続型　●●●	502	299	-	118	5	66	1	9	4
Ⅱ　一時離職型　●○●	240	205	-	20	-	12	2	1	-
Ⅲ　出産前離職型●○○	201	201	-	-	-	-	-	-	-
Ⅳ　出産後離職型●●○	49	38	-	6	-	4	-	1	-
Ⅴ　無職継続型　○○○	954	951	-	3	-	-	-	-	-
Ⅵ　就業開始型　○○●	179	163	-	6	-	9	-	1	-

16表（2-2）

第16表 母と同居している子ども数・構成割合，出生

構成割合（％）

母の就業変化パターン	総数	母	父	祖母	祖父	保育士	保育ママ等	その他	不詳
総数									
総　数	100.0	91.5	0.1	3.7	0.1	4.0	0.2	0.3	0.1
Ⅰ　就業継続型 ●●●	100.0	65.9	0.3	15.0	0.3	16.3	0.9	1.0	0.4
Ⅱ　一時離職型 ●○●	100.0	85.7	0.2	5.5	0.2	7.2	0.4	0.5	0.2
Ⅲ　出産前離職型 ●○○	100.0	99.6	0.0	0.2	0.0	0.1	0.0	0.0	-
Ⅳ　出産後離職型 ●●○	100.0	90.9	-	5.2	-	3.4	-	0.6	-
Ⅴ　無職継続型 ○○○	100.0	99.5	0.0	0.2	-	0.1	0.0	0.0	0.0
Ⅵ　就業開始型 ○○●	100.0	90.5	0.1	3.4	0.2	5.1	0.2	0.3	0.2
13大都市									
総　数	100.0	94.1	0.1	1.1	0.1	3.9	0.4	0.1	0.2
Ⅰ　就業継続型 ●●●	100.0	71.2	0.7	4.3	-	21.5	1.8	0.2	0.3
Ⅱ　一時離職型 ●○●	100.0	88.4	0.3	2.6	0.8	6.2	1.6	-	0.3
Ⅲ　出産前離職型 ●○○	100.0	99.7	-	-	-	0.2	0.1	-	-
Ⅳ　出産後離職型 ●●○	100.0	95.0	-	1.1	-	3.9	-	-	-
Ⅴ　無職継続型 ○○○	100.0	99.3	-	0.1	-	0.3	-	0.2	0.1
Ⅵ　就業開始型 ○○●	100.0	93.8	0.5	1.5	-	3.6	0.5	-	-
その他の市									
総　数	100.0	91.4	0.1	3.6	0.1	4.2	0.2	0.2	0.1
Ⅰ　就業継続型 ●●●	100.0	65.5	0.2	15.0	0.2	17.3	0.7	0.7	0.3
Ⅱ　一時離職型 ●○●	100.0	84.3	0.3	5.6	0.1	8.5	0.1	0.8	0.3
Ⅲ　出産前離職型 ●○○	100.0	99.5	0.1	0.3	-	0.1	-	-	-
Ⅳ　出産後離職型 ●●○	100.0	90.5	-	5.6	-	3.1	-	0.8	-
Ⅴ　無職継続型 ○○○	100.0	99.6	0.1	0.2	-	0.1	0.0	0.0	-
Ⅵ　就業開始型 ○○●	100.0	90.2	-	3.5	0.3	5.6	0.2	0.2	0.2
郡部									
総　数	100.0	88.6	0.0	6.8	0.2	3.5	0.2	0.6	0.2
Ⅰ　就業継続型 ●●●	100.0	63.3	0.2	22.1	0.8	10.4	0.7	2.0	0.6
Ⅱ　一時離職型 ●○●	100.0	87.1	-	7.5	-	4.7	0.4	0.2	-
Ⅲ　出産前離職型 ●○○	100.0	99.4	-	0.3	0.1	-	-	0.1	-
Ⅳ　出産後離職型 ●●○	100.0	87.9	-	7.9	-	3.7	-	0.5	-
Ⅴ　無職継続型 ○○○	100.0	99.5	-	0.5	-	-	-	-	-
Ⅵ　就業開始型 ○○●	100.0	88.6	-	5.0	-	5.0	-	0.9	0.5
第1子									
総数									
総　数	100.0	92.3	0.1	3.8	0.1	3.1	0.2	0.3	0.1
Ⅰ　就業継続型 ●●●	100.0	70.3	0.3	14.0	0.3	12.6	1.0	1.1	0.3
Ⅱ　一時離職型 ●○●	100.0	88.6	0.1	5.2	0.2	4.9	0.3	0.5	0.2
Ⅲ　出産前離職型 ●○○	100.0	99.7	0.0	0.2	0.0	0.0	-	0.0	-
Ⅳ　出産後離職型 ●●○	100.0	92.5	-	4.6	-	2.5	-	0.4	-
Ⅴ　無職継続型 ○○○	100.0	99.2	0.1	0.4	-	0.1	0.0	0.1	0.0
Ⅵ　就業開始型 ○○●	100.0	86.5	-	7.6	0.4	3.8	0.4	0.4	0.8
13大都市									
総　数	100.0	94.7	0.1	1.1	0.0	3.4	0.3	0.1	0.2
Ⅰ　就業継続型 ●●●	100.0	72.9	0.8	4.8	-	19.5	1.4	-	0.6
Ⅱ　一時離職型 ●○●	100.0	93.9	-	1.9	0.5	2.8	0.9	-	-
Ⅲ　出産前離職型 ●○○	100.0	99.9	-	-	-	0.1	-	-	-
Ⅳ　出産後離職型 ●●○	100.0	96.4	-	1.4	-	2.2	-	-	-
Ⅴ　無職継続型 ○○○	100.0	99.1	-	0.2	-	0.3	-	0.3	0.2
Ⅵ　就業開始型 ○○●	100.0	92.1	-	2.6	-	5.3	-	-	-
その他の市									
総　数	100.0	92.0	0.1	4.0	0.1	3.1	0.2	0.3	0.1
Ⅰ　就業継続型 ●●●	100.0	70.3	0.1	14.7	0.3	12.4	0.8	1.1	0.3
Ⅱ　一時離職型 ●○●	100.0	86.6	0.2	5.9	0.2	5.9	0.2	0.8	0.3
Ⅲ　出産前離職型 ●○○	100.0	99.7	0.1	0.2	-	-	-	-	-
Ⅳ　出産後離職型 ●●○	100.0	91.5	-	5.0	-	2.7	-	0.7	-
Ⅴ　無職継続型 ○○○	100.0	99.3	0.1	0.3	-	0.1	0.1	0.1	-
Ⅵ　就業開始型 ○○●	100.0	87.4	-	7.5	0.6	3.1	0.6	-	0.6
郡部									
総　数	100.0	90.0	0.1	6.4	0.2	2.4	0.3	0.6	0.1
Ⅰ　就業継続型 ●●●	100.0	68.0	0.5	20.3	0.5	7.0	1.3	2.3	0.3
Ⅱ　一時離職型 ●○●	100.0	88.9	-	6.7	-	4.4	-	-	-
Ⅲ　出産前離職型 ●○○	100.0	99.3	-	0.4	0.1	-	-	0.1	-
Ⅳ　出産後離職型 ●●○	100.0	91.5	-	6.4	-	2.1	-	-	-
Ⅴ　無職継続型 ○○○	100.0	99.1	-	0.9	-	-	-	-	-
Ⅵ　就業開始型 ○○●	100.0	77.5	-	12.5	-	5.0	-	2.5	2.5

注：1）市郡は，出生時のものである。
　　2）就業変化パターンの総数にはその他を含む。

半年後の平日の日中の保育者・市郡・母の就業変化パターン・出生順位別

第2子以上

母の就業変化パターン	総数	母	父	祖母	祖父	保育士	保育ママ等	その他	不詳
総数				総　数					
総　数	100.0	90.7	0.1	3.6	0.1	4.9	0.2	0.2	0.2
Ⅰ　就業継続型　●●●	100.0	61.2	0.3	16.0	0.3	20.2	0.8	0.8	0.5
Ⅱ　一時離職型　●○●	100.0	82.8	0.3	5.8	0.2	9.6	0.6	0.5	0.3
Ⅲ　出産前離職型●○○	100.0	99.0	-	0.4	-	0.5	0.1	-	-
Ⅳ　出産後離職型●●○	100.0	85.4	-	7.3	-	6.3	-	1.0	-
Ⅴ　無職継続型　○○○	100.0	99.6	0.0	0.2	-	0.1	-	0.0	0.0
Ⅵ　就業開始型　○○●	100.0	91.7	0.1	2.3	0.1	5.5	0.1	0.2	-
				13大都市					
総　数	100.0	93.4	0.1	0.9	0.1	4.5	0.6	0.1	0.2
Ⅰ　就業継続型　●●●	100.0	68.9	0.4	3.6	-	24.3	2.4	0.4	-
Ⅱ　一時離職型　●○●	100.0	81.5	0.6	3.5	1.2	10.4	2.3	-	0.6
Ⅲ　出産前離職型●○○	100.0	98.6	-	-	-	0.7	0.7	-	-
Ⅳ　出産後離職型●●○	100.0	90.2	-	-	-	9.8	-	-	-
Ⅴ　無職継続型　○○○	100.0	99.5	-	0.1	-	0.3	-	0.1	0.1
Ⅵ　就業開始型　○○●	100.0	94.3	0.6	1.3	-	3.2	0.6	-	-
				その他の市					
総　数	100.0	90.9	0.1	3.3	0.0	5.3	0.1	0.2	0.1
Ⅰ　就業継続型　●●●	100.0	60.1	0.4	15.3	0.1	22.8	0.6	0.3	0.4
Ⅱ　一時離職型　●○●	100.0	82.1	0.3	5.4	-	11.2	-	0.7	0.3
Ⅲ　出産前離職型●○○	100.0	98.7	-	0.6	-	0.6	-	-	-
Ⅳ　出産後離職型●●○	100.0	87.1	-	7.8	-	4.3	-	0.9	-
Ⅴ　無職継続型　○○○	100.0	99.7	0.0	0.2	-	0.1	-	-	-
Ⅵ　就業開始型　○○●	100.0	91.1	-	2.2	0.2	6.4	-	0.2	-
				郡　部					
総　数	100.0	87.4	-	7.1	0.2	4.3	0.1	0.5	0.2
Ⅰ　就業継続型　●●●	100.0	59.6	-	23.5	1.0	13.1	0.2	1.8	0.8
Ⅱ　一時離職型　●○●	100.0	85.4	-	8.3	-	5.0	0.8	0.4	-
Ⅲ　出産前離職型●○○	100.0	100.0	-	-	-	-	-	-	-
Ⅳ　出産後離職型●●○	100.0	77.6	-	12.2	-	8.2	-	2.0	-
Ⅴ　無職継続型　○○○	100.0	99.7	-	0.3	-	-	-	-	-
Ⅵ　就業開始型　○○●	100.0	91.1	-	3.4	-	5.0	-	0.6	-

第17表 母と同居している子ども数・構成割合，出生半年後

実　数

母の就業変化パターン	総数	出生半年後に常勤である母の育児休業取得状況								常勤以外及び無職
		総数	育児休業をすでに取得した	現在、育児休業中である	これから取得する予定である	職場に育児休業制度はあるが取得しない	職場に育児休業制度がない	職場に育児休業制度があるかどうかわからない	不詳	

総数

母の就業変化パターン	総数	総数	すでに取得	休業中	予定	取得しない	制度なし	わからない	不詳	常勤以外及び無職
総　数	21 879	3 333	535	2 113	2	413	158	92	20	18 546
出生1年前：有　職	11 897	3 289	532	2 110	2	397	149	83	16	8 608
Ⅰ　就業継続型	3 554	2 796	470	1 795	2	347	112	62	8	758
Ⅱ　一時離職型	2 038	146	18	55	-	27	26	14	6	1 892
Ⅲ　出産前離職型	4 997	-	-	-	-	-	-	-	-	4 997
Ⅳ　出産後離職型	887	297	37	226	-	20	7	6	1	590
その他	286	22	2	15	-	1	2	1	1	264
不　詳	135	28	5	19	-	2	2	-	-	107
出生1年前：無　職	9 741	43	3	3	-	15	9	9	4	9 698
Ⅴ　無職継続型	8 196	-	-	-	-	-	-	-	-	8 196
Ⅵ　就業開始型	1 076	35	3	3	-	11	8	7	3	1 041
その他	346	8	-	-	-	4	1	2	1	338
不　詳	123	-	-	-	-	-	-	-	-	123
不　詳	241	1	-	-	-	1	-	-	-	240

第1子

母の就業変化パターン	総数	総数	すでに取得	休業中	予定	取得しない	制度なし	わからない	不詳	常勤以外及び無職
総　数	10 858	1 953	288	1 319	1	208	81	45	11	8 905
出生1年前：有　職	7 960	1 937	288	1 317	1	206	75	42	8	6 023
Ⅰ　就業継続型	1 834	1 593	251	1 072	1	178	55	32	4	241
Ⅱ　一時離職型	1 034	76	8	35	-	10	13	7	3	958
Ⅲ　出産前離職型	4 181	-	-	-	-	-	-	-	-	4 181
Ⅳ　出産後離職型	681	235	25	187	-	15	5	2	1	446
その他	138	15	1	11	-	1	1	1	-	123
不　詳	92	18	3	12	-	2	1	-	-	74
出生1年前：無　職	2 779	15	-	2	-	1	6	3	3	2 764
Ⅴ　無職継続型	2 414	-	-	-	-	-	-	-	-	2 414
Ⅵ　就業開始型	237	13	-	2	-	1	5	3	2	224
その他	94	2	-	-	-	-	1	-	1	92
不　詳	34	-	-	-	-	-	-	-	-	34
不　詳	119	1	-	-	-	1	-	-	-	118

第2子以上

母の就業変化パターン	総数	総数	すでに取得	休業中	予定	取得しない	制度なし	わからない	不詳	常勤以外及び無職
総　数	11 021	1 380	247	794	1	205	77	47	9	9 641
出生1年前：有　職	3 937	1 352	244	793	1	191	74	41	8	2 585
Ⅰ　就業継続型	1 720	1 203	219	723	1	169	57	30	4	517
Ⅱ　一時離職型	1 004	70	10	20	-	17	13	7	3	934
Ⅲ　出産前離職型	816	-	-	-	-	-	-	-	-	816
Ⅳ　出産後離職型	206	62	12	39	-	5	2	4	-	144
その他	148	7	1	4	-	-	1	-	1	141
不　詳	43	10	2	7	-	-	1	-	-	33
出生1年前：無　職	6 962	28	3	1	-	14	3	6	1	6 934
Ⅴ　無職継続型	5 782	-	-	-	-	-	-	-	-	5 782
Ⅵ　就業開始型	839	22	3	1	-	10	3	4	1	817
その他	252	6	-	-	-	4	-	2	-	246
不　詳	89	-	-	-	-	-	-	-	-	89
不　詳	122	-	-	-	-	-	-	-	-	122

の母の育児休業取得状況・母の就業変化パターン・出生順位別

構成割合（％）

母の就業変化パターン	総数	出生半年後に常勤である母の育児休業取得状況						
		育児休業をすでに取得した	現在、育児休業中である	これから取得する予定である	職場に育児休業制度はあるが取得しない	職場に育児休業制度がない	職場に育児休業制度があるかどうかわからない	不詳
総数									
総　　数	100.0	16.1	63.4	0.1	12.4	4.7	2.8	0.6
出生1年前：有　職	100.0	16.2	64.2	0.1	12.1	4.5	2.5	0.5
Ⅰ　就業継続型	100.0	16.8	64.2	0.1	12.4	4.0	2.2	0.3
Ⅱ　一時離職型	100.0	12.3	37.7	-	18.5	17.8	9.6	4.1
Ⅲ　出産前離職型	100.0	-	-	-	-	-	-	-
Ⅳ　出産後離職型	100.0	12.5	76.1	-	6.7	2.4	2.0	0.3
その他	100.0	9.1	68.2	-	4.5	9.1	4.5	4.5
不　詳	100.0	17.9	67.9	-	7.1	7.1	-	-
出生1年前：無　職	100.0	7.0	7.0	-	34.9	20.9	20.9	9.3
Ⅴ　無職継続型	100.0	-	-	-	-	-	-	-
Ⅵ　就業開始型	100.0	8.6	8.6	-	31.4	22.9	20.0	8.6
その他	100.0	-	-	-	50.0	12.5	25.0	12.5
不　詳	100.0	-	-	-	-	-	-	-
不　詳	100.0	-	-	-	100.0	-	-	-
第1子									
総　　数	100.0	14.7	67.5	0.1	10.7	4.1	2.3	0.6
出生1年前：有　職	100.0	14.9	68.0	0.1	10.6	3.9	2.2	0.4
Ⅰ　就業継続型	100.0	15.8	67.3	0.1	11.2	3.5	2.0	0.3
Ⅱ　一時離職型	100.0	10.5	46.1	-	13.2	17.1	9.2	3.9
Ⅲ　出産前離職型	100.0	-	-	-	-	-	-	-
Ⅳ　出産後離職型	100.0	10.6	79.6	-	6.4	2.1	0.9	0.4
その他	100.0	6.7	73.3	-	6.7	6.7	6.7	-
不　詳	100.0	16.7	66.7	-	11.1	5.6	-	-
出生1年前：無　職	100.0	-	13.3	-	6.7	40.0	20.0	20.0
Ⅴ　無職継続型	100.0	-	-	-	-	-	-	-
Ⅵ　就業開始型	100.0	-	15.4	-	7.7	38.5	23.1	15.4
その他	100.0	-	-	-	-	50.0	-	50.0
不　詳	100.0	-	-	-	-	-	-	-
不　詳	100.0	-	-	-	100.0	-	-	-
第2子以上									
総　　数	100.0	17.9	57.5	0.1	14.9	5.6	3.4	0.7
出生1年前：有　職	100.0	18.0	58.7	0.1	14.1	5.5	3.0	0.6
Ⅰ　就業継続型	100.0	18.2	60.1	0.1	14.0	4.7	2.5	0.3
Ⅱ　一時離職型	100.0	14.3	28.6	-	24.3	18.6	10.0	4.3
Ⅲ　出産前離職型	100.0	-	-	-	-	-	-	-
Ⅳ　出産後離職型	100.0	19.4	62.9	-	8.1	3.2	6.5	-
その他	100.0	14.3	57.1	-	-	14.3	-	14.3
不　詳	100.0	20.0	70.0	-	-	10.0	-	-
出生1年前：無　職	100.0	10.7	3.6	-	50.0	10.7	21.4	3.6
Ⅴ　無職継続型	100.0	-	-	-	-	-	-	-
Ⅵ　就業開始型	100.0	13.6	4.5	-	45.5	13.6	18.2	4.5
その他	100.0	-	-	-	66.7	-	33.3	-
不　詳	100.0	-	-	-	-	-	-	-
不　詳	100.0	-	-	-	-	-	-	-

18-1表（3-1）

第18-1表 母と同居している子ども数・構成割合, 出生1年半

実 数

母の就業変化 パターン・市郡	総数	母	父	祖母	祖父	保育士	保育ママ等	その他	不詳
総 数				**総 数**					
総　　数	21 879	16 766	36	1 207	69	3 690	41	52	18
13大都市	4 691	3 821	7	86	5	759	8	2	3
その他の市	12 993	9 983	24	694	44	2 192	19	27	10
郡　　部	4 180	2 947	5	427	20	739	14	23	5
				核家族世帯					
総　　数	16 575	13 284	29	487	22	2 690	34	22	7
13大都市	4 005	3 326	6	35	-	630	6	-	2
その他の市	10 029	8 030	20	319	16	1 610	15	14	5
郡　　部	2 527	1 914	3	133	6	450	13	8	-
				三世代世帯等					
総　　数	4 695	3 186	7	643	41	777	6	25	10
13大都市	539	416	1	42	5	72	1	1	1
その他の市	2 610	1 780	4	332	25	451	4	10	4
郡　　部	1 545	989	2	269	11	254	1	14	5
				母子世帯					
総　　数	609	296	-	77	6	223	1	5	1
13大都市	147	79	-	9	-	57	1	1	-
その他の市	354	173	-	43	3	131	-	3	1
郡　　部	108	44	-	25	3	35	-	1	-
I　就業継続型 ●●●									
				総 数					
総　　数	3 554	650	11	798	38	1 990	28	34	5
13大都市	598	111	3	49	1	429	4	1	-
その他の市	2 061	369	6	444	24	1 183	14	18	3
郡　　部	895	170	2	305	13	378	10	15	2
				核家族世帯					
総　　数	2 350	430	8	344	12	1 517	24	14	1
13大都市	491	94	3	24	-	366	4	-	-
その他の市	1 406	248	4	219	7	907	10	10	1
郡　　部	453	88	1	101	5	244	10	4	-
				三世代世帯等					
総　　数	1 105	204	3	431	24	416	4	19	4
13大都市	82	13	-	22	1	45	-	1	-
その他の市	602	112	2	213	16	246	4	7	2
郡　　部	421	79	1	196	7	125	-	11	2
				母子世帯					
総　　数	99	16	-	23	2	57	-	1	-
13大都市	25	4	-	3	-	18	-	-	-
その他の市	53	9	-	12	1	30	-	1	-
郡　　部	21	3	-	8	1	9	-	-	-
II　一時離職型 ●○○									
				総 数					
総　　数	2 038	904	10	239	12	857	6	9	1
13大都市	380	181	1	18	3	175	2	-	-
その他の市	1 201	519	6	151	6	514	1	4	-
郡　　部	457	204	3	70	3	168	3	5	1
				核家族世帯					
総　　数	1 338	615	8	94	2	610	4	5	-
13大都市	302	144	-	5	-	152	1	-	-
その他の市	799	362	6	65	2	361	1	2	-
郡　　部	237	109	2	24	-	97	2	3	-
				三世代世帯等					
総　　数	560	254	2	121	8	170	1	3	1
13大都市	50	28	1	9	3	9	-	-	-
その他の市	313	137	-	73	3	99	-	1	-
郡　　部	197	89	1	39	2	62	1	2	1
				母子世帯					
総　　数	140	35	-	24	2	77	1	1	-
13大都市	28	9	-	4	-	14	1	-	-
その他の市	89	20	-	13	1	54	-	1	-
郡　　部	23	6	-	7	1	9	-	-	-

注：1）市郡は、出生1年半後のものである。
　　2）市郡別の総数には外国在住分を含む。
　　3）就業変化パターンの総数にはその他を含む。

後の平日の日中の保育者・同居構成・母の就業変化パターン・市郡別

構成割合（％）

母の就業変化 パターン・市郡	総　数	母	父	祖　母	祖　父	保育士	保育ママ等	その他	不　詳
総　数									
				総　数					
総　数	100.0	76.6	0.2	5.5	0.3	16.9	0.2	0.2	0.1
13大都市	100.0	81.5	0.1	1.8	0.1	16.2	0.2	0.0	0.1
その他の市	100.0	76.8	0.2	5.3	0.3	16.9	0.1	0.2	0.1
郡　部	100.0	70.5	0.1	10.2	0.5	17.7	0.3	0.6	0.1
				核家族世帯					
総　数	100.0	80.1	0.2	2.9	0.1	16.2	0.2	0.1	0.0
13大都市	100.0	83.0	0.1	0.9	-	15.7	0.1	-	0.0
その他の市	100.0	80.1	0.2	3.2	0.2	16.1	0.1	0.1	0.0
郡　部	100.0	75.7	0.1	5.3	0.2	17.8	0.5	0.3	-
				三世代世帯等					
総　数	100.0	67.9	0.1	13.7	0.9	16.5	0.1	0.5	0.2
13大都市	100.0	77.2	0.2	7.8	0.9	13.4	0.2	0.2	0.2
その他の市	100.0	68.2	0.2	12.7	1.0	17.3	0.2	0.4	0.2
郡　部	100.0	64.0	0.1	17.4	0.7	16.4	0.1	0.9	0.3
				母子世帯					
総　数	100.0	48.6	-	12.6	1.0	36.6	0.2	0.8	0.2
13大都市	100.0	53.7	-	6.1	-	38.8	0.7	0.7	
その他の市	100.0	48.9	-	12.1	0.8	37.0	-	0.8	0.3
郡　部	100.0	40.7	-	23.1	2.8	32.4	-	0.9	
Ⅰ　就業継続型 ●●●									
				総　数					
総　数	100.0	18.3	0.3	22.5	1.1	56.0	0.8	1.0	0.1
13大都市	100.0	18.6	0.5	8.2	0.2	71.7	0.7	0.2	-
その他の市	100.0	17.9	0.3	21.5	1.2	57.4	0.7	0.9	0.1
郡　部	100.0	19.0	0.2	34.1	1.5	42.2	1.1	1.7	0.2
				核家族世帯					
総　数	100.0	18.3	0.3	14.6	0.5	64.6	1.0	0.6	0.0
13大都市	100.0	19.1	0.6	4.9	-	74.5	0.8	-	
その他の市	100.0	17.6	0.3	15.6	0.5	64.5	0.7	0.7	0.1
郡　部	100.0	19.4	0.2	22.3	1.1	53.9	2.2	0.9	-
				三世代世帯等					
総　数	100.0	18.5	0.3	39.0	2.2	37.6	0.4	1.7	0.4
13大都市	100.0	15.9	-	26.8	1.2	54.9	-	1.2	
その他の市	100.0	18.6	0.3	35.4	2.7	40.9	0.7	1.2	0.3
郡　部	100.0	18.8	0.2	46.6	1.7	29.7	-	2.6	0.5
				母子世帯					
総　数	100.0	16.2	-	23.2	2.0	57.6		1.0	
13大都市	100.0	16.0	-	12.0	-	72.0	-	-	
その他の市	100.0	17.0	-	22.6	1.9	56.6		1.9	
郡　部	100.0	14.3	-	38.1	4.8	42.9	-	-	
Ⅱ　一時離職型 ●○●									
				総　数					
総　数	100.0	44.4	0.5	11.7	0.6	42.1	0.3	0.4	0.0
13大都市	100.0	47.6	0.3	4.7	0.8	46.1	0.5	-	-
その他の市	100.0	43.2	0.5	12.6	0.5	42.8	0.1	0.3	-
郡　部	100.0	44.6	0.7	15.3	0.7	36.8	0.7	1.1	0.2
				核家族世帯					
総　数	100.0	46.0	0.6	7.0	0.1	45.6	0.3	0.4	
13大都市	100.0	47.7	-	1.7	-	50.3	0.3	-	
その他の市	100.0	45.3	0.8	8.1	0.3	45.2	0.1	0.3	
郡　部	100.0	46.0	0.8	10.1		40.9	0.8	1.3	
				三世代世帯等					
総　数	100.0	45.4	0.4	21.6	1.4	30.4	0.2	0.5	0.2
13大都市	100.0	56.0	2.0	18.0	6.0	18.0	-	-	
その他の市	100.0	43.8	-	23.3	1.0	31.6	-	0.3	-
郡　部	100.0	45.2	0.5	19.8	1.0	31.5	0.5	1.0	0.5
				母子世帯					
総　数	100.0	25.0	-	17.1	1.4	55.0	0.7	0.7	
13大都市	100.0	32.1	-	14.3	-	50.0	3.6	-	
その他の市	100.0	22.5	-	14.6	1.1	60.7	-	1.1	
郡　部	100.0	26.1	-	30.4	4.3	39.1	-	-	

18－1表（3－2）

第18－1表　母と同居している子ども数・構成割合，出生1年半

実　数

母の就業変化 パターン・市郡	総　数	母	父	祖　母	祖　父	保育士	保育ママ等	その他	不　詳
Ⅲ　出産前離職型●○○									
				総　　数					
総　　数	4 997	4 894	3	17	1	78	1	－	3
13大都市	1 151	1 131	－	1	－	18	－	－	1
その他の市	2 956	2 897	3	12	1	41	－	－	2
郡　　部	886	862	－	4	－	19	1	－	－
				核家族世帯					
総　　数	4 062	3 996	3	6	－	54	1	－	2
13大都市	1 026	1 011	－	－	－	14	－	－	1
その他の市	2 444	2 408	3	5	－	27	－	－	1
郡　　部	589	574	－	1	－	13	1	－	－
				三世代世帯等					
総　　数	848	820	－	10	1	16	－	－	1
13大都市	99	96	－	1	－	2	－	－	－
その他の市	459	442	－	6	1	9	－	－	1
郡　　部	289	281	－	3	－	5	－	－	－
				母子世帯					
総　　数	87	78	－	1	－	8	－	－	－
13大都市	26	24	－	－	－	2	－	－	－
その他の市	53	47	－	1	－	5	－	－	－
郡　　部	8	7	－	－	－	1	－	－	－
Ⅳ　出産後離職型●●○									
				総　　数					
総　　数	887	850	－	5	－	30	1	－	1
13大都市	177	172	－	－	－	5	－	－	－
その他の市	512	490	－	2	－	19	1	－	－
郡　　部	194	184	－	3	－	6	－	－	1
				核家族世帯					
総　　数	671	651	－	1	－	18	1	－	－
13大都市	161	158	－	－	－	3	－	－	－
その他の市	390	375	－	1	－	13	1	－	－
郡　　部	116	114	－	－	－	2	－	－	－
				三世代世帯等					
総　　数	200	187	－	2	－	10	－	－	1
13大都市	15	13	－	－	－	2	－	－	－
その他の市	113	108	－	－	－	5	－	－	－
郡　　部	72	66	－	2	－	3	－	－	1
				母子世帯					
総　　数	16	12	－	2	－	2	－	－	－
13大都市	1	1	－	－	－	－	－	－	－
その他の市	9	7	－	1	－	1	－	－	－
郡　　部	6	4	－	1	－	1	－	－	－
Ⅴ　無職継続型　○○○									
				総　　数					
総　　数	8 196	8 041	6	26	6	112	1	2	2
13大都市	1 934	1 898	3	7	1	23	1	1	－
その他の市	4 946	4 863	3	13	4	61	－	1	1
郡　　部	1 310	1 274	－	6	1	28	－	－	1
				核家族世帯					
総　　数	6 656	6 565	6	7	2	75	－	－	1
13大都市	1 667	1 645	3	3	－	16	－	－	－
その他の市	4 084	4 035	3	4	2	39	－	－	1
郡　　部	899	879	－	－	－	20	－	－	－
				三世代世帯等					
総　　数	1 428	1 383	－	15	3	24	1	1	1
13大都市	236	228	－	4	1	2	－	－	－
その他の市	795	773	－	5	1	15	－	1	－
郡　　部	397	382	－	6	1	7	－	－	1
				母子世帯					
総　　数	112	93	－	4	1	13	－	1	－
13大都市	31	25	－	－	－	5	－	－	－
その他の市	67	55	－	4	1	7	－	－	－
郡　　部	14	13	－	－	－	1	－	－	－

注： 1) 市郡は，出生1年半後のものである。
　　 2) 市郡別の総数には外国在住分を含む。
　　 3) 就業変化パターンの総数にはその他を含む。

後の平日の日中の保育者・同居構成・母の就業変化パターン・市郡別

構成割合（％）

母の就業変化 パターン・市郡	総　数	母	父	祖　母	祖　父	保育士	保育ママ等	その他	不　詳
Ⅲ　出産前離職型●○○									
				総　　数					
総　　数	100.0	97.9	0.1	0.3	0.0	1.6	0.0	－	0.1
13大都市	100.0	98.3	－	0.1	－	1.6	－	－	0.1
その他の市	100.0	98.0	0.1	0.4	0.0	1.4	－	－	0.1
郡　　部	100.0	97.3	－	0.5	－	2.1	0.1	－	－
				核家族世帯					
総　　数	100.0	98.4	0.1	0.1	－	1.3	0.0	－	0.0
13大都市	100.0	98.5	－	－	－	1.4	－	－	0.1
その他の市	100.0	98.5	0.1	0.2	－	1.1	－	－	0.0
郡　　部	100.0	97.5	－	0.2	－	2.2	0.2	－	－
				三世代世帯等					
総　　数	100.0	96.7	－	1.2	0.1	1.9	－	－	0.1
13大都市	100.0	97.0	－	1.0	－	2.0	－	－	－
その他の市	100.0	96.3	－	1.3	0.2	2.0	－	－	0.2
郡　　部	100.0	97.2	－	1.0	－	1.7	－	－	－
				母子世帯					
総　　数	100.0	89.7	－	1.1	－	9.2	－	－	－
13大都市	100.0	92.3	－	－	－	7.7	－	－	－
その他の市	100.0	88.7	－	1.9	－	9.4	－	－	－
郡　　部	100.0	87.5	－	－	－	12.5	－	－	－
Ⅳ　出産後離職型●●○									
				総　　数					
総　　数	100.0	95.8	－	0.6	－	3.4	0.1	－	0.1
13大都市	100.0	97.2	－	－	－	2.8	－	－	－
その他の市	100.0	95.7	－	0.4	－	3.7	0.2	－	－
郡　　部	100.0	94.8	－	1.5	－	3.1	－	－	0.5
				核家族世帯					
総　　数	100.0	97.0	－	0.1	－	2.7	0.1	－	－
13大都市	100.0	98.1	－	－	－	1.9	－	－	－
その他の市	100.0	96.2	－	0.3	－	3.3	0.3	－	－
郡　　部	100.0	98.3	－	－	－	1.7	－	－	－
				三世代世帯等					
総　　数	100.0	93.5	－	1.0	－	5.0	－	－	0.5
13大都市	100.0	86.7	－	－	－	13.3	－	－	－
その他の市	100.0	95.6	－	－	－	4.4	－	－	－
郡　　部	100.0	91.7	－	2.8	－	4.2	－	－	1.4
				母子世帯					
総　　数	100.0	75.0	－	12.5	－	12.5	－	－	－
13大都市	100.0	100.0	－	－	－	－	－	－	－
その他の市	100.0	77.8	－	11.1	－	11.1	－	－	－
郡　　部	100.0	66.7	－	16.7	－	16.7	－	－	－
Ⅴ　無職継続型　○○○									
				総　　数					
総　　数	100.0	98.1	0.1	0.3	0.1	1.4	0.0	0.0	0.0
13大都市	100.0	98.1	0.2	0.4	0.1	1.2	0.1	0.1	－
その他の市	100.0	98.3	0.1	0.3	0.1	1.2	－	0.0	0.0
郡　　部	100.0	97.3	－	0.5	0.1	2.1	－	－	0.1
				核家族世帯					
総　　数	100.0	98.6	0.1	0.1	0.0	1.1	－	－	0.0
13大都市	100.0	98.7	0.2	0.2	－	1.0	－	－	－
その他の市	100.0	98.8	0.1	0.1	0.0	1.0	－	－	0.0
郡　　部	100.0	97.8	－	－	－	2.2	－	－	－
				三世代世帯等					
総　　数	100.0	96.8	－	1.1	0.2	1.7	0.1	0.1	0.1
13大都市	100.0	96.6	－	1.7	0.4	0.8	0.4	－	－
その他の市	100.0	97.2	－	0.6	0.1	1.9	－	0.1	－
郡　　部	100.0	96.2	－	1.5	0.3	1.8	－	－	0.3
				母子世帯					
総　　数	100.0	83.0	－	3.6	0.9	11.6	－	0.9	－
13大都市	100.0	80.6	－	－	－	16.1	－	3.2	－
その他の市	100.0	82.1	－	6.0	1.5	10.4	－	－	－
郡　　部	100.0	92.9	－	－	－	7.1	－	－	－

18-1表（3-3）

第18-1表 母と同居している子ども数・構成割合，出生1年半

実　数

母の就業変化 パターン・市郡	総数	母	父	祖母	祖父	保育士	保育ママ等	その他	不詳
VI　就業開始型　○○●									
総　　数									
総　　数	1 076	489	3	96	10	467	3	7	1
13大都市	188	93	-	10	-	84	1	-	-
その他の市	666	310	3	59	9	278	2	4	1
郡　部	222	86	-	27	1	105	-	3	-
核家族世帯									
総　　数	695	342	2	29	5	311	3	3	-
13大都市	139	73	-	3	-	62	1	-	-
その他の市	440	216	2	20	5	193	2	2	-
郡　部	116	53	-	6	-	56	-	1	-
三世代世帯等									
総　　数	277	116	1	50	4	104	-	2	-
13大都市	27	13	-	5	-	9	-	-	-
その他の市	171	78	1	30	4	57	-	1	-
郡　部	79	25	-	15	-	38	-	1	-
母子世帯									
総　　数	104	31	-	17	1	52	-	2	1
13大都市	22	7	-	2	-	13	-	-	-
その他の市	55	16	-	9	-	28	-	1	1
郡　部	27	8	-	6	1	11	-	1	-

注：1）市郡は、出生1年半後のものである。
　　2）市郡別の総数には外国在住分を含む。
　　3）就業変化パターンの総数にはその他を含む。

後の平日の日中の保育者・同居構成・母の就業変化パターン・市郡別

構成割合（％）

母の就業変化 パターン・市郡	総数	母	父	祖母	祖父	保育士	保育ママ等	その他	不詳
Ⅵ 就業開始型 ○○●									
				総 数					
総　　数	100.0	45.4	0.3	8.9	0.9	43.4	0.3	0.7	0.1
13大都市	100.0	49.5	-	5.3	-	44.7	0.5	-	-
その他の市	100.0	46.5	0.5	8.9	1.4	41.7	0.3	0.6	0.2
郡　　部	100.0	38.7	-	12.2	0.5	47.3	-	1.4	-
				核家族世帯					
総　　数	100.0	49.2	0.3	4.2	0.7	44.7	0.4	0.4	-
13大都市	100.0	52.5	-	2.2	-	44.6	0.7	-	-
その他の市	100.0	49.1	0.5	4.5	1.1	43.9	0.5	0.5	-
郡　　部	100.0	45.7	-	5.2	-	48.3	-	0.9	-
				三世代世帯等					
総　　数	100.0	41.9	0.4	18.1	1.4	37.5	-	0.7	-
13大都市	100.0	48.1	-	18.5	-	33.3	-	-	-
その他の市	100.0	45.6	0.6	17.5	2.3	33.3	-	0.6	-
郡　　部	100.0	31.6	-	19.0	-	48.1	-	1.3	-
				母子世帯					
総　　数	100.0	29.8	-	16.3	1.0	50.0	-	1.9	1.0
13大都市	100.0	31.8	-	9.1	-	59.1	-	-	-
その他の市	100.0	29.1	-	16.4	-	50.9	-	1.8	1.8
郡　　部	100.0	29.6	-	22.2	3.7	40.7	-	3.7	-

175

第18-2表 母と同居している子ども数・構成割合, 出生1年半

実数

母の就業変化パターン・出生1年半後の就業形態	総数	母	父	祖母	祖父	保育士	保育ママ等	その他	不詳
総数									
総数	21 879	16 766	36	1 207	69	3 690	41	52	18
無職	14 890	14 536	11	54	8	267	3	2	9
有職	6 808	2 098	25	1 145	61	3 384	38	50	7
常勤	3 185	274	14	788	38	2 007	27	33	4
パート・アルバイト	2 277	870	4	291	14	1 075	8	14	1
自営業・家業	992	647	5	58	8	266	3	3	2
内職	300	264	2	7	1	26	-	-	-
その他	54	43	-	1	-	10	-	-	-
不詳	181	132	-	8	-	39	-	-	2
I 就業継続型 ●●●									
総数	3 554	650	11	798	38	1 990	28	34	5
無職	-	-	-	-	-	-	-	-	-
有職	3 554	650	11	798	38	1 990	28	34	5
常勤	2 692	234	9	694	31	1 667	25	28	4
パート・アルバイト	388	120	-	67	4	193	1	3	-
自営業・家業	455	284	2	36	3	124	2	3	1
内職	8	5	-	1	-	2	-	-	-
その他	11	7	-	-	-	4	-	-	-
不詳	-	-	-	-	-	-	-	-	-
II 一時離職型 ●○●									
総数	2 038	904	10	239	12	857	6	9	1
無職	-	-	-	-	-	-	-	-	-
有職	2 038	904	10	239	12	857	6	9	1
常勤	332	25	5	65	3	231	-	3	-
パート・アルバイト	1 143	459	3	154	5	511	5	6	-
自営業・家業	383	260	2	14	4	101	1	-	1
内職	159	142	-	5	-	12	-	-	-
その他	21	18	-	1	-	2	-	-	-
不詳	-	-	-	-	-	-	-	-	-
III 出産前離職型 ●○○									
総数	4 997	4 894	3	17	1	78	1	-	3
無職	4 997	4 894	3	17	1	78	1	-	3
有職	-	-	-	-	-	-	-	-	-
常勤	-	-	-	-	-	-	-	-	-
パート・アルバイト	-	-	-	-	-	-	-	-	-
自営業・家業	-	-	-	-	-	-	-	-	-
内職	-	-	-	-	-	-	-	-	-
その他	-	-	-	-	-	-	-	-	-
不詳	-	-	-	-	-	-	-	-	-
IV 出産後離職型 ●●○									
総数	887	850	-	5	-	30	1	-	1
無職	887	850	-	5	-	30	1	-	1
有職	-	-	-	-	-	-	-	-	-
常勤	-	-	-	-	-	-	-	-	-
パート・アルバイト	-	-	-	-	-	-	-	-	-
自営業・家業	-	-	-	-	-	-	-	-	-
内職	-	-	-	-	-	-	-	-	-
その他	-	-	-	-	-	-	-	-	-
不詳	-	-	-	-	-	-	-	-	-
V 無職継続型 ○○○									
総数	8 196	8 041	6	26	6	112	1	2	2
無職	8 196	8 041	6	26	6	112	1	2	2
有職	-	-	-	-	-	-	-	-	-
常勤	-	-	-	-	-	-	-	-	-
パート・アルバイト	-	-	-	-	-	-	-	-	-
自営業・家業	-	-	-	-	-	-	-	-	-
内職	-	-	-	-	-	-	-	-	-
その他	-	-	-	-	-	-	-	-	-
不詳	-	-	-	-	-	-	-	-	-
VI 就業開始型 ○○●									
総数	1 076	489	3	96	10	467	3	7	1
無職	-	-	-	-	-	-	-	-	-
有職	1 076	489	3	96	10	467	3	7	1
常勤	122	9	-	23	4	83	1	2	-
パート・アルバイト	677	265	1	66	4	333	2	5	1
自営業・家業	127	84	-	6	1	36	-	-	-
内職	129	114	2	1	1	11	-	-	-
その他	21	17	-	-	-	4	-	-	-
不詳	-	-	-	-	-	-	-	-	-

注：母の就業変化パターンの総数にはその他を含む。

後の平日の日中の保育者・母の就業変化パターン・出生1年半後の就業形態別

構成割合（%）

母の就業変化パターン・出生1年半後の就業形態	総数	母	父	祖母	祖父	保育士	保育ママ等	その他	不詳
総　　数									
総　　数	100.0	76.6	0.2	5.5	0.3	16.9	0.2	0.2	0.1
無　　職	100.0	97.6	0.1	0.4	0.1	1.8	0.0	0.0	0.1
有　　職	100.0	30.8	0.4	16.8	0.9	49.7	0.6	0.7	0.1
常　勤	100.0	8.6	0.4	24.7	1.2	63.0	0.8	1.0	0.1
パート・アルバイト	100.0	38.2	0.2	12.8	0.6	47.2	0.4	0.6	0.0
自営業・家業	100.0	65.2	0.5	5.8	0.8	26.8	0.3	0.3	0.2
内　職	100.0	88.0	0.7	2.3	0.3	8.7	-	-	-
その他	100.0	79.6	-	1.9	-	18.5	-	-	-
不　　詳	100.0	72.9	-	4.4	-	21.5	-	-	1.1
Ⅰ　就業継続型　●●●									
総　　数	100.0	18.3	0.3	22.5	1.1	56.0	0.8	1.0	0.1
無　　職	-	-	-	-	-	-	-	-	-
有　　職	100.0	18.3	0.3	22.5	1.1	56.0	0.8	1.0	0.1
常　勤	100.0	8.7	0.3	25.8	1.2	61.9	0.9	1.0	0.1
パート・アルバイト	100.0	30.9	-	17.3	1.0	49.7	0.3	0.8	-
自営業・家業	100.0	62.4	0.4	7.9	0.7	27.3	0.4	0.7	0.2
内　職	100.0	62.5	-	12.5	-	25.0	-	-	-
その他	100.0	63.6	-	-	-	36.4	-	-	-
不　　詳	-	-	-	-	-	-	-	-	-
Ⅱ　一時離職型　●○●									
総　　数	100.0	44.4	0.5	11.7	0.6	42.1	0.3	0.4	0.0
無　　職	-	-	-	-	-	-	-	-	-
有　　職	100.0	44.4	0.5	11.7	0.6	42.1	0.3	0.4	0.0
常　勤	100.0	7.5	1.5	19.6	0.9	69.6	-	0.9	-
パート・アルバイト	100.0	40.2	0.3	13.5	0.4	44.7	0.4	0.5	-
自営業・家業	100.0	67.9	0.5	3.7	1.0	26.4	0.3	-	0.3
内　職	100.0	89.3	-	3.1	-	7.5	-	-	-
その他	100.0	85.7	-	4.8	-	9.5	-	-	-
不　　詳	-	-	-	-	-	-	-	-	-
Ⅲ　出産前離職型●○○									
総　　数	100.0	97.9	0.1	0.3	0.0	1.6	0.0	-	0.1
無　　職	100.0	97.9	0.1	0.3	0.0	1.6	0.0	-	0.1
有　　職	-	-	-	-	-	-	-	-	-
常　勤	-	-	-	-	-	-	-	-	-
パート・アルバイト	-	-	-	-	-	-	-	-	-
自営業・家業	-	-	-	-	-	-	-	-	-
内　職	-	-	-	-	-	-	-	-	-
その他	-	-	-	-	-	-	-	-	-
不　　詳	-	-	-	-	-	-	-	-	-
Ⅳ　出産後離職型●●○									
総　　数	100.0	95.8	-	0.6	-	3.4	0.1	-	0.1
無　　職	100.0	95.8	-	0.6	-	3.4	0.1	-	0.1
有　　職	-	-	-	-	-	-	-	-	-
常　勤	-	-	-	-	-	-	-	-	-
パート・アルバイト	-	-	-	-	-	-	-	-	-
自営業・家業	-	-	-	-	-	-	-	-	-
内　職	-	-	-	-	-	-	-	-	-
その他	-	-	-	-	-	-	-	-	-
不　　詳	-	-	-	-	-	-	-	-	-
Ⅴ　無職継続型　○○○									
総　　数	100.0	98.1	0.1	0.3	0.1	1.4	0.0	0.0	0.0
無　　職	100.0	98.1	0.1	0.3	0.1	1.4	0.0	0.0	0.0
有　　職	-	-	-	-	-	-	-	-	-
常　勤	-	-	-	-	-	-	-	-	-
パート・アルバイト	-	-	-	-	-	-	-	-	-
自営業・家業	-	-	-	-	-	-	-	-	-
内　職	-	-	-	-	-	-	-	-	-
その他	-	-	-	-	-	-	-	-	-
不　　詳	-	-	-	-	-	-	-	-	-
Ⅵ　就業開始型　○○●									
総　　数	100.0	45.4	0.3	8.9	0.9	43.4	0.3	0.7	0.1
無　　職	-	-	-	-	-	-	-	-	-
有　　職	100.0	45.4	0.3	8.9	0.9	43.4	0.3	0.7	0.1
常　勤	100.0	7.4	-	18.9	3.3	68.0	0.8	1.6	-
パート・アルバイト	100.0	39.1	0.1	9.7	0.6	49.2	0.3	0.7	0.1
自営業・家業	100.0	66.1	-	4.7	0.8	28.3	-	-	-
内　職	100.0	88.4	1.6	0.8	0.8	8.5	-	-	-
その他	100.0	81.0	-	-	-	19.0	-	-	-
不　　詳	-	-	-	-	-	-	-	-	-

18-3表

第18-3表 出生1年半後の平日の日中の保育者が母の子ども数・構成割合,

実数

母の就業変化パターン・出生時の母の職業	総数	出生1年半後の母の就業形態 有職 総数	常勤	パート・アルバイト	自営業・家業	内職	その他
総　数							
総　数	16 766	2 098	274	870	647	264	43
就業者総数	1 859	763	247	161	330	17	8
A 専門的・技術的職業従事者	519	246	122	61	56	1	6
B 管理的職業従事者	35	23	5	-	17	1	-
C 事務従事者	527	203	78	27	95	2	1
D 販売従事者	157	83	12	21	47	3	-
E サービス職業従事者	158	91	10	25	53	3	-
F 保安職業従事者	14	1	1	-	-	-	-
G 農林漁業作業者	67	37	-	-	36	1	-
H 運輸・通信従事者	9	4	1	2	1	-	-
I 生産工程・労務作業者	105	42	10	10	19	3	-
J 分類不能の職業	268	33	8	15	6	3	1
無　職	14 907	1 335	27	709	317	247	35
I 就業継続型 ●●●							
総　数	650	650	234	120	284	5	7
就業者総数	650	650	234	120	284	5	7
A 専門的・技術的職業従事者	219	219	117	49	47	-	6
B 管理的職業従事者	20	20	5	-	14	1	-
C 事務従事者	182	182	74	23	83	1	1
D 販売従事者	69	69	10	16	43	-	-
E サービス職業従事者	74	74	9	20	45	-	-
F 保安職業従事者	1	1	1	-	-	-	-
G 農林漁業作業者	30	30	-	-	30	-	-
H 運輸・通信従事者	3	3	1	1	1	-	-
I 生産工程・労務作業者	37	37	10	7	17	3	-
J 分類不能の職業	15	15	7	4	4	-	-
無　職	-	-	-	-	-	-	-
II 一時離職型 ●○○							
総　数	904	904	25	459	260	142	18
就業者総数	77	77	7	30	30	10	-
A 専門的・技術的職業従事者	22	22	4	11	6	1	-
B 管理的職業従事者	1	1	-	-	1	-	-
C 事務従事者	14	14	1	3	9	1	-
D 販売従事者	12	12	1	4	4	3	-
E サービス職業従事者	13	13	1	4	6	2	-
F 保安職業従事者	-	-	-	-	-	-	-
G 農林漁業作業者	3	3	-	-	2	1	-
H 運輸・通信従事者	-	-	-	-	-	-	-
I 生産工程・労務作業者	5	5	-	3	2	-	-
J 分類不能の職業	7	7	-	5	-	2	-
無　職	827	827	18	429	230	132	18
VI 就業開始型 ○○●							
総　数	489	489	9	265	84	114	17
就業者総数	4	4	1	1	2	-	-
A 専門的・技術的職業従事者	-	-	-	-	-	-	-
B 管理的職業従事者	1	1	-	-	1	-	-
C 事務従事者	1	1	-	-	1	-	-
D 販売従事者	-	-	-	-	-	-	-
E サービス職業従事者	-	-	-	-	-	-	-
F 保安職業従事者	-	-	-	-	-	-	-
G 農林漁業作業者	-	-	-	-	-	-	-
H 運輸・通信従事者	1	1	-	-	1	-	-
I 生産工程・労務作業者	-	-	-	-	-	-	-
J 分類不能の職業	1	1	1	-	-	-	-
無　職	485	485	8	264	82	114	17

注：1）出生1年半後に有職の母を対象としている。
　　2）出生1年半後の母の就業形態の総数には、無職及び不詳を含む。
　　3）母の就業変化パターンの総数には、「出産前離職型」、「出産後離職型」、「無職継続型」及びその他を含む。

出生1年半後の就業形態・母の就業変化パターン・出生時の母の職業（大分類）別

構成割合（％）

母の就業変化パターン・出生時の母の職業	総数	常勤	パート・アルバイト	自営業・家業	内職	その他
総数						
総　数	100.0	13.1	5.2	30.8	12.6	2.0
就業者総数	100.0	32.4	8.7	43.3	2.2	1.0
A 専門的・技術的職業従事者	100.0	49.6	11.8	22.8	0.4	2.4
B 管理的職業従事者	100.0	21.7	-	73.9	4.3	-
C 事務従事者	100.0	38.4	5.1	46.8	1.0	0.5
D 販売従事者	100.0	14.5	13.4	56.6	3.6	-
E サービス職業従事者	100.0	11.0	15.8	58.2	3.3	-
F 保安職業従事者	100.0	100.0	-	-	-	-
G 農林漁業作業者	100.0	-	-	97.3	2.7	-
H 運輸・通信従事者	100.0	25.0	22.2	25.0	-	-
I 生産工程・労務作業者	100.0	23.8	9.5	45.2	7.1	-
J 分類不能の職業	100.0	24.2	5.6	18.2	9.1	3.0
無　職	100.0	2.0	4.8	23.7	18.5	2.6
I 就業継続型 ●●●						
総　数	100.0	36.0	18.5	43.7	0.8	1.1
就業者総数	100.0	36.0	18.5	43.7	0.8	1.1
A 専門的・技術的職業従事者	100.0	53.4	22.4	21.5	-	2.7
B 管理的職業従事者	100.0	25.0	-	70.0	5.0	-
C 事務従事者	100.0	40.7	12.6	45.6	0.5	0.5
D 販売従事者	100.0	14.5	23.2	62.3	-	-
E サービス職業従事者	100.0	12.2	27.0	60.8	-	-
F 保安職業従事者	100.0	100.0	-	-	-	-
G 農林漁業作業者	100.0	-	-	100.0	-	-
H 運輸・通信従事者	100.0	33.3	33.3	33.3	-	-
I 生産工程・労務作業者	100.0	27.0	18.9	45.9	8.1	-
J 分類不能の職業	100.0	46.7	26.7	26.7	-	-
無　職	-	-	-	-	-	-
II 一時離職型 ●○○						
総　数	100.0	2.8	50.8	28.8	15.7	2.0
就業者総数	100.0	9.1	39.0	39.0	13.0	-
A 専門的・技術的職業従事者	100.0	18.2	50.0	27.3	4.5	-
B 管理的職業従事者	100.0	-	-	100.0	-	-
C 事務従事者	100.0	7.1	21.4	64.3	7.1	-
D 販売従事者	100.0	8.3	33.3	33.3	25.0	-
E サービス職業従事者	100.0	7.7	30.8	46.2	15.4	-
F 保安職業従事者	-	-	-	-	-	-
G 農林漁業作業者	100.0	-	-	66.7	33.3	-
H 運輸・通信従事者	-	-	-	-	-	-
I 生産工程・労務作業者	100.0	-	60.0	40.0	-	-
J 分類不能の職業	100.0	-	71.4	-	28.6	-
無　職	100.0	2.2	51.9	27.8	16.0	2.2
VI 就業開始型 ○○●						
総　数	100.0	1.8	54.2	17.2	23.3	3.5
就業者総数	100.0	25.0	25.0	50.0	-	-
A 専門的・技術的職業従事者	-	-	-	-	-	-
B 管理的職業従事者	100.0	-	-	100.0	-	-
C 事務従事者	100.0	-	-	100.0	-	-
D 販売従事者	-	-	-	-	-	-
E サービス職業従事者	-	-	-	-	-	-
F 保安職業従事者	-	-	-	-	-	-
G 農林漁業作業者	-	-	-	-	-	-
H 運輸・通信従事者	100.0	-	100.0	-	-	-
I 生産工程・労務作業者	-	-	-	-	-	-
J 分類不能の職業	100.0	100.0	-	-	-	-
無　職	100.0	1.6	54.4	16.9	23.5	3.5

第19表　母と同居している子ども数・構成割合，出生1年半後の総数

実数

母の就業変化パターン	総数	祖父母と同居	ほとんど毎日・週2～3回	月に1～3回	数回	行き来しなかった・いない	不詳
総数							
総　数	21 879	4 941	7 271	6 710	2 367	135	455
Ⅰ　就業継続型　●●●	3 554	1 142	1 359	750	234	10	59
Ⅱ　一時離職型　●○●	2 038	616	761	456	143	21	41
Ⅲ　出生前離職型　●○○	4 997	867	1 787	1 700	515	24	104
Ⅳ　出生後離職型　●●○	887	208	324	269	67	3	16
Ⅴ　無職継続型　○○○	8 196	1 473	2 318	2 957	1 209	59	180
Ⅵ　就業開始型　○○●	1 076	336	371	262	80	5	22
母・父母のみ							
総　数	12 726	1 337	3 762	5 269	1 945	96	317
Ⅰ　就業継続型　●●●	271	49	108	76	32	2	4
Ⅱ　一時離職型　●○●	414	79	149	130	39	9	8
Ⅲ　出生前離職型　●○○	3 882	351	1 309	1 615	493	21	93
Ⅳ　出生後離職型　●●○	646	93	225	248	64	3	13
Ⅴ　無職継続型　○○○	6 535	621	1 664	2 843	1 185	55	167
Ⅵ　就業開始型　○○●	277	36	103	95	33	3	7
母・父母と祖父母							
総　数	4 457	2 358	1 879	153	23	1	43
Ⅰ　就業継続型　●●●	787	419	350	8	-	-	10
Ⅱ　一時離職型　●○●	526	262	244	10	4	-	6
Ⅲ　出生前離職型　●○○	984	489	427	48	10	-	10
Ⅳ　出生後離職型　●●○	196	99	84	9	2	-	2
Ⅴ　無職継続型　○○○	1 487	811	599	63	5	1	8
Ⅵ　就業開始型　○○●	246	144	94	6	-	-	2
母・父母と保育士等							
総　数	2 505	327	699	1 061	342	25	51
Ⅰ　就業継続型　●●●	1 186	125	313	553	168	6	21
Ⅱ　一時離職型　●○●	625	82	180	250	88	7	18
Ⅲ　出生前離職型　●○○	84	14	27	30	9	3	1
Ⅳ　出生後離職型　●●○	25	6	9	8	1	-	1
Ⅴ　無職継続型　○○○	123	18	38	46	17	1	3
Ⅵ　就業開始型　○○●	350	59	106	136	42	1	6
母・父母・祖父母と保育士等							
総　数	1 151	493	547	73	17	2	19
Ⅰ　就業継続型　●●●	689	284	341	44	12	-	8
Ⅱ　一時離職型　●○●	260	110	119	22	3	-	6
Ⅲ　出生前離職型　●○○	25	7	16	1	1	-	-
Ⅳ　出生後離職型　●●○	11	8	2	1	-	-	-
Ⅴ　無職継続型　○○○	32	17	10	-	1	-	2
Ⅵ　就業開始型　○○●	92	49	38	2	-	1	2
その他							
総　数	1 032	424	382	153	38	11	24
Ⅰ　就業継続型　●●●	619	264	246	69	22	2	16
Ⅱ　一時離職型　●○●	213	83	69	44	9	5	3
Ⅲ　出生前離職型　●○○	20	6	7	6	1	-	-
Ⅳ　出生後離職型　●●○	9	2	4	3	-	-	-
Ⅴ　無職継続型　○○○	17	5	7	3	-	2	-
Ⅵ　就業開始型　○○●	111	48	30	23	5	-	5
不詳							
総　数	8	2	2	1	2	-	1
Ⅰ　就業継続型　●●●	2	1	1	-	-	-	-
Ⅱ　一時離職型　●○●	-	-	-	-	-	-	-
Ⅲ　出生前離職型　●○○	2	-	1	-	1	-	-
Ⅳ　出生後離職型　●●○	-	-	-	-	-	-	-
Ⅴ　無職継続型　○○○	2	1	-	-	-	-	-
Ⅵ　就業開始型　○○●	-	-	-	-	-	-	-

注：就業変化パターンの総数にはその他を含む。

祖父母との行き来・ふだんの保育者・母の就業変化パターン・出生順位別

構成割合（％）

母の就業変化パターン	総数	祖父母と同居	ほとんど毎日・週2〜3回	月に1〜3回	数回	行き来しなかった・いない	不詳
総数							
総　数	100.0	22.6	33.2	30.7	10.8	0.6	2.1
Ⅰ 就業継続型　●●●	100.0	32.1	38.2	21.1	6.6	0.3	1.7
Ⅱ 一時離職型　●○●	100.0	30.2	37.3	22.4	7.0	1.0	2.0
Ⅲ 出生前離職型●○○	100.0	17.4	35.8	34.0	10.3	0.5	2.1
Ⅳ 出生後離職型●●○	100.0	23.4	36.5	30.3	7.6	0.3	1.8
Ⅴ 無職継続型　○○○	100.0	18.0	28.3	36.1	14.8	0.7	2.2
Ⅵ 就業開始型　○○●	100.0	31.2	34.5	24.3	7.4	0.5	2.0
母・父母のみ							
総　数	100.0	10.5	29.6	41.4	15.3	0.8	2.5
Ⅰ 就業継続型　●●●	100.0	18.1	39.9	28.0	11.8	0.7	1.5
Ⅱ 一時離職型　●○●	100.0	19.1	36.0	31.4	9.4	2.2	1.9
Ⅲ 出生前離職型●○○	100.0	9.0	33.7	41.6	12.7	0.5	2.4
Ⅳ 出生後離職型●●○	100.0	14.4	34.8	38.4	9.9	0.5	2.0
Ⅴ 無職継続型　○○○	100.0	9.5	25.5	43.5	18.1	0.8	2.6
Ⅵ 就業開始型　○○●	100.0	13.0	37.2	34.3	11.9	1.1	2.5
母・父母と祖父母							
総　数	100.0	52.9	42.2	3.4	0.5	0.0	1.0
Ⅰ 就業継続型　●●●	100.0	53.2	44.5	1.0	-	-	1.3
Ⅱ 一時離職型　●○●	100.0	49.8	46.4	1.9	0.8	-	1.1
Ⅲ 出生前離職型●○○	100.0	49.7	43.4	4.9	1.0	-	1.0
Ⅳ 出生後離職型●●○	100.0	50.5	42.9	4.6	1.0	-	1.0
Ⅴ 無職継続型　○○○	100.0	54.5	40.3	4.2	0.3	0.1	0.5
Ⅵ 就業開始型　○○●	100.0	58.5	38.2	2.4	-	-	0.8
母・父母と保育士等							
総　数	100.0	13.1	27.9	42.4	13.7	1.0	2.0
Ⅰ 就業継続型　●●●	100.0	10.5	26.4	46.6	14.2	0.5	1.8
Ⅱ 一時離職型　●○●	100.0	13.1	28.8	40.0	14.1	1.1	2.9
Ⅲ 出生前離職型●○○	100.0	16.7	32.1	35.7	10.7	3.6	1.2
Ⅳ 出生後離職型●●○	100.0	24.0	36.0	32.0	4.0	-	4.0
Ⅴ 無職継続型　○○○	100.0	14.6	30.9	37.4	13.8	0.8	2.4
Ⅵ 就業開始型　○○●	100.0	16.9	30.3	38.9	12.0	0.3	1.7
母・父母・祖父母と保育士等							
総　数	100.0	42.8	47.5	6.3	1.5	0.2	1.7
Ⅰ 就業継続型　●●●	100.0	41.2	49.5	6.4	1.7	-	1.2
Ⅱ 一時離職型　●○●	100.0	42.3	45.8	8.5	1.2	-	2.3
Ⅲ 出生前離職型●○○	100.0	28.0	64.0	4.0	4.0	-	-
Ⅳ 出生後離職型●●○	100.0	72.7	18.2	9.1	-	-	-
Ⅴ 無職継続型　○○○	100.0	53.1	31.3	6.3	3.1	-	6.3
Ⅵ 就業開始型　○○●	100.0	53.3	41.3	2.2	-	1.1	2.2
その他							
総　数	100.0	41.1	37.0	14.8	3.7	1.1	2.3
Ⅰ 就業継続型　●●●	100.0	42.6	39.7	11.1	3.6	0.3	2.6
Ⅱ 一時離職型　●○●	100.0	39.0	32.4	20.7	4.2	2.3	1.4
Ⅲ 出生前離職型●○○	100.0	30.0	35.0	30.0	5.0	-	-
Ⅳ 出生後離職型●●○	100.0	22.2	44.4	33.3	-	-	-
Ⅴ 無職継続型　○○○	100.0	29.4	41.2	17.6	-	11.8	-
Ⅵ 就業開始型　○○●	100.0	43.2	27.0	20.7	4.5	-	4.5
不詳							
総　数	100.0	25.0	25.0	12.5	25.0	-	12.5
Ⅰ 就業継続型　●●●	100.0	50.0	50.0	-	-	-	-
Ⅱ 一時離職型　●○●	-	-	-	-	-	-	-
Ⅲ 出生前離職型●○○	100.0	-	50.0	-	50.0	-	-
Ⅳ 出生後離職型●●○	-	-	-	-	-	-	-
Ⅴ 無職継続型　○○○	100.0	50.0	-	-	50.0	-	-
Ⅵ 就業開始型　○○●	-	-	-	-	-	-	-

19表（3－2）

第19表 母と同居している子ども数・構成割合，出生1年半後の第1子

実　数

母の就業変化パターン	総　数	祖父母と同居	ほとんど毎日・週2〜3回	月に1〜3回	数回	行き来しなかった・いない	不詳
総　数						
総　数	10 858	2 246	3 929	3 351	1 073	54	205
Ⅰ　就業継続型　●●●	1 834	504	772	414	111	3	30
Ⅱ　一時離職型　●○●	1 034	307	402	242	58	8	17
Ⅲ　出生前離職型●○○	4 181	676	1 537	1 447	414	15	92
Ⅳ　出生後離職型●●○	681	144	264	210	50	2	11
Ⅴ　無職継続型　○○○	2 414	406	736	841	373	22	36
Ⅵ　就業開始型　○○●	237	95	63	53	20	2	4
母・父母のみ						
総　数	6 383	608	2 059	2 632	900	43	141
Ⅰ　就業継続型　●●●	130	18	62	32	16	1	1
Ⅱ　一時離職型　●○●	195	33	70	69	16	4	3
Ⅲ　出生前離職型●○○	3 299	288	1 131	1 382	403	13	82
Ⅳ　出生後離職型●●○	515	69	187	198	49	2	10
Ⅴ　無職継続型　○○○	1 895	152	507	811	370	21	34
Ⅵ　就業開始型　○○●	41	5	10	16	8	1	1
母・父母と祖父母						
総　数	2 293	1 116	1 064	83	6	－	24
Ⅰ　就業継続型　●●●	422	195	217	4	－	－	6
Ⅱ　一時離職型　●○●	294	144	139	7	1	－	3
Ⅲ　出生前離職型●○○	799	373	373	40	4	－	9
Ⅳ　出生後離職型●●○	143	68	67	7	1	－	－
Ⅴ　無職継続型　○○○	471	238	212	20	－	－	1
Ⅵ　就業開始型　○○●	67	47	17	2	－	－	1
母・父母と保育士等						
総　数	1 123	109	305	530	150	7	22
Ⅰ　就業継続型　●●●	621	47	162	314	85	1	12
Ⅱ　一時離職型　●○●	310	34	94	137	36	2	7
Ⅲ　出生前離職型●○○	50	4	16	21	6	2	1
Ⅳ　出生後離職型●●○	12	2	6	3	－	－	1
Ⅴ　無職継続型　○○○	27	7	8	9	3	－	－
Ⅵ　就業開始型　○○●	71	12	16	31	11	1	－
母・父母・祖父母と保育士等						
総　数	549	204	297	39	2	－	7
Ⅰ　就業継続型　●●●	332	120	182	26	1	－	3
Ⅱ　一時離職型　●○●	131	47	70	10	1	－	3
Ⅲ　出生前離職型●○○	19	6	12	1	－	－	－
Ⅳ　出生後離職型●●○	5	3	1	1	－	－	－
Ⅴ　無職継続型　○○○	13	6	6	－	－	－	1
Ⅵ　就業開始型　○○●	26	11	14	1	－	－	－
その他						
総　数	506	207	203	67	14	4	11
Ⅰ　就業継続型　●●●	327	123	148	38	9	1	8
Ⅱ　一時離職型　●○●	104	49	29	19	4	2	1
Ⅲ　出生前離職型●○○	13	5	5	3	－	－	－
Ⅳ　出生後離職型●●○	6	2	3	1	－	－	－
Ⅴ　無職継続型　○○○	7	2	3	1	－	1	－
Ⅵ　就業開始型　○○●	32	20	6	3	1	－	2
不詳						
総　数	4	2	1	－	1	－	－
Ⅰ　就業継続型　●●●	2	1	1	－	－	－	－
Ⅱ　一時離職型　●○●	－	－	－	－	－	－	－
Ⅲ　出生前離職型●○○	1	－	－	－	1	－	－
Ⅳ　出生後離職型●●○	－	－	－	－	－	－	－
Ⅴ　無職継続型　○○○	1	1	－	－	－	－	－
Ⅵ　就業開始型　○○●	－	－	－	－	－	－	－

注：就業変化パターンの総数にはその他を含む。

祖父母との行き来・ふだんの保育者・母の就業変化パターン・出生順位別

構成割合（％）

母の就業変化パターン	総数	祖父母と同居	ほとんど毎日・週2～3回	月に1～3回	数回	行き来しなかった・いない	不詳
総数							
総　数	100.0	20.7	36.2	30.9	9.9	0.5	1.9
Ⅰ　就業継続型　●●●	100.0	27.5	42.1	22.6	6.1	0.2	1.6
Ⅱ　一時離職型　●○●	100.0	29.7	38.9	23.4	5.6	0.8	1.6
Ⅲ　出生前離職型●○○	100.0	16.2	36.8	34.6	9.9	0.4	2.2
Ⅳ　出生後離職型●●○	100.0	21.1	38.8	30.8	7.3	0.3	1.6
Ⅴ　無職継続型　○○○	100.0	16.8	30.5	34.8	15.5	0.9	1.5
Ⅵ　就業開始型　○○●	100.0	40.1	26.6	22.4	8.4	0.8	1.7
母・父母のみ							
総　数	100.0	9.5	32.3	41.2	14.1	0.7	2.2
Ⅰ　就業継続型　●●●	100.0	13.8	47.7	24.6	12.3	0.8	0.8
Ⅱ　一時離職型　●○●	100.0	16.9	35.9	35.4	8.2	2.1	1.5
Ⅲ　出生前離職型●○○	100.0	8.7	34.3	41.9	12.2	0.4	2.5
Ⅳ　出生後離職型●●○	100.0	13.4	36.3	38.4	9.5	0.4	1.9
Ⅴ　無職継続型　○○○	100.0	8.0	26.8	42.8	19.5	1.1	1.8
Ⅵ　就業開始型　○○●	100.0	12.2	24.4	39.0	19.5	2.4	2.4
母・父母と祖父母							
総　数	100.0	48.7	46.4	3.6	0.3	-	1.0
Ⅰ　就業継続型　●●●	100.0	46.2	51.4	0.9	-	-	1.4
Ⅱ　一時離職型　●○●	100.0	49.0	47.3	2.4	0.3	-	1.0
Ⅲ　出生前離職型●○○	100.0	46.7	46.7	5.0	0.5	-	1.1
Ⅳ　出生後離職型●●○	100.0	47.6	46.9	4.9	0.7	-	-
Ⅴ　無職継続型　○○○	100.0	50.5	45.0	4.2	-	-	0.2
Ⅵ　就業開始型　○○●	100.0	70.1	25.4	3.0	-	-	1.5
母・父母と保育士等							
総　数	100.0	9.7	27.2	47.2	13.4	0.6	2.0
Ⅰ　就業継続型　●●●	100.0	7.6	26.1	50.6	13.7	0.2	1.9
Ⅱ　一時離職型　●○●	100.0	11.0	30.3	44.2	11.6	0.6	2.3
Ⅲ　出生前離職型●○○	100.0	8.0	32.0	42.0	12.0	4.0	2.0
Ⅳ　出生後離職型●●○	100.0	16.7	50.0	25.0	-	-	8.3
Ⅴ　無職継続型　○○○	100.0	25.9	29.6	33.3	11.1	-	-
Ⅵ　就業開始型　○○●	100.0	16.9	22.5	43.7	15.5	1.4	-
母・父母・祖父母と保育士等							
総　数	100.0	37.2	54.1	7.1	0.4	-	1.3
Ⅰ　就業継続型　●●●	100.0	36.1	54.8	7.8	0.3	-	0.9
Ⅱ　一時離職型　●○●	100.0	35.9	53.4	7.6	0.8	-	2.3
Ⅲ　出生前離職型●○○	100.0	31.6	63.2	5.3	-	-	-
Ⅳ　出生後離職型●●○	100.0	60.0	20.0	20.0	-	-	-
Ⅴ　無職継続型　○○○	100.0	46.2	46.2	-	-	-	7.7
Ⅵ　就業開始型　○○●	100.0	42.3	53.8	3.8	-	-	-
その他							
総　数	100.0	40.9	40.1	13.2	2.8	0.8	2.2
Ⅰ　就業継続型　●●●	100.0	37.6	45.3	11.6	2.8	0.3	2.4
Ⅱ　一時離職型　●○●	100.0	47.1	27.9	18.3	3.8	1.9	1.0
Ⅲ　出生前離職型●○○	100.0	38.5	38.5	23.1	-	-	-
Ⅳ　出生後離職型●●○	100.0	33.3	50.0	16.7	-	-	-
Ⅴ　無職継続型　○○○	100.0	28.6	42.9	14.3	-	14.3	-
Ⅵ　就業開始型　○○●	100.0	62.5	18.8	9.4	3.1	-	6.3
不詳							
総　数	100.0	50.0	25.0	-	25.0	-	-
Ⅰ　就業継続型　●●●	100.0	50.0	50.0	-	-	-	-
Ⅱ　一時離職型　●○●	-	-	-	-	-	-	-
Ⅲ　出生前離職型●○○	100.0	-	-	-	100.0	-	-
Ⅳ　出生後離職型●●○	-	-	-	-	-	-	-
Ⅴ　無職継続型　○○○	100.0	100.0	-	-	-	-	-
Ⅵ　就業開始型　○○●	-	-	-	-	-	-	-

19表（3－3）

第19表　母と同居している子ども数・構成割合，出生1年半後の

第2子以上

実　数

母の就業変化パターン	総　数	祖父母と同居	ほとんど毎日・週2～3回	月に1～3回	数　回	行き来しなかった・いない	不　詳
総　数							
総　数	11 021	2 695	3 342	3 359	1 294	81	250
Ⅰ　就業継続型　●●●	1 720	638	587	336	123	7	29
Ⅱ　一時離職型　●○●	1 004	309	359	214	85	13	24
Ⅲ　出生前離職型　●○○	816	191	250	253	101	9	12
Ⅳ　出生後離職型　●●○	206	64	60	59	17	1	5
Ⅴ　無職継続型　○○○	5 782	1 067	1 582	2 116	836	37	144
Ⅵ　就業開始型　○○●	839	241	308	209	60	3	18
母・父母のみ							
総　数	6 343	729	1 703	2 637	1 045	53	176
Ⅰ　就業継続型　●●●	141	31	46	44	16	1	3
Ⅱ　一時離職型　●○●	219	46	79	61	23	5	5
Ⅲ　出生前離職型　●○○	583	63	178	233	90	8	11
Ⅳ　出生後離職型　●●○	131	24	38	50	15	1	3
Ⅴ　無職継続型　○○○	4 640	469	1 157	2 032	815	34	133
Ⅵ　就業開始型　○○●	236	31	93	79	25	2	6
母・父母と祖父母							
総　数	2 164	1 242	815	70	17	1	19
Ⅰ　就業継続型　●●●	365	224	133	4	-	-	4
Ⅱ　一時離職型　●○●	232	118	105	3	3	-	3
Ⅲ　出生前離職型　●○○	185	116	54	8	6	-	1
Ⅳ　出生後離職型　●●○	53	31	17	2	1	-	2
Ⅴ　無職継続型　○○○	1 016	573	387	43	5	1	7
Ⅵ　就業開始型　○○●	179	97	77	4	-	-	1
母・父母と保育士等							
総　数	1 382	218	394	531	192	18	29
Ⅰ　就業継続型　●●●	565	78	151	239	83	5	9
Ⅱ　一時離職型　●○●	315	48	86	113	52	5	11
Ⅲ　出生前離職型　●○○	34	10	11	9	3	1	-
Ⅳ　出生後離職型　●●○	13	4	3	5	1	-	-
Ⅴ　無職継続型　○○○	96	11	30	37	14	1	3
Ⅵ　就業開始型　○○●	279	47	90	105	31	-	6
母・父母・祖父母と保育士等							
総　数	602	289	250	34	15	2	12
Ⅰ　就業継続型　●●●	357	164	159	18	11	-	5
Ⅱ　一時離職型　●○●	129	63	49	12	2	-	3
Ⅲ　出生前離職型　●○○	6	1	4	-	1	-	-
Ⅳ　出生後離職型　●●○	6	5	1	-	-	-	-
Ⅴ　無職継続型　○○○	19	11	4	2	1	-	1
Ⅵ　就業開始型　○○●	66	38	24	1	-	1	2
その他							
総　数	526	217	179	86	24	7	13
Ⅰ　就業継続型　●●●	292	141	98	31	13	1	8
Ⅱ　一時離職型　●○●	109	34	40	25	5	3	2
Ⅲ　出生前離職型　●○○	7	1	2	3	1	-	-
Ⅳ　出生後離職型　●●○	3	-	1	2	-	-	-
Ⅴ　無職継続型　○○○	10	3	4	2	-	1	-
Ⅵ　就業開始型　○○●	79	28	24	20	4	-	3
不　詳							
総　数	4	-	1	1	1	-	1
Ⅰ　就業継続型　●●●	-	-	-	-	-	-	-
Ⅱ　一時離職型　●○●	-	-	-	-	-	-	-
Ⅲ　出生前離職型　●○○	1	-	1	-	-	-	-
Ⅳ　出生後離職型　●●○	-	-	-	-	-	-	-
Ⅴ　無職継続型　○○○	1	-	-	-	-	-	-
Ⅵ　就業開始型　○○●	-	-	-	-	-	-	-

注：就業変化パターンの総数にはその他を含む。

祖父母との行き来・ふだんの保育者・母の就業変化パターン・出生順位別

構成割合（％）

母の就業変化パターン	総数	祖父母と同居	ほとんど毎日・週2〜3回	月に1〜3回	数回	行き来しなかった・いない	不詳
総数							
総　数	100.0	24.5	30.3	30.5	11.7	0.7	2.3
Ⅰ　就業継続型　●●●	100.0	37.1	34.1	19.5	7.2	0.4	1.7
Ⅱ　一時離職型　●○●	100.0	30.8	35.8	21.3	8.5	1.3	2.4
Ⅲ　出生前離職型●○○	100.0	23.4	30.6	31.0	12.4	1.1	1.5
Ⅳ　出生後離職型●●○	100.0	31.1	29.1	28.6	8.3	0.5	2.4
Ⅴ　無職継続型　○○○	100.0	18.5	27.4	36.6	14.5	0.6	2.5
Ⅵ　就業開始型　○○●	100.0	28.7	36.7	24.9	7.2	0.4	2.1
母・父母のみ							
総　数	100.0	11.5	26.8	41.6	16.5	0.8	2.8
Ⅰ　就業継続型　●●●	100.0	22.0	32.6	31.2	11.3	0.7	2.1
Ⅱ　一時離職型　●○●	100.0	21.0	36.1	27.9	10.5	2.3	2.3
Ⅲ　出生前離職型●○○	100.0	10.8	30.5	40.0	15.4	1.4	1.9
Ⅳ　出生後離職型●●○	100.0	18.3	29.0	38.2	11.5	0.8	2.3
Ⅴ　無職継続型　○○○	100.0	10.1	24.9	43.8	17.6	0.7	2.9
Ⅵ　就業開始型　○○●	100.0	13.1	39.4	33.5	10.6	0.8	2.5
母・父母と祖父母							
総　数	100.0	57.4	37.7	3.2	0.8	0.0	0.9
Ⅰ　就業継続型　●●●	100.0	61.4	36.4	1.1	－	－	1.1
Ⅱ　一時離職型　●○●	100.0	50.9	45.3	1.3	1.3	－	1.3
Ⅲ　出生前離職型●○○	100.0	62.7	29.2	4.3	3.2	－	0.5
Ⅳ　出生後離職型●●○	100.0	58.5	32.1	3.8	1.9	－	3.8
Ⅴ　無職継続型　○○○	100.0	56.4	38.1	4.2	0.5	0.1	0.7
Ⅵ　就業開始型　○○●	100.0	54.2	43.0	2.2	－	－	0.6
母・父母と保育士等							
総　数	100.0	15.8	28.5	38.4	13.9	1.3	2.1
Ⅰ　就業継続型　●●●	100.0	13.8	26.7	42.3	14.7	0.9	1.6
Ⅱ　一時離職型　●○●	100.0	15.2	27.3	35.9	16.5	1.6	3.5
Ⅲ　出生前離職型●○○	100.0	29.4	32.4	26.5	8.8	2.9	－
Ⅳ　出生後離職型●●○	100.0	30.8	23.1	38.5	7.7	－	－
Ⅴ　無職継続型　○○○	100.0	11.5	31.3	38.5	14.6	1.0	3.1
Ⅵ　就業開始型　○○●	100.0	16.8	32.3	37.6	11.1	－	2.2
母・父母・祖父母と保育士等							
総　数	100.0	48.0	41.5	5.6	2.5	0.3	2.0
Ⅰ　就業継続型　●●●	100.0	45.9	44.5	5.0	3.1	－	1.4
Ⅱ　一時離職型　●○●	100.0	48.8	38.0	9.3	1.6	－	2.3
Ⅲ　出生前離職型●○○	100.0	16.7	66.7	－	16.7	－	－
Ⅳ　出生後離職型●●○	100.0	83.3	16.7	－	－	－	－
Ⅴ　無職継続型　○○○	100.0	57.9	21.1	10.5	5.3	－	5.3
Ⅵ　就業開始型　○○●	100.0	57.6	36.4	1.5	－	1.5	3.0
その他							
総　数	100.0	41.3	34.0	16.3	4.6	1.3	2.5
Ⅰ　就業継続型　●●●	100.0	48.3	33.6	10.6	4.5	0.3	2.7
Ⅱ　一時離職型　●○●	100.0	31.2	36.7	22.9	4.6	2.8	1.8
Ⅲ　出生前離職型●○○	100.0	14.3	28.6	42.9	14.3	－	－
Ⅳ　出生後離職型●●○	100.0	－	33.3	66.7	－	－	－
Ⅴ　無職継続型　○○○	100.0	30.0	40.0	20.0	－	10.0	－
Ⅵ　就業開始型　○○●	100.0	35.4	30.4	25.3	5.1	－	3.8
不詳							
総　数	100.0	－	25.0	25.0	25.0	－	25.0
Ⅰ　就業継続型　●●●	－	－	－	－	－	－	－
Ⅱ　一時離職型　●○●	－	－	－	－	－	－	－
Ⅲ　出生前離職型●○○	100.0	－	100.0	－	－	－	－
Ⅳ　出生後離職型●●○	－	－	－	－	－	－	－
Ⅴ　無職継続型　○○○	100.0	－	－	－	100.0	－	－
Ⅵ　就業開始型　○○●	－	－	－	－	－	－	－

20表（3-1）

第20表 父と同居している子ども数・総数に対する割合, 出生

総数

実数

母の就業変化パターン			総数	食事の世話をする				おむつを取り換える				入浴させる			
				いつもする	ときどきする	ほとんどしない	まったくしない	いつもする	ときどきする	ほとんどしない	まったくしない	いつもする	ときどきする	ほとんどしない	まったくしない
総	数		21 270	1 957	10 927	5 417	2 462	1 762	11 706	4 835	2 542	7 449	10 570	1 963	980
Ⅰ	就業継続型	●●●	3 455	598	1 810	742	248	674	1 882	559	301	1 514	1 520	266	123
Ⅱ	一時離職型	●○●	1 898	206	950	486	218	184	1 024	411	244	659	905	216	98
Ⅲ	出生前離職型	●○○	4 910	338	2 568	1 279	657	297	2 816	1 141	599	1 829	2 403	412	237
Ⅳ	出生後離職型	●●○	871	64	476	222	88	49	500	215	91	342	411	76	33
Ⅴ	無職継続型	○○○	8 084	561	4 139	2 196	1 047	401	4 459	2 067	1 050	2 451	4 368	795	409
Ⅵ	就業開始型	○○●	972	109	489	262	91	87	519	238	115	317	499	107	38

13大
総	数		4 544	348	2 312	1 191	583	377	2 557	1 020	499	1 319	2 487	445	225
Ⅰ	就業継続型	●●●	573	101	296	125	43	131	312	79	44	207	277	55	27
Ⅱ	一時離職型	●○●	352	30	185	83	46	31	201	80	34	110	176	49	13
Ⅲ	出生前離職型	●○○	1 125	61	580	301	169	65	660	265	124	355	615	103	45
Ⅳ	出生後離職型	●●○	176	10	101	41	19	11	109	35	17	48	103	13	9
Ⅴ	無職継続型	○○○	1 903	111	956	550	252	111	1 056	495	216	480	1 117	182	109
Ⅵ	就業開始型	○○●	166	20	76	45	20	16	94	30	22	44	92	19	9

その
総	数		12 639	1 198	6 501	3 209	1 444	1 054	6 970	2 863	1 506	4 472	6 253	1 157	582
Ⅰ	就業継続型	●●●	2 008	360	1 064	410	142	413	1 087	321	168	900	880	147	65
Ⅱ	一時離職型	●○●	1 112	120	543	297	129	111	598	236	145	384	534	118	63
Ⅲ	出生前離職型	●○○	2 903	205	1 511	764	378	169	1 674	672	350	1 086	1 411	233	157
Ⅳ	出生後離職型	●●○	503	35	265	141	51	23	283	132	55	200	232	44	21
Ⅴ	無職継続型	○○○	4 879	355	2 520	1 294	637	235	2 705	1 223	656	1 501	2 615	497	232
Ⅵ	就業開始型	○○●	611	69	311	165	52	54	332	150	67	198	312	69	24

郡
総	数		4 072	408	2 107	1 013	435	328	2 171	949	536	1 648	1 827	360	172
Ⅰ	就業継続型	●●●	874	137	450	207	63	130	483	159	89	407	363	64	31
Ⅱ	一時離職型	●○●	434	56	222	106	43	42	225	95	65	165	195	49	22
Ⅲ	出生前離職型	●○○	878	71	476	212	110	62	481	202	125	385	377	76	34
Ⅳ	出生後離職型	●●○	188	17	109	39	18	13	107	48	18	91	76	18	3
Ⅴ	無職継続型	○○○	1 296	95	659	351	158	55	693	348	178	466	634	116	68
Ⅵ	就業開始型	○○●	195	20	102	52	19	17	93	58	26	75	95	19	5

注：1）市郡は出生1年半後のものであり，市郡別の総数には外国在住分を含む。
　　2）父の育児の状況別の総数には各育児の状況の不詳を含む。
　　3）就業変化パターンの総数にはその他を含む。

総数に対する割合（％）

母の就業変化パターン			総数	食事の世話をする				おむつを取り換える				入浴させる			
				いつもする	ときどきする	ほとんどしない	まったくしない	いつもする	ときどきする	ほとんどしない	まったくしない	いつもする	ときどきする	ほとんどしない	まったくしない
総	数		100.0	9.2	51.4	25.5	11.6	8.3	55.0	22.7	12.0	35.0	49.7	9.2	4.6
Ⅰ	就業継続型	●●●	100.0	17.3	52.4	21.5	7.2	19.5	54.5	16.2	8.7	43.8	44.0	7.7	3.6
Ⅱ	一時離職型	●○●	100.0	10.9	50.1	25.6	11.5	9.7	54.0	21.7	12.9	34.7	47.7	11.4	5.2
Ⅲ	出生前離職型	●○○	100.0	6.9	52.3	26.0	13.4	6.0	57.4	23.2	12.2	37.3	48.9	8.4	4.8
Ⅳ	出生後離職型	●●○	100.0	7.3	54.6	25.5	10.1	5.6	57.4	24.7	10.4	39.3	47.2	8.7	3.8
Ⅴ	無職継続型	○○○	100.0	6.9	51.2	27.2	13.0	5.0	55.2	25.6	13.0	30.3	54.0	9.8	5.1
Ⅵ	就業開始型	○○●	100.0	11.2	50.3	27.0	9.4	9.0	53.4	24.5	11.8	32.6	51.3	11.0	3.9

13大
総	数		100.0	7.7	50.9	26.2	12.8	8.3	56.3	22.4	11.0	29.0	54.7	9.8	5.0
Ⅰ	就業継続型	●●●	100.0	17.6	51.7	21.8	7.5	22.9	54.5	13.8	7.7	36.1	48.3	9.6	4.7
Ⅱ	一時離職型	●○●	100.0	8.5	52.6	23.6	13.1	8.8	57.1	22.7	9.7	31.3	50.0	13.9	3.7
Ⅲ	出生前離職型	●○○	100.0	5.4	51.6	26.8	15.0	5.8	58.7	23.6	11.0	31.6	54.7	9.2	4.0
Ⅳ	出生後離職型	●●○	100.0	5.7	57.4	23.3	10.8	6.3	61.9	19.9	9.7	27.3	58.5	7.4	5.1
Ⅴ	無職継続型	○○○	100.0	5.8	50.2	28.9	13.2	5.8	55.5	26.0	11.4	25.2	58.7	9.6	5.7
Ⅵ	就業開始型	○○●	100.0	12.0	45.8	27.1	12.0	9.6	56.6	18.1	13.3	26.5	55.4	11.4	5.4

その
総	数		100.0	9.5	51.4	25.4	11.4	8.3	55.1	22.7	11.9	35.4	49.5	9.2	4.6
Ⅰ	就業継続型	●●●	100.0	17.9	53.0	20.4	7.1	20.6	54.1	16.0	8.4	44.8	43.8	7.3	3.2
Ⅱ	一時離職型	●○●	100.0	10.8	48.8	26.7	11.6	10.0	53.8	21.2	13.0	34.5	48.0	10.6	5.7
Ⅲ	出生前離職型	●○○	100.0	7.1	52.0	26.3	13.0	5.8	57.7	23.2	12.1	37.4	48.6	8.0	5.4
Ⅳ	出生後離職型	●●○	100.0	7.0	52.7	28.0	10.1	4.6	56.3	26.2	10.9	39.8	46.1	8.7	4.2
Ⅴ	無職継続型	○○○	100.0	7.3	51.6	26.5	13.1	4.8	55.4	25.1	13.4	30.8	53.6	10.2	4.8
Ⅵ	就業開始型	○○●	100.0	11.3	50.9	27.0	8.5	8.8	54.3	24.5	11.0	32.4	51.1	11.3	3.9

郡
総	数		100.0	10.0	51.7	24.9	10.7	8.1	53.3	23.3	13.2	40.5	44.9	8.8	4.2
Ⅰ	就業継続型	●●●	100.0	15.7	51.5	23.7	7.2	14.9	55.3	18.2	10.2	46.6	41.5	7.3	3.5
Ⅱ	一時離職型	●○●	100.0	12.9	51.2	24.4	9.9	9.7	51.8	21.9	15.0	38.0	44.9	11.3	5.1
Ⅲ	出生前離職型	●○○	100.0	8.1	54.2	24.1	12.5	7.1	54.8	23.0	14.2	43.8	42.9	8.7	3.9
Ⅳ	出生後離職型	●●○	100.0	9.0	58.0	20.7	9.6	6.9	56.9	25.5	9.6	48.4	40.4	9.6	1.6
Ⅴ	無職継続型	○○○	100.0	7.3	50.8	27.1	12.2	4.2	53.5	26.9	13.7	36.0	48.9	9.0	5.2
Ⅵ	就業開始型	○○●	100.0	10.3	52.3	26.7	9.7	8.7	47.7	29.7	13.3	38.5	48.7	9.7	2.6

1年半後の父の育児の状況・市郡・母の就業変化パターン・出生順位別

	寝かしつける				家の中で話し相手や遊び相手をする				屋外へ遊びに連れていく			
	いつもする	ときどきする	ほとんどしない	まったくしない	いつもする	ときどきする	ほとんどしない	まったくしない	いつもする	ときどきする	ほとんどしない	まったくしない
総数												
	2 332	8 801	6 002	3 654	9 430	10 496	872	134	3 743	14 273	2 333	560
	600	1 567	850	388	1 864	1 428	102	19	1 123	1 955	282	55
	218	811	534	296	881	898	83	14	371	1 211	234	62
	493	1 973	1 418	966	2 392	2 291	167	26	706	3 476	551	145
	107	354	221	168	407	431	17	2	140	599	98	22
	691	3 266	2 481	1 518	3 086	4 447	423	56	1 091	5 735	940	228
	119	434	254	141	408	508	41	7	167	653	117	24
都市												
	399	1 868	1 352	822	1 898	2 363	197	22	695	3 117	530	126
	75	260	161	69	301	244	19	2	189	321	46	11
	37	141	109	55	161	172	12	4	57	235	42	14
	93	448	354	217	506	576	35	4	124	836	132	27
	23	68	39	43	84	84	4	-	28	121	18	6
	137	787	581	367	696	1 080	104	8	241	1 345	241	54
	15	73	46	27	65	90	8	2	26	112	18	8
他の市												
	1 437	5 208	3 544	2 177	5 668	6 174	508	84	2 274	8 463	1 344	353
	371	906	487	217	1 109	810	52	13	659	1 131	159	36
	129	488	305	169	512	520	56	7	217	703	137	41
	294	1 164	819	590	1 441	1 322	99	17	445	2 017	324	98
	55	203	135	98	227	255	11	2	71	356	54	14
	431	1 946	1 508	919	1 886	2 667	245	37	686	3 471	537	140
	86	275	152	83	258	315	28	3	110	402	78	12
郡部												
	491	1 721	1 101	654	1 858	1 951	167	28	771	2 681	459	81
	154	401	202	102	454	374	31	4	275	503	77	8
	52	182	120	72	208	206	15	3	97	273	55	7
	105	360	243	159	444	390	33	5	137	619	95	20
	27	83	46	26	93	91	2	-	39	120	26	2
	121	530	391	232	502	697	74	11	163	914	162	34
	18	86	56	31	85	103	5	2	31	139	21	4

	寝かしつける				家の中で話し相手や遊び相手をする				屋外へ遊びに連れていく			
	いつもする	ときどきする	ほとんどしない	まったくしない	いつもする	ときどきする	ほとんどしない	まったくしない	いつもする	ときどきする	ほとんどしない	まったくしない
総数												
	11.0	41.4	28.2	17.2	44.3	49.3	4.1	0.6	17.6	67.1	11.0	2.6
	17.4	45.4	24.6	11.2	54.0	41.3	3.0	0.5	32.5	56.6	8.2	1.6
	11.5	42.7	28.1	15.6	46.4	47.3	4.4	0.7	19.5	63.8	12.3	3.3
	10.0	40.2	28.9	19.7	48.7	46.7	3.4	0.5	14.4	70.8	11.2	3.0
	12.3	40.6	25.4	19.3	46.7	49.5	2.0	0.2	16.1	68.8	11.3	2.5
	8.5	40.4	30.7	18.8	38.2	55.0	5.2	0.7	13.5	70.9	11.6	2.8
	12.2	44.7	26.1	14.5	42.0	52.3	4.2	0.7	17.2	67.2	12.0	2.5
都市												
	8.8	41.1	29.8	18.1	41.8	52.0	4.3	0.5	15.3	68.6	11.7	2.8
	13.1	45.4	28.1	12.0	52.5	42.6	3.3	0.3	33.0	56.0	8.0	1.9
	10.5	40.1	31.0	15.6	45.7	48.9	3.4	1.1	16.2	66.8	11.9	4.0
	8.3	39.8	31.5	19.3	45.0	51.2	3.1	0.4	11.0	74.3	11.7	2.4
	13.1	38.6	22.2	24.4	47.7	47.7	2.3	-	15.9	68.8	10.2	3.4
	7.2	41.4	30.5	19.3	36.6	56.8	5.5	0.4	12.7	70.7	12.7	2.8
	9.0	44.0	27.7	16.3	39.2	54.2	4.8	1.2	15.7	67.5	10.8	4.8
他の市												
	11.4	41.2	28.0	17.2	44.8	48.8	4.0	0.7	18.0	67.0	10.6	2.8
	18.5	45.1	24.3	10.8	55.2	40.3	2.6	0.6	32.8	56.3	7.9	1.8
	11.6	43.9	27.4	15.2	46.0	46.8	5.0	0.6	19.5	63.2	12.3	3.7
	10.1	40.1	28.2	20.3	49.6	45.5	3.4	0.6	15.3	69.5	11.2	3.4
	10.9	40.4	26.8	19.5	45.1	50.7	2.2	0.4	14.1	70.8	10.7	2.8
	8.8	39.9	30.9	18.8	38.7	54.7	5.0	0.8	14.1	71.1	11.0	2.9
	14.1	45.0	24.9	13.6	42.2	51.6	4.6	0.5	18.0	65.8	12.8	2.0
郡部												
	12.1	42.3	27.0	16.1	45.6	47.9	4.1	0.7	18.9	65.8	11.3	2.0
	17.6	45.9	23.1	11.7	51.9	42.8	3.5	0.5	31.5	57.6	8.8	0.9
	12.0	41.9	27.6	16.6	47.9	47.5	3.5	0.7	22.4	62.9	12.7	1.6
	12.0	41.0	27.7	18.1	50.6	44.4	3.8	0.6	15.6	70.5	10.8	2.3
	14.4	44.1	24.5	13.8	49.5	48.4	1.1	-	20.7	63.8	13.8	1.1
	9.3	40.9	30.2	17.9	38.7	53.8	5.7	0.8	12.6	70.5	12.5	2.6
	9.2	44.1	28.7	15.9	43.6	52.8	2.6	1.0	15.9	71.3	10.8	2.1

20表（3-2）

第20表　父と同居している子ども数・総数に対する割合，出生

第1子

実　数

母の就業変化パターン	総数	食事の世話をする いつもする	ときどきする	ほとんどしない	まったくしない	おむつを取り換える いつもする	ときどきする	ほとんどしない	まったくしない	入浴させる いつもする	ときどきする	ほとんどしない	まったくしない
													総
総　　数	10 499	1 010	5 524	2 578	1 161	1 021	6 021	2 186	1 079	4 246	4 775	863	470
I　就業継続型●●●	1 780	335	961	346	107	403	1 002	242	114	857	739	113	55
II　一時離職型●○○	944	107	498	225	95	113	537	187	92	360	431	103	44
III　出生前離職型●○○	4 105	274	2 149	1 085	545	249	2 394	942	475	1 595	1 963	336	186
IV　出生後離職型●●○	668	51	361	173	72	37	379	169	73	280	301	56	25
V　無職継続型○○○	2 360	185	1 250	608	282	161	1 383	527	259	913	1 094	195	138
VI　就業開始型○○●	193	19	99	52	20	19	113	39	20	73	80	27	10
												13	大
総　　数	2 404	197	1 235	605	312	234	1 417	487	224	808	1 230	219	111
I　就業継続型●●●	338	72	174	69	21	94	189	37	16	138	161	23	13
II　一時離職型●○○	189	21	99	41	23	19	116	40	12	63	92	28	5
III　出生前離職型●○○	985	51	517	255	150	61	585	221	109	321	531	88	39
IV　出生後離職型●●○	136	6	79	30	17	8	83	27	15	42	75	11	6
V　無職継続型○○○	612	39	299	179	85	41	368	143	53	194	318	53	42
VI　就業開始型○○●	31	2	11	10	7	3	18	6	4	7	13	7	3
												そ	の
総　　数	6 240	609	3 304	1 537	663	591	3 582	1 316	639	2 563	2 804	504	285
I　就業継続型●●●	1 053	196	584	193	63	236	599	147	64	523	427	69	27
II　一時離職型●○○	549	55	293	137	53	64	316	107	53	211	255	51	28
III　出生前離職型●○○	2 445	171	1 266	662	313	139	1 431	567	279	959	1 156	194	123
IV　出生後離職型●●○	389	31	197	113	43	18	217	104	44	163	169	36	17
V　無職継続型○○○	1 419	114	780	348	161	97	826	313	166	562	645	120	79
VI　就業開始型○○●	133	14	71	37	9	12	80	27	12	53	55	18	5
													郡
総　　数	1 847	201	982	435	186	193	1 018	382	216	867	741	140	74
I　就業継続型●●●	389	67	203	84	23	73	214	58	34	196	151	21	15
II　一時離職型●○○	206	31	106	47	19	30	105	40	27	86	84	24	11
III　出生前離職型●○○	672	51	365	167	82	48	377	153	87	312	276	54	24
IV　出生後離職型●●○	140	12	84	30	12	9	78	38	14	72	57	9	2
V　無職継続型○○○	327	32	170	81	36	23	187	71	40	155	131	22	17
VI　就業開始型○○●	29	3	17	5	4	4	15	6	4	13	12	2	2

注：1）市郡は出生1年半後のものであり，市郡別の総数には外国在住分を含む。
　　2）父の育児の状況別の総数には各育児の状況の不詳を含む。
　　3）就業変化パターンの総数にはその他を含む。

総数に対する割合（％）

母の就業変化パターン	総数	食事の世話をする いつもする	ときどきする	ほとんどしない	まったくしない	おむつを取り換える いつもする	ときどきする	ほとんどしない	まったくしない	入浴させる いつもする	ときどきする	ほとんどしない	まったくしない
													総
総　　数	100.0	9.6	52.6	24.6	11.1	9.7	57.3	20.8	10.3	40.4	45.5	8.2	4.5
I　就業継続型●●●	100.0	18.8	54.0	19.4	6.0	22.6	56.3	13.6	6.4	48.1	41.5	6.3	3.1
II　一時離職型●○○	100.0	11.3	52.8	23.8	10.1	12.0	56.9	19.8	9.7	38.1	45.7	10.9	4.7
III　出生前離職型●○○	100.0	6.7	52.4	26.4	13.3	6.1	58.3	22.9	11.6	38.9	47.8	8.2	4.5
IV　出生後離職型●●○	100.0	7.6	54.0	25.9	10.8	5.5	56.7	25.3	10.9	41.9	45.1	8.4	3.7
V　無職継続型○○○	100.0	7.8	53.0	25.8	11.9	6.8	58.6	22.3	11.0	38.7	46.4	8.3	5.8
VI　就業開始型○○●	100.0	9.8	51.3	26.9	10.4	9.8	58.5	20.2	10.4	37.8	41.5	14.0	5.2
												13	大
総　　数	100.0	8.2	51.4	25.2	13.0	9.7	58.9	20.3	9.3	33.6	51.2	9.1	4.6
I　就業継続型●●●	100.0	21.3	51.5	20.4	6.2	27.8	55.9	10.9	4.7	40.8	47.6	6.8	3.8
II　一時離職型●○○	100.0	11.1	52.4	21.7	12.2	10.1	61.4	21.2	6.3	33.3	48.7	14.8	2.6
III　出生前離職型●○○	100.0	5.2	52.5	25.9	15.2	6.2	59.4	22.4	11.1	32.6	53.9	8.9	4.0
IV　出生後離職型●●○	100.0	4.4	58.1	22.1	12.5	5.9	61.0	19.9	11.0	30.9	55.1	8.1	4.4
V　無職継続型○○○	100.0	6.4	48.9	29.2	13.9	6.7	60.1	23.4	8.7	31.7	52.0	8.7	6.9
VI　就業開始型○○●	100.0	6.5	35.5	32.3	22.6	9.7	58.1	19.4	12.9	22.6	41.9	22.6	9.7
												そ	の
総　　数	100.0	9.8	52.9	24.6	10.6	9.5	57.4	21.1	10.2	41.1	44.9	8.1	4.6
I　就業継続型●●●	100.0	18.6	55.5	18.3	6.0	22.4	56.9	14.0	6.1	49.7	40.6	6.6	2.6
II　一時離職型●○○	100.0	10.0	53.4	25.0	9.7	11.7	57.6	19.5	9.7	38.4	46.4	9.3	5.1
III　出生前離職型●○○	100.0	7.0	51.8	27.1	12.8	5.7	58.5	23.2	11.4	39.2	47.3	7.9	5.0
IV　出生後離職型●●○	100.0	8.0	50.6	29.0	11.1	4.6	55.8	26.7	11.3	41.9	43.4	9.3	4.4
V　無職継続型○○○	100.0	8.0	55.0	24.5	11.3	6.8	58.2	22.1	11.7	39.6	45.5	8.5	5.6
VI　就業開始型○○●	100.0	10.5	53.4	27.8	6.8	9.0	60.2	20.3	9.0	39.8	41.4	13.5	3.8
													郡
総　　数	100.0	10.9	53.2	23.6	10.1	10.4	55.1	20.7	11.7	46.9	40.1	7.6	4.0
I　就業継続型●●●	100.0	17.2	52.2	21.6	5.9	18.8	55.0	14.9	8.7	50.4	38.8	5.4	3.9
II　一時離職型●○○	100.0	15.0	51.5	22.8	9.2	14.6	51.0	19.4	13.1	41.7	40.8	11.7	5.3
III　出生前離職型●○○	100.0	7.6	54.3	24.9	12.2	7.1	56.1	22.8	12.9	46.4	41.1	8.0	3.6
IV　出生後離職型●●○	100.0	8.6	60.0	21.4	8.6	6.4	55.7	27.1	10.0	51.4	40.7	6.4	1.4
V　無職継続型○○○	100.0	9.8	52.0	24.8	11.0	7.0	57.2	21.7	12.2	47.4	40.1	6.7	5.2
VI　就業開始型○○●	100.0	10.3	58.6	17.2	13.8	13.8	51.7	20.7	13.8	44.8	41.4	6.9	6.9

1年半後の父の育児の状況・市郡・母の就業変化パターン・出生順位別

寝かしつける				家の中で話し相手や遊び相手をする				屋外へ遊びに連れていく			
いつも する	ときどき する	ほとんど しない	まったく しない	いつも する	ときどき する	ほとんど しない	まったく しない	いつも する	ときどき する	ほとんど しない	まったく しない
数											
1 325	4 244	2 888	1 838	5 500	4 532	265	54	2 059	7 003	1 042	237
337	811	429	180	1 103	631	27	5	654	976	115	16
123	398	270	138	514	391	25	5	219	593	106	19
424	1 628	1 180	826	2 108	1 832	115	21	611	2 909	441	116
81	267	171	135	338	306	12	1	113	454	75	16
274	911	687	459	1 138	1 113	70	19	351	1 691	240	57
31	79	53	26	100	89	3	1	44	121	23	5
都 市											
234	978	692	453	1 168	1 131	66	9	415	1 635	266	54
47	163	86	39	204	128	4	1	129	179	22	7
24	75	55	31	100	80	8	–	42	119	24	3
82	387	312	194	466	484	27	4	115	731	110	24
18	51	32	33	68	62	2	–	22	90	16	5
50	255	170	130	269	316	20	4	86	434	73	13
3	8	12	7	11	19	1	–	7	18	5	1
他 の 市											
829	2 485	1 720	1 094	3 310	2 644	159	36	1 241	4 153	596	156
216	477	254	98	670	357	16	3	386	579	68	8
72	239	155	76	297	227	13	5	120	349	60	15
259	964	685	510	1 267	1 075	69	14	384	1 703	263	79
42	152	107	81	188	185	9	1	58	275	40	10
175	522	432	271	701	648	45	12	220	1 017	135	35
27	55	32	16	73	58	2	–	30	84	16	3
部											
258	780	473	291	1 018	754	40	9	401	1 209	180	27
74	171	89	43	229	146	7	1	139	218	25	1
27	84	60	31	117	84	4	–	57	125	22	1
82	276	182	122	374	271	19	3	112	472	68	13
19	64	31	21	79	59	1	–	31	88	19	1
48	134	84	58	168	148	5	3	45	238	32	9
1	16	9	3	16	12	–	1	7	19	2	1

寝かしつける				家の中で話し相手や遊び相手をする				屋外へ遊びに連れていく			
いつも する	ときどき する	ほとんど しない	まったく しない	いつも する	ときどき する	ほとんど しない	まったく しない	いつも する	ときどき する	ほとんど しない	まったく しない
数											
12.6	40.4	27.5	17.5	52.4	43.2	2.5	0.5	19.6	66.7	9.9	2.3
18.9	45.6	24.1	10.1	62.0	35.4	1.5	0.3	36.7	54.8	6.5	0.9
13.0	42.2	28.6	14.6	54.4	41.4	2.6	0.5	23.2	62.8	11.2	2.0
10.3	39.7	28.7	20.1	51.4	44.6	2.8	0.5	14.9	70.9	10.7	2.8
12.1	40.0	25.6	20.2	50.6	45.8	1.8	0.1	16.9	68.0	11.2	2.4
11.6	38.6	29.1	19.4	48.2	47.2	3.0	0.8	14.9	71.7	10.2	2.4
16.1	40.9	27.5	13.5	51.8	46.1	1.6	0.5	22.8	62.7	11.9	2.6
都 市											
9.7	40.7	28.8	18.8	48.6	47.0	2.7	0.4	17.3	68.0	11.1	2.2
13.9	48.2	25.4	11.5	60.4	37.9	1.2	0.3	38.2	53.0	6.5	2.1
12.7	39.7	29.1	16.4	52.9	42.3	4.2	–	22.2	63.0	12.7	1.6
8.3	39.3	31.7	19.7	47.3	49.1	2.7	0.4	11.7	74.2	11.2	2.4
13.2	37.5	23.5	24.3	50.0	45.6	1.5	–	16.2	66.2	11.8	3.7
8.2	41.7	27.8	21.2	44.0	51.6	3.3	0.7	14.1	70.9	11.9	2.1
9.7	25.8	38.7	22.6	35.5	61.3	3.2	–	22.6	58.1	16.1	3.2
他 の 市											
13.3	39.8	27.6	17.5	53.0	42.4	2.5	0.6	19.9	66.6	9.6	2.5
20.5	45.3	24.1	9.3	63.6	33.9	1.5	0.3	36.7	55.0	6.5	0.8
13.1	43.5	28.2	13.8	54.1	41.3	2.4	0.9	21.9	63.6	10.9	2.7
10.6	39.4	28.0	20.9	51.8	44.0	2.8	0.6	15.7	69.7	10.8	3.2
10.8	39.1	27.5	20.8	48.3	47.6	2.3	0.3	14.9	70.7	10.3	2.6
12.3	36.8	30.4	19.1	49.4	45.7	3.2	0.8	15.5	71.7	9.5	2.5
20.3	41.4	24.1	12.0	54.9	43.6	1.5	–	22.6	63.2	12.0	2.3
部											
14.0	42.2	25.6	15.8	55.1	40.8	2.2	0.5	21.7	65.5	9.7	1.5
19.0	44.0	22.9	11.1	58.9	37.5	1.8	0.3	35.7	56.0	6.4	0.3
13.1	40.8	29.1	15.0	56.8	40.8	1.9	–	27.7	60.7	10.7	0.5
12.2	41.1	27.1	18.2	55.7	40.3	2.8	0.4	16.7	70.2	10.1	1.9
13.6	45.7	22.1	15.0	56.4	42.1	0.7	–	22.1	62.9	13.6	0.7
14.7	41.0	25.7	17.7	51.4	45.3	1.5	0.9	13.8	72.8	9.8	2.8
3.4	55.2	31.0	10.3	55.2	41.4	–	3.4	24.1	65.5	6.9	3.4

20表（3－3）

第20表　父と同居している子ども数・総数に対する割合，出生

第2子以上

実　数

母の就業変化パターン	総数	食事の世話をする いつもする	ときどきする	ほとんどしない	まったくしない	おむつを取り換える いつもする	ときどきする	ほとんどしない	まったくしない	入浴させる いつもする	ときどきする	ほとんどしない	まったくしない
総　　数	10 771	947	5 403	2 839	1 301	741	5 685	2 649	1 463	3 203	5 795	1 100	510
I 就業継続型 ●●●	1 675	263	849	396	141	271	880	317	187	657	781	153	68
II 一時離職型 ●○○	954	99	452	261	123	71	487	224	152	299	474	113	54
III 出生前離職型 ●○○	805	64	419	194	112	48	422	199	124	234	440	76	51
IV 出生後離職型 ●●○	203	13	115	49	16	12	121	46	18	62	110	20	8
V 無職継続型 ○○○	5 724	376	2 889	1 588	765	240	3 076	1 540	791	1 538	3 274	600	271
VI 就業開始型 ○○●	779	90	390	210	71	68	406	199	95	244	419	80	28
総　　数	2 140	151	1 077	586	271	143	1 140	533	275	511	1 257	226	114
I 就業継続型 ●●●	235	29	122	56	22	37	123	42	28	69	116	32	14
II 一時離職型 ●○○	163	9	86	42	23	12	85	40	22	47	84	21	8
III 出生前離職型 ●○○	140	10	63	46	19	4	75	44	15	34	84	15	6
IV 出生後離職型 ●●○	40	4	22	11	2	3	26	8	2	6	28	2	3
V 無職継続型 ○○○	1 291	72	657	371	167	70	688	352	163	286	799	129	67
VI 就業開始型 ○○●	135	18	65	35	13	13	76	24	18	37	79	12	6
総　　数	6 399	589	3 197	1 672	781	463	3 388	1 547	867	1 909	3 449	653	297
I 就業継続型 ●●●	955	164	480	217	79	177	488	174	104	377	453	78	38
II 一時離職型 ●○○	563	65	250	160	76	47	282	129	92	173	279	67	35
III 出生前離職型 ●○○	458	34	245	102	65	30	243	105	71	127	255	39	34
IV 出生後離職型 ●●○	114	4	68	28	8	5	66	28	11	37	63	8	4
V 無職継続型 ○○○	3 460	241	1 740	946	476	138	1 879	910	490	939	1 970	377	153
VI 就業開始型 ○○●	478	55	240	128	43	42	252	123	55	145	257	51	19
総　　数	2 225	207	1 125	578	249	135	1 153	567	320	781	1 086	220	98
I 就業継続型 ●●●	485	70	247	123	40	57	269	101	55	211	212	43	16
II 一時離職型 ●○○	228	25	116	59	24	12	120	55	38	79	111	25	11
III 出生前離職型 ●○○	206	20	111	45	28	14	104	49	38	73	101	22	10
IV 出生後離職型 ●●○	48	5	25	9	6	4	29	10	4	19	19	9	1
V 無職継続型 ○○○	969	63	489	270	122	32	506	277	138	311	503	94	51
VI 就業開始型 ○○●	166	17	85	47	15	13	78	52	22	62	83	17	3

注：1）市郡は出生1年半後のものであり、市郡別の総数には外国在住分を含む。
　　2）父の育児の状況別の総数には各育児の状況の不詳を含む。
　　3）就業変化パターンの総数にはその他を含む。

総数に対する割合（％）

母の就業変化パターン	総数	食事の世話をする いつもする	ときどきする	ほとんどしない	まったくしない	おむつを取り換える いつもする	ときどきする	ほとんどしない	まったくしない	入浴させる いつもする	ときどきする	ほとんどしない	まったくしない
総　　数	100.0	8.8	50.2	26.4	12.1	6.9	52.8	24.6	13.6	29.7	53.8	10.2	4.7
I 就業継続型 ●●●	100.0	15.7	50.7	23.6	8.4	16.2	52.5	18.9	11.2	39.2	46.6	9.1	4.1
II 一時離職型 ●○○	100.0	10.4	47.4	27.4	12.9	7.4	51.0	23.5	15.9	31.3	49.7	11.8	5.7
III 出生前離職型 ●○○	100.0	8.0	52.0	24.1	13.9	6.0	52.4	24.7	15.4	29.1	54.7	9.4	6.3
IV 出生後離職型 ●●○	100.0	6.4	56.7	24.1	7.9	5.9	59.6	22.7	8.9	30.5	54.2	9.9	3.9
V 無職継続型 ○○○	100.0	6.6	50.5	27.7	13.4	4.2	53.7	26.9	13.8	26.9	57.2	10.5	4.7
VI 就業開始型 ○○●	100.0	11.6	50.1	27.0	9.1	8.7	52.1	25.5	12.2	31.3	53.8	10.3	3.6
総　　数	100.0	7.1	50.3	27.4	12.7	6.7	53.3	24.9	12.9	23.9	58.7	10.6	5.3
I 就業継続型 ●●●	100.0	12.3	51.9	23.8	9.4	15.7	52.3	17.9	11.9	29.4	49.4	13.6	6.0
II 一時離職型 ●○○	100.0	5.5	52.8	25.8	14.1	7.4	52.1	24.5	13.5	28.8	51.5	12.9	4.9
III 出生前離職型 ●○○	100.0	7.1	45.0	32.9	13.6	2.9	53.6	31.4	10.7	24.3	60.0	10.7	4.3
IV 出生後離職型 ●●○	100.0	10.0	55.0	27.5	5.0	7.5	65.0	20.0	5.0	15.0	70.0	5.0	7.5
V 無職継続型 ○○○	100.0	5.6	50.9	28.7	12.9	5.4	53.3	27.3	12.6	22.2	61.9	10.0	5.2
VI 就業開始型 ○○●	100.0	13.3	48.1	25.9	9.6	9.6	56.3	17.8	13.3	27.4	58.5	8.9	4.4
総　　数	100.0	9.2	50.0	26.1	12.2	7.2	52.9	24.2	13.5	29.8	53.9	10.2	4.6
I 就業継続型 ●●●	100.0	17.2	50.3	22.7	8.3	18.5	51.1	18.2	10.9	39.5	47.4	8.2	4.0
II 一時離職型 ●○○	100.0	11.5	44.4	28.4	13.5	8.3	50.1	22.9	16.3	30.7	49.6	11.9	6.2
III 出生前離職型 ●○○	100.0	7.4	53.5	22.3	14.2	6.6	53.1	22.9	15.5	27.7	55.7	8.5	7.4
IV 出生後離職型 ●●○	100.0	3.5	59.6	24.6	7.0	4.4	57.9	24.6	9.6	32.5	55.3	7.0	3.5
V 無職継続型 ○○○	100.0	7.0	50.3	27.3	13.8	4.0	54.3	26.3	14.2	27.1	56.9	10.9	4.4
VI 就業開始型 ○○●	100.0	11.5	50.2	26.8	9.0	8.8	52.7	25.7	11.5	30.3	53.8	10.7	4.0
総　　数	100.0	9.3	50.6	26.0	11.2	6.1	51.8	25.5	14.4	35.1	48.8	9.9	4.4
I 就業継続型 ●●●	100.0	14.4	50.9	25.4	8.2	11.8	55.5	20.8	11.3	43.5	43.7	8.9	3.3
II 一時離職型 ●○○	100.0	11.0	50.9	25.9	10.5	5.3	52.6	24.1	16.7	34.6	48.7	11.0	4.8
III 出生前離職型 ●○○	100.0	9.7	53.9	21.8	13.6	6.8	50.5	23.8	18.4	35.4	49.0	10.7	4.9
IV 出生後離職型 ●●○	100.0	10.4	52.1	18.8	12.5	8.3	60.4	20.8	8.3	39.6	39.6	18.8	2.1
V 無職継続型 ○○○	100.0	6.5	50.5	27.9	12.6	3.3	52.2	28.6	14.2	32.1	51.9	9.7	5.3
VI 就業開始型 ○○●	100.0	10.2	51.2	28.3	9.0	7.8	47.0	31.3	13.3	37.3	50.0	10.2	1.8

1年半後の父の育児の状況・市郡・母の就業変化パターン・出生順位別

寝かしつける				家の中で話し相手や遊び相手をする				屋外へ遊びに連れていく			
いつもする	ときどきする	ほとんどしない	まったくしない	いつもする	ときどきする	ほとんどしない	まったくしない	いつもする	ときどきする	ほとんどしない	まったくしない
数											
1 007	4 557	3 114	1 816	3 930	5 964	607	80	1 684	7 270	1 291	323
263	756	421	208	761	797	75	14	469	979	167	39
95	413	264	158	367	507	58	9	152	618	128	43
69	345	238	140	284	459	52	5	95	567	110	29
26	87	50	33	69	125	5	1	27	145	23	6
417	2 355	1 794	1 059	1 948	3 334	353	37	740	4 044	700	171
88	355	201	115	308	419	38	6	123	532	94	19
都　市											
165	890	660	369	730	1 232	131	13	280	1 482	264	72
28	97	75	30	97	116	15	1	60	142	24	4
13	66	54	24	61	92	4	4	15	116	18	11
11	61	42	23	40	92	8	-	9	105	22	3
5	17	7	10	16	22	2	-	6	31	2	1
87	532	411	237	427	764	84	4	155	911	168	41
12	65	34	20	54	71	7	2	19	94	13	7
他　の　市											
608	2 723	1 824	1 083	2 358	3 530	349	48	1 033	4 310	748	197
155	429	233	119	439	453	36	10	273	552	91	28
57	249	150	93	215	293	43	2	97	354	77	26
35	200	134	80	174	247	30	3	61	314	61	19
13	51	28	17	39	70	2	1	13	81	14	4
256	1 424	1 076	648	1 185	2 019	200	25	466	2 454	402	105
59	220	120	67	185	257	26	3	80	318	62	9
部											
233	941	628	363	840	1 197	127	19	370	1 472	279	54
80	230	113	59	225	228	24	3	136	285	52	7
25	98	60	41	91	122	11	3	40	148	33	6
23	84	61	37	70	119	14	2	25	147	27	7
8	19	15	5	14	32	1	-	8	32	7	1
73	396	307	174	334	549	69	8	118	676	130	25
17	70	47	28	69	91	5	1	24	120	19	3

寝かしつける				家の中で話し相手や遊び相手をする				屋外へ遊びに連れていく			
いつもする	ときどきする	ほとんどしない	まったくしない	いつもする	ときどきする	ほとんどしない	まったくしない	いつもする	ときどきする	ほとんどしない	まったくしない
数											
9.3	42.3	28.9	16.9	36.5	55.4	5.6	0.7	15.6	67.5	12.0	3.0
15.7	45.1	25.1	12.4	45.4	47.6	4.5	0.8	28.0	58.4	10.0	2.3
10.0	43.3	27.7	16.6	38.5	53.1	6.1	0.9	15.9	64.8	13.4	4.5
8.6	42.9	29.6	17.4	35.3	57.0	6.5	0.6	11.8	70.4	13.7	3.6
12.8	42.9	24.6	16.3	34.0	61.6	2.5	0.5	13.3	71.4	11.3	3.0
7.3	41.1	31.3	18.5	34.0	58.2	6.2	0.6	12.9	70.6	12.2	3.0
11.3	45.6	25.8	14.8	39.5	53.8	4.9	0.8	15.8	68.3	12.1	2.4
都　市											
7.7	41.6	30.8	17.2	34.1	57.6	6.1	0.6	13.1	69.3	12.3	3.4
11.9	41.3	31.9	12.8	41.3	49.4	6.4	0.4	25.5	60.4	10.2	1.7
8.0	40.5	33.1	14.7	37.4	56.4	2.5	2.5	9.2	71.2	11.0	6.7
7.9	43.6	30.0	16.4	28.6	65.7	5.7	-	6.4	75.0	15.7	2.1
12.5	42.5	17.5	25.0	40.0	55.0	5.0	-	15.0	77.5	5.0	2.5
6.7	41.2	31.8	18.4	33.1	59.2	6.5	0.3	12.0	70.6	13.0	3.2
8.9	48.1	25.2	14.8	40.0	52.6	5.2	1.5	14.1	69.6	9.6	5.2
他　の　市											
9.5	42.6	28.5	16.9	36.8	55.2	5.5	0.8	16.1	67.4	11.7	3.1
16.2	44.9	24.4	12.5	46.0	47.4	3.8	1.0	28.6	57.8	9.5	2.9
10.1	44.2	26.6	16.5	38.2	52.0	7.6	0.4	17.2	62.9	13.7	4.6
7.6	43.7	29.3	17.5	38.0	53.9	6.6	0.7	13.3	68.6	13.3	4.1
11.4	44.7	24.6	14.9	34.2	61.4	1.8	0.9	11.4	71.1	12.3	3.5
7.4	41.2	31.1	18.7	34.2	58.4	5.8	0.7	13.5	70.9	11.6	3.0
12.3	46.0	25.1	14.0	38.7	53.8	5.4	0.6	16.7	66.5	13.0	1.9
部											
10.5	42.3	28.2	16.3	37.8	53.8	5.7	0.9	16.6	66.2	12.5	2.4
16.5	47.4	23.3	12.2	46.4	47.0	4.9	0.6	28.0	58.8	10.7	1.4
11.0	43.0	26.3	18.0	39.9	53.5	4.8	1.3	17.5	64.9	14.5	2.6
11.2	40.8	29.6	18.0	34.0	57.8	6.8	1.0	12.1	71.4	13.1	3.4
16.7	39.6	31.3	10.4	29.2	66.7	2.1	-	16.7	66.7	14.6	2.1
7.5	40.9	31.7	18.0	34.5	56.7	7.1	0.8	12.2	69.8	13.4	2.6
10.2	42.2	28.3	16.9	41.6	54.8	3.0	0.6	14.5	72.3	11.4	1.8

21表（3－1）

第21表　父と同居している子ども数・総数に対する割合，出生

総数

実数

母の就業変化パターン		総数	食事をつくる いつもする	ときどきする	ほとんどしない	まったくしない	食事の後片づけをする いつもする	ときどきする	ほとんどしない	まったくしない	部屋等の掃除をする いつもする	ときどきする	ほとんどしない	まったくしない
総　　数		21 270	312	4 190	5 955	10 338	1 027	6 064	5 854	7 895	594	6 326	5 982	7 935
Ⅰ	就業継続型 ●●●	3 455	139	854	1 039	1 363	394	1 230	855	926	290	1 368	896	850
Ⅱ	一時離職型 ●○●	1 898	46	422	534	867	114	535	521	701	60	591	526	695
Ⅲ	出生前離職型 ●○○	4 910	38	892	1 389	2 538	187	1 331	1 379	1 969	70	1 284	1 425	2 085
Ⅳ	出生後離職型 ●●○	871	7	175	233	443	34	262	251	311	14	233	272	337
Ⅴ	無職継続型　○○○	8 084	57	1 440	2 219	4 237	226	2 187	2 311	3 249	107	2 267	2 350	3 245
Ⅵ	就業開始型　○○●	972	13	205	280	447	28	247	303	368	30	307	251	361

13 大

総　　数		4 544	69	907	1 258	2 210	233	1 332	1 281	1 605	124	1 376	1 255	1 698
Ⅰ	就業継続型 ●●●	573	33	156	172	197	88	224	130	117	56	240	143	123
Ⅱ	一時離職型 ●○●	352	11	72	110	156	20	109	100	121	9	114	103	123
Ⅲ	出生前離職型 ●○○	1 125	6	201	306	604	39	311	325	441	13	286	327	491
Ⅳ	出生後離職型 ●●○	176	1	55	37	82	13	52	54	55	4	57	48	65
Ⅴ	無職継続型　○○○	1 903	12	354	534	974	60	543	559	717	29	565	532	753
Ⅵ	就業開始型　○○●	166	3	30	41	85	4	34	57	64	5	55	41	58

その

総　　数		12 639	185	2 491	3 516	6 168	612	3 647	3 482	4 650	342	3 734	3 584	4 726
Ⅰ	就業継続型 ●●●	2 008	73	507	602	796	246	714	491	534	172	796	523	490
Ⅱ	一時離職型 ●○●	1 112	27	253	308	502	63	313	328	389	37	335	315	406
Ⅲ	出生前離職型 ●○○	2 903	25	529	803	1 511	107	804	808	1 157	33	771	827	1 243
Ⅳ	出生後離職型 ●●○	503	5	82	134	273	12	149	148	185	5	124	160	204
Ⅴ	無職継続型　○○○	4 879	40	853	1 333	2 576	135	1 323	1 395	1 959	63	1 349	1 451	1 947
Ⅵ	就業開始型　○○●	611	8	137	178	270	21	170	178	227	21	190	158	227

郡

総　　数		4 072	58	788	1 177	1 953	180	1 081	1 087	1 635	128	1 209	1 140	1 506
Ⅰ	就業継続型 ●●●	874	33	191	265	370	60	292	234	275	62	332	230	237
Ⅱ	一時離職型 ●○●	434	8	97	116	209	31	113	93	191	14	142	108	166
Ⅲ	出生前離職型 ●○○	878	7	161	279	421	41	215	245	369	24	225	271	349
Ⅳ	出生後離職型 ●●○	188	1	36	61	87	8	59	49	70	5	49	63	68
Ⅴ	無職継続型　○○○	1 296	5	232	350	684	31	320	354	571	15	351	366	542
Ⅵ	就業開始型　○○●	195	2	38	61	92	3	43	68	77	4	62	52	76

注：1) 市郡は出生1年半後のものであり、市郡別の総数には外国在住分を含む。
　　2) 父の家事の状況別の総数には各家事の状況の不詳を含む。
　　3) 就業変化パターンの総数はその他を含む。

総数に対する割合（％）

母の就業変化パターン		総数	食事をつくる いつもする	ときどきする	ほとんどしない	まったくしない	食事の後片づけをする いつもする	ときどきする	ほとんどしない	まったくしない	部屋等の掃除をする いつもする	ときどきする	ほとんどしない	まったくしない
総　　数		100.0	1.5	19.7	28.0	48.6	4.8	28.5	27.5	37.1	2.8	29.7	28.1	37.3
Ⅰ	就業継続型 ●●●	100.0	4.0	24.7	30.1	39.5	11.4	35.6	24.7	26.8	8.4	39.6	25.9	24.6
Ⅱ	一時離職型 ●○●	100.0	2.4	22.2	28.1	45.7	6.0	28.2	27.4	36.9	3.2	31.1	27.7	36.6
Ⅲ	出生前離職型 ●○○	100.0	0.8	18.2	28.3	51.7	3.8	27.1	28.1	40.1	1.4	26.2	29.0	42.5
Ⅳ	出生後離職型 ●●○	100.0	0.8	20.1	26.8	50.9	3.9	30.1	28.8	35.7	1.6	26.8	31.2	38.7
Ⅴ	無職継続型　○○○	100.0	0.7	17.8	27.4	52.4	2.8	27.1	28.6	40.2	1.3	28.0	29.1	40.1
Ⅵ	就業開始型　○○●	100.0	1.3	21.1	28.8	46.0	2.9	25.4	31.2	37.9	3.1	31.6	25.8	37.1

13 大

総　　数		100.0	1.5	20.0	27.7	48.6	5.1	29.3	28.2	35.3	2.7	30.3	27.6	37.4
Ⅰ	就業継続型 ●●●	100.0	5.8	27.2	30.0	34.4	15.4	39.1	22.7	20.4	9.8	41.9	25.0	21.5
Ⅱ	一時離職型 ●○●	100.0	3.1	20.5	31.3	44.3	5.7	31.0	28.4	34.4	2.6	32.4	29.3	34.9
Ⅲ	出生前離職型 ●○○	100.0	0.5	17.9	27.2	53.7	3.5	27.6	28.9	39.2	1.2	25.4	29.1	43.6
Ⅳ	出生後離職型 ●●○	100.0	0.6	31.3	21.0	46.6	7.4	29.5	30.7	31.3	2.3	32.4	27.3	36.9
Ⅴ	無職継続型　○○○	100.0	0.6	18.6	28.1	51.2	3.2	28.5	29.4	37.7	1.5	29.7	28.0	39.6
Ⅵ	就業開始型　○○●	100.0	1.8	18.1	24.7	51.2	2.4	20.5	34.3	38.6	3.0	33.1	24.7	34.9

その

総　　数		100.0	1.5	19.7	27.8	48.8	4.8	28.9	27.5	36.8	2.7	29.5	28.4	37.4
Ⅰ	就業継続型 ●●●	100.0	3.6	25.2	30.0	39.6	12.3	35.6	24.5	26.6	8.6	39.6	26.0	24.4
Ⅱ	一時離職型 ●○●	100.0	2.4	22.8	27.7	45.1	5.7	28.1	29.5	35.0	3.3	30.1	28.3	36.5
Ⅲ	出生前離職型 ●○○	100.0	0.9	18.2	27.7	52.0	3.7	27.7	27.8	39.9	1.1	26.6	28.5	42.8
Ⅳ	出生後離職型 ●●○	100.0	1.0	16.3	26.6	54.3	2.4	29.6	29.4	36.8	1.0	24.7	31.8	40.6
Ⅴ	無職継続型　○○○	100.0	0.8	17.5	27.3	52.8	2.8	27.1	28.6	40.2	1.3	27.6	29.7	39.9
Ⅵ	就業開始型　○○●	100.0	1.3	22.4	29.1	44.2	3.4	27.8	29.1	37.2	3.4	31.1	25.9	37.2

郡

総　　数		100.0	1.4	19.4	28.9	48.0	4.4	26.5	26.7	40.2	3.1	29.7	28.0	37.0
Ⅰ	就業継続型 ●●●	100.0	3.8	21.9	30.3	42.3	6.9	33.4	26.8	31.5	7.1	38.0	26.3	27.1
Ⅱ	一時離職型 ●○●	100.0	1.8	22.4	26.7	48.2	7.1	26.0	21.4	44.0	3.2	32.7	24.9	38.2
Ⅲ	出生前離職型 ●○○	100.0	0.8	18.3	31.8	47.9	4.7	24.5	27.9	42.0	2.7	25.6	30.9	39.7
Ⅳ	出生後離職型 ●●○	100.0	0.5	19.1	32.4	46.3	4.3	31.4	26.1	37.2	2.7	26.1	33.5	36.2
Ⅴ	無職継続型　○○○	100.0	0.4	17.9	27.0	52.8	2.4	24.7	27.3	44.1	1.2	27.1	28.2	41.8
Ⅵ	就業開始型　○○●	100.0	1.0	19.5	31.3	47.2	1.5	22.1	34.9	39.5	2.1	31.8	26.7	39.0

1年半後の父の家事の状況・市郡・母の就業変化パターン・出生順位別

	洗濯をする				ゴミをだす				日常の買い物をする			
	いつもする	ときどきする	ほとんどしない	まったくしない	いつもする	ときどきする	ほとんどしない	まったくしない	いつもする	ときどきする	ほとんどしない	まったくしない
数												
	584	3 087	4 801	12 313	7 381	5 253	2 866	5 401	1 388	9 084	5 417	4 972
	347	897	761	1 394	1 416	862	412	724	341	1 476	875	712
	67	329	407	1 067	595	494	260	531	111	715	532	514
	44	600	1 079	3 132	1 893	1 181	602	1 197	287	2 177	1 291	1 112
	14	117	214	511	327	215	111	207	58	387	209	206
	61	878	1 915	5 086	2 600	2 021	1 196	2 177	456	3 536	2 076	1 910
	32	123	209	585	261	222	159	315	55	383	240	276
都　市												
	113	676	1 056	2 588	1 764	1 244	593	868	284	2 034	1 164	975
	72	174	119	192	271	162	54	76	71	259	135	94
	7	61	90	189	131	104	49	67	21	151	104	71
	6	130	243	737	465	311	133	211	58	509	293	258
	3	29	49	92	75	54	21	24	12	72	48	41
	16	225	467	1 162	689	518	285	395	95	888	497	403
	5	21	36	97	57	38	20	46	11	64	39	47
他 の 市												
	349	1 810	2 892	7 315	4 474	3 020	1 702	3 239	834	5 363	3 255	2 954
	207	519	454	802	865	478	249	397	195	846	519	424
	41	196	244	612	357	282	152	308	64	391	318	321
	24	366	630	1 850	1 158	670	329	726	167	1 289	786	635
	6	55	118	314	185	116	69	126	33	228	110	124
	41	513	1 177	3 065	1 585	1 186	716	1 339	289	2 115	1 269	1 145
	20	81	139	357	160	131	115	197	34	246	147	173
部												
	122	600	845	2 404	1 138	985	568	1 291	266	1 679	996	1 042
	68	204	188	400	280	222	109	251	75	371	221	194
	19	72	73	266	107	108	59	156	26	173	110	122
	14	104	204	543	268	200	140	258	60	377	212	219
	5	32	45	104	65	43	21	57	12	84	51	41
	4	140	268	856	325	315	192	443	71	531	308	361
	7	21	34	131	44	53	24	72	10	73	54	56

	洗濯をする				ゴミをだす				日常の買い物をする			
	いつもする	ときどきする	ほとんどしない	まったくしない	いつもする	ときどきする	ほとんどしない	まったくしない	いつもする	ときどきする	ほとんどしない	まったくしない
数												
	2.7	14.5	22.6	57.9	34.7	24.7	13.5	25.4	6.5	42.7	25.5	23.4
	10.0	26.0	22.0	40.3	41.0	24.9	11.9	21.0	9.9	42.7	25.3	20.6
	3.5	17.3	21.4	56.2	31.3	26.0	13.7	28.0	5.8	37.7	28.0	27.1
	0.9	12.2	22.0	63.8	38.6	24.1	12.3	24.4	5.8	44.3	26.3	22.6
	1.6	13.4	24.6	58.7	37.5	24.7	12.7	23.8	6.7	44.4	24.0	23.7
	0.8	10.9	23.7	62.9	32.2	25.0	14.8	26.9	5.6	43.7	25.7	23.6
	3.3	12.7	21.5	60.2	26.9	22.8	16.4	32.4	5.7	39.4	24.7	28.4
都　市												
	2.5	14.9	23.2	57.0	38.8	27.4	13.1	19.1	6.3	44.8	25.6	21.5
	12.6	30.4	20.8	33.5	47.3	28.3	9.4	13.3	12.4	45.2	23.6	16.4
	2.0	17.3	25.6	53.7	37.2	29.5	13.9	19.0	6.0	42.9	29.5	20.2
	0.5	11.6	21.6	65.5	41.3	27.6	11.8	18.8	5.2	45.2	26.0	22.9
	1.7	16.5	27.8	52.3	42.6	30.7	11.9	13.6	6.8	40.9	27.3	23.3
	0.8	11.8	24.5	61.1	36.2	27.2	15.0	20.8	5.0	46.7	26.1	21.2
	3.0	12.7	21.7	58.4	34.3	22.9	12.0	27.7	6.6	38.6	23.5	28.3
他 の 市												
	2.8	14.3	22.9	57.9	35.4	23.9	13.5	25.6	6.6	42.4	25.8	23.4
	10.3	25.8	22.6	39.9	43.1	23.8	12.4	19.8	9.7	42.1	25.8	21.1
	3.7	17.6	21.9	55.0	32.1	25.4	13.7	27.7	5.8	35.2	28.6	28.9
	0.8	12.6	21.7	63.7	39.9	23.1	11.3	25.0	5.8	44.4	27.1	21.9
	1.2	10.9	23.5	62.4	36.8	23.1	13.7	25.0	6.6	45.3	21.9	24.7
	0.8	10.5	24.1	62.8	32.5	24.3	14.7	27.4	5.9	43.3	26.0	23.5
	3.3	13.3	22.7	58.4	26.2	21.4	18.8	32.2	5.6	40.3	24.1	28.3
部												
	3.0	14.7	20.8	59.0	27.9	24.2	13.9	31.7	6.5	41.2	24.5	25.6
	7.8	23.3	21.5	45.8	32.0	25.4	12.5	28.7	8.6	42.4	25.3	22.2
	4.4	16.6	16.8	61.3	24.7	24.9	13.6	35.9	6.0	39.9	25.3	28.1
	1.6	11.8	23.2	61.8	30.5	22.8	15.9	29.4	6.8	42.9	24.1	24.9
	2.7	17.0	23.9	55.3	34.6	22.9	11.2	30.3	6.4	44.7	27.1	21.8
	0.3	10.8	20.7	66.0	25.1	24.3	14.8	34.2	5.5	41.0	23.8	27.9
	3.6	10.8	17.4	67.2	22.6	27.2	12.3	36.9	5.1	37.4	27.7	28.7

21表（3-2）

第21表　父と同居している子ども数・総数に対する割合，出生

第1子

実数

母の就業変化パターン	総数	食事をつくる いつもする	ときどきする	ほとんどしない	まったくしない	食事の後片づけをする いつもする	ときどきする	ほとんどしない	まったくしない	部屋等の掃除をする いつもする	ときどきする	ほとんどしない	まったくしない
総　　　数	10 499	172	2 035	2 899	5 196	601	3 156	2 878	3 681	345	3 120	2 899	3 953
I　就業継続型　●●●	1 780	91	440	529	699	232	700	433	397	183	723	458	394
II　一時離職型　●○●	944	23	207	268	437	67	281	279	308	35	293	267	340
III　出生前離職型●○○	4 105	30	732	1 148	2 155	155	1 135	1 162	1 617	61	1 095	1 160	1 752
IV　出生後離職型●●○	668	1	128	183	350	27	205	190	239	10	177	210	263
V　無職継続型　○○○	2 360	21	406	620	1 279	91	668	663	910	37	653	650	991
VI　就業開始型　○○●	193	2	43	52	88	5	62	54	63	9	69	43	67
総　　　数 (13大)	2 404	43	464	645	1 205	148	720	673	819	79	708	656	919
I　就業継続型　●●●	338	26	88	103	118	61	137	79	58	43	148	83	62
II　一時離職型　●○●	189	5	36	57	90	14	66	53	56	7	62	49	71
III　出生前離職型●○○	985	4	178	267	529	32	282	280	383	11	254	284	429
IV　出生後離職型●●○	136	-	43	29	63	9	39	42	45	2	39	41	53
V　無職継続型　○○○	612	5	101	161	336	26	167	182	229	10	170	163	261
VI　就業開始型　○○●	31	1	2	6	18	-	4	12	11	1	7	8	11
総　　　数 (その他)	6 240	106	1 221	1 715	3 087	361	1 897	1 722	2 160	195	1 853	1 741	2 348
I　就業継続型　●●●	1 053	50	271	313	411	146	415	256	231	109	421	277	236
II　一時離職型　●○●	549	16	127	156	244	35	164	177	167	20	165	169	188
III　出生前離職型●○○	2 445	21	431	682	1 284	93	677	695	959	30	662	681	1 049
IV　出生後離職型●●○	389	1	60	105	219	12	117	113	142	5	100	123	156
V　無職継続型　○○○	1 419	15	245	370	770	55	413	392	543	20	391	404	587
VI　就業開始型　○○●	133	1	35	36	58	5	47	34	44	8	51	27	46
総　　　数 (郡)	1 847	23	347	536	902	91	536	481	700	71	554	501	684
I　就業継続型　●●●	389	15	81	113	170	25	148	98	108	31	154	98	96
II　一時離職型　●○●	206	2	44	55	103	18	51	49	85	8	66	49	81
III　出生前離職型●○○	672	5	122	198	341	30	175	186	274	20	177	195	273
IV　出生後離職型●●○	140	-	24	48	67	5	47	35	52	3	36	45	54
V　無職継続型　○○○	327	1	59	88	173	10	88	88	137	7	91	83	142
VI　就業開始型　○○●	29	-	6	10	12	-	11	8	8	-	11	8	10

注：1）市郡は出生1年半後のものであり、市郡別の総数には外国在住分を含む。
　　2）父の家事の状況別の総数には各家事の状況の不詳を含む。
　　3）就業変化パターンの総数はその他を含む。

総数に対する割合（％）

母の就業変化パターン	総数	食事をつくる いつもする	ときどきする	ほとんどしない	まったくしない	食事の後片づけをする いつもする	ときどきする	ほとんどしない	まったくしない	部屋等の掃除をする いつもする	ときどきする	ほとんどしない	まったくしない
総　　　数	100.0	1.6	19.4	27.6	49.5	5.7	30.1	27.4	35.1	3.3	29.7	27.6	37.7
I　就業継続型　●●●	100.0	5.1	24.7	29.7	39.3	13.0	39.3	24.3	22.3	10.3	40.6	25.7	22.1
II　一時離職型　●○●	100.0	2.4	21.9	28.4	46.3	7.1	29.8	29.6	32.6	3.7	31.0	28.3	36.0
III　出生前離職型●○○	100.0	0.7	17.8	28.0	52.5	3.8	27.6	28.3	39.4	1.5	26.7	28.3	42.7
IV　出生後離職型●●○	100.0	0.1	19.2	27.4	52.4	4.0	30.7	28.4	35.8	1.5	26.5	31.4	39.4
V　無職継続型　○○○	100.0	0.9	17.2	26.3	54.2	3.9	28.3	28.1	38.6	1.6	27.7	27.5	42.0
VI　就業開始型　○○●	100.0	1.0	22.3	26.9	45.6	2.6	32.1	28.0	32.6	4.7	35.8	22.3	34.7
総　　　数 (13大)	100.0	1.8	19.3	26.8	50.1	6.2	30.0	28.0	34.1	3.3	29.5	27.3	38.2
I　就業継続型　●●●	100.0	7.7	26.0	30.5	34.9	18.0	40.5	23.4	17.2	12.7	43.8	24.6	18.3
II　一時離職型　●○●	100.0	2.6	19.0	30.2	47.6	7.4	34.9	28.0	29.6	3.7	32.8	25.9	37.6
III　出生前離職型●○○	100.0	0.4	18.1	27.1	53.7	3.2	28.6	28.4	38.9	1.1	25.8	28.8	43.6
IV　出生後離職型●●○	100.0	-	31.6	21.3	46.3	6.6	28.7	30.9	33.1	1.5	28.7	30.1	39.0
V　無職継続型　○○○	100.0	0.8	16.5	26.3	54.9	4.2	27.3	29.7	37.4	1.6	27.8	26.6	42.6
VI　就業開始型　○○●	100.0	3.2	6.5	19.4	58.1	-	12.9	38.7	35.5	3.2	22.6	25.8	35.5
総　　　数 (その他)	100.0	1.7	19.6	27.5	49.5	5.8	30.4	27.6	34.6	3.1	29.7	27.9	37.6
I　就業継続型　●●●	100.0	4.7	25.7	29.7	39.0	13.9	39.4	24.3	21.9	10.4	40.0	26.3	22.4
II　一時離職型　●○●	100.0	2.9	23.1	28.4	44.4	6.4	29.9	32.2	30.4	3.6	30.1	30.8	34.2
III　出生前離職型●○○	100.0	0.9	17.6	27.9	52.5	3.8	27.7	28.4	39.2	1.2	27.1	27.9	42.9
IV　出生後離職型●●○	100.0	0.3	15.4	27.0	56.3	3.1	30.1	29.0	36.5	1.3	25.7	31.6	40.1
V　無職継続型　○○○	100.0	1.1	17.3	26.1	54.3	3.9	29.1	27.6	38.3	1.4	27.6	28.5	41.4
VI　就業開始型　○○●	100.0	0.8	26.3	27.1	43.6	3.8	35.3	25.6	33.1	6.0	38.3	20.3	34.6
総　　　数 (郡)	100.0	1.2	18.8	29.0	48.8	4.9	29.0	26.0	37.9	3.8	30.0	27.1	37.0
I　就業継続型　●●●	100.0	3.9	20.8	29.0	43.7	6.4	38.0	25.2	27.8	8.0	39.6	25.2	24.7
II　一時離職型　●○●	100.0	1.0	21.4	26.7	50.0	8.7	24.8	23.8	41.3	3.9	32.0	23.8	39.3
III　出生前離職型●○○	100.0	0.7	18.2	29.5	50.7	4.5	26.0	27.7	40.8	3.0	26.3	29.0	40.6
IV　出生後離職型●●○	100.0	-	17.1	34.3	47.9	3.6	33.6	25.0	37.1	2.1	25.7	32.1	38.6
V　無職継続型　○○○	100.0	0.3	18.0	26.9	52.9	3.1	26.9	26.9	41.9	2.1	27.8	25.4	43.4
VI　就業開始型　○○●	100.0	-	20.7	34.5	41.4	-	37.9	27.6	27.6	-	37.9	27.6	34.5

1年半後の父の家事の状況・市郡・母の就業変化パターン・出生順位別

洗濯をする				ゴミをだす				日常の買い物をする			
いつもする	ときどきする	ほとんどしない	まったくしない	いつもする	ときどきする	ほとんどしない	まったくしない	いつもする	ときどきする	ほとんどしない	まったくしない
数												
319	1 683	2 367	5 935	4 350	2 538	1 195	2 264	816	4 612	2 568	2 336
202	526	399	633	823	441	196	304	223	762	443	331
34	182	200	519	346	250	103	240	67	373	241	255
34	512	911	2 605	1 670	996	476	936	250	1 838	1 078	909
9	86	162	402	278	158	77	149	43	299	158	162
26	283	561	1 456	1 026	544	274	497	179	1 086	539	532
8	24	44	112	56	46	29	58	12	80	42	54
都 市												
65	385	554	1 355	1 092	638	258	381	171	1 098	609	486
45	120	72	98	181	93	29	33	54	161	76	44
4	38	44	102	83	59	13	34	12	86	57	33
4	108	227	639	426	267	114	174	49	453	262	215
2	21	34	78	58	41	17	19	9	55	38	32
6	77	146	374	294	145	69	99	37	289	150	131
1	2	7	18	12	6	5	6	1	8	10	8
他 の 市												
196	994	1 423	3 517	2 625	1 457	720	1 354	487	2 730	1 527	1 401
122	302	245	376	506	246	128	167	130	446	270	198
22	109	122	290	206	143	63	133	39	210	133	161
21	315	524	1 558	1 018	569	270	572	145	1 090	657	534
6	42	92	243	162	84	47	92	23	180	81	101
17	170	356	857	617	322	166	303	117	647	325	316
6	18	33	74	35	33	24	40	6	60	26	40
部												
58	304	385	1 060	629	442	215	528	155	779	432	449
35	104	82	159	136	102	39	104	39	155	97	89
8	35	34	127	57	48	27	73	16	77	51	61
9	89	158	407	224	160	92	189	54	294	159	160
1	23	34	80	56	32	13	38	10	62	39	29
3	36	58	224	115	77	37	95	25	148	64	85
1	4	4	20	9	7	–	12	5	12	6	6

洗濯をする				ゴミをだす				日常の買い物をする			
いつもする	ときどきする	ほとんどしない	まったくしない	いつもする	ときどきする	ほとんどしない	まったくしない	いつもする	ときどきする	ほとんどしない	まったくしない
数												
3.0	16.0	22.5	56.5	41.4	24.2	11.4	21.6	7.8	43.9	24.5	22.2
11.3	29.6	22.4	35.6	46.2	24.8	11.0	17.1	12.5	42.8	24.9	18.6
3.6	19.3	21.2	55.0	36.7	26.5	10.9	25.4	7.1	39.5	25.5	27.0
0.8	12.5	22.2	63.5	40.7	24.3	11.6	22.8	6.1	44.8	26.3	22.1
1.3	12.9	24.3	60.2	41.6	23.7	11.5	22.3	6.4	44.8	23.7	24.3
1.1	12.0	23.8	61.7	43.5	23.1	11.6	21.1	7.6	46.0	22.8	22.5
4.1	12.4	22.8	58.0	29.0	23.8	15.0	30.1	6.2	41.5	21.8	28.0
都 市												
2.7	16.0	23.0	56.4	45.4	26.5	10.7	15.8	7.1	45.7	25.3	20.2
13.3	35.5	21.3	29.0	53.6	27.5	8.6	9.8	16.0	47.6	22.5	13.0
2.1	20.1	23.3	54.0	43.9	31.2	6.9	18.0	6.3	45.5	30.2	17.5
0.4	11.0	23.0	64.9	43.2	27.1	11.6	17.7	5.0	46.0	26.6	21.8
1.5	15.4	25.0	57.4	42.6	30.1	12.5	14.0	6.6	40.4	27.9	23.5
1.0	12.6	23.9	61.1	48.0	23.7	11.3	16.2	6.0	47.2	24.5	21.4
3.2	6.5	22.6	58.1	38.7	19.4	16.1	19.4	3.2	25.8	32.3	25.8
他 の 市												
3.1	15.9	22.8	56.4	42.1	23.3	11.5	21.7	7.8	43.8	24.5	22.5
11.6	28.7	23.3	35.7	48.1	23.4	12.2	15.9	12.3	42.4	25.6	18.8
4.0	19.9	22.2	52.8	37.5	26.0	11.5	24.2	7.1	38.3	24.2	29.3
0.9	12.9	21.4	63.7	41.6	23.3	11.0	23.4	5.9	44.6	26.9	21.8
1.5	10.8	23.7	62.5	41.6	21.6	12.1	23.7	5.9	46.3	20.8	26.0
1.2	12.0	25.1	60.4	43.5	22.7	11.7	21.4	8.2	45.6	22.9	22.3
4.5	13.5	24.8	55.6	26.3	24.8	18.0	30.1	4.5	45.1	19.5	30.1
部												
3.1	16.5	20.8	57.4	34.1	23.9	11.6	28.6	8.4	42.2	23.4	24.3
9.0	26.7	21.1	40.9	35.0	26.2	10.0	26.7	10.0	39.8	24.9	22.9
3.9	17.0	16.5	61.7	27.7	23.3	13.1	35.4	7.8	37.4	24.8	29.6
1.3	13.2	23.5	60.6	33.3	23.8	13.7	28.1	8.0	43.8	23.7	23.8
0.7	16.4	24.3	57.1	40.0	22.9	9.3	27.1	7.1	44.3	27.9	20.7
0.9	11.0	17.7	68.5	35.2	23.5	11.3	29.1	7.6	45.3	19.6	26.0
3.4	13.8	13.8	69.0	31.0	24.1	–	41.4	17.2	41.4	20.7	20.7

21表（3-3）

第21表　父と同居している子ども数・総数に対する割合，出生

第2子以上

実　数

母の就業変化パターン	総数	食事をつくる いつもする	ときどきする	ほとんどしない	まったくしない	食事の後片づけをする いつもする	ときどきする	ほとんどしない	まったくしない	部屋等の掃除をする いつもする	ときどきする	ほとんどしない	まったくしない
総　数	10 771	140	2 155	3 056	5 142	426	2 908	2 976	4 214	249	3 206	3 083	3 982
I　就業継続型 ●●●	1 675	48	414	510	664	162	530	422	529	107	645	438	456
II　一時離職型 ●○●	954	23	215	266	430	47	254	242	393	25	298	259	355
III　出生前離職型 ●○○	805	8	160	241	383	32	196	217	352	9	189	265	333
IV　出生後離職型 ●●○	203	6	47	50	93	7	57	61	72	4	56	62	74
V　無職継続型 ○○○	5 724	36	1 034	1 599	2 958	135	1 519	1 648	2 339	70	1 614	1 700	2 254
VI　就業開始型 ○○●	779	11	162	228	359	23	185	249	305	21	238	208	294
総　数	2 140	26	443	613	1 005	85	612	608	786	45	668	599	779
I　就業継続型 ●●●	235	7	68	69	79	27	87	51	59	13	92	60	61
II　一時離職型 ●○●	163	6	36	53	66	6	43	47	65	2	52	54	52
III　出生前離職型 ●○○	140	2	23	39	75	7	29	45	58	2	32	43	62
IV　出生後離職型 ●●○	40	1	12	8	19	4	13	12	10	2	18	7	12
V　無職継続型 ○○○	1 291	7	253	373	638	34	376	377	488	19	395	369	492
VI　就業開始型 ○○●	135	2	28	35	67	4	30	45	53	4	48	33	47
総　数	6 399	79	1 270	1 801	3 081	251	1 750	1 760	2 490	147	1 881	1 843	2 378
I　就業継続型 ●●●	955	23	236	289	385	100	299	235	303	63	375	246	254
II　一時離職型 ●○●	563	11	126	152	258	28	149	151	222	17	170	146	218
III　出生前離職型 ●○○	458	4	98	121	227	14	127	113	198	3	109	146	194
IV　出生後離職型 ●●○	114	4	22	29	54	-	32	35	43	-	24	37	48
V　無職継続型 ○○○	3 460	25	608	963	1 806	80	910	1 003	1 416	43	958	1 047	1 360
VI　就業開始型 ○○●	478	7	102	142	212	16	123	144	183	13	139	131	181
総　数	2 225	35	441	641	1 051	89	545	606	935	57	655	639	822
I　就業継続型 ●●●	485	18	110	152	200	35	144	136	167	31	178	132	141
II　一時離職型 ●○●	228	6	53	61	106	13	62	44	106	6	76	59	85
III　出生前離職型 ●○○	206	2	39	81	80	11	40	59	95	4	48	76	76
IV　出生後離職型 ●●○	48	1	12	13	20	3	12	14	18	2	13	18	14
V　無職継続型 ○○○	969	4	173	262	511	21	232	266	434	8	260	283	400
VI　就業開始型 ○○●	166	2	32	51	80	3	32	60	69	4	51	44	66

注：1）市郡は出生1年半後のものであり、市郡別の総数には外国在住分を含む。
　　2）父の家事の状況別の総数には各家事の状況の不詳を含む。
　　3）就業変化パターンの総数はその他を含む。

総数に対する割合（％）

母の就業変化パターン	総数	食事をつくる いつもする	ときどきする	ほとんどしない	まったくしない	食事の後片づけをする いつもする	ときどきする	ほとんどしない	まったくしない	部屋等の掃除をする いつもする	ときどきする	ほとんどしない	まったくしない
総　数	100.0	1.3	20.0	28.4	47.7	4.0	27.0	27.6	39.1	2.3	29.8	28.6	37.0
I　就業継続型 ●●●	100.0	2.9	24.7	30.4	39.6	9.7	31.6	25.2	31.6	6.4	38.5	26.1	27.2
II　一時離職型 ●○●	100.0	2.4	22.5	27.9	45.1	4.9	26.6	25.4	41.2	2.6	31.2	27.1	37.2
III　出生前離職型 ●○○	100.0	1.0	19.9	29.9	47.6	4.0	24.3	27.0	43.7	1.1	23.5	32.9	41.4
IV　出生後離職型 ●●○	100.0	3.0	23.2	24.6	45.8	3.4	28.1	30.0	35.5	2.0	27.6	30.5	36.5
V　無職継続型 ○○○	100.0	0.6	18.1	27.9	51.7	2.4	26.5	28.8	40.9	1.2	28.2	29.7	39.4
VI　就業開始型 ○○●	100.0	1.4	20.8	29.3	46.1	3.0	23.7	32.0	39.2	2.7	30.6	26.7	37.7
総　数	100.0	1.2	20.7	28.6	47.0	4.0	28.6	28.4	36.7	2.1	31.2	28.0	36.4
I　就業継続型 ●●●	100.0	3.0	28.9	29.4	33.6	11.5	37.0	21.7	25.1	5.5	39.1	25.5	26.0
II　一時離職型 ●○●	100.0	3.7	22.1	32.5	40.5	3.7	26.4	28.8	39.9	1.2	31.9	33.1	31.9
III　出生前離職型 ●○○	100.0	1.4	16.4	27.9	53.6	5.0	20.7	32.1	41.4	1.4	22.9	30.7	44.3
IV　出生後離職型 ●●○	100.0	2.5	30.0	20.0	47.5	10.0	32.5	30.0	25.0	5.0	45.0	17.5	30.0
V　無職継続型 ○○○	100.0	0.5	19.6	28.9	49.4	2.6	29.1	29.2	37.8	1.5	30.6	28.6	38.1
VI　就業開始型 ○○●	100.0	1.5	20.7	25.9	49.6	3.0	22.2	33.3	39.3	3.0	35.6	24.4	34.8
総　数	100.0	1.2	19.8	28.1	48.1	3.9	27.3	27.5	38.9	2.3	29.4	28.8	37.2
I　就業継続型 ●●●	100.0	2.4	24.7	30.3	40.3	10.5	31.3	24.6	31.7	6.6	39.3	25.8	26.6
II　一時離職型 ●○●	100.0	2.0	22.4	27.0	45.8	5.0	26.5	26.8	39.4	3.0	30.2	25.9	38.7
III　出生前離職型 ●○○	100.0	0.9	21.4	26.4	49.6	3.1	27.7	24.7	43.2	0.7	23.8	31.9	42.4
IV　出生後離職型 ●●○	100.0	3.5	19.3	25.4	47.4	-	28.1	30.7	37.7	-	21.1	32.5	42.1
V　無職継続型 ○○○	100.0	0.7	17.6	27.8	52.2	2.3	26.3	29.0	40.9	1.2	27.7	30.3	39.3
VI　就業開始型 ○○●	100.0	1.5	21.3	29.7	44.4	3.3	25.7	30.1	38.3	2.7	29.1	27.4	37.9
総　数	100.0	1.6	19.8	28.8	47.2	4.0	24.5	27.2	42.0	2.6	29.4	28.7	36.9
I　就業継続型 ●●●	100.0	3.7	22.7	31.3	41.2	7.2	29.7	28.0	34.4	6.4	36.7	27.2	29.1
II　一時離職型 ●○●	100.0	2.6	23.2	26.8	46.5	5.7	27.2	19.3	46.5	2.6	33.3	25.9	37.3
III　出生前離職型 ●○○	100.0	1.0	18.9	39.3	38.8	5.3	19.4	28.6	46.1	1.9	23.3	36.9	36.9
IV　出生後離職型 ●●○	100.0	2.1	25.0	27.1	41.7	6.3	25.0	29.2	37.5	4.2	27.1	37.5	29.2
V　無職継続型 ○○○	100.0	0.4	17.9	27.0	52.7	2.2	23.9	27.5	44.8	0.8	26.8	29.2	41.3
VI　就業開始型 ○○●	100.0	1.2	19.3	30.7	48.2	1.8	19.3	36.1	41.6	2.4	30.7	26.5	39.8

1年半後の父の家事の状況・市郡・母の就業変化パターン・出生順位別

	洗濯をする				ゴミをだす				日常の買い物をする			
	いつもする	ときどきする	ほとんどしない	まったくしない	いつもする	ときどきする	ほとんどしない	まったくしない	いつもする	ときどきする	ほとんどしない	まったくしない
総数												
	265	1 404	2 434	6 378	3 031	2 715	1 671	3 137	572	4 472	2 849	2 636
	145	371	362	761	593	421	216	420	118	714	432	381
	33	147	207	548	249	244	157	291	44	342	291	259
	10	88	168	527	223	185	126	261	37	339	213	203
	5	31	52	109	49	57	34	58	15	88	51	44
	35	595	1 354	3 630	1 574	1 477	922	1 680	277	2 450	1 537	1 378
	24	99	165	473	205	176	130	257	43	303	198	222
都市												
	48	291	502	1 233	672	606	335	487	113	936	555	489
	27	54	47	94	90	69	25	43	17	98	59	50
	3	23	46	87	48	45	36	33	9	65	47	38
	2	22	16	98	39	44	19	37	9	56	31	43
	1	8	15	14	17	13	4	5	3	17	10	9
	10	148	321	788	395	373	216	296	58	599	347	272
	4	19	29	79	45	32	15	40	10	56	29	39
他の市												
	153	816	1 469	3 798	1 849	1 563	982	1 885	347	2 633	1 728	1 553
	85	217	209	426	359	232	121	230	65	400	249	226
	19	87	122	322	151	139	89	175	25	181	185	160
	3	51	106	292	140	101	59	154	22	199	129	101
	-	13	26	71	23	32	22	34	10	48	29	23
	24	343	821	2 208	968	864	550	1 036	172	1 468	944	829
	14	63	106	283	125	98	91	157	28	186	121	133
郡部												
	64	296	460	1 344	509	543	353	763	111	900	564	593
	33	100	106	241	144	120	70	147	36	216	124	105
	11	37	39	139	50	60	32	83	10	96	59	61
	5	15	46	136	44	40	48	69	6	83	53	59
	4	9	11	24	9	11	8	19	2	22	12	12
	1	104	210	632	210	238	155	348	46	383	244	276
	6	17	30	111	35	46	24	60	5	61	48	50

	洗濯をする				ゴミをだす				日常の買い物をする			
	いつもする	ときどきする	ほとんどしない	まったくしない	いつもする	ときどきする	ほとんどしない	まったくしない	いつもする	ときどきする	ほとんどしない	まったくしない
総数												
	2.5	13.0	22.6	59.2	28.1	25.2	15.5	29.1	5.3	41.5	26.5	24.5
	8.7	22.1	21.6	45.4	35.4	25.1	12.9	25.1	7.0	42.6	25.8	22.7
	3.5	15.4	21.7	57.4	26.1	25.6	16.5	30.5	4.6	35.8	30.5	27.1
	1.2	10.9	20.9	65.5	27.7	23.0	15.7	32.4	4.6	42.1	26.5	25.2
	2.5	15.3	25.6	53.7	24.1	28.1	16.7	28.6	7.4	43.3	25.1	21.7
	0.6	10.4	23.7	63.4	27.5	25.8	16.1	29.4	4.8	42.8	26.9	24.1
	3.1	12.7	21.2	60.7	26.3	22.6	16.7	33.0	5.5	38.9	25.4	28.5
都市												
	2.2	13.6	23.5	57.6	31.4	28.3	15.7	22.8	5.3	43.7	25.9	22.9
	11.5	23.0	20.0	40.0	38.3	29.4	10.6	18.3	7.2	41.7	25.1	21.3
	1.8	14.1	28.2	53.4	29.4	27.6	22.1	20.2	5.5	39.9	28.8	23.3
	1.4	15.7	11.4	70.0	27.9	31.4	13.6	26.4	6.4	40.0	22.1	30.7
	2.5	20.0	37.5	35.0	42.5	32.5	10.0	12.5	7.5	42.5	25.0	22.5
	0.8	11.5	24.9	61.0	30.6	28.9	16.7	22.9	4.5	46.4	26.9	21.1
	3.0	14.1	21.5	58.5	33.3	23.7	11.1	29.6	7.4	41.5	21.5	28.9
他の市												
	2.4	12.8	23.0	59.4	28.9	24.4	15.3	29.5	5.4	41.1	27.0	24.3
	8.9	22.7	21.9	44.6	37.6	24.3	12.7	24.1	6.8	41.9	26.1	23.7
	3.4	15.5	21.7	57.2	26.8	24.7	15.8	31.1	4.4	32.1	32.9	28.4
	0.7	11.1	23.1	63.8	30.6	22.1	12.9	33.6	4.8	43.4	28.2	22.1
	-	11.4	22.8	62.3	20.2	28.1	19.3	29.8	8.8	42.1	25.4	20.2
	0.7	9.9	23.7	63.8	28.0	25.0	15.9	29.9	5.0	42.4	27.3	24.0
	2.9	13.2	22.2	59.2	26.2	20.5	19.0	32.8	5.9	38.9	25.3	27.8
郡部												
	2.9	13.3	20.7	60.4	22.9	24.4	15.9	34.3	5.0	40.4	25.3	26.7
	6.8	20.6	21.9	49.7	29.7	24.7	14.4	30.3	7.4	44.5	25.6	21.6
	4.8	16.2	17.1	61.0	21.9	26.3	14.0	36.4	4.4	42.1	25.9	26.8
	2.4	7.3	22.3	66.0	21.4	19.4	23.3	33.5	2.9	40.3	25.7	28.6
	8.3	18.8	22.9	50.0	18.8	22.9	16.7	39.6	4.2	45.8	25.0	25.0
	0.1	10.7	21.7	65.2	21.7	24.6	16.0	35.9	4.7	39.5	25.2	28.5
	3.6	10.2	18.1	66.9	21.1	27.7	14.5	36.1	3.0	36.7	28.9	30.1

第22-1表 嫡出子数及び出生前1年間（平成12年）

母の就業変化パターン	総数	収入なし	100万円未満	100～200	200～300	300～400	400～500
総数							
総数	21 647	229	197	446	1 454	3 068	3 861
Ⅰ 就業継続型 ●●●	3 510	22	12	26	79	189	291
Ⅱ 一時離職型 ●○●	1 988	22	29	69	213	353	368
Ⅲ 出産前離職型 ●○○	4 960	17	31	82	314	727	945
Ⅳ 出産後離職型 ●●○	881	5	9	9	30	62	101
Ⅴ 無職継続型 ○○○	8 150	60	72	159	565	1 299	1 740
Ⅵ 就業開始型 ○○●	1 050	24	25	60	150	256	226
〔大〕							
総数	4 696	50	41	71	263	542	735
Ⅰ 就業継続型 ●●●	590	3	1	2	12	17	29
Ⅱ 一時離職型 ●○●	378	4	2	8	33	50	66
Ⅲ 出産前離職型 ●○○	1 149	6	9	13	76	143	195
Ⅳ 出産後離職型 ●●○	180	-	1	1	4	11	12
Ⅴ 無職継続型 ○○○	1 950	14	18	37	88	242	355
Ⅵ 就業開始型 ○○●	191	2	4	5	28	40	37
〔その〕							
総数	12 814	131	110	269	808	1 789	2 391
Ⅰ 就業継続型 ●●●	2 022	10	6	14	43	109	171
Ⅱ 一時離職型 ●○●	1 155	11	18	45	124	205	224
Ⅲ 出産前離職型 ●○○	2 936	10	14	49	157	412	558
Ⅳ 出産後離職型 ●●○	514	3	5	7	19	35	64
Ⅴ 無職継続型 ○○○	4 902	39	41	87	329	773	1 108
Ⅵ 就業開始型 ○○●	646	14	16	40	87	156	151
〔郡〕							
総数	4 137	48	46	106	383	737	735
Ⅰ 就業継続型 ●●●	898	9	5	10	24	63	91
Ⅱ 一時離職型 ●○●	455	7	9	16	56	98	78
Ⅲ 出産前離職型 ●○○	875	1	8	20	81	172	192
Ⅳ 出産後離職型 ●●○	187	2	3	1	7	16	25
Ⅴ 無職継続型 ○○○	1 298	7	13	35	148	284	277
Ⅵ 就業開始型 ○○●	213	8	5	15	35	60	38
第1子							
総数	10 703	132	107	244	694	1 444	1 832
Ⅰ 就業継続型 ●●●	1 811	10	3	10	24	79	140
Ⅱ 一時離職型 ●○●	995	14	12	36	107	186	170
Ⅲ 出産前離職型 ●○○	4 153	17	30	72	251	588	794
Ⅳ 出産後離職型 ●●○	676	3	6	6	22	41	77
Ⅴ 無職継続型 ○○○	2 389	37	38	72	206	435	532
Ⅵ 就業開始型 ○○●	220	12	11	29	39	38	37
〔大〕							
総数	2 487	35	24	39	147	289	383
Ⅰ 就業継続型 ●●●	347	2	-	-	5	7	15
Ⅱ 一時離職型 ●○●	208	2	1	5	14	26	31
Ⅲ 出産前離職型 ●○○	1 007	6	8	13	61	123	173
Ⅳ 出産後離職型 ●●○	139	-	1	1	4	8	10
Ⅴ 無職継続型 ○○○	630	10	9	13	43	104	126
Ⅵ 就業開始型 ○○●	36	2	2	3	7	4	9
〔その〕							
総数	6 323	70	52	153	391	822	1 131
Ⅰ 就業継続型 ●●●	1 067	5	1	7	15	46	89
Ⅱ 一時離職型 ●○●	568	7	7	22	66	110	98
Ⅲ 出産前離職型 ●○○	2 470	10	14	44	127	327	472
Ⅳ 出産後離職型 ●●○	399	1	3	4	14	23	50
Ⅴ 無職継続型 ○○○	1 414	23	19	44	120	247	345
Ⅵ 就業開始型 ○○●	147	5	6	20	28	25	25
〔郡〕							
総数	1 893	27	31	52	156	333	318
Ⅰ 就業継続型 ●●●	397	3	2	3	4	26	36
Ⅱ 一時離職型 ●○●	219	5	4	9	27	50	41
Ⅲ 出産前離職型 ●○○	676	1	8	15	63	138	149
Ⅳ 出産後離職型 ●●○	138	2	2	1	4	10	17
Ⅴ 無職継続型 ○○○	345	4	10	15	43	84	61
Ⅵ 就業開始型 ○○●	37	5	3	6	4	9	3

注：就業変化パターンの総数にはその他を含む。

の収入・平均収入，市郡・母の就業変化パターン・出生順位別

500～600	600～700	700～800	800～900	900～1,000	1,000万円以上	不　詳	平均収入 （万円）
数							
3 432	2 553	1 760	1 160	649	1 451	1 387	563
391	474	464	397	283	690	192	771
283	203	106	61	36	82	163	505
863	606	410	225	126	183	431	542
150	109	116	74	41	105	70	676
1 471	995	590	339	145	316	399	518
122	66	19	20	4	17	61	401
都　市							
711	609	413	312	194	481	274	623
50	77	63	63	55	193	25	925
54	46	27	16	12	31	29	575
180	168	101	69	47	57	85	571
26	20	27	15	10	43	10	794
342	253	178	126	66	128	103	583
29	21	4	8	1	3	9	447
他　の　市							
2 072	1 546	1 045	687	373	799	794	559
204	275	274	247	182	387	100	761
156	117	62	39	16	41	97	502
539	370	252	136	70	116	253	551
92	67	64	45	24	51	38	656
917	616	349	188	68	164	223	511
74	36	12	9	3	12	36	400
部							
649	398	302	161	82	171	319	507
137	122	127	87	46	110	67	687
73	40	17	6	8	10	37	455
144	68	57	20	9	10	93	472
32	22	25	14	7	11	22	615
212	126	63	25	11	24	73	449
19	9	3	3	-	2	16	360
数							
1 678	1 292	921	603	351	710	695	568
224	277	267	228	146	329	74	776
135	109	50	34	18	49	75	508
728	514	358	187	111	155	348	544
116	90	95	61	33	75	51	672
400	250	126	71	35	83	104	484
16	11	3	4	2	4	14	341
都　市							
348	317	216	160	116	259	154	629
32	42	45	41	34	113	11	959
31	27	18	10	6	22	15	605
155	143	89	64	45	51	76	574
20	15	21	14	8	29	8	765
93	79	37	24	21	36	35	556
4	2	-	-	-	1	2	355
他　の　市							
1 029	787	552	365	201	384	386	563
125	171	156	142	96	173	41	746
72	66	26	22	8	24	40	504
464	318	227	109	60	98	200	553
69	57	54	37	20	39	28	662
252	142	74	45	12	41	50	468
11	7	3	3	2	3	9	357
部							
301	188	153	78	34	67	155	503
67	64	66	45	16	43	22	692
32	16	6	2	4	3	20	425
109	53	42	14	6	6	72	465
27	18	20	10	5	7	15	604
55	29	15	2	2	6	19	415
1	2	-	1	-	-	3	259

22-1表（2-2）

第22-1表　嫡出子数及び出生前1年間（平成12年）

母の就業変化パターン	総　数	収入なし	100万円未満	100～200	200～300	300～400	400～500
第2子以上							
総　　数	10 944	97	90	202	760	1 624	総 2 029
Ⅰ　就業継続型　●●●	1 699	12	9	16	55	110	151
Ⅱ　一時離職型　●○●	993	8	17	33	106	167	198
Ⅲ　出産前離職型●○○	807	-	1	10	63	139	151
Ⅳ　出産後離職型●●○	205	2	3	3	8	21	24
Ⅴ　無職継続型　○○○	5 761	23	34	87	359	864	1 208
Ⅵ　就業開始型　○○●	830	12	14	31	111	218	189
総　　数	2 209	15	17	32	116	253	13 大 352
Ⅰ　就業継続型　●●●	243	1	1	2	7	10	14
Ⅱ　一時離職型　●○●	170	2	1	3	19	24	35
Ⅲ　出産前離職型●○○	142	-	1	-	15	20	22
Ⅳ　出産後離職型●●○	41	-	-	-	-	3	2
Ⅴ　無職継続型　○○○	1 320	4	9	24	45	138	229
Ⅵ　就業開始型　○○●	155	-	2	2	21	36	28
総　　数	6 491	61	58	116	417	967	そ　の 1 260
Ⅰ　就業継続型　●●●	955	5	5	7	28	63	82
Ⅱ　一時離職型　●○●	587	4	11	23	58	95	126
Ⅲ　出産前離職型●○○	466	-	-	5	30	85	86
Ⅳ　出産後離職型●●○	115	2	2	3	5	12	14
Ⅴ　無職継続型　○○○	3 488	16	22	43	209	526	763
Ⅵ　就業開始型　○○●	499	9	10	20	59	131	126
総　　数	2 244	21	15	54	227	404	郡 417
Ⅰ　就業継続型　●●●	501	6	3	7	20	37	55
Ⅱ　一時離職型　●○●	236	2	5	7	29	48	37
Ⅲ　出産前離職型●○○	199	-	-	5	18	34	43
Ⅳ　出産後離職型●●○	49	-	1	-	3	6	8
Ⅴ　無職継続型　○○○	953	3	3	20	105	200	216
Ⅵ　就業開始型　○○●	176	3	2	9	31	51	35

注：就業変化パターンの総数にはその他を含む。

の収入・平均収入，市郡・母の就業変化パターン・出生順位別

500～600	600～700	700～800	800～900	900～1,000	1,000万円以上	不詳	平均収入(万円)

数

1 754	1 261	839	557	298	741	692	558
167	197	197	169	137	361	118	765
148	94	56	27	18	33	88	502
135	92	52	38	15	28	83	534
34	19	21	13	8	30	19	690
1 071	745	464	268	110	233	295	533
106	55	16	16	2	13	47	416

都　市

363	292	197	152	78	222	120	615
18	35	18	22	21	80	14	874
23	19	9	6	6	9	14	539
25	25	12	5	2	6	9	550
6	5	6	1	2	14	2	889
249	174	141	102	45	92	68	596
25	19	4	8	1	2	7	468

他　の　市

1 043	759	493	322	172	415	408	554
79	104	118	105	86	214	59	779
84	51	36	17	8	17	57	499
75	52	25	27	10	18	53	545
23	10	10	8	4	12	10	633
665	474	275	143	56	123	173	528
63	29	9	6	1	9	27	413

部

348	210	149	83	48	104	164	509
70	58	61	42	30	67	45	683
41	24	11	4	4	7	17	482
35	15	15	6	3	4	21	496
5	4	5	4	2	4	7	647
157	97	48	23	9	18	54	461
18	7	3	2	-	2	13	381

22-2表（2-1）

第22-2表　嫡出子数及び出生前1年間（平成12年）

母の就業変化パターン	総　数	収入なし	100万円未満	100～200	200～300	300～400	400～500
総　数							
総　　数	21 647	229	197	446	1 454	3 068	総 3 861
Ⅰ　就業継続型　●●●	3 510	22	12	26	79	189	291
Ⅱ　一時離職型　●○●	1 988	22	29	69	213	353	368
Ⅲ　出産前離職型●○○	4 960	17	31	82	314	727	945
Ⅳ　出産後離職型●●○	881	5	9	9	30	62	101
Ⅴ　無職継続型　○○○	8 150	60	72	159	565	1 299	1 740
Ⅵ　就業開始型　○○●	1 050	24	25	60	150	256	226
総　　数	16 838	97	131	285	993	2 278	核家 3 021
Ⅰ　就業継続型　●●●	2 424	1	6	14	39	107	164
Ⅱ　一時離職型　●○●	1 402	3	22	42	151	217	275
Ⅲ　出産前離職型●○○	4 091	5	24	48	224	586	774
Ⅳ　出産後離職型●●○	676	-	6	5	22	44	70
Ⅴ　無職継続型　○○○	6 696	25	47	114	398	1 016	1 415
Ⅵ　就業開始型　○○●	733	5	14	37	92	175	179
総　　数	4 539	39	60	153	440	772	三世代 816
Ⅰ　就業継続型　●●●	1 038	-	6	12	40	79	125
Ⅱ　一時離職型　●○●	540	2	6	25	56	133	91
Ⅲ　出産前離職型●○○	831	4	7	33	85	139	168
Ⅳ　出産後離職型●●○	197	1	3	4	8	18	30
Ⅴ　無職継続型　○○○	1 382	19	21	42	164	277	313
Ⅵ　就業開始型　○○●	282	3	10	21	53	78	43
総　　数	270	93	6	8	21	18	母子 24
Ⅰ　就業継続型　●●●	48	21	-	-	-	3	2
Ⅱ　一時離職型　●○●	46	17	1	2	6	3	2
Ⅲ　出産前離職型●○○	38	8	-	1	5	2	3
Ⅳ　出産後離職型●●○	8	4	-	-	-	-	1
Ⅴ　無職継続型　○○○	72	16	4	3	3	6	12
Ⅵ　就業開始型　○○●	35	16	1	2	5	3	4
第1子							
総　　数	10 703	132	107	244	694	1 444	総 1 832
Ⅰ　就業継続型　●●●	1 811	10	3	10	24	79	140
Ⅱ　一時離職型　●○●	995	14	12	36	107	186	170
Ⅲ　出産前離職型●○○	4 153	17	30	72	251	588	794
Ⅳ　出産後離職型●●○	676	3	6	6	22	41	77
Ⅴ　無職継続型　○○○	2 389	37	38	72	206	435	532
Ⅵ　就業開始型　○○●	220	12	11	29	39	38	37
総　　数	8 568	51	71	154	488	1 099	核家 1 482
Ⅰ　就業継続型　●●●	1 349	-	1	6	9	48	82
Ⅱ　一時離職型　●○●	716	1	9	24	75	117	126
Ⅲ　出産前離職型●○○	3 481	5	23	42	177	480	667
Ⅳ　出産後離職型●●○	540	-	5	4	17	31	59
Ⅴ　無職継続型　○○○	1 994	13	24	49	157	344	452
Ⅵ　就業開始型　○○●	134	3	6	17	21	21	28
総　　数	1 997	27	32	87	194	339	三世代 336
Ⅰ　就業継続型　●●●	441	-	2	4	15	30	56
Ⅱ　一時離職型　●○●	257	1	2	11	30	67	43
Ⅲ　出産前離職型●○○	642	4	7	30	70	107	125
Ⅳ　出産後離職型●●○	130	1	1	2	5	10	17
Ⅴ　無職継続型　○○○	364	14	12	22	47	90	74
Ⅵ　就業開始型　○○●	70	1	4	11	15	17	7
総　　数	138	54	4	3	12	6	母子 14
Ⅰ　就業継続型　●●●	21	10	-	-	-	1	2
Ⅱ　一時離職型　●○●	22	12	1	1	2	2	1
Ⅲ　出産前離職型●○○	30	8	-	-	4	1	2
Ⅳ　出産後離職型●●○	6	2	-	-	-	-	1
Ⅴ　無職継続型　○○○	31	10	2	1	2	1	6
Ⅵ　就業開始型　○○●	16	8	1	1	3	-	2

注：就業変化パターンの総数にはその他を含む。

の収入・平均収入，同居構成・母の就業変化パターン・出生順位別

500～600	600～700	700～800	800～900	900～1,000	1,000万円以上	不詳	平均収入(万円)
数							
3 432	2 553	1 760	1 160	649	1 451	1 387	563
391	474	464	397	283	690	192	771
283	203	106	61	36	82	163	505
863	606	410	225	126	183	431	542
150	109	116	74	41	105	70	676
1 471	995	590	339	145	316	399	518
122	66	19	20	4	17	61	401
族 世 帯							
2 732	2 096	1 448	971	558	1 221	1 007	581
262	319	326	297	228	536	125	808
205	150	78	50	29	71	109	528
719	531	363	189	119	174	335	558
113	87	93	65	35	91	45	703
1 236	877	526	314	133	283	312	535
89	53	16	19	3	16	35	428
世 帯 等							
675	441	304	183	86	215	355	510
128	152	137	97	54	141	67	695
73	50	28	11	6	11	48	467
139	70	44	36	6	9	91	468
36	22	22	9	6	14	24	597
228	113	61	23	10	32	79	447
32	13	3	1	1	1	23	357
世 帯							
25	16	8	6	5	15	25	324
1	3	1	3	1	13	-	498
5	3	-	-	1	-	6	234
5	5	3	-	1	-	5	381
1	-	1	-	-	-	1	264
7	5	3	2	2	1	8	340
1	-	-	-	-	-	3	142
数							
1 678	1 292	921	603	351	710	695	568
224	277	267	228	146	329	74	776
135	109	50	34	18	49	75	508
728	514	358	187	111	155	348	544
116	90	95	61	33	75	51	672
400	250	126	71	35	83	104	484
16	11	3	4	2	4	14	341
族 世 帯							
1 387	1 081	775	511	319	626	524	587
162	200	203	181	128	278	51	808
102	85	39	29	15	43	51	533
617	455	322	159	105	148	281	560
89	75	77	55	29	65	34	689
358	224	113	67	35	76	82	500
11	8	3	3	2	4	7	389
世 帯 等							
281	204	142	89	31	78	157	505
62	76	64	45	18	46	23	691
33	24	11	5	3	6	21	470
106	56	34	28	5	7	63	463
26	15	17	6	4	10	16	613
41	23	12	3	-	7	19	408
5	3	-	1	-	-	6	298
世 帯							
10	7	4	3	1	6	14	280
-	1	-	2	-	5	-	442
-	-	-	-	-	-	3	100
5	3	2	-	1	-	4	361
1	-	1	-	-	-	1	369
1	3	1	1	-	-	3	267
-	-	-	-	-	-	1	111

22-2表（2-2）

第22-2表　嫡出子数及び出生前1年間（平成12年）

母の就業変化パターン	総数	収入なし	100万円未満	100～200	200～300	300～400	400～500
第2子以上							
総　　数 （総）	10 944	97	90	202	760	1 624	2 029
Ⅰ　就業継続型　●●●	1 699	12	9	16	55	110	151
Ⅱ　一時離職型　●○●	993	8	17	33	106	167	198
Ⅲ　出産前離職型●○○	807	-	1	10	63	139	151
Ⅳ　出産後離職型●●○	205	2	3	3	8	21	24
Ⅴ　無職継続型　○○○	5 761	23	34	87	359	864	1 208
Ⅵ　就業開始型　○○●	830	12	14	31	111	218	189
総　　数 （核家）	8 270	46	60	131	505	1 179	1 539
Ⅰ　就業継続型　●●●	1 075	1	5	8	30	59	82
Ⅱ　一時離職型　●○●	686	2	13	18	76	100	149
Ⅲ　出産前離職型●○○	610	-	1	6	47	106	107
Ⅳ　出産後離職型●●○	136	-	1	1	5	13	11
Ⅴ　無職継続型　○○○	4 702	12	23	65	241	672	963
Ⅵ　就業開始型　○○●	599	2	8	20	71	154	151
総　　数 （三世代）	2 542	12	28	66	246	433	480
Ⅰ　就業継続型　●●●	597	-	4	8	25	49	69
Ⅱ　一時離職型　●○●	283	1	4	14	26	66	48
Ⅲ　出産前離職型●○○	189	-	-	3	15	32	43
Ⅳ　出産後離職型●●○	67	-	2	2	3	8	13
Ⅴ　無職継続型　○○○	1 018	5	9	20	117	187	239
Ⅵ　就業開始型　○○●	212	2	6	10	38	61	36
総　　数 （母子）	132	39	2	5	9	12	10
Ⅰ　就業継続型　●●●	27	11	-	-	-	2	-
Ⅱ　一時離職型　●○●	24	5	-	1	4	1	1
Ⅲ　出産前離職型●○○	8	-	-	1	1	1	1
Ⅳ　出産後離職型●●○	2	2	-	-	-	-	-
Ⅴ　無職継続型　○○○	41	6	2	2	1	5	6
Ⅵ　就業開始型　○○●	19	8	-	1	2	3	2

注：就業変化パターンの総数にはその他を含む。

の収入・平均収入, 同居構成・母の就業変化パターン・出生順位別

500～600	600～700	700～800	800～900	900～1,000	1,000万円以上	不詳	平均収入（万円）
数							
1 754	1 261	839	557	298	741	692	558
167	197	197	169	137	361	118	765
148	94	56	27	18	33	88	502
135	92	52	38	15	28	83	534
34	19	21	13	8	30	19	690
1 071	745	464	268	110	233	295	533
106	55	16	16	2	13	47	416
族世帯							
1 345	1 015	673	460	239	595	483	574
100	119	123	116	100	258	74	808
103	65	39	21	14	28	58	522
102	76	41	30	14	26	54	549
24	12	16	10	6	26	11	760
878	653	413	247	98	207	230	550
78	45	13	16	1	12	28	437
世帯等							
394	237	162	94	55	137	198	513
66	76	73	52	36	95	44	698
40	26	17	6	3	5	27	464
33	14	10	8	1	2	28	486
10	7	5	3	2	4	8	564
187	90	49	20	10	25	60	460
27	10	3	-	1	1	17	377
世帯							
15	9	4	3	4	9	11	368
1	2	1	1	1	8	-	541
5	3	-	-	1	-	3	356
-	2	1	-	-	-	1	457
-	-	-	-	-	-	-	-
6	2	2	1	2	1	5	398
1	-	-	-	-	-	2	170

22-3表（3-1）

第22-3表　嫡出子数及び出生前1年間（平成12年）

総　数

母の就業変化パターン	総　数	収入なし	100万円未満	100～200	200～300	300～400	400～500
							総
総　　数	21 647	10 811	3 581	2 155	1 624	1 363	777
Ⅰ　就業継続型 ●●●	3 510	71	266	436	691	826	580
Ⅱ　一時離職型 ●○●	1 988	292	819	408	182	82	46
Ⅲ　出産前離職型 ●○○	4 960	829	1 876	1 060	502	248	67
Ⅳ　出産後離職型 ●●○	881	57	130	147	194	177	71
Ⅴ　無職継続型 ○○○	8 150	7 923	196	19	7	1	1
Ⅵ　就業開始型 ○○●	1 050	949	77	14	4	3	-
							労　働　時
総　　数	18 418	10 221	2 776	1 593	1 161	996	621
Ⅰ　就業継続型 ●●●	1 887	19	30	107	323	512	446
Ⅱ　一時離職型 ●○●	1 241	186	451	258	138	65	37
Ⅲ　出産前離職型 ●○○	4 950	826	1 872	1 059	501	248	66
Ⅳ　出産後離職型 ●●○	752	51	108	116	166	158	65
Ⅴ　無職継続型 ○○○	8 130	7 906	195	17	7	1	1
Ⅵ　就業開始型 ○○●	862	805	46	7	-	2	-
							20　時
総　　数	1 071	233	450	182	67	53	20
Ⅰ　就業継続型 ●●●	331	18	117	72	42	39	13
Ⅱ　一時離職型 ●○●	397	59	220	72	13	5	5
Ⅲ　出産前離職型 ●○○	7	1	3	1	1	-	1
Ⅳ　出産後離職型 ●●○	46	6	14	13	4	5	-
Ⅴ　無職継続型 ○○○	12	10	1	1	-	-	-
Ⅵ　就業開始型 ○○●	92	74	16	-	2	-	-
							20　～　40
総　　数	1 019	118	228	200	171	141	66
Ⅰ　就業継続型 ●●●	619	15	81	128	140	126	62
Ⅱ　一時離職型 ●○●	241	30	108	56	18	7	3
Ⅲ　出産前離職型 ●○○	1	-	1	-	-	-	-
Ⅳ　出産後離職型 ●●○	32	-	5	7	9	6	1
Ⅴ　無職継続型 ○○○	2	2	-	-	-	-	-
Ⅵ　就業開始型 ○○●	62	46	11	3	1	-	-
							40　～　60
総　　数	783	47	70	154	197	155	63
Ⅰ　就業継続型 ●●●	605	11	28	115	172	139	58
Ⅱ　一時離職型 ●○●	83	13	31	20	8	5	-
Ⅲ　出産前離職型 ●○○	-	-	-	-	-	-	-
Ⅳ　出産後離職型 ●●○	44	-	1	11	14	8	5
Ⅴ　無職継続型 ○○○	5	4	-	1	-	-	-
Ⅵ　就業開始型 ○○●	24	14	4	4	1	1	-
							60　時
総　　数	76	16	13	9	16	9	2
Ⅰ　就業継続型 ●●●	50	5	6	9	12	9	1
Ⅱ　一時離職型 ●○●	12	1	4	-	4	-	1
Ⅲ　出産前離職型 ●○○	1	1	-	-	-	-	-
Ⅳ　出産後離職型 ●●○	2	-	1	-	-	-	-
Ⅴ　無職継続型 ○○○	1	1	-	-	-	-	-
Ⅵ　就業開始型 ○○●	4	4	-	-	-	-	-
							不
総　　数	280	176	44	17	12	9	5
Ⅰ　就業継続型 ●●●	18	3	4	5	2	1	-
Ⅱ　一時離職型 ●○●	14	3	5	2	1	-	-
Ⅲ　出産前離職型 ●○○	1	1	-	-	-	-	-
Ⅳ　出産後離職型 ●●○	5	-	1	-	-	1	-
Ⅴ　無職継続型 ○○○	-	-	-	-	-	-	-
Ⅵ　就業開始型 ○○●	6	6	-	-	-	-	-

注：就業変化パターンの総数にはその他を含む。

の母の収入・母の平均収入，母の労働時間・母の就業変化パターン・出生順位別

500～600	600～700	700～800	800～900	900～1,000	1,000万円以上	不　詳	母の平均収入（万円）
数							
364	136	42	10	9	31	744	96
297	116	33	8	5	15	166	314
12	6	2	2	3	5	129	111
19	3	3	-	-	6	347	104
28	7	2	-	1	5	62	232
-	-	-	-	-	-	3	1
-	2	-	-	-	-	1	7
間　な　し							
303	111	30	4	6	18	578	84
245	96	22	3	2	7	75	373
10	4	1	1	3	2	85	123
19	3	3	-	-	6	347	104
24	6	2	-	1	3	52	234
-	-	-	-	-	-	3	1
-	1	-	-	-	-	1	4
間　未　満							
3	1	3	2	-	3	54	97
2	1	2	2	-	1	22	167
-	-	1	-	-	1	21	76
-	-	-	-	-	-	-	136
1	-	-	-	-	1	2	156
-	-	-	-	-	-	-	13
-	-	-	-	-	-	-	11
時　間　未　満							
23	11	4	2	1	7	47	195
20	8	4	1	1	5	28	257
-	1	-	1	-	2	15	110
-	-	-	-	-	-	-	30
2	1	-	-	-	-	1	247
-	-	-	-	-	-	-	-
-	1	-	-	-	-	-	28
時　間　未　満							
33	9	5	1	1	3	45	248
29	9	5	1	1	2	35	279
2	-	-	-	-	-	4	114
-	-	-	-	-	-	-	-
1	-	-	-	-	1	3	277
-	-	-	-	-	-	-	32
-	-	-	-	-	-	-	56
間　以　上							
1	3	-	1	1	-	5	190
1	2	-	1	1	-	3	240
-	1	-	-	-	-	1	192
-	2	-	-	-	-	-	-
-	-	-	-	-	-	1	5
-	-	-	-	-	-	-	-
-	-	-	-	-	-	-	-
詳							
1	1	-	-	-	-	15	51
-	-	-	-	-	-	3	108
-	-	-	-	-	-	3	58
-	-	-	-	-	-	-	-
-	-	-	-	-	-	3	165
-	-	-	-	-	-	-	-

22-3表（3-2）

第22-3表 嫡出子数及び出生前1年間（平成12年）

第1子

母の就業変化パターン	総数	収入なし	100万円未満	100～200	200～300	300～400	400～500
							総
総　数	10 703	3 436	2 223	1 555	1 223	975	486
Ⅰ　就業継続型　●●●	1 811	14	67	179	411	510	326
Ⅱ　一時離職型　●○●	995	133	318	240	135	55	30
Ⅲ　出産前離職型●○○	4 153	642	1 462	963	479	237	59
Ⅳ　出産後離職型●●○	676	32	91	106	156	151	61
Ⅴ　無職継続型　○○○	2 389	2 221	143	15	6	1	1
Ⅵ　就業開始型　○○●	220	172	37	7	1	3	-
							労　働　時
総　数	9 383	3 259	1 977	1 307	973	777	401
Ⅰ　就業継続型　●●●	1 110	6	11	45	219	341	254
Ⅱ　一時離職型　●○●	733	95	218	169	112	48	27
Ⅲ　出産前離職型●○○	4 145	639	1 460	962	478	237	58
Ⅳ　出産後離職型●●○	601	29	81	93	137	139	55
Ⅴ　無職継続型　○○○	2 382	2 216	143	13	6	1	1
Ⅵ　就業開始型　○○●	178	145	26	5	-	2	-
							20　時
総　数	391	66	136	92	32	27	12
Ⅰ　就業継続型　●●●	125	2	31	33	17	19	9
Ⅱ　一時離職型　●○●	132	20	59	36	7	2	1
Ⅲ　出産前離職型●○○	6	1	2	1	1	-	1
Ⅳ　出産後離職型●●○	26	3	6	7	3	5	-
Ⅴ　無職継続型　○○○	6	5	-	1	-	-	-
Ⅵ　就業開始型　○○●	21	15	6	-	-	-	-
							20　～　40
総　数	401	32	63	64	97	77	32
Ⅰ　就業継続型　●●●	252	1	13	35	79	72	30
Ⅱ　一時離職型　●○●	87	14	30	22	8	3	1
Ⅲ　出産前離職型●○○	-	-	-	-	-	-	-
Ⅳ　出産後離職型●●○	15	-	3	2	6	1	1
Ⅴ　無職継続型　○○○	-	-	-	-	-	-	-
Ⅵ　就業開始型　○○●	15	9	4	1	1	-	-
							40　～　60
総　数	378	11	20	82	103	85	38
Ⅰ　就業継続型　●●●	299	2	9	61	89	75	33
Ⅱ　一時離職型　●○●	31	3	8	13	4	2	-
Ⅲ　出産前離職型●○○	-	-	-	-	-	-	-
Ⅳ　出産後離職型●●○	29	-	-	4	9	6	5
Ⅴ　無職継続型　○○○	1	-	-	1	-	-	-
Ⅵ　就業開始型　○○●	6	3	1	1	-	1	-
							60　時
総　数	31	5	5	2	9	3	1
Ⅰ　就業継続型　●●●	19	3	1	2	6	3	-
Ⅱ　一時離職型　●○●	9	1	3	-	3	-	1
Ⅲ　出産前離職型●○○	1	1	-	-	-	-	-
Ⅳ　出産後離職型●●○	2	-	1	-	-	-	-
Ⅴ　無職継続型　○○○	-	-	-	-	-	-	-
Ⅵ　就業開始型　○○●	-	-	-	-	-	-	-
							不
総　数	119	63	22	8	9	6	2
Ⅰ　就業継続型　●●●	6	-	2	3	1	-	-
Ⅱ　一時離職型　●○●	3	-	-	-	1	-	-
Ⅲ　出産前離職型●○○	1	1	-	-	-	-	-
Ⅳ　出産後離職型●●○	3	-	-	-	1	-	-
Ⅴ　無職継続型　○○○	-	-	-	-	-	-	-
Ⅵ　就業開始型　○○●	-	-	-	-	-	-	-

注：就業変化パターンの総数にはその他を含む。

の母の収入・母の平均収入，母の労働時間・母の就業変化パターン・出生順位別

500～600	600～700	700～800	800～900	900～1,000	1,000万円以上	不　詳	母の平均収入（万円）
数							
201	65	25	7	9	15	483	131
151	53	17	6	5	6	66	333
8	3	1	1	3	2	66	135
18	2	3	-	-	4	284	112
22	6	2	-	1	3	45	244
-	-	-	-	-	-	2	4
-	-	-	-	-	-	-	16
間　な　し							
175	57	18	4	6	11	418	122
130	46	10	3	2	4	39	371
8	2	1	1	3	1	48	146
18	2	3	-	-	4	284	112
19	6	2	-	1	2	37	244
-	-	-	-	-	-	2	4
-	-	-	-	-	-	-	13
間　未　満							
3	1	2	2	-	-	18	126
2	1	2	2	-	-	7	215
-	-	-	-	-	-	7	85
-	-	-	-	-	-	-	146
1	-	-	-	-	-	1	173
-	-	-	-	-	-	-	24
-	-	-	-	-	-	-	14
時　間　未　満							
9	2	2	-	1	2	20	222
7	2	2	-	1	1	9	286
-	-	-	-	-	1	8	113
-	-	-	-	-	-	-	-
1	-	-	-	-	-	1	235
-	-	-	-	-	-	-	-
-	-	-	-	-	-	-	32
時　間　未　満							
13	3	3	-	1	2	17	267
12	3	3	-	1	1	10	286
-	-	-	-	-	-	1	125
-	-	-	-	-	-	-	-
1	-	-	-	-	1	3	325
-	-	-	-	-	-	-	160
-	-	-	-	-	-	-	85
間　以　上							
-	2	-	1	1	-	2	240
-	1	-	1	1	-	1	284
-	1	-	-	-	-	-	205
-	-	-	-	-	-	-	-
-	-	-	-	-	-	1	5
-	-	-	-	-	-	-	-
詳							
1	-	-	-	-	-	8	70
-	-	-	-	-	-	-	134
-	-	-	-	-	-	2	240
-	-	-	-	-	-	-	-
-	-	-	-	-	-	2	240
-	-	-	-	-	-	-	-
-	-	-	-	-	-	-	-

| 500～600 | 600～700 | 700～800 | 800～900 | 900～1,000 | 1,000万円以上 | 不　詳 | 母の平均収入（万円） |

22-3表（3-3）

第22-3表　嫡出子数及び出生前1年間（平成12年）

第2子以上

母の就業変化パターン	総　数	収入なし	100万円未満	100〜200	200〜300	300〜400	400〜500
							総
総　　数	10 944	7 375	1 358	600	401	388	291
Ⅰ　就業継続型　●●●	1 699	57	199	257	280	316	254
Ⅱ　一時離職型　●○●	993	159	501	168	47	27	16
Ⅲ　出産前離職型●○○	807	187	414	97	23	11	8
Ⅳ　出産後離職型●●○	205	25	39	41	38	26	10
Ⅴ　無職継続型　○○○	5 761	5 702	53	4	1	-	-
Ⅵ　就業開始型　○○●	830	777	40	7	3	-	-
							労　働　時
総　　数	9 035	6 962	799	286	188	219	220
Ⅰ　就業継続型　●●●	777	13	19	62	104	171	192
Ⅱ　一時離職型　●○●	508	91	233	89	26	17	10
Ⅲ　出産前離職型●○○	805	187	412	97	23	11	8
Ⅳ　出産後離職型●●○	151	22	27	23	29	19	10
Ⅴ　無職継続型　○○○	5 748	5 690	52	4	1	-	-
Ⅵ　就業開始型　○○●	684	660	20	2	-	-	-
							20　時
総　　数	680	167	314	90	35	26	8
Ⅰ　就業継続型　●●●	206	16	86	39	25	20	4
Ⅱ　一時離職型　●○●	265	39	161	36	6	3	4
Ⅲ　出産前離職型●○○	1	-	1	-	-	-	-
Ⅳ　出産後離職型●●○	20	3	8	6	1	-	-
Ⅴ　無職継続型　○○○	6	5	1	-	-	-	-
Ⅵ　就業開始型　○○●	71	59	10	-	2	-	-
							20　〜　40
総　　数	618	86	165	136	74	64	34
Ⅰ　就業継続型　●●●	367	14	68	93	61	54	32
Ⅱ　一時離職型　●○●	154	16	78	34	10	4	2
Ⅲ　出産前離職型●○○	1	-	1	-	-	-	-
Ⅳ　出産後離職型●●○	17	-	2	5	3	5	-
Ⅴ　無職継続型　○○○	2	2	-	-	-	-	-
Ⅵ　就業開始型　○○●	47	37	7	2	-	-	-
							40　〜　60
総　　数	405	36	50	72	94	70	25
Ⅰ　就業継続型　●●●	306	9	19	54	83	64	25
Ⅱ　一時離職型　●○●	52	10	23	7	4	3	-
Ⅲ　出産前離職型●○○	-	-	-	-	-	-	-
Ⅳ　出産後離職型●●○	15	-	1	7	5	2	-
Ⅴ　無職継続型　○○○	4	4	-	-	-	-	-
Ⅵ　就業開始型　○○●	18	11	3	3	1	-	-
							60　時
総　　数	45	11	8	7	7	6	1
Ⅰ　就業継続型　●●●	31	2	5	7	6	6	1
Ⅱ　一時離職型　●○●	3	-	1	-	1	-	-
Ⅲ　出産前離職型●○○	-	-	-	-	-	-	-
Ⅳ　出産後離職型●●○	-	-	-	-	-	-	-
Ⅴ　無職継続型　○○○	1	1	-	-	-	-	-
Ⅵ　就業開始型　○○●	4	4	-	-	-	-	-
							不
総　　数	161	113	22	9	3	3	3
Ⅰ　就業継続型　●●●	12	3	2	2	1	1	-
Ⅱ　一時離職型　●○●	11	3	5	2	-	-	-
Ⅲ　出産前離職型●○○	-	-	-	-	-	-	-
Ⅳ　出産後離職型●●○	2	-	1	-	-	-	-
Ⅴ　無職継続型　○○○	-	-	-	-	-	-	-
Ⅵ　就業開始型　○○●	6	6	-	-	-	-	-

注：就業変化パターンの総数にはその他を含む。

の母の収入・母の平均収入, 母の労働時間・母の就業変化パターン・出生順位別

500～600	600～700	700～800	800～900	900～1,000	1,000万円以上	不　詳	母の平均収入 （万円）
数							
163	71	17	3	-	16	261	62
146	63	16	2	-	9	100	295
4	3	1	1	-	3	63	88
1	1	-	-	-	2	63	62
6	1	-	-	-	2	17	193
-	-	-	-	-	-	1	0
-	2					1	5
間　な　し							
128	54	12	-	-	7	160	45
115	50	12	-	-	3	36	376
2	2	-	-	-	1	37	90
1	1	-	-	-	2	63	62
5	-	-	-	-	1	15	194
-	-	-	-	-	-	1	0
-	1	-	-	-	-	1	2
間　未　満							
-	-	1	-	-	3	36	81
-	-	-	-	-	1	15	137
-	-	1	-	-	1	14	72
-	-	-	-	-	-	-	80
-	-	-	-	-	1	1	133
-	-	-	-	-	-	-	2
-	-	-	-	-	-	-	10
時　間　未　満							
14	9	2	2	-	5	27	178
13	6	2	1	-	4	19	237
-	1	-	1	-	1	7	108
-	-	-	-	-	-	-	30
1	1	-	-	-	-	-	256
-	-	-	-	-	-	-	-
-	1	-	-	-	-	-	27
時　間　未　満							
20	6	2	1	-	1	28	231
17	6	2	1	-	1	25	272
2	-	-	-	-	-	3	108
-	-	-	-	-	-	-	-
-	-	-	-	-	-	-	194
-	-	-	-	-	-	-	-
-	-	-	-	-	-	-	46
間　以　上							
1	1	-	-	-	-	3	156
1	1	-	-	-	-	2	213
-	-	-	-	-	-	1	136
-	-	-	-	-	-	-	-
-	-	-	-	-	-	-	-
-	-	-	-	-	-	-	-
-	-	-	-	-	-	-	-
詳							
-	1	-	-	-	-	7	36
-	-	-	-	-	-	3	91
-	-	-	-	-	-	1	40
-	-	-	-	-	-	-	-
-	-	-	-	-	-	1	90
-	-	-	-	-	-	-	-
-	-	-	-	-	-	-	-

母の平均収入
（万円）

22－4表（3－1）

第22－4表　嫡出子数及び出生前1年間（平成12年）

総　数

母の就業変化パターン	総　数	収入なし	100万円未満	100〜200	200〜300	300〜400	400〜500
							総
総　　数	21 647	10 811	3 581	2 155	1 624	1 363	777
Ⅰ　就業継続型　●●●	3 510	71	266	436	691	826	580
Ⅱ　一時離職型　●○●	1 988	292	819	408	182	82	46
Ⅲ　出産前離職型●○○	4 960	829	1 876	1 060	502	248	67
Ⅳ　出産後離職型●●○	881	57	130	147	194	177	71
Ⅴ　無職継続型　○○○	8 150	7 923	196	19	7	1	1
Ⅵ　就業開始型　○○●	1 050	949	77	14	4	3	-
							常　　勤（育
総　　数	2 105	11	16	110	384	610	487
Ⅰ　就業継続型　●●●	1 789	8	11	83	309	502	440
Ⅱ　一時離職型　●○●	55	-	1	5	11	16	10
Ⅲ　出産前離職型●○○	-	-	-	-	-	-	-
Ⅳ　出産後離職型●●○	224	2	3	18	55	85	31
Ⅴ　無職継続型　○○○	-	-	-	-	-	-	-
Ⅵ　就業開始型　○○●	3	-	-	1	-	2	-
							常　　勤（育
総　　数	1 168	27	44	185	338	296	134
Ⅰ　就業継続型　●●●	976	4	22	137	298	267	125
Ⅱ　一時離職型　●○●	76	-	17	23	15	10	4
Ⅲ　出産前離職型●○○	-	-	-	-	-	-	-
Ⅳ　出産後離職型●●○	69	-	-	18	22	15	5
Ⅴ　無職継続型　○○○	-	-	-	-	-	-	-
Ⅵ　就業開始型　○○●	27	15	2	6	2	1	-
							常　　勤
総　　数	19	1	5	7	4	-	-
Ⅰ　就業継続型　●●●	8	-	1	5	1	-	-
Ⅱ　一時離職型　●○●	5	-	1	2	1	-	-
Ⅲ　出産前離職型●○○	-	-	-	-	-	-	-
Ⅳ　出産後離職型●●○	1	-	1	-	-	-	-
Ⅴ　無職継続型　○○○	-	-	-	-	-	-	-
Ⅵ　就業開始型　○○●	3	1	2	-	-	-	-
							パ
総　　数	875	149	395	207	52	28	7
Ⅰ　就業継続型　●●●	297	5	124	105	25	19	5
Ⅱ　一時離職型　●○●	327	23	186	78	18	4	-
Ⅲ　出産前離職型●○○	-	-	-	-	-	-	-
Ⅳ　出産後離職型●●○	35	4	14	8	3	3	1
Ⅴ　無職継続型　○○○	-	-	-	-	-	-	-
Ⅵ　就業開始型　○○●	93	75	17	1	-	-	-
							常　勤・
総　　数	1 512	534	460	215	87	55	21
Ⅰ　就業継続型　●●●	440	54	108	106	58	38	10
Ⅱ　一時離職型　●○●	409	106	196	56	12	3	4
Ⅲ　出産前離職型●○○	-	-	-	-	-	-	-
Ⅳ　出産後離職型●●○	61	16	13	13	4	1	2
Ⅴ　無職継続型　○○○	-	-	-	-	-	-	-
Ⅵ　就業開始型　○○●	74	60	13	-	1	-	-
							無
総　　数	15 968	10 089	2 661	1 431	759	374	128
Ⅰ　就業継続型　●●●	-	-	-	-	-	-	-
Ⅱ　一時離職型　●○●	1 116	163	418	244	125	49	28
Ⅲ　出産前離職型●○○	4 960	829	1 876	1 060	502	248	67
Ⅳ　出産後離職型●●○	491	35	99	90	110	73	32
Ⅴ　無職継続型　○○○	8 150	7 923	196	19	7	1	1
Ⅵ　就業開始型　○○●	850	798	43	6	1	-	-

注：就業変化パターンの総数にはその他を含む。

の母の収入・母の平均収入, 母の育児休業状況・母の就業変化パターン・出生順位別

500～600	600～700	700～800	800～900	900～1,000	1,000万円以上	不　詳	母の平均収入（万円）

数
364	136	42	10	9	31	744	96
297	116	33	8	5	15	166	314
12	6	2	2	3	5	129	111
19	3	3	-	-	6	347	104
28	7	2	-	1	5	62	232
-	-	-	-	-	-	3	1
-	2	-	-	-	-	1	7

児休業中）
| 268 | 100 | 25 | 3 | 4 | 8 | 79 | 375 |
| 243 | 96 | 21 | 3 | 2 | 7 | 64 | 383 |
8	1	1	-	1	-	1	364
12	2	2	-	1	1	12	324
-	-	-	-	-	-	-	277

児休業中以外）
| 57 | 19 | 9 | 2 | 3 | 7 | 47 | 292 |
| 51 | 15 | 9 | 2 | 3 | 6 | 37 | 309 |
2	2	-	-	-	-	3	204
2	1	-	-	-	1	5	274
-	1	-	-	-	-	-	91

（不　詳）
| - | - | - | - | - | - | 2 | 126 |
| - | - | - | - | - | - | 1 | 152 |
-	-	-	-	-	-	1	123
-	-	-	-	-	-	-	13
-	-	-	-	-	-	-	33

ー　ト
| 3 | 1 | - | - | - | - | 33 | 90 |
| 2 | 1 | - | - | - | - | 11 | 131 |
-	-	-	-	-	-	18	83
1	-	-	-	-	-	1	136
-	-	-	-	-	-	-	8

パート以外
| 3 | 5 | 5 | 4 | - | 6 | 117 | 85 |
| 1 | 4 | 3 | 3 | - | 2 | 53 | 161 |
-	-	1	1	-	3	27	71
1	-	-	-	-	1	10	127
-	-	-	-	-	-	-	10

職
33	11	3	1	2	10	466	46
2	3	-	1	2	2	79	115
19	3	3	-	-	6	347	104
12	4	-	-	-	2	34	203
-	-	-	-	-	-	3	1
-	1	-	-	-	-	1	4

第22-4表 嫡出子数及び出生前1年間（平成12年）

第1子

母の就業変化パターン	総数	収入なし	100万円未満	100～200	200～300	300～400	400～500
総数							総
総　数	10 703	3 436	2 223	1 555	1 223	975	486
Ⅰ　就業継続型　●●●	1 811	14	67	179	411	510	326
Ⅱ　一時離職型　●○●	995	133	318	240	135	55	30
Ⅲ　出産前離職型●○○	4 153	642	1 462	963	479	237	59
Ⅳ　出産後離職型●●○	676	32	91	106	156	151	61
Ⅴ　無職継続型　○○○	2 389	2 221	143	15	6	1	1
Ⅵ　就業開始型　○○●	220	172	37	7	1	3	-
							常　勤（育
総　数	1 311	4	8	54	272	422	292
Ⅰ　就業継続型　●●●	1 066	3	3	34	211	336	253
Ⅱ　一時離職型　●○●	35	-	1	2	8	10	6
Ⅲ　出産前離職型●○○	-	-	-	-	-	-	-
Ⅳ　出産後離職型●●○	185	1	3	15	46	70	27
Ⅴ　無職継続型　○○○	-	-	-	-	-	-	-
Ⅵ　就業開始型　○○●	2	-	-	-	-	2	-
							常　勤（育
総　数	601	8	8	95	189	164	72
Ⅰ　就業継続型　●●●	507	2	5	68	165	149	65
Ⅱ　一時離職型　●○●	32	-	2	16	7	3	2
Ⅲ　出産前離職型●○○	-	-	-	-	-	-	-
Ⅳ　出産後離職型●●○	46	-	-	9	15	10	5
Ⅴ　無職継続型　○○○	-	-	-	-	-	-	-
Ⅵ　就業開始型　○○●	7	4	-	1	1	1	-
							常　勤
総　数	10	-	4	2	3	-	-
Ⅰ　就業継続型　●●●	4	-	1	2	1	-	-
Ⅱ　一時離職型　●○●	2	-	-	-	1	-	-
Ⅲ　出産前離職型●○○	-	-	-	-	-	-	-
Ⅳ　出産後離職型●●○	1	-	1	-	-	-	-
Ⅴ　無職継続型　○○○	-	-	-	-	-	-	-
Ⅵ　就業開始型　○○●	2	-	2	-	-	-	-
							パ
総　数	320	45	120	88	27	15	5
Ⅰ　就業継続型　●●●	86	-	24	33	10	11	3
Ⅱ　一時離職型　●○●	131	12	59	37	9	3	-
Ⅲ　出産前離職型●○○	-	-	-	-	-	-	-
Ⅳ　出産後離職型●●○	15	1	4	4	2	1	1
Ⅴ　無職継続型　○○○	-	-	-	-	-	-	-
Ⅵ　就業開始型　○○●	22	14	7	1	-	-	-
							常　勤・
総　数	540	162	162	88	42	26	8
Ⅰ　就業継続型　●●●	148	9	34	42	24	14	5
Ⅱ　一時離職型　●○●	122	31	53	20	7	1	1
Ⅲ　出産前離職型●○○	-	-	-	-	-	-	-
Ⅳ　出産後離職型●●○	28	5	7	6	2	1	-
Ⅴ　無職継続型　○○○	-	-	-	-	-	-	-
Ⅵ　就業開始型　○○●	13	9	4	-	-	-	-
							無
総　数	7 921	3 217	1 921	1 228	690	348	109
Ⅰ　就業継続型　●●●	-	-	-	-	-	-	-
Ⅱ　一時離職型　●○●	673	90	203	165	103	38	21
Ⅲ　出産前離職型●○○	4 153	642	1 462	963	479	237	59
Ⅳ　出産後離職型●●○	401	25	76	72	91	69	28
Ⅴ　無職継続型　○○○	2 389	2 221	143	15	6	1	1
Ⅵ　就業開始型　○○●	174	145	24	5	-	-	-

注：就業変化パターンの総数にはその他を含む。

の母の収入・母の平均収入，母の育児休業状況・母の就業変化パターン・出生順位別

500～600	600～700	700～800	800～900	900～1,000	1,000万円以上	不　詳	母の平均収入 （万円）
数							
201	65	25	7	9	15	483	131
151	53	17	6	5	6	66	333
8	3	1	1	3	2	66	135
18	2	3	-	-	4	284	112
22	6	2	-	1	3	45	244
-	-	-	-	-	-	2	4
-	-	-	-	-	-	-	16
児休業中）							
144	49	13	3	4	4	42	368
129	46	9	3	2	4	33	378
6	-	1	-	1	-	-	380
-	-	-	-	-	-	-	-
9	2	2	-	1	-	9	318
-	-	-	-	-	-	-	-
-	-	-	-	-	-	-	325
児休業中以外）							
22	7	6	1	3	3	23	297
20	6	6	1	3	2	15	308
-	1	-	-	-	-	1	204
-	-	-	-	-	-	-	-
1	-	-	-	-	1	5	289
-	-	-	-	-	-	-	-
-	-	-	-	-	-	-	94
（不　詳）							
-	-	-	-	-	-	1	131
-	-	-	-	-	-	-	146
-	-	-	-	-	-	1	200
-	-	-	-	-	-	-	-
-	-	-	-	-	-	-	13
-	-	-	-	-	-	-	50
ー　ト							
2	-	-	-	-	-	18	109
1	-	-	-	-	-	4	170
-	-	-	-	-	-	11	93
-	-	-	-	-	-	-	-
1	-	-	-	-	-	1	181
-	-	-	-	-	-	-	19
パート以外							
3	1	3	2	-	1	42	102
1	1	2	2	-	-	14	184
-	-	-	-	-	1	8	81
-	-	-	-	-	-	-	-
1	-	-	-	-	-	6	127
-	-	-	-	-	-	-	-
-	-	-	-	-	-	-	13
職							
30	8	3	1	2	7	357	82
-	-	-	-	-	-	-	-
2	2	-	1	2	1	45	135
18	2	3	-	-	4	284	112
10	4	-	-	-	2	24	214
-	-	-	-	-	-	2	4
-	-	-	-	-	-	-	9

22-4表（3-3）

第22-4表　嫡出子数及び出生前1年間（平成12年）

第2子以上

母の就業変化パターン	総　数	収入なし	100万円未満	100～200	200～300	300～400	400～500
							総
総　　数	10 944	7 375	1 358	600	401	388	291
Ⅰ　就業継続型　●●●	1 699	57	199	257	280	316	254
Ⅱ　一時離職型　●○●	993	159	501	168	47	27	16
Ⅲ　出産前離職型●○○	807	187	414	97	23	11	8
Ⅳ　出産後離職型●●○	205	25	39	41	38	26	10
Ⅴ　無職継続型　○○○	5 761	5 702	53	4	1	-	-
Ⅵ　就業開始型　○○●	830	777	40	7	3	-	-
							常　勤（育
総　　数	794	7	8	56	112	188	195
Ⅰ　就業継続型　●●●	723	5	8	49	98	166	187
Ⅱ　一時離職型　●○●	20	-	-	3	3	6	4
Ⅲ　出産前離職型●○○	-	-	-	-	-	-	-
Ⅳ　出産後離職型●●○	39	1	-	3	9	15	4
Ⅴ　無職継続型　○○○	-	-	-	-	-	-	-
Ⅵ　就業開始型　○○●	1	-	-	1	-	-	-
							常　勤（育
総　　数	567	19	36	90	149	132	62
Ⅰ　就業継続型　●●●	469	2	17	69	133	118	60
Ⅱ　一時離職型　●○●	44	-	15	7	8	7	2
Ⅲ　出産前離職型●○○	-	-	-	-	-	-	-
Ⅳ　出産後離職型●●○	23	-	-	9	7	5	-
Ⅴ　無職継続型　○○○	-	-	-	-	-	-	-
Ⅵ　就業開始型　○○●	20	11	2	5	1	-	-
							常　勤
総　　数	9	1	1	5	1	-	-
Ⅰ　就業継続型　●●●	4	-	-	3	-	-	-
Ⅱ　一時離職型　●○●	3	-	1	2	-	-	-
Ⅲ　出産前離職型●○○	-	-	-	-	-	-	-
Ⅳ　出産後離職型●●○	-	-	-	-	-	-	-
Ⅴ　無職継続型　○○○	-	-	-	-	-	-	-
Ⅵ　就業開始型　○○●	1	1	-	-	-	-	-
							パ
総　　数	555	104	275	119	25	13	2
Ⅰ　就業継続型　●●●	211	5	100	72	15	8	2
Ⅱ　一時離職型　●○●	196	11	127	41	9	1	-
Ⅲ　出産前離職型●○○	-	-	-	-	-	-	-
Ⅳ　出産後離職型●●○	20	3	10	4	1	2	-
Ⅴ　無職継続型　○○○	-	-	-	-	-	-	-
Ⅵ　就業開始型　○○●	71	61	10	-	-	-	-
							常　勤・
総　　数	972	372	298	127	45	29	13
Ⅰ　就業継続型　●●●	292	45	74	64	34	24	5
Ⅱ　一時離職型　●○●	287	75	143	36	5	2	3
Ⅲ　出産前離職型●○○	-	-	-	-	-	-	-
Ⅳ　出産後離職型●●○	33	11	6	7	2	-	2
Ⅴ　無職継続型　○○○	-	-	-	-	-	-	-
Ⅵ　就業開始型　○○●	61	51	9	-	1	-	-
							無
総　　数	8 047	6 872	740	203	69	26	19
Ⅰ　就業継続型　●●●	-	-	-	-	-	-	-
Ⅱ　一時離職型　●○●	443	73	215	79	22	11	7
Ⅲ　出産前離職型●○○	807	187	414	97	23	11	8
Ⅳ　出産後離職型●●○	90	10	23	18	19	4	4
Ⅴ　無職継続型　○○○	5 761	5 702	53	4	1	-	-
Ⅵ　就業開始型　○○●	676	653	19	1	1	-	-

注：就業変化パターンの総数にはその他を含む。

の母の収入・母の平均収入, 母の育児休業状況・母の就業変化パターン・出生順位別

500～600	600～700	700～800	800～900	900～1,000	1,000万円以上	不　詳	母の平均収入 (万円)
数							
163	71	17	3	-	16	261	62
146	63	16	2	-	9	100	295
4	3	1	1	-	3	63	88
1	1	-	-	-	2	63	62
6	1	-	-	-	2	17	193
-	-	-	-	-	-	1	0
-	2	-	-	-	-	1	5
児休業中)							
124	51	12	-	-	4	37	388
114	50	12	-	-	3	31	391
2	1	-	-	-	-	1	335
-	-	-	-	-	-	-	-
3	-	-	-	-	1	3	351
-	-	-	-	-	-	-	-
-	-	-	-	-	-	-	180
児休業中以外)							
35	12	3	1	-	4	24	287
31	9	3	1	-	4	22	310
2	1	-	-	-	-	2	203
-	-	-	-	-	-	-	-
1	1	-	-	-	-	-	248
-	-	-	-	-	-	-	-
-	1	-	-	-	-	-	89
(不　詳)							
-	-	-	-	-	-	1	122
-	-	-	-	-	-	1	160
-	-	-	-	-	-	-	97
-	-	-	-	-	-	-	-
-	-	-	-	-	-	-	-
-	-	-	-	-	-	-	-
-	-	-	-	-	-	-	-
ー　ト							
1	1	-	-	-	-	15	79
1	1	-	-	-	-	7	115
-	-	-	-	-	-	7	77
-	-	-	-	-	-	-	105
-	-	-	-	-	-	-	-
-	-	-	-	-	-	-	4
パート以外							
-	4	2	2	-	5	75	76
-	3	1	1	-	2	39	148
-	-	1	1	-	2	19	67
-	-	-	-	-	-	-	-
-	-	-	-	-	1	4	128
-	-	-	-	-	-	-	-
-	-	-	-	-	-	-	9
職							
3	3	-	-	-	3	109	12
-	-	-	-	-	-	-	-
-	1	-	-	-	1	34	84
1	1	-	-	-	2	63	62
2	-	-	-	-	-	10	151
-	-	-	-	-	-	1	0
-	1	-	-	-	-	1	2

22-5表（3-1）

第22-5表 嫡出子数及び出生前1年間（平成12年）

総　数

母の就業変化パターン			総　数	収入なし	100万円未満	100～200	200～300	300～400	400～500
総　数									総
	総　数		21 647	342	286	806	2 360	4 499	4 656
Ⅰ	就業継続型	●●●	3 510	51	36	144	406	811	736
Ⅱ	一時離職型	●○●	1 988	45	41	155	355	491	385
Ⅲ	出産前離職型	●○○	4 960	46	77	175	599	1 166	1 178
Ⅳ	出産後離職型	●●○	881	15	12	32	114	213	182
Ⅴ	無職継続型	○○○	8 150	90	67	179	587	1 338	1 742
Ⅵ	就業開始型	○○●	1 050	29	32	64	159	263	221
									労　働　時
	総　数		391	56	18	37	50	76	55
Ⅰ	就業継続型	●●●	44	7	3	3	9	6	5
Ⅱ	一時離職型	●○●	40	8	1	7	7	9	2
Ⅲ	出産前離職型	●○○	86	10	5	11	13	14	14
Ⅳ	出産後離職型	●●○	19	1	-	2	2	1	4
Ⅴ	無職継続型	○○○	143	26	5	7	16	27	20
Ⅵ	就業開始型	○○●	32	2	2	4	2	13	5
									20　時
	総　数		924	9	41	74	177	204	158
Ⅰ	就業継続型	●●●	115	1	2	12	25	28	17
Ⅱ	一時離職型	●○●	107	5	9	9	27	23	12
Ⅲ	出産前離職型	●○○	203	-	6	15	47	49	36
Ⅳ	出産後離職型	●●○	35	-	5	-	5	9	4
Ⅴ	無職継続型	○○○	355	1	12	22	51	75	66
Ⅵ	就業開始型	○○●	57	1	5	7	8	9	17
									20　～　40
	総　数		1 814	11	24	94	213	413	356
Ⅰ	就業継続型	●●●	356	1	3	17	43	101	70
Ⅱ	一時離職型	●○●	166	2	4	27	26	40	29
Ⅲ	出産前離職型	●○○	416	2	9	12	57	96	99
Ⅳ	出産後離職型	●●○	73	-	1	2	9	19	13
Ⅴ	無職継続型	○○○	639	5	5	19	52	115	121
Ⅵ	就業開始型	○○●	80	-	2	7	15	21	15
									40　～　60
	総　数		12 058	76	117	374	1 311	2 537	2 769
Ⅰ	就業継続型	●●●	2 061	12	17	75	229	470	476
Ⅱ	一時離職型	●○●	1 022	4	13	67	196	268	210
Ⅲ	出産前離職型	●○○	2 779	17	35	88	336	657	702
Ⅳ	出産後離職型	●●○	503	4	3	15	69	122	124
Ⅴ	無職継続型	○○○	4 681	28	29	86	327	775	1 047
Ⅵ	就業開始型	○○●	545	6	14	26	91	140	105
									60　時
	総　数		5 393	38	52	185	501	1 089	1 146
Ⅰ	就業継続型	●●●	820	8	10	33	90	189	149
Ⅱ	一時離職型	●○●	553	6	8	36	84	139	120
Ⅲ	出産前離職型	●○○	1 296	5	14	43	124	316	290
Ⅳ	出産後離職型	●●○	220	4	1	13	26	55	35
Ⅴ	無職継続型	○○○	2 012	9	9	34	121	288	436
Ⅵ	就業開始型	○○●	264	3	5	17	32	67	70
									不
	総　数		797	54	30	31	83	157	147
Ⅰ	就業継続型	●●●	66	1	1	4	6	13	16
Ⅱ	一時離職型	●○●	54	-	5	4	11	10	9
Ⅲ	出産前離職型	●○○	142	4	8	5	15	29	34
Ⅳ	出産後離職型	●●○	23	2	2	-	3	5	2
Ⅴ	無職継続型	○○○	248	2	5	8	18	52	40
Ⅵ	就業開始型	○○●	37	1	3	1	5	10	6
									同　居　し
	総　数		270	98	4	11	25	23	25
Ⅰ	就業継続型	●●●	48	21	-	-	4	4	3
Ⅱ	一時離職型	●○●	46	20	1	5	4	2	3
Ⅲ	出産前離職型	●○○	38	8	-	1	7	5	3
Ⅳ	出産後離職型	●●○	8	4	-	-	-	2	-
Ⅴ	無職継続型	○○○	72	19	2	3	2	6	12
Ⅵ	就業開始型	○○●	35	16	1	2	6	3	3

注：就業変化パターンの総数にはその他を含む。

の父の収入・父の平均収入，父の労働時間・母の就業変化パターン・出生順位別

	500～600	600～700	700～800	800～900	900～1,000	1,000万円以上	不　詳	父の平均収入（万円）
数								
	3 264	1 969	1 059	557	229	548	1 072	453
	507	339	160	58	24	76	162	443
	224	85	44	22	10	29	102	379
	726	366	196	80	36	61	254	425
	118	60	28	14	9	29	55	436
	1 447	978	569	331	141	297	384	507
	109	62	19	20	2	13	57	382
間　な　し								
	40	15	10	1	3	4	26	310
	7	-	1	-	1	1	1	319
	4	-	-	-	-	-	2	221
	6	4	2	-	-	-	7	288
	3	1	-	-	-	1	4	422
	17	8	6	1	2	1	7	326
	2	1	-	-	-	-	1	306
間　未　満								
	91	52	17	6	2	9	84	363
	13	9	-	-	-	-	8	343
	7	-	3	1	-	3	8	336
	16	11	2	2	1	-	18	350
	6	1	-	-	-	2	3	385
	46	29	12	3	1	4	33	405
	2	1	-	-	-	-	7	307
時　間　未　満								
	284	155	85	35	9	42	93	438
	53	31	13	4	3	1	16	415
	19	5	3	-	-	2	9	342
	59	30	17	5	1	4	25	411
	9	5	3	2	1	2	7	438
	121	79	43	21	3	28	27	504
	11	-	2	2	-	2	3	377
時　間　未　満								
	1 906	1 145	598	312	124	271	518	459
	315	199	98	31	11	35	93	450
	119	49	21	11	7	11	46	385
	428	191	109	48	19	32	117	425
	66	32	15	8	5	14	26	441
	856	596	327	191	76	151	192	507
	65	41	11	12	2	7	25	395
間　以　上								
	822	541	309	180	83	208	239	489
	106	91	42	22	8	37	35	470
	60	31	17	10	1	13	28	419
	202	119	59	23	15	24	62	458
	31	20	9	4	3	10	9	452
	370	242	162	103	55	106	77	547
	21	17	6	6	-	4	16	416
詳								
	92	47	31	19	4	13	89	395
	7	6	1	-	-	2	9	416
	9	-	-	-	1	-	5	331
	12	6	6	2	-	1	20	378
	2	1	1	-	-	-	5	325
	30	19	16	10	2	6	40	480
	7	2	-	-	-	-	2	351
て　い　な　い								
	29	14	9	4	4	1	23	258
	6	3	5	1	1	-	-	287
	6	-	-	-	1	-	4	179
	3	5	1	-	-	-	5	306
	1	-	-	-	-	-	1	170
	7	5	3	2	2	1	8	335
	1	-	-	-	-	-	3	139

22-5表（3-2）

第22-5表 嫡出子数及び出生前1年間（平成12年）

第1子

母の就業変化パターン	総　数	収入なし	100万円未満	100～200	200～300	300～400	400～500
総　数	10 703	209	175	483	1 357	2 489	総 2 398
Ⅰ　就業継続型 ●●●	1 811	25	18	73	235	469	401
Ⅱ　一時離職型 ●○●	995	28	20	86	212	250	183
Ⅲ　出産前離職型 ●○○	4 153	43	71	158	506	995	1 005
Ⅳ　出産後離職型 ●●○	676	11	9	25	88	174	144
Ⅴ　無職継続型 ○○○	2 389	53	35	84	210	453	530
Ⅵ　就業開始型 ○○●	220	13	15	27	45	41	36
総　数	197	31	14	20	26	40	労　働　時 25
Ⅰ　就業継続型 ●●●	25	4	3	1	7	3	3
Ⅱ　一時離職型 ●○●	14	2	1	3	1	6	-
Ⅲ　出産前離職型 ●○○	74	9	5	9	12	12	13
Ⅳ　出産後離職型 ●●○	16	1	-	2	1	1	4
Ⅴ　無職継続型 ○○○	46	13	2	3	4	11	2
Ⅵ　就業開始型 ○○●	8	-	2	1	1	2	-
総　数	445	6	26	42	98	104	20　時 70
Ⅰ　就業継続型 ●●●	56	1	1	6	12	14	8
Ⅱ　一時離職型 ●○●	67	4	6	6	15	15	8
Ⅲ　出産前離職型 ●○○	167	-	5	13	42	43	29
Ⅳ　出産後離職型 ●●○	26	-	4	-	4	7	4
Ⅴ　無職継続型 ○○○	93	1	7	8	20	17	16
Ⅵ　就業開始型 ○○●	11	-	2	2	-	3	2
総　数	949	9	14	54	124	241	20　～　40 193
Ⅰ　就業継続型 ●●●	192	1	1	5	27	59	42
Ⅱ　一時離職型 ●○●	84	2	1	15	14	23	11
Ⅲ　出産前離職型 ●○○	333	2	8	12	43	81	81
Ⅳ　出産後離職型 ●●○	62	-	1	2	8	17	9
Ⅴ　無職継続型 ○○○	221	4	2	13	23	49	43
Ⅵ　就業開始型 ○○●	20	-	1	3	6	2	2
総　数	5 962	52	70	229	759	1 417	40　～　60 1 453
Ⅰ　就業継続型 ●●●	1 069	7	8	45	133	267	262
Ⅱ　一時離職型 ●○●	511	3	4	39	120	139	99
Ⅲ　出産前離職型 ●○○	2 342	15	32	79	280	572	594
Ⅳ　出産後離職型 ●●○	382	3	2	12	55	97	97
Ⅴ　無職継続型 ○○○	1 359	18	16	36	119	265	323
Ⅵ　就業開始型 ○○●	105	2	5	11	24	25	20
総　数	2 640	24	32	116	284	597	60　時 576
Ⅰ　就業継続型 ●●●	412	2	5	14	47	116	76
Ⅱ　一時離職型 ●○●	267	4	5	19	49	58	63
Ⅲ　出産前離職型 ●○○	1 091	5	14	41	110	258	256
Ⅳ　出産後離職型 ●●○	165	3	1	9	18	45	28
Ⅴ　無職継続型 ○○○	577	5	4	20	36	99	129
Ⅵ　就業開始型 ○○●	57	3	3	9	11	8	10
総　数	372	31	18	17	50	80	不 68
Ⅰ　就業継続型 ●●●	36	-	-	2	6	9	9
Ⅱ　一時離職型 ●○●	30	-	3	2	10	7	2
Ⅲ　出産前離職型 ●○○	116	4	7	4	14	26	29
Ⅳ　出産後離職型 ●●○	19	2	1	-	2	5	2
Ⅴ　無職継続型 ○○○	62	-	4	2	7	11	11
Ⅵ　就業開始型 ○○●	3	-	1	-	-	1	-
総　数	138	56	1	5	16	10	同　居　し 13
Ⅰ　就業継続型 ●●●	21	10	-	-	3	1	1
Ⅱ　一時離職型 ●○●	22	13	-	2	3	2	-
Ⅲ　出産前離職型 ●○○	30	8	-	-	5	3	3
Ⅳ　出産後離職型 ●●○	6	2	-	-	-	2	-
Ⅴ　無職継続型 ○○○	31	12	-	2	1	1	6
Ⅵ　就業開始型 ○○●	16	8	1	1	3	-	2

注：就業変化パターンの総数にはその他を含む。

の父の収入・父の平均収入,父の労働時間・母の就業変化パターン・出生順位別

500～600	600～700	700～800	800～900	900～1,000	1,000万円以上	不　詳	父の平均収入 (万円)
数							
1 444	793	388	187	87	190	503	420
241	142	67	24	15	33	68	426
90	34	14	13	2	15	48	357
586	288	161	56	26	46	212	418
85	51	15	12	6	14	42	418
389	241	118	69	34	75	98	467
12	11	2	3	-	3	12	310
間　な　し							
12	7	2	1	-	1	18	266
2	-	-	-	-	1	1	284
-	-	-	-	-	-	1	204
4	3	1	-	-	-	6	273
2	1	-	-	-	-	4	344
4	2	1	1	-	-	3	243
-	1	-	-	-	-	1	266
間　未　満							
32	17	4	1	1	5	39	341
5	4	-	-	-	-	5	332
2	-	2	1	-	3	5	353
12	7	1	-	-	-	15	331
4	1	-	-	-	1	1	355
9	4	1	-	1	1	8	381
-	-	-	-	-	-	2	248
時　間　未　満							
123	64	38	14	5	15	55	412
26	11	7	1	2	-	10	405
10	2	-	-	-	1	5	317
41	24	16	2	1	3	19	405
8	5	1	2	1	2	6	435
31	21	11	7	-	7	10	458
2	-	1	1	-	1	1	382
時　間　未　満							
851	429	224	105	45	97	231	427
146	83	47	14	7	14	36	434
46	20	8	7	1	4	21	361
361	147	87	37	16	25	97	420
49	27	6	6	3	7	18	421
230	136	71	36	17	43	49	473
7	5	-	2	-	2	2	335
間　以　上							
383	249	106	58	32	69	114	450
55	40	12	9	5	17	14	449
29	12	4	5	-	7	12	397
161	98	49	16	9	17	57	448
20	16	7	4	2	4	8	434
104	72	32	22	15	23	16	502
2	5	1	-	-	-	5	308
詳							
32	18	12	7	3	3	33	351
4	2	1	-	-	1	2	400
3	-	-	-	1	-	2	302
4	6	6	1	-	1	14	367
1	1	1	-	-	-	4	335
10	3	1	2	1	1	9	411
1	-	-	-	-	-	-	292
て　い　な　い							
11	9	2	1	1	-	13	221
3	2	-	-	1	-	-	250
-	-	-	-	-	-	2	80
3	3	1	-	-	-	4	291
1	1	-	-	-	-	1	238
1	3	1	1	-	-	3	261
-	-	-	-	-	-	1	111

22-5表（3-3）

第22-5表　嫡出子数及び出生前1年間（平成12年）

第2子以上

母の就業変化パターン	総数	収入なし	100万円未満	100～200	200～300	300～400	400～500
							総
総　　数	10 944	133	111	323	1 003	2 010	2 258
I　就業継続型　●●●	1 699	26	18	71	171	342	335
II　一時離職型　●○●	993	17	21	69	143	241	202
III　出産前離職型　●○○	807	3	6	17	93	171	173
IV　出産後離職型　●●○	205	4	3	7	26	39	38
V　無職継続型　○○○	5 761	37	32	95	377	885	1 212
VI　就業開始型　○○●	830	16	17	37	114	222	185
							労働時
総　　数	194	25	4	17	24	36	30
I　就業継続型　●●●	19	3	-	2	2	3	2
II　一時離職型　●○●	26	6	-	4	6	3	2
III　出産前離職型　●○○	12	1	-	2	1	2	1
IV　出産後離職型　●●○	3	-	-	-	1	-	-
V　無職継続型　○○○	97	13	3	4	12	16	18
VI　就業開始型　○○●	24	2	-	3	1	11	5
							20　時
総　　数	479	3	15	32	79	100	88
I　就業継続型　●●●	59	-	1	6	13	14	9
II　一時離職型　●○●	40	1	3	3	12	8	4
III　出産前離職型　●○○	36	-	1	2	5	6	7
IV　出産後離職型　●●○	9	-	1	-	1	2	-
V　無職継続型　○○○	262	-	5	14	31	58	50
VI　就業開始型　○○●	46	1	3	5	8	6	15
							20 ～ 40
総　　数	865	2	10	40	89	172	163
I　就業継続型　●●●	164	-	2	12	16	42	28
II　一時離職型　●○●	82	-	3	12	12	17	18
III　出産前離職型　●○○	83	-	1	-	14	15	18
IV　出産後離職型　●●○	11	-	-	-	1	2	4
V　無職継続型　○○○	418	1	3	6	29	66	78
VI　就業開始型　○○●	60	-	1	4	9	19	13
							40 ～ 60
総　　数	6 096	24	47	145	552	1 120	1 316
I　就業継続型　●●●	992	5	9	30	96	203	214
II　一時離職型　●○●	511	1	9	28	76	129	111
III　出産前離職型　●○○	437	2	3	9	56	85	108
IV　出産後離職型　●●○	121	1	1	3	14	25	27
V　無職継続型　○○○	3 322	10	13	50	208	510	724
VI　就業開始型　○○●	440	4	9	15	67	115	117
							60　時
総　　数	2 753	14	20	69	217	492	570
I　就業継続型　●●●	408	6	5	19	43	73	73
II　一時離職型　●○●	286	2	3	17	35	81	57
III　出産前離職型　●○○	205	-	-	2	14	58	34
IV　出産後離職型　●●○	55	1	-	4	8	10	7
V　無職継続型　○○○	1 435	4	5	14	85	189	307
VI　就業開始型　○○●	207	-	2	8	21	59	60
							不
総　　数	425	23	12	14	33	77	79
I　就業継続型　●●●	30	1	1	2	-	4	7
II　一時離職型　●○●	24	-	2	2	1	3	7
III　出産前離職型　●○○	26	-	1	1	1	3	5
IV　出産後離職型　●●○	4	-	1	-	1	-	-
V　無職継続型　○○○	186	2	1	6	11	41	29
VI　就業開始型　○○●	34	1	2	1	5	9	6
							同居し
総　　数	132	42	3	6	9	13	12
I　就業継続型　●●●	27	11	-	-	1	3	2
II　一時離職型　●○●	24	7	1	3	1	-	3
III　出産前離職型　●○○	8	-	-	1	2	2	-
IV　出産後離職型　●●○	2	2	-	-	-	-	-
V　無職継続型　○○○	41	7	2	1	1	5	6
VI　就業開始型　○○●	19	8	-	1	3	3	1

注：就業変化パターンの総数にはその他を含む。

の父の収入・父の平均収入，父の労働時間・母の就業変化パターン・出生順位別

500~600	600~700	700~800	800~900	900~1,000	1,000万円以上	不　詳	父の平均収入 (万円)
数							
1 820	1 176	671	370	142	358	569	486
266	197	93	34	9	43	94	462
134	51	30	9	8	14	54	402
140	78	35	24	10	15	42	462
33	9	13	2	3	15	13	498
1 058	737	451	262	107	222	286	524
97	51	17	17	2	10	45	401
間　な　し							
28	8	8	-	3	3	8	352
5	-	1	-	1	-	-	364
4	-	-	-	-	-	1	230
2	1	1	-	-	-	1	382
1	-	-	-	-	1	-	735
13	6	5	-	2	1	4	364
2	-	-	-	-	-	-	318
間　未　満							
59	35	13	5	1	4	45	384
8	5	-	-	-	-	3	353
5	-	1	-	-	-	3	306
4	4	1	2	1	-	3	437
2	-	-	-	-	1	2	493
37	25	11	3	-	3	25	414
2	1	-	-	-	-	5	320
時　間　未　満							
161	91	47	21	4	27	38	466
27	20	6	3	1	1	6	426
9	3	3	-	-	1	4	368
18	6	1	3	-	1	6	437
1	-	2	-	-	-	1	452
90	58	32	14	3	21	17	529
9	-	1	1	-	1	2	376
時　間　未　満							
1 055	716	374	207	79	174	287	490
169	116	51	17	4	21	57	468
73	29	13	4	6	7	25	410
67	44	22	11	3	7	20	451
17	5	9	2	2	7	8	507
626	460	256	155	59	108	143	521
58	36	11	10	2	5	23	409
間　以　上							
439	292	203	122	51	139	125	526
51	51	30	13	3	20	21	492
31	19	13	5	1	6	16	440
41	21	10	7	6	7	5	511
11	4	2	-	1	6	1	506
266	170	130	81	40	83	61	565
19	12	5	6	-	4	11	445
詳							
60	29	19	12	1	10	56	434
3	4	-	-	-	1	7	439
6	-	-	-	-	-	3	369
8	-	-	1	-	-	6	431
1	-	-	-	-	-	1	277
20	16	15	8	1	5	31	504
6	2	-	-	-	-	2	357
て　い　な　い							
18	5	7	3	3	1	10	295
3	1	5	1	-	-	-	316
6	-	-	-	1	-	2	270
-	2	-	-	-	-	1	361
-	-	-	-	-	-	-	-
6	2	2	1	2	1	5	393
1	-	-	-	-	-	2	164

22-6表(3-1)

第22-6表　嫡出子数及び出生前1年間（平成12年）

総　数

母の就業変化パターン	総　数	収入なし	100万円未満	100〜200	200〜300	300〜400	400〜500
							総
総　数	21 647	229	197	446	1 454	3 068	3 861
Ⅰ　就業継続型　●●●	3 510	22	12	26	79	189	291
Ⅱ　一時離職型　●○●	1 988	22	29	69	213	353	368
Ⅲ　出産前離職型●○○	4 960	17	31	82	314	727	945
Ⅳ　出産後離職型●●○	881	5	9	9	30	62	101
Ⅴ　無職継続型　○○○	8 150	60	72	159	565	1 299	1 740
Ⅵ　就業開始型　○○●	1 050	24	25	60	150	256	226
							常　勤（育
総　数	2 105	7	2	3	14	41	111
Ⅰ　就業継続型　●●●	1 789	5	-	3	13	34	83
Ⅱ　一時離職型　●○●	55	1	-	-	1	1	6
Ⅲ　出産前離職型●○○	-	-	-	-	-	-	-
Ⅳ　出産後離職型●●○	224	1	2	-	-	5	16
Ⅴ　無職継続型　○○○	-	-	-	-	-	-	-
Ⅵ　就業開始型　○○●	3	-	-	-	-	-	1
							常　勤（育
総　数	1 168	12	6	5	32	71	128
Ⅰ　就業継続型　●●●	976	10	3	-	23	50	99
Ⅱ　一時離職型　●○●	76	-	2	2	4	10	15
Ⅲ　出産前離職型●○○	-	-	-	-	-	-	-
Ⅳ　出産後離職型●●○	69	2	-	-	-	2	9
Ⅴ　無職継続型　○○○	-	-	-	-	-	-	-
Ⅵ　就業開始型　○○●	27	-	1	2	3	6	2
							常　勤
総　数	19	-	1	-	2	2	2
Ⅰ　就業継続型　●●●	8	-	1	-	-	1	1
Ⅱ　一時離職型　●○●	5	-	-	-	1	-	-
Ⅲ　出産前離職型●○○	-	-	-	-	-	-	-
Ⅳ　出産後離職型●●○	1	-	-	-	-	-	-
Ⅴ　無職継続型　○○○	-	-	-	-	-	-	-
Ⅵ　就業開始型　○○●	3	-	-	-	1	1	1
							パ
総　数	875	21	10	30	91	158	168
Ⅰ　就業継続型　●●●	297	4	2	3	14	47	56
Ⅱ　一時離職型　●○●	327	10	3	10	45	58	69
Ⅲ　出産前離職型●○○	-	-	-	-	-	-	-
Ⅳ　出産後離職型●●○	35	-	-	2	2	6	4
Ⅴ　無職継続型　○○○	-	-	-	-	-	-	-
Ⅵ　就業開始型　○○●	93	4	2	6	17	23	15
							常　勤・
総　数	1 512	73	33	72	144	242	231
Ⅰ　就業継続型　●●●	440	3	6	20	29	57	52
Ⅱ　一時離職型　●○●	409	-	11	27	39	78	69
Ⅲ　出産前離職型●○○	-	-	-	-	-	-	-
Ⅳ　出産後離職型●●○	61	-	3	3	6	8	9
Ⅴ　無職継続型　○○○	-	-	-	-	-	-	-
Ⅵ　就業開始型　○○●	74	2	2	4	11	20	15
							無
総　数	15 968	116	145	336	1 171	2 554	3 221
Ⅰ　就業継続型　●●●	-	-	-	-	-	-	-
Ⅱ　一時離職型　●○●	1 116	11	13	30	123	206	209
Ⅲ　出産前離職型●○○	4 960	17	31	82	314	727	945
Ⅳ　出産後離職型●●○	491	2	4	4	22	41	63
Ⅴ　無職継続型　○○○	8 150	60	72	159	565	1 299	1 740
Ⅵ　就業開始型　○○●	850	18	20	48	118	206	192

注：就業変化パターンの総数にはその他を含む。

の収入・平均収入，母の育児休業状況・母の就業変化パターン・出生順位別

500〜600	600〜700	700〜800	800〜900	900〜1,000	1,000万円以上	不詳	平均収入(万円)
数							
3 432	2 553	1 760	1 160	649	1 451	1 387	563
391	474	464	397	283	690	192	771
283	203	106	61	36	82	163	505
863	606	410	225	126	183	431	542
150	109	116	74	41	105	70	676
1 471	995	590	339	145	316	399	518
122	66	19	20	4	17	61	401
児休業中)							
178	258	300	319	233	554	85	845
141	216	252	275	204	494	69	856
4	5	7	10	8	11	1	799
-	-	-	-	-	-	-	-
33	30	40	27	18	39	13	773
-	-	-	-	-	-	-	-
-	-	-	-	2	-	-	789
児休業中以外)							
166	194	183	104	63	144	60	717
133	166	164	94	60	131	43	744
11	11	6	3	-	6	6	555
-	-	-	-	-	-	-	-
18	12	10	5	2	4	5	643
-	-	-	-	-	-	-	-
2	3	2	1	-	2	3	484
(不詳)							
5	4	-	-	-	-	3	467
2	2	-	-	-	-	1	453
2	1	-	-	-	-	1	511
-	-	-	-	-	-	-	-
-	-	-	-	-	-	1	-
-	-	-	-	-	-	-	-
-	-	-	-	-	-	-	347
ート							
146	83	50	25	19	25	49	490
61	38	25	12	8	12	15	553
46	28	16	7	7	6	22	467
-	-	-	-	-	-	-	-
9	2	3	1	2	3	1	573
-	-	-	-	-	-	-	-
12	4	1	2	-	1	6	366
パート以外							
207	126	75	41	17	92	159	493
54	52	23	16	11	53	64	615
57	38	23	9	-	17	41	496
-	-	-	-	-	-	-	-
7	4	4	1	-	5	11	556
-	-	-	-	-	-	-	-
10	6	1	1	-	1	1	393
職							
2 730	1 888	1 152	671	317	636	1 031	524
-	-	-	-	-	-	-	-
163	120	54	32	21	42	92	500
863	606	410	225	126	183	431	542
83	61	59	40	19	54	39	657
1 471	995	590	339	145	316	399	518
98	53	15	16	2	13	51	401

22-6表（3-2）

第22-6表　嫡出子数及び出生前1年間（平成12年）

第1子

母の就業変化パターン	総数	収入なし	100万円未満	100～200	200～300	300～400	400～500
							総
総　数	10 703	132	107	244	694	1 444	1 832
I　就業継続型　●●●	1 811	10	3	10	24	79	140
II　一時離職型　●○●	995	14	12	36	107	186	170
III　出産前離職型●○○	4 153	17	30	72	251	588	794
IV　出産後離職型●●○	676	3	6	6	22	41	77
V　無職継続型　○○○	2 389	37	38	72	206	435	532
VI　就業開始型　○○●	220	12	11	29	39	38	37
							常　勤（育
総　数	1 311	6	2	2	9	22	79
I　就業継続型　●●●	1 066	4	-	2	9	15	56
II　一時離職型　●○●	35	1	-	-	-	1	4
III　出産前離職型●○○	-	-	-	-	-	-	-
IV　出産後離職型●●○	185	1	2	-	-	5	14
V　無職継続型　○○○	-	-	-	-	-	-	-
VI　就業開始型　○○●	2	-	-	-	-	-	-
							常　勤（育
総　数	601	4	1	2	12	41	65
I　就業継続型　●●●	507	4	1	-	7	34	52
II　一時離職型　●○●	32	-	-	1	3	6	5
III　出産前離職型●○○	-	-	-	-	-	-	-
IV　出産後離職型●●○	46	-	-	-	-	-	6
V　無職継続型　○○○	-	-	-	-	-	-	-
VI　就業開始型　○○●	7	-	-	1	1	1	-
							常　勤
総　数	10	-	1	-	-	2	1
I　就業継続型　●●●	4	-	1	-	-	1	-
II　一時離職型　●○●	2	-	-	-	-	-	-
III　出産前離職型●○○	-	-	-	-	-	-	-
IV　出産後離職型●●○	1	-	-	-	-	-	-
V　無職継続型　○○○	-	-	-	-	-	-	-
VI　就業開始型　○○●	2	-	-	-	-	1	1
							パ
総　数	320	11	3	17	37	58	49
I　就業継続型　●●●	86	1	-	2	4	11	10
II　一時離職型　●○●	131	5	1	6	19	31	24
III　出産前離職型●○○	-	-	-	-	-	-	-
IV　出産後離職型●●○	15	-	-	2	-	1	-
V　無職継続型　○○○	-	-	-	-	-	-	-
VI　就業開始型　○○●	22	2	1	2	6	3	2
							常　勤・
総　数	540	33	11	26	53	79	86
I　就業継続型　●●●	148	1	1	6	4	18	22
II　一時離職型　●○●	122	-	5	10	13	22	19
III　出産前離職型●○○	-	-	-	-	-	-	-
IV　出産後離職型●●○	28	-	2	1	4	1	7
V　無職継続型　○○○	-	-	-	-	-	-	-
VI　就業開始型　○○●	13	-	-	1	3	3	4
							無
総　数	7 921	78	89	197	583	1 242	1 552
I　就業継続型　●●●	-	-	-	-	-	-	-
II　一時離職型　●○●	673	8	6	19	72	126	118
III　出産前離職型●○○	4 153	17	30	72	251	588	794
IV　出産後離職型●●○	401	2	2	3	18	34	50
V　無職継続型　○○○	2 389	37	38	72	206	435	532
VI　就業開始型　○○●	174	10	10	25	29	30	30

注：就業変化パターンの総数にはその他を含む。

の収入・平均収入，母の育児休業状況・母の就業変化パターン・出生順位別

500〜600	600〜700	700〜800	800〜900	900〜1,000	1,000万円以上	不詳	平均収入(万円)
\multicolumn{8}{l}{数}
1 678	1 292	921	603	351	710	695	568
224	277	267	228	146	329	74	776
135	109	50	34	18	49	75	508
728	514	358	187	111	155	348	544
116	90	95	61	33	75	51	672
400	250	126	71	35	83	104	484
16	11	3	4	2	4	14	341
\multicolumn{8}{l}{児休業中）}
125	181	205	205	141	288	46	816
99	149	162	172	120	242	36	825
1	3	5	7	6	7	-	826
-	-	-	-	-	-	-	-
25	25	37	20	13	33	10	767
-	-	-	-	-	-	-	-
-	-	-	-	2	-	-	953
\multicolumn{8}{l}{児休業中以外）}
97	106	102	50	25	67	29	727
77	92	92	46	22	62	18	749
6	6	1	-	-	2	2	511
-	-	-	-	-	-	-	-
13	6	8	3	2	3	5	686
-	-	-	-	-	-	-	-
1	-	1	1	-	-	1	470
\multicolumn{8}{l}{（不　詳）}
2	2	-	-	-	-	2	434
1	1	-	-	-	-	-	381
1	-	-	-	-	-	1	500
-	-	-	-	-	-	1	-
-	-	-	-	-	-	-	-
-	-	-	-	-	-	-	-
-	-	-	-	-	-	-	400
\multicolumn{8}{l}{ー　ト}
61	29	17	8	6	5	19	459
27	15	4	4	1	3	4	558
14	6	7	3	2	2	11	432
-	-	-	-	-	-	-	-
5	1	2	1	2	-	1	584
-	-	-	-	-	-	-	-
3	1	-	-	-	-	2	293
\multicolumn{8}{l}{パート以外}
66	50	29	15	5	35	52	480
20	20	9	6	3	22	16	638
15	15	7	2	-	5	9	466
-	-	-	-	-	-	-	-
1	3	1	-	-	2	6	468
-	-	-	-	-	-	-	-
-	-	1	-	-	1	-	427
\multicolumn{8}{l}{職}
1 327	924	568	325	174	315	547	524
-	-	-	-	-	-	-	-
98	79	30	22	10	33	52	512
728	514	358	187	111	155	348	544
72	55	47	37	16	37	28	642
400	250	126	71	35	83	104	484
12	10	1	3	-	3	11	327

22-6表（3-3）

第22-6表 嫡出子数及び出生前1年間（平成12年）

第2子以上

母の就業変化パターン	総　数	収入なし	100万円未満	100～200	200～300	300～400	400～500
総　数	10 944	97	90	202	760	1 624	総 2 029
Ⅰ　就業継続型 ●●●	1 699	12	9	16	55	110	151
Ⅱ　一時離職型 ●○●	993	8	17	33	106	167	198
Ⅲ　出産前離職型 ●○○	807	-	1	10	63	139	151
Ⅳ　出産後離職型 ●●○	205	2	3	3	8	21	24
Ⅴ　無職継続型 ○○○	5 761	23	34	87	359	864	1 208
Ⅵ　就業開始型 ○○●	830	12	14	31	111	218	189
総　数	794	1	-	1	5	19	常　勤（育 32
Ⅰ　就業継続型 ●●●	723	1	-	1	4	19	27
Ⅱ　一時離職型 ●○●	20	-	-	-	1	-	2
Ⅲ　出産前離職型 ●○○	-	-	-	-	-	-	-
Ⅳ　出産後離職型 ●●○	39	-	-	-	-	-	2
Ⅴ　無職継続型 ○○○	-	-	-	-	-	-	-
Ⅵ　就業開始型 ○○●	1	-	-	-	-	-	1
総　数	567	8	5	3	20	30	常　勤（育 63
Ⅰ　就業継続型 ●●●	469	6	2	-	16	16	47
Ⅱ　一時離職型 ●○●	44	-	2	1	1	4	10
Ⅲ　出産前離職型 ●○○	-	-	-	-	-	-	-
Ⅳ　出産後離職型 ●●○	23	2	-	-	-	2	3
Ⅴ　無職継続型 ○○○	-	-	-	-	-	-	-
Ⅵ　就業開始型 ○○●	20	-	1	1	2	5	2
総　数	9	-	-	-	2	-	常　勤 1
Ⅰ　就業継続型 ●●●	4	-	-	-	-	-	1
Ⅱ　一時離職型 ●○●	3	-	-	-	1	-	-
Ⅲ　出産前離職型 ●○○	-	-	-	-	-	-	-
Ⅳ　出産後離職型 ●●○	-	-	-	-	-	-	-
Ⅴ　無職継続型 ○○○	-	-	-	-	-	-	-
Ⅵ　就業開始型 ○○●	1	-	-	-	1	-	-
総　数	555	10	7	13	54	100	パ 119
Ⅰ　就業継続型 ●●●	211	3	2	1	10	36	46
Ⅱ　一時離職型 ●○●	196	5	2	4	26	27	45
Ⅲ　出産前離職型 ●○○	-	-	-	-	-	-	-
Ⅳ　出産後離職型 ●●○	20	-	-	-	2	5	4
Ⅴ　無職継続型 ○○○	-	-	-	-	-	-	-
Ⅵ　就業開始型 ○○●	71	2	1	4	11	20	13
総　数	972	40	22	46	91	163	常　勤・ 145
Ⅰ　就業継続型 ●●●	292	2	5	14	25	39	30
Ⅱ　一時離職型 ●○●	287	-	6	17	26	56	50
Ⅲ　出産前離職型 ●○○	-	-	-	-	-	-	-
Ⅳ　出産後離職型 ●●○	33	-	1	2	2	7	2
Ⅴ　無職継続型 ○○○	-	-	-	-	-	-	-
Ⅵ　就業開始型 ○○●	61	2	2	3	8	17	11
総　数	8 047	38	56	139	588	1 312	無 1 669
Ⅰ　就業継続型 ●●●	-	-	-	-	-	-	-
Ⅱ　一時離職型 ●○●	443	3	7	11	51	80	91
Ⅲ　出産前離職型 ●○○	807	-	1	10	63	139	151
Ⅳ　出産後離職型 ●●○	90	-	2	1	4	7	13
Ⅴ　無職継続型 ○○○	5 761	23	34	87	359	864	1 208
Ⅵ　就業開始型 ○○●	676	8	10	23	89	176	162

注：就業変化パターンの総数にはその他を含む。

の収入・平均収入，母の育児休業状況・母の就業変化パターン・出生順位別

500～600	600～700	700～800	800～900	900～1,000	1,000万円以上	不　詳	平均収入 (万円)
数							
1 754	1 261	839	557	298	741	692	558
167	197	197	169	137	361	118	765
148	94	56	27	18	33	88	502
135	92	52	38	15	28	83	534
34	19	21	13	8	30	19	690
1 071	745	464	268	110	233	295	533
106	55	16	16	2	13	47	416
児休業中)							
53	77	95	114	92	266	39	894
42	67	90	103	84	252	33	903
3	2	2	3	2	4	1	750
-	-	-	-	-	-	-	-
8	5	3	7	5	6	3	805
-	-	-	-	-	-	-	-
-	-	-	-	-	-	-	462
児休業中以外)							
69	88	81	54	38	77	31	707
56	74	72	48	38	69	25	739
5	5	5	3	-	4	4	588
-	-	-	-	-	-	-	-
5	6	2	2	-	1	-	569
-	-	-	-	-	-	-	-
1	3	1	-	-	2	2	488
(　不　　詳)							
3	2	-	-	-	-	1	499
1	1	-	-	-	-	1	549
1	1	-	-	-	-	-	515
-	-	-	-	-	-	-	-
-	-	-	-	-	-	-	-
-	-	-	-	-	-	-	-
-	-	-	-	-	-	-	240
ー　ト							
85	54	33	17	13	20	30	507
34	23	21	8	7	9	11	551
32	22	9	4	5	4	11	490
-	-	-	-	-	-	-	-
4	1	1	-	-	3	-	565
-	-	-	-	-	-	-	-
9	3	1	2	-	1	4	387
パート以外							
141	76	46	26	12	57	107	501
34	32	14	10	8	31	48	603
42	23	16	7	-	12	32	510
-	-	-	-	-	-	-	-
6	1	3	1	-	3	5	626
-	-	-	-	-	-	-	-
10	6	-	1	-	-	1	385
職							
1 403	964	584	346	143	321	484	523
-	-	-	-	-	-	-	-
65	41	24	10	11	9	40	483
135	92	52	38	15	28	83	534
11	6	12	3	3	17	11	727
1 071	745	464	268	110	233	295	533
86	43	14	13	2	10	40	421

22-7表（3-1）

第22-7表　嫡出子数（子育てで出費がかさむと回答があった）及び出生前1年間

総　数

子育て費用	総数	収入なし	100万円未満	100～200	200～300	300～400	400～500
総　数	7 419	84	83	207	653	1 294	1 479
1万円未満	165	1	1	9	17	25	32
1万円	1 783	12	10	44	148	324	380
2万円	2 341	21	28	71	198	443	508
3万円	1 160	14	13	30	109	190	240
4万円	345	7	4	12	31	63	59
5万円	349	3	9	12	37	48	58
6～10万円	510	5	8	13	48	81	76
11万円以上	569	4	8	14	55	103	113
不　詳	197	17	2	2	10	17	13

I 就業継

子育て費用	総数	収入なし	100万円未満	100～200	200～300	300～400	400～500
総　数	990	8	5	11	32	76	111
1万円未満	14	-	-	1	-	1	1
1万円	162	-	1	2	7	11	18
2万円	258	2	3	3	6	24	26
3万円	171	3	-	2	5	13	22
4万円	56	2	-	-	2	5	2
5万円	82	-	-	1	-	5	8	13
6～10万円	138	-	-	1	5	6	16
11万円以上	85	-	-	2	1	7	11
不　詳	24	1	-	-	1	1	2

II 一時離

子育て費用	総数	収入なし	100万円未満	100～200	200～300	300～400	400～500
総　数	773	10	12	30	87	137	157
1万円未満	18	-	-	1	4	2	2
1万円	173	-	2	9	14	36	40
2万円	248	2	3	11	30	45	52
3万円	109	3	1	4	9	15	28
4万円	41	1	-	1	3	12	7
5万円	37	1	-	-	6	5	6
6～10万円	58	-	3	1	8	11	6
11万円以上	72	2	2	2	11	11	14
不　詳	17	1	1	1	2	-	2

III 出産前

子育て費用	総数	収入なし	100万円未満	100～200	200～300	300～400	400～500
総　数	1 635	4	14	35	144	288	352
1万円未満	25	1	-	-	4	5	7
1万円	346	-	1	6	26	54	71
2万円	545	1	5	13	42	99	143
3万円	293	-	2	8	38	50	52
4万円	78	1	1	2	7	15	16
5万円	77	-	3	4	7	15	13
6～10万円	76	-	-	-	8	20	10
11万円以上	155	-	2	2	12	26	38
不　詳	40	1	-	-	-	4	2

IV 出産後

子育て費用	総数	収入なし	100万円未満	100～200	200～300	300～400	400～500
総　数	258	-	3	2	14	28	34
1万円未満	3	-	-	-	-	1	-
1万円	50	-	1	-	2	6	7
2万円	76	-	-	-	6	7	8
3万円	48	-	1	-	1	7	6
4万円	18	-	1	-	1	2	3
5万円	11	-	-	1	1	1	2
6～10万円	15	-	-	-	1	2	3
11万円以上	24	-	-	-	2	1	5
不　詳	13	-	-	1	-	1	-

V 無職継

子育て費用	総数	収入なし	100万円未満	100～200	200～300	300～400	400～500
総　数	2 863	20	30	72	252	557	658
1万円未満	86	-	1	4	7	11	20
1万円	827	2	3	13	64	161	196
2万円	930	7	11	22	76	193	226
3万円	415	3	7	11	42	75	107
4万円	112	2	1	6	12	23	22
5万円	99	1	2	5	10	13	19
6～10万円	155	1	3	7	13	32	31
11万円以上	171	2	2	4	22	40	31
不　詳	68	2	-	-	6	9	6

VI 就業開

子育て費用	総数	収入なし	100万円未満	100～200	200～300	300～400	400～500
総　数	475	14	12	35	76	127	100
1万円未満	13	-	-	2	2	3	2
1万円	140	5	2	10	21	42	30
2万円	161	4	4	14	25	47	38
3万円	51	1	-	3	6	18	10
4万円	21	1	1	2	3	5	4
5万円	15	1	2	-	5	2	2
6～10万円	34	2	-	2	9	2	9
11万円以上	27	-	2	3	5	7	5
不　詳	13	-	1	-	-	1	-

注：1）出生児縦断第1回で「子育てで出費がかさむ」と回答があった嫡出子数である。
　　2）就業変化パターンの総数にはその他を含む。

（平成12年）の収入・平均収入，母の就業変化パターン・子育て費用・出生順位別

500～600	600～700	700～800	800～900	900～1,000	1,000万円以上	不　詳	平均収入 (万円)
数							
1 148	788	520	279	150	275	459	510
26	18	11	8	1	7	9	496
304	203	107	75	39	56	81	516
360	258	163	77	37	72	105	491
185	122	91	43	21	46	56	516
45	33	34	10	15	9	23	505
61	31	28	19	8	15	20	510
79	66	43	19	18	35	19	579
75	52	36	26	11	34	38	524
13	5	7	2	-	1	108	360
続型 ●●●							
135	156	136	81	55	129	55	703
4	-	2	1	-	3	1	693
24	26	20	13	8	21	11	664
41	45	34	26	8	30	10	668
22	26	27	13	8	21	9	666
8	11	13	2	7	3	1	660
12	10	10	5	6	8	4	658
15	24	17	11	13	27	3	899
6	14	11	10	5	15	3	730
3	-	2	-	-	1	13	502
職型 ●●○							
120	79	36	19	9	18	59	475
2	1	1	1	-	2	2	557
23	14	8	5	5	4	13	478
39	32	14	2	2	7	9	467
18	15	4	2	1	2	7	511
3	1	3	2	1	2	5	547
9	5	-	3	-	-	2	461
13	7	3	-	-	1	5	455
11	4	2	4	-	-	9	424
2	-	1	-	-	-	7	326
離職型●○○							
254	173	123	46	34	39	129	496
5	1	2	-	-	-	-	429
73	43	21	12	12	8	19	519
72	52	45	15	11	12	35	493
46	33	25	8	5	8	18	492
13	8	5	3	2	1	4	480
12	5	6	3	1	1	7	450
11	12	7	1	1	2	4	496
21	18	11	4	2	7	12	512
1	1	1	-	-	-	30	427
離職型●●○							
51	34	32	21	5	15	19	599
-	-	-	1	-	-	1	586
10	9	6	4	1	1	3	566
16	9	9	9	1	8	3	634
14	7	4	5	-	2	1	570
2	3	3	-	1	1	1	571
2	-	3	-	-	1	-	653
3	1	2	-	1	-	2	533
3	4	4	1	1	2	1	658
1	1	1	1	-	-	7	543
続型 ○○○							
482	300	168	89	38	52	145	477
12	13	6	4	1	2	5	493
147	100	48	37	12	16	28	497
162	103	54	21	11	8	36	460
72	34	23	9	6	11	15	489
14	8	10	1	2	2	9	441
18	9	8	6	1	2	5	471
25	21	10	3	2	3	4	455
27	9	7	7	3	8	9	495
5	3	2	1	-	-	34	412
始型 ○○●							
49	18	5	5	2	4	28	369
1	2	-	1	-	-	-	393
16	7	-	1	1	-	5	361
16	6	1	1	-	1	5	371
4	1	1	1	1	1	4	395
-	2	-	1	-	-	2	357
-	2	-	-	-	-	1	276
6	-	3	-	-	1	1	417
3	-	-	-	-	1	1	343
1	-	-	-	-	-	10	274

| 500～600 | 600～700 | 700～800 | 800～900 | 900～1,000 | 1,000万円以上 | 不　詳 | 平均収入
(万円) |

22-7表（3-2）

第22-7表 嫡出子数（子育てで出費がかさむと回答があった）及び出生前1年間

第1子

子育て費用	総数	収入なし	100万円未満	100～200	200～300	300～400	400～500
総　　数	3 267	47	45	99	282	530	総 636
1万円未満	32	1	1	2	1	8	6
1万円	572	6	2	15	47	92	116
2万円	1 030	13	16	36	82	189	227
3万円	631	11	6	17	65	85	126
4万円	190	3	4	8	17	36	33
5万円	185	3	8	7	17	25	28
6～10万円	231	2	3	6	18	38	33
11万円以上	301	1	4	8	31	49	64
不　　詳	95	7	1	-	4	8	3
総　　数	448	4	2	4	9	27	Ⅰ 就業継 41
1万円未満	4	-	-	1	-	-	1
1万円	57	-	-	-	1	4	6
2万円	122	1	1	2	1	10	9
3万円	81	3	-	-	2	3	7
4万円	27	-	-	-	1	2	-
5万円	35	-	-	1	-	2	4
6～10万円	71	-	-	-	2	4	9
11万円以上	41	-	-	1	1	1	4
不　　詳	10	-	-	-	1	1	-
総　　数	341	7	3	15	39	63	Ⅱ 一時離 69
1万円未満	7	-	-	1	-	2	1
1万円	59	-	-	3	6	15	15
2万円	103	2	1	5	13	20	18
3万円	63	3	1	3	4	7	14
4万円	20	1	-	1	2	4	5
5万円	14	1	-	-	3	2	3
6～10万円	33	-	1	1	3	8	5
11万円以上	35	-	-	1	7	5	8
不　　詳	7	-	-	-	1	-	-
総　　数	1 318	4	13	29	106	224	Ⅲ 出産前 282
1万円未満	14	-	-	-	1	4	3
1万円	255	-	-	4	17	37	56
2万円	434	1	5	11	29	79	113
3万円	262	-	2	7	33	40	46
4万円	63	1	1	2	4	13	13
5万円	70	-	3	4	6	13	10
6～10万円	56	-	-	-	7	13	7
11万円以上	130	-	2	1	9	21	34
不　　詳	34	1	-	-	-	4	-
総　　数	193	-	2	1	10	19	Ⅳ 出産後 27
1万円未満	2	-	-	-	-	1	-
1万円	35	-	-	-	1	2	6
2万円	58	-	-	-	5	5	6
3万円	37	-	1	-	-	5	5
4万円	12	-	1	-	-	1	3
5万円	8	-	-	1	1	1	1
6～10万円	13	-	-	-	1	2	3
11万円以上	19	-	-	-	2	1	3
不　　詳	9	-	-	-	-	1	-
総　　数	713	12	16	26	81	153	Ⅴ 無職継 174
1万円未満	4	-	1	-	-	1	1
1万円	132	1	1	4	12	33	29
2万円	234	5	7	7	24	56	68
3万円	143	2	1	5	22	22	44
4万円	54	1	1	4	7	14	10
5万円	36	1	2	1	3	4	6
6～10万円	38	-	1	3	3	7	8
11万円以上	51	1	2	2	9	14	7
不　　詳	21	1	-	-	1	2	1
総　　数	85	8	6	15	18	14	Ⅵ 就業開 10
1万円未満	1	-	-	-	-	-	-
1万円	13	3	1	2	4	-	-
2万円	35	2	2	8	6	8	7
3万円	12	1	-	2	-	2	1
4万円	3	-	1	-	1	-	-
5万円	4	1	1	-	1	-	1
6～10万円	7	-	-	-	2	1	-
11万円以上	6	-	-	2	2	1	1
不　　詳	4	-	1	-	-	-	-

注：1）出生児縦断第1回で「子育てで出費がかさむ」と回答があった嫡出子数である。
　　2）就業変化パターンの総数にはその他を含む。

(平成12年)の収入・平均収入, 母の就業変化パターン・子育て費用・出生順位別

500～600	600～700	700～800	800～900	900～1,000	1,000万円以上	不　詳	平均収入 (万円)
数							
487	363	255	130	74	120	199	520
7	-	1	2	-	1	2	445
109	67	36	22	16	22	22	545
139	114	86	38	19	39	32	496
107	75	48	27	12	21	31	525
24	16	17	8	7	3	14	481
27	20	19	11	4	5	11	495
32	39	18	8	10	14	10	636
37	29	25	13	6	15	19	517
5	3	5	1	-	-	58	380
続型 ●●●							
66	81	68	47	25	53	21	735
-	-	-	1	-	-	1	498
11	7	9	5	3	8	3	684
19	23	20	17	3	14	2	666
14	15	11	9	5	9	3	677
4	5	7	2	4	1	1	697
5	8	6	1	3	3	2	689
8	16	7	6	5	12	2	1 014
5	7	6	6	2	6	2	750
-	-	2	-	-	-	5	500
職型 ●○○							
49	37	13	8	5	9	24	466
1	-	-	-	-	1	1	514
8	2	3	2	3	2	-	476
15	16	5	-	2	5	1	475
9	12	2	2	-	1	5	506
-	-	-	2	-	-	5	397
2	1	-	1	-	-	1	394
7	5	1	-	-	-	2	436
5	1	2	1	-	-	5	429
2	-	-	-	-	-	4	417
離職型 ●○○							
206	148	105	38	28	35	100	502
4	-	1	-	-	-	-	417
55	36	14	8	9	8	11	528
60	41	39	12	9	11	24	499
43	32	23	8	5	6	17	498
10	6	4	3	1	1	4	478
11	5	6	3	1	1	7	457
5	12	6	1	1	2	2	516
17	15	11	3	2	6	9	517
1	1	1	-	-	-	26	416
離職型 ●●○							
36	26	30	17	4	10	11	603
-	-	-	1	-	-	-	586
6	7	6	3	-	1	3	601
11	8	9	6	1	5	2	633
11	5	4	5	-	1	-	572
1	1	3	-	1	1	-	602
1	-	3	-	-	-	-	489
2	1	1	-	-	1	2	513
3	3	3	1	1	2	-	674
1	1	1	1	-	-	4	617
続型 ○○○							
104	62	31	11	7	8	28	441
1	-	-	-	-	-	-	318
24	14	4	4	1	1	4	442
28	22	11	1	2	2	1	417
24	10	5	-	1	4	3	514
7	4	3	-	-	-	3	385
5	6	3	4	-	-	1	474
7	4	2	-	2	-	1	440
7	1	2	2	1	1	2	393
1	1	1	-	-	-	13	405
始型 ○○●							
5	-	-	1	1	-	7	258
1	-	-	-	-	-	-	500
2	-	-	-	-	-	1	189
1	-	-	-	-	-	1	266
-	-	-	-	1	-	2	310
-	-	-	-	-	-	-	220
-	-	-	-	-	-	-	174
1	-	-	1	-	-	-	333
-	-	-	-	-	-	-	257
-	-	-	-	-	-	3	15

22-7表（3-3）

第22-7表　嫡出子数（子育てで出費がかさむと回答があった）及び出生前1年間

第2子以上

子育て費用	総数	収入なし	100万円未満	100～200	200～300	300～400	400～500
総　　数	4 152	37	38	108	371	764	843
1万円未満	133	-	-	7	16	17	26
1万円	1 211	6	8	29	101	232	264
2万円	1 311	8	12	35	116	254	281
3万円	529	3	7	13	44	105	114
4万円	155	4	-	4	14	27	26
5万円	164	-	1	5	20	23	30
6～10万円	279	3	5	7	30	43	43
11万円以上	268	3	4	6	24	54	49
不　　詳	102	10	1	2	6	9	10

I 就業継

子育て費用	総数	収入なし	100万円未満	100～200	200～300	300～400	400～500
総　　数	542	4	3	7	23	49	70
1万円未満	10	-	-	-	-	1	-
1万円	105	-	1	2	6	7	12
2万円	136	1	2	1	5	14	17
3万円	90	-	-	2	3	10	15
4万円	29	2	-	-	1	3	2
5万円	47	-	-	-	5	6	9
6～10万円	67	-	-	1	3	2	7
11万円以上	44	-	-	1	-	6	7
不　　詳	14	1	-	-	-	-	1

II 一時離

子育て費用	総数	収入なし	100万円未満	100～200	200～300	300～400	400～500
総　　数	432	3	9	15	48	74	88
1万円未満	11	-	-	-	4	-	1
1万円	114	-	2	6	8	21	25
2万円	145	-	2	6	17	25	34
3万円	46	-	-	1	5	8	14
4万円	21	-	-	-	1	8	2
5万円	23	-	-	-	3	3	3
6～10万円	25	-	2	-	5	3	1
11万円以上	37	2	2	1	4	6	6
不　　詳	10	1	1	1	1	-	2

III 出産前

子育て費用	総数	収入なし	100万円未満	100～200	200～300	300～400	400～500
総　　数	317	-	1	6	38	64	70
1万円未満	11	-	-	-	3	1	4
1万円	91	-	1	2	9	17	15
2万円	111	-	-	2	13	20	30
3万円	31	-	-	1	5	10	6
4万円	15	-	-	-	3	2	3
5万円	7	-	-	-	1	2	3
6～10万円	20	-	-	-	1	7	3
11万円以上	25	-	-	1	3	5	4
不　　詳	6	-	-	-	-	-	2

IV 出産後

子育て費用	総数	収入なし	100万円未満	100～200	200～300	300～400	400～500
総　　数	65	-	1	1	4	9	7
1万円未満	1	-	-	-	-	-	-
1万円	15	-	1	-	1	4	1
2万円	18	-	-	-	1	2	2
3万円	11	-	-	-	1	2	1
4万円	6	-	-	-	1	1	-
5万円	3	-	-	-	-	-	1
6～10万円	2	-	-	-	-	-	-
11万円以上	5	-	-	-	-	-	2
不　　詳	4	-	-	1	-	-	-

V 無職継

子育て費用	総数	収入なし	100万円未満	100～200	200～300	300～400	400～500
総　　数	2 150	8	14	46	171	404	484
1万円未満	82	-	-	4	7	10	19
1万円	695	1	2	9	52	128	167
2万円	696	2	4	15	52	137	158
3万円	272	1	6	6	20	53	63
4万円	58	1	-	2	5	9	12
5万円	63	-	-	4	7	9	13
6～10万円	117	1	2	4	10	25	23
11万円以上	120	1	-	2	13	26	24
不　　詳	47	1	-	-	5	7	5

VI 就業開

子育て費用	総数	収入なし	100万円未満	100～200	200～300	300～400	400～500
総　　数	390	6	6	20	58	113	90
1万円未満	12	-	-	2	2	3	2
1万円	127	2	1	8	17	42	30
2万円	126	2	2	6	19	39	31
3万円	39	-	-	1	4	15	9
4万円	18	1	-	2	2	4	4
5万円	11	-	1	-	4	2	1
6～10万円	27	-	-	-	7	1	9
11万円以上	21	-	2	1	3	6	4
不　　詳	9	-	-	-	-	1	-

注：1）出生児縦断第1回で「子育てで出費がかさむ」と回答があった嫡出子数である。
　　2）就業変化パターンの総数にはその他を含む。

（平成12年）の収入・平均収入, 母の就業変化パターン・子育て費用・出生順位別

500～600	600～700	700～800	800～900	900～1,000	1,000万円以上	不 詳	平均収入(万円)
数							
661	425	265	149	76	155	260	502
19	18	10	6	1	6	7	508
195	136	71	53	23	34	59	502
221	144	77	39	18	33	73	487
78	47	43	16	9	25	25	504
21	17	17	2	8	6	9	533
34	11	9	8	4	10	9	527
47	27	25	11	8	21	9	533
38	23	11	13	5	19	19	533
8	2	2	-	-	1	50	346
続型 ●●●							
69	75	68	34	30	76	34	676
4	-	2	-	-	3	-	752
13	19	11	8	5	13	8	653
22	22	14	9	5	16	8	670
8	11	16	4	3	12	6	656
4	6	6	-	3	2	-	627
7	2	4	4	3	5	2	634
7	8	10	5	8	15	1	778
1	7	5	4	3	9	1	712
3	-	-	-	-	1	8	504
職型 ●○○							
71	42	23	11	4	9	35	482
1	1	1	1	-	1	1	583
15	12	5	3	2	2	13	479
24	16	9	2	-	2	8	461
9	3	2	-	1	1	2	517
3	1	3	-	1	2	-	655
7	4	-	2	-	-	1	500
6	2	2	-	-	1	3	483
6	3	-	3	-	-	4	419
-	-	1	-	-	-	3	288
離職型●○○							
48	25	18	8	6	4	29	470
1	1	1	-	-	-	-	444
18	7	7	4	3	-	8	491
12	11	6	3	2	1	11	469
3	1	2	-	-	2	1	445
3	2	1	-	1	-	-	489
1	-	-	-	-	-	-	387
6	-	1	-	-	-	2	435
4	3	-	1	-	1	3	483
-	-	-	-	-	-	4	468
離職型●●○							
15	8	2	4	1	5	8	586
-	-	-	-	-	-	1	-
4	2	-	1	1	-	-	492
5	1	-	3	-	3	1	640
3	2	-	-	-	1	-	563
1	2	-	-	-	-	1	498
1	-	-	-	-	1	-	1 092
1	-	1	-	-	-	-	640
-	1	1	-	-	-	1	578
-	-	-	-	-	-	3	170
続型 ○○○							
378	238	137	78	31	44	117	489
11	13	6	4	1	2	5	502
123	86	44	33	11	15	24	508
134	81	43	20	9	6	35	476
48	24	18	9	5	7	12	476
7	4	7	1	2	2	6	495
13	3	5	2	1	2	4	469
18	17	8	3	-	3	3	460
20	8	5	5	2	7	7	539
4	2	1	1	-	-	21	414
始型 ○○●							
44	18	5	4	1	4	21	392
-	2	-	1	-	-	-	384
14	7	-	1	1	-	4	378
15	6	1	-	-	1	4	400
4	1	1	1	-	1	2	418
-	2	-	1	-	-	2	383
2	-	-	-	-	-	1	318
5	-	3	-	-	-	1	438
3	-	-	-	-	1	1	369
1	-	-	-	-	-	7	403

22-8表（3-1）

第22-8表 嫡出子数（子育てで出費がかさむと回答しなかった）及び出生前

総　数

母の就業変化パターン	総　数	収入なし	100万円未満	100〜200	200〜300	300〜400	400〜500
総　数	14 228	145	114	239	801	1 774	総 2 382
Ⅰ　就業継続型 ●●●	2 520	14	7	15	47	113	180
Ⅱ　一時離職型 ●○●	1 215	12	17	39	126	216	211
Ⅲ　出産前離職型 ●○○	3 325	13	17	47	170	439	593
Ⅳ　出産後離職型 ●●○	623	5	6	7	16	34	67
Ⅴ　無職継続型 ○○○	5 287	40	42	87	313	742	1 082
Ⅵ　就業開始型 ○○●	575	10	13	25	74	129	126
総　数	953	8	4	23	68	122	1万 168
Ⅰ　就業継続型 ●●●	124	-	-	3	4	3	9
Ⅱ　一時離職型 ●○●	72	-	-	3	12	13	13
Ⅲ　出産前離職型 ●○○	176	-	2	2	9	26	28
Ⅳ　出産後離職型 ●●○	30	-	-	-	2	1	3
Ⅴ　無職継続型 ○○○	446	4	2	10	26	56	96
Ⅵ　就業開始型 ○○●	65	1	-	4	11	16	13
総　数	5 060	25	28	75	272	651	1 937
Ⅰ　就業継続型 ●●●	765	2	3	2	17	29	44
Ⅱ　一時離職型 ●○●	395	1	4	10	41	78	75
Ⅲ　出産前離職型 ●○○	1 173	3	4	17	63	162	225
Ⅳ　出産後離職型 ●●○	188	2	1	2	7	12	29
Ⅴ　無職継続型 ○○○	2 106	5	8	31	101	286	475
Ⅵ　就業開始型 ○○●	214	2	6	8	27	49	49
総　数	3 678	24	22	61	214	484	2 603
Ⅰ　就業継続型 ●●●	608	3	1	5	12	33	47
Ⅱ　一時離職型 ●○●	315	4	4	8	36	60	57
Ⅲ　出産前離職型 ●○○	971	2	3	14	42	133	179
Ⅳ　出産後離職型 ●●○	191	-	4	2	6	10	17
Ⅴ　無職継続型 ○○○	1 289	6	6	22	88	199	236
Ⅵ　就業開始型 ○○●	134	3	3	7	18	23	29
総　数	1 514	23	18	27	91	175	3 219
Ⅰ　就業継続型 ●●●	288	4	-	3	3	14	23
Ⅱ　一時離職型 ●○●	146	2	3	5	14	27	23
Ⅲ　出産前離職型 ●○○	410	5	2	3	25	48	56
Ⅳ　出産後離職型 ●●○	84	1	-	2	-	4	8
Ⅴ　無職継続型 ○○○	471	8	8	10	34	61	94
Ⅵ　就業開始型 ○○●	46	-	1	2	8	10	8
総　数	448	4	7	8	19	54	4 71
Ⅰ　就業継続型 ●●●	123	-	-	1	2	5	13
Ⅱ　一時離職型 ●○●	44	-	1	4	3	5	3
Ⅲ　出産前離職型 ●○○	86	-	2	-	-	9	22
Ⅳ　出産後離職型 ●●○	24	1	-	-	-	4	3
Ⅴ　無職継続型 ○○○	146	2	3	3	10	23	24
Ⅵ　就業開始型 ○○●	15	-	1	-	2	5	5
総　数	504	8	9	5	28	59	5 86
Ⅰ　就業継続型 ●●●	138	2	1	-	2	8	15
Ⅱ　一時離職型 ●○●	43	-	1	1	2	6	9
Ⅲ　出産前離職型 ●○○	99	-	1	1	4	16	16
Ⅳ　出産後離職型 ●●○	25	1	-	-	1	1	3
Ⅴ　無職継続型 ○○○	151	3	3	3	13	22	32
Ⅵ　就業開始型 ○○●	14	-	1	-	-	2	5
総　数	747	7	8	13	40	85	6〜 115
Ⅰ　就業継続型 ●●●	230	2	1	1	2	10	12
Ⅱ　一時離職型 ●○●	73	1	1	2	8	10	9
Ⅲ　出産前離職型 ●○○	113	1	1	4	7	19	23
Ⅳ　出産後離職型 ●●○	22	-	1	-	-	1	2
Ⅴ　無職継続型 ○○○	223	1	3	4	13	32	47
Ⅵ　就業開始型 ○○●	33	1	-	1	4	7	10
総　数	799	9	15	17	52	98	11万 128
Ⅰ　就業継続型 ●●●	175	1	1	-	5	9	15
Ⅱ　一時離職型 ●○●	83	2	2	5	8	13	18
Ⅲ　出産前離職型 ●○○	195	-	2	5	15	24	34
Ⅳ　出産後離職型 ●●○	32	-	-	-	-	1	2
Ⅴ　無職継続型 ○○○	254	3	8	3	19	35	50
Ⅵ　就業開始型 ○○●	24	1	-	-	2	9	4
総　数	3.8	-	6.1	3.7	3.7	3.7	平均子育て 3.7
Ⅰ　就業継続型 ●●●	4.8	-	7.1	2.3	4.0	5.1	5.4
Ⅱ　一時離職型 ●○●	4.1	-	9.1	6.9	3.2	3.5	4.4
Ⅲ　出産前離職型 ●○○	3.9	-	6.1	4.0	4.1	3.3	4.3
Ⅳ　出産後離職型 ●●○	3.6	-	3.2	2.0	1.5	2.8	3.5
Ⅴ　無職継続型 ○○○	3.3	-	6.3	2.5	3.8	3.6	3.1
Ⅵ　就業開始型 ○○●	3.7	-	2.0	1.5	2.8	5.7	3.3

注：1）出生児縦断第1回で「子育てで出費がかさむ」と回答しなかった嫡出子数である。
　　2）就業変化パターンの総数にはその他を含む。
　　3）子育て費用の総数には不詳を含む。

1年間（平成12年）の収入・平均収入，子育て費用・母の就業変化パターン・出生順位別

	500～600	600～700	700～800	800～900	900～1,000	1,000万円以上	不　詳	平均収入（万円）
数	2 284	1 765	1 240	881	499	1 176	928	591
	256	318	328	316	228	561	137	797
	163	124	70	42	27	64	104	524
	609	433	287	179	92	144	302	565
	99	75	84	53	36	90	51	709
	989	695	422	250	107	264	254	541
円未満	73	48	14	15	2	13	33	427
	161	120	88	63	23	56	49	560
	8	12	21	20	13	22	9	805
	14	4	5	2	1	2	3	477
	33	26	24	9	4	6	7	560
	4	6	3	1	2	4	4	681
	90	62	32	29	3	17	19	529
万円	8	6	2	-	-	1	3	415
	885	662	445	294	185	389	212	582
	80	90	102	99	82	181	34	804
	43	52	28	11	12	18	22	520
	231	157	90	64	32	52	73	559
	27	20	28	16	12	24	8	672
	435	303	180	89	41	95	57	539
万円	33	16	3	6	2	6	7	437
	601	453	351	238	145	281	201	589
	54	78	75	80	65	128	27	786
	48	34	18	13	3	14	16	503
	165	133	97	56	31	34	82	568
	36	29	28	14	13	27	5	706
	249	148	120	64	32	66	53	542
万円	18	12	6	4	-	2	9	422
	247	193	129	95	56	153	88	608
	30	40	32	40	31	63	5	787
	18	16	6	5	3	5	19	497
	82	58	36	21	11	30	33	603
	16	7	11	6	2	20	7	792
	86	55	37	22	9	27	20	533
万円	6	5	3	1	-	2	-	444
	58	43	47	33	19	58	27	651
	17	16	16	12	8	26	7	772
	9	2	2	3	2	5	5	593
	10	6	9	3	3	8	10	649
	1	4	3	3	1	4	-	693
	20	14	14	9	4	15	5	598
万円	-	1	-	1	-	-	-	391
	71	63	42	41	18	42	32	607
	13	18	18	17	7	29	8	773
	7	5	2	2	1	4	3	764
	17	14	6	10	6	2	6	568
	6	-	2	2	2	3	4	670
	21	24	11	8	2	3	6	486
	2	1	-	1	-	-	2	445
10万円	102	103	59	54	24	92	45	637
	27	35	35	27	11	60	7	813
	13	4	3	3	2	7	10	603
	18	11	7	6	2	4	10	519
	-	7	2	3	1	4	1	770
	35	37	10	10	7	12	12	550
円以上	3	3	-	1	-	1	2	473
	118	97	57	54	22	86	46	615
	23	26	21	19	9	44	2	820
	10	3	5	2	3	7	5	510
	40	23	14	7	2	7	22	521
	8	-	3	8	2	4	4	773
	33	36	13	14	6	22	12	598
費用（万円）	2	4	-	1	-	1	-	446
	3.5	3.9	3.4	3.8	3.5	5.1	-	...
	5.1	5.5	4.2	4.1	3.0	5.6	-	...
	4.4	2.7	4.0	4.1	4.1	5.8	-	...
	4.2	3.9	3.3	2.8	2.7	4.4	-	...
	4.3	2.3	3.1	5.7	6.1	3.0	-	...
	2.6	3.6	2.7	3.5	4.4	5.5	-	...
	2.1	5.5	1.7	3.9	1.0	3.4	-	...

22-8表(3-2)

第22-8表 嫡出子数(子育てで出費がかさむと回答しなかった)及び出生前

第1子

母の就業変化パターン		総　　数	収入なし	100万円未満	100～200	200～300	300～400	400～500
総　　数		7 436	85	62	145	412	914	総 1 196
I	就業継続型 ●●●	1 363	6	1	6	15	52	99
II	一時離職型 ●○●	654	7	9	21	68	123	101
III	出産前離職型 ●○○	2 835	13	17	43	145	364	512
IV	出産後離職型 ●●○	483	3	4	5	12	22	50
V	無職継続型 ○○○	1 676	25	22	46	125	282	358
VI	就業開始型 ○○●	135	4	5	14	21	24	27
総　　数		307	3	3	9	24	38	1万 50
I	就業継続型 ●●●	43	-	-	-	1	1	4
II	一時離職型 ●○●	36	-	-	1	7	7	6
III	出産前離職型 ●○○	130	-	2	2	8	17	20
IV	出産後離職型 ●●○	25	-	-	-	2	1	1
V	無職継続型 ○○○	60	1	1	3	5	11	16
VI	就業開始型 ○○●	5	1	-	3	-	-	1
総　　数		2 302	13	11	47	134	302	1 412
I	就業継続型 ●●●	383	2	-	1	5	10	25
II	一時離職型 ●○●	178	-	1	5	15	37	30
III	出産前離職型 ●○○	996	3	4	16	55	131	198
IV	出産後離職型 ●●○	144	1	1	2	5	9	22
V	無職継続型 ○○○	488	3	3	14	38	93	119
VI	就業開始型 ○○●	36	-	1	7	8	8	2
総　　数		2 158	13	16	41	118	282	2 350
I	就業継続型 ●●●	345	1	1	4	5	18	27
II	一時離職型 ●○●	184	3	4	5	22	35	31
III	出産前離職型 ●○○	840	2	3	13	37	113	156
IV	出産後離職型 ●●○	151	-	3	2	4	7	12
V	無職継続型 ○○○	510	3	3	12	36	87	100
VI	就業開始型 ○○●	45	1	2	3	6	8	10
総　　数		962	17	9	15	53	111	3 129
I	就業継続型 ●●●	175	1	-	1	2	6	15
II	一時離職型 ●○●	86	1	2	1	9	17	11
III	出産前離職型 ●○○	365	5	2	2	21	45	49
IV	出産後離職型 ●●○	65	1	-	1	-	1	6
V	無職継続型 ○○○	220	7	4	9	16	33	42
VI	就業開始型 ○○●	16	-	-	-	4	3	4
総　　数		291	4	6	2	12	28	4 50
I	就業継続型 ●●●	74	-	-	-	-	-	8
II	一時離職型 ●○●	23	-	-	1	2	1	1
III	出産前離職型 ●○○	76	-	2	-	2	7	20
IV	出産後離職型 ●●○	18	1	-	-	-	2	3
V	無職継続型 ○○○	88	2	3	1	8	15	14
VI	就業開始型 ○○●	5	-	1	-	1	-	3
総　　数		285	4	4	5	16	35	5 52
I	就業継続型 ●●●	70	1	-	-	1	2	8
II	一時離職型 ●○●	23	-	1	1	2	5	5
III	出産前離職型 ●○○	86	-	1	1	2	16	13
IV	出産後離職型 ●●○	19	-	-	-	1	-	1
V	無職継続型 ○○○	69	2	1	3	6	9	20
VI	就業開始型 ○○●	3	-	1	-	-	-	1
総　　数		376	4	3	8	15	41	6～ 55
I	就業継続型 ●●●	136	-	-	-	1	7	7
II	一時離職型 ●○●	38	-	-	2	3	6	4
III	出産前離職型 ●○○	86	1	1	3	4	13	16
IV	出産後離職型 ●●○	17	-	-	-	-	1	2
V	無職継続型 ○○○	68	1	2	2	4	10	17
VI	就業開始型 ○○●	10	1	-	1	1	1	3
総　　数		525	6	10	14	31	64	11万 78
I	就業継続型 ●●●	106	1	-	-	-	6	5
II	一時離職型 ●○●	57	-	1	4	7	12	10
III	出産前離職型 ●○○	176	-	2	5	13	20	31
IV	出産後離職型 ●●○	25	-	-	-	-	1	2
V	無職継続型 ○○○	129	3	5	2	9	19	26
VI	就業開始型 ○○●	13	1	-	-	1	3	3
総　　数		4.5	-	6.7	4.2	4.0	4.2	平均子育て 4.4
I	就業継続型 ●●●	5.4	-	2.0	2.0	2.1	7.2	3.9
II	一時離職型 ●○●	5.0	-	8.9	8.9	4.0	4.6	5.1
III	出産前離職型 ●○○	4.0	-	6.1	4.0	3.9	3.4	4.4
IV	出産後離職型 ●●○	3.7	-	1.8	1.8	1.5	2.9	4.1
V	無職継続型 ○○○	4.7	-	7.8	3.2	4.8	4.6	4.3
VI	就業開始型 ○○●	5.1	-	2.8	1.4	3.9	5.1	7.7

注:1) 出生児縦断第1回で「子育てで出費がかさむ」と回答しなかった嫡出子数である。
　　2) 就業変化パターンの総数にはその他を含む。
　　3) 子育て費用の総数には不詳を含む。

1年間（平成12年）の収入・平均収入，子育て費用・母の就業変化パターン・出生順位別

500～600	600～700	700～800	800～900	900～1,000	1,000万円以上	不　詳	平均収入（万円）
1 191	929	666	473	277	590	496	590
158	196	199	181	121	276	53	789
86	72	37	26	13	40	51	530
522	366	253	149	83	120	248	563
80	64	65	44	29	65	40	701
296	188	95	60	28	75	76	502
11	11	3	3	1	4	7	391
48	37	36	20	8	14	17	548
2	7	8	11	2	4	3	734
9	1	2	2	1	-	-	458
22	20	20	4	3	5	7	558
3	6	3	1	2	3	3	692
10	3	3	2	-	2	3	453
-	-	-	-	-	-	-	180
389	297	196	146	92	153	110	575
47	56	57	50	41	75	14	782
13	31	13	7	6	10	10	545
198	133	74	55	28	41	60	556
22	17	23	13	8	14	7	648
95	53	23	16	7	11	13	475
5	1	-	1	1	1	1	361
359	290	204	133	90	147	115	584
35	46	47	49	41	62	9	775
28	21	10	7	-	9	9	488
145	115	87	46	29	27	67	565
29	24	20	12	10	23	5	710
103	66	37	16	9	22	16	513
2	6	2	1	-	1	3	412
158	127	84	64	34	104	57	621
15	27	22	27	18	40	1	803
12	11	3	4	2	4	9	533
71	49	34	19	10	28	30	606
14	6	7	6	2	15	6	766
38	26	15	8	2	11	9	505
2	1	1	-	-	1	-	440
42	27	32	22	12	38	16	644
15	8	10	9	6	16	2	805
6	2	1	2	-	4	4	726
9	6	9	4	3	6	8	595
1	3	2	2	1	3	-	680
11	8	8	5	2	9	2	559
-	-	-	-	-	-	-	340
42	32	21	24	12	23	15	587
7	9	11	10	3	14	4	749
2	2	1	1	1	2	-	607
14	13	4	9	6	2	5	574
5	-	2	1	2	3	3	748
13	7	2	3	-	2	1	456
-	-	-	-	-	-	1	260
60	46	35	26	10	45	28	642
20	26	22	13	6	31	3	784
8	-	1	2	1	4	7	685
16	5	7	6	1	4	9	539
-	6	2	2	1	3	-	793
11	7	2	2	1	3	6	503
2	-	-	-	-	-	1	354
78	62	45	34	15	59	29	612
16	15	17	12	3	31	-	871
7	3	5	-	2	5	-	494
38	21	14	5	2	6	19	519
6	-	3	7	2	1	3	710
11	16	5	6	6	14	7	575
-	3	-	1	-	1	-	490
4.3	4.6	4.2	4.3	4.2	6.5	-	…
5.2	5.6	5.0	4.5	2.8	7.7	-	…
5.8	3.0	5.8	2.5	5.3	7.1	-	…
4.6	4.1	3.6	2.8	2.8	4.8	-	…
4.1	2.2	3.4	5.8	7.3	2.6	-	…
3.2	5.8	4.2	4.7	11.0	8.2	-	…
2.5	8.7	2.3	9.3	1.0	6.5	-	…

22-8表(3-3)

第22-8表 嫡出子数（子育てで出費がかさむと回答しなかった）及び出生前

第2子以上

母の就業変化パターン	総数	収入なし	100万円未満	100〜200	200〜300	300〜400	400〜500
総数	6 792	60	52	94	389	860	総 1 186
Ⅰ 就業継続型 ●●●	1 157	8	6	9	32	61	81
Ⅱ 一時離職型 ●○●	561	5	8	18	58	93	110
Ⅲ 出産前離職型 ●○○	490	-	-	4	25	75	81
Ⅳ 出産後離職型 ●●○	140	2	2	2	4	12	17
Ⅴ 無職継続型 ○○○	3 611	15	20	41	188	460	724
Ⅵ 就業開始型 ○○●	440	6	8	11	53	105	99
総数	646	5	1	14	44	84	1万 118
Ⅰ 就業継続型 ●●●	81	-	-	3	3	2	5
Ⅱ 一時離職型 ●○●	36	-	-	2	5	6	7
Ⅲ 出産前離職型 ●○○	46	-	-	-	1	9	8
Ⅳ 出産後離職型 ●●○	5	-	-	-	-	-	2
Ⅴ 無職継続型 ○○○	386	3	1	7	21	45	80
Ⅵ 就業開始型 ○○●	60	-	-	1	11	16	12
総数	2 758	12	17	28	138	349	1 525
Ⅰ 就業継続型 ●●●	382	-	3	1	12	19	19
Ⅱ 一時離職型 ●○●	217	1	3	5	26	41	45
Ⅲ 出産前離職型 ●○○	177	-	-	1	8	31	27
Ⅳ 出産後離職型 ●●○	44	1	-	-	2	3	7
Ⅴ 無職継続型 ○○○	1 618	2	5	17	63	193	356
Ⅵ 就業開始型 ○○●	178	2	5	1	19	41	47
総数	1 520	11	6	20	96	202	2 253
Ⅰ 就業継続型 ●●●	263	2	-	1	7	15	20
Ⅱ 一時離職型 ●○●	131	1	-	3	14	25	26
Ⅲ 出産前離職型 ●○○	131	-	-	1	5	20	23
Ⅳ 出産後離職型 ●●○	40	-	1	-	2	3	5
Ⅴ 無職継続型 ○○○	779	3	3	10	52	112	136
Ⅵ 就業開始型 ○○●	89	2	1	4	12	15	19
総数	552	6	9	12	38	64	3 90
Ⅰ 就業継続型 ●●●	113	3	-	2	1	8	8
Ⅱ 一時離職型 ●○●	60	1	1	4	5	10	12
Ⅲ 出産前離職型 ●○○	45	-	-	1	4	3	7
Ⅳ 出産後離職型 ●●○	19	-	-	1	-	3	2
Ⅴ 無職継続型 ○○○	251	1	4	1	18	28	52
Ⅵ 就業開始型 ○○●	30	-	1	2	4	7	4
総数	157	-	1	6	7	26	4 21
Ⅰ 就業継続型 ●●●	49	-	-	1	2	5	5
Ⅱ 一時離職型 ●○●	21	-	1	3	2	4	2
Ⅲ 出産前離職型 ●○○	10	-	-	1	-	2	1
Ⅳ 出産後離職型 ●●○	6	-	-	1	-	-	-
Ⅴ 無職継続型 ○○○	58	-	-	2	2	8	10
Ⅵ 就業開始型 ○○●	10	-	-	-	1	5	2
総数	219	4	5	-	12	24	5 34
Ⅰ 就業継続型 ●●●	68	1	1	-	1	6	7
Ⅱ 一時離職型 ●○●	20	-	-	-	-	1	4
Ⅲ 出産前離職型 ●○○	13	-	-	-	2	-	3
Ⅳ 出産後離職型 ●●○	6	1	-	-	-	1	1
Ⅴ 無職継続型 ○○○	82	1	2	-	7	13	12
Ⅵ 就業開始型 ○○●	11	-	-	-	-	2	4
総数	371	3	5	5	25	44	6〜 60
Ⅰ 就業継続型 ●●●	94	2	1	1	1	3	5
Ⅱ 一時離職型 ●○●	35	1	1	-	5	4	5
Ⅲ 出産前離職型 ●○○	27	-	-	1	3	6	7
Ⅳ 出産後離職型 ●●○	5	-	1	-	-	-	-
Ⅴ 無職継続型 ○○○	155	-	1	2	9	22	30
Ⅵ 就業開始型 ○○●	23	-	-	-	3	6	7
総数	274	3	5	3	21	34	11万 50
Ⅰ 就業継続型 ●●●	69	-	1	-	5	3	10
Ⅱ 一時離職型 ●○●	26	1	1	1	1	1	8
Ⅲ 出産前離職型 ●○○	19	-	-	-	2	4	3
Ⅳ 出産後離職型 ●●○	7	-	-	-	-	-	-
Ⅴ 無職継続型 ○○○	125	-	3	1	10	16	24
Ⅵ 就業開始型 ○○●	11	-	-	-	1	6	1
総数	3.0	-	5.2	2.9	3.3	3.3	平均子育て 3.0
Ⅰ 就業継続型 ●●●	4.1	-	8.0	2.6	4.9	3.4	7.3
Ⅱ 一時離職型 ●○●	3.0	-	9.4	4.7	2.3	2.0	3.7
Ⅲ 出産前離職型 ●○○	2.9	-	-	3.0	5.3	2.8	3.9
Ⅳ 出産後離職型 ●●○	3.3	-	6.0	3.0	1.5	2.6	1.6
Ⅴ 無職継続型 ○○○	2.7	-	4.6	1.9	3.2	3.0	2.5
Ⅵ 就業開始型 ○○●	3.2	-	1.4	1.9	2.3	5.9	2.0

注：1）出生児縦断第1回で「子育てで出費がかさむ」と回答しなかった嫡出子数である。
　　2）就業変化パターンの総数にはその他を含む。
　　3）子育て費用の総数には不詳を含む。

1年間（平成12年）の収入・平均収入, 子育て費用・母の就業変化パターン・出生順位別

500〜600	600〜700	700〜800	800〜900	900〜1,000	1,000万円以上	不　詳	平均収入（万円）
数							
1 093	836	574	408	222	586	432	592
98	122	129	135	107	285	84	807
77	52	33	16	14	24	53	518
87	67	34	30	9	24	54	576
19	11	19	9	7	25	11	735
693	507	327	190	79	189	178	559
62	37	11	12	1	9	26	438
円　未　満							
113	83	52	43	15	42	32	566
6	5	13	9	11	18	6	843
5	3	3	-	-	2	3	498
11	6	4	5	1	1	-	565
1	-	-	-	-	1	1	618
80	59	29	27	3	15	16	540
8	6	2	-	-	1	3	435
万　円							
496	365	249	148	93	236	102	587
33	34	45	49	41	106	20	826
30	21	15	4	6	8	12	499
33	24	16	9	4	11	13	572
5	3	5	3	4	10	1	750
340	250	157	73	34	84	44	559
28	15	3	5	1	5	6	452
万　円							
242	163	147	105	55	134	86	595
19	32	28	31	24	66	18	801
20	13	8	6	3	5	7	524
20	18	10	10	2	7	15	587
7	5	8	2	3	4	-	692
146	82	83	48	23	44	37	562
16	6	4	3	-	1	6	426
万　円							
89	66	45	31	22	49	31	587
15	13	10	13	13	23	4	762
6	5	3	1	1	1	10	442
11	9	2	2	1	2	3	580
2	1	4	-	-	5	1	878
48	29	22	14	7	16	11	558
4	4	2	1	-	1	-	446
万　円							
16	16	15	11	7	20	11	663
2	8	6	3	2	10	5	719
3	-	1	1	2	1	1	468
1	-	-	1	-	2	2	1 108
-	1	1	1	-	1	-	729
9	6	6	4	2	6	3	659
-	1	-	1	-	-	-	417
万　円							
29	31	21	17	6	19	17	633
6	9	7	7	4	15	4	797
5	3	1	1	-	2	3	977
3	1	2	1	-	-	1	525
1	-	-	1	-	-	1	421
8	17	9	5	2	1	5	512
2	1	-	1	-	-	1	482
10　万　円							
42	57	24	28	14	47	17	632
7	9	13	14	5	29	4	855
5	4	2	1	1	3	3	523
2	6	-	-	1	-	1	461
-	1	-	1	-	1	1	672
24	30	8	8	6	9	6	569
1	3	-	1	-	1	1	522
円　以　上							
40	35	12	20	7	27	17	622
7	11	4	7	6	13	2	738
3	-	-	2	1	2	5	555
2	2	-	2	-	1	3	532
2	-	-	-	-	3	1	1 003
22	20	8	8	-	8	5	622
2	1	-	-	-	-	-	394
費用（万円）							
2.6	3.2	2.3	3.3	2.7	3.8	-	...
4.9	5.2	3.0	3.6	3.2	3.6	-	...
2.9	2.1	2.0	5.3	3.1	3.9	-	...
2.2	2.6	1.5	2.7	1.9	2.9	-	...
5.6	2.6	2.1	5.2	1.4	4.2	-	...
2.3	2.8	2.2	3.1	2.1	4.4	-	...
2.0	4.5	1.5	2.6	1.0	2.0	-	...

第23-1表　嫡出子数及び出生後1年間（平成13年）

23-1表（2-1）

母の就業変化パターン	総　数	収入なし	100万円未満	100～200	200～300	300～400	400～500
総　数							
総　数	21 647	390	259	399	1 602	3 429	3 977
Ⅰ　就業継続型　●●●	3 510	47	21	40	107	268	490
Ⅱ　一時離職型　●○●	1 988	70	42	73	224	436	350
Ⅲ　出産前離職型　●○○	4 960	43	54	93	477	980	1 093
Ⅳ　出産後離職型　●●○	881	8	11	14	75	152	151
Ⅴ　無職継続型　○○○	8 150	73	83	105	471	1 195	1 526
Ⅵ　就業開始型　○○●	1 050	52	25	39	142	229	182
総　数 (13大)	4 638	91	56	68	237	585	768
Ⅰ　就業継続型　●●●	585	9	3	4	9	34	61
Ⅱ　一時離職型　●○●	371	12	7	14	23	68	64
Ⅲ　出産前離職型　●○○	1 143	17	14	18	90	203	237
Ⅳ　出産後離職型　●●○	177	-	1	3	8	23	29
Ⅴ　無職継続型　○○○	1 922	20	19	21	65	197	318
Ⅵ　就業開始型　○○●	184	8	4	3	24	33	28
総　数 (その)	12 846	222	131	241	916	2 041	2 432
Ⅰ　就業継続型　●●●	2 034	26	8	25	58	148	284
Ⅱ　一時離職型　●○●	1 167	42	21	40	133	264	210
Ⅲ　出産前離職型　●○○	2 931	21	30	57	257	567	657
Ⅳ　出産後離職型　●●○	510	6	5	7	52	78	92
Ⅴ　無職継続型　○○○	4 916	43	43	65	275	725	943
Ⅵ　就業開始型　○○●	651	28	14	28	81	153	125
総　数 (郡)	4 149	76	72	90	449	803	776
Ⅰ　就業継続型　●●●	891	12	10	11	40	86	145
Ⅱ　一時離職型　●○●	450	16	14	19	68	104	76
Ⅲ　出産前離職型　●○○	882	4	10	18	130	210	198
Ⅳ　出産後離職型　●●○	191	2	5	4	15	51	30
Ⅴ　無職継続型　○○○	1 306	10	21	19	131	273	265
Ⅵ　就業開始型　○○●	215	16	7	8	37	43	29
第1子							
総　数	10 703	205	126	233	936	1 881	2 067
Ⅰ　就業継続型　●●●	1 811	26	8	22	53	154	279
Ⅱ　一時離職型　●○●	995	46	19	41	126	238	168
Ⅲ　出産前離職型　●○○	4 153	39	46	82	408	852	921
Ⅳ　出産後離職型　●●○	676	7	7	11	58	127	121
Ⅴ　無職継続型　○○○	2 389	31	31	49	188	390	455
Ⅵ　就業開始型　○○●	220	20	4	13	45	47	30
総　数 (13大)	2 459	55	31	40	151	377	449
Ⅰ　就業継続型　●●●	348	6	3	2	6	28	37
Ⅱ　一時離職型　●○●	202	8	2	8	13	37	40
Ⅲ　出産前離職型　●○○	1 000	16	12	15	77	187	211
Ⅳ　出産後離職型　●●○	137	-	1	3	6	22	24
Ⅴ　無職継続型　○○○	620	8	9	9	27	86	109
Ⅵ　就業開始型　○○●	34	3	-	1	7	5	7
総　数 (その)	6 350	110	61	148	554	1 097	1 251
Ⅰ　就業継続型　●●●	1 067	16	3	16	33	86	166
Ⅱ　一時離職型　●○●	576	25	8	24	73	146	95
Ⅲ　出産前離職型　●○○	2 473	19	25	54	221	488	556
Ⅳ　出産後離職型　●●○	395	5	4	6	42	63	72
Ⅴ　無職継続型　○○○	1 436	19	14	28	123	232	281
Ⅵ　就業開始型　○○●	148	9	3	10	29	34	22
総　数 (郡)	1 887	39	34	45	231	407	367
Ⅰ　就業継続型　●●●	396	4	2	4	14	40	76
Ⅱ　一時離職型　●○●	217	13	9	9	40	55	33
Ⅲ　出産前離職型　●○○	677	3	9	13	110	177	154
Ⅳ　出産後離職型　●●○	142	2	2	2	10	42	25
Ⅴ　無職継続型　○○○	331	4	8	12	38	72	65
Ⅵ　就業開始型　○○●	38	8	1	2	9	8	1

注：1）就業変化パターンの総数にはその他を含む。
　　2）市郡別の総数には外国在住分を含む。

の収入・平均収入，市郡・母の就業変化パターン・出生順位別

500〜600	600〜700	700〜800	800〜900	900〜1,000	1,000万円以上	不　　詳	平均収入 (万円)
数							
3 420	2 183	1 416	871	443	928	2 330	518
509	451	373	254	165	316	469	648
244	136	70	40	18	62	223	444
822	425	218	127	47	91	490	466
131	87	48	34	12	45	113	521
1 443	934	619	369	172	347	813	535
134	66	24	19	9	23	106	409
都　市							
712	520	373	270	162	334	462	579
65	63	79	56	39	95	68	760
47	39	17	14	8	20	38	504
178	113	63	48	18	36	108	495
27	23	13	13	3	22	12	627
336	242	175	124	81	132	192	601
25	15	10	4	5	7	18	467
他 の 市							
2 107	1 321	857	491	233	495	1 359	513
291	280	226	141	97	181	269	647
144	73	40	20	9	34	137	442
521	261	134	67	24	50	285	468
82	43	28	18	6	17	76	504
912	577	380	217	82	182	472	529
81	45	7	13	3	13	60	407
部							
599	340	185	109	47	98	505	461
153	108	68	57	29	40	132	574
53	24	13	6	1	8	48	403
123	51	21	11	5	5	96	418
21	20	7	3	2	6	25	456
194	114	63	28	9	32	147	461
28	6	7	2	1	3	28	365
数							
1 683	954	623	364	167	368	1 096	491
280	232	203	122	72	137	223	627
115	57	23	17	7	27	111	416
675	348	181	92	38	70	401	458
109	58	34	28	9	28	79	502
437	215	152	87	34	94	226	502
13	9	5	5	1	6	22	364
都　市							
366	235	177	136	64	150	228	547
38	35	49	33	21	53	37	728
27	16	12	8	3	10	18	496
151	96	52	40	15	31	97	491
22	14	8	12	2	14	9	597
117	63	47	36	19	37	53	569
1	1	2	-	1	1	5	397
他 の 市							
1 057	588	373	183	88	192	648	486
164	151	124	62	41	70	135	614
65	34	8	6	4	16	72	415
441	219	116	44	20	38	232	462
67	32	22	13	6	10	53	485
280	132	86	50	14	52	125	491
11	6	1	4	-	5	14	379
部							
258	130	72	44	15	26	219	433
78	46	30	27	10	14	51	571
23	7	3	3	-	1	21	344
83	33	13	7	3	1	71	397
19	11	4	3	1	4	17	451
39	20	18	1	1	5	48	420
1	2	2	1	-	-	3	278

23－1表（2－2）

第23－1表　嫡出子数及び出生後1年間（平成13年）

母の就業変化パターン	総　数	収入なし	100万円未満	100～200	200～300	300～400	400～500
第2子以上							
総　数	10 944	185	133	166	666	1 548	総 1 910
Ⅰ　就業継続型　●●●	1 699	21	13	18	54	114	211
Ⅱ　一時離職型　●○●	993	24	23	32	98	198	182
Ⅲ　出産前離職型●○○	807	4	8	11	69	128	172
Ⅳ　出産後離職型●●○	205	1	4	3	17	25	30
Ⅴ　無職継続型　○○○	5 761	42	52	56	283	805	1 071
Ⅵ　就業開始型　○○●	830	32	21	26	97	182	152
総　数	2 179	36	25	28	86	208	13 大 319
Ⅰ　就業継続型　●●●	237	3	－	2	3	6	24
Ⅱ　一時離職型　●○●	169	4	5	6	10	31	24
Ⅲ　出産前離職型●○○	143	1	2	3	13	16	26
Ⅳ　出産後離職型●●○	40	－	－	－	2	1	5
Ⅴ　無職継続型　○○○	1 302	12	10	12	38	111	209
Ⅵ　就業開始型　○○●	150	5	4	2	17	28	21
総　数	6 496	112	70	93	362	944	その 1 181
Ⅰ　就業継続型　●●●	967	10	5	9	25	62	118
Ⅱ　一時離職型　●○●	591	17	13	16	60	118	115
Ⅲ　出産前離職型●○○	458	2	5	3	36	79	101
Ⅳ　出産後離職型●●○	115	1	1	1	10	15	20
Ⅴ　無職継続型　○○○	3 480	24	29	37	152	493	662
Ⅵ　就業開始型　○○●	503	19	11	18	52	119	103
総　数	2 262	37	38	45	218	396	郡 409
Ⅰ　就業継続型　●●●	495	8	8	7	26	46	69
Ⅱ　一時離職型　●○●	233	3	5	10	28	49	43
Ⅲ　出産前離職型●○○	205	1	1	5	20	33	44
Ⅳ　出産後離職型●●○	49	－	3	2	5	9	5
Ⅴ　無職継続型　○○○	975	6	13	7	93	201	200
Ⅵ　就業開始型　○○●	177	8	6	6	28	35	28

注：1）就業変化パターンの総数にはその他を含む。
　　2）市郡別の総数には外国在住分を含む。

の収入・平均収入，市郡・母の就業変化パターン・出生順位別

500～600	600～700	700～800	800～900	900～1,000	1,000万円以上	不　詳	平均収入（万円）
数							
1 737	1 229	793	507	276	560	1 234	544
229	219	170	132	93	179	246	670
129	79	47	23	11	35	112	473
147	77	37	35	9	21	89	505
22	29	14	6	3	17	34	586
1 006	719	467	282	138	253	587	549
121	57	19	14	8	17	84	422
都　市							
346	285	196	134	98	184	234	615
27	28	30	23	18	42	31	809
20	23	5	6	5	10	20	513
27	17	11	8	3	5	11	523
5	9	5	1	1	8	3	730
219	179	128	88	62	95	139	616
24	14	8	4	4	6	13	482
他　の　市							
1 050	733	484	308	145	303	711	540
127	129	102	79	56	111	134	683
79	39	32	14	5	18	65	467
80	42	18	23	4	12	53	506
15	11	6	5	-	7	23	577
632	445	294	167	68	130	347	544
70	39	6	9	3	8	46	415
部							
341	210	113	65	32	72	286	485
75	62	38	30	19	26	81	576
30	17	10	3	1	7	27	458
40	18	8	4	2	4	25	490
2	9	3	-	1	2	8	469
155	94	45	27	8	27	99	475
27	4	5	1	1	3	25	386

23-2表（2-1）

第23-2表　嫡出子数及び出生後1年間（平成13年）

母の就業変化パターン	総　数	収入なし	100万円未満	100～200	200～300	300～400	400～500
総　数							総
総　数	21 647	390	259	399	1 602	3 429	3 977
Ⅰ　就業継続型 ●●●	3 510	47	21	40	107	268	490
Ⅱ　一時離職型 ●●○	1 988	70	42	73	224	436	350
Ⅲ　出産前離職型 ●○○	4 960	43	54	93	477	980	1 093
Ⅳ　出産後離職型 ●●○	881	8	11	14	75	152	151
Ⅴ　無職継続型 ○○○	8 150	73	83	105	471	1 195	1 526
Ⅵ　就業開始型 ○○●	1 050	52	25	39	142	229	182
							核　家
総　数	16 524	114	158	250	1 073	2 525	3 097
Ⅰ　就業継続型 ●●●	2 340	5	10	19	66	174	310
Ⅱ　一時離職型 ●●○	1 334	2	25	49	139	307	235
Ⅲ　出産前離職型 ●○○	4 053	14	41	63	341	770	906
Ⅳ　出産後離職型 ●●○	668	1	4	10	53	104	122
Ⅴ　無職継続型 ○○○	6 640	29	51	69	319	898	1 249
Ⅵ　就業開始型 ○○●	693	4	11	21	88	156	138
							三　世　代
総　数	4 673	34	93	133	502	869	849
Ⅰ　就業継続型 ●●●	1 102	3	11	19	40	90	173
Ⅱ　一時離職型 ●●○	555	3	16	20	75	126	111
Ⅲ　出産前離職型 ●○○	846	6	12	27	132	202	181
Ⅳ　出産後離職型 ●●○	199	-	7	3	20	45	29
Ⅴ　無職継続型 ○○○	1 420	8	29	34	147	289	267
Ⅵ　就業開始型 ○○●	275	-	11	15	51	65	41
							母　子
総　数	450	242	8	16	27	35	31
Ⅰ　就業継続型 ●●●	68	39	-	2	1	4	7
Ⅱ　一時離職型 ●●○	99	65	1	4	10	3	4
Ⅲ　出産前離職型 ●○○	61	23	1	3	4	8	6
Ⅳ　出産後離職型 ●●○	14	7	-	1	2	3	-
Ⅴ　無職継続型 ○○○	90	36	3	2	5	8	10
Ⅵ　就業開始型 ○○●	82	48	3	3	3	8	3
							(再掲) 父が単身赴
総　数	106	1	2	5	8	17	16
Ⅰ　就業継続型 ●●●	13	1	-	-	-	-	3
Ⅱ　一時離職型 ●●○	9	-	-	1	2	1	1
Ⅲ　出産前離職型 ●○○	26	-	-	1	1	6	4
Ⅳ　出産後離職型 ●●○	3	-	-	1	-	2	-
Ⅴ　無職継続型 ○○○	38	-	1	-	2	5	7
Ⅵ　就業開始型 ○○●	12	-	1	2	1	3	1
第1子							
							総
総　数	10 703	205	126	233	936	1 881	2 067
Ⅰ　就業継続型 ●●●	1 811	26	8	22	53	154	279
Ⅱ　一時離職型 ●●○	995	46	19	41	126	238	168
Ⅲ　出産前離職型 ●○○	4 153	39	46	82	408	852	921
Ⅳ　出産後離職型 ●●○	676	7	7	11	58	127	121
Ⅴ　無職継続型 ○○○	2 389	31	31	49	188	390	455
Ⅵ　就業開始型 ○○●	220	20	4	13	45	47	30
							核　家
総　数	8 412	52	78	151	656	1 431	1 682
Ⅰ　就業継続型 ●●●	1 299	3	4	12	37	106	195
Ⅱ　一時離職型 ●●○	682	1	11	27	80	170	121
Ⅲ　出産前離職型 ●○○	3 451	14	34	54	294	673	786
Ⅳ　出産後離職型 ●●○	527	1	2	9	43	89	101
Ⅴ　無職継続型 ○○○	1 976	10	18	34	131	312	383
Ⅵ　就業開始型 ○○●	129	2	1	7	28	29	21
							三　世　代
総　数	2 046	14	46	73	265	428	369
Ⅰ　就業継続型 ●●●	473	1	4	9	15	45	79
Ⅱ　一時離職型 ●●○	255	3	8	11	41	67	46
Ⅲ　出産前離職型 ●○○	649	4	11	26	110	171	130
Ⅳ　出産後離職型 ●●○	137	-	5	2	13	35	20
Ⅴ　無職継続型 ○○○	374	3	12	13	55	74	69
Ⅵ　就業開始型 ○○●	62	-	3	5	16	15	21
							母　子
総　数	245	139	2	9	15	22	16
Ⅰ　就業継続型 ●●●	39	22	-	1	1	3	5
Ⅱ　一時離職型 ●●○	58	42	-	3	5	1	5
Ⅲ　出産前離職型 ●○○	53	21	1	2	4	8	5
Ⅳ　出産後離職型 ●●○	12	6	-	-	2	3	-
Ⅴ　無職継続型 ○○○	39	18	1	2	2	4	3
Ⅵ　就業開始型 ○○●	29	18	-	1	1	2	1
							(再掲) 父が単身赴
総　数	55	-	-	3	4	12	8
Ⅰ　就業継続型 ●●●	5	-	-	-	-	-	1
Ⅱ　一時離職型 ●●○	6	-	-	1	1	-	1
Ⅲ　出産前離職型 ●○○	23	-	-	1	1	6	4
Ⅳ　出産後離職型 ●●○	2	-	-	-	-	2	-
Ⅴ　無職継続型 ○○○	13	-	-	-	1	3	2
Ⅵ　就業開始型 ○○●	4	-	-	1	1	1	-

注：就業変化パターンの総数にはその他を含む。

の収入・平均収入，同居構成・母の就業変化パターン・出生順位別

500～600	600～700	700～800	800～900	900～1,000	1,000万円以上	不　詳	平均収入（万円）
数							
3 420	2 183	1 416	871	443	928	2 330	518
509	451	373	254	165	316	469	648
244	136	70	40	18	62	223	444
822	425	218	127	47	91	490	466
131	87	48	34	12	45	113	521
1 443	934	619	369	172	347	813	535
134	66	24	19	9	23	106	409
族　世　帯							
2 740	1 777	1 183	720	374	795	1 718	539
338	310	267	179	128	248	286	675
175	104	48	31	15	51	153	477
710	369	200	116	42	85	396	483
102	70	42	25	10	43	82	549
1 209	803	560	329	156	312	656	554
96	51	18	17	7	19	67	447
世　帯　等							
659	392	222	146	63	125	586	474
168	140	105	72	35	66	180	615
67	30	20	9	2	9	67	426
107	51	17	11	5	6	89	402
29	17	6	9	2	2	30	453
227	128	55	38	15	32	151	466
35	12	5	2	-	4	34	395
世　帯							
21	14	11	5	6	8	26	195
3	1	1	3	2	2	3	242
2	2	2	-	1	2	3	132
5	5	1	-	-	-	5	236
-	-	-	-	-	-	1	130
7	3	4	2	1	3	6	274
3	3	1	-	2	-	5	146
任中で同居していない							
10	11	7	3	3	6	17	519
1	1	1	1	1	2	2	755
-	2	-	-	1	-	1	438
3	5	1	-	-	-	5	452
-	-	-	-	-	-	-	276
5	2	4	2	1	3	6	560
-	1	-	-	-	-	3	298
数							
1 683	954	623	364	167	368	1 096	491
280	232	203	122	72	137	223	627
115	57	23	17	7	27	111	416
675	348	181	92	38	70	401	458
109	58	34	28	9	28	79	502
437	215	152	87	34	94	226	502
13	9	5	5	1	6	22	364
族　世　帯							
1 416	816	526	311	148	321	824	512
204	177	155	92	61	109	144	649
91	48	16	14	5	23	75	455
601	306	166	87	34	67	335	475
88	51	30	21	8	26	58	524
376	197	139	81	34	86	175	523
9	6	4	4	1	5	12	415
世　帯　等							
257	129	93	50	18	43	261	444
75	54	48	28	11	27	77	600
23	8	6	3	1	3	35	387
70	39	14	5	4	3	62	388
21	7	4	7	1	2	20	450
58	16	12	5	-	7	50	417
3	1	1	1	-	-	1	368
世　帯							
10	9	4	3	1	4	11	184
1	1	-	2	-	-	2	237
1	1	1	-	1	1	1	113
4	3	1	-	-	-	4	222
-	-	-	-	-	-	1	141
3	2	1	1	-	1	1	239
1	2	-	-	-	-	2	132
任中で同居していない							
5	6	3	2	1	3	8	532
-	1	-	1	-	1	1	1 035
-	-	-	-	1	-	1	464
3	3	1	-	-	-	4	434
-	-	-	-	-	-	-	343
2	1	1	1	-	1	1	544
-	-	-	-	-	-	1	257

247

第23-2表　嫡出子数及び出生後1年間（平成13年）

23-2表（2-2）

母の就業変化パターン	総　数	収入なし	100万円未満	100～200	200～300	300～400	400～500
第2子以上							
総　　数 （総）	10 944	185	133	166	666	1 548	1 910
I　就業継続型　●●●	1 699	21	13	18	54	114	211
II　一時離職型　●○●	993	24	23	32	98	198	182
III　出産前離職型　●○○	807	4	8	11	69	128	172
IV　出産後離職型　●●○	205	1	4	3	17	25	30
V　無職継続型　○○○	5 761	42	52	56	283	805	1 071
VI　就業開始型　○○●	830	32	21	26	97	182	152
総　　数 （核家）	8 112	62	80	99	417	1 094	1 415
I　就業継続型　●●●	1 041	2	6	7	29	68	115
II　一時離職型　●○●	652	1	14	22	59	137	114
III　出産前離職型　●○○	602	-	7	9	47	97	120
IV　出産後離職型　●●○	141	-	2	1	10	15	21
V　無職継続型　○○○	4 664	19	33	35	188	586	866
VI　就業開始型　○○●	564	2	10	14	60	127	117
総　　数 （三世代）	2 627	20	47	60	237	441	480
I　就業継続型　●●●	629	2	7	10	25	45	94
II　一時離職型　●○●	300	-	8	9	34	59	65
III　出産前離職型　●○○	197	2	1	1	22	31	51
IV　出産後離職型　●●○	62	-	2	1	7	10	9
V　無職継続型　○○○	1 046	5	17	21	92	215	198
VI　就業開始型　○○●	213	-	8	10	35	50	33
総　　数 （母子）	205	103	6	7	12	13	15
I　就業継続型　●●●	29	17	-	1	-	1	2
II　一時離職型　●○●	41	23	1	1	5	2	3
III　出産前離職型　●○○	8	2	-	1	-	-	1
IV　出産後離職型　●●○	2	1	-	-	-	-	-
V　無職継続型　○○○	51	18	2	-	3	4	7
VI　就業開始型　○○●	53	30	3	2	2	5	2
総　　数 （再掲）父が単身赴	51	1	2	2	4	5	8
I　就業継続型　●●●	8	1	-	-	-	-	2
II　一時離職型　●○●	3	-	-	-	1	1	-
III　出産前離職型　●○○	3	-	-	-	-	-	-
IV　出産後離職型　●●○	1	-	-	1	-	-	-
V　無職継続型　○○○	25	-	1	-	1	2	5
VI　就業開始型　○○●	8	-	1	1	-	2	1

注：就業変化パターンの総数にはその他を含む。

の収入・平均収入，同居構成・母の就業変化パターン・出生順位別

500～600	600～700	700～800	800～900	900～1,000	1,000万円以上	不　詳	平均収入 （万円）
数							
1 737	1 229	793	507	276	560	1 234	544
229	219	170	132	93	179	246	670
129	79	47	23	11	35	112	473
147	77	37	35	9	21	89	505
22	29	14	6	3	17	34	586
1 006	719	467	282	138	253	587	549
121	57	19	14	8	17	84	422
族　世　帯							
1 324	961	657	409	226	474	894	567
134	133	112	87	67	139	142	709
84	56	32	17	10	28	78	501
109	63	34	29	8	18	61	525
14	19	12	4	2	17	24	652
833	606	421	248	122	226	481	567
87	45	14	13	6	14	55	455
世　帯　等							
402	263	129	96	45	82	325	498
93	86	57	44	24	39	103	626
44	22	14	6	1	6	32	458
37	12	3	6	1	3	27	448
8	10	2	2	1	-	10	458
169	112	43	33	15	25	101	483
32	11	4	1	-	3	26	403
世　帯							
11	5	7	2	5	4	15	208
2	-	1	1	2	1	1	249
1	1	1	-	-	1	2	159
1	2	-	-	-	-	1	334
-	-	-	-	-	-	-	71
4	1	3	1	1	2	5	303
2	1	1	-	2	-	3	154
任中で同居していない							
5	5	4	1	2	3	9	503
1	-	1	-	1	1	1	594
-	1	-	-	-	-	-	395
-	2	-	-	-	-	1	626
-	-	-	-	-	-	-	142
3	1	3	1	1	2	5	570
-	1	-	-	-	-	2	319

23-3表(3-1)

第23-3表 嫡出子数及び出生後1年間(平成13年)

総　数

母の就業変化パターン	総　数	収入なし	100万円未満	100～200	200～300	300～400	400～500
総　　数	21 647	16 659	1 987	1 074	558	385	総 206
Ⅰ　就業継続型　●●●	3 510	528	653	771	468	348	186
Ⅱ　一時離職型　●○●	1 988	922	728	166	42	19	9
Ⅲ　出産前離職型●○○	4 960	4 892	61	4	1	-	1
Ⅳ　出産後離職型●●○	881	678	78	46	22	7	3
Ⅴ　無職継続型　○○○	8 150	8 084	56	5	2	1	2
Ⅵ　就業開始型　○○●	1 050	646	309	52	8	2	4
総　　数	884	720	108	20	6	3	中 1
Ⅰ　就業継続型　●●●	39	4	15	7	4	1	1
Ⅱ　一時離職型　●○●	127	55	53	6	2	1	-
Ⅲ　出産前離職型●○○	189	186	3	-	-	-	-
Ⅳ　出産後離職型●●○	20	16	2	1	-	-	-
Ⅴ　無職継続型　○○○	360	352	7	-	-	1	-
Ⅵ　就業開始型　○○●	91	62	21	4	-	-	-
総　　数	294	218	40	11	6	2	専修・専門学校 -
Ⅰ　就業継続型　●●●	38	7	11	5	5	2	-
Ⅱ　一時離職型　●○●	43	14	20	3	1	-	-
Ⅲ　出産前離職型●○○	70	69	-	-	-	-	-
Ⅳ　出産後離職型●●○	9	6	2	1	-	-	-
Ⅴ　無職継続型　○○○	98	98	-	-	-	-	-
Ⅵ　就業開始型　○○●	18	12	4	1	-	-	-
総　　数	8 488	6 713	835	336	186	125	高 53
Ⅰ　就業継続型　●●●	1 125	177	241	231	158	113	50
Ⅱ　一時離職型　●○●	850	417	323	55	13	7	1
Ⅲ　出産前離職型●○○	2 006	1 977	26	2	1	-	1
Ⅳ　出産後離職型●●○	310	239	28	17	7	2	-
Ⅴ　無職継続型　○○○	3 291	3 265	23	3	-	-	-
Ⅵ　就業開始型　○○●	483	290	153	21	3	-	-
総　　数	3 774	2 733	362	250	144	87	専修・専門学校 47
Ⅰ　就業継続型　●●●	789	117	124	182	126	81	43
Ⅱ　一時離職型　●○●	383	175	143	41	9	3	1
Ⅲ　出産前離職型●○○	828	819	9	-	-	-	-
Ⅳ　出産後離職型●●○	199	152	17	8	5	2	1
Ⅴ　無職継続型　○○○	1 231	1 223	5	1	1	-	-
Ⅵ　就業開始型　○○●	187	115	50	12	3	1	2
総　　数	5 066	4 078	346	223	130	94	短大 42
Ⅰ　就業継続型　●●●	761	127	134	158	109	86	34
Ⅱ　一時離職型　●○●	342	163	103	35	10	3	3
Ⅲ　出産前離職型●○○	1 252	1 238	12	1	1	-	-
Ⅳ　出産後離職型●●○	237	182	22	15	5	3	2
Ⅴ　無職継続型　○○○	2 096	2 080	15	1	-	-	-
Ⅵ　就業開始型　○○●	179	114	49	8	2	-	2
総　　数	2 837	2 004	260	212	72	68	大 53
Ⅰ　就業継続型　●●●	701	89	118	179	59	63	51
Ⅱ　一時離職型　●○●	224	93	80	21	7	5	2
Ⅲ　出産前離職型●○○	586	575	10	1	-	-	-
Ⅳ　出産後離職型●●○	101	79	6	4	5	-	-
Ⅴ　無職継続型　○○○	1 033	1 026	6	-	-	-	-
Ⅵ　就業開始型　○○●	83	50	28	5	-	-	-
総　　数	122	59	18	12	7	2	大 9
Ⅰ　就業継続型　●●●	49	5	8	8	6	2	7
Ⅱ　一時離職型　●○●	14	3	5	3	-	-	2
Ⅲ　出産前離職型●○○	23	22	1	-	-	-	-
Ⅳ　出産後離職型●●○	4	3	1	-	-	-	-
Ⅴ　無職継続型　○○○	24	23	-	-	-	1	-
Ⅵ　就業開始型　○○●	6	2	2	1	-	-	-
総　　数	19	12	3	3	1	-	そ -
Ⅰ　就業継続型　●●●	3	-	1	1	1	-	-
Ⅱ　一時離職型　●○●	5	2	1	2	-	-	-
Ⅲ　出産前離職型●○○	2	2	-	-	-	-	-
Ⅳ　出産後離職型●●○	1	1	-	-	-	-	-
Ⅴ　無職継続型　○○○	6	6	-	-	-	-	-
Ⅵ　就業開始型　○○●	1	-	1	-	-	-	-
総　　数	163	122	15	7	6	4	不 1
Ⅰ　就業継続型　●●●	5	2	1	-	-	-	-
Ⅱ　一時離職型　●○●	-	-	-	-	-	-	-
Ⅲ　出産前離職型●○○	4	4	-	-	-	-	-
Ⅳ　出産後離職型●●○	-	-	-	-	-	-	-
Ⅴ　無職継続型　○○○	11	11	-	-	-	-	-
Ⅵ　就業開始型　○○●	2	1	1	-	-	-	-

注:就業変化パターンの総数にはその他を含む。

の母の収入・母の平均収入，母の学歴・母の就業変化パターン・出生順位別

500〜600	600〜700	700〜800	800〜900	900〜1,000	1,000万円以上	不　詳	母の平均収入 （万円）

数

93	40	16	7	4	13	605	32
85	34	11	6	4	10	406	172
4	1	3	-	-	2	92	41
-	1	-	-	-	-	42	1
2	1	-	1	-	1	1	26
-	-	1	-	-	-	26	0
-	2	1	-	-	-		23

学　校

-	-	-	-	-	-	26	11
-	-	-	-	-	-	7	110
-	-	-	-	-	-	10	30
-	-	-	-	-	-	-	0
-	-	-	-	-	-	1	9
-	-	-	-	-	-	-	2
-	-	-	-	-	-	4	14

（中学校卒業後）

-	1	-	-	-	-	16	22
-	-	-	-	-	-	8	107
-	-	-	-	-	-	5	39
-	1	-	-	-	-	-	9
-	-	-	-	-	-	-	25
-	-	-	-	-	-	1	16

校

10	3	1	-	-	1	225	24
7	1	1	-	-	1	145	150
1	-	-	-	-	-	33	32
-	-	-	-	-	-	-	1
1	-	-	-	-	-	16	21
-	-	-	-	-	-	-	0
-	1	-	-	-	-	14	19

（高校卒業後）

21	6	2	1	-	2	119	41
20	5	2	1	-	2	86	175
-	-	-	-	-	-	11	40
-	-	-	-	-	-	-	0
1	1	-	-	-	-	12	28
-	-	-	-	-	-	1	1
-	-	-	-	-	-	4	30

・高専

18	4	3	-	1	5	122	30
17	2	2	-	1	4	87	171
1	1	1	-	-	1	21	54
-	-	-	-	-	-	-	1
-	-	-	-	-	-	8	25
-	-	-	-	-	-	-	0
-	1	-	-	-	-	3	26

学

39	23	7	6	3	4	86	55
37	23	5	5	3	2	67	207
2	-	1	-	-	1	12	61
-	-	-	-	-	-	-	1
-	-	-	1	-	1	5	43
-	-	1	-	-	-	-	1
-	-	-	-	-	-	-	22

学　院

4	3	3	-	-	1	4	131
4	3	1	-	-	1	4	265
-	-	1	-	-	-	-	158
-	-	-	-	-	-	-	1
-	-	-	-	-	-	-	20
-	-	-	-	-	-	-	10
-	-	1	-	-	-	-	144

の　他

| - | - | - | - | - | - | - | 43 |
| - | - | - | - | - | - | - | 153 |
-	-	-	-	-	-	-	70
-	-	-	-	-	-	-	10

詳

| 1 | - | - | - | - | - | 7 | 34 |
-	-	-	-	-	-	2	30
-	-	-	-	-	-	-	6

| 500〜600 | 600〜700 | 700〜800 | 800〜900 | 900〜1,000 | 1,000万円以上 | 不　詳 | 母の平均収入 |

23-3表（3-2）

第23-3表　嫡出子数及び出生後1年間（平成13年）

第1子

母の就業変化パターン	総　数	収入なし	100万円未満	100～200	200～300	300～400	400～500
総　　　数	10 703	8 426	841	510	292	185	総 105
Ⅰ　就業継続型 ●●●	1 811	338	318	388	244	168	93
Ⅱ　一時離職型 ●○●	995	548	316	63	18	6	6
Ⅲ　出産前離職型 ●○○	4 153	4 107	41	3	1	-	1
Ⅳ　出産後離職型 ●●○	676	537	57	29	18	7	2
Ⅴ　無職継続型 ○○○	2 389	2 373	11	2	2	2	-
Ⅵ　就業開始型 ○○●	220	136	62	13	2	-	2
総　　　数	382	331	34	3	4	-	中 -
Ⅰ　就業継続型 ●●●	9	-	4	-	3	-	-
Ⅱ　一時離職型 ●○●	52	28	18	2	1	-	-
Ⅲ　出産前離職型 ●○○	131	129	2	-	-	-	-
Ⅳ　出産後離職型 ●●○	13	11	1	-	-	-	-
Ⅴ　無職継続型 ○○○	123	121	2	-	-	-	-
Ⅵ　就業開始型 ○○●	24	15	7	1	-	-	-
総　　　数	142	110	16	3	4	2	専修・専門学校 -
Ⅰ　就業継続型 ●●●	19	5	5	2	3	2	-
Ⅱ　一時離職型 ●○●	19	7	7	-	1	-	-
Ⅲ　出産前離職型 ●○○	58	58	-	-	-	-	-
Ⅳ　出産後離職型 ●●○	5	4	1	-	-	-	-
Ⅴ　無職継続型 ○○○	27	27	-	-	-	-	-
Ⅵ　就業開始型 ○○●	6	3	2	1	-	-	-
総　　　数	3 849	3 162	292	139	84	64	高 23
Ⅰ　就業継続型 ●●●	520	115	93	98	74	59	21
Ⅱ　一時離職型 ●○●	391	224	128	20	3	2	1
Ⅲ　出産前離職型 ●○○	1 613	1 598	13	1	-	-	1
Ⅳ　出産後離職型 ●●○	232	190	20	8	4	2	-
Ⅴ　無職継続型 ○○○	842	840	1	1	-	-	-
Ⅵ　就業開始型 ○○●	87	54	24	7	1	-	-
総　　　数	1 912	1 439	154	114	73	37	専修・専門学校 21
Ⅰ　就業継続型 ●●●	403	75	63	89	63	34	19
Ⅱ　一時離職型 ●○●	197	112	62	16	4	1	-
Ⅲ　出産前離職型 ●○○	692	686	6	-	-	-	-
Ⅳ　出産後離職型 ●●○	153	123	9	6	4	2	1
Ⅴ　無職継続型 ○○○	356	353	-	1	1	-	-
Ⅵ　就業開始型 ○○●	41	29	8	1	1	-	1
総　　　数	2 692	2 183	171	122	76	49	短大 22
Ⅰ　就業継続型 ●●●	424	79	74	95	63	44	17
Ⅱ　一時離職型 ●○●	180	100	50	12	5	1	2
Ⅲ　出産前離職型 ●○○	1 111	1 099	10	1	1	1	-
Ⅳ　出産後離職型 ●●○	192	148	19	11	5	3	1
Ⅴ　無職継続型 ○○○	674	669	5	-	-	-	-
Ⅵ　就業開始型 ○○●	37	22	10	2	-	-	1
総　　　数	1 558	1 099	153	113	42	29	大 33
Ⅰ　就業継続型 ●●●	397	60	71	96	33	27	32
Ⅱ　一時離職型 ●○●	144	73	48	10	4	2	1
Ⅲ　出産前離職型 ●○○	524	514	9	1	-	-	-
Ⅳ　出産後離職型 ●●○	77	58	6	4	5	-	-
Ⅴ　無職継続型 ○○○	346	343	3	-	-	-	-
Ⅵ　就業開始型 ○○●	22	12	9	1	-	-	-
総　　　数	83	41	12	9	6	2	大 6
Ⅰ　就業継続型 ●●●	34	3	6	7	5	2	4
Ⅱ　一時離職型 ●○●	9	3	2	2	-	-	2
Ⅲ　出産前離職型 ●○○	20	19	1	-	-	-	-
Ⅳ　出産後離職型 ●●○	4	3	1	-	-	-	-
Ⅴ　無職継続型 ○○○	13	12	-	-	1	-	-
Ⅵ　就業開始型 ○○●	2	1	1	-	-	-	-
総　　　数	10	5	3	2	-	-	そ -
Ⅰ　就業継続型 ●●●	2	-	1	1	-	-	-
Ⅱ　一時離職型 ●○●	3	1	1	1	-	-	-
Ⅲ　出産前離職型 ●○○	1	1	-	-	-	-	-
Ⅳ　出産後離職型 ●●○	-	-	-	-	-	-	-
Ⅴ　無職継続型 ○○○	3	3	-	-	-	-	-
Ⅵ　就業開始型 ○○●	1	-	1	-	-	-	-
総　　　数	75	56	6	5	3	2	不 -
Ⅰ　就業継続型 ●●●	3	1	1	-	-	-	-
Ⅱ　一時離職型 ●○●	-	-	-	-	-	-	-
Ⅲ　出産前離職型 ●○○	3	3	-	-	-	-	-
Ⅳ　出産後離職型 ●●○	-	-	-	-	-	-	-
Ⅴ　無職継続型 ○○○	5	5	-	-	-	-	-
Ⅵ　就業開始型 ○○●	-	-	-	-	-	-	-

注：就業変化パターンの総数にはその他を含む。

の母の収入・母の平均収入，母の学歴・母の就業変化パターン・出生順位別

500～600	600～700	700～800	800～900	900～1,000	1,000万円以上	不　詳	母の平均収入 （万円）
数							
43	20	6	2	3	5	265	31
40	20	5	2	3	3	189	163
1	-	1	-	-	1	35	34
-	-	-	-	-	-	-	1
1	-	-	-	-	1	24	23
-	-	-	-	-	-	1	0
-	-	-	-	-	-	5	24
学　校							
-	-	-	-	-	-	10	7
-	-	-	-	-	-	2	126
-	-	-	-	-	-	3	23
-	-	-	-	-	-	-	0
-	-	-	-	-	-	1	2
-	-	-	-	-	-	-	0
-	-	-	-	-	-	1	16
（中学校卒業後）							
-	-	-	-	-	-	7	21
-	-	-	-	-	-	2	117
-	-	-	-	-	-	4	40
-	-	-	-	-	-	-	-
-	-	-	-	-	-	-	10
-	-	-	-	-	-	-	-
-	-	-	-	-	-	-	35
校							
3	-	-	-	-	-	82	22
3	-	-	-	-	-	57	139
-	-	-	-	-	-	13	25
-	-	-	-	-	-	-	1
-	-	-	-	-	-	8	15
-	-	-	-	-	-	-	0
-	-	-	-	-	-	1	23
（高校卒業後）							
11	4	1	-	-	1	57	38
10	4	1	-	-	1	44	163
-	-	-	-	-	-	2	31
-	-	-	-	-	-	-	0
1	-	-	-	-	-	7	24
-	-	-	-	-	-	1	1
-	-	-	-	-	-	1	25
・高専							
6	2	-	-	-	2	59	29
6	2	-	-	-	1	43	157
-	-	-	-	-	1	9	44
-	-	-	-	-	-	-	1
-	-	-	-	-	-	5	25
-	-	-	-	-	-	-	0
-	-	-	-	-	-	2	29
学							
20	12	4	2	3	1	47	54
19	12	3	2	3	-	39	196
1	-	1	-	-	-	4	45
-	-	-	-	-	-	-	1
-	-	-	-	-	1	3	44
-	-	-	-	-	-	-	0
-	-	-	-	-	-	-	25
学　院							
2	2	1	-	-	1	1	124
2	2	1	-	-	1	1	257
-	-	-	-	-	-	-	137
-	-	-	-	-	-	-	1
-	-	-	-	-	-	-	20
-	-	-	-	-	-	-	19
-	-	-	-	-	-	-	30
の　他							
-	-	-	-	-	-	-	41
-	-	-	-	-	-	-	115
-	-	-	-	-	-	-	57
-	-	-	-	-	-	-	-
-	-	-	-	-	-	-	-
-	-	-	-	-	-	-	-
-	-	-	-	-	-	-	10
詳							
1	-	-	-	-	-	2	40
-	-	-	-	-	-	1	45
-	-	-	-	-	-	-	-
-	-	-	-	-	-	-	-
-	-	-	-	-	-	-	-
-	-	-	-	-	-	-	-
-	-	-	-	-	-	-	-

23-3表(3-3)

第23-3表　嫡出子数及び出生後1年間（平成13年）

第2子以上

母の就業変化パターン	総数	収入なし	100万円未満	100～200	200～300	300～400	400～500
総　　数	10 944	8 233	1 146	564	266	200	総 101
Ⅰ　就業継続型　●●●	1 699	190	335	383	224	180	93
Ⅱ　一時離職型　●○●	993	374	412	103	24	13	3
Ⅲ　出産前離職型●○○	807	785	20	1	-	-	-
Ⅳ　出産後離職型●●○	205	141	21	17	4	-	1
Ⅴ　無職継続型　○○○	5 761	5 711	45	3	-	1	-
Ⅵ　就業開始型　○○●	830	510	247	39	6	2	2
総　　数	502	389	74	17	2	3	中 1
Ⅰ　就業継続型　●●●	30	4	11	7	1	1	1
Ⅱ　一時離職型　●○●	75	27	35	4	1	1	-
Ⅲ　出産前離職型●○○	58	57	1	-	-	-	-
Ⅳ　出産後離職型●●○	7	5	1	1	-	-	-
Ⅴ　無職継続型　○○○	237	231	5	-	-	1	-
Ⅵ　就業開始型　○○●	67	47	14	3	-	-	-
総　　数	152	108	24	8	2	-	専修・専門学校 -
Ⅰ　就業継続型　●●●	19	2	6	3	2	-	-
Ⅱ　一時離職型　●○●	24	7	13	3	-	-	-
Ⅲ　出産前離職型●○○	12	11	-	-	-	-	-
Ⅳ　出産後離職型●●○	4	2	1	1	-	-	-
Ⅴ　無職継続型　○○○	71	71	-	-	-	-	-
Ⅵ　就業開始型　○○●	12	9	2	-	-	-	-
総　　数	4 639	3 551	543	197	102	61	高 30
Ⅰ　就業継続型　●●●	605	62	148	133	84	54	29
Ⅱ　一時離職型　●○●	459	193	195	35	10	5	-
Ⅲ　出産前離職型●○○	393	379	13	1	-	-	-
Ⅳ　出産後離職型●●○	78	49	8	9	3	-	-
Ⅴ　無職継続型　○○○	2 449	2 425	22	2	-	-	-
Ⅵ　就業開始型　○○●	396	236	129	14	2	-	-
総　　数	1 862	1 294	208	136	71	50	専修・専門学校 26
Ⅰ　就業継続型　●●●	386	42	61	93	63	47	24
Ⅱ　一時離職型　●○●	186	63	81	25	5	2	1
Ⅲ　出産前離職型●○○	136	133	3	-	-	-	-
Ⅳ　出産後離職型●●○	46	29	8	2	1	-	-
Ⅴ　無職継続型　○○○	875	870	5	-	-	-	-
Ⅵ　就業開始型　○○●	146	86	42	11	2	1	1
総　　数	2 374	1 895	175	101	54	45	短大 20
Ⅰ　就業継続型　●●●	337	48	60	63	46	42	17
Ⅱ　一時離職型　●○●	162	63	53	23	5	2	1
Ⅲ　出産前離職型●○○	141	139	2	-	-	-	-
Ⅳ　出産後離職型●●○	45	34	3	4	-	-	1
Ⅴ　無職継続型　○○○	1 422	1 411	10	1	-	-	-
Ⅵ　就業開始型　○○●	142	92	39	6	2	-	1
総　　数	1 279	905	107	99	30	39	大 20
Ⅰ　就業継続型　●●●	304	29	47	83	26	36	19
Ⅱ　一時離職型　●○●	80	20	32	11	3	3	1
Ⅲ　出産前離職型●○○	62	61	1	-	-	-	-
Ⅳ　出産後離職型●●○	24	21	-	-	-	-	-
Ⅴ　無職継続型　○○○	687	683	3	-	-	-	-
Ⅵ　就業開始型　○○●	61	38	19	4	-	-	-
総　　数	39	18	6	3	1	-	大 3
Ⅰ　就業継続型　●●●	15	2	2	1	1	-	3
Ⅱ　一時離職型　●○●	5	-	3	1	-	-	-
Ⅲ　出産前離職型●○○	3	3	-	-	-	-	-
Ⅳ　出産後離職型●●○	-	-	-	-	-	-	-
Ⅴ　無職継続型　○○○	11	11	-	-	-	-	-
Ⅵ　就業開始型　○○●	4	1	1	1	-	-	-
総　　数	9	7	-	1	1	-	そ -
Ⅰ　就業継続型　●●●	1	-	-	-	1	-	-
Ⅱ　一時離職型　●○●	2	1	-	1	-	-	-
Ⅲ　出産前離職型●○○	1	1	-	-	-	-	-
Ⅳ　出産後離職型●●○	1	1	-	-	-	-	-
Ⅴ　無職継続型　○○○	3	3	-	-	-	-	-
Ⅵ　就業開始型　○○●	-	-	-	-	-	-	-
総　　数	88	66	9	2	3	2	不 1
Ⅰ　就業継続型　●●●	2	1	-	-	-	-	-
Ⅱ　一時離職型　●○●	-	-	-	-	-	-	-
Ⅲ　出産前離職型●○○	1	1	-	-	-	-	-
Ⅳ　出産後離職型●●○	-	-	-	-	-	-	-
Ⅴ　無職継続型　○○○	6	6	-	-	-	-	-
Ⅵ　就業開始型　○○●	2	1	1	-	-	-	-

注：就業変化パターンの総数にはその他を含む。

の母の収入・母の平均収入，母の学歴・母の就業変化パターン・出生順位別

500～600	600～700	700～800	800～900	900～1,000	1,000万円以上	不　詳	母の平均収入 （万円）
50	20	10	5	1	8	340	34
45	14	6	4	1	7	217	183
3	1	2	-	-	1	57	49
-	1	-	-	-	-	-	2
1	1	-	1	-	-	18	36
-	-	1	-	-	-	-	0
-	2	1	-	-	-	21	22
-	-	-	-	-	-	16	15
-	-	-	-	-	-	5	105
-	-	-	-	-	-	7	34
-	-	-	-	-	-	-	0
-	-	-	-	-	-	-	23
-	-	-	-	-	-	-	2
-	-	-	-	-	-	3	13
-	1	-	-	-	-	9	22
-	-	-	-	-	-	6	95
-	-	-	-	-	-	1	38
-	1	-	-	-	-	-	54
-	-	-	-	-	-	-	44
-	-	-	-	-	-	-	-
-	-	-	-	-	-	1	5
7	3	1	-	-	1	143	25
4	1	1	-	-	1	88	159
1	-	-	-	-	-	20	38
-	-	-	-	-	-	-	1
1	-	-	-	-	-	8	41
-	-	-	-	-	-	-	0
-	1	-	-	-	-	13	18
10	2	1	1	-	1	62	45
10	1	1	1	-	1	42	187
-	-	-	-	-	-	9	50
-	-	-	-	-	-	-	1
-	1	-	-	-	-	5	40
-	-	-	-	-	-	-	0
-	-	-	-	-	-	3	32
12	2	3	-	1	3	63	31
11	-	2	-	1	3	44	188
1	1	1	-	-	-	12	65
-	-	-	-	-	-	-	0
-	-	-	-	-	-	3	26
-	-	-	-	-	-	-	0
-	1	-	-	-	-	1	26
19	11	3	4	-	3	39	57
18	11	2	3	-	2	28	222
1	-	-	-	-	1	8	90
-	-	-	-	-	-	-	1
-	-	-	1	-	-	2	39
-	-	1	-	-	-	-	1
-	-	-	-	-	-	-	21
2	1	2	-	-	-	3	145
2	1	-	-	-	-	3	287
-	-	1	-	-	-	-	195
-	-	-	-	-	-	-	-
-	-	-	-	-	-	-	-
-	-	1	-	-	-	-	200
-	-	-	-	-	-	-	46
-	-	-	-	-	-	-	230
-	-	-	-	-	-	-	90
-	-	-	-	-	-	-	-
-	-	-	-	-	-	-	-
-	-	-	-	-	-	-	-
-	-	-	-	-	-	-	-
-	-	-	-	-	-	5	29
-	-	-	-	-	-	1	-
-	-	-	-	-	-	-	-
-	-	-	-	-	-	-	-
-	-	-	-	-	-	-	6

23-4表（3-1）

第23-4表　嫡出子数及び出生後1年間（平成13年）の母の

総数

母の就業変化パターン	総数	収入なし	100万円未満	100～200	200～300	300～400	400～500
総　数 (総)	21 647	16 659	1 987	1 074	558	385	206
Ⅰ　就業継続型　●●●	3 510	528	653	771	468	348	186
Ⅱ　一時離職型　●○●	1 988	922	728	166	42	19	9
Ⅲ　出産前離職型●○○	4 960	4 892	61	4	1	-	1
Ⅳ　出産後離職型●●○	881	678	78	46	22	7	3
Ⅴ　無職継続型　○○○	8 150	8 084	56	5	2	1	-
Ⅵ　就業開始型　○○●	1 050	646	309	52	8	2	4
総　数 (常勤(育))	2 105	632	404	423	140	126	71
Ⅰ　就業継続型　●●●	1 789	431	362	400	128	122	67
Ⅱ　一時離職型　●○●	55	21	13	10	3	1	1
Ⅲ　出産前離職型●○○	-	-	-	-	-	-	-
Ⅳ　出産後離職型●●○	224	158	23	10	7	1	2
Ⅴ　無職継続型　○○○	-	-	-	-	-	-	-
Ⅵ　就業開始型　○○●	3	2	1	-	-	-	-
総　数 (常勤(育))	1 168	26	76	248	307	214	110
Ⅰ　就業継続型　●●●	976	4	48	189	275	200	106
Ⅱ　一時離職型　●○●	76	1	11	25	13	7	1
Ⅲ　出産前離職型●○○	-	-	-	-	-	-	-
Ⅳ　出産後離職型●●○	69	14	9	20	12	4	1
Ⅴ　無職継続型　○○○	-	-	-	-	-	-	-
Ⅵ　就業開始型　○○●	27	1	3	13	4	-	2
総　数 (常勤)	19	2	5	8	3	-	1
Ⅰ　就業継続型　●●●	8	1	1	5	1	-	-
Ⅱ　一時離職型　●○●	5	-	3	1	1	-	-
Ⅲ　出産前離職型●○○	-	-	-	-	-	-	-
Ⅳ　出産後離職型●●○	1	1	-	-	-	-	-
Ⅴ　無職継続型　○○○	-	-	-	-	-	-	-
Ⅵ　就業開始型　○○●	3	-	-	1	1	-	1
総　数 (パ)	875	161	438	173	26	7	2
Ⅰ　就業継続型　●●●	297	22	137	89	17	4	2
Ⅱ　一時離職型　●○●	327	30	205	62	6	3	-
Ⅲ　出産前離職型●○○	-	-	-	-	-	-	-
Ⅳ　出産後離職型●●○	35	20	5	7	1	-	-
Ⅴ　無職継続型　○○○	-	-	-	-	-	-	-
Ⅵ　就業開始型　○○●	93	8	61	11	2	-	-
総　数 (常勤・)	1 512	670	387	146	62	30	17
Ⅰ　就業継続型　●●●	440	70	105	88	47	22	11
Ⅱ　一時離職型　●○●	409	111	191	38	7	5	4
Ⅲ　出産前離職型●○○	-	-	-	-	-	-	-
Ⅳ　出産後離職型●●○	61	41	5	2	-	-	-
Ⅴ　無職継続型　○○○	-	-	-	-	-	-	-
Ⅵ　就業開始型　○○●	74	21	41	2	1	1	-
総　数 (無)	15 968	15 168	677	76	20	8	5
Ⅰ　就業継続型　●●●	-	-	-	-	-	-	-
Ⅱ　一時離職型　●○●	1 116	759	305	30	12	3	3
Ⅲ　出産前離職型●○○	4 960	4 892	61	4	1	-	1
Ⅳ　出産後離職型●●○	491	444	36	7	2	2	-
Ⅴ　無職継続型　○○○	8 150	8 084	56	5	2	1	-
Ⅵ　就業開始型　○○●	850	614	203	25	-	1	1

注：就業変化パターンの総数にはその他を含む。

収入・母の平均収入, 母の育児休業状況・母の就業変化パターン・出生順位別

500〜600	600〜700	700〜800	800〜900	900〜1,000	1,000万円以上	不　詳	母の平均収入 (万円)
数							
93	40	16	7	4	13	605	32
85	34	11	6	4	10	406	172
4	1	3	-	-	2	92	41
-	1	-	-	-	-	-	1
2	1	-	1	-	1	42	26
-	-	1	-	-	-	1	0
-	2	1	-	-	-	26	23
(育児休業中)							
53	17	4	4	2	3	226	123
52	17	4	4	2	3	197	138
-	-	-	-	-	-	6	74
-	-	-	-	-	-	-	-
1	-	-	-	-	-	22	26
-	-	-	-	-	-	-	-
-	-	-	-	-	-	-	7
(育児休業中以外)							
30	13	9	1	2	4	128	256
25	12	6	1	2	3	105	271
3	-	2	-	-	-	13	202
-	-	-	-	-	-	-	-
1	1	-	-	-	1	6	158
-	-	-	-	-	-	-	-
-	-	1	-	-	-	3	190
(不　詳)							
-	-	-	-	-	-	-	134
-	-	-	-	-	-	-	137
-	-	-	-	-	-	-	89
-	-	-	-	-	-	-	-
-	-	-	-	-	-	-	-
-	-	-	-	-	-	-	-
-	-	-	-	-	-	-	277
ー　ト							
1	1	-	-	-	-	66	66
1	1	-	-	-	-	24	94
-	-	-	-	-	-	21	65
-	-	-	-	-	-	-	-
-	-	-	-	-	-	2	45
-	-	-	-	-	-	-	-
-	-	-	-	-	-	11	55
パート以外							
9	5	2	2	-	5	177	64
7	4	1	1	-	4	80	148
1	-	1	-	-	1	50	56
-	-	-	-	-	-	-	-
-	-	-	1	-	-	12	29
-	-	-	-	-	-	-	-
-	-	-	-	-	-	8	40
職							
-	4	1	-	-	1	8	3
-	-	-	-	-	-	-	-
-	1	-	-	-	1	2	19
-	1	-	-	-	-	-	1
-	-	-	-	-	-	-	7
-	-	1	-	-	-	1	0
-	2	-	-	-	-	4	13

23-4表 (3-2)

第23-4表 嫡出子数及び出生後1年間（平成13年）の母の

第1子

母の就業変化パターン	総　数	収入なし	100万円未満	100～200	200～300	300～400	400～500
							総
総　　数	10 703	8 426	841	510	292	185	105
I 　就業継続型　●●●	1 811	338	318	388	244	168	93
II 　一時離職型　●○●	995	548	316	63	18	6	6
III 　出産前離職型●○○	4 153	4 107	41	3	1	-	1
IV 　出産後離職型●●○	676	537	57	29	18	7	2
V 　無職継続型　○○○	2 389	2 373	11	2	2	-	-
VI 　就業開始型　○○●	220	136	62	13	2	-	2
							常　勤（育
総　　数	1 311	463	261	239	83	54	40
I 　就業継続型　●●●	1 066	300	229	223	73	53	37
II 　一時離職型　●○●	35	14	9	5	2	-	1
III 　出産前離職型●○○	-	-	-	-	-	-	-
IV 　出産後離職型●●○	185	133	19	8	7	1	2
V 　無職継続型　○○○	-	-	-	-	-	-	-
VI 　就業開始型　○○●	2	2	-	-	-	-	-
							常　勤（育
総　　数	601	16	30	128	169	112	52
I 　就業継続型　●●●	507	1	21	102	151	104	50
II 　一時離職型　●○●	32	-	3	12	7	2	1
III 　出産前離職型●○○	-	-	-	-	-	-	-
IV 　出産後離職型●●○	46	12	3	12	9	4	-
V 　無職継続型　○○○	-	-	-	-	-	-	-
VI 　就業開始型　○○●	7	1	2	1	1	-	1
							常　勤
総　　数	10	2	3	3	2	-	-
I 　就業継続型　●●●	4	1	1	1	1	-	-
II 　一時離職型　●○●	2	-	1	1	-	-	-
III 　出産前離職型●○○	-	-	-	-	-	-	-
IV 　出産後離職型●●○	1	1	-	-	-	-	-
V 　無職継続型　○○○	-	-	-	-	-	-	-
VI 　就業開始型　○○●	2	-	-	1	1	-	-
							パ
総　　数	320	80	156	55	9	4	1
I 　就業継続型　●●●	86	10	34	26	7	3	1
II 　一時離職型　●○●	131	15	86	22	1	1	-
III 　出産前離職型●○○	-	-	-	-	-	-	-
IV 　出産後離職型●●○	15	8	2	3	1	-	-
V 　無職継続型　○○○	-	-	-	-	-	-	-
VI 　就業開始型　○○●	22	4	15	2	-	-	-
							常　勤・
総　　数	540	290	105	49	17	11	8
I 　就業継続型　●●●	148	26	33	36	12	8	5
II 　一時離職型　●○●	122	39	52	8	1	1	2
III 　出産前離職型●○○	-	-	-	-	-	-	-
IV 　出産後離職型●●○	28	21	3	-	-	-	-
V 　無職継続型　○○○	-	-	-	-	-	-	-
VI 　就業開始型　○○●	13	3	8	-	-	-	-
							無
総　　数	7 921	7 575	286	36	12	4	4
I 　就業継続型　●●●	-	-	-	-	-	-	-
II 　一時離職型　●○●	673	480	165	15	7	2	2
III 　出産前離職型●○○	4 153	4 107	41	3	1	-	1
IV 　出産後離職型●●○	401	362	30	6	1	2	-
V 　無職継続型　○○○	2 389	2 373	11	2	2	-	-
VI 　就業開始型　○○●	174	126	37	9	-	-	1

注：就業変化パターンの総数にはその他を含む。

収入・母の平均収入，母の育児休業状況・母の就業変化パターン・出生順位別

500～600	600～700	700～800	800～900	900～1,000	1,000万円以上	不　詳	母の平均収入 (万円)
\[数\]							
43	20	6	2	3	5	265	31
40	20	5	2	3	3	189	163
1	-	1	-	-	1	35	34
-	-	-	-	-	-	-	1
1	-	-	-	-	1	24	23
-	-	-	-	-	-	1	0
-	-	-	-	-	-	5	24
(育児休業中)							
25	11	1	1	1	1	131	103
24	11	1	1	1	1	112	119
-	-	-	-	-	-	4	69
-	-	-	-	-	-	-	-
1	-	-	-	-	-	14	29
-	-	-	-	-	-	-	-
-	-	-	-	-	-	-	-
(育児休業中以外)							
14	6	5	1	2	2	64	256
12	6	4	1	2	1	52	270
1	-	1	-	-	-	5	207
-	-	-	-	-	-	-	-
-	-	-	-	-	1	5	149
-	-	-	-	-	-	-	-
-	-	-	-	-	-	1	146
(不　詳)							
-	-	-	-	-	-	-	111
-	-	-	-	-	-	-	118
-	-	-	-	-	-	-	79
-	-	-	-	-	-	-	-
-	-	-	-	-	-	-	-
-	-	-	-	-	-	-	-
-	-	-	-	-	-	-	205
パート							
-	1	-	-	-	-	14	61
-	1	-	-	-	-	4	106
-	-	-	-	-	-	6	57
-	-	-	-	-	-	1	50
-	-	-	-	-	-	-	-
-	-	-	-	-	-	1	45
パート以外							
4	2	-	-	-	1	53	56
4	2	-	-	-	1	21	148
-	-	-	-	-	-	19	48
-	-	-	-	-	-	-	-
-	-	-	-	-	-	4	9
-	-	-	-	-	-	-	-
-	-	-	-	-	-	2	40
無職							
-	-	-	-	-	1	3	3
-	-	-	-	-	-	-	-
-	-	-	-	-	1	1	19
-	-	-	-	-	-	-	1
-	-	-	-	-	-	-	7
-	-	-	-	-	-	1	0
-	-	-	-	-	-	1	15

23-4表（3-3）

第23-4表　嫡出子数及び出生後1年間（平成13年）の母の

第2子以上

母の就業変化パターン	総　数	収入なし	100万円未満	100～200	200～300	300～400	400～500
							総
総　　数	10 944	8 233	1 146	564	266	200	101
Ⅰ　就業継続型　●●●	1 699	190	335	383	224	180	93
Ⅱ　一時離職型　●○●	993	374	412	103	24	13	3
Ⅲ　出産前離職型●○○	807	785	20	1	-	-	-
Ⅳ　出産後離職型●●○	205	141	21	17	4	-	1
Ⅴ　無職継続型　○○○	5 761	5 711	45	3	-	1	-
Ⅵ　就業開始型　○○●	830	510	247	39	6	2	2
							常　勤（育
総　　数	794	169	143	184	57	72	31
Ⅰ　就業継続型　●●●	723	131	133	177	55	69	30
Ⅱ　一時離職型　●○●	20	7	4	5	1	1	-
Ⅲ　出産前離職型●○○	-	-	-	-	-	-	-
Ⅳ　出産後離職型●●○	39	25	4	2	-	-	-
Ⅴ　無職継続型　○○○	-	-	-	-	-	-	-
Ⅵ　就業開始型　○○●	1	-	1	-	-	-	-
							常　勤（育
総　　数	567	10	46	120	138	102	58
Ⅰ　就業継続型　●●●	469	3	27	87	124	96	56
Ⅱ　一時離職型　●○●	44	1	8	13	6	5	-
Ⅲ　出産前離職型●○○	-	-	-	-	-	-	-
Ⅳ　出産後離職型●●○	23	2	6	8	3	-	1
Ⅴ　無職継続型　○○○	-	-	-	-	-	-	-
Ⅵ　就業開始型　○○●	20	-	1	12	3	-	1
							常　勤
総　　数	9	-	2	5	1	-	1
Ⅰ　就業継続型　●●●	4	-	-	4	-	-	-
Ⅱ　一時離職型　●○●	3	-	2	-	1	-	-
Ⅲ　出産前離職型●○○	-	-	-	-	-	-	-
Ⅳ　出産後離職型●●○	-	-	-	-	-	-	-
Ⅴ　無職継続型　○○○	-	-	-	-	-	-	-
Ⅵ　就業開始型　○○●	1	-	-	-	-	-	1
							パ
総　　数	555	81	282	118	17	3	1
Ⅰ　就業継続型　●●●	211	12	103	63	10	1	1
Ⅱ　一時離職型　●○●	196	15	119	40	5	2	-
Ⅲ　出産前離職型●○○	-	-	-	-	-	-	-
Ⅳ　出産後離職型●●○	20	12	3	4	-	-	-
Ⅴ　無職継続型　○○○	-	-	-	-	-	-	-
Ⅵ　就業開始型　○○●	71	4	46	9	2	-	-
							常　勤・
総　　数	972	380	282	97	45	19	9
Ⅰ　就業継続型　●●●	292	44	72	52	35	14	6
Ⅱ　一時離職型　●○●	287	72	139	30	6	4	2
Ⅲ　出産前離職型●○○	-	-	-	-	-	-	-
Ⅳ　出産後離職型●●○	33	20	2	2	-	-	-
Ⅴ　無職継続型　○○○	-	-	-	-	-	-	-
Ⅵ　就業開始型　○○●	61	18	33	2	1	1	-
							無
総　　数	8 047	7 593	391	40	8	4	1
Ⅰ　就業継続型　●●●	-	-	-	-	-	-	-
Ⅱ　一時離職型　●○●	443	279	140	15	5	1	1
Ⅲ　出産前離職型●○○	807	785	20	1	-	-	-
Ⅳ　出産後離職型●●○	90	82	6	1	1	-	-
Ⅴ　無職継続型　○○○	5 761	5 711	45	3	-	1	-
Ⅵ　就業開始型　○○●	676	488	166	16	-	1	-

注：就業変化パターンの総数にはその他を含む。

収入・母の平均収入，母の育児休業状況・母の就業変化パターン・出生順位別

500～600	600～700	700～800	800～900	900～1,000	1,000万円以上	不　　詳	母の平均収入 （万円）
数							
50	20	10	5	1	8	340	34
45	14	6	4	1	7	217	183
3	1	2	-	-	1	57	49
-	1	-	-	-	-	-	2
1	1	-	1	-	-	18	36
-	-	-	1	-	-	-	0
-	2	1	-	-	-	21	22
児休業中）							
28	6	3	3	1	2	95	155
28	6	3	3	1	2	85	165
-	-	-	-	-	-	2	83
-	-	-	-	-	-	-	-
-	-	-	-	-	-	8	11
-	-	-	-	-	-	-	-
-	-	-	-	-	-	-	20
児休業中以外）							
16	7	4	-	-	2	64	256
13	6	2	-	-	2	53	271
2	-	1	-	-	-	8	199
-	-	-	-	-	-	-	-
1	1	-	-	-	-	1	175
-	-	-	-	-	-	-	-
-	-	1	-	-	-	2	204
（不　　詳）							
-	-	-	-	-	-	-	159
-	-	-	-	-	-	-	156
-	-	-	-	-	-	-	97
-	-	-	-	-	-	-	-
-	-	-	-	-	-	-	-
-	-	-	-	-	-	-	-
-	-	-	-	-	-	-	420
ー　ト							
1	-	-	-	-	-	52	69
1	-	-	-	-	-	20	89
-	-	-	-	-	-	15	70
-	-	-	-	-	-	-	-
-	-	-	-	-	-	1	41
-	-	-	-	-	-	-	-
-	-	-	-	-	-	10	58
パート以外							
5	3	2	2	-	4	124	69
3	2	1	1	-	3	59	149
1	-	1	-	-	1	31	60
-	-	-	-	-	-	-	-
-	-	-	1	-	-	8	49
-	-	-	-	-	-	-	-
-	-	-	-	-	-	6	40
職							
-	4	1	-	-	-	5	3
-	-	-	-	-	-	-	-
-	1	-	-	-	-	1	20
-	1	-	-	-	-	-	2
-	-	-	-	-	-	-	6
-	-	1	-	-	-	-	0
-	2	-	-	-	-	3	12

| 500～600 | 600～700 | 700～800 | 800～900 | 900～1,000 | 1,000万円以上 | 不　　詳 | 母の平均収入
（万円） |

第23-5表　嫡出子数及び出生後1年間（平成13年）

総数

母の就業変化パターン	総数	収入なし	100万円未満	100〜200	200〜300	300〜400	400〜500
総　　数	21 647	491	296	600	2 160	4 119	総 4 142
Ⅰ　就業継続型　●●●	3 510	79	40	103	387	725	664
Ⅱ　一時離職型　●●○	1 988	90	47	130	308	475	328
Ⅲ　出産前離職型　●○○	4 960	57	60	117	535	1 025	1 106
Ⅳ　出産後離職型　●●○	881	16	12	23	103	174	164
Ⅴ　無職継続型　○○○	8 150	109	71	119	529	1 293	1 527
Ⅵ　就業開始型　○○●	1 050	59	34	65	177	224	172
総　　数	1 449	31	60	89	299	373	中 227
Ⅰ　就業継続型　●●●	160	3	5	14	34	44	17
Ⅱ　一時離職型　●●○	213	9	6	16	51	61	25
Ⅲ　出産前離職型　●○○	331	2	14	9	65	98	53
Ⅳ　出産後離職型　●●○	57	1	2	1	12	11	11
Ⅴ　無職継続型　○○○	463	12	12	27	84	106	99
Ⅵ　就業開始型　○○●	123	-	13	12	37	27	12
総　　数	283	7	6	20	36	78	専修・専門学校 64
Ⅰ　就業継続型　●●●	44	1	-	4	7	11	8
Ⅱ　一時離職型　●●○	32	1	1	4	7	9	6
Ⅲ　出産前離職型　●○○	70	-	3	4	10	21	16
Ⅳ　出産後離職型　●●○	6	1	-	-	1	1	2
Ⅴ　無職継続型　○○○	94	2	1	7	3	27	20
Ⅵ　就業開始型　○○●	22	1	1	1	6	6	4
総　　数	8 411	103	120	282	1 122	2 005	高 1 749
Ⅰ　就業継続型　●●●	1 391	18	19	43	207	354	278
Ⅱ　一時離職型　●●○	840	6	21	62	155	224	157
Ⅲ　出産前離職型　●○○	2 012	16	18	67	278	499	468
Ⅳ　出産後離職型　●●○	345	6	4	14	55	84	67
Ⅴ　無職継続型　○○○	2 976	26	34	48	284	649	628
Ⅵ　就業開始型　○○●	458	5	8	32	88	111	81
総　　数	2 637	32	39	81	324	635	専修・専門学校 599
Ⅰ　就業継続型　●●●	428	7	4	18	67	106	89
Ⅱ　一時離職型　●●○	262	2	9	22	42	71	45
Ⅲ　出産前離職型　●○○	670	5	12	12	86	176	158
Ⅳ　出産後離職型　●●○	116	1	2	3	13	31	27
Ⅴ　無職継続型　○○○	910	9	7	12	74	197	230
Ⅵ　就業開始型　○○●	131	-	3	9	25	32	27
総　　数	651	3	10	13	60	124	短大 154
Ⅰ　就業継続型　●●●	130	-	3	3	19	26	31
Ⅱ　一時離職型　●●○	45	-	2	2	5	15	5
Ⅲ　出産前離職型　●○○	143	-	1	2	19	26	47
Ⅳ　出産後離職型　●●○	32	-	1	1	3	6	4
Ⅴ　無職継続型　○○○	245	2	2	4	8	35	55
Ⅵ　就業開始型　○○●	34	1	1	-	4	10	8
総　　数	6 850	46	44	85	258	798	大 1 217
Ⅰ　就業継続型　●●●	1 153	7	8	21	47	168	217
Ⅱ　一時離職型　●●○	444	3	5	17	39	84	80
Ⅲ　出産前離職型　●○○	1 506	9	11	17	67	189	340
Ⅳ　出産後離職型　●●○	283	-	2	2	17	35	48
Ⅴ　無職継続型　○○○	3 025	16	14	17	63	259	457
Ⅵ　就業開始型　○○●	178	3	4	8	11	27	36
総　　数	718	7	4	4	11	34	大 77
Ⅰ　就業継続型　●●●	126	-	1	-	1	5	20
Ⅱ　一時離職型　●●○	45	1	1	1	-	5	7
Ⅲ　出産前離職型　●○○	154	1	-	1	4	8	18
Ⅳ　出産後離職型　●●○	27	-	1	-	-	3	5
Ⅴ　無職継続型　○○○	327	3	-	1	5	10	25
Ⅵ　就業開始型　○○●	16	-	-	-	-	2	1
総　　数	17	1	1	3	3	4	そ 3
Ⅰ　就業継続型　●●●	2	-	-	-	-	1	-
Ⅱ　一時離職型　●●○	4	-	-	1	1	-	1
Ⅲ　出産前離職型　●○○	3	-	-	-	2	1	-
Ⅳ　出産後離職型　●●○	1	-	-	-	1	-	-
Ⅴ　無職継続型　○○○	2	-	-	-	-	-	2
Ⅵ　就業開始型　○○●	2	-	-	1	-	1	-
総　　数	181	8	5	7	17	28	不 29
Ⅰ　就業継続型　●●●	8	-	-	-	1	3	-
Ⅱ　一時離職型　●●○	4	-	1	1	-	-	1
Ⅲ　出産前離職型　●○○	10	1	-	-	-	-	1
Ⅳ　出産後離職型　●●○	-	-	-	-	-	-	2
Ⅴ　無職継続型　○○○	18	1	-	-	3	2	2
Ⅵ　就業開始型　○○●	4	-	1	-	-	-	1
総　　数	450	253	7	16	30	40	同居し 23
Ⅰ　就業継続型　●●●	68	43	-	4	7	4
Ⅱ　一時離職型　●●○	99	68	1	4	8	6	1
Ⅲ　出産前離職型　●○○	61	23	1	5	4	7	6
Ⅳ　出産後離職型　●●○	14	7	-	1	2	3	-
Ⅴ　無職継続型　○○○	90	38	1	3	5	8	9
Ⅵ　就業開始型　○○●	82	49	3	2	6	8	2

注：就業変化パターンの総数にはその他を含む。

の父の収入・父の平均収入，父の学歴・母の就業変化パターン・出生順位別

500～600	600～700	700～800	800～900	900～1,000	1,000万円以上	不　詳	父の平均収入 （万円）
数							
3 183	1 887	1 130	635	250	624	2 130	461
466	303	173	75	25	82	388	446
202	94	49	27	13	43	182	382
780	373	199	115	37	80	476	443
117	68	48	19	9	36	92	465
1 381	913	587	354	148	326	793	516
111	54	20	21	5	14	94	364
学　校							
109	34	21	11	3	19	173	352
15	5	-	3	-	4	16	374
7	3	4	2	1	3	25	335
29	8	5	1	-	1	46	343
3	1	4	2	-	-	9	375
37	11	6	1	2	10	56	379
8	2	1	2	-	1	8	308
（中学校卒業後）							
23	12	2	2	-	1	32	358
3	-	1	-	-	-	9	330
-	1	-	-	-	-	3	296
7	2	-	-	-	-	7	349
-	-	-	-	-	-	1	275
11	9	1	2	-	-	11	403
2	-	-	-	-	-	1	300
校							
1 147	542	233	112	36	69	891	405
161	80	30	11	3	11	176	389
82	25	13	6	3	7	79	359
279	95	44	28	5	7	208	396
42	22	8	4	2	5	32	405
487	276	125	56	20	34	309	444
51	17	7	5	1	1	51	362
（高校卒業後）							
367	146	71	38	11	38	256	417
52	12	6	3	2	8	54	404
24	15	2	2	1	4	23	358
105	37	13	8	1	6	51	416
7	8	4	1	-	2	17	409
153	62	39	21	5	12	89	451
16	4	2	3	1	1	8	376
・高　専							
99	64	28	17	8	8	63	456
16	11	3	3	-	3	12	427
12	1	1	-	-	-	2	381
16	11	3	4	1	1	12	433
6	2	1	3	-	1	4	484
45	35	19	6	5	1	28	502
2	2	1	-	2	-	3	409
学							
1 300	952	638	372	154	385	601	569
200	173	101	45	13	46	107	539
65	46	24	9	6	22	44	511
309	190	104	61	26	53	130	533
58	30	27	7	6	26	25	585
603	462	344	226	95	208	261	611
26	23	6	9	-	9	16	480
学　院							
97	114	116	73	34	93	54	690
17	20	29	9	7	9	8	653
8	3	3	7	1	6	2	607
28	24	28	13	4	11	14	639
1	5	4	2	1	2	3	591
38	54	49	39	20	58	25	750
3	4	1	2	-	2	1	716
の　他							
-	-	-	1	-	-	1	295
-	-	-	-	-	-	1	300
-	-	-	1	-	-	-	423
-	-	-	-	-	-	-	281
-	-	-	-	-	-	-	130
-	-	-	-	-	-	-	441
-	-	-	-	-	-	-	271
詳							
20	9	10	6	1	5	36	425
1	-	1	-	-	-	2	426
-	-	-	-	-	-	1	192
2	1	1	-	-	1	4	660
-	-	-	-	-	-	-	-
-	-	1	1	-	-	8	377
-	-	-	-	-	-	2	227
ていない							
21	14	11	3	3	6	23	169
1	2	2	1	-	1	3	161
4	-	2	-	1	-	1	108
5	5	1	-	-	-	4	227
-	-	-	-	-	-	1	120
7	4	3	2	1	3	6	263
3	2	2	-	-	1	-	4	133

第23-5表 嫡出子数及び出生後1年間（平成13年）

第1子

母の就業変化パターン	総数	収入なし	100万円未満	100～200	200～300	300～400	400～500
総　　数	10 703	266	141	332	1 284	2 220	総 2 156
Ⅰ　就業継続型 ●●●	1 811	43	17	49	236	400	363
Ⅱ　一時離職型 ●●○	995	55	17	72	187	244	146
Ⅲ　出産前離職型 ●○○	4 153	50	53	101	465	884	930
Ⅳ　出産後離職型 ●●○	676	14	9	16	79	144	129
Ⅴ　無職継続型 ○○○	2 389	47	23	56	202	423	461
Ⅵ　就業開始型 ○○●	220	20	7	19	57	37	27
総　　数	673	18	27	43	163	162	中 92
Ⅰ　就業継続型 ●●●	71	2	2	7	16	19	8
Ⅱ　一時離職型 ●●○	100	4	-	9	31	26	8
Ⅲ　出産前離職型 ●○○	250	2	10	9	52	68	37
Ⅳ　出産後離職型 ●●○	39	1	1	1	7	9	7
Ⅴ　無職継続型 ○○○	147	5	8	13	37	28	28
Ⅵ　就業開始型 ○○●	27	-	1	2	14	3	1
総　　数	125	3	2	6	17	38	専修・専門学校 37
Ⅰ　就業継続型 ●●●	18	-	-	2	3	5	5
Ⅱ　一時離職型 ●●○	11	-	-	2	3	3	3
Ⅲ　出産前離職型 ●○○	56	-	2	2	9	17	14
Ⅳ　出産後離職型 ●●○	6	1	-	-	1	1	2
Ⅴ　無職継続型 ○○○	28	1	-	-	-	12	9
Ⅵ　就業開始型 ○○●	1	-	-	-	1	-	-
総　　数	4 037	50	51	167	646	1 043	高 830
Ⅰ　就業継続型 ●●●	690	6	7	20	125	188	138
Ⅱ　一時離職型 ●●○	399	5	8	36	88	113	59
Ⅲ　出産前離職型 ●○○	1 630	12	17	58	241	421	376
Ⅳ　出産後離職型 ●●○	254	5	2	9	42	65	49
Ⅴ　無職継続型 ○○○	812	12	8	21	97	196	163
Ⅵ　就業開始型 ○○●	95	1	3	14	27	18	13
総　　数	1 371	21	27	43	212	362	専修・専門学校 311
Ⅰ　就業継続型 ●●●	230	5	2	10	45	61	51
Ⅱ　一時離職型 ●●○	141	1	6	9	29	41	20
Ⅲ　出産前離職型 ●○○	580	5	12	11	78	158	138
Ⅳ　出産後離職型 ●●○	96	1	2	3	11	27	24
Ⅴ　無職継続型 ○○○	243	3	2	7	30	61	59
Ⅵ　就業開始型 ○○●	25	-	1	-	8	7	3
総　　数	319	1	6	7	38	57	短 大 88
Ⅰ　就業継続型 ●●●	67	-	2	1	10	12	20
Ⅱ　一時離職型 ●●○	19	-	1	1	3	6	3
Ⅲ　出産前離職型 ●○○	122	-	1	2	16	24	40
Ⅳ　出産後離職型 ●●○	23	-	1	1	3	4	3
Ⅴ　無職継続型 ○○○	71	1	1	1	5	8	17
Ⅵ　就業開始型 ○○●	6	-	-	-	-	2	2
総　　数	3 463	24	23	50	169	499	大 717
Ⅰ　就業継続型 ●●●	615	6	4	9	32	107	125
Ⅱ　一時離職型 ●●○	239	2	1	11	27	49	48
Ⅲ　出産前離職型 ●○○	1 314	8	10	15	60	180	306
Ⅳ　出産後離職型 ●●○	223	-	2	2	13	32	39
Ⅴ　無職継続型 ○○○	932	4	4	10	27	109	166
Ⅵ　就業開始型 ○○●	34	1	2	2	4	5	7
総　　数	384	4	2	3	8	24	大 54
Ⅰ　就業継続型 ●●●	78	-	-	-	1	3	15
Ⅱ　一時離職型 ●●○	25	-	-	1	-	3	5
Ⅲ　出産前離職型 ●○○	137	1	-	-	4	8	14
Ⅳ　出産後離職型 ●●○	23	-	1	-	-	3	5
Ⅴ　無職継続型 ○○○	110	2	-	1	3	6	14
Ⅵ　就業開始型 ○○●	3	-	-	-	-	1	-
総　　数	4	-	-	-	2	1	そ 1
Ⅰ　就業継続型 ●●●	-	-	-	-	-	-	-
Ⅱ　一時離職型 ●●○	1	-	-	-	1	-	-
Ⅲ　出産前離職型 ●○○	2	-	-	-	1	1	-
Ⅳ　出産後離職型 ●●○	-	-	-	-	-	-	-
Ⅴ　無職継続型 ○○○	1	-	-	-	-	-	1
Ⅵ　就業開始型 ○○●	-	-	-	-	-	-	-
総　　数	82	2	2	3	9	13	不 15
Ⅰ　就業継続型 ●●●	3	-	-	-	-	1	-
Ⅱ　一時離職型 ●●○	2	-	-	1	-	-	-
Ⅲ　出産前離職型 ●○○	9	1	-	-	-	-	-
Ⅳ　出産後離職型 ●●○	-	-	-	-	-	-	-
Ⅴ　無職継続型 ○○○	6	-	-	-	1	-	1
Ⅵ　就業開始型 ○○●	-	-	-	-	-	-	-
総　　数	245	143	1	10	20	21	同居し 11
Ⅰ　就業継続型 ●●●	39	24	-	-	4	4	1
Ⅱ　一時離職型 ●●○	58	43	-	2	4	5	-
Ⅲ　出産前離職型 ●○○	53	21	1	4	4	7	5
Ⅳ　出産後離職型 ●●○	12	6	-	-	2	3	-
Ⅴ　無職継続型 ○○○	39	19	-	3	2	3	3
Ⅵ　就業開始型 ○○●	29	18	-	1	3	1	1

注：就業変化パターンの総数にはその他を含む。

の父の収入・父の平均収入，父の学歴・母の就業変化パターン・出生順位別

500〜600	600〜700	700〜800	800〜900	900〜1,000	1,000万円以上	不　詳	父の平均収入 (万円)

数
1 492	797	463	237	84	234	997	434
212	148	84	31	8	36	184	430
90	39	16	8	7	20	94	358
636	308	163	82	31	61	389	436
98	46	32	17	6	21	65	447
406	212	145	82	28	87	217	483
13	10	2	6	-	-	3	19	322

学　校
45	15	9	4	1	5	89	330
5	3	-	1	-	2	6	398
1	-	1	2	1	-	17	295
23	8	4	1	-	1	36	342
3	1	3	1	-	-	5	379
7	1	1	1	-	2	17	313
2	1	-	-	-	-	3	284

(中学校卒業後)
5	4	1	-	-	-	12	349
-	-	-	-	-	-	3	319
-	-	-	-	-	-	-	307
4	2	-	-	-	-	6	351
-	-	-	-	-	-	1	275
1	2	1	-	-	-	2	402
-	-	-	-	-	-	-	200

校
492	188	80	43	7	19	421	382
72	33	11	3	-	2	85	373
32	9	2	1	2	3	41	334
209	69	31	21	4	3	168	387
35	13	4	4	1	4	21	397
130	54	28	11	-	5	87	412
4	-	2	2	-	1	10	328

(高校卒業後)
161	58	21	8	3	15	129	386
18	5	2	1	-	4	26	361
11	7	-	-	-	3	14	341
86	29	9	4	1	5	44	408
6	5	3	1	-	1	12	395
34	10	6	2	2	1	26	401
2	1	-	-	-	1	2	363

・高　専
47	25	11	8	1	3	27	434
6	5	2	2	-	1	6	427
4	-	-	-	-	-	1	354
15	8	3	3	1	1	8	431
5	1	-	2	-	-	3	415
16	9	6	-	-	-	7	467
1	1	-	-	-	-	-	452

学
655	434	266	140	58	157	271	534
97	88	49	17	7	22	52	517
34	20	10	2	4	11	20	481
267	168	88	42	22	41	107	516
48	22	19	7	4	15	20	550
193	118	86	63	19	65	68	585
2	5	-	3	-	1	2	432

学　院
70	57	67	29	13	30	23	622
13	13	19	6	1	4	3	617
6	3	2	3	-	2	-	568
27	20	26	12	3	9	13	639
1	4	3	2	1	1	2	564
22	16	16	5	7	13	5	644
-	1	-	1	-	-	-	583

の　他
-	-	-	-	-	-	-	335
-	-	-	-	-	-	-	-
-	-	-	-	-	-	-	250
-	-	-	-	-	-	-	320
-	-	-	-	-	-	-	-
-	-	-	-	-	-	-	450
-	-	-	-	-	-	-	-

詳
5	8	5	3	1	1	15	438
-	-	1	-	-	-	1	549
-	-	-	-	-	-	-	69
1	1	1	-	-	-	4	676
-	-	-	-	-	-	-	-
-	-	-	-	-	-	4	325

ていない
12	8	3	2	-	4	10	160
1	-	-	1	-	-	2	162
2	1	1	-	-	1	1	94
4	3	1	-	-	-	3	213
-	-	-	-	-	-	1	133
3	2	1	1	-	1	1	223
2	1	-	-	-	-	2	119

23-5表（3-3）

第23-5表　嫡出子数及び出生後1年間（平成13年）

第2子以上

母の就業変化パターン	総数	収入なし	100万円未満	100～200	200～300	300～400	400～500
総数	10 944	225	155	268	876	1 899	総 1 986
Ⅰ 就業継続型 ●●●	1 699	36	23	54	151	325	301
Ⅱ 一時離職型 ●●○	993	35	30	58	121	231	182
Ⅲ 出産前離職型 ●○○	807	7	7	16	70	141	176
Ⅳ 出産後離職型 ●●○	205	2	3	7	24	30	35
Ⅴ 無職継続型 ○○○	5 761	62	48	63	327	870	1 066
Ⅵ 就業開始型 ○○●	830	39	27	46	120	187	145
総数	776	13	33	46	136	211	中 135
Ⅰ 就業継続型 ●●●	89	1	3	7	18	25	9
Ⅱ 一時離職型 ●●○	113	5	6	7	20	35	17
Ⅲ 出産前離職型 ●○○	81	-	4	-	13	30	16
Ⅳ 出産後離職型 ●●○	18	-	1	-	5	2	4
Ⅴ 無職継続型 ○○○	316	7	4	14	47	78	71
Ⅵ 就業開始型 ○○●	96	-	12	10	23	24	11
総数	158	4	4	14	19	40	専修・専門学校 27
Ⅰ 就業継続型 ●●●	26	1	-	2	4	6	3
Ⅱ 一時離職型 ●●○	21	1	1	2	4	6	3
Ⅲ 出産前離職型 ●○○	14	-	1	2	1	4	2
Ⅳ 出産後離職型 ●●○	-	-	-	-	-	-	-
Ⅴ 無職継続型 ○○○	66	1	1	7	3	15	11
Ⅵ 就業開始型 ○○●	21	1	1	1	5	6	4
総数	4 374	53	69	115	476	962	高 919
Ⅰ 就業継続型 ●●●	701	12	12	23	82	166	140
Ⅱ 一時離職型 ●●○	441	1	13	26	67	111	98
Ⅲ 出産前離職型 ●○○	382	4	1	9	37	78	92
Ⅳ 出産後離職型 ●●○	91	1	2	5	13	19	18
Ⅴ 無職継続型 ○○○	2 164	14	26	27	187	453	465
Ⅵ 就業開始型 ○○●	363	4	5	18	61	93	68
総数	1 266	11	12	38	112	273	専修・専門学校 288
Ⅰ 就業継続型 ●●●	198	2	2	8	22	45	38
Ⅱ 一時離職型 ●●○	121	1	3	13	13	30	25
Ⅲ 出産前離職型 ●○○	90	-	-	1	8	18	20
Ⅳ 出産後離職型 ●●○	20	-	-	-	2	4	3
Ⅴ 無職継続型 ○○○	667	6	5	5	44	136	171
Ⅵ 就業開始型 ○○●	106	-	2	9	17	25	24
総数	332	2	4	6	22	67	短大 66
Ⅰ 就業継続型 ●●●	63	-	1	2	9	14	11
Ⅱ 一時離職型 ●●○	26	-	1	1	2	9	2
Ⅲ 出産前離職型 ●○○	21	-	-	-	3	9	7
Ⅳ 出産後離職型 ●●○	9	-	-	-	-	2	1
Ⅴ 無職継続型 ○○○	174	1	1	3	3	27	38
Ⅵ 就業開始型 ○○●	28	1	1	-	4	8	6
総数	3 387	22	21	35	89	299	大 500
Ⅰ 就業継続型 ●●●	538	1	4	12	15	61	92
Ⅱ 一時離職型 ●●○	205	1	4	6	12	35	32
Ⅲ 出産前離職型 ●○○	192	1	1	2	7	9	34
Ⅳ 出産後離職型 ●●○	60	-	-	-	4	3	9
Ⅴ 無職継続型 ○○○	2 093	12	10	7	36	150	291
Ⅵ 就業開始型 ○○●	144	2	2	6	7	22	29
総数	334	3	2	1	3	10	大 23
Ⅰ 就業継続型 ●●●	48	-	1	-	-	2	5
Ⅱ 一時離職型 ●●○	20	1	1	-	-	2	2
Ⅲ 出産前離職型 ●○○	17	-	-	1	-	-	4
Ⅳ 出産後離職型 ●●○	4	-	-	-	-	-	-
Ⅴ 無職継続型 ○○○	217	1	-	-	2	4	11
Ⅵ 就業開始型 ○○●	13	-	-	-	-	1	1
総数	13	1	1	3	1	3	そ 2
Ⅰ 就業継続型 ●●●	2	-	-	-	-	1	-
Ⅱ 一時離職型 ●●○	3	-	-	1	-	-	1
Ⅲ 出産前離職型 ●○○	1	-	-	-	1	-	-
Ⅳ 出産後離職型 ●●○	1	-	-	1	-	-	-
Ⅴ 無職継続型 ○○○	1	-	-	-	-	-	1
Ⅵ 就業開始型 ○○●	2	-	-	1	-	1	-
総数	99	6	3	4	8	15	不 14
Ⅰ 就業継続型 ●●●	5	-	-	-	1	2	-
Ⅱ 一時離職型 ●●○	2	-	-	-	-	-	1
Ⅲ 出産前離職型 ●○○	1	-	-	-	-	-	-
Ⅳ 出産後離職型 ●●○	-	-	-	-	-	-	-
Ⅴ 無職継続型 ○○○	12	1	-	-	-	2	2	1
Ⅵ 就業開始型 ○○●	4	-	-	1	-	-	-
総数	205	110	6	6	10	19	同居し 12
Ⅰ 就業継続型 ●●●	29	19	-	-	-	3	3
Ⅱ 一時離職型 ●●○	41	25	1	-	2	3	1
Ⅲ 出産前離職型 ●○○	8	2	-	1	-	-	1
Ⅳ 出産後離職型 ●●○	2	1	-	1	-	-	-
Ⅴ 無職継続型 ○○○	51	19	1	-	3	5	6
Ⅵ 就業開始型 ○○●	53	31	3	1	3	7	1

注：就業変化パターンの総数にはその他を含む。

の父の収入・父の平均収入，父の学歴・母の就業変化パターン・出生順位別

500〜600	600〜700	700〜800	800〜900	900〜1,000	1,000万円以上	不　詳	父の平均収入(万円)
数							
1 691	1 090	667	398	166	390	1 133	488
254	155	89	44	17	46	204	464
112	55	33	19	6	23	88	406
144	65	36	33	6	19	87	482
19	22	16	2	3	15	27	526
975	701	442	272	120	239	576	529
6							
98	44	18	15	5	11	75	375
学　校							
64	19	12	7	2	14	84	371
10	2	-	2	-	2	10	354
6	3	3	-	-	3	8	368
6	-	1	1	-	-	10	347
-	-	1	1	-	-	4	364
30	10	5	1	2	8	39	411
6	1	1	2	-	1	5	314
（中学校卒業後）							
18	8	1	2	-	1	20	366
3	-	1	-	-	-	6	338
-	1	-	-	-	-	3	290
3	-	-	-	-	-	1	344
-	-	-	-	-	-	-	-
10	7	-	2	-	-	9	404
2	-	-	-	-	-	1	306
校							
655	354	153	69	29	50	470	427
89	47	19	8	3	9	91	405
50	16	11	5	1	4	38	381
70	26	13	7	1	4	40	433
7	9	4	-	1	1	11	427
357	222	97	45	20	29	222	456
47	17	5	3	1	-	41	371
（高校卒業後）							
206	88	50	30	8	23	127	451
34	7	4	2	2	4	28	455
13	8	2	2	1	1	9	377
19	8	4	4	-	1	7	467
1	3	1	-	-	1	5	486
119	52	33	19	3	11	63	469
14	3	2	3	1	-	6	379
・高　専							
52	39	17	9	7	5	36	477
10	6	1	1	-	2	6	428
8	1	1	-	-	-	1	400
1	3	-	1	-	-	4	447
1	1	1	1	-	1	1	656
29	26	13	6	5	1	21	516
1	1	1	-	2	-	3	398
学							
645	518	372	232	96	228	330	607
103	85	52	28	6	24	55	564
31	26	14	7	2	11	24	547
42	22	16	19	4	12	23	653
10	8	8	-	2	11	5	713
410	344	258	163	76	143	193	622
24	18	6	6	-	8	14	491
学　院							
27	57	49	44	21	63	31	770
4	7	10	3	6	5	5	714
2	-	1	4	1	4	2	663
1	4	2	1	1	2	1	645
-	1	1	-	-	1	1	774
16	38	33	34	13	45	20	807
3	3	1	1	-	2	1	750
の　他							
-	-	-	1	-	-	1	282
-	-	-	-	-	-	1	300
-	-	-	1	-	-	-	480
-	-	-	-	-	-	-	204
-	-	-	-	-	-	-	130
-	-	-	-	-	-	-	432
-	-	-	-	-	-	-	271
詳							
15	1	5	3	-	4	21	415
1	-	-	-	-	-	1	364
-	-	-	-	-	-	1	440
1	-	-	-	-	-	-	580
-	-	-	-	-	-	-	-
-	-	1	1	-	-	4	390
-	-	-	-	-	-	2	227
ていない							
9	6	8	1	3	2	13	181
-	1	-	-	-	-	1	159
2	-	1	-	1	-	2	128
1	2	-	-	-	-	1	332
-	-	-	-	-	-	-	50
4	2	2	1	1	2	5	296
1	1	2	-	1	-	2	140

23-6表（3-1）

第23-6表 嫡出子数及び出生後1年間（平成13年）の父の

総 数

母の就業変化パターン	総 数	収入なし	100万円未満	100～200	200～300	300～400	400～500
							総
総　　数	21 647	491	296	600	2 160	4 119	4 142
Ⅰ 就業継続型 ●●●	3 510	79	40	103	387	725	664
Ⅱ 一時離職型 ●○●	1 988	90	47	130	308	475	328
Ⅲ 出産前離職型 ●○○	4 960	57	60	117	535	1 025	1 106
Ⅳ 出産後離職型 ●●○	881	16	12	23	103	174	164
Ⅴ 無職継続型 ○○○	8 150	109	71	119	529	1 293	1 527
Ⅵ 就業開始型 ○○●	1 050	59	34	65	177	224	172
							常　勤（育
総　　数	2 105	31	12	37	193	361	432
Ⅰ 就業継続型 ●●●	1 789	27	11	30	156	306	365
Ⅱ 一時離職型 ●○●	55	2	-	2	8	11	10
Ⅲ 出産前離職型 ●○○	-	-	-	-	-	-	-
Ⅳ 出産後離職型 ●●○	224	1	1	5	25	37	46
Ⅴ 無職継続型 ○○○	-	-	-	-	-	-	-
Ⅵ 就業開始型 ○○●	3						2
							常　勤（育
総　　数	1 168	40	13	43	170	285	221
Ⅰ 就業継続型 ●●●	976	28	12	29	141	244	184
Ⅱ 一時離職型 ●○●	76	5	-	5	11	13	16
Ⅲ 出産前離職型 ●○○	-	-	-	-	-	-	-
Ⅳ 出産後離職型 ●●○	69	4	-	2	13	16	14
Ⅴ 無職継続型 ○○○	-	-	-	-	-	-	-
Ⅵ 就業開始型 ○○●	27	3	1	5	1	7	4
							常　勤
総　　数	19	-	1	1	6	3	4
Ⅰ 就業継続型 ●●●	8			1	3	1	2
Ⅱ 一時離職型 ●○●	5		1	-	1	1	1
Ⅲ 出産前離職型 ●○○	-	-	-	-	-	-	-
Ⅳ 出産後離職型 ●●○	1	-	-	-	-	-	-
Ⅴ 無職継続型 ○○○	-	-	-	-	-	-	-
Ⅵ 就業開始型 ○○●	3				1	1	
							パ
総　　数	875	49	20	45	137	202	155
Ⅰ 就業継続型 ●●●	297	9	4	8	43	80	49
Ⅱ 一時離職型 ●○●	327	25	6	27	51	65	68
Ⅲ 出産前離職型 ●○○	-	-	-	-	-	-	-
Ⅳ 出産後離職型 ●●○	35	-	1	-	5	6	6
Ⅴ 無職継続型 ○○○	-	-	-	-	-	-	-
Ⅵ 就業開始型 ○○●	93	9	2	6	19	23	11
							常　勤・
総　　数	1 512	89	54	90	186	302	240
Ⅰ 就業継続型 ●●●	440	15	13	35	44	94	64
Ⅱ 一時離職型 ●○●	409	10	21	24	59	80	73
Ⅲ 出産前離職型 ●○○	-	-	-	-	-	-	-
Ⅳ 出産後離職型 ●●○	61	4	1	3	10	8	6
Ⅴ 無職継続型 ○○○	-	-	-	-	-	-	-
Ⅵ 就業開始型 ○○●	74	2	-	2	15	18	13
							無
総　　数	15 968	282	196	384	1 468	2 966	3 090
Ⅰ 就業継続型 ●●●	-	-	-	-	-	-	-
Ⅱ 一時離職型 ●○●	1 116	48	19	72	178	305	160
Ⅲ 出産前離職型 ●○○	4 960	57	60	117	535	1 025	1 106
Ⅳ 出産後離職型 ●●○	491	7	9	13	50	107	92
Ⅴ 無職継続型 ○○○	8 150	109	71	119	529	1 293	1 527
Ⅵ 就業開始型 ○○●	850	45	31	52	141	175	142

注：就業変化パターンの総数にはその他を含む。

収入・父の平均収入, 母の育児休業状況・母の就業変化パターン・出生順位別

500～600	600～700	700～800	800～900	900～1,000	1,000万円以上	不　詳	父の平均収入 (万円)
			数				
3 183	1 887	1 130	635	250	624	2 130	461
466	303	173	75	25	82	388	446
202	94	49	27	13	43	182	382
780	373	199	115	37	80	476	443
117	68	48	19	9	36	92	465
1 381	913	587	354	148	326	793	516
111	54	20	21	5	14	94	364
(育児休業中)							
328	244	130	50	20	29	238	469
275	215	115	41	16	25	207	472
7	7	1	2	-	-	5	413
-	-	-	-	-	-	-	-
41	18	14	5	3	4	24	465
-	-	-	-	-	-	-	-
-	1	-	-	-	-	-	467
(育児休業中以外)							
128	63	36	19	5	24	121	404
113	54	32	17	4	19	99	409
9	2	2	1	-	1	11	363
-	-	-	-	-	-	-	-
4	5	2	-	-	2	7	380
-	-	-	-	-	-	-	-
-	2	-	1	1	-	2	320
(不　詳)							
1	2	-	-	-	-	1	335
-	1	-	-	-	-	-	335
1	-	-	-	-	-	-	297
-	-	-	-	-	-	-	-
-	-	-	-	-	-	1	-
-	-	-	-	-	-	-	-
-	1	-	-	-	-	-	407
パート							
97	49	24	8	5	19	65	377
45	14	8	3	2	10	22	411
28	19	9	2	2	5	20	357
-	-	-	-	-	-	-	-
4	5	1	1	1	2	3	488
-	-	-	-	-	-	-	-
6	3	2	2	-	1	9	320
パート以外							
141	86	65	38	12	58	151	419
33	19	18	14	3	28	60	454
43	27	15	12	2	12	31	428
-	-	-	-	-	-	-	-
5	3	3	2	2	3	11	480
-	-	-	-	-	-	-	-
7	4	2	-	-	2	9	385
職							
2 488	1 443	875	520	208	494	1 554	473
-	-	-	-	-	-	-	-
114	39	22	10	9	25	115	373
780	373	199	115	37	80	476	443
63	37	28	11	3	25	46	474
1 381	913	587	354	148	326	793	516
98	43	16	18	4	11	74	368

23-6表（3-2）

第23-6表 嫡出子数及び出生後1年間（平成13年）の父の

第1子

母の就業変化パターン	総　数	収入なし	100万円未満	100～200	200～300	300～400	400～500
総　　　数	10 703	266	141	332	1 284	2 220	総 2 156
Ⅰ　就業継続型　●●●	1 811	43	17	49	236	400	363
Ⅱ　一時離職型　●○●	995	55	17	72	187	244	146
Ⅲ　出産前離職型●○○	4 153	50	53	101	465	884	930
Ⅳ　出産後離職型●●○	676	14	9	16	79	144	129
Ⅴ　無職継続型　○○○	2 389	47	23	56	202	423	461
Ⅵ　就業開始型　○○●	220	20	7	19	57	37	27
総　　　数	1 311	23	8	26	142	258	常　勤（育 275
Ⅰ　就業継続型　●●●	1 066	21	7	21	113	208	225
Ⅱ　一時離職型　●○●	35	1	-	-	4	9	7
Ⅲ　出産前離職型●○○	-	-	-	-	-	-	-
Ⅳ　出産後離職型●●○	185	1	1	5	21	36	36
Ⅴ　無職継続型　○○○	-	-	-	-	-	-	-
Ⅵ　就業開始型　○○●	2	-	-	-	-	-	1
総　　　数	601	20	6	18	104	152	常　勤（育 116
Ⅰ　就業継続型　●●●	507	14	6	13	87	134	98
Ⅱ　一時離職型　●○●	32	2	-	1	7	7	5
Ⅲ　出産前離職型●○○	-	-	-	-	-	-	-
Ⅳ　出産後離職型●●○	46	3	-	1	8	8	10
Ⅴ　無職継続型　○○○	-	-	-	-	-	-	-
Ⅵ　就業開始型　○○●	7	1	-	2	-	2	1
総　　　数	10	-	1	-	2	2	常　勤 3
Ⅰ　就業継続型　●●●	4	-	-	-	2	-	2
Ⅱ　一時離職型　●○●	2	-	1	-	-	1	-
Ⅲ　出産前離職型●○○	-	-	-	-	-	-	-
Ⅳ　出産後離職型●●○	1	-	-	-	-	-	-
Ⅴ　無職継続型　○○○	-	-	-	-	-	-	-
Ⅵ　就業開始型　○○●	2	-	-	-	-	1	-
総　　　数	320	21	8	23	64	75	パ 47
Ⅰ　就業継続型　●●●	86	3	-	4	13	26	16
Ⅱ　一時離職型　●○●	131	10	2	15	31	28	17
Ⅲ　出産前離職型●○○	-	-	-	-	-	-	-
Ⅳ　出産後離職型●●○	15	-	-	-	2	3	2
Ⅴ　無職継続型　○○○	-	-	-	-	-	-	-
Ⅵ　就業開始型　○○●	22	3	1	2	6	6	-
総　　　数	540	42	17	34	81	108	常　勤・ 89
Ⅰ　就業継続型　●●●	148	5	4	11	21	32	22
Ⅱ　一時離職型　●○●	122	6	5	7	24	21	19
Ⅲ　出産前離職型●○○	-	-	-	-	-	-	-
Ⅳ　出産後離職型●●○	28	3	-	2	5	4	3
Ⅴ　無職継続型　○○○	-	-	-	-	-	-	-
Ⅵ　就業開始型　○○●	13	-	-	-	6	2	2
総　　　数	7 921	160	101	231	891	1 625	無 1 626
Ⅰ　就業継続型　●●●	-	-	-	-	-	-	-
Ⅱ　一時離職型　●○●	673	36	9	49	121	178	98
Ⅲ　出産前離職型●○○	4 153	50	53	101	465	884	930
Ⅳ　出産後離職型●●○	401	7	8	8	43	93	78
Ⅴ　無職継続型　○○○	2 389	47	23	56	202	423	461
Ⅵ　就業開始型　○○●	174	16	6	15	45	26	23

注：就業変化パターンの総数にはその他を含む。

収入・父の平均収入，母の育児休業状況・母の就業変化パターン・出生順位別

500～600	600～700	700～800	800～900	900～1,000	1,000万円以上	不　詳	父の平均収入 (万円)
\[数\]							
1 492	797	463	237	84	234	997	434
212	148	84	31	8	36	184	430
90	39	16	8	7	20	94	358
636	308	163	82	31	61	389	436
98	46	32	17	6	21	65	447
406	212	145	82	28	87	217	483
13	10	2	6	-	3	19	322
（育児休業中）							
191	132	72	24	11	16	133	448
150	114	60	16	7	12	112	446
3	5	1	2	-	-	3	441
-	-	-	-	-	-	-	-
36	9	11	5	3	4	17	459
-	-	-	-	-	-	-	-
-	1	-	-	-	-	-	500
（育児休業中以外）							
51	33	17	8	1	13	62	392
44	27	16	7	1	10	50	395
3	-	1	1	-	-	5	346
-	-	-	-	-	-	-	-
3	5	-	-	-	2	6	396
-	-	-	-	-	-	-	-
-	1	-	-	-	-	-	298
（不　詳）							
-	1	-	-	-	-	1	327
-	-	-	-	-	-	-	320
-	-	-	-	-	-	-	158
-	-	-	-	-	-	-	-
-	-	-	-	-	-	1	-
-	-	-	-	-	-	-	-
-	1	-	-	-	-	-	475
パート							
30	16	9	2	1	4	20	349
10	4	2	-	-	3	5	397
9	6	4	-	1	1	7	325
-	-	-	-	-	-	-	-
2	2	1	1	-	-	2	481
-	-	-	-	-	-	-	-
1	-	-	1	-	-	2	257
パート以外							
38	25	25	16	3	19	43	395
8	3	6	8	-	11	17	467
12	5	5	2	-	3	13	385
-	-	-	-	-	-	-	-
1	2	1	1	1	1	4	432
-	-	-	-	-	-	-	-
-	1	-	-	-	1	1	384
職							
1 182	590	340	187	68	182	738	442
-	-	-	-	-	-	-	-
63	23	5	3	6	16	66	356
636	308	163	82	31	61	389	436
56	28	19	10	2	14	35	447
406	212	145	82	28	87	217	483
12	6	2	5	-	2	16	323

23-6表 (3-3)

第23-6表 嫡出子数及び出生後1年間（平成13年）の父の

第2子以上

母の就業変化パターン	総 数	収入なし	100万円未満	100～200	200～300	300～400	400～500
							総
総　　数	10 944	225	155	268	876	1 899	1 986
Ⅰ 就業継続型 ●●●	1 699	36	23	54	151	325	301
Ⅱ 一時離職型 ●○●	993	35	30	58	121	231	182
Ⅲ 出産前離職型 ●○○	807	7	7	16	70	141	176
Ⅳ 出産後離職型 ●●○	205	2	3	7	24	30	35
Ⅴ 無職継続型 ○○○	5 761	62	48	63	327	870	1 066
Ⅵ 就業開始型 ○○●	830	39	27	46	120	187	145
							常　勤（育
総　　数	794	8	4	11	51	103	157
Ⅰ 就業継続型 ●●●	723	6	4	9	43	98	140
Ⅱ 一時離職型 ●○●	20	1	-	2	4	2	3
Ⅲ 出産前離職型 ●○○	-	-	-	-	-	-	-
Ⅳ 出産後離職型 ●●○	39	-	-	-	4	1	10
Ⅴ 無職継続型 ○○○	-	-	-	-	-	-	-
Ⅵ 就業開始型 ○○●	1	-	-	-	-	-	1
							常　勤（育
総　　数	567	20	7	25	66	133	105
Ⅰ 就業継続型 ●●●	469	14	6	16	54	110	86
Ⅱ 一時離職型 ●○●	44	3	-	4	4	6	11
Ⅲ 出産前離職型 ●○○	-	-	-	-	-	-	-
Ⅳ 出産後離職型 ●●○	23	1	-	1	5	8	4
Ⅴ 無職継続型 ○○○	-	-	-	-	-	-	-
Ⅵ 就業開始型 ○○●	20	2	1	3	1	5	3
							常　勤
総　　数	9	-	-	1	4	1	1
Ⅰ 就業継続型 ●●●	4	-	-	1	1	1	-
Ⅱ 一時離職型 ●○●	3	-	-	-	1	-	1
Ⅲ 出産前離職型 ●○○	-	-	-	-	-	-	-
Ⅳ 出産後離職型 ●●○	-	-	-	-	-	-	-
Ⅴ 無職継続型 ○○○	-	-	-	-	-	-	-
Ⅵ 就業開始型 ○○●	1	-	-	-	1	-	-
							パ
総　　数	555	28	12	22	73	127	108
Ⅰ 就業継続型 ●●●	211	6	4	4	30	54	33
Ⅱ 一時離職型 ●○●	196	15	4	12	20	37	51
Ⅲ 出産前離職型 ●○○	-	-	-	-	-	-	-
Ⅳ 出産後離職型 ●●○	20	-	1	-	3	3	4
Ⅴ 無職継続型 ○○○	-	-	-	-	-	-	-
Ⅵ 就業開始型 ○○●	71	6	1	4	13	17	11
							常　勤・
総　　数	972	47	37	56	105	194	151
Ⅰ 就業継続型 ●●●	292	10	9	24	23	62	42
Ⅱ 一時離職型 ●○●	287	4	16	17	35	59	54
Ⅲ 出産前離職型 ●○○	-	-	-	-	-	-	-
Ⅳ 出産後離職型 ●●○	33	1	1	1	5	4	3
Ⅴ 無職継続型 ○○○	-	-	-	-	-	-	-
Ⅵ 就業開始型 ○○●	61	2	-	2	9	16	11
							無
総　　数	8 047	122	95	153	577	1 341	1 464
Ⅰ 就業継続型 ●●●	-	-	-	-	-	-	-
Ⅱ 一時離職型 ●○●	443	12	10	23	57	127	62
Ⅲ 出産前離職型 ●○○	807	7	7	16	70	141	176
Ⅳ 出産後離職型 ●●○	90	-	1	5	7	14	14
Ⅴ 無職継続型 ○○○	5 761	62	48	63	327	870	1 066
Ⅵ 就業開始型 ○○●	676	29	25	37	96	149	119

注：就業変化パターンの総数にはその他を含む。

収入・父の平均収入，母の育児休業状況・母の就業変化パターン・出生順位別

500〜600	600〜700	700〜800	800〜900	900〜1,000	1,000万円以上	不　　詳	父の平均収入（万円）
数							
1 691	1 090	667	398	166	390	1 133	488
254	155	89	44	17	46	204	464
112	55	33	19	6	23	88	406
144	65	36	33	6	19	87	482
19	22	16	2	3	15	27	526
975	701	442	272	120	239	576	529
98	44	18	15	5	11	75	375
児休業中）							
137	112	58	26	9	13	105	506
125	101	55	25	9	13	95	512
4	2	-	-	-	-	2	364
-	-	-	-	-	-	-	-
5	9	3	-	-	-	7	492
-	-	-	-	-	-	-	400
-	-	-	-	-	-	-	
児休業中以外）							
77	30	19	11	4	11	59	415
69	27	16	10	3	9	49	424
6	2	1	-	-	1	6	374
-	-	-	-	-	-	-	-
1	-	2	-	-	-	1	351
-	-	-	-	-	-	-	
-	1	-	1	1	-	2	328
（不　　詳）							
1	1	-	-	-	-	-	342
-	1	-	-	-	-	-	350
1	-	-	-	-	-	-	390
-	-	-	-	-	-	-	270
ー　ト							
67	33	15	6	4	15	45	394
35	10	6	3	2	7	17	417
19	13	5	2	1	4	13	378
-	-	-	-	-	-	-	-
2	3	-	-	1	2	1	494
5	3	2	1	-	1	7	340
パート以外							
103	61	40	22	9	39	108	433
25	16	12	6	3	17	43	447
31	22	10	10	2	9	18	445
-	-	-	-	-	-	-	-
4	1	2	1	1	2	7	524
-	-	-	-	-	-	-	-
7	3	2	-	-	1	8	385
職							
1 306	853	535	333	140	312	816	505
-	-	-	-	-	-	-	-
51	16	17	7	3	9	49	398
144	65	36	33	6	19	87	482
7	9	9	1	1	11	11	596
975	701	442	272	120	239	576	529
86	37	14	13	4	9	58	379

23-7表（3-1）

第23-7表　嫡出子数（子育てで出費がかさむと回答があった）及び出生後1年間

総　数

母の就業変化パターン	総　数	収入なし	100万円未満	100～200	200～300	300～400	400～500
総　　数	5 538	127	86	190	718	1 205	総 1 159
Ⅰ　就業継続型 ●●●	782	14	11	34	129	177	129
Ⅱ　一時離職型 ●○●	586	17	14	42	94	139	116
Ⅲ　出産前離職型 ●○○	1 209	15	16	36	162	292	287
Ⅳ　出産後離職型 ●●○	194	5	3	2	27	49	42
Ⅴ　無職継続型 ○○○	2 107	32	26	40	188	399	478
Ⅵ　就業開始型 ○○●	354	24	11	25	75	81	55
							1 万
総　　数	177	6	1	6	21	43	44
Ⅰ　就業継続型 ●●●	3	-	-	-	1	-	1
Ⅱ　一時離職型 ●○●	5	-	-	-	-	2	2
Ⅲ　出産前離職型 ●○○	41	2	-	4	10	9	8
Ⅳ　出産後離職型 ●●○	7	1	-	-	1	2	3
Ⅴ　無職継続型 ○○○	112	2	1	1	9	25	28
Ⅵ　就業開始型 ○○●	5	1	-	-	-	3	1
							1
総　　数	1 858	30	27	49	201	399	443
Ⅰ　就業継続型 ●●●	82	-	3	5	14	19	13
Ⅱ　一時離職型 ●○●	107	2	4	10	12	31	27
Ⅲ　出産前離職型 ●○○	478	6	6	7	65	118	115
Ⅳ　出産後離職型 ●●○	72	2	1	1	6	19	16
Ⅴ　無職継続型 ○○○	933	10	10	10	71	176	233
Ⅵ　就業開始型 ○○●	88	2	1	10	16	19	23
							2
総　　数	1 424	33	27	52	208	321	302
Ⅰ　就業継続型 ●●●	117	6	5	7	30	25	18
Ⅱ　一時離職型 ●○●	135	5	2	10	28	33	22
Ⅲ　出産前離職型 ●○○	369	4	8	15	48	92	97
Ⅳ　出産後離職型 ●●○	51	-	2	-	11	11	12
Ⅴ　無職継続型 ○○○	576	9	6	11	59	115	128
Ⅵ　就業開始型 ○○●	101	6	4	7	23	26	11
							3
総　　数	666	17	15	25	106	151	124
Ⅰ　就業継続型 ●●●	97	3	1	3	18	22	20
Ⅱ　一時離職型 ●○●	92	3	3	7	20	23	17
Ⅲ　出産前離職型 ●○○	152	2	2	4	20	36	31
Ⅳ　出産後離職型 ●●○	27	1	-	-	4	7	5
Ⅴ　無職継続型 ○○○	210	1	6	10	25	39	37
Ⅵ　就業開始型 ○○●	51	4	2	-	14	14	8
							4
総　　数	302	5	4	13	51	79	57
Ⅰ　就業継続型 ●●●	89	2	-	6	16	25	12
Ⅱ　一時離職型 ●○●	66	1	2	4	12	18	14
Ⅲ　出産前離職型 ●○○	37	1	-	1	4	12	13
Ⅳ　出産後離職型 ●●○	7	-	-	-	1	3	-
Ⅴ　無職継続型 ○○○	62	-	1	-	7	11	14
Ⅵ　就業開始型 ○○●	26	1	-	2	8	8	3
							5
総　　数	303	10	6	16	40	63	51
Ⅰ　就業継続型 ●●●	96	-	1	4	17	23	19
Ⅱ　一時離職型 ●○●	61	2	1	6	6	12	9
Ⅲ　出産前離職型 ●○○	37	-	-	1	6	9	5
Ⅳ　出産後離職型 ●●○	10	1	-	-	2	1	3
Ⅴ　無職継続型 ○○○	55	2	2	4	5	10	7
Ⅵ　就業開始型 ○○●	24	5	1	1	1	3	5
							6 ～
総　　数	476	11	3	15	47	98	92
Ⅰ　就業継続型 ●●●	252	3	1	7	22	57	44
Ⅱ　一時離職型 ●○●	83	2	-	2	12	15	20
Ⅲ　出産前離職型 ●○○	31	-	-	2	1	6	9
Ⅳ　出産後離職型 ●●○	9	-	-	1	1	2	1
Ⅴ　無職継続型 ○○○	41	2	-	1	1	7	8
Ⅵ　就業開始型 ○○●	28	2	2	1	6	4	4
							11 万
総　　数	200	6	2	10	34	44	32
Ⅰ　就業継続型 ●●●	33	-	-	1	7	6	2
Ⅱ　一時離職型 ●○●	23	1	2	1	4	4	3
Ⅲ　出産前離職型 ●○○	37	-	-	2	7	9	7
Ⅳ　出産後離職型 ●●○	6	-	-	-	1	3	1
Ⅴ　無職継続型 ○○○	66	2	-	3	7	14	17
Ⅵ　就業開始型 ○○●	21	1	-	3	7	3	-
							平均子育て
総　　数	3.4	-	2.9	4.0	3.5	3.3	3.3
Ⅰ　就業継続型 ●●●	5.5	-	2.5	5.4	5.3	4.9	4.9
Ⅱ　一時離職型 ●○●	4.7	-	6.2	3.3	4.2	3.6	6.1
Ⅲ　出産前離職型 ●○○	2.6	-	1.8	3.7	2.5	2.6	2.5
Ⅳ　出産後離職型 ●●○	3.9	-	1.7	4.5	4.2	4.3	4.3
Ⅴ　無職継続型 ○○○	2.6	-	2.1	4.0	2.4	2.8	2.6
Ⅵ　就業開始型 ○○●	3.7	-	3.4	5.0	4.4	2.9	2.5

注：1）出生児縦断第2回で「子育てで出費がかさむ」と回答があった嫡出子数である。
　　2）就業変化パターンの総数にはその他を含む。
　　3）子育て費用の総数には不詳を含む。

（平成13年）の父の収入・父の平均収入, 子育て費用・母の就業変化パターン・出生順位別

500～600	600～700	700～800	800～900	900～1,000	1,000万円以上	不　詳	父の平均収入 (万円)
790	420	217	116	33	69	408	419
110	54	31	19	2	12	60	412
63	32	9	9	2	8	41	372
167	77	28	19	4	8	98	410
22	17	6	2	2	2	15	406
355	208	122	58	21	27	153	458
35	14	4	5	1	4	20	337
25	7	4	4	1	1	14	397
1	-	-	-	-	-	-	433
-	1	-	-	-	-	-	419
5	-	1	2	-	-	-	350
-	-	-	-	-	-	-	319
19	6	3	2	1	1	14	430
-	-	-	-	-	-	-	268
284	155	83	41	10	23	113	437
11	4	4	1	-	1	7	388
9	4	2	2	-	1	3	359
73	28	12	7	3	3	35	418
9	9	-	-	-	1	8	406
163	102	58	29	7	14	50	473
9	3	-	-	-	1	4	367
188	104	56	24	11	12	86	406
6	5	3	1	-	-	11	314
17	5	3	1	-	1	8	352
47	22	4	5	1	1	25	391
7	2	3	1	1	1	-	414
89	58	40	14	9	6	32	457
12	4	-	2	-	-	6	321
90	45	25	12	4	6	46	395
13	8	1	1	-	1	6	381
4	4	1	1	-	-	9	321
23	11	8	2	-	2	11	415
2	3	1	1	-	-	3	419
39	15	11	7	3	3	14	439
3	3	2	-	-	-	1	323
34	21	12	5	2	4	15	398
12	4	3	2	-	1	6	382
10	2	-	1	-	2	-	378
-	2	2	1	-	-	1	398
-	1	1	-	1	-	-	505
9	12	3	-	1	-	4	457
2	-	-	-	-	-	2	292
60	18	9	8	1	4	17	407
17	2	3	6	-	1	3	422
10	5	1	1	-	1	7	407
7	6	1	-	-	-	2	418
1	1	-	-	-	-	1	347
13	3	4	1	-	1	3	418
6	-	-	-	1	1	-	353
76	47	20	17	4	13	33	458
41	26	15	8	2	6	20	474
8	10	2	3	2	2	5	452
5	2	-	1	-	1	4	461
3	-	1	-	-	-	-	411
13	5	-	3	-	1	-	467
2	2	-	1	-	2	2	384
26	17	7	4	-	6	12	438
7	5	1	-	-	2	2	501
5	1	-	-	-	1	1	368
4	4	-	-	-	1	3	509
-	1	-	-	-	-	-	363
8	4	3	2	-	1	5	424
1	1	2	2	-	-	1	366
3.4	3.3	4.4	3.2	2.7	4.6	-	…
7.3	6.0	5.5	5.4	9.5	7.8	-	…
5.8	4.8	3.2	4.6	6.5	6.6	-	…
2.3	3.2	2.0	1.9	1.3	6.0	-	…
2.6	4.5	3.3	2.5	3.0	1.5	-	…
2.2	2.1	4.5	2.2	1.8	2.4	-	…
3.8	3.4	9.0	8.2	5.0	4.8	-	…

23-7表（3-2）

第23-7表　嫡出子数（子育てで出費がかさむと回答があった）及び出生後1年間

第1子

母の就業変化パターン	総数	収入なし	100万円未満	100～200	200～300	300～400	400～500
総　　数	2 438	65	36	95	365	588	総 534
I　就業継続型　●●●	351	7	3	18	64	81	66
II　一時離職型　●○○	248	10	6	18	53	68	40
III　出産前離職型●○○	983	11	15	30	140	246	229
IV　出産後離職型●●●	144	4	1	1	20	41	31
V　無職継続型　○○○	543	16	6	19	56	113	137
VI　就業開始型　○○●	59	8	3	5	13	12	1万 6
総　　数	52	3	-	3	10	15	10
I　就業継続型　●●●	-	-	-	-	-	-	-
II　一時離職型　●○○	2	-	-	-	-	2	-
III　出産前離職型●○○	31	2	-	3	8	8	4
IV　出産後離職型●●○	4	-	-	-	1	1	2
V　無職継続型　○○○	15	1	-	-	1	4	4
VI　就業開始型　○○●	-	-	-	-	-	-	1
総　　数	703	13	11	16	98	176	183
I　就業継続型　●●●	27	-	1	-	5	5	7
II　一時離職型　●○○	36	-	2	3	8	11	8
III　出産前離職型●○○	374	3	6	4	56	101	91
IV　出産後離職型●●○	59	2	-	1	5	18	12
V　無職継続型　○○○	171	4	2	5	14	33	57
VI　就業開始型　○○●	7	1	-	-	4	1	2 -
総　　数	659	16	10	30	106	166	146
I　就業継続型　●●●	48	2	-	5	11	14	7
II　一時離職型　●○○	47	2	-	3	15	12	7
III　出産前離職型●○○	305	4	7	14	40	78	76
IV　出産後離職型●●○	36	-	1	-	8	10	9
V　無職継続型　○○○	180	4	1	6	25	42	40
VI　就業開始型　○○●	16	2	1	2	3	3	3 -
総　　数	339	12	8	19	55	73	64
I　就業継続型　●●●	37	3	1	2	8	7	9
II　一時離職型　●○○	39	2	2	6	11	9	3
III　出産前離職型●○○	134	1	2	4	20	30	28
IV　出産後離職型●●○	18	1	-	-	3	4	3
V　無職継続型　○○○	81	-	2	6	9	16	16
VI　就業開始型　○○●	13	3	1	-	2	4	4 2
総　　数	153	2	2	10	25	48	33
I　就業継続型　●●●	41	1	-	4	8	12	6
II　一時離職型　●○○	32	-	1	3	5	14	5
III　出産前離職型●○○	32	1	-	1	3	10	12
IV　出産後離職型●●○	6	-	-	-	1	2	-
V　無職継続型　○○○	27	-	-	-	3	7	8
VI　就業開始型　○○●	8	-	-	2	2	3	5 1
総　　数	140	5	3	2	23	31	27
I　就業継続型　●●●	42	-	-	-	11	12	8
II　一時離職型　●○○	30	2	1	1	4	8	4
III　出産前離職型●○○	33	-	-	-	5	8	5
IV　出産後離職型●●○	6	1	-	-	-	-	3
V　無職継続型　○○○	22	2	1	1	2	1	5
VI　就業開始型　○○●	2	-	-	-	-	-	6～ 2
総　　数	244	7	2	7	30	52	51
I　就業継続型　●●●	136	1	1	5	17	30	28
II　一時離職型　●○○	47	2	-	-	8	10	12
III　出産前離職型●○○	23	-	-	2	1	4	6
IV　出産後離職型●●○	6	-	-	-	1	2	-
V　無職継続型　○○○	13	2	-	-	-	2	3
VI　就業開始型　○○●	6	1	1	-	1	-	11万 1
総　　数	91	3	-	5	16	22	15
I　就業継続型　●●●	16	-	-	1	3	1	1
II　一時離職型　●○○	11	1	-	1	2	2	1
III　出産前離職型●○○	28	-	-	2	6	6	6
IV　出産後離職型●●○	6	-	-	-	1	3	1
V　無職継続型　○○○	19	-	-	1	2	7	5
VI　就業開始型　○○●	3	-	-	-	-	1	平均子育て
総　　数	3.7	-	2.6	4.1	3.6	3.7	3.7
I　就業継続型　●●●	5.9	-	3.7	7.1	5.6	4.8	5.0
II　一時離職型　●○○	5.4	-	2.8	3.5	4.5	4.1	8.5
III　出産前離職型●○○	2.6	-	1.7	4.1	2.6	2.4	2.6
IV　出産後離職型●●○	4.5	-	2.0	1.0	4.7	4.7	5.1
V　無職継続型　○○○	3.2	-	2.5	2.9	2.8	4.6	2.8
VI　就業開始型　○○●	4.4	-	4.3	3.0	3.2	2.8	4.5

注：1) 出生児縦断第2回で「子育てで出費がかさむ」と回答があった嫡出子数である。
　　2) 就業変化パターンの総数にはその他を含む。
　　3) 子育て費用の総数には不詳を含む。

(平成13年）の父の収入・父の平均収入，子育て費用・母の就業変化パターン・出生順位別

500～600	600～700	700～800	800～900	900～1,000	1,000万円以上	不　詳	父の平均収入（万円）
数							
305	144	69	33	9	20	175	393
37	22	16	6	-	4	27	396
21	8	2	1	2	5	14	350
129	64	24	14	2	5	74	402
20	8	4	1	1	-	12	391
85	34	21	10	3	3	40	414
5	2	-	1	-	-	4	271
円　未　満							
5	-	2	2	-	-	2	354
-	-	-	-	-	-	-	-
-	-	-	-	-	-	-	305
3	-	1	2	-	-	-	345
-	-	-	-	-	-	-	360
2	-	1	-	-	-	2	382
万　円							-
93	38	16	6	3	5	45	400
1	2	2	-	-	1	3	427
3	-	-	-	-	-	1	314
47	21	11	4	2	3	25	413
9	5	-	-	-	-	7	388
31	9	3	2	1	1	9	415
1	-	-	-	-	-	-	254
万　円							
77	40	20	7	2	3	36	384
3	1	1	-	-	-	4	314
3	1	2	-	-	1	1	350
42	19	4	3	-	-	18	385
5	-	2	1	-	-	-	388
21	15	11	3	2	1	9	420
2	1	-	-	-	-	2	261
万　円							
47	17	11	4	1	1	27	371
4	1	-	1	-	-	1	333
1	-	-	-	-	-	5	244
22	10	6	2	-	1	8	410
2	1	1	-	-	-	3	387
15	5	3	1	-	-	8	402
-	-	-	-	-	-	1	222
万　円							
9	8	5	1	1	3	6	383
3	2	-	-	-	1	4	352
2	1	-	-	-	1	-	353
-	2	1	1	-	-	1	398
-	1	1	-	1	-	-	532
4	2	2	-	-	-	1	438
-	-	-	-	-	-	-	270
万　円							
26	7	4	-	-	2	10	394
8	-	2	-	-	-	1	380
5	-	-	-	-	1	4	380
6	6	1	-	-	-	2	432
1	-	-	-	-	-	1	349
5	1	1	-	-	1	2	416
-	-	-	-	-	-	-	440
10　万　円							
35	18	10	10	2	4	16	438
15	11	10	5	-	1	12	442
5	5	-	1	2	2	-	451
4	1	-	1	-	1	3	470
3	-	-	-	-	-	-	410
5	-	-	3	-	-	-	468
1	-	-	-	-	-	1	242
円　以　上							
10	12	-	2	-	2	4	404
3	5	-	-	-	-	1	513
2	1	-	-	-	-	1	332
3	3	-	-	-	-	2	368
-	1	-	-	-	-	-	363
1	1	-	-	1	-	-	370
1	-	-	-	1	-	-	510
費用（万円）							
3.7	4.5	3.0	4.4	3.0	5.4	-	…
8.3	7.4	6.1	7.2	-	8.0	-	…
7.0	7.9	2.0	9.0	6.5	6.2	-	…
2.4	3.2	1.9	2.2	1.0	2.6	-	…
2.7	7.1	2.8	2.0	4.0	-	-	…
2.6	2.4	2.2	4.6	1.7	2.7	-	…
10.4	2.0	-	13.0	-	-	-	…

23-7表（3-3）

第23-7表 嫡出子数（子育てで出費がかさむと回答があった）及び出生後1年間

第2子以上

母の就業変化パターン	総　　数	収入なし	100万円未満	100～200	200～300	300～400	400～500
総　　数	3 100	62	50	95	353	617	総 625
Ⅰ　就業継続型　●●●	431	7	8	16	65	96	63
Ⅱ　一時離職型　●○○	338	7	8	24	41	71	76
Ⅲ　出産前離職型●○○	226	4	1	6	22	46	58
Ⅳ　出産後離職型●●○	50	1	2	1	7	8	11
Ⅴ　無職継続型　○○○	1 564	16	20	21	132	286	341
Ⅵ　就業開始型　○○●	295	16	8	20	62	69	49
							1 万
総　　数	125	3	1	3	11	28	34
Ⅰ　就業継続型　●●●	3	-	-	-	1	-	1
Ⅱ　一時離職型　●○○	3	-	-	-	-	-	2
Ⅲ　出産前離職型●○○	10	-	-	1	2	1	4
Ⅳ　出産後離職型●●○	3	1	-	-	-	1	1
Ⅴ　無職継続型　○○○	97	1	1	1	8	21	24
Ⅵ　就業開始型　○○●	5	1	-	-	-	3	1
							1
総　　数	1 155	17	16	33	103	223	260
Ⅰ　就業継続型　●●●	55	-	2	5	9	14	6
Ⅱ　一時離職型　●○○	71	2	2	7	4	20	19
Ⅲ　出産前離職型●○○	104	3	-	3	9	17	24
Ⅳ　出産後離職型●●○	13	-	1	-	1	1	4
Ⅴ　無職継続型　○○○	762	6	8	5	57	143	176
Ⅵ　就業開始型　○○●	81	1	1	10	12	18	23
							2
総　　数	765	17	17	22	102	155	156
Ⅰ　就業継続型　●●●	69	4	5	2	19	11	11
Ⅱ　一時離職型　●○○	88	3	2	7	13	21	15
Ⅲ　出産前離職型●○○	64	-	1	1	8	14	21
Ⅳ　出産後離職型●●○	15	-	1	-	3	1	3
Ⅴ　無職継続型　○○○	396	5	5	5	34	73	88
Ⅵ　就業開始型　○○●	85	4	3	5	20	23	11
							3
総　　数	327	5	7	6	51	78	60
Ⅰ　就業継続型　●●●	60	-	-	1	10	15	11
Ⅱ　一時離職型　●○○	53	1	1	1	9	14	14
Ⅲ　出産前離職型●○○	18	1	-	-	-	6	3
Ⅳ　出産後離職型●●○	9	-	-	-	1	3	2
Ⅴ　無職継続型　○○○	129	1	4	4	16	23	21
Ⅵ　就業開始型　○○●	38	1	1	-	12	10	6
							4
総　　数	149	3	2	3	26	31	24
Ⅰ　就業継続型　●●●	48	1	-	2	8	13	6
Ⅱ　一時離職型　●○○	34	1	1	1	7	4	9
Ⅲ　出産前離職型●○○	5	-	-	-	1	2	1
Ⅳ　出産後離職型●●○	1	-	-	-	-	1	-
Ⅴ　無職継続型　○○○	35	-	1	-	4	4	6
Ⅵ　就業開始型　○○●	18	1	-	-	6	5	2
							5
総　　数	163	5	3	14	17	32	24
Ⅰ　就業継続型　●●●	54	-	1	4	6	11	11
Ⅱ　一時離職型　●○○	31	-	-	5	2	4	5
Ⅲ　出産前離職型●○○	4	-	-	1	1	1	-
Ⅳ　出産後離職型●●○	4	-	-	-	2	1	1
Ⅴ　無職継続型　○○○	33	-	1	3	3	9	2
Ⅵ　就業開始型　○○●	22	5	1	1	1	3	3
							6 ～
総　　数	232	4	1	8	17	46	41
Ⅰ　就業継続型　●●●	116	2	-	2	5	27	16
Ⅱ　一時離職型　●○○	36	-	-	2	4	5	8
Ⅲ　出産前離職型●○○	8	-	-	-	-	2	3
Ⅳ　出産後離職型●●○	3	-	-	-	-	-	1
Ⅴ　無職継続型　○○○	28	-	-	1	1	5	7
Ⅵ　就業開始型　○○●	22	1	1	1	5	4	3
							11 万
総　　数	109	3	2	5	18	22	17
Ⅰ　就業継続型　●●●	17	-	-	-	4	5	1
Ⅱ　一時離職型　●○○	12	-	2	-	2	2	2
Ⅲ　出産前離職型●○○	9	-	-	-	1	3	1
Ⅳ　出産後離職型●●○	-	-	-	-	-	-	-
Ⅴ　無職継続型　○○○	47	1	-	2	5	7	12
Ⅵ　就業開始型　○○●	18	1	-	3	6	3	-
							平均子育て
総　　数	3.2	-	3.2	4.0	3.4	3.0	3.0
Ⅰ　就業継続型　●●●	5.2	-	2.1	3.6	5.0	5.0	4.8
Ⅱ　一時離職型　●○○	4.2	-	8.8	3.1	3.8	3.0	4.8
Ⅲ　出産前離職型●○○	2.7	-	2.0	1.7	2.5	3.7	2.3
Ⅳ　出産後離職型●●○	2.5	-	1.5	8.0	2.9	2.6	2.0
Ⅴ　無職継続型　○○○	2.4	-	2.0	5.0	2.2	2.1	2.5
Ⅵ　就業開始型　○○●	3.6	-	3.0	5.4	4.6	2.9	2.2

注：1）出生児縦断第2回で「子育てで出費がかさむ」と回答があった嫡出子数である。
　　2）就業変化パターンの総数にはその他を含む。
　　3）子育て費用の総数には不詳を含む。

(平成13年) の父の収入・父の平均収入，子育て費用・母の就業変化パターン・出生順位別

	500〜600	600〜700	700〜800	800〜900	900〜1,000	1,000万円以上	不　　詳	父の平均収入（万円）
数	485	276	148	83	24	49	233	440
	73	32	15	13	2	8	33	426
	42	24	7	8	-	3	27	388
	38	13	4	5	2	3	24	447
	2	9	2	1	1	2	3	446
	270	174	101	48	18	24	113	473
	30	12	4	4	1	4	16	351
円未満	20	7	2	2	1	1	12	415
	1	-	-	-	-	-	-	433
	-	1	-	-	-	-	-	495
	2	-	-	-	-	-	-	365
	-	-	-	-	-	-	-	263
	17	6	2	2	1	1	12	437
	-	-	-	-	-	-	-	268
万円	191	117	67	35	7	18	68	459
	10	2	2	1	-	-	4	369
	6	4	2	2	-	1	2	382
	26	7	1	3	1	-	10	434
	-	4	-	-	-	1	1	483
	132	93	55	27	6	13	41	486
	8	3	-	-	-	1	4	377
万円	111	64	36	17	9	9	50	424
	3	4	2	1	-	-	7	314
	14	4	1	1	-	1	7	354
	5	3	-	2	1	1	7	419
	2	2	1	-	1	1	-	478
	68	43	29	11	7	5	23	473
	10	3	-	2	-	-	4	331
万円	43	28	14	8	3	5	19	419
	9	7	1	-	-	1	5	413
	3	4	1	1	-	-	4	375
	1	1	2	-	-	1	3	460
	-	2	-	1	-	-	-	472
	24	10	8	6	3	3	6	462
	3	3	2	-	-	-	-	356
万円	25	13	7	4	1	1	9	415
	9	2	3	2	-	-	2	405
	8	1	-	1	-	1	-	402
	-	-	1	-	-	-	-	396
	-	-	-	-	-	-	-	345
	5	10	1	-	1	-	3	473
	2	-	-	-	-	-	2	303
万円	34	11	5	8	1	2	7	419
	9	2	1	6	-	1	2	455
	5	5	1	1	-	-	3	432
	1	-	-	-	-	-	-	313
	-	1	-	-	-	-	-	346
	8	2	3	1	-	-	1	420
	6	-	-	-	1	1	-	346
10万円	41	29	10	7	2	9	17	480
	26	15	5	3	2	5	8	511
	3	5	2	2	-	-	5	454
	1	1	-	-	-	-	1	436
	-	-	1	-	-	-	-	413
	8	5	-	-	-	-	1	466
	1	2	-	1	-	2	1	418
円以上	16	5	7	2	-	4	8	468
	4	-	1	-	-	1	1	491
	3	-	-	-	-	-	1	399
	1	1	-	-	-	1	1	968
	-	-	-	-	-	-	-	-
	7	3	3	1	-	1	5	449
	-	1	2	1	-	-	1	340
費用（万円）	3.2	2.7	5.0	2.7	2.6	4.3	-	…
	6.8	5.0	4.9	4.6	9.5	7.6	-	…
	5.3	3.8	3.6	4.0	-	7.3	-	…
	1.7	3.0	2.8	1.4	1.5	11.7	-	…
	2.0	2.1	4.5	3.0	2.0	1.5	-	…
	2.1	2.1	4.9	1.8	1.8	2.4	-	…
	2.7	3.5	9.0	7.0	5.0	4.8	-	…

23－8表（3－1）

第23－8表 嫡出子数（子育てで出費がかさむと回答しなかった）及び出生後1年間

総数

母の就業変化パターン	総数	収入なし	100万円未満	100～200	200～300	300～400	400～500
総　　数	16 109	364	210	410	1 442	2 914	2 983
Ⅰ　就業継続型　●●●	2 728	65	29	69	258	548	535
Ⅱ　一時離職型　●○●	1 402	73	33	88	214	336	212
Ⅲ　出産前離職型●○○	3 751	42	44	81	373	733	819
Ⅳ　出産後離職型●●○	687	11	9	21	76	125	122
Ⅴ　無職継続型　○○○	6 043	77	45	79	341	894	1 049
Ⅵ　就業開始型　○○●	696	35	23	40	102	143	117
総　　数	1 505	35	22	50	146	275	289
Ⅰ　就業継続型　●●●	81	3	1	4	10	18	17
Ⅱ　一時離職型　●○●	87	7	3	10	18	16	11
Ⅲ　出産前離職型●○○	335	7	4	12	41	81	71
Ⅳ　出産後離職型●●○	52	-	2	4	7	14	7
Ⅴ　無職継続型　○○○	806	12	5	17	46	120	158
Ⅵ　就業開始型　○○●	63	2	3	2	9	16	14
総　　数	6 448	107	83	143	565	1 199	1 367
Ⅰ　就業継続型　●●●	466	14	16	16	45	106	98
Ⅱ　一時離職型　●○●	398	22	9	32	62	94	78
Ⅲ　出産前離職型●○○	1 723	17	20	32	192	346	449
Ⅳ　出産後離職型●●○	309	3	5	8	41	59	63
Ⅴ　無職継続型　○○○	2 981	24	20	31	160	467	585
Ⅵ　就業開始型　○○●	239	13	7	10	39	56	39
総　　数	3 094	70	51	89	316	595	532
Ⅰ　就業継続型　●●●	356	12	3	13	57	81	79
Ⅱ　一時離職型　●○●	279	14	10	19	47	77	30
Ⅲ　出産前離職型●○○	926	9	13	17	87	191	184
Ⅳ　出産後離職型●●○	142	2	1	3	10	23	25
Ⅴ　無職継続型　○○○	1 098	18	10	16	77	163	164
Ⅵ　就業開始型　○○●	146	8	4	15	23	34	24
総　　数	1 362	36	27	56	163	278	251
Ⅰ　就業継続型　●●●	314	10	1	18	41	76	64
Ⅱ　一時離職型　●○●	205	8	5	15	40	59	27
Ⅲ　出産前離職型●○○	270	4	5	7	24	52	62
Ⅳ　出産後離職型●●○	62	3	-	3	6	12	12
Ⅴ　無職継続型　○○○	370	4	8	5	31	58	62
Ⅵ　就業開始型　○○●	74	4	6	5	12	11	9
総　　数	642	18	7	26	72	146	131
Ⅰ　就業継続型　●●●	278	6	2	6	31	68	69
Ⅱ　一時離職型　●○●	101	7	2	5	14	28	18
Ⅲ　出産前離職型●○○	81	-	-	6	3	18	11
Ⅳ　出産後離職型●●○	17	-	-	1	2	5	1
Ⅴ　無職継続型　○○○	89	2	1	3	9	15	11
Ⅵ　就業開始型　○○●	47	-	1	3	8	9	12
総　　数	708	14	7	17	72	162	128
Ⅰ　就業継続型　●●●	343	7	2	6	33	88	66
Ⅱ　一時離職型　●○●	105	4	-	4	17	29	22
Ⅲ　出産前離職型●○○	63	-	1	1	6	10	10
Ⅳ　出産後離職型●●○	21	-	1	1	3	5	1
Ⅴ　無職継続型　○○○	107	1	1	-	5	19	16
Ⅵ　就業開始型　○○●	41	2	1	2	3	8	9
総　　数	1 036	16	8	15	57	162	203
Ⅰ　就業継続型　●●●	659	4	4	6	35	92	133
Ⅱ　一時離職型　●○●	106	4	3	1	7	26	14
Ⅲ　出産前離職型●○○	73	-	-	2	7	15	14
Ⅳ　出産後離職型●●○	22	1	-	1	1	3	9
Ⅴ　無職継続型　○○○	117	3	-	2	4	16	22
Ⅵ　就業開始型　○○●	31	1	-	-	3	2	5
総　　数	309	9	4	9	37	67	56
Ⅰ　就業継続型　●●●	57	2	-	-	5	17	8
Ⅱ　一時離職型　●○●	34	1	1	2	7	5	11
Ⅲ　出産前離職型●○○	66	1	1	1	8	17	12
Ⅳ　出産後離職型●●○	16	-	-	-	4	2	2
Ⅴ　無職継続型　○○○	97	3	-	4	6	18	16
Ⅵ　就業開始型　○○●	21	1	1	-	5	4	5
総　　数	2.6	-	2.3	2.8	2.7	2.7	2.5
Ⅰ　就業継続型　●●●	4.4	-	2.4	2.7	3.6	4.5	4.2
Ⅱ　一時離職型　●○●	3.3	-	3.8	2.4	3.2	2.9	3.9
Ⅲ　出産前離職型●○○	2.1	-	1.8	2.1	1.9	2.3	1.8
Ⅳ　出産後離職型●●○	2.3	-	1.3	1.9	2.5	2.0	2.3
Ⅴ　無職継続型　○○○	1.9	-	1.6	3.3	2.0	1.8	1.8
Ⅵ　就業開始型　○○●	3.3	-	2.7	2.6	3.5	3.2	3.3

注：1）出生児縦断第2回で「子育てで出費がかさむ」と回答しなかった嫡出子数である。
　　2）就業変化パターンの総数にはその他を含む。
　　3）子育て費用の総数には不詳を含む。

（平成13年）の父の収入・父の平均収入，子育て費用・母の就業変化パターン・出生順位別

500～600	600～700	700～800	800～900	900～1,000	1,000万円以上	不　　詳	父の平均収入 （万円）
数							
2 393	1 467	913	519	217	555	1 722	476
356	249	142	56	23	70	328	457
139	62	40	18	11	35	141	387
613	296	171	96	33	72	378	454
95	51	42	17	7	34	77	482
1 026	705	465	296	127	299	640	536
76	40	16	16	4	10	74	378
円　未　満							
235	147	90	42	18	45	111	465
10	5	1	2	-	2	8	394
7	2	5	1	-	1	6	339
52	16	13	6	-	5	27	414
8	4	1	-	1	-	4	382
140	110	64	32	15	34	53	522
7	2	1	1	2	-	-	382
万　円							
1 098	633	385	210	90	193	375	475
63	33	22	2	3	9	39	416
45	19	8	5	4	9	11	379
309	133	67	36	13	30	79	443
42	27	28	7	-	10	16	467
567	374	242	149	67	113	182	526
27	13	6	6	-	5	18	386
万　円							
488	271	186	131	44	137	184	488
45	16	9	9	2	6	24	397
22	11	9	5	1	9	25	409
160	92	58	34	7	19	55	473
28	7	8	7	-	15	13	562
198	130	88	67	30	82	55	565
19	4	4	1	-	-	2	8	343
万　円							
158	120	67	50	25	53	78	458
34	24	15	6	3	6	16	420
21	11	5	2	2	2	8	357
37	27	11	11	6	8	16	462
5	8	1	2	4	3	3	481
50	40	30	21	5	29	27	540
7	6	2	5	1	-	6	365
万　円							
86	46	28	13	5	26	38	461
39	22	8	1	1	5	20	427
12	2	3	-	-	4	6	374
19	8	7	3	1	4	1	574
3	-	-	1	1	1	-	458
11	7	8	5	2	9	6	601
2	5	1	1	-	1	4	410
万　円							
91	68	42	23	8	33	43	476
48	33	20	11	2	11	16	459
13	3	2	2	1	1	7	384
10	7	6	3	1	2	6	507
2	2	1	-	1	3	1	561
13	13	7	7	3	14	8	615
4	7	2	-	-	-	3	409
10　万　円							
166	154	92	35	20	50	58	540
106	111	63	24	11	25	45	549
16	13	7	2	3	8	2	491
12	7	4	1	3	4	4	512
3	1	2	-	-	1	-	458
16	19	15	6	1	10	3	614
7	1	-	1	1	2	3	484
円　以　上							
54	15	16	9	5	13	15	458
7	4	3	1	1	6	3	551
3	1	1	1	-	1	-	394
10	4	4	1	1	-	6	423
4	1	-	-	1	1	2	473
24	4	7	4	3	4	4	482
3	1	-	1	-	-	-	358
費用（万円）							
2.5	2.4	2.6	2.5	2.9	3.0	-	…
4.4	5.2	5.2	5.2	5.5	7.2	-	…
3.3	3.3	3.4	3.2	3.5	3.7	-	…
2.1	2.0	2.5	2.0	3.3	2.1	-	…
3.3	1.9	1.7	1.8	3.0	2.6	-	…
1.9	1.6	1.9	2.0	2.4	2.2	-	…
3.9	3.2	2.1	3.8	2.5	3.0	-	…

23-8表（3-2）

第23-8表　嫡出子数（子育てで出費がかさむと回答しなかった）及び出生後1年間

第1子

母の就業変化パターン	総数	収入なし	100万円未満	100～200	200～300	300～400	400～500
							総
総　　数	8 265	201	105	237	919	1 632	1 622
Ⅰ　就業継続型　●●●	1 460	36	14	31	172	319	297
Ⅱ　一時離職型　●○●	747	45	11	54	134	176	106
Ⅲ　出産前離職型●○○	3 170	39	38	71	325	638	701
Ⅳ　出産後離職型●●○	532	10	8	15	59	103	98
Ⅴ　無職継続型　○○○	1 846	31	17	37	146	310	324
Ⅵ　就業開始型　○○●	161	12	4	14	44	25	21
							1万
総　　数	505	18	11	24	81	115	99
Ⅰ　就業継続型　●●●	28	-	1	1	6	5	6
Ⅱ　一時離職型　●○●	32	3	1	4	11	6	2
Ⅲ　出産前離職型●○○	256	7	4	10	35	69	51
Ⅳ　出産後離職型●●○	43	-	2	3	7	12	5
Ⅴ　無職継続型　○○○	117	4	1	6	13	21	28
Ⅵ　就業開始型　○○●	3	1	-	-	2	-	-
							1
総　　数	3 026	48	40	72	341	623	711
Ⅰ　就業継続型　●●●	198	5	6	4	24	47	41
Ⅱ　一時離職型　●○●	176	12	3	12	32	38	35
Ⅲ　出産前離職型●○○	1 444	15	15	30	168	300	380
Ⅳ　出産後離職型●●○	240	2	5	5	31	49	50
Ⅴ　無職継続型　○○○	798	5	7	14	63	154	166
Ⅵ　就業開始型　○○●	41	4	1	2	12	7	7
							2
総　　数	1 816	40	26	49	199	361	335
Ⅰ　就業継続型　●●●	171	7	1	4	30	43	40
Ⅱ　一時離職型　●○●	150	8	2	15	27	38	20
Ⅲ　出産前離職型●○○	803	8	13	12	74	166	166
Ⅳ　出産後離職型●●○	112	2	1	3	8	20	20
Ⅴ　無職継続型　○○○	469	11	4	6	39	72	73
Ⅵ　就業開始型　○○●	34	-	-	5	13	7	3
							3
総　　数	831	25	14	45	114	178	153
Ⅰ　就業継続型　●●●	162	6	1	10	33	46	32
Ⅱ　一時離職型　●○●	126	5	2	14	28	35	12
Ⅲ　出産前離職型●○○	241	4	4	7	23	48	58
Ⅳ　出産後離職型●●○	46	3	-	3	2	11	11
Ⅴ　無職継続型　○○○	191	2	4	5	18	31	28
Ⅵ　就業開始型　○○●	25	3	2	3	4	3	2
							4
総　　数	390	13	6	18	50	99	73
Ⅰ　就業継続型　●●●	149	3	1	4	23	44	35
Ⅱ　一時離職型　●○●	70	6	2	4	10	20	12
Ⅲ　出産前離職型●○○	74	-	-	5	3	17	11
Ⅳ　出産後離職型●●○	12	-	-	-	2	2	2
Ⅴ　無職継続型　○○○	49	1	1	1	4	9	7
Ⅵ　就業開始型　○○●	18	-	1	2	6	4	2
							5
総　　数	427	10	3	13	54	95	87
Ⅰ　就業継続型　●●●	214	6	2	5	27	55	50
Ⅱ　一時離職型　●○●	72	3	-	4	13	20	15
Ⅲ　出産前離職型●○○	55	-	1	1	3	7	10
Ⅳ　出産後離職型●●○	16	-	-	1	2	4	1
Ⅴ　無職継続型　○○○	42	-	-	-	3	6	6
Ⅵ　就業開始型　○○●	16	1	-	1	2	2	3
							6～
総　　数	616	11	3	7	40	107	125
Ⅰ　就業継続型　●●●	420	3	2	3	25	66	89
Ⅱ　一時離職型　●○●	58	3	1	-	5	17	7
Ⅲ　出産前離職型●○○	61	-	-	2	7	14	10
Ⅳ　出産後離職型●●○	18	1	-	-	1	2	8
Ⅴ　無職継続型　○○○	37	2	-	1	1	4	5
Ⅵ　就業開始型　○○●	7	-	-	1	1	-	2
							11万
総　　数	181	8	2	6	29	39	25
Ⅰ　就業継続型　●●●	34	1	-	-	3	12	4
Ⅱ　一時離職型　●○●	18	1	-	1	7	1	3
Ⅲ　出産前離職型●○○	58	1	1	1	7	14	9
Ⅳ　出産後離職型●●○	12	-	-	-	4	1	1
Ⅴ　無職継続型　○○○	41	3	-	4	3	7	2
Ⅵ　就業開始型　○○●	9	1	-	-	4	2	2
							平均子育て
総　　数	2.8	-	2.1	3.0	3.0	2.8	2.6
Ⅰ　就業継続型　●●●	4.8	-	2.6	3.3	3.8	5.0	4.5
Ⅱ　一時離職型　●○●	3.5	-	2.5	2.8	4.0	3.1	3.4
Ⅲ　出産前離職型●○○	2.1	-	1.8	2.1	1.9	2.1	1.9
Ⅳ　出産後離職型●●○	2.4	-	0.9	1.7	2.7	1.8	2.2
Ⅴ　無職継続型　○○○	2.3	-	1.8	5.4	2.5	2.1	2.0
Ⅵ　就業開始型　○○●	4.8	-	2.8	2.9	5.3	5.8	6.0

注：1）出生児縦断第2回で「子育てで出費がかさむ」と回答しなかった嫡出子数である。
　　2）就業変化パターンの総数にはその他を含む。
　　3）子育て費用の総数には不詳を含む。

（平成13年）の父の収入・父の平均収入，子育て費用・母の就業変化パターン・出生順位別

500〜600	600〜700	700〜800	800〜900	900〜1,000	1,000万円以上	不　　詳	父の平均収入（万円）
数							
1 187	653	394	204	75	214	822	447
175	126	68	25	8	32	157	439
69	31	14	7	5	15	80	361
507	244	139	68	29	56	315	446
78	38	28	16	5	21	53	463
321	178	124	72	25	84	177	504
8	8	2	5	−	3	15	341
円　未　満							
67	25	13	4	2	6	40	378
3	2	−	−	−	1	3	385
2	−	−	−	−	−	3	251
39	11	5	2	−	3	20	384
6	2	1	−	1	−	4	368
17	8	6	2	1	2	8	421
−	−	−	−	−	−	−	175
万　円							
502	235	146	56	27	61	164	443
27	11	7	−	1	5	20	411
19	7	4	2	2	4	6	375
250	107	57	22	11	23	66	437
35	20	17	6	−	7	13	462
158	72	56	25	13	19	46	479
−	3	−	−	−	2	3	383
万　円							
283	162	99	74	14	55	119	463
17	5	3	5	1	3	12	387
12	3	3	1	1	3	17	348
137	78	48	28	7	15	51	472
24	6	5	7	−	6	10	487
84	62	33	28	5	26	26	524
2	1	−	−	−	1	2	311
万　円							
88	64	36	29	14	29	42	435
10	8	6	3	−	2	5	368
12	7	2	1	1	1	6	344
32	24	10	7	4	7	13	452
2	5	1	2	3	3	−	483
28	17	14	10	4	15	15	528
1	1	1	3	−	−	2	333
万　円							
53	20	16	8	3	14	17	433
18	7	3	−	−	3	8	399
9	1	−	−	−	2	4	348
17	7	7	3	1	2	1	489
3	−	−	1	1	1	−	517
6	3	6	2	1	6	2	630
−	1	−	1	−	−	1	329
万　円							
51	38	22	11	2	15	26	447
24	18	9	5	−	3	10	416
6	3	1	1	1	1	4	373
9	7	5	3	1	2	6	529
2	2	1	−	−	2	1	493
7	5	3	2	−	7	3	651
3	2	1	−	−	−	1	406
10　万　円							
102	91	48	16	9	26	31	524
70	72	37	11	5	12	25	526
8	9	3	1	−	3	1	453
9	4	3	1	3	4	4	512
2	1	2	−	−	1	−	480
8	5	2	2	−	6	1	725
2	−	−	1	−	−	−	440
円　以　上							
30	10	11	4	2	7	8	443
3	2	2	1	1	3	2	554
1	1	1	1	−	1	−	413
10	4	4	1	1	−	5	430
4	1	−	−	−	1	−	488
11	2	3	−	−	2	1	423
−	−	−	−	−	−	−	265
費用（万円）							
2.9	2.9	3.2	2.7	3.2	3.3	−	…
4.9	5.8	5.6	5.6	7.4	6.0	−	…
3.4	4.4	4.6	4.1	2.4	4.0	−	…
2.2	2.0	2.7	2.3	3.4	2.3	−	…
3.6	2.0	2.0	1.9	2.6	3.0	−	…
2.4	2.0	2.5	2.0	1.6	3.1	−	…
4.3	2.8	4.0	4.2	−	1.3	−	…

23-8表（3-3）

第23-8表 嫡出子数（子育てで出費がかさむと回答しなかった）及び出生後1年間

第2子以上

母の就業変化パターン	総　数	収入なし	100万円未満	100〜200	200〜300	300〜400	400〜500
総　数	7 844	163	105	173	523	1 282	総 1 361
I 就業継続型 ●●●	1 268	29	15	38	86	229	238
II 一時離職型 ●○●	655	28	22	34	80	160	106
III 出産前離職型●○○	581	3	6	10	48	95	118
IV 出産後離職型●●○	155	1	1	6	17	22	24
V 無職継続型 ○○○	4 197	46	28	42	195	584	725
VI 就業開始型 ○○●	535	23	19	26	58	118	96
総　数	1 000	17	11	26	65	160	1万 190
I 就業継続型 ●●●	53	3	-	3	4	13	11
II 一時離職型 ●○●	55	4	2	6	7	10	9
III 出産前離職型●○○	79	-	-	2	6	12	20
IV 出産後離職型●●○	9	-	-	1	-	2	2
V 無職継続型 ○○○	689	8	4	11	33	99	130
VI 就業開始型 ○○●	60	1	3	2	7	16	14
総　数	3 422	59	43	71	224	576	1 656
I 就業継続型 ●●●	268	9	10	12	21	59	57
II 一時離職型 ●○●	222	10	6	20	30	56	43
III 出産前離職型●○○	279	2	5	2	24	46	69
IV 出産後離職型●●○	69	1	-	3	10	10	13
V 無職継続型 ○○○	2 183	19	13	17	97	313	419
VI 就業開始型 ○○●	198	9	6	8	27	49	32
総　数	1 278	30	25	40	117	234	2 197
I 就業継続型 ●●●	185	5	2	9	27	38	39
II 一時離職型 ●○●	129	6	8	4	20	39	10
III 出産前離職型●○○	123	1	-	5	13	25	18
IV 出産後離職型●●○	30	-	-	-	2	3	5
V 無職継続型 ○○○	629	7	6	10	38	91	91
VI 就業開始型 ○○●	112	8	4	10	10	27	21
総　数	531	11	13	11	49	100	3 98
I 就業継続型 ●●●	152	4	-	8	8	30	32
II 一時離職型 ●○●	79	3	3	1	12	24	15
III 出産前離職型●○○	29	-	1	-	1	4	4
IV 出産後離職型●●○	16	-	-	-	4	1	1
V 無職継続型 ○○○	179	2	4	-	13	27	34
VI 就業開始型 ○○●	49	1	4	2	8	8	7
総　数	252	5	1	8	22	47	4 58
I 就業継続型 ●●●	129	3	1	2	8	24	34
II 一時離職型 ●○●	31	1	-	1	4	8	6
III 出産前離職型●○○	7	-	-	1	-	1	-
IV 出産後離職型●●○	5	-	-	1	-	3	1
V 無職継続型 ○○○	40	1	-	2	5	6	4
VI 就業開始型 ○○●	29	-	-	1	2	5	10
総　数	281	4	4	4	18	67	5 41
I 就業継続型 ●●●	129	1	-	1	6	33	16
II 一時離職型 ●○●	33	1	-	-	4	9	7
III 出産前離職型●○○	8	-	-	-	3	3	-
IV 出産後離職型●●○	5	-	1	-	1	1	-
V 無職継続型 ○○○	65	1	1	-	2	13	10
VI 就業開始型 ○○●	25	1	1	1	1	6	6
総　数	420	5	5	8	17	55	6〜 78
I 就業継続型 ●●●	239	1	2	3	10	26	44
II 一時離職型 ●○●	48	1	2	1	2	9	7
III 出産前離職型●○○	12	-	-	-	-	1	4
IV 出産後離職型●●○	4	-	-	-	1	1	1
V 無職継続型 ○○○	80	1	-	1	3	12	17
VI 就業開始型 ○○●	24	1	-	2	1	5	3
総　数	128	1	2	3	8	28	11万 31
I 就業継続型 ●●●	23	-	-	-	2	5	4
II 一時離職型 ●○●	16	-	1	1	-	4	8
III 出産前離職型●○○	8	-	-	-	1	3	3
IV 出産後離職型●●○	4	-	-	-	-	1	1
V 無職継続型 ○○○	56	-	-	-	3	11	11
VI 就業開始型 ○○●	12	-	1	-	1	2	3
総　数	2.3	-	2.5	2.5	2.1	2.4	平均子育て 2.4
I 就業継続型 ●●●	4.0	-	2.3	2.2	3.0	3.7	3.8
II 一時離職型 ●○●	3.0	-	4.5	1.7	1.9	2.8	4.4
III 出産前離職型●○○	1.9	-	1.3	1.6	1.8	3.1	1.7
IV 出産後離職型●●○	2.2	-	5.0	2.3	1.8	3.2	2.8
V 無職継続型 ○○○	1.7	-	1.5	1.3	1.7	1.7	1.7
VI 就業開始型 ○○●	2.8	-	2.7	2.4	2.0	2.6	2.8

注：1）出生児縦断第2回で「子育てで出費がかさむ」と回答しなかった嫡出子数である。
　　2）就業変化パターンの総数にはその他を含む。
　　3）子育て費用の総数には不詳を含む。

(平成13年) の父の収入・父の平均収入，子育て費用・母の就業変化パターン・出生順位別

500〜600	600〜700	700〜800	800〜900	900〜1,000	1,000万円以上	不　詳	父の平均収入 （万円）
数							
1 206	814	519	315	142	341	900	508
181	123	74	31	15	38	171	477
70	31	26	11	6	20	61	415
106	52	32	28	4	16	63	496
17	13	14	1	2	13	24	554
705	527	341	224	102	215	463	551
68	32	14	11	4	7	59	389
円未満							
168	122	77	38	16	39	71	508
7	3	1	2	-	1	5	399
5	2	5	1	-	1	3	388
13	5	8	4	-	2	7	514
2	2	-	-	-	-	-	440
123	102	58	30	14	32	45	539
7	2	1	1	2	-	4	393
万円							
596	398	239	154	63	132	211	503
36	22	15	2	2	4	19	420
26	12	4	3	2	5	5	382
59	26	10	14	2	7	13	474
7	7	11	1	-	3	3	486
409	302	186	124	54	94	136	543
27	10	6	6	-	3	15	387
万円							
205	109	87	57	30	82	65	521
28	11	6	4	1	3	12	407
10	8	6	4	-	6	8	475
23	14	10	6	-	4	4	479
4	1	3	-	-	9	3	844
114	68	55	39	25	56	29	595
17	3	4	1	-	1	6	352
万円							
70	56	31	21	11	24	36	496
24	16	9	3	3	4	11	478
9	4	3	1	1	1	2	378
5	3	1	4	2	1	2	554
3	3	-	-	1	-	3	473
22	23	16	11	1	14	12	553
6	5	1	2	1	-	4	381
万円							
33	26	12	5	2	12	21	508
21	15	5	1	1	2	12	461
3	1	3	-	-	2	2	433
2	1	-	-	-	2	-	1 460
-	-	-	-	-	-	-	318
5	4	2	3	1	3	4	562
2	4	1	-	-	1	3	463
万円							
40	30	20	12	6	18	17	518
24	15	11	6	2	8	6	530
7	-	1	1	-	-	3	408
1	-	1	-	-	-	-	371
-	-	-	-	1	1	-	763
6	8	4	5	3	7	5	592
1	5	1	-	-	-	2	411
10 万円							
64	63	44	19	11	24	27	564
36	39	26	13	6	13	20	592
8	4	4	1	3	5	1	537
3	3	1	-	-	-	-	509
1	-	-	-	-	-	-	357
8	14	13	4	1	4	2	563
5	1	-	-	1	2	3	498
円以上							
24	5	5	5	3	6	7	479
4	2	1	-	-	3	1	545
2	-	-	-	-	-	-	372
-	-	-	-	-	-	1	367
-	-	-	-	-	-	2	388
13	2	4	4	3	2	3	527
3	1	-	1	-	-	-	429
費用（万円）							
2.2	2.0	2.2	2.3	2.8	2.8	-	…
3.9	4.5	4.8	4.9	4.5	8.2	-	…
3.2	2.3	2.8	2.6	2.9	3.4	-	…
1.5	1.8	1.4	1.4	2.0	1.6	-	…
2.0	1.4	1.2	1.0	4.0	2.0	-	…
1.7	1.4	1.7	2.0	2.5	1.8	-	…
3.9	3.3	1.9	3.5	2.5	3.7	-	…

24-1表(3-1)

第24-1表 母と同居している子ども数・総数に対する割合, 出生1年半後の子どもを総数

母の就業変化パターン	総数	総数	家族の結びつきが深まった	子どもとのふれあいが楽しい	毎日の生活にはりあいができた
					よかったと思う
総数					実
総数	21 879	21 001	14 404	17 849	10 468
Ⅰ 就業継続型 ●●●	3 554	3 395	2 364	3 023	1 968
Ⅱ 一時離職型 ●●○	2 038	1 947	1 293	1 665	1 014
Ⅲ 出産前離職型 ●○○	4 997	4 806	3 380	4 247	2 484
Ⅳ 出産後離職型 ●●○	887	853	584	764	430
Ⅴ 無職継続型 ○○○	8 196	7 887	5 400	6 431	3 545
Ⅵ 就業開始型 ○○●	1 076	1 039	656	814	483
核家族世帯					
総数	16 575	15 916	11 083	13 536	7 820
Ⅰ 就業継続型 ●●●	2 350	2 255	1 619	2 026	1 293
Ⅱ 一時離職型 ●●○	1 338	1 273	863	1 083	647
Ⅲ 出産前離職型 ●○○	4 062	3 908	2 759	3 448	1 984
Ⅳ 出産後離職型 ●●○	671	642	452	578	330
Ⅴ 無職継続型 ○○○	6 656	6 403	4 421	5 235	2 875
Ⅵ 就業開始型 ○○●	695	675	440	521	307
三世代世帯等					
総数	4 695	4 510	3 042	3 831	2 325
Ⅰ 就業継続型 ●●●	1 105	1 044	697	915	618
Ⅱ 一時離職型 ●●○	560	543	371	472	287
Ⅲ 出産前離職型 ●○○	848	815	578	723	450
Ⅳ 出産後離職型 ●●○	200	195	127	174	93
Ⅴ 無職継続型 ○○○	1 428	1 378	920	1 104	620
Ⅵ 就業開始型 ○○●	277	267	176	218	126
母子世帯					
総数	609	575	279	482	323
Ⅰ 就業継続型 ●●●	99	96	48	82	57
Ⅱ 一時離職型 ●●○	140	131	59	110	80
Ⅲ 出産前離職型 ●○○	87	83	43	76	50
Ⅳ 出産後離職型 ●●○	16	16	5	12	7
Ⅴ 無職継続型 ○○○	112	106	59	92	50
Ⅵ 就業開始型 ○○●	104	97	40	75	50
(再掲)父が単身赴任中で, 同居していない					
総数	114	110	53	93	47
Ⅰ 就業継続型 ●●●	15	15	10	12	7
Ⅱ 一時離職型 ●●○	11	11	4	9	3
Ⅲ 出産前離職型 ●○○	28	27	15	25	16
Ⅳ 出産後離職型 ●●○	3	3	-	3	-
Ⅴ 無職継続型 ○○○	40	37	15	31	14
Ⅵ 就業開始型 ○○●	12	12	5	9	4
					総数に対す
総数					
総数	100.0	96.0	68.6	85.0	49.8
Ⅰ 就業継続型 ●●●	100.0	95.5	69.6	89.0	58.0
Ⅱ 一時離職型 ●●○	100.0	95.5	66.4	85.5	52.1
Ⅲ 出産前離職型 ●○○	100.0	96.2	70.3	88.4	51.7
Ⅳ 出産後離職型 ●●○	100.0	96.2	68.5	89.6	50.4
Ⅴ 無職継続型 ○○○	100.0	96.2	68.5	81.5	44.9
Ⅵ 就業開始型 ○○●	100.0	96.6	63.1	78.3	46.5
核家族世帯					
総数	100.0	96.0	69.6	85.0	49.1
Ⅰ 就業継続型 ●●●	100.0	96.0	71.8	89.8	57.3
Ⅱ 一時離職型 ●●○	100.0	95.1	67.8	85.1	50.8
Ⅲ 出産前離職型 ●○○	100.0	96.2	70.6	88.2	50.8
Ⅳ 出産後離職型 ●●○	100.0	95.7	70.4	90.0	51.4
Ⅴ 無職継続型 ○○○	100.0	96.2	69.0	81.8	44.9
Ⅵ 就業開始型 ○○●	100.0	97.1	65.2	77.2	45.5
三世代世帯等					
総数	100.0	96.1	67.5	84.9	51.6
Ⅰ 就業継続型 ●●●	100.0	94.5	66.8	87.6	59.2
Ⅱ 一時離職型 ●●○	100.0	97.0	68.3	86.9	52.9
Ⅲ 出産前離職型 ●○○	100.0	96.1	70.9	88.7	55.2
Ⅳ 出産後離職型 ●●○	100.0	97.5	65.1	89.2	47.7
Ⅴ 無職継続型 ○○○	100.0	96.5	66.8	80.1	45.0
Ⅵ 就業開始型 ○○●	100.0	96.4	65.9	81.6	47.2
母子世帯					
総数	100.0	94.4	48.5	83.8	56.2
Ⅰ 就業継続型 ●●●	100.0	97.0	50.0	85.4	59.4
Ⅱ 一時離職型 ●●○	100.0	93.6	45.0	84.0	61.1
Ⅲ 出産前離職型 ●○○	100.0	95.4	51.8	91.6	60.2
Ⅳ 出産後離職型 ●●○	100.0	100.0	31.3	75.0	43.8
Ⅴ 無職継続型 ○○○	100.0	94.6	55.7	86.8	47.2
Ⅵ 就業開始型 ○○●	100.0	93.3	41.2	77.3	51.5
(再掲)父が単身赴任中で, 同居していない					
総数	100.0	96.5	48.2	84.5	42.7
Ⅰ 就業継続型 ●●●	100.0	100.0	66.7	80.0	46.7
Ⅱ 一時離職型 ●●○	100.0	100.0	36.4	81.8	27.3
Ⅲ 出産前離職型 ●○○	100.0	96.4	55.6	92.6	59.3
Ⅳ 出産後離職型 ●●○	100.0	100.0	-	100.0	-
Ⅴ 無職継続型 ○○○	100.0	92.5	40.5	83.8	37.8
Ⅵ 就業開始型 ○○●	100.0	100.0	41.7	75.0	33.3

注：1）就業変化パターンの総数にはその他を含む。
　　2）「よかったと思うことがある」の中の各項目の割合は、「よかったと思うことがある」の総数を100としている。

育てていてよかったと思うこと・同居構成・母の就業変化パターン・出生順位別

上の子に、兄・姉の自覚がめばえた	子育てを通じて自分の友人が増えた	子育てを通じて自分の視野が広がった	その他	よかったと思うことは特にない	不	詳
数						
8 898	7 322	9 990	1 158	172		706
1 370	801	1 755	197	19		140
804	572	953	126	23		68
597	2 158	2 642	286	47		144
154	334	453	40	8		26
4 770	2 828	3 266	395	59		250
683	293	435	56	8		29
6 607	5 802	7 722	878	126		533
845	541	1 216	139	13		82
523	373	627	83	16		49
445	1 814	2 173	243	33		121
106	268	338	32	5		24
3 862	2 364	2 717	310	49		204
468	196	289	35	5		15
2 113	1 366	1 967	242	38		147
490	243	488	53	6		55
250	163	250	34	4		13
145	310	426	35	12		21
46	63	104	8	3		2
864	434	496	80	10		40
171	78	102	16	1		9
178	154	301	38	8		26
35	17	51	5	-		3
31	36	76	9	3		6
7	34	43	8	2		2
2	3	11	-	-		-
44	30	53	5	-		6
44	19	44	5	2		5
39	34	53	6	1		3
8	2	7	2	-		-
2	5	7	1	-		-
1	12	14	2	1		-
1	1	1	-	-		-
19	8	18	1	-		3
5	4	5	-	-		-
る割合（％）						
42.4	34.9	47.6	5.5	0.8		3.2
40.4	23.6	51.7	5.8	0.5		3.9
41.3	29.4	48.9	6.5	1.1		3.3
12.4	44.9	55.0	6.0	0.9		2.9
18.1	39.2	53.1	4.7	0.9		2.9
60.5	35.9	41.4	5.0	0.7		3.1
65.7	28.2	41.9	5.4	0.7		2.7
41.5	36.5	48.5	5.5	0.8		3.2
37.5	24.0	53.9	6.2	0.6		3.5
41.1	29.3	49.3	6.5	1.2		3.7
11.4	46.4	55.6	6.2	0.8		3.0
16.5	41.7	52.6	5.0	0.7		3.6
60.3	36.9	42.4	4.8	0.7		3.1
69.3	29.0	42.8	5.2	0.7		2.2
46.9	30.3	43.6	5.4	0.8		3.1
46.9	23.3	46.7	5.1	0.5		5.0
46.0	30.0	46.0	6.3	0.7		2.3
17.8	38.0	52.3	4.3	1.4		2.5
23.6	32.3	53.3	4.1	1.5		1.0
62.7	31.5	36.0	5.8	0.7		2.8
64.0	29.2	38.2	6.0	0.4		3.2
31.0	26.8	52.3	6.6	1.3		4.3
36.5	17.7	53.1	5.2	-		3.0
23.7	27.5	58.0	6.9	2.1		4.3
8.4	41.0	51.8	9.6	2.3		2.3
12.5	18.8	68.8	-	-		-
41.5	28.3	50.0	4.7	-		5.4
45.4	19.6	45.4	5.2	1.9		4.8
35.5	30.9	48.2	5.5	0.9		2.6
53.3	13.3	46.7	13.3	-		-
18.2	45.5	63.6	9.1	-		-
3.7	44.4	51.9	7.4	3.6		-
33.3	33.3	33.3	-	-		-
51.4	21.6	48.6	2.7	-		7.5
41.7	33.3	41.7	-	-		-

24-1表（3-2）

第24-1表　母と同居している子ども数・総数に対する割合，出生1年半後の子どもを

第1子

母の就業変化パターン	総　数	よかったと思う 総　数	家族の結びつきが深まった	子どもとのふれあいが楽しい	毎日の生活にはりあいができた
					実
総　数	10 858	10 439	7 221	9 468	6 006
Ⅰ　就業継続型　●●●	1 834	1 754	1 217	1 636	1 134
Ⅱ　一時離職型　●●○	1 034	988	645	903	595
Ⅲ　出産前離職型　●○○	4 181	4 029	2 844	3 636	2 154
Ⅳ　出産後離職型　●●○	681	660	454	610	351
Ⅴ　無職継続型　○○○	2 414	2 331	1 598	2 077	1 358
Ⅵ　就業開始型　○○●	237	223	146	205	133
核家族世帯					
総　数	8 441	8 127	5 681	7 354	4 586
Ⅰ　就業継続型　●●●	1 306	1 255	888	1 170	794
Ⅱ　一時離職型　●●○	685	655	444	603	398
Ⅲ　出産前離職型　●○○	3 454	3 328	2 348	2 992	1 734
Ⅳ　出産後離職型　●●○	530	513	362	473	275
Ⅴ　無職継続型　○○○	1 983	1 916	1 311	1 706	1 106
Ⅵ　就業開始型　○○●	131	125	89	113	76
三世代世帯等					
総　数	2 058	1 973	1 379	1 813	1 210
Ⅰ　就業継続型　●●●	474	448	308	420	306
Ⅱ　一時離職型　●●○	259	248	164	228	144
Ⅲ　出産前離職型　●○○	651	629	460	579	377
Ⅳ　出産後離職型　●●○	138	134	88	127	70
Ⅴ　無職継続型　○○○	377	362	253	321	219
Ⅵ　就業開始型　○○●	62	59	41	55	34
母子世帯					
総　数	359	339	161	301	210
Ⅰ　就業継続型　●●●	54	51	21	46	34
Ⅱ　一時離職型　●●○	90	85	37	72	53
Ⅲ　出産前離職型　●○○	76	72	36	65	43
Ⅳ　出産後離職型　●●○	13	13	4	10	6
Ⅴ　無職継続型　○○○	54	53	34	50	33
Ⅵ　就業開始型　○○●	44	39	16	37	23
(再掲)父が単身赴任中で、同居していない					
総　数	61	60	29	56	33
Ⅰ　就業継続型　●●●	6	6	4	5	3
Ⅱ　一時離職型　●●○	8	8	2	7	2
Ⅲ　出産前離職型　●○○	25	24	13	22	14
Ⅳ　出産後離職型　●●○	2	2	-	2	-
Ⅴ　無職継続型　○○○	14	14	7	14	10
Ⅵ　就業開始型　○○●	4	4	1	4	2
					総数に対す
総　数	100.0	96.1	69.2	90.7	57.5
Ⅰ　就業継続型　●●●	100.0	95.6	69.4	93.3	64.7
Ⅱ　一時離職型　●●○	100.0	95.6	65.3	91.4	60.2
Ⅲ　出産前離職型　●○○	100.0	96.4	70.6	90.2	53.5
Ⅳ　出産後離職型　●●○	100.0	96.9	68.8	92.4	53.2
Ⅴ　無職継続型　○○○	100.0	96.6	68.6	89.1	58.3
Ⅵ　就業開始型　○○●	100.0	94.1	65.5	91.9	59.6
核家族世帯					
総　数	100.0	96.3	69.9	90.5	56.4
Ⅰ　就業継続型　●●●	100.0	96.1	70.8	93.2	63.3
Ⅱ　一時離職型　●●○	100.0	95.6	67.8	92.1	60.8
Ⅲ　出産前離職型　●○○	100.0	96.4	70.6	89.9	52.1
Ⅳ　出産後離職型　●●○	100.0	96.8	70.6	92.2	53.6
Ⅴ　無職継続型　○○○	100.0	96.6	68.4	89.0	57.7
Ⅵ　就業開始型　○○●	100.0	95.4	71.2	90.4	60.8
三世代世帯等					
総　数	100.0	95.9	69.9	91.9	61.3
Ⅰ　就業継続型　●●●	100.0	94.5	68.8	93.8	68.3
Ⅱ　一時離職型　●●○	100.0	95.8	66.1	91.9	58.1
Ⅲ　出産前離職型　●○○	100.0	96.6	73.1	92.1	59.9
Ⅳ　出産後離職型　●●○	100.0	97.1	65.7	94.8	52.2
Ⅴ　無職継続型　○○○	100.0	96.0	69.9	88.7	60.5
Ⅵ　就業開始型　○○●	100.0	95.2	69.5	93.2	57.6
母子世帯					
総　数	100.0	94.4	47.5	88.8	61.9
Ⅰ　就業継続型　●●●	100.0	94.4	41.2	90.2	66.7
Ⅱ　一時離職型　●●○	100.0	94.4	43.5	84.7	62.4
Ⅲ　出産前離職型　●○○	100.0	94.7	50.0	90.3	59.7
Ⅳ　出産後離職型　●●○	100.0	100.0	30.8	76.9	46.2
Ⅴ　無職継続型　○○○	100.0	98.1	64.2	94.3	62.3
Ⅵ　就業開始型　○○●	100.0	88.6	41.0	94.9	59.0
(再掲)父が単身赴任中で、同居していない					
総　数	100.0	98.4	48.3	93.3	55.0
Ⅰ　就業継続型　●●●	100.0	100.0	66.7	83.3	50.0
Ⅱ　一時離職型　●●○	100.0	100.0	25.0	87.5	25.0
Ⅲ　出産前離職型　●○○	100.0	96.0	54.2	91.7	58.3
Ⅳ　出産後離職型　●●○	100.0	100.0	-	100.0	-
Ⅴ　無職継続型　○○○	100.0	100.0	50.0	100.0	71.4
Ⅵ　就業開始型　○○●	100.0	100.0	25.0	100.0	50.0

注：1）就業変化パターンの総数にはその他を含む。
　　2）「よかったと思うことがある」の中の各項目の割合は、「よかったと思うことがある」の総数を100としている。

育てていてよかったと思うこと・同居構成・母の就業変化パターン・出生順位別

上の子に、兄・姉の自覚がめばえた	子育てを通じて自分の友人が増えた	子育てを通じて自分の視野が広がった	その他	よかったと思うことは特にない	不	詳

数

45	4 365	6 385	657	102		317
8	465	1 161	111	13		67
1	355	652	80	9		37
7	1 923	2 387	245	39		113
2	274	390	33	5		16
16	1 109	1 375	144	24		59
5	74	142	15	4		10
30	3 568	5 021	505	72		242
5	340	851	81	9		42
–	238	442	51	6		24
4	1 634	1 976	208	28		98
2	222	297	29	2		15
12	963	1 154	109	20		47
3	43	85	9	2		4
15	689	1 146	123	25		60
3	113	275	26	4		22
1	89	149	22	2		9
3	257	372	29	9		13
–	49	83	4	3		1
4	131	190	32	4		11
2	22	32	4	1		2
–	108	218	29	5		15
–	12	35	4	–		3
–	28	61	7	1		4
–	32	39	8	2		2
–	3	10	–	–		–
–	15	31	3	–		1
–	9	25	2	1		4
–	27	38	5	1		–
–	1	4	2	–		–
–	5	5	1	–		–
–	12	14	2	1		–
–	1	1	–	–		–
–	4	10	–	–		–
–	2	3	–	–		–

る割合（％）

0.4	41.8	61.2	6.3	0.9		2.9
0.5	26.5	66.2	6.3	0.7		3.7
0.1	35.9	66.0	8.1	0.9		3.6
0.2	47.7	59.2	6.1	0.9		2.7
0.3	41.5	59.1	5.0	0.7		2.3
0.7	47.6	59.0	6.2	1.0		2.4
2.2	33.2	63.7	6.7	1.7		4.2
0.4	43.9	61.8	6.2	0.9		2.9
0.4	27.1	67.8	6.5	0.7		3.2
–	36.3	67.5	7.8	0.9		3.5
0.1	49.1	59.4	6.3	0.8		2.8
0.4	43.3	57.9	5.7	0.4		2.8
0.6	50.3	60.2	5.7	1.0		2.4
2.4	34.4	68.0	7.2	1.5		3.1
0.8	34.9	58.1	6.2	1.2		2.9
0.7	25.2	61.4	5.8	0.8		4.6
0.4	35.9	60.1	8.9	0.8		3.5
0.5	40.9	59.1	4.6	1.4		2.0
–	36.6	61.9	3.0	2.2		0.7
1.1	36.2	52.5	8.8	1.1		2.9
3.4	37.3	54.2	6.8	1.6		3.2
–	31.9	64.3	8.6	1.4		4.2
–	23.5	68.6	7.8	–		5.6
–	32.9	71.8	8.2	1.1		4.4
–	44.4	54.2	11.1	2.6		2.6
–	23.1	76.9	–	–		–
–	28.3	58.5	5.7	–		1.9
–	23.1	64.1	5.1	2.3		9.1
–	45.0	63.3	8.3	1.6		–
–	16.7	66.7	33.3	–		–
–	62.5	62.5	12.5	–		–
–	50.0	58.3	8.3	4.0		–
–	50.0	50.0	–	–		–
–	28.6	71.4	–	–		–
–	50.0	75.0	–	–		–

24-1表 (3-3)

第24-1表 母と同居している子ども数・総数に対する割合, 出生1年半後の子どもを第2子以上

母の就業変化パターン	総数	よかったと思う 総数	家族の結びつきが深まった	子どもとのふれあいが楽しい	毎日の生活にはりあいができた
					実
総数 総数	11 021	10 562	7 183	8 381	4 462
Ⅰ 就業継続型 ●●●	1 720	1 641	1 147	1 387	834
Ⅱ 一時離職型 ●●〇	1 004	959	648	762	419
Ⅲ 出産前離職型 ●〇〇	816	777	536	611	330
Ⅳ 出産後離職型 ●●〇	206	193	130	154	79
Ⅴ 無職継続型 〇〇〇	5 782	5 556	3 802	4 354	2 187
Ⅵ 就業開始型 〇〇●	839	816	510	609	350
核家族世帯 総数	8 134	7 789	5 402	6 182	3 234
Ⅰ 就業継続型 ●●●	1 044	1 000	731	856	499
Ⅱ 一時離職型 ●●〇	653	618	419	480	249
Ⅲ 出産前離職型 ●〇〇	608	580	411	456	250
Ⅳ 出産後離職型 ●●〇	141	129	90	105	55
Ⅴ 無職継続型 〇〇〇	4 673	4 487	3 110	3 529	1 769
Ⅵ 就業開始型 〇〇●	564	550	351	408	231
三世代世帯等 総数	2 637	2 537	1 663	2 018	1 115
Ⅰ 就業継続型 ●●●	631	596	389	495	312
Ⅱ 一時離職型 ●●〇	301	295	207	244	143
Ⅲ 出産前離職型 ●〇〇	197	186	118	144	73
Ⅳ 出産後離職型 ●●〇	62	61	39	47	23
Ⅴ 無職継続型 〇〇〇	1 051	1 016	667	783	401
Ⅵ 就業開始型 〇〇●	215	208	135	163	92
母子世帯 総数	250	236	118	181	113
Ⅰ 就業継続型 ●●●	45	45	27	36	23
Ⅱ 一時離職型 ●●〇	50	46	22	38	27
Ⅲ 出産前離職型 ●〇〇	11	11	7	11	7
Ⅳ 出産後離職型 ●●〇	3	3	1	2	1
Ⅴ 無職継続型 〇〇〇	58	53	25	42	17
Ⅵ 就業開始型 〇〇●	60	58	24	38	27
(再掲)父が単身赴任中で、同居していない 総数	53	50	24	37	14
Ⅰ 就業継続型 ●●●	9	9	6	7	4
Ⅱ 一時離職型 ●●〇	3	3	2	2	1
Ⅲ 出産前離職型 ●〇〇	3	3	2	3	2
Ⅳ 出産後離職型 ●●〇	1	1	-	1	-
Ⅴ 無職継続型 〇〇〇	26	23	8	17	4
Ⅵ 就業開始型 〇〇●	8	8	4	5	2
				総数に対す	
総数 総数	100.0	95.8	68.0	79.4	42.2
Ⅰ 就業継続型 ●●●	100.0	95.4	69.9	84.5	50.8
Ⅱ 一時離職型 ●●〇	100.0	95.5	67.6	79.5	43.7
Ⅲ 出産前離職型 ●〇〇	100.0	95.2	69.0	78.6	42.5
Ⅳ 出産後離職型 ●●〇	100.0	93.7	67.4	79.8	40.9
Ⅴ 無職継続型 〇〇〇	100.0	96.1	68.4	78.4	39.4
Ⅵ 就業開始型 〇〇●	100.0	97.3	62.5	74.6	42.9
核家族世帯 総数	100.0	95.8	69.4	79.4	41.5
Ⅰ 就業継続型 ●●●	100.0	95.8	73.1	85.6	49.9
Ⅱ 一時離職型 ●●〇	100.0	94.6	67.8	77.7	40.3
Ⅲ 出産前離職型 ●〇〇	100.0	95.4	70.9	78.6	43.1
Ⅳ 出産後離職型 ●●〇	100.0	91.5	69.8	81.4	42.6
Ⅴ 無職継続型 〇〇〇	100.0	96.0	69.3	78.6	39.4
Ⅵ 就業開始型 〇〇●	100.0	97.5	63.8	74.2	42.0
三世代世帯等 総数	100.0	96.2	65.5	79.5	43.9
Ⅰ 就業継続型 ●●●	100.0	94.5	65.3	83.1	52.3
Ⅱ 一時離職型 ●●〇	100.0	98.0	70.2	82.7	48.5
Ⅲ 出産前離職型 ●〇〇	100.0	94.4	63.4	77.4	39.2
Ⅳ 出産後離職型 ●●〇	100.0	98.4	63.9	77.0	37.7
Ⅴ 無職継続型 〇〇〇	100.0	96.7	65.6	77.1	39.5
Ⅵ 就業開始型 〇〇●	100.0	96.7	64.9	78.4	44.2
母子世帯 総数	100.0	94.4	50.0	76.7	47.9
Ⅰ 就業継続型 ●●●	100.0	100.0	60.0	80.0	51.1
Ⅱ 一時離職型 ●●〇	100.0	92.0	47.8	82.6	58.7
Ⅲ 出産前離職型 ●〇〇	100.0	100.0	63.6	100.0	63.6
Ⅳ 出産後離職型 ●●〇	100.0	100.0	33.3	66.7	33.3
Ⅴ 無職継続型 〇〇〇	100.0	91.4	47.2	79.2	32.1
Ⅵ 就業開始型 〇〇●	100.0	96.7	41.4	65.5	46.6
(再掲)父が単身赴任中で、同居していない 総数	100.0	94.3	48.0	74.0	28.0
Ⅰ 就業継続型 ●●●	100.0	100.0	66.7	77.8	44.4
Ⅱ 一時離職型 ●●〇	100.0	100.0	66.7	66.7	33.3
Ⅲ 出産前離職型 ●〇〇	100.0	100.0	66.7	100.0	66.7
Ⅳ 出産後離職型 ●●〇	100.0	100.0	-	100.0	-
Ⅴ 無職継続型 〇〇〇	100.0	88.5	34.8	73.9	17.4
Ⅵ 就業開始型 〇〇●	100.0	100.0	50.0	62.5	25.0

注：1) 就業変化パターンの総数にはその他を含む。
　　2) 「よかったと思うことがある」の中の各項目の割合は、「よかったと思うことがある」の総数を100としている。

育てていてよかったと思うこと・同居構成・母の就業変化パターン・出生順位別

上の子に、兄・姉の自覚がめばえた	子育てを通じて自分の友人が増えた	子育てを通じて自分の視野が広がった	その他	よかったと思うことは特にない	不詳
数					
8 853	2 957	3 605	501	70	389
1 362	336	594	86	6	73
803	217	301	46	14	31
590	235	255	41	8	31
152	60	63	7	3	10
4 754	1 719	1 891	251	35	191
678	219	293	41	4	19
6 577	2 234	2 701	373	54	291
840	201	365	58	4	40
523	135	185	32	10	25
441	180	197	35	5	23
104	46	41	3	3	9
3 850	1 401	1 563	201	29	157
465	153	204	26	3	11
2 098	677	821	119	13	87
487	130	213	27	2	33
249	74	101	12	2	4
142	53	54	6	3	8
46	14	21	4	-	1
860	303	306	48	6	29
169	56	70	12	-	7
178	46	83	9	3	11
35	5	16	1	-	-
31	8	15	2	2	2
7	2	4	-	-	-
2	-	1	-	-	-
44	15	22	2	-	5
44	10	19	3	1	1
39	7	15	1	-	3
8	1	3	-	-	-
2	-	2	-	-	-
1	-	-	-	-	-
1	-	-	-	-	-
19	4	8	1	-	3
5	2	2	-	-	-
る 割 合 （%）					
83.8	28.0	34.1	4.7	0.6	3.5
83.0	20.5	36.2	5.2	0.3	4.2
83.7	22.6	31.4	4.8	1.4	3.1
75.9	30.2	32.8	5.3	1.0	3.8
78.8	31.1	32.6	3.6	1.5	4.9
85.6	30.9	34.0	4.5	0.6	3.3
83.1	26.8	35.9	5.0	0.5	2.3
84.4	28.7	34.7	4.8	0.7	3.6
84.0	20.1	36.5	5.8	0.4	3.8
84.6	21.8	29.9	5.2	1.5	3.8
76.0	31.0	34.0	6.0	0.8	3.8
80.6	35.7	31.8	2.3	2.1	6.4
85.8	31.2	34.8	4.5	0.6	3.4
84.5	27.8	37.1	4.7	0.5	2.0
82.7	26.7	32.4	4.7	0.5	3.3
81.7	21.8	35.7	4.5	0.3	5.2
84.4	25.1	34.2	4.1	0.7	1.3
76.3	28.5	29.0	3.2	1.5	4.1
75.4	23.0	34.4	6.6	-	1.6
84.6	29.8	30.1	4.7	0.6	2.8
81.3	26.9	33.7	5.8	-	3.3
75.4	19.5	35.2	3.8	1.2	4.4
77.8	11.1	35.6	2.2	-	-
67.4	17.4	32.6	4.3	4.0	4.0
63.6	18.2	36.4	-	-	-
66.7	-	33.3	-	-	-
83.0	28.3	41.5	3.8	-	8.6
75.9	17.2	32.8	5.2	1.7	1.7
78.0	14.0	30.0	2.0	-	5.7
88.9	11.1	33.3	-	-	-
66.7	-	66.7	-	-	-
33.3	-	-	-	-	-
100.0	-	-	-	-	-
82.6	17.4	34.8	4.3	-	11.5
62.5	25.0	25.0	-	-	-

第24-2表 母と同居している子ども数・総数に対する割合, 出生1年半後の

母の就業変化パターン	総数	総数	家庭の結びつきが深まった	子どもとのふれあいが楽しい	毎日の生活にはりあいができた
					よかったと思う
					実
総　数					
総　　数	21 879	21 001	14 404	17 849	10 468
Ⅰ　就業継続型　●●●	3 554	3 395	2 364	3 023	1 968
Ⅱ　一時離職型　●○●	2 038	1 947	1 293	1 665	1 014
Ⅲ　出産前離職型●○○	4 997	4 806	3 380	4 247	2 484
Ⅳ　出産後離職型●●○	887	853	584	764	430
Ⅴ　無職継続型　○○○	8 196	7 887	5 400	6 431	3 545
Ⅵ　就業開始型　○○●	1 076	1 039	656	814	483
13大都市					
総　　数	4 691	4 503	3 140	3 896	2 204
Ⅰ　就業継続型　●●●	598	577	404	528	316
Ⅱ　一時離職型　●○●	380	366	247	334	192
Ⅲ　出産前離職型●○○	1 151	1 104	787	992	564
Ⅳ　出産後離職型●●○	177	174	127	155	88
Ⅴ　無職継続型　○○○	1 934	1 850	1 288	1 538	835
Ⅵ　就業開始型　○○●	188	183	113	141	84
その他の市					
総　　数	12 993	12 490	8 553	10 626	6 243
Ⅰ　就業継続型　●●●	2 061	1 966	1 389	1 773	1 173
Ⅱ　一時離職型　●○●	1 201	1 147	756	968	581
Ⅲ　出産前離職型●○○	2 956	2 853	1 982	2 509	1 469
Ⅳ　出産後離職型●●○	512	489	335	436	237
Ⅴ　無職継続型　○○○	4 946	4 770	3 252	3 899	2 157
Ⅵ　就業開始型　○○●	666	640	421	509	305
郡　部					
総　　数	4 180	3 996	2 705	3 315	2 015
Ⅰ　就業継続型　●●●	895	852	571	722	479
Ⅱ　一時離職型　●○●	457	434	290	363	241
Ⅲ　出産前離職型●○○	886	846	610	743	450
Ⅳ　出産後離職型●●○	194	186	119	169	103
Ⅴ　無職継続型　○○○	1 310	1 262	858	989	550
Ⅵ　就業開始型　○○●	222	216	122	164	94
					総数に対す
総　数					
総　　数	100.0	96.0	68.6	85.0	49.8
Ⅰ　就業継続型　●●●	100.0	95.5	69.6	89.0	58.0
Ⅱ　一時離職型　●○●	100.0	95.5	66.4	85.5	52.1
Ⅲ　出産前離職型●○○	100.0	96.2	70.3	88.4	51.7
Ⅳ　出産後離職型●●○	100.0	96.2	68.5	89.6	50.4
Ⅴ　無職継続型　○○○	100.0	96.2	68.5	81.5	44.9
Ⅵ　就業開始型　○○●	100.0	96.6	63.1	78.3	46.5
13大都市					
総　　数	100.0	96.0	69.7	86.5	48.9
Ⅰ　就業継続型　●●●	100.0	96.5	70.0	91.5	54.8
Ⅱ　一時離職型　●○●	100.0	96.3	67.5	91.3	52.5
Ⅲ　出産前離職型●○○	100.0	95.9	71.3	89.9	51.1
Ⅳ　出産後離職型●●○	100.0	98.3	73.0	89.1	50.6
Ⅴ　無職継続型　○○○	100.0	95.7	69.6	83.1	45.1
Ⅵ　就業開始型　○○●	100.0	97.3	61.7	77.0	45.9
その他の市					
総　　数	100.0	96.1	68.5	85.1	50.0
Ⅰ　就業継続型　●●●	100.0	95.4	70.7	90.2	59.7
Ⅱ　一時離職型　●○●	100.0	95.5	65.9	84.4	50.7
Ⅲ　出産前離職型●○○	100.0	96.5	69.5	87.9	51.5
Ⅳ　出産後離職型●●○	100.0	95.5	68.5	89.2	48.5
Ⅴ　無職継続型　○○○	100.0	96.4	68.2	81.7	45.2
Ⅵ　就業開始型　○○●	100.0	96.1	65.8	79.5	47.7
郡　部					
総　　数	100.0	95.6	67.7	83.0	50.4
Ⅰ　就業継続型　●●●	100.0	95.2	67.0	84.7	56.2
Ⅱ　一時離職型　●○●	100.0	95.0	66.8	83.6	55.5
Ⅲ　出産前離職型●○○	100.0	95.5	72.1	87.8	53.2
Ⅳ　出産後離職型●●○	100.0	95.9	64.0	90.9	55.4
Ⅴ　無職継続型　○○○	100.0	96.3	68.0	78.4	43.6
Ⅵ　就業開始型　○○●	100.0	97.3	56.5	75.9	43.5

注：1）市郡別の総数には外国を含む。
　　2）就業変化パターンの総数にはその他を含む。
　　3）「よかったと思うことがある」の中の各項目の割合は「よかったとおもうことがある」の総数を100としている。

子どもを育てていてよかったと思うこと・市郡・母の就業変化パターン別

上の子に、兄・姉の自覚がめばえた	子育てを通じて自分の友人が増えた	子育てを通じて自分の視野が広がった	その他	よかったと思うことは特にない	不詳
数					
8 898	7 322	9 990	1 158	172	706
1 370	801	1 755	197	19	140
804	572	953	126	23	68
597	2 158	2 642	286	47	144
154	334	453	40	8	26
4 770	2 828	3 266	395	59	250
683	293	435	56	8	29
1 774	1 803	2 301	278	36	152
194	164	339	45	1	20
138	114	186	30	3	11
103	565	652	69	13	34
34	85	99	11	-	3
1 071	733	829	93	13	71
126	56	81	15	3	2
5 329	4 196	5 881	667	98	405
775	440	1 016	103	12	83
476	320	549	72	15	39
344	1 239	1 563	171	19	84
86	180	262	21	6	17
2 915	1 647	1 951	238	38	138
418	175	267	29	5	21
1 793	1 316	1 802	213	38	146
401	197	400	49	6	37
190	138	218	24	5	18
150	351	425	46	15	25
34	67	90	8	2	6
782	446	484	64	8	40
139	62	87	12	-	6
る割合 (%)					
42.4	34.9	47.6	5.5	0.8	3.2
40.4	23.6	51.7	5.8	0.5	3.9
41.3	29.4	48.9	6.5	1.1	3.3
12.4	44.9	55.0	6.0	0.9	2.9
18.1	39.2	53.1	4.7	0.9	2.9
60.5	35.9	41.4	5.0	0.7	3.1
65.7	28.2	41.9	5.4	0.7	2.7
39.4	40.0	51.1	6.2	0.8	3.2
33.6	28.4	58.8	7.8	0.2	3.3
37.7	31.1	50.8	8.2	0.8	2.9
9.3	51.2	59.1	6.3	1.1	3.0
19.5	48.9	56.9	6.3	-	1.7
57.9	39.6	44.8	5.0	0.7	3.7
68.9	30.6	44.3	8.2	1.6	1.1
42.7	33.6	47.1	5.3	0.8	3.1
39.4	22.4	51.7	5.2	0.6	4.0
41.5	27.9	47.9	6.3	1.2	3.2
12.1	43.4	54.8	6.0	0.6	2.8
17.6	36.8	53.6	4.3	1.2	3.3
61.1	34.5	40.9	5.0	0.8	2.8
65.3	27.3	41.7	4.5	0.8	3.2
44.9	32.9	45.1	5.3	0.9	3.5
47.1	23.1	46.9	5.8	0.7	4.1
43.8	31.8	50.2	5.5	1.1	3.9
17.7	41.5	50.2	5.4	1.7	2.8
18.3	36.0	48.4	4.3	1.0	3.1
62.0	35.3	38.4	5.1	0.6	3.1
64.4	28.7	40.3	5.6	-	2.7

25-1表（3-1）

第25-1表　母と同居している子ども数・総数に対する割合，出生1年半後の総数

母の就業変化パターン	総数	総数	子育てによる身体の疲れが大きい	子育てで出費がかさむ	自分の自由な時間が持てない	夫婦で楽しむ時間がない
						実
総数						
総数	21 879	18 362	8 650	5 622	13 409	5 184
Ⅰ　就業継続型　●●●	3 554	2 908	1 355	796	2 047	834
Ⅱ　一時離職型　●●○	2 038	1 681	737	603	1 142	409
Ⅲ　出産前離職型　●○○	4 997	4 258	1 876	1 227	3 214	1 256
Ⅳ　出産後離職型　●●○	887	747	311	197	555	200
Ⅴ　無職継続型　○○○	8 196	6 949	3 565	2 122	5 218	2 013
Ⅵ　就業開始型　○○●	1 076	893	362	362	566	221
核家族世帯						
総数	16 575	14 056	6 845	4 285	10 332	4 105
Ⅰ　就業継続型　●●●	2 350	1 974	985	542	1 396	605
Ⅱ　一時離職型　●●○	1 338	1 112	528	425	747	289
Ⅲ　出産前離職型　●○○	4 062	3 485	1 558	989	2 639	1 053
Ⅳ　出産後離職型　●●○	671	558	235	146	417	149
Ⅴ　無職継続型　○○○	6 656	5 673	2 973	1 723	4 288	1 677
Ⅵ　就業開始型　○○●	695	587	246	243	366	159
三世代世帯等						
総数	4 695	3 820	1 586	1 166	2 760	1 060
Ⅰ　就業継続型　●●●	1 105	862	334	233	603	228
Ⅱ　一時離職型　●●○	560	460	166	141	322	119
Ⅲ　出産前離職型　●○○	848	701	283	211	526	196
Ⅳ　出産後離職型　●●○	200	174	71	47	130	50
Ⅴ　無職継続型　○○○	1 428	1 188	549	374	870	329
Ⅵ　就業開始型　○○●	277	217	82	80	146	61
母子世帯						
総数	609	486	219	171	317	19
Ⅰ　就業継続型　●●●	99	72	36	21	48	1
Ⅱ　一時離職型　●●○	140	109	43	37	73	1
Ⅲ　出産前離職型　●○○	87	72	35	27	49	7
Ⅳ　出産後離職型　●●○	16	15	5	4	8	1
Ⅴ　無職継続型　○○○	112	88	43	25	60	7
Ⅵ　就業開始型　○○●	104	89	34	39	54	1
（再掲）父が単身赴任中で、同居していない						
総数	114	97	47	26	69	13
Ⅰ　就業継続型　●●●	15	12	5	1	8	1
Ⅱ　一時離職型　●●○	11	7	3	3	4	-
Ⅲ　出産前離職型　●○○	28	25	13	9	19	6
Ⅳ　出産後離職型　●●○	3	3	1	-	3	1
Ⅴ　無職継続型　○○○	40	36	18	8	26	5
Ⅵ　就業開始型　○○●	12	9	3	3	4	-
					総数に対す	
総数						
総数	100.0	83.9	47.1	30.6	73.0	28.2
Ⅰ　就業継続型　●●●	100.0	81.8	46.6	27.4	70.4	28.7
Ⅱ　一時離職型　●●○	100.0	82.5	43.8	35.9	67.9	24.3
Ⅲ　出産前離職型　●○○	100.0	85.2	44.1	28.8	75.5	29.5
Ⅳ　出産後離職型　●●○	100.0	84.2	41.6	26.4	74.3	26.8
Ⅴ　無職継続型　○○○	100.0	84.8	51.3	30.5	75.1	29.0
Ⅵ　就業開始型　○○●	100.0	83.0	40.5	40.5	63.4	24.7
核家族世帯						
総数	100.0	84.8	48.7	30.5	73.5	29.2
Ⅰ　就業継続型　●●●	100.0	84.0	49.9	27.5	70.7	30.6
Ⅱ　一時離職型　●●○	100.0	83.1	47.5	38.2	67.2	26.0
Ⅲ　出産前離職型　●○○	100.0	85.8	44.7	28.4	75.7	30.2
Ⅳ　出産後離職型　●●○	100.0	83.2	42.1	26.2	74.7	26.7
Ⅴ　無職継続型　○○○	100.0	85.2	52.4	30.4	75.6	29.6
Ⅵ　就業開始型　○○●	100.0	84.5	41.9	41.4	62.4	27.1
三世代世帯等						
総数	100.0	81.4	41.5	30.5	72.3	27.7
Ⅰ　就業継続型　●●●	100.0	78.0	38.7	27.0	70.0	26.5
Ⅱ　一時離職型　●●○	100.0	82.1	36.1	30.7	70.0	25.9
Ⅲ　出産前離職型　●○○	100.0	82.7	40.4	30.1	75.0	28.0
Ⅳ　出産後離職型　●●○	100.0	87.0	40.8	27.0	74.7	28.7
Ⅴ　無職継続型　○○○	100.0	83.2	46.2	31.5	73.2	27.7
Ⅵ　就業開始型　○○●	100.0	78.3	37.8	36.9	67.3	28.1
母子世帯						
総数	100.0	79.8	45.1	35.2	65.2	3.9
Ⅰ　就業継続型　●●●	100.0	72.7	50.0	29.2	66.7	1.4
Ⅱ　一時離職型　●●○	100.0	77.9	39.4	33.9	67.0	0.9
Ⅲ　出産前離職型　●○○	100.0	82.8	48.6	37.5	68.1	9.7
Ⅳ　出産後離職型　●●○	100.0	93.8	33.3	26.7	53.3	6.7
Ⅴ　無職継続型　○○○	100.0	78.6	48.9	28.4	68.2	8.0
Ⅵ　就業開始型　○○●	100.0	85.6	38.2	43.8	60.7	1.1
（再掲）父が単身赴任中で、同居していない						
総数	100.0	85.1	48.5	26.8	71.1	13.4
Ⅰ　就業継続型　●●●	100.0	80.0	41.7	8.3	66.7	8.3
Ⅱ　一時離職型　●●○	100.0	63.6	42.9	42.9	57.1	-
Ⅲ　出産前離職型　●○○	100.0	89.3	52.0	36.0	76.0	24.0
Ⅳ　出産後離職型　●●○	100.0	100.0	33.3	-	100.0	33.3
Ⅴ　無職継続型　○○○	100.0	90.0	50.0	22.2	72.2	13.9
Ⅵ　就業開始型　○○●	100.0	75.0	33.3	33.3	44.4	-

注：1）就業変化パターンの総数にはその他を含む。
　　2）「負担に思うことがある」の中の各項目の割合は、「負担に思うことがある」の総数を100としている。

子どもを育てていて負担に思うこと・同居構成・母の就業変化パターン・出生順位別

仕事が十分にできない	子育てが大変なことを身近な人が理解してくれない	子どもが病気がちである	目が離せないので気が休まらない	その他	負担に思うことは特にない	不詳
数						
3 387	1 349	1 397	7 763	846	2 752	765
860	189	400	952	148	496	150
619	133	208	650	76	283	74
627	298	125	1 895	181	587	152
150	65	34	328	32	114	26
654	550	440	3 195	327	975	272
294	47	104	328	43	150	33
2 495	996	1 029	5 893	638	1 948	571
632	132	293	619	101	289	87
421	91	144	437	53	176	50
502	229	96	1 541	144	452	125
99	42	27	237	23	89	24
516	424	342	2 555	262	761	222
200	36	71	210	27	90	18
725	312	292	1 657	179	710	165
201	52	93	308	40	183	60
152	33	40	180	20	84	16
104	59	21	314	32	123	24
44	23	6	81	9	24	2
119	117	87	593	59	196	44
62	9	23	82	11	50	10
167	41	76	213	29	94	29
27	5	14	25	7	24	3
46	9	24	33	3	23	8
21	10	8	40	5	12	5
7	-	1	10	-	1	-
19	9	11	47	6	18	6
32	2	10	36	5	10	5
26	8	13	53	9	13	4
5	-	3	3	1	3	-
4	-	3	2	-	2	2
8	3	1	19	1	3	-
1	-	-	3	-	-	-
4	4	4	17	4	2	2
3	-	1	6	3	3	-
る 割 合 (%)						
18.4	7.3	7.6	42.3	4.6	12.6	3.5
29.6	6.5	13.8	32.7	5.1	14.0	4.2
36.8	7.9	12.4	38.7	4.5	13.9	3.6
14.7	7.0	2.9	44.5	4.3	11.7	3.0
20.1	8.7	4.6	43.9	4.3	12.9	2.9
9.4	7.9	6.3	46.0	4.7	11.9	3.3
32.9	5.3	11.6	36.7	4.8	13.9	3.1
17.8	7.1	7.3	41.9	4.5	11.8	3.4
32.0	6.7	14.8	31.4	5.1	12.3	3.7
37.9	8.2	12.9	39.3	4.8	13.2	3.7
14.4	6.6	2.8	44.2	4.1	11.1	3.1
17.7	7.5	4.8	42.5	4.1	13.3	3.6
9.1	7.5	6.0	45.0	4.6	11.4	3.3
34.1	6.1	12.1	35.8	4.6	12.9	2.6
19.0	8.2	7.6	43.4	4.7	15.1	3.5
23.3	6.0	10.8	35.7	4.6	16.6	5.4
33.0	7.2	8.7	39.1	4.3	15.0	2.9
14.8	8.4	3.0	44.8	4.6	14.5	2.8
25.3	13.2	3.4	46.6	5.2	12.0	1.0
10.0	9.8	7.3	49.9	5.0	13.7	3.1
28.6	4.1	10.6	37.8	5.1	18.1	3.6
34.4	8.4	15.6	43.8	6.0	15.4	4.8
37.5	6.9	19.4	34.7	9.7	24.2	3.0
42.2	8.3	22.0	30.3	2.8	16.4	5.7
29.2	13.9	11.1	55.6	6.9	13.8	3.4
46.7	-	6.7	66.7	-	6.3	-
21.6	10.2	12.5	53.4	6.8	16.1	5.4
36.0	2.2	11.2	40.4	5.6	9.6	4.8
26.8	8.2	13.4	54.6	9.3	11.4	3.5
41.7	-	25.0	25.0	8.3	20.0	-
57.1	-	42.9	28.6	-	18.2	18.2
32.0	12.0	4.0	76.0	4.0	10.7	-
33.3	-	-	100.0	-	-	-
11.1	11.1	11.1	47.2	11.1	5.0	5.0
33.3	-	11.1	66.7	33.3	25.0	-

25-1表 (3-2)

第25-1表 母と同居している子ども数・総数に対する割合, 出生1年半後の第1子

母の就業変化パターン	総数	総数	子育てによる身体の疲れが大きい	子育てで出費がかさむ	負担に思うこと 自分の自由な時間が持てない	夫婦で楽しむ時間がない
						実
総数	10 858	9 164	4 106	2 492	6 805	2 740
Ⅰ 就業継続型 ●●●	1 834	1 505	707	356	1 090	451
Ⅱ 一時離職型 ●●○	1 034	844	355	261	604	212
Ⅲ 出産前離職型 ●○○	4 181	3 578	1 554	997	2 698	1 087
Ⅳ 出産後離職型 ●●○	681	569	224	146	432	152
Ⅴ 無職継続型 ○○○	2 414	2 082	1 029	552	1 556	702
Ⅵ 就業開始型 ○○●	237	187	63	63	130	41
核家族世帯						
総数	8 441	7 220	3 350	1 939	5 387	2 256
Ⅰ 就業継続型 ●●●	1 306	1 107	560	265	796	340
Ⅱ 一時離職型 ●●○	685	560	257	177	403	155
Ⅲ 出産前離職型 ●○○	3 454	2 973	1 313	815	2 250	925
Ⅳ 出産後離職型 ●●○	530	440	174	111	335	118
Ⅴ 無職継続型 ○○○	1 983	1 737	876	455	1 307	615
Ⅵ 就業開始型 ○○●	131	103	39	35	69	28
三世代世帯等						
総数	2 058	1 663	640	457	1 223	475
Ⅰ 就業継続型 ●●●	474	366	132	82	268	111
Ⅱ 一時離職型 ●●○	259	213	69	60	151	56
Ⅲ 出産前離職型 ●○○	651	543	213	160	406	157
Ⅳ 出産後離職型 ●●○	138	116	47	32	90	33
Ⅴ 無職継続型 ○○○	377	305	139	85	222	86
Ⅵ 就業開始型 ○○●	62	47	13	13	34	12
母子世帯						
総数	359	281	116	96	195	9
Ⅰ 就業継続型 ●●●	54	32	15	9	26	-
Ⅱ 一時離職型 ●●○	90	71	29	24	50	1
Ⅲ 出産前離職型 ●○○	76	62	28	22	42	5
Ⅳ 出産後離職型 ●●○	13	13	3	3	7	1
Ⅴ 無職継続型 ○○○	54	40	14	12	27	1
Ⅵ 就業開始型 ○○●	44	37	11	15	27	1
(再掲) 父が単身赴任中で、同居していない						
総数	61	50	22	15	39	6
Ⅰ 就業継続型 ●●●	6	4	2	-	3	-
Ⅱ 一時離職型 ●●○	8	4	2	2	3	-
Ⅲ 出産前離職型 ●○○	25	22	11	7	17	5
Ⅳ 出産後離職型 ●●○	2	2	-	-	2	1
Ⅴ 無職継続型 ○○○	14	12	4	3	10	-
Ⅵ 就業開始型 ○○●	4	4	1	2	2	-
					総数に対す	
総数	100.0	84.4	44.8	27.2	74.3	29.9
Ⅰ 就業継続型 ●●●	100.0	82.1	47.0	23.7	72.4	30.0
Ⅱ 一時離職型 ●●○	100.0	81.6	42.1	30.9	71.6	25.1
Ⅲ 出産前離職型 ●○○	100.0	85.6	43.4	27.9	75.4	30.4
Ⅳ 出産後離職型 ●●○	100.0	83.6	39.4	25.7	75.9	26.7
Ⅴ 無職継続型 ○○○	100.0	86.2	49.4	26.5	74.7	33.7
Ⅵ 就業開始型 ○○●	100.0	78.9	33.7	33.7	69.5	21.9
核家族世帯						
総数	100.0	85.5	46.4	26.9	74.6	31.2
Ⅰ 就業継続型 ●●●	100.0	84.8	50.6	23.9	71.9	30.7
Ⅱ 一時離職型 ●●○	100.0	81.8	45.9	31.6	72.0	27.7
Ⅲ 出産前離職型 ●○○	100.0	86.1	44.2	27.4	75.7	31.1
Ⅳ 出産後離職型 ●●○	100.0	83.0	39.5	25.2	76.1	26.8
Ⅴ 無職継続型 ○○○	100.0	87.6	50.4	26.2	75.2	35.4
Ⅵ 就業開始型 ○○●	100.0	78.6	37.9	34.0	67.0	27.2
三世代世帯等						
総数	100.0	80.8	38.5	27.5	73.5	28.6
Ⅰ 就業継続型 ●●●	100.0	77.2	36.1	22.4	73.2	30.3
Ⅱ 一時離職型 ●●○	100.0	82.2	32.4	28.2	70.9	26.3
Ⅲ 出産前離職型 ●○○	100.0	83.4	39.2	29.5	74.8	28.9
Ⅳ 出産後離職型 ●●○	100.0	84.1	40.5	27.6	77.6	28.4
Ⅴ 無職継続型 ○○○	100.0	80.9	45.6	27.9	72.8	28.2
Ⅵ 就業開始型 ○○●	100.0	75.8	27.7	27.7	72.3	25.5
母子世帯						
総数	100.0	78.3	41.3	34.2	69.4	3.2
Ⅰ 就業継続型 ●●●	100.0	59.3	46.9	28.1	81.3	-
Ⅱ 一時離職型 ●●○	100.0	78.9	40.8	33.8	70.4	1.4
Ⅲ 出産前離職型 ●○○	100.0	81.6	45.2	35.5	67.7	8.1
Ⅳ 出産後離職型 ●●○	100.0	100.0	23.1	23.1	53.8	7.7
Ⅴ 無職継続型 ○○○	100.0	74.1	35.0	30.0	67.5	2.5
Ⅵ 就業開始型 ○○●	100.0	84.1	29.7	40.5	73.0	2.7
(再掲) 父が単身赴任中で、同居していない						
総数	100.0	82.0	44.0	30.0	78.0	12.0
Ⅰ 就業継続型 ●●●	100.0	66.7	50.0	-	75.0	-
Ⅱ 一時離職型 ●●○	100.0	50.0	50.0	50.0	75.0	-
Ⅲ 出産前離職型 ●○○	100.0	88.0	50.0	31.8	77.3	22.7
Ⅳ 出産後離職型 ●●○	100.0	100.0	-	-	100.0	50.0
Ⅴ 無職継続型 ○○○	100.0	85.7	33.3	25.0	83.3	-
Ⅵ 就業開始型 ○○●	100.0	100.0	25.0	50.0	50.0	-

注: 1) 就業変化パターンの総数にはその他を含む。
2) 「負担に思うことがある」の中の各項目の割合は、「負担に思うことがある」の総数を100としている。

子どもを育てていて負担に思うこと・同居構成・母の就業変化パターン・出生順位別

仕事が十分にできない	子育てが大変なことを身近な人が理解してくれない	子どもが病気がちである	目が離せないので気が休まらない	その他	負担に思うことは特にない	不詳

がある（複数回答）

数

1 545	594	522	3 847	430	1 359	335
415	80	214	460	85	258	71
282	60	96	320	40	152	38
464	224	92	1 588	156	483	120
97	47	13	243	21	96	16
149	149	70	975	104	271	61
52	9	10	66	9	39	11

1 197	456	408	3 017	324	971	250
337	62	172	325	60	155	44
198	43	72	218	27	102	23
382	178	75	1 314	123	379	102
65	31	9	185	15	75	15
127	123	60	796	85	198	48
28	6	6	31	4	23	5

255	119	82	699	88	327	68
66	15	38	122	22	84	24
57	13	11	78	10	36	10
65	39	12	242	28	93	15
27	16	3	49	6	21	1
15	25	6	155	17	60	12
10	3	2	21	3	13	2

93	19	32	131	18	61	17
12	3	4	13	3	19	3
27	4	13	24	3	14	5
17	7	5	32	5	11	3
5	-	1	9	-	-	-
7	1	4	24	2	13	1
14	-	2	14	2	3	4

17	3	5	30	3	9	2
1	-	1	2	-	2	-
3	-	2	2	-	2	2
8	2	1	16	1	3	-
-	-	-	2	-	-	-
2	-	1	4	1	2	-
2	-	-	2	1	-	-

る割合（％）

16.9	6.5	5.7	42.0	4.7	12.5	3.1
27.6	5.3	14.2	30.6	5.6	14.1	3.9
33.4	7.1	11.4	37.9	4.7	14.7	3.7
13.0	6.3	2.6	44.4	4.4	11.6	2.9
17.0	8.3	2.3	42.7	3.7	14.1	2.3
7.2	7.2	3.4	46.8	5.0	11.2	2.5
27.8	4.8	5.3	35.3	4.8	16.5	4.6

16.6	6.3	5.7	41.8	4.5	11.5	3.0
30.4	5.6	15.5	29.4	5.4	11.9	3.4
35.4	7.7	12.9	38.9	4.8	14.9	3.4
12.8	6.0	2.5	44.2	4.1	11.0	3.0
14.8	7.0	2.0	42.0	3.4	14.2	2.8
7.3	7.1	3.5	45.8	4.9	10.0	2.4
27.2	5.8	5.8	30.1	3.9	17.6	3.8

15.3	7.2	4.9	42.0	5.3	15.9	3.3
18.0	4.1	10.4	33.3	6.0	17.7	5.1
26.8	6.1	5.2	36.6	4.7	13.9	3.9
12.0	7.2	2.2	44.6	5.2	14.3	2.3
23.3	13.8	2.6	42.2	5.2	15.2	0.7
4.9	8.2	2.0	50.8	5.6	15.9	3.2
21.3	6.4	4.3	44.7	6.4	21.0	3.2

33.1	6.8	11.4	46.6	6.4	17.0	4.7
37.5	9.4	12.5	40.6	9.4	35.2	5.6
38.0	5.6	18.3	33.8	4.2	15.6	5.6
27.4	11.3	8.1	51.6	8.1	14.5	3.9
38.5	-	7.7	69.2	-	-	-
17.5	2.5	10.0	60.0	5.0	24.1	1.9
37.8	-	5.4	37.8	5.4	6.8	9.1

34.0	6.0	10.0	60.0	6.0	14.8	3.3
25.0	-	25.0	50.0	-	33.3	-
75.0	-	50.0	50.0	-	25.0	25.0
36.4	9.1	4.5	72.7	4.5	12.0	-
-	-	-	100.0	-	-	-
16.7	-	8.3	33.3	8.3	14.3	-
50.0	-	-	50.0	25.0	-	-

25-1表（3-3）

第25-1表　母と同居している子ども数・総数に対する割合，出生1年半後の第2子以上

母の就業変化パターン	総数	総数	子育てによる身体の疲れが大きい	子育てで出費がかさむ	自分の自由な時間が持てない	夫婦で楽しむ時間がない
						実
総数	11 021	9 198	4 544	3 130	6 604	2 444
Ⅰ　就業継続型 ●●●	1 720	1 403	648	440	957	383
Ⅱ　一時離職型 ●●○	1 004	837	382	342	538	197
Ⅲ　出産前離職型 ●○○	816	680	322	230	516	169
Ⅳ　出産後離職型 ●●○	206	178	87	51	123	48
Ⅴ　無職継続型 ○○○	5 782	4 867	2 536	1 570	3 662	1 311
Ⅵ　就業開始型 ○○●	839	706	299	299	436	180
核家族世帯						
総数	8 134	6 836	3 495	2 346	4 945	1 849
Ⅰ　就業継続型 ●●●	1 044	867	425	277	600	265
Ⅱ　一時離職型 ●●○	653	552	271	248	344	134
Ⅲ　出産前離職型 ●○○	608	512	245	174	389	128
Ⅳ　出産後離職型 ●●○	141	118	61	35	82	31
Ⅴ　無職継続型 ○○○	4 673	3 936	2 097	1 268	2 981	1 062
Ⅵ　就業開始型 ○○●	564	484	207	208	297	131
三世代世帯等						
総数	2 637	2 157	946	709	1 537	585
Ⅰ　就業継続型 ●●●	631	496	202	151	335	117
Ⅱ　一時離職型 ●●○	301	247	97	81	171	63
Ⅲ　出産前離職型 ●○○	197	158	70	51	120	39
Ⅳ　出産後離職型 ●●○	62	58	24	15	40	17
Ⅴ　無職継続型 ○○○	1 051	883	410	289	648	243
Ⅵ　就業開始型 ○○●	215	170	69	67	112	49
母子世帯						
総数	250	205	103	75	122	10
Ⅰ　就業継続型 ●●●	45	40	21	12	22	1
Ⅱ　一時離職型 ●●○	50	38	14	13	23	-
Ⅲ　出産前離職型 ●○○	11	10	7	5	7	2
Ⅳ　出産後離職型 ●●○	3	2	2	1	1	-
Ⅴ　無職継続型 ○○○	58	48	29	13	33	6
Ⅵ　就業開始型 ○○●	60	52	23	24	27	-
(再掲)父が単身赴任中で、同居していない						
総数	53	47	25	11	30	7
Ⅰ　就業継続型 ●●●	9	8	3	1	5	1
Ⅱ　一時離職型 ●●○	3	3	1	1	1	1
Ⅲ　出産前離職型 ●○○	3	3	2	2	2	1
Ⅳ　出産後離職型 ●●○	1	1	1	-	1	-
Ⅴ　無職継続型 ○○○	26	24	14	5	16	5
Ⅵ　就業開始型 ○○●	8	5	2	1	2	-
					総数に対す	
総数	100.0	83.5	49.4	34.0	71.8	26.6
Ⅰ　就業継続型 ●●●	100.0	81.6	46.2	31.4	68.2	27.3
Ⅱ　一時離職型 ●●○	100.0	83.4	45.6	40.9	64.3	23.5
Ⅲ　出産前離職型 ●○○	100.0	83.3	47.4	33.8	75.9	24.9
Ⅳ　出産後離職型 ●●○	100.0	86.4	48.9	28.7	69.1	27.0
Ⅴ　無職継続型 ○○○	100.0	84.2	52.1	32.3	75.2	26.9
Ⅵ　就業開始型 ○○●	100.0	84.1	42.4	42.4	61.8	25.5
核家族世帯						
総数	100.0	84.0	51.1	34.3	72.3	27.0
Ⅰ　就業継続型 ●●●	100.0	83.0	49.0	31.9	69.2	30.6
Ⅱ　一時離職型 ●●○	100.0	84.5	49.1	44.9	62.3	24.3
Ⅲ　出産前離職型 ●○○	100.0	84.2	47.9	34.0	76.0	25.0
Ⅳ　出産後離職型 ●●○	100.0	83.7	51.7	29.7	69.5	26.3
Ⅴ　無職継続型 ○○○	100.0	84.2	53.3	32.2	75.7	27.0
Ⅵ　就業開始型 ○○●	100.0	85.8	42.8	43.0	61.4	27.1
三世代世帯等						
総数	100.0	81.8	43.9	32.9	71.3	27.1
Ⅰ　就業継続型 ●●●	100.0	78.6	40.7	30.4	67.5	23.6
Ⅱ　一時離職型 ●●○	100.0	82.1	39.3	32.8	69.2	25.5
Ⅲ　出産前離職型 ●○○	100.0	80.2	44.3	32.3	75.9	24.7
Ⅳ　出産後離職型 ●●○	100.0	93.5	41.4	25.9	69.0	29.3
Ⅴ　無職継続型 ○○○	100.0	84.0	46.4	32.7	73.4	27.5
Ⅵ　就業開始型 ○○●	100.0	79.1	40.6	39.4	65.9	28.8
母子世帯						
総数	100.0	82.0	50.2	36.6	59.5	4.9
Ⅰ　就業継続型 ●●●	100.0	88.9	52.5	30.0	55.0	2.5
Ⅱ　一時離職型 ●●○	100.0	76.0	36.8	34.2	60.5	-
Ⅲ　出産前離職型 ●○○	100.0	90.9	70.0	50.0	70.0	20.0
Ⅳ　出産後離職型 ●●○	100.0	66.7	100.0	50.0	50.0	-
Ⅴ　無職継続型 ○○○	100.0	82.8	60.4	27.1	68.8	12.5
Ⅵ　就業開始型 ○○●	100.0	86.7	44.2	46.2	51.9	-
(再掲)父が単身赴任中で、同居していない						
総数	100.0	88.7	53.2	23.4	63.8	14.9
Ⅰ　就業継続型 ●●●	100.0	88.9	37.5	12.5	62.5	12.5
Ⅱ　一時離職型 ●●○	100.0	100.0	33.3	33.3	33.3	-
Ⅲ　出産前離職型 ●○○	100.0	100.0	66.7	66.7	66.7	33.3
Ⅳ　出産後離職型 ●●○	100.0	100.0	100.0	-	100.0	-
Ⅴ　無職継続型 ○○○	100.0	92.3	58.3	20.8	66.7	20.8
Ⅵ　就業開始型 ○○●	100.0	62.5	40.0	20.0	40.0	-

注：1）就業変化パターンの総数にはその他を含む。
　　2）「負担に思うことがある」の中の各項目の割合は、「負担に思うことがある」の総数を100としている。

子どもを育てていて負担に思うこと・同居構成・母の就業変化パターン・出生順位別

仕事が十分にできない	子育てが大変なことを身近な人が理解してくれない	子どもが病気がちである	目が離せないので気が休まらない	その他	負担に思うことは特にない	不詳
数						
1 842	755	875	3 916	416	1 393	430
445	109	186	492	63	238	79
337	73	112	330	36	131	36
163	74	33	307	25	104	32
53	18	21	85	11	18	10
505	401	370	2 220	223	704	211
242	38	94	262	34	111	22
1 298	540	621	2 876	314	977	321
295	70	121	294	41	134	43
223	48	72	219	26	74	27
120	51	21	227	21	73	23
34	11	18	52	8	14	9
389	301	282	1 759	177	563	174
172	30	65	179	23	67	13
470	193	210	958	91	383	97
135	37	55	186	18	99	36
95	20	29	102	10	48	6
39	20	9	72	4	30	9
17	7	3	32	3	3	1
104	92	81	438	42	136	32
52	6	21	61	8	37	8
74	22	44	82	11	33	12
15	2	10	12	4	5	-
19	5	11	9	-	9	3
4	3	3	8	-	1	-
2	-	-	1	-	1	-
12	8	7	23	4	5	5
18	2	8	22	3	7	1
9	5	8	23	6	4	2
4	-	2	1	1	1	-
1	-	1	-	-	-	-
-	1	-	3	-	-	-
1	-	-	1	-	-	-
2	4	3	13	3	-	2
1	-	1	4	2	3	-
る 割 合 (%)						
20.0	8.2	9.5	42.6	4.5	12.6	3.9
31.7	7.8	13.3	35.1	4.5	13.8	4.6
40.3	8.7	13.4	39.4	4.3	13.0	3.6
24.0	10.9	4.9	45.1	3.7	12.7	3.9
29.8	10.1	11.8	47.8	6.2	8.7	4.9
10.4	8.2	7.6	45.6	4.6	12.2	3.6
34.3	5.4	13.3	37.1	4.8	13.2	2.6
19.0	7.9	9.1	42.1	4.6	12.0	3.9
34.0	8.1	14.0	33.9	4.7	12.8	4.1
40.4	8.7	13.0	39.7	4.7	11.3	4.1
23.4	10.0	4.1	44.3	4.1	12.0	3.8
28.8	9.3	15.3	44.1	6.8	9.9	6.4
9.9	7.6	7.2	44.7	4.5	12.0	3.7
35.5	6.2	13.4	37.0	4.8	11.9	2.3
21.8	8.9	9.7	44.4	4.2	14.5	3.7
27.2	7.5	11.1	37.5	3.6	15.7	5.7
38.5	8.1	11.7	41.3	4.0	15.9	2.0
24.7	12.7	5.7	45.6	2.5	15.2	4.6
29.3	12.1	5.2	55.2	5.2	4.8	1.6
11.8	10.4	9.2	49.6	4.8	12.9	3.0
30.6	3.5	12.4	35.9	4.7	17.2	3.7
36.1	10.7	21.5	40.0	5.4	13.2	4.8
37.5	5.0	25.0	30.0	10.0	11.1	-
50.0	13.2	28.9	23.7	-	18.0	6.0
40.0	30.0	30.0	80.0	-	9.1	-
100.0	-	-	50.0	-	33.3	-
25.0	16.7	14.6	47.9	8.3	8.6	8.6
34.6	3.8	15.4	42.3	5.8	11.7	1.7
19.1	10.6	17.0	48.9	12.8	7.5	3.8
50.0	-	25.0	12.5	12.5	11.1	-
33.3	-	33.3	-	-	-	-
-	33.3	-	100.0	-	-	-
100.0	-	-	100.0	-	-	-
8.3	16.7	12.5	54.2	12.5	-	7.7
20.0	-	20.0	80.0	40.0	37.5	-

第25-2表 母と同居している子ども数・総数に対する割合，出生1年半後の

母の就業変化パターン	総数	総数	子育てによる身体の疲れが大きい	子育てで出費がかさむ	自分の自由な時間が持てない	夫婦で楽しむ時間がない
						実
総数						
総数	21 879	18 362	8 650	5 622	13 409	5 184
I　就業継続型　●●●	3 554	2 908	1 355	796	2 047	834
II　一時離職型　●○●	2 038	1 681	737	603	1 142	409
III　出産前離職型●○○	4 997	4 258	1 876	1 227	3 214	1 256
IV　出産後離職型●●○	887	747	311	197	555	200
V　無職継続型　○○○	8 196	6 949	3 565	2 122	5 218	2 013
VI　就業開始型　○○●	1 076	893	362	362	566	221
13大都市						
総数	4 691	3 964	2 071	1 215	2 914	1 225
I　就業継続型　●●●	598	508	277	131	346	180
II　一時離職型　●○●	380	324	164	116	207	87
III　出産前離職型●○○	1 151	991	450	294	753	316
IV　出産後離職型●●○	177	154	71	42	123	34
V　無職継続型　○○○	1 934	1 618	917	499	1 227	505
VI　就業開始型　○○●	188	152	66	63	90	40
その他の市						
総数	12 993	10 950	5 110	3 332	8 012	3 071
I　就業継続型　●●●	2 061	1 685	772	474	1 192	465
II　一時離職型　●○●	1 201	994	433	350	694	248
III　出産前離職型●○○	2 956	2 517	1 111	700	1 880	737
IV　出産後離職型●●○	512	430	187	111	313	122
V　無職継続型　○○○	4 946	4 231	2 134	1 286	3 188	1 214
VI　就業開始型　○○●	666	556	236	229	362	144
郡部						
総数	4 180	3 437	1 463	1 071	2 475	884
I　就業継続型　●●●	895	715	306	191	509	189
II　一時離職型　●○●	457	363	140	137	241	74
III　出産前離職型●○○	886	747	315	233	580	203
IV　出産後離職型●●○	194	159	50	44	115	42
V　無職継続型　○○○	1 310	1 096	511	333	800	292
VI　就業開始型　○○●	222	185	60	70	114	37
					総数に対す	
総数						
総数	100.0	83.9	47.1	30.6	73.0	28.2
I　就業継続型　●●●	100.0	81.8	46.6	27.4	70.4	28.7
II　一時離職型　●○●	100.0	82.5	43.8	35.9	67.9	24.3
III　出産前離職型●○○	100.0	85.2	44.1	28.8	75.5	29.5
IV　出産後離職型●●○	100.0	84.2	41.6	26.4	74.3	26.8
V　無職継続型　○○○	100.0	84.8	51.3	30.5	75.1	29.0
VI　就業開始型　○○●	100.0	83.0	40.5	40.5	63.4	24.7
13大都市						
総数	100.0	84.5	52.2	30.7	73.5	30.9
I　就業継続型　●●●	100.0	84.9	54.5	25.8	68.1	35.4
II　一時離職型　●○●	100.0	85.3	50.6	35.8	63.9	26.9
III　出産前離職型●○○	100.0	86.1	45.4	29.7	76.0	31.9
IV　出産後離職型●●○	100.0	87.0	46.1	27.3	79.9	22.1
V　無職継続型　○○○	100.0	83.7	56.7	30.8	75.8	31.2
VI　就業開始型　○○●	100.0	80.9	43.4	41.4	59.2	26.3
その他の市						
総数	100.0	84.3	46.7	30.4	73.2	28.0
I　就業継続型　●●●	100.0	81.8	45.8	28.1	70.7	27.6
II　一時離職型　●○●	100.0	82.8	43.6	35.2	69.8	24.9
III　出産前離職型●○○	100.0	85.1	44.1	27.8	74.7	29.3
IV　出産後離職型●●○	100.0	84.0	43.5	25.8	72.8	28.4
V　無職継続型　○○○	100.0	85.5	50.4	30.4	75.3	28.7
VI　就業開始型　○○●	100.0	83.5	42.4	41.2	65.1	25.9
郡部						
総数	100.0	82.2	42.6	31.2	72.0	25.7
I　就業継続型　●●●	100.0	79.9	42.8	26.7	71.2	26.4
II　一時離職型　●○●	100.0	79.4	38.6	37.7	66.4	20.4
III　出産前離職型●○○	100.0	84.3	42.2	31.2	77.6	27.2
IV　出産後離職型●●○	100.0	82.0	31.4	27.7	72.3	26.4
V　無職継続型　○○○	100.0	83.7	46.6	30.4	73.0	26.6
VI　就業開始型　○○●	100.0	83.3	32.4	37.8	61.6	20.0

注：1）市郡別の総数には外国を含む。
　　2）就業変化パターンの総数にはその他を含む。
　　3）「負担に思うことがある」の中の各項目の割合は、「負担に思うことがある」の総数を100としている。

子どもを育てていて負担に思うこと・市郡・母の就業変化パターン別

仕事が十分にできない	子育てが大変なことを身近な人が理解してくれない	子どもが病気がちである	目が離せないので気が休まらない	その他	負担に思うことは特にない	不詳
数						
3 387	1 349	1 397	7 763	846	2 752	765
860	189	400	952	148	496	150
619	133	208	650	76	283	74
627	298	125	1 895	181	587	152
150	65	34	328	32	114	26
654	550	440	3 195	327	975	272
294	47	104	328	43	150	33
745	307	303	1 621	198	567	160
203	37	77	157	27	67	23
135	29	43	131	25	45	11
150	75	30	427	43	125	35
26	9	6	58	9	20	3
137	130	108	691	76	243	73
48	6	18	53	12	34	2
1 957	770	822	4 615	507	1 604	439
477	106	244	542	88	288	88
358	79	130	378	34	163	44
349	167	74	1 109	117	351	88
87	39	23	202	16	65	17
395	313	247	1 948	204	566	149
183	30	62	206	22	85	25
683	272	270	1 522	140	580	163
180	46	79	253	33	141	39
126	25	35	141	17	75	19
128	56	20	358	20	111	28
35	17	5	66	7	29	6
122	107	84	554	47	165	49
63	11	24	69	9	31	6
る割合（％）						
18.4	7.3	7.6	42.3	4.6	12.6	3.5
29.6	6.5	13.8	32.7	5.1	14.0	4.2
36.8	7.9	12.4	38.7	4.5	13.9	3.6
14.7	7.0	2.9	44.5	4.3	11.7	3.0
20.1	8.7	4.6	43.9	4.3	12.9	2.9
9.4	7.9	6.3	46.0	4.7	11.9	3.3
32.9	5.3	11.6	36.7	4.8	13.9	3.1
18.8	7.7	7.6	40.9	5.0	12.1	3.4
40.0	7.3	15.2	30.9	5.3	11.2	3.8
41.7	9.0	13.3	40.4	7.7	11.8	2.9
15.1	7.6	3.0	43.1	4.3	10.9	3.0
16.9	5.8	3.9	37.7	5.8	11.3	1.7
8.5	8.0	6.7	42.7	4.7	12.6	3.8
31.6	3.9	11.8	34.9	7.9	18.1	1.1
17.9	7.0	7.5	42.1	4.6	12.3	3.4
28.3	6.3	14.5	32.2	5.2	14.0	4.3
36.0	7.9	13.1	38.0	3.4	13.6	3.7
13.9	6.6	2.9	44.1	4.6	11.9	3.0
20.2	9.1	5.3	47.0	3.7	12.7	3.3
9.3	7.4	5.8	46.0	4.8	11.4	3.0
32.9	5.4	11.2	37.1	4.0	12.8	3.8
19.9	7.9	7.9	44.3	4.1	13.9	3.9
25.2	6.4	11.0	35.4	4.6	15.8	4.4
34.7	6.9	9.6	38.8	4.7	16.4	4.2
17.1	7.5	2.7	47.9	2.7	12.5	3.2
22.0	10.7	3.1	41.5	4.4	14.9	3.1
11.1	9.8	7.7	50.5	4.3	12.6	3.7
34.1	5.9	13.0	37.3	4.9	14.0	2.7

26表（3－1）

第26表　嫡出子数，出生時の母の職業（大分類）

母の就業変化パターン・出生時の父の職業	総数	就業者総数	出生時 A 専門的・技術的職業従事者	B 管理的職業従事者	C 事務従事者
総数					
総数	21 647	4 956	1 751	55	1 646
就業者総数	21 340	4 906	1 734	55	1 627
A 専門的・技術的職業従事者	6 468	1 562	897	8	465
B 管理的職業従事者	560	147	38	33	57
C 事務従事者	3 152	779	220	6	475
D 販売従事者	3 142	594	172	2	203
E サービス職業従事者	1 576	341	86	2	70
F 保安職業従事者	482	94	42	1	24
G 農林漁業作業者	340	148	25	-	18
H 運輸・通信従事者	1 312	219	54	1	81
I 生産工程・労務作業者	3 530	717	183	2	228
J 分類不能の職業	778	305	17	-	6
無職	307	50	17	-	19
出生1年前：有職					
総数	11 751	4 627	1 706	45	1 603
就業者総数	11 588	4 581	1 692	45	1 585
A 専門的・技術的職業従事者	3 525	1 504	874	6	453
B 管理的職業従事者	272	133	38	27	50
C 事務従事者	1 669	756	219	6	466
D 販売従事者	1 659	569	170	2	200
E サービス職業従事者	943	325	83	2	67
F 保安職業従事者	237	91	41	-	24
G 農林漁業作業者	220	125	22	-	16
H 運輸・通信従事者	691	205	53	-	78
I 生産工程・労務作業者	1 954	686	176	2	225
J 分類不能の職業	418	187	16	-	6
無職	163	46	14	-	18
I　就業継続型　●●●					
総数	3 510	3 510	1 375	39	1 232
就業者総数	3 476	3 476	1 364	39	1 221
A 専門的・技術的職業従事者	1 151	1 151	695	6	338
B 管理的職業従事者	102	102	33	21	35
C 事務従事者	624	624	179	6	394
D 販売従事者	427	427	133	2	144
E サービス職業従事者	238	238	67	2	55
F 保安職業従事者	70	70	37	-	16
G 農林漁業作業者	96	96	19	-	13
H 運輸・通信従事者	154	154	43	-	55
I 生産工程・労務作業者	524	524	145	2	168
J 分類不能の職業	90	90	13	-	3
無職	34	34	11	-	11

注：就業変化パターンの総数には不詳、「出生1年前：有職」及び「出生1年前：無職」にはそれぞれ不詳、その他を含む。

・出生時の父の職業（大分類）・母の就業変化パターン別

の　母　の　職　業								
D 販売従事者	E サービス 職業従事者	F 保　安 職業従事者	G 農林漁業 作　業　者	H 運輸・通信 従　事　者	I 生産工程・ 労務作業者	J 分類不能の 職　業	無	職
344	344	28	95	19	315	359	16	691
339	341	27	95	19	311	358	16	434
66	58	3	3	3	40	19	4	906
6	6	-	-	-	1	6		413
18	26	2	-	2	15	15	2	373
157	27	1	3	1	18	10	2	548
20	143	1	-	2	12	5	1	235
4	3	19	-	-	-	1		388
2	7	-	87	-	8	1		192
20	27	-	1	10	17	8	1	093
44	44	1	1	1	199	14	2	813
2	-	-	-	-	1	279		473
5	3	1	-	-	4	1		257
330	329	22	75	15	296	206	7	124
325	326	21	75	15	292	205	7	007
64	54	2	3	2	38	8	2	021
6	6	-	-	-	1	5		139
18	25	-	-	2	15	5		913
147	24	-	2	1	17	6	1	090
20	138	1	-	1	10	3		618
4	3	18	-	-	-	1		146
2	7	-	69	-	8	1		95
18	27	-	1	9	15	4		486
44	42	-	-	-	188	9	1	268
2	-	-	-	-	-	163		231
5	3	1	-	-	4	1		117
230	243	14	52	12	227	86		-
226	240	13	52	12	224	85		-
41	35	1	1	2	28	4		-
5	5	-	-	-	-	3		-
9	21	-	-	2	11	2		-
114	19	-	1	1	13	-		-
11	96	-	-	1	6	-		-
4	1	12	-	-	-	-		-
2	6	-	50	-	6	-		-
15	20	-	-	6	14	1		-
24	37	-	-	-	146	2		-
1	-	-	-	-	-	73		-
4	3	1	-	-	3	1		-

26表（3-2）

第26表 嫡出子数，出生時の母の職業（大分類）

母の就業変化パターン・出生時の父の職業	総数	就業者総数	出生時 A 専門的・技術的職業従事者	B 管理的職業従事者	C 事務従事者
出生1年前：有職					
Ⅱ 一時離職型 ●○●					
総　　　数	1 988	192	55	1	49
就業者総数	1 949	190	54	1	48
A 専門的・技術的職業従事者	503	49	33	-	10
B 管理的職業従事者	47	11	-	1	8
C 事務従事者	179	14	2	-	8
D 販売従事者	277	28	4	-	6
E サービス職業従事者	221	22	4	-	-
F 保安職業従事者	24	1	1	-	-
G 農林漁業作業者	46	8	1	-	1
H 運輸・通信従事者	141	7	2	-	1
I 生産工程・労務作業者	405	35	7	-	13
J 分類不能の職業	106	15	-	-	1
無　　　　職	39	2	1	-	1
Ⅲ 出産前離職型 ●○○					
総　　　数	4 960	-	-	-	-
就業者総数	4 890	-	-	-	-
A 専門的・技術的職業従事者	1 458	-	-	-	-
B 管理的職業従事者	93	-	-	-	-
C 事務従事者	721	-	-	-	-
D 販売従事者	796	-	-	-	-
E サービス職業従事者	379	-	-	-	-
F 保安職業従事者	115	-	-	-	-
G 農林漁業作業者	46	-	-	-	-
H 運輸・通信従事者	336	-	-	-	-
I 生産工程・労務作業者	818	-	-	-	-
J 分類不能の職業	128	-	-	-	-
無　　　　職	70	-	-	-	-
Ⅳ 出産後離職型 ●●○					
総　　　数	881	881	264	4	305
就業者総数	871	871	262	4	299
A 専門的・技術的職業従事者	291	291	139	-	102
B 管理的職業従事者	18	18	4	4	7
C 事務従事者	111	111	35	-	60
D 販売従事者	107	107	32	-	46
E サービス職業従事者	61	61	12	-	11
F 保安職業従事者	20	20	3	-	8
G 農林漁業作業者	20	20	2	-	2
H 運輸・通信従事者	40	40	8	-	20
I 生産工程・労務作業者	122	122	24	-	41
J 分類不能の職業	81	81	3	-	2
無　　　　職	10	10	2	-	6

注：就業変化パターンの総数には不詳、「出生1年前：有職」及び「出生1年前：無職」にはそれぞれ不詳、その他を含む。

・出生時の父の職業（大分類）・母の就業変化パターン別

D 販売従事者	E サービス職業従事者	F 保安職業従事者	G 農林漁業作業者	H 運輸・通信従事者	I 生産工程・労務作業者	J 分類不能の職業	無　職
30	20	-	7	-	13	17	1 796
30	20	-	7	-	13	17	1 759
2	1	-	-	-	2	1	454
1	1	-	-	-	-	-	36
2	1	-	-	-	1	-	165
14	1	-	1	-	2	-	249
3	14	-	-	-	1	-	199
-	-	-	-	-	-	-	23
-	-	-	6	-	-	-	38
2	2	-	-	-	-	-	134
6	-	-	-	-	7	2	370
-	-	-	-	-	-	14	91
-	-	-	-	-	-	-	37
-	-	-	-	-	-	-	4 960
-	-	-	-	-	-	-	4 890
-	-	-	-	-	-	-	1 458
-	-	-	-	-	-	-	93
-	-	-	-	-	-	-	721
-	-	-	-	-	-	-	796
-	-	-	-	-	-	-	379
-	-	-	-	-	-	-	115
-	-	-	-	-	-	-	46
-	-	-	-	-	-	-	336
-	-	-	-	-	-	-	818
-	-	-	-	-	-	-	128
-	-	-	-	-	-	-	70
66	63	8	16	1	53	101	-
65	63	8	16	1	52	101	-
21	17	1	2	-	6	3	-
-	-	-	-	-	1	2	-
7	3	-	-	-	3	3	-
17	4	-	-	-	2	6	-
5	26	1	-	-	3	3	-
-	2	6	-	-	-	1	-
-	1	-	13	-	2	-	-
1	5	-	1	1	1	3	-
13	5	-	-	-	34	5	-
1	-	-	-	-	-	75	-
1	-	-	-	-	1	-	-

26表（3－3）

第26表　嫡出子数，出生時の母の職業（大分類）

母の就業変化パターン・出生時の父の職業	総数	就業者総数	出生時 A 専門的・技術的職業従事者	B 管理的職業従事者	C 事務従事者
出生1年前：無職					
総数	9 661	284	29	8	33
就業者総数	9 524	282	28	8	32
A 専門的・技術的職業従事者	2 877	41	15	1	6
B 管理的職業従事者	284	14	-	6	7
C 事務従事者	1 461	21	1	-	8
D 販売従事者	1 451	22	-	-	3
E サービス職業従事者	610	11	2	-	2
F 保安職業従事者	243	3	1	1	-
G 農林漁業作業者	118	23	3	-	2
H 運輸・通信従事者	601	10	1	-	3
I 生産工程・労務作業者	1 529	22	4	-	1
J 分類不能の職業	350	115	1	-	-
無職	137	2	1	-	1
V 無職継続型 ○○○					
総数	8 150	-	-	-	-
就業者総数	8 049	-	-	-	-
A 専門的・技術的職業従事者	2 520	-	-	-	-
B 管理的職業従事者	242	-	-	-	-
C 事務従事者	1 324	-	-	-	-
D 販売従事者	1 268	-	-	-	-
E サービス職業従事者	482	-	-	-	-
F 保安職業従事者	217	-	-	-	-
G 農林漁業作業者	72	-	-	-	-
H 運輸・通信従事者	485	-	-	-	-
I 生産工程・労務作業者	1 229	-	-	-	-
J 分類不能の職業	210	-	-	-	-
無職	101	-	-	-	-
VI 就業開始型 ○○●					
総数	1 050	24	9	1	4
就業者総数	1 020	23	8	1	4
A 専門的・技術的職業従事者	265	9	4	-	2
B 管理的職業従事者	23	1	-	1	-
C 事務従事者	92	1	-	-	1
D 販売従事者	136	1	-	-	-
E サービス職業従事者	105	1	1	-	-
F 保安職業従事者	17	-	-	-	-
G 農林漁業作業者	22	-	-	-	-
H 運輸・通信従事者	103	3	-	-	1
I 生産工程・労務作業者	235	3	2	-	-
J 分類不能の職業	22	4	1	-	-
無職	30	1	1	-	-

注：就業変化パターンの総数には不詳、「出生1年前：有職」及び「出生1年前：無職」にはそれぞれ不詳、その他を含む。

・出生時の父の職業（大分類）・母の就業変化パターン別

の 母 の 職 業								
D 販売従事者	E サービス職業従事者	F 保安職業従事者	G 農林漁業作業者	H 運輸・通信従事者	I 生産工程・労務作業者	J 分類不能の職業	無	職
10	12	5	20	4	14	149	9	377
10	12	5	20	4	14	149	9	242
1	4	1	-	1	1	11	2	836
-	-	-	-	-	-	1		270
-	-	2	-	-	-	10	1	440
9	3	1	1	-	1	4	1	429
-	3	-	-	1	1	2		599
-	-	-	1	-	-	-		240
-	-	-	18	-	-	-		95
-	-	-	-	1	1	4		591
-	2	-	1	1	9	4	1	507
-	-	-	-	-	1	113		235
-	-	-	-	-	-	-		135
-	-	-	-	-	-	-	8	150
-	-	-	-	-	-	-	8	049
-	-	-	-	-	-	-	2	520
-	-	-	-	-	-	-		242
-	-	-	-	-	-	-	1	324
-	-	-	-	-	-	-	1	268
-	-	-	-	-	-	-		482
-	-	-	-	-	-	-		217
-	-	-	-	-	-	-		72
-	-	-	-	-	-	-		485
-	-	-	-	-	-	-	1	229
-	-	-	-	-	-	-		210
-	-	-	-	-	-	-		101
1	3	-	-	1	1	4	1	026
1	3	-	-	1	1	4		997
1	2	-	-	-	-	-		256
-	-	-	-	-	-	-		22
-	-	-	-	-	-	-		91
-	1	-	-	-	-	-		135
-	-	-	-	-	-	-		104
-	-	-	-	-	-	-		17
-	-	-	-	-	-	-		22
-	-	-	-	-	1	1		100
-	-	-	-	1	-	-		232
-	-	-	-	-	-	3		18
-	-	-	-	-	-	-		29

| D 販売従事者 | E サービス職業従事者 | F 保安職業従事者 | G 農林漁業作業者 | H 運輸・通信従事者 | I 生産工程・労務作業者 | J 分類不能の職業 | 無 | 職 |

第27表 母（出生1年前有職の）と同居している子ども数，出生1年前の母の

出生時の母の職業	総数	総数	1～4人	5～99	100～499
					出生1年 常 勤め先の企業
					総
総　　数	11 897	6 913	260	2 479	1 629
就業者総数	4 684	3 648	98	1 121	825
A 専門的・技術的職業従事者	1 719	1 488	26	462	378
B 管理的職業従事者	47	24	1	17	2
C 事務従事者	1 620	1 379	36	387	293
D 販売従事者	336	184	10	62	23
E サービス職業従事者	340	184	15	82	41
F 保安職業従事者	22	20	-	2	-
G 農林漁業作業者	75	9	2	3	2
H 運輸・通信従事者	15	11	-	2	-
I 生産工程・労務作業者	299	220	1	67	60
J 分類不能の職業	211	129	7	37	26
無　　職	7 213	3 265	162	1 358	804
				（再掲）I	就
総　　数	3 554	2 859	74	786	645
就業者総数	3 554	2 859	74	786	645
A 専門的・技術的職業従事者	1 382	1 223	21	349	309
B 管理的職業従事者	41	21	1	14	2
C 事務従事者	1 247	1 088	28	264	227
D 販売従事者	236	121	7	39	14
E サービス職業従事者	250	140	12	59	30
F 保安職業従事者	14	13	-	-	-
G 農林漁業作業者	52	5	2	1	-
H 運輸・通信従事者	12	9	-	1	-
I 生産工程・労務作業者	229	172	1	47	52
J 分類不能の職業	91	67	2	12	11
				（再掲）IV	出
総　　数	887	657	21	276	155
就業者総数	887	657	21	276	155
A 専門的・技術的職業従事者	267	217	5	89	62
B 管理的職業従事者	4	3	-	3	-
C 事務従事者	307	250	7	106	58
D 販売従事者	66	47	2	16	7
E サービス職業従事者	64	35	2	18	8
F 保安職業従事者	8	7	-	2	-
G 農林漁業作業者	16	2	-	1	1
H 運輸・通信従事者	1	1	-	1	-
I 生産工程・労務作業者	53	41	-	17	6
J 分類不能の職業	101	54	5	23	13

就業形態及び勤め先の企業規模・出生時の母の職業（大分類）別

前 : 有 職 勤 規 模 500人以上	官 公 庁	不 詳	パート・アルバイト	自 営 業・家 業	内 職	その他
数						
1 658	777	110	3 711	965	220	88
845	696	63	495	510	16	15
242	355	25	126	93	3	9
3	-	1	1	19	1	2
362	286	15	130	107	3	1
83	2	4	54	98	-	-
27	10	9	63	91	1	1
2	15	1	-	1	-	1
1	1	-	6	59	1	-
8	-	1	2	2	-	-
87	2	3	47	27	5	-
30	25	4	66	13	2	1
813	81	47	3 216	455	204	73

業継続型 ●●●

645	655	54	278	399	7	11
645	655	54	278	399	7	11
191	329	24	82	68	1	8
3	-	1	-	18	1	1
281	276	12	71	86	1	1
55	2	4	34	81	-	-
21	10	8	40	69	-	1
2	11	-	-	1	-	-
1	1	-	3	44	-	-
8	-	-	2	1	-	-
67	2	3	30	23	4	-
16	24	2	16	8	-	-

産後離職型 ●●○

168	31	6	148	72	7	3
168	31	6	148	72	7	3
40	21	-	30	18	2	-
-	-	-	-	-	-	1
71	6	2	41	14	2	-
22	-	-	10	9	-	-
6	-	1	15	14	-	-
-	4	1	-	-	-	1
-	-	-	2	11	1	-
-	-	-	-	-	-	-
18	-	-	9	2	1	-
11	-	2	41	4	1	1

309

28-1表

第28-1表 母（出生半年後に常勤の）と同居している子ども数・構成割合,

出生時の母の職業	実数 総数	すでに取得した	現在、育児休業中である	これから取得する予定である	職場に育児休業制度はあるが取得しない	職場に育児休業制度がない	職場に育児休業制度があるかどうかわからない	不詳	構成割合(%) 出生半年後に常勤 総数	すでに取得した
総数										
総　　数	3 333	535	2 113	2	413	158	92	20	(100.0)	(100.0)
就業者総数	3 136	515	2 043	2	375	124	68	9	(94.1)	(96.3)
A 専門的・技術的職業従事者	1 326	193	958	-	117	38	17	3	42.3	37.5
B 管理的職業従事者	20	3	9	1	3	3	1	-	0.6	0.6
C 事務従事者	1 207	199	739	1	182	55	26	5	38.5	38.6
D 販売従事者	132	29	67	-	27	3	6	-	4.2	5.6
E サービス職業従事者	154	26	90	-	22	9	6	1	4.9	5.0
F 保安職業従事者	15	3	10	-	1	-	1	-	0.5	0.6
G 農林漁業作業者	3	1	1	-	-	1	-	-	0.1	0.2
H 運輸・通信従事者	10	2	7	-	-	-	1	-	0.3	0.4
I 生産工程・労務作業者	193	47	109	-	20	9	8	-	6.2	9.1
J 分類不能の職業	76	12	53	-	3	6	2	-	2.4	2.3
無職	197	20	70	-	38	34	24	11	(5.9)	(3.7)
（再掲）Ⅰ　就業継続型 ●●●										
就業者総数	2 796	470	1 795	2	347	112	62	8	100.0	100.0
A 専門的・技術的職業従事者	1 206	174	871	-	109	33	16	3	43.1	37.0
B 管理的職業従事者	19	3	8	1	3	3	1	-	0.7	0.6
C 事務従事者	1 071	183	635	1	172	51	25	4	38.3	38.9
D 販売従事者	110	28	51	-	22	3	6	-	3.9	6.0
E サービス職業従事者	131	24	73	-	19	8	6	1	4.7	5.1
F 保安職業従事者	13	2	10	-	1	-	-	-	0.5	0.4
G 農林漁業作業者	3	1	1	-	-	1	-	-	0.1	0.2
H 運輸・通信従事者	9	2	6	-	-	-	1	-	0.3	0.4
I 生産工程・労務作業者	168	42	95	-	18	8	5	-	6.0	8.9
J 分類不能の職業	66	11	45	-	3	5	2	-	2.4	2.3
（再掲）Ⅳ　出産後離職型 ●●○										
就業者総数	297	37	226	-	20	7	6	1	100.0	100.0
A 専門的・技術的職業従事者	99	16	77	-	3	2	1	-	33.3	43.2
B 管理的職業従事者	1	-	1	-	-	-	-	-	0.3	-
C 事務従事者	122	13	94	-	9	4	1	1	41.1	35.1
D 販売従事者	21	-	16	-	5	-	-	-	7.1	-
E サービス職業従事者	20	1	17	-	2	-	-	-	6.7	2.7
F 保安職業従事者	2	1	-	-	-	-	1	-	0.7	2.7
G 農林漁業作業者	-	-	-	-	-	-	-	-	-	-
H 運輸・通信従事者	1	-	1	-	-	-	-	-	0.3	-
I 生産工程・労務作業者	24	5	14	-	1	1	3	-	8.1	13.5
J 分類不能の職業	7	1	6	-	-	-	-	-	2.4	2.7

注：出生時に有職の母を対象としている。

育児休業取得状況・出生時の母の職業（大分類）別

現在、育児休業中である	これから取得する予定である	職場に育児休業制度はあるが取得しない	職場に育児休業制度がない	職場に育児休業制度があるかどうかわからない	不詳	総数	すでに取得した	現在、育児休業中である	これから取得する予定である	職場に育児休業制度はあるが取得しない	職場に育児休業制度がない	職場に育児休業制度があるかどうかわからない	不詳
総　　　数							総　　　数						
(100.0)	(100.0)	(100.0)	(100.0)	(100.0)	(100.0)	100.0	16.1	63.4	0.1	12.4	4.7	2.8	0.6
(96.7)	(100.0)	(90.8)	(78.5)	(73.9)	(45.0)	100.0	16.4	65.1	0.1	12.0	4.0	2.2	0.3
46.9	-	31.2	30.6	25.0	33.3	100.0	14.6	72.2	-	8.8	2.9	1.3	0.2
0.4	50.0	0.8	2.4	1.5	-	100.0	15.0	45.0	5.0	15.0	15.0	5.0	-
36.2	50.0	48.5	44.4	38.2	55.6	100.0	16.5	61.2	0.1	15.1	4.6	2.2	0.4
3.3	-	7.2	2.4	8.8	-	100.0	22.0	50.8	-	20.5	2.3	4.5	-
4.4	-	5.9	7.3	8.8	11.1	100.0	16.9	58.4	-	14.3	5.8	3.9	0.6
0.5	-	-	0.3	1.5	-	100.0	20.0	66.7	-	6.7	-	6.7	-
0.0	-	-	0.8	-	-	100.0	33.3	33.3	-	-	33.3	-	-
0.3	-	-	-	1.5	-	100.0	20.0	70.0	-	-	-	10.0	-
5.3	-	5.3	7.3	11.8	-	100.0	24.4	56.5	-	10.4	4.7	4.1	-
2.6	-	0.8	4.8	2.9	-	100.0	15.8	69.7	-	3.9	7.9	2.6	-
(3.3)	-	(9.2)	(21.5)	(26.1)	(55.0)	100.0	10.2	35.5	-	19.3	17.3	12.2	5.6
（再掲）Ⅰ　就業継続型 ●●●							（再掲）Ⅰ　就業継続型 ●●●						
100.0	100.0	100.0	100.0	100.0	100.0	100.0	16.8	64.2	0.1	12.4	4.0	2.2	0.3
48.5	-	31.4	29.5	25.8	37.5	100.0	14.4	72.2	-	9.0	2.7	1.3	0.2
0.4	50.0	0.9	2.7	1.6	-	100.0	15.8	42.1	5.3	15.8	15.8	5.3	-
35.4	50.0	49.6	45.5	40.3	50.0	100.0	17.1	59.3	0.1	16.1	4.8	2.3	0.4
2.8	-	6.3	2.7	9.7	-	100.0	25.5	46.4	-	20.0	2.7	5.5	-
4.1	-	5.5	7.1	9.7	12.5	100.0	18.3	55.7	-	14.5	6.1	4.6	0.8
0.6	-	-	0.3	-	-	100.0	15.4	76.9	-	7.7	-	-	-
0.1	-	-	0.9	-	-	100.0	33.3	33.3	-	-	33.3	-	-
0.3	-	-	-	1.6	-	100.0	22.2	66.7	-	-	-	11.1	-
5.3	-	5.2	7.1	8.1	-	100.0	25.0	56.5	-	10.7	4.8	3.0	-
2.5	-	0.9	4.5	3.2	-	100.0	16.7	68.2	-	4.5	7.6	3.0	-
（再掲）Ⅳ　出産後離職型 ●●○							（再掲）Ⅳ　出産後離職型 ●●○						
100.0	-	100.0	100.0	100.0	100.0	100.0	12.5	76.1	-	6.7	2.4	2.0	0.3
34.1	-	15.0	28.6	16.7	-	100.0	16.2	77.8	-	3.0	2.0	1.0	-
0.4	-	-	-	-	-	100.0	-	100.0	-	-	-	-	-
41.6	-	45.0	57.1	16.7	100.0	100.0	10.7	77.0	-	7.4	3.3	0.8	0.8
7.1	-	25.0	-	-	-	100.0	-	76.2	-	23.8	-	-	-
7.5	-	10.0	-	-	-	100.0	5.0	85.0	-	10.0	-	-	-
-	-	-	-	16.7	-	100.0	50.0	-	-	-	-	50.0	-
-	-	-	-	-	-								
0.4	-	-	-	-	-	100.0	-	100.0	-	-	-	-	-
6.2	-	5.0	14.3	50.0	-	100.0	20.8	58.3	-	4.2	4.2	12.5	-
2.7	-	-	-	-	-	100.0	14.3	85.7	-	-	-	-	-

311

28-2表

第28-2表 母（出生半年後に常勤の）と同居している子ども数・構成割合,

出生時の母の職業	総数	職場の雰囲気や仕事の状況から	経済的なことから	仕事に早く復帰したいから	その他	不詳	総数（構成割合）
***総数**							
総　　数	413	205	111	45	48	4	(100.0)
就業者総数	375	192	98	40	41	4	(90.8)
A　専門的・技術的職業従事者	117	54	32	15	15	1	31.2
B　管理的職業従事者	3	2	-	1	-	-	0.8
C　事務従事者	182	111	35	17	17	2	48.5
D　販売従事者	27	12	8	4	3	-	7.2
E　サービス職業従事者	22	6	8	2	5	1	5.9
F　保安職業従事者	1	-	1	-	-	-	0.3
G　農林漁業作業者	-	-	-	-	-	-	-
H　運輸・通信従事者	-	-	-	-	-	-	-
I　生産工程・労務作業者	20	6	13	1	-	-	5.3
J　分類不能の職業	3	1	1	-	1	-	0.8
無　　職	38	13	13	5	7	-	(9.2)
（再掲）Ⅰ　就業継続型●●●							
就業者総数	347	177	91	37	39	3	100.0
A　専門的・技術的職業従事者	109	52	29	14	13	1	31.4
B　管理的職業従事者	3	2	-	1	-	-	0.9
C　事務従事者	172	102	35	16	17	2	49.6
D　販売従事者	22	9	7	3	3	-	6.3
E　サービス職業従事者	19	5	7	2	5	-	5.5
F　保安職業従事者	1	-	1	-	-	-	0.3
G　農林漁業作業者	-	-	-	-	-	-	-
H　運輸・通信従事者	-	-	-	-	-	-	-
I　生産工程・労務作業者	18	6	11	1	-	-	5.2
J　分類不能の職業	3	1	1	-	1	-	0.9
（再掲）Ⅳ　出産後離職型●●○							
就業者総数	20	13	3	3	1	-	100.0
A　専門的・技術的職業従事者	3	1	-	1	1	-	15.0
B　管理的職業従事者	-	-	-	-	-	-	-
C　事務従事者	9	8	-	1	-	-	45.0
D　販売従事者	5	3	1	1	-	-	25.0
E　サービス職業従事者	2	1	1	-	-	-	10.0
F　保安職業従事者	-	-	-	-	-	-	-
G　農林漁業作業者	-	-	-	-	-	-	-
H　運輸・通信従事者	-	-	-	-	-	-	-
I　生産工程・労務作業者	1	-	1	-	-	-	5.0
J　分類不能の職業	-	-	-	-	-	-	-

注：育児休業制度はあるが取得しないと答えた母が対象である。

育児休業を取得しない理由・出生時の母の職業（大分類）別

(%)

取	得	し な	い 理	由		総 数	職場の雰囲気や仕事の状況から	経済的なことから	仕事に早く復帰したいから	その他	不詳
職場の雰囲気や仕事の状況から	経済的なことから	仕事に早く復帰したいから	その他	不詳							
		総　　数						総　　数			
(100.0)	(100.0)	(100.0)	(100.0)	(100.0)		100.0	49.6	26.9	10.9	11.6	1.0
(93.7)	(88.3)	(88.9)	(85.4)	(100.0)		100.0	51.2	26.1	10.7	10.9	1.1
28.1	32.7	37.5	36.6	25.0		100.0	46.2	27.4	12.8	12.8	0.9
1.0	-	2.5	-	-		100.0	66.7	-	33.3	-	-
57.8	35.7	42.5	41.5	50.0		100.0	61.0	19.2	9.3	9.3	1.1
6.3	8.2	10.0	7.3	-		100.0	44.4	29.6	14.8	11.1	-
3.1	8.2	5.0	12.2	25.0		100.0	27.3	36.4	9.1	22.7	4.5
-	1.0	-	-	-		100.0	-	100.0	-	-	-
-	-	-	-	-			-	-	-	-	-
-	-	-	-	-			-	-	-	-	-
3.1	13.3	2.5	-	-		100.0	30.0	65.0	5.0	-	-
0.5	1.0	-	2.4	-		100.0	33.3	33.3	-	33.3	-
(6.3)	(11.7)	(11.1)	(14.6)	-		100.0	34.2	34.2	13.2	18.4	-
（再掲） Ⅰ　就業継続型　●●●						（再掲） Ⅰ　就業継続型　●●●					
100.0	100.0	100.0	100.0	100.0		100.0	51.0	26.2	10.7	11.2	0.9
29.4	31.9	37.8	33.3	33.3		100.0	47.7	26.6	12.8	11.9	0.9
1.1	-	2.7	-	-		100.0	66.7	-	33.3	-	-
57.6	38.5	43.2	43.6	66.7		100.0	59.3	20.3	9.3	9.9	1.2
5.1	7.7	8.1	7.7	-		100.0	40.9	31.8	13.6	13.6	-
2.8	7.7	5.4	12.8	-		100.0	26.3	36.8	10.5	26.3	-
-	1.1	-	-	-		100.0	-	100.0	-	-	-
-	-	-	-	-			-	-	-	-	-
-	-	-	-	-			-	-	-	-	-
3.4	12.1	2.7	-	-		100.0	33.3	61.1	-	-	-
0.6	1.1	-	2.6	-		100.0	33.3	33.3	-	33.3	-
（再掲） Ⅳ　出産後離職型　●●○						（再掲） Ⅳ　出産後離職型　●●○					
100.0	100.0	100.0	100.0	-		100.0	65.0	15.0	15.0	5.0	-
7.7	-	33.3	100.0	-		100.0	33.3	-	33.3	33.3	-
-	-	-	-	-			-	-	-	-	-
61.5	-	33.3	-	-		100.0	88.9	-	11.1	-	-
23.1	33.3	33.3	-	-		100.0	60.0	20.0	20.0	-	-
7.7	33.3	-	-	-		100.0	50.0	50.0	-	-	-
-	-	-	-	-			-	-	-	-	-
-	-	-	-	-			-	-	-	-	-
-	-	-	-	-			-	-	-	-	-
-	33.3	-	-	-		100.0	-	100.0	-	-	-
-	-	-	-	-			-	-	-	-	-

28-3表(3-1)

第28-3表 母と同居している子ども数, 出生1年前の母の就業状況・出生半年後の母の総数

出生1年半後の母の就業状況・出生時の母の職業	総数 総数	総数 無職	総数 有職	総数 (再掲)常勤	総数 (再掲)パート・アルバイト	出生1 無職 総数	無職 無職	無職 有職	無職 (再掲)常勤	無職 (再掲)パート・アルバイト
総　数	21 879	16 099	5 483	3 333	911	9 741	9 403	301	43	136
就業者総数	5 022	957	4 014	3 136	351	292	262	29	15	8
A 専門的・技術的職業従事者	1 765	223	1 527	1 326	106	30	21	9	9	-
B 管理的職業従事者	57	8	47	20	1	8	6	2	-	-
C 事務従事者	1 666	236	1 416	1 207	94	35	29	6	2	3
D 販売従事者	350	76	270	132	43	10	9	1	1	-
E サービス職業従事者	356	62	291	154	54	13	10	3	1	1
F 保安職業従事者	28	11	16	15	1	5	5	-	-	-
G 農林漁業作業者	95	30	64	3	-	20	18	1	-	-
H 運輸・通信従事者	19	3	15	10	2	4	3	1	-	1
I 生産工程・労務作業者	318	53	259	193	33	14	13	1	-	1
J 分類不能の職業	368	255	109	76	18	153	148	5	2	2
無　　職	16 857	15 142	1 469	197	560	9 449	9 141	272	28	128
無　職	14 890	13 923	767	327	155	8 531	8 416	86	8	32
就業者総数	1 123	715	398	297	37	224	220	4	-	2
A 専門的・技術的職業従事者	283	160	122	99	9	14	14	-	-	-
B 管理的職業従事者	11	7	4	1	-	7	6	1	-	-
C 事務従事者	335	183	151	122	14	27	25	2	-	2
D 販売従事者	73	41	31	21	3	6	6	-	-	-
E サービス職業従事者	70	34	35	20	8	5	5	-	-	-
F 保安職業従事者	14	11	2	2	-	5	5	-	-	-
G 農林漁業作業者	31	19	12	-	-	15	14	1	-	-
H 運輸・通信従事者	5	3	1	1	-	3	3	-	-	-
I 生産工程・労務作業者	65	36	28	24	3	11	11	-	-	-
J 分類不能の職業	236	221	12	7	-	131	131	-	-	-
無　　職	13 767	13 208	369	30	118	8 307	8 196	82	8	30
有　職	6 808	2 049	4 669	2 978	751	1 124	904	212	35	103
就業者総数	3 857	237	3 580	2 811	313	66	40	25	15	6
A 専門的・技術的職業従事者	1 469	63	1 392	1 215	97	16	7	9	9	-
B 管理的職業従事者	45	1	42	19	-	1	-	1	-	-
C 事務従事者	1 315	52	1 251	1 073	80	7	3	4	2	1
D 販売従事者	273	33	237	111	40	4	3	1	1	-
E サービス職業従事者	283	28	253	132	46	8	5	3	1	1
F 保安職業従事者	14	-	14	13	-	-	-	-	-	-
G 農林漁業作業者	64	11	52	3	-	5	4	-	-	-
H 運輸・通信従事者	13	-	13	9	2	1	-	1	-	-
I 生産工程・労務作業者	251	16	230	168	30	3	2	1	-	1
J 分類不能の職業	130	33	96	68	18	21	16	5	2	2
無　　職	2 951	1 812	1 089	167	438	1 058	864	187	20	97
(再掲)常　勤	3 185	256	2 900	2 784	82	131	88	42	27	10
就業者総数	2 777	47	2 707	2 653	36	23	8	15	14	1
A 専門的・技術的職業従事者	1 197	19	1 169	1 156	10	11	3	8	8	-
B 管理的職業従事者	20	-	19	18	-	-	-	-	-	-
C 事務従事者	1 071	14	1 048	1 031	13	4	1	3	2	1
D 販売従事者	101	4	96	91	4	2	1	1	1	-
E サービス職業従事者	121	2	118	111	4	1	-	1	1	-
F 保安職業従事者	13	-	13	13	-	-	-	-	-	-
G 農林漁業作業者	4	2	2	2	-	-	-	-	-	-
H 運輸・通信従事者	9	-	9	9	-	-	-	-	-	-
I 生産工程・労務作業者	167	2	163	156	2	1	1	-	-	-
J 分類不能の職業	74	4	70	66	3	4	2	2	2	-
無　　職	408	209	193	131	46	108	80	27	13	9
(再掲)パート・アルバイト	2 277	1 362	870	145	610	699	582	111	6	87
就業者総数	521	118	395	117	251	22	16	6	1	5
A 専門的・技術的職業従事者	169	33	133	49	80	4	3	1	1	-
B 管理的職業従事者	-	-	-	-	-	-	-	-	-	-
C 事務従事者	120	26	93	27	55	-	-	-	-	-
D 販売従事者	73	18	54	14	35	2	2	-	-	-
E サービス職業従事者	66	13	53	14	37	3	2	1	-	1
F 保安職業従事者	-	-	-	-	-	-	-	-	-	-
G 農林漁業作業者	1	-	1	-	-	-	-	-	-	-
H 運輸・通信従事者	2	-	2	-	2	1	-	1	-	1
I 生産工程・労務作業者	52	8	41	11	27	1	-	1	-	1
J 分類不能の職業	38	20	18	2	15	11	9	2	-	2
無　　職	1 756	1 244	475	28	359	677	566	105	5	82

注:就業状況の「出生1年前」、「出生半年後」、「出生1年半後」の総数には不詳を含む。

就業状況・出生時の母の職業（大分類）・出生1年半後の母の就業状況・母の就業変化パターン別

年	前	の	母	の	就	業	状	況						
	有		職			(再掲)常		勤		(再掲)パート・アルバイト				
出生半年後の母の就業状況					出生半年後の母の就業状況					出生半年後の母の就業状況				
総数	無職	有職	(再掲)常勤	(再掲)パート・アルバイト	総数	無職	有職	(再掲)常勤	(再掲)パート・アルバイト	総数	無職	有職	(再掲)常勤	(再掲)パート・アルバイト
11 897	6 673	5 176	3 289	774	6 913	3 391	3 502	3 231	174	3 711	2 928	758	47	586
4 684	693	3 984	3 121	343	3 648	447	3 200	3 090	77	495	183	307	25	258
1 719	201	1 517	1 317	106	1 488	148	1 340	1 308	27	126	38	87	6	78
47	2	45	20	1	24	1	23	20	-	1	-	1	-	1
1 620	207	1 410	1 205	91	1 379	150	1 229	1 197	24	130	47	80	7	64
336	67	269	131	43	184	42	142	129	9	54	17	37	2	32
340	52	288	153	53	184	21	163	147	12	63	17	46	4	39
22	6	16	15	-	20	5	15	15	-	-	-	-	-	-
75	12	63	3	-	9	3	6	3	-	6	3	3	-	-
15	-	14	10	1	11	-	10	10	-	2	-	2	-	1
299	40	258	193	32	220	24	196	188	4	47	12	34	5	28
211	106	104	74	16	129	53	76	73	1	66	49	17	1	15
7 213	5 980	1 192	168	431	3 265	2 944	302	141	97	3 216	2 745	451	22	328
6 203	5 490	680	319	123	3 241	2 844	380	312	32	2 542	2 396	132	7	88
890	493	394	297	35	658	344	313	294	11	149	120	28	3	23
267	145	122	99	9	217	112	105	99	4	30	25	5	-	5
4	3	1	1	-	3	1	2	1	-	-	-	-	-	-
307	158	149	122	12	250	121	129	122	4	41	32	9	-	8
66	35	31	21	3	47	26	21	20	1	10	7	3	1	2
64	29	35	20	8	35	14	21	19	2	15	9	6	1	5
8	6	2	2	-	7	5	2	2	-	-	-	-	-	-
16	5	11	-	-	2	1	1	-	-	2	2	-	-	-
2	-	1	1	-	2	-	1	1	-	-	-	-	-	-
54	25	28	24	3	41	18	23	23	-	10	5	4	1	3
102	89	12	7	-	54	46	8	7	-	41	40	1	-	-
5 313	4 997	286	22	88	2 583	2 500	67	18	21	2 393	2 276	104	4	65
5 605	1 139	4 453	2 942	647	3 616	520	3 093	2 891	142	1 147	516	622	40	494
3 754	197	3 554	2 796	307	2 961	102	2 859	2 768	66	343	62	278	22	234
1 439	56	1 382	1 206	97	1 259	36	1 223	1 197	23	96	13	82	6	73
42	1	41	19	-	21	-	21	19	-	-	-	-	-	-
1 298	49	1 247	1 071	79	1 117	29	1 088	1 063	20	88	15	71	7	56
266	30	236	110	40	136	15	121	109	8	44	10	34	1	30
273	23	250	131	45	147	7	140	126	10	48	8	40	3	34
14	-	14	13	-	13	-	13	13	-	-	-	-	-	-
59	7	52	3	-	7	2	5	3	-	4	1	3	-	-
12	-	12	9	1	9	-	9	9	-	2	-	2	-	1
243	14	229	168	29	178	6	172	164	4	36	6	30	4	25
108	17	91	66	16	74	7	67	65	1	25	9	16	1	15
1 851	942	899	146	340	655	418	234	123	76	804	454	344	18	260
3 026	167	2 857	2 756	72	2 866	115	2 751	2 718	27	133	48	83	32	45
2 732	39	2 692	2 639	35	2 666	32	2 634	2 617	12	50	6	43	19	23
1 177	16	1 161	1 148	10	1 161	15	1 146	1 141	5	12	1	11	6	5
19	-	19	18	-	18	-	18	18	-	-	-	-	-	-
1 059	13	1 045	1 029	12	1 039	11	1 028	1 022	5	16	2	13	6	7
98	3	95	90	4	92	1	91	89	1	5	1	4	1	3
119	2	117	110	4	108	1	107	107	1	8	1	7	2	4
13	-	13	13	-	13	-	13	13	-	-	-	-	-	-
4	2	2	2	-	3	1	2	2	-	1	1	-	-	-
9	-	9	9	-	9	-	9	9	-	-	-	-	-	-
164	1	163	156	2	156	1	155	152	1	5	-	5	4	1
70	2	68	64	3	67	2	65	64	-	3	-	3	-	3
294	128	165	117	37	200	83	117	101	15	83	42	40	13	22
1 541	775	756	139	522	587	335	249	130	105	863	404	453	7	411
492	102	388	116	246	218	55	163	112	47	254	45	207	3	196
162	30	131	48	80	83	18	65	47	17	75	11	63	-	62
120	26	93	27	55	53	14	39	26	12	60	11	48	1	42
70	16	54	14	35	31	9	22	14	7	34	7	27	-	27
63	11	52	14	36	26	6	20	13	7	37	5	32	1	29
-	-	-	-	-	-	-	-	-	-	-	-	-	-	-
1	-	1	-	-	-	-	-	-	-	1	-	1	-	-
1	-	1	-	1	-	-	-	-	-	1	-	1	-	1
48	8	40	11	26	19	4	15	11	3	27	4	23	-	23
27	11	16	2	13	6	4	2	1	1	20	7	13	1	12
1 049	673	368	23	276	369	280	86	18	58	609	359	246	4	215

第28-3表 母と同居している子ども数，出生1年前の母の就業状況・出生半年後の母の
Ⅰ 就業継続型●●●

出生1年半後の母の就業状況・出生時の母の職業	総数 総数	無職	有職	(再掲)常勤	(再掲)パート・アルバイト	出生1 無職 総数	無職	有職	(再掲)常勤	(再掲)パート・アルバイト
総数	3 554	-	3 554	2 796	307	-	-	-	-	-
就業者総数	3 554	-	3 554	2 796	307	-	-	-	-	-
A 専門的・技術的職業従事者	1 382	-	1 382	1 206	97	-	-	-	-	-
B 管理的職業従事者	41	-	41	19	-	-	-	-	-	-
C 事務従事者	1 247	-	1 247	1 071	79	-	-	-	-	-
D 販売従事者	236	-	236	110	40	-	-	-	-	-
E サービス職業従事者	250	-	250	131	45	-	-	-	-	-
F 保安職業従事者	14	-	14	13	-	-	-	-	-	-
G 農林漁業作業者	52	-	52	3	-	-	-	-	-	-
H 運輸・通信従事者	12	-	12	9	1	-	-	-	-	-
I 生産工程・労務作業者	229	-	229	168	29	-	-	-	-	-
J 分類不能の職業	91	-	91	66	16	-	-	-	-	-
無職	-	-	-	-	-	-	-	-	-	-
無職	-	-	-	-	-	-	-	-	-	-
就業者総数	-	-	-	-	-	-	-	-	-	-
A 専門的・技術的職業従事者	-	-	-	-	-	-	-	-	-	-
B 管理的職業従事者	-	-	-	-	-	-	-	-	-	-
C 事務従事者	-	-	-	-	-	-	-	-	-	-
D 販売従事者	-	-	-	-	-	-	-	-	-	-
E サービス職業従事者	-	-	-	-	-	-	-	-	-	-
F 保安職業従事者	-	-	-	-	-	-	-	-	-	-
G 農林漁業作業者	-	-	-	-	-	-	-	-	-	-
H 運輸・通信従事者	-	-	-	-	-	-	-	-	-	-
I 生産工程・労務作業者	-	-	-	-	-	-	-	-	-	-
J 分類不能の職業	-	-	-	-	-	-	-	-	-	-
無職	-	-	-	-	-	-	-	-	-	-
有職	3 554	-	3 554	2 796	307	-	-	-	-	-
就業者総数	3 554	-	3 554	2 796	307	-	-	-	-	-
A 専門的・技術的職業従事者	1 382	-	1 382	1 206	97	-	-	-	-	-
B 管理的職業従事者	41	-	41	19	-	-	-	-	-	-
C 事務従事者	1 247	-	1 247	1 071	79	-	-	-	-	-
D 販売従事者	236	-	236	110	40	-	-	-	-	-
E サービス職業従事者	250	-	250	131	45	-	-	-	-	-
F 保安職業従事者	14	-	14	13	-	-	-	-	-	-
G 農林漁業作業者	52	-	52	3	-	-	-	-	-	-
H 運輸・通信従事者	12	-	12	9	1	-	-	-	-	-
I 生産工程・労務作業者	229	-	229	168	29	-	-	-	-	-
J 分類不能の職業	91	-	91	66	16	-	-	-	-	-
無職	-	-	-	-	-	-	-	-	-	-
(再掲) 常勤	2 692	-	2 692	2 639	35	-	-	-	-	-
就業者総数	2 692	-	2 692	2 639	35	-	-	-	-	-
A 専門的・技術的職業従事者	1 161	-	1 161	1 148	10	-	-	-	-	-
B 管理的職業従事者	19	-	19	18	-	-	-	-	-	-
C 事務従事者	1 045	-	1 045	1 029	12	-	-	-	-	-
D 販売従事者	95	-	95	90	4	-	-	-	-	-
E サービス職業従事者	117	-	117	110	4	-	-	-	-	-
F 保安職業従事者	13	-	13	13	-	-	-	-	-	-
G 農林漁業作業者	2	-	2	2	-	-	-	-	-	-
H 運輸・通信従事者	9	-	9	9	-	-	-	-	-	-
I 生産工程・労務作業者	163	-	163	156	2	-	-	-	-	-
J 分類不能の職業	68	-	68	64	3	-	-	-	-	-
無職	-	-	-	-	-	-	-	-	-	-
(再掲) パート・アルバイト	388	-	388	116	246	-	-	-	-	-
就業者総数	388	-	388	116	246	-	-	-	-	-
A 専門的・技術的職業従事者	131	-	131	48	80	-	-	-	-	-
B 管理的職業従事者	-	-	-	-	-	-	-	-	-	-
C 事務従事者	93	-	93	27	55	-	-	-	-	-
D 販売従事者	54	-	54	14	35	-	-	-	-	-
E サービス職業従事者	52	-	52	14	36	-	-	-	-	-
F 保安職業従事者	-	-	-	-	-	-	-	-	-	-
G 農林漁業作業者	1	-	1	-	-	-	-	-	-	-
H 運輸・通信従事者	1	-	1	-	1	-	-	-	-	-
I 生産工程・労務作業者	40	-	40	11	26	-	-	-	-	-
J 分類不能の職業	16	-	16	2	13	-	-	-	-	-
無職	-	-	-	-	-	-	-	-	-	-

注：就業状況の「出生1年前」、「出生半年後」、「出生1年半後」の総数には不詳を含む。

就業状況・出生時の母の職業（大分類）・出生1年半後の母の就業状況・母の就業変化パターン別

年	前	の	母	の	就	業	状	況						
		有		職				(再掲)常		勤		(再掲)パート・アルバイト		
出生半年後の母の就業状況					出生半年後の母の就業状況					出生半年後の母の就業状況				
総数	無職	有職	(再掲)常勤	(再掲)パート・アルバイト	総数	無職	有職	(再掲)常勤	(再掲)パート・アルバイト	総数	無職	有職	(再掲)常勤	(再掲)パート・アルバイト
3 554	-	3 554	2 796	307	2 859	-	2 859	2 768	66	278	-	278	22	234
3 554	-	3 554	2 796	307	2 859	-	2 859	2 768	66	278	-	278	22	234
1 382	-	1 382	1 206	97	1 223	-	1 223	1 197	23	82	-	82	6	73
41	-	41	19	-	21	-	21	19	-	-	-	-	-	-
1 247	-	1 247	1 071	79	1 088	-	1 088	1 063	20	71	-	71	7	56
236	-	236	110	40	121	-	121	109	8	34	-	34	1	30
250	-	250	131	45	140	-	140	126	10	40	-	40	3	34
14	-	14	13	-	13	-	13	13	-	-	-	-	-	-
52	-	52	3	-	5	-	5	3	-	3	-	3	-	-
12	-	12	9	1	9	-	9	9	-	2	-	2	-	1
229	-	229	168	29	172	-	172	164	4	30	-	30	4	25
91	-	91	66	16	67	-	67	65	1	16	-	16	1	15
-					-					-				
3 554	-	3 554	2 796	307	2 859	-	2 859	2 768	66	278	-	278	22	234
3 554	-	3 554	2 796	307	2 859	-	2 859	2 768	66	278	-	278	22	234
1 382	-	1 382	1 206	97	1 223	-	1 223	1 197	23	82	-	82	6	73
41	-	41	19	-	21	-	21	19	-	-	-	-	-	-
1 247	-	1 247	1 071	79	1 088	-	1 088	1 063	20	71	-	71	7	56
236	-	236	110	40	121	-	121	109	8	34	-	34	1	30
250	-	250	131	45	140	-	140	126	10	40	-	40	3	34
14	-	14	13	-	13	-	13	13	-	-	-	-	-	-
52	-	52	3	-	5	-	5	3	-	3	-	3	-	-
12	-	12	9	1	9	-	9	9	-	2	-	2	-	1
229	-	229	168	29	172	-	172	164	4	30	-	30	4	25
91	-	91	66	16	67	-	67	65	1	16	-	16	1	15
-					-					-				
2 692	-	2 692	2 639	35	2 634	-	2 634	2 617	12	43	-	43	19	23
2 692	-	2 692	2 639	35	2 634	-	2 634	2 617	12	43	-	43	19	23
1 161	-	1 161	1 148	10	1 146	-	1 146	1 141	5	11	-	11	6	5
19	-	19	18	-	18	-	18	18	-	-	-	-	-	-
1 045	-	1 045	1 029	12	1 028	-	1 028	1 022	5	13	-	13	6	7
95	-	95	90	4	91	-	91	89	1	4	-	4	1	3
117	-	117	110	4	107	-	107	107	-	7	-	7	2	4
13	-	13	13	-	13	-	13	13	-	-	-	-	-	-
2	-	2	2	-	2	-	2	2	-	-	-	-	-	-
9	-	9	9	-	9	-	9	9	-	-	-	-	-	-
163	-	163	156	2	155	-	155	152	1	5	-	5	4	1
68	-	68	64	3	65	-	65	64	-	3	-	3	-	3
-					-					-				
388	-	388	116	246	163	-	163	112	47	207	-	207	3	196
388	-	388	116	246	163	-	163	112	47	207	-	207	3	196
131	-	131	48	80	65	-	65	47	17	63	-	63	-	62
-					-					-				
93	-	93	27	55	39	-	39	26	12	48	-	48	1	42
54	-	54	14	35	22	-	22	14	7	27	-	27	-	27
52	-	52	14	36	20	-	20	13	7	32	-	32	1	29
-					-					-				
1	-	1	-	-	-		-	-	-	-		-	-	-
1	-	1	-	1	-		-	-	-	1		1	-	1
40	-	40	11	26	15	-	15	11	3	23	-	23	-	23
16	-	16	2	13	2	-	2	1	1	13	-	13	1	12
-					-					-				

28-3表（3-3）

第28-3表　母と同居している子ども数，出生1年前の母の就業状況・出生半年後の母の
Ⅳ出産後離職型●●○

出生1年半後の母の就業状況・出生時の母の職業	総数 総数	総数 無職	総数 有職	総数 (再掲)常勤	総数 (再掲)パート・アルバイト	出生1 無職 総数	無職 無職	無職 有職	無職 (再掲)常勤	無職 (再掲)パート・アルバイト
総　数	887	493	394	297	35	-	-	-	-	-
就業者総数	887	493	394	297	35	-	-	-	-	-
A　専門的・技術的職業従事者	267	145	122	99	9	-	-	-	-	-
B　管理的職業従事者	4	1	3	1	-	-	-	-	-	-
C　事務従事者	307	158	149	122	12	-	-	-	-	-
D　販売従事者	66	35	31	21	3	-	-	-	-	-
E　サービス職業従事者	64	29	35	20	8	-	-	-	-	-
F　保安職業従事者	8	6	2	2	-	-	-	-	-	-
G　農林漁業作業者	16	5	11	-	-	-	-	-	-	-
H　運輸・通信従事者	1	-	1	1	-	-	-	-	-	-
I　生産工程・労務作業者	53	25	28	24	3	-	-	-	-	-
J　分類不能の職業	101	89	12	7	-	-	-	-	-	-
無　職	-	-	-	-	-	-	-	-	-	-
無　職	887	493	394	297	35	-	-	-	-	-
就業者総数	887	493	394	297	35	-	-	-	-	-
A　専門的・技術的職業従事者	267	145	122	99	9	-	-	-	-	-
B　管理的職業従事者	4	1	3	1	-	-	-	-	-	-
C　事務従事者	307	158	149	122	12	-	-	-	-	-
D　販売従事者	66	35	31	21	3	-	-	-	-	-
E　サービス職業従事者	64	29	35	20	8	-	-	-	-	-
F　保安職業従事者	8	6	2	2	-	-	-	-	-	-
G　農林漁業作業者	16	5	11	-	-	-	-	-	-	-
H　運輸・通信従事者	1	-	1	1	-	-	-	-	-	-
I　生産工程・労務作業者	53	25	28	24	3	-	-	-	-	-
J　分類不能の職業	101	89	12	7	-	-	-	-	-	-
無　職	-	-	-	-	-	-	-	-	-	-
有　職	-	-	-	-	-	-	-	-	-	-
就業者総数	-	-	-	-	-	-	-	-	-	-
A　専門的・技術的職業従事者	-	-	-	-	-	-	-	-	-	-
B　管理的職業従事者	-	-	-	-	-	-	-	-	-	-
C　事務従事者	-	-	-	-	-	-	-	-	-	-
D　販売従事者	-	-	-	-	-	-	-	-	-	-
E　サービス職業従事者	-	-	-	-	-	-	-	-	-	-
F　保安職業従事者	-	-	-	-	-	-	-	-	-	-
G　農林漁業作業者	-	-	-	-	-	-	-	-	-	-
H　運輸・通信従事者	-	-	-	-	-	-	-	-	-	-
I　生産工程・労務作業者	-	-	-	-	-	-	-	-	-	-
J　分類不能の職業	-	-	-	-	-	-	-	-	-	-
無　職	-	-	-	-	-	-	-	-	-	-
(再掲)常　勤	-	-	-	-	-	-	-	-	-	-
就業者総数	-	-	-	-	-	-	-	-	-	-
A　専門的・技術的職業従事者	-	-	-	-	-	-	-	-	-	-
B　管理的職業従事者	-	-	-	-	-	-	-	-	-	-
C　事務従事者	-	-	-	-	-	-	-	-	-	-
D　販売従事者	-	-	-	-	-	-	-	-	-	-
E　サービス職業従事者	-	-	-	-	-	-	-	-	-	-
F　保安職業従事者	-	-	-	-	-	-	-	-	-	-
G　農林漁業作業者	-	-	-	-	-	-	-	-	-	-
H　運輸・通信従事者	-	-	-	-	-	-	-	-	-	-
I　生産工程・労務作業者	-	-	-	-	-	-	-	-	-	-
J　分類不能の職業	-	-	-	-	-	-	-	-	-	-
無　職	-	-	-	-	-	-	-	-	-	-
(再掲)パート・アルバイト	-	-	-	-	-	-	-	-	-	-
就業者総数	-	-	-	-	-	-	-	-	-	-
A　専門的・技術的職業従事者	-	-	-	-	-	-	-	-	-	-
B　管理的職業従事者	-	-	-	-	-	-	-	-	-	-
C　事務従事者	-	-	-	-	-	-	-	-	-	-
D　販売従事者	-	-	-	-	-	-	-	-	-	-
E　サービス職業従事者	-	-	-	-	-	-	-	-	-	-
F　保安職業従事者	-	-	-	-	-	-	-	-	-	-
G　農林漁業作業者	-	-	-	-	-	-	-	-	-	-
H　運輸・通信従事者	-	-	-	-	-	-	-	-	-	-
I　生産工程・労務作業者	-	-	-	-	-	-	-	-	-	-
J　分類不能の職業	-	-	-	-	-	-	-	-	-	-
無　職	-	-	-	-	-	-	-	-	-	-

注：就業状況の「出生1年前」、「出生半年後」、「出生1年半後」の総数には不詳を含む。

就業状況・出生時の母の職業（大分類）・出生1年半後の母の就業状況・母の就業変化パターン別

年前の母の就業状況					(再掲)常勤					(再掲)パート・アルバイト				
有職														
出生半年後の母の就業状況					出生半年後の母の就業状況					出生半年後の母の就業状況				
総数	無職	有職	(再掲)常勤	(再掲)パート・アルバイト	総数	無職	有職	(再掲)常勤	(再掲)パート・アルバイト	総数	無職	有職	(再掲)常勤	(再掲)パート・アルバイト
887	493	394	297	35	657	344	313	294	11	148	120	28	3	23
887	493	394	297	35	657	344	313	294	11	148	120	28	3	23
267	145	122	99	9	217	112	105	99	4	30	25	5	-	5
4	1	3	1	-	3	1	2	1	-	-	-	-	-	-
307	158	149	122	12	250	121	129	122	4	41	32	9	-	8
66	35	31	21	3	47	26	21	20	1	10	7	3	1	2
64	29	35	20	8	35	14	21	19	2	15	9	6	1	5
8	6	2	2	-	7	5	2	2	-	-	-	-	-	-
16	5	11	-	-	2	1	1	-	-	2	2	-	-	-
1	-	1	1	-	1	-	1	1	-	-	-	-	-	-
53	25	28	24	3	41	18	23	23	-	9	5	4	1	3
101	89	12	7	-	54	46	8	7	-	41	40	1	-	-
-	-	-	-	-	-	-	-	-	-	-	-	-	-	-
887	493	394	297	35	657	344	313	294	11	148	120	28	3	23
887	493	394	297	35	657	344	313	294	11	148	120	28	3	23
267	145	122	99	9	217	112	105	99	4	30	25	5	-	5
4	1	3	1	-	3	1	2	1	-	-	-	-	-	-
307	158	149	122	12	250	121	129	122	4	41	32	9	-	8
66	35	31	21	3	47	26	21	20	1	10	7	3	1	2
64	29	35	20	8	35	14	21	19	2	15	9	6	1	5
8	6	2	2	-	7	5	2	2	-	-	-	-	-	-
16	5	11	-	-	2	1	1	-	-	2	2	-	-	-
1	-	1	1	-	1	-	1	1	-	-	-	-	-	-
53	25	28	24	3	41	18	23	23	-	9	5	4	1	3
101	89	12	7	-	54	46	8	7	-	41	40	1	-	-

第29表 母と同居している子ども数,

母の年齢階級・ 母の就業変化パターン	総数	就業者総数	A 専門的・技術的職業従事者	B 管理的職業従事者	C 事務従事者	D 販売従事者	E サービス職業従事者	F 保安職業従事者	G 農林漁業作業者	H 運輸・通信従事者	I 生産工程・労務作業者	J 分類不能の職業	無職
総　数	21 879	5 022	1 765	57	1 666	350	356	28	95	19	318	368	16 857
出生1年前：有職	11 897	4 684	1 719	47	1 620	336	340	22	75	15	299	211	7 213
Ⅰ　就業継続型 ●●●	3 554	3 554	1 382	41	1 247	236	250	14	52	12	229	91	-
Ⅱ　一時離職型 ●○●	2 038	197	56	1	49	30	23	-	7	-	14	17	1 841
Ⅲ　出産前離職型 ●○○	4 997	-	-	-	-	-	-	-	-	-	-	-	4 997
Ⅳ　出産後離職型 ●●○	887	887	267	4	307	66	64	8	16	1	53	101	-
その他	286	-	-	-	-	-	-	-	-	-	-	-	286
不詳	135	46	14	1	17	4	3	-	-	2	3	2	89
出生1年前：無職	9 741	292	30	8	35	10	13	5	20	4	14	153	9 449
Ⅴ　無職継続型 ○○○	8 196	-	-	-	-	-	-	-	-	-	-	-	8 196
Ⅵ　就業開始型 ○○●	1 076	25	9	1	4	1	3	-	-	1	1	5	1 051
その他	346	264	21	7	30	9	10	5	19	3	13	147	82
不詳	123	3	-	-	1	-	-	-	1	-	-	1	120
不　詳	241	46	16	2	11	4	3	1	-	-	5	4	195
19歳以下	232	13	-	-	3	2	2	-	-	-	3	3	219
出生1年前：有職	73	8	-	-	1	2	2	-	-	-	2	1	65
Ⅰ　就業継続型 ●●●	3	3	-	-	1	1	-	-	-	-	1	-	-
Ⅱ　一時離職型 ●○●	26	2	-	-	-	1	-	-	-	-	-	-	24
Ⅲ　出産前離職型 ●○○	39	-	-	-	-	-	-	-	-	-	-	-	39
Ⅳ　出産後離職型 ●●○	2	2	-	-	1	-	-	-	-	-	-	1	-
その他	2	-	-	-	-	-	-	-	-	-	-	-	2
不詳	1	1	-	-	-	-	1	-	-	-	-	-	-
出生1年前：無職	152	4	-	-	2	-	-	-	-	-	-	2	148
Ⅴ　無職継続型 ○○○	102	-	-	-	-	-	-	-	-	-	-	-	102
Ⅵ　就業開始型 ○○●	37	-	-	-	-	-	-	-	-	-	-	-	37
その他	10	4	-	-	2	-	-	-	-	-	-	2	6
不詳	3	-	-	-	-	-	-	-	-	-	-	-	3
不　詳	7	1	-	-	-	-	-	-	-	-	1	-	6
20〜24歳	2 462	447	143	1	119	43	43	3	4	2	43	46	2 015
出生1年前：有職	1 583	414	137	-	118	42	41	3	2	2	42	27	1 169
Ⅰ　就業継続型 ●●●	262	262	91	-	83	27	23	3	2	1	28	4	-
Ⅱ　一時離職型 ●○●	313	25	8	-	7	1	2	-	-	-	2	5	288
Ⅲ　出産前離職型 ●○○	809	-	-	-	-	-	-	-	-	-	-	-	809
Ⅳ　出産後離職型 ●●○	122	122	36	-	28	14	15	-	-	-	12	17	-
その他	52	-	-	-	-	-	-	-	-	-	-	-	52
不詳	25	5	2	-	-	-	1	-	-	1	-	1	20
出生1年前：無職	846	27	2	1	-	1	2	-	2	-	-	19	819
Ⅴ　無職継続型 ○○○	597	-	-	-	-	-	-	-	-	-	-	-	597
Ⅵ　就業開始型 ○○●	197	4	1	-	-	-	1	-	-	-	-	2	193
その他	37	23	1	1	-	1	1	-	2	-	-	17	14
不詳	15	-	-	-	-	-	-	-	-	-	-	-	15
不　詳	33	6	4	-	1	-	-	-	-	-	-	1	27
25〜29歳	8 452	1 836	619	13	667	126	119	18	40	3	103	128	6 616
出生1年前：有職	4 876	1 731	601	9	648	124	115	16	35	3	94	86	3 145
Ⅰ　就業継続型 ●●●	1 265	1 265	461	7	490	76	87	8	21	2	75	38	-
Ⅱ　一時離職型 ●○●	793	79	22	1	22	16	6	-	6	-	1	5	714
Ⅲ　出産前離職型 ●○○	2 305	-	-	-	-	-	-	-	-	-	-	-	2 305
Ⅳ　出産後離職型 ●●○	372	372	114	1	129	31	21	8	8	-	17	43	-
その他	97	-	-	-	-	-	-	-	-	-	-	-	97
不詳	44	15	4	-	7	1	1	-	-	1	1	-	29
出生1年前：無職	3 486	91	14	4	12	1	3	2	5	-	9	41	3 395
Ⅴ　無職継続型 ○○○	2 901	-	-	-	-	-	-	-	-	-	-	-	2 901
Ⅵ　就業開始型 ○○●	432	11	7	1	-	-	-	-	-	-	1	1	421
その他	115	78	7	3	10	1	3	2	5	-	8	39	37
不詳	38	2	-	-	1	-	-	-	-	-	-	1	36
不　詳	90	14	4	-	7	1	1	-	-	-	-	1	76
30〜34歳	7 770	1 904	676	23	652	121	131	6	38	11	117	129	5 866
出生1年前：有職	3 855	1 773	660	21	636	113	125	3	30	8	110	67	2 082
Ⅰ　就業継続型 ●●●	1 415	1 415	559	18	510	84	92	3	23	7	84	35	-
Ⅱ　一時離職型 ●○●	629	60	15	-	10	11	11	-	1	-	6	6	569
Ⅲ　出産前離職型 ●○○	1 390	-	-	-	-	-	-	-	-	-	-	-	1 390
Ⅳ　出産後離職型 ●●○	278	278	81	2	107	16	22	-	6	1	18	25	-
その他	98	-	-	-	-	-	-	-	-	-	-	-	98
不詳	45	20	5	1	9	2	-	-	-	-	2	1	25
出生1年前：無職	3 848	114	11	1	14	6	5	2	8	3	4	60	3 734
Ⅴ　無職継続型 ○○○	3 361	-	-	-	-	-	-	-	-	-	-	-	3 361
Ⅵ　就業開始型 ○○●	315	9	1	-	2	1	2	-	-	1	-	2	306
その他	124	104	10	1	12	5	3	2	7	2	4	58	20
不詳	48	1	-	-	-	-	-	-	1	-	-	-	47
不　詳	67	17	5	1	2	2	1	1	-	-	3	2	50

出生時の母の職業（大分類）・母の年齢階級・母の就業変化パターン別

母の年齢階級・母の就業変化パターン	総数	就業者総数	A 専門的・技術的職業従事者	B 管理的職業従事者	C 事務従事者	D 販売従事者	E サービス職業従事者	F 保安職業従事者	G 農林漁業作業者	H 運輸・通信従事者	I 生産工程・労務作業者	J 分類不能の職業	無職
35～39歳	2 664	722	292	18	196	48	52	1	11	3	47	54	1 942
出生1年前：有　職	1 329	664	287	15	189	46	48	-	7	2	46	24	665
Ⅰ　就業継続型　●●●	535	535	242	14	145	40	38	-	5	2	38	11	-
Ⅱ　一時離職型　●○●	241	28	11	-	9	1	4	-	-	-	2	1	213
Ⅲ　出産前離職型●○○	408	-	-	-	-	-	-	-	-	-	-	-	408
Ⅳ　出産後離職型●●○	98	98	33	1	34	4	6	-	2	-	6	12	-
その他	34	-	-	-	-	-	-	-	-	-	-	-	34
不　詳	13	3	1	-	1	1	-	-	-	-	-	-	10
出生1年前：無　職	1 295	52	2	2	6	2	3	1	4	1	1	30	1 243
Ⅴ　無職継続型　○○○	1 139	-	-	-	-	-	-	-	-	-	-	-	1 139
Ⅵ　就業開始型　○○●	88	1	-	-	1	-	-	-	-	-	-	-	87
その他	55	51	2	2	5	2	3	1	4	1	1	30	4
不　詳	13	-	-	-	-	-	-	-	-	-	-	-	13
不　詳	40	6	3	1	1	-	1	-	-	-	-	-	34
40～44歳	290	96	34	2	28	8	9	-	2	-	5	8	194
出生1年前：有　職	174	90	33	2	27	7	9	-	1	-	5	6	84
Ⅰ　就業継続型　●●●	71	71	29	2	18	6	9	-	1	-	3	3	-
Ⅱ　一時離職型　●○●	35	3	-	-	1	-	-	-	-	-	2	-	32
Ⅲ　出産前離職型●○○	45	-	-	-	-	-	-	-	-	-	-	-	45
Ⅳ　出産後離職型●●○	15	15	3	-	8	1	-	-	-	-	-	3	-
その他	2	-	-	-	-	-	-	-	-	-	-	-	2
不　詳	6	1	1	-	-	-	-	-	-	-	-	-	5
出生1年前：無　職	112	4	1	-	1	-	-	-	1	-	-	1	108
Ⅴ　無職継続型　○○○	94	-	-	-	-	-	-	-	-	-	-	-	94
Ⅵ　就業開始型　○○●	7	-	-	-	-	-	-	-	-	-	-	-	7
その他	5	4	1	-	1	-	-	-	1	-	-	1	1
不　詳	6	-	-	-	-	-	-	-	-	-	-	-	6
不　詳	4	2	-	-	-	1	-	-	-	-	-	1	2
45歳以上	9	4	1	-	1	2	-	-	-	-	-	-	5
出生1年前：有　職	7	4	1	-	1	2	-	-	-	-	-	-	3
Ⅰ　就業継続型　●●●	3	3	-	-	1	2	-	-	-	-	-	-	-
Ⅱ　一時離職型　●○●	1	-	-	-	-	-	-	-	-	-	-	-	1
Ⅲ　出産前離職型●○○	1	-	-	-	-	-	-	-	-	-	-	-	1
Ⅳ　出産後離職型●●○	1	-	-	-	-	-	-	-	-	-	-	-	1
その他	-	-	-	-	-	-	-	-	-	-	-	-	-
不　詳	1	1	1	-	-	-	-	-	-	-	-	-	-
出生1年前：無　職	2	-	-	-	-	-	-	-	-	-	-	-	2
Ⅴ　無職継続型　○○○	2	-	-	-	-	-	-	-	-	-	-	-	2
Ⅵ　就業開始型　○○●	-	-	-	-	-	-	-	-	-	-	-	-	-
その他	-	-	-	-	-	-	-	-	-	-	-	-	-
不　詳	-	-	-	-	-	-	-	-	-	-	-	-	-
不　詳	-	-	-	-	-	-	-	-	-	-	-	-	-

参考第1表（5－1）
Reference Tables

第1表　出生数・母の平均年齢及び標準化出生率・出生率
Table 1 Live births and live birth rates (per 1,000 and mean age of mother, age-standardized live birth

総　数
Total

母の職業 Occupation of Mother	標準化出生率 Age-standardized live birth rates	総　数 Total	15～19歳 Years	20～24	25～29
		出		生	
総　　　数　Total	・	1 178 905	20 091	159 262	463 494
就業者総数　Employed	・	264 668	1 130	25 819	102 198
A 専門的・技術的職業従事者	・	88 856	102	7 177	32 554
B 管理的職業従事者	・	3 192	-	114	756
C 事務従事者	・	85 832	180	6 888	35 812
D 販売従事者	・	19 803	111	2 383	7 385
E サービス職業従事者	・	22 022	202	3 372	8 201
F 保安職業従事者	・	1 716	15	260	890
G 農林漁業作業者	・	4 386	23	466	1 524
H 運輸・通信従事者	・	1 098	10	123	425
I 生産工程・労務作業者	・	17 619	192	2 752	7 258
J 分類不能の職業	・	20 144	295	2 284	7 393
無　　職　Unemployed	・	914 237	18 961	133 443	361 296
		出		生	
総　　　数	25.8	21.4	5.5	39.4	98.0
就業者総数	9.9	10.4	2.3	9.8	33.0
A 専門的・技術的職業従事者	16.6	24.0	3.6	13.9	51.3
B 管理的職業従事者	75.3	16.1	-	140.9	282.0
C 事務従事者	8.2	11.4	1.6	7.5	27.0
D 販売従事者	6.0	5.8	1.0	5.8	19.1
E サービス職業従事者	7.4	6.2	1.5	7.9	26.4
F 保安職業従事者	21.4	33.8	7.0	24.8	78.9
G 農林漁業作業者	23.2	3.3	12.1	52.6	101.7
H 運輸・通信従事者	7.8	10.2	3.5	10.4	24.3
I 生産工程・労務作業者	5.0	3.3	2.5	9.7	20.9
無　　職	52.9	31.4	6.1	100.8	230.8

注：1）出生順位とは、同じ母がこれまでに生んだ出生子の総数について数えた順序である。

（女子人口千対），母の年齢（5歳階級）・母の職業（大分類）・出生順位[1]別
female population), distributed according to mother's age
rates by mother's occupation (major groups), and by live birth order[1]

平成12年度
FY 2000

30 ～ 34	35 ～ 39	40 ～ 44	45 ～ 49	50歳以上 50 years and over	不詳 Not stated	母の平均年齢 Mean age of mother
数	Live births					
393 701	127 164	14 769	399	5	20	29.6
95 378	35 431	4 574	134	2	2	30.4
33 905	13 427	1 648	42	1	-	30.8
1 307	855	159	1	-	-	32.8
31 243	10 473	1 198	38	-	-	30.3
6 735	2 737	441	11	-	-	30.2
7 089	2 723	420	15	-	-	29.7
413	124	14	-	-	-	28.7
1 576	659	128	9	1	-	30.7
396	126	18	-	-	-	30.1
5 409	1 766	232	9	-	1	29.3
7 305	2 541	316	9	-	1	30.1
298 323	91 733	10 195	265	3	18	29.4
率	Live birth rates					
92.8	32.3	3.9	0.1	0.0	・	
41.6	15.5	1.8	0.0	0.0	・	
72.3	29.5	3.4	0.1	0.0	・	
263.7	95.1	11.8	0.0	-	・	
34.8	13.3	1.5	0.0	-	・	
25.1	10.5	1.5	0.0	-	・	
30.3	10.4	1.3	0.0	-	・	
77.7	33.1	3.7	-	-	・	
63.3	14.3	1.8	0.1	0.0	・	
30.5	11.7	1.6	-	-	・	
15.6	4.1	0.4	0.0	-	・	
156.3	56.3	8.1	0.2	0.0	・	

Note:1) Live birth order refers to the number of children to-date born alive to same mother.

参考第1表（5－2）

第1表　出生数・母の平均年齢及び標準化出生率・出生率
Table 1 Live births and live birth rates (per 1,000 and mean age of mother, age-standardized live birth

第1子
1st child

母 の 職 業 Occupation of Mother	標準化出生率 Age-standardized live birth rates	総　数 Total	15 ～ 19歳 Years	20 ～ 24	25 ～ 29
		出			生
総　　　数　　Total	・	576 756	18 477	116 366	264 122
就 業 者 総 数　　Employed	・	140 283	1 061	20 972	66 761
A　専門的・技術的職業従事者	・	47 898	97	6 182	22 872
B　管理的職業従事者	・	1 276	-	80	414
C　事務従事者	・	48 639	171	5 745	24 484
D　販売従事者	・	9 451	108	1 751	4 263
E　サービス職業従事者	・	11 076	184	2 660	4 687
F　保安職業従事者	・	1 029	14	216	593
G　農林漁業作業者	・	1 299	21	282	587
H　運輸・通信従事者	・	547	9	97	265
I　生産工程・労務作業者	・	8 641	183	2 199	4 012
J　分類不能の職業	・	10 427	274	1 760	4 584
無　　　職　　Unemployed	・	436 473	17 416	95 394	197 361
		出			生
総　　　数	12.5	10.5	5.1	28.8	55.8
就 業 者 総 数	5.1	5.5	2.2	7.9	21.6
A　専門的・技術的職業従事者	8.7	12.9	3.4	12.0	36.0
B　管理的職業従事者	36.1	6.4	-	98.9	154.4
C　事務従事者	4.5	6.5	1.5	6.3	18.5
D　販売従事者	2.7	2.8	1.0	4.2	11.0
E　サービス職業従事者	3.5	3.1	1.4	6.2	15.1
F　保安職業従事者	11.4	20.2	6.6	20.6	52.6
G　農林漁業作業者	9.0	1.0	11.1	31.8	39.2
H　運輸・通信従事者	3.8	5.1	3.1	8.2	15.2
I　生産工程・労務作業者	2.6	1.6	2.4	7.8	11.5
無　　　職	25.7	15.0	5.6	72.0	126.1

注：1）出生順位とは、同じ母がこれまでに生んだ出生子の総数について数えた順序である。

(女子人口千対), 母の年齢（5歳階級）・母の職業（大分類）・出生順位[1]別
female population), distributed according to mother's age
rates by mother's occupation (major groups), and by live birth order[1]

平成12年度
FY 2000

30 ～ 34	35 ～ 39	40 ～ 44	45 ～ 49	50歳以上 50 years and over	不　詳 Not stated	母の平均年齢 Mean age of mother
数	Live births					
139 937	33 669	4 051	110	4	20	28.1
39 415	10 621	1 413	37	1	2	29.0
14 289	3 926	516	15	1	-	29.3
486	238	58	-	-	-	31.6
14 189	3 606	431	13	-	-	29.2
2 527	693	107	2	-	-	28.7
2 644	767	130	4	-	-	28.2
172	31	3	-	-	-	27.5
291	103	15	-	-	-	28.2
142	30	4	-	-	-	28.4
1 768	426	52	-	-	1	27.6
2 907	801	97	3	-	1	28.7
100 522	23 048	2 638	73	3	18	27.8
率	Live birth rates					
33.0	8.5	1.1	0.0	0.0	・	
17.2	4.6	0.6	0.0	0.0	・	
30.5	8.6	1.1	0.0	0.0	・	
98.1	26.5	4.3	-	-	・	
15.8	4.6	0.6	0.0	-	・	
9.4	2.7	0.4	0.0	-	・	
11.3	2.9	0.4	0.0	-	・	
32.4	8.3	0.8	-	-	・	
11.7	2.2	0.2	-	-	・	
10.9	2.8	0.4	-	-	・	
5.1	1.0	0.1	-	-	・	
52.7	14.1	2.1	0.1	0.0	・	

Note:1) Live birth order refers to the number of children to-date born alive to same mother.

参考第1表（5－3）

第1表　出生数・母の平均年齢及び標準化出生率・出生率
Table 1 Live births and live birth rates (per 1,000 and mean age of mother, age-standardized live birth

第2子
2nd child

母の職業 Occupation of Mother	標準化出生率 Age-standardized live birth rates	総数 Total	15～19歳 Years	20～24	25～29
		出		生	
総　数　Total	・	431 508	1 561	38 176	160 425
就業者総数　Employed	・	86 084	67	4 307	28 570
A　専門的・技術的職業従事者	・	29 326	5	930	8 274
B　管理的職業従事者	・	1 122	-	27	244
C　事務従事者	・	26 832	9	1 019	9 357
D　販売従事者	・	6 394	3	541	2 264
E　サービス職業従事者	・	7 026	16	630	2 604
F　保安職業従事者	・	529	1	38	257
G　農林漁業作業者	・	1 497	2	152	586
H　運輸・通信従事者	・	333	1	25	109
I　生産工程・労務作業者	・	5 950	9	487	2 563
J　分類不能の職業	・	7 075	21	458	2 312
無　職　Unemployed	・	345 424	1 494	33 869	131 855
		出		生	
総　数	9.5	7.8	0.4	9.4	33.9
就業者総数	3.3	3.4	0.1	1.6	9.2
A　専門的・技術的職業従事者	5.6	7.9	0.2	1.8	13.0
B　管理的職業従事者	24.9	5.7	-	33.4	91.0
C　事務従事者	2.6	3.6	0.1	1.1	7.1
D　販売従事者	2.0	1.9	0.0	1.3	5.9
E　サービス職業従事者	2.4	2.0	0.1	1.5	8.4
F　保安職業従事者	7.2	10.4	0.5	3.6	22.8
G　農林漁業作業者	7.9	1.1	1.1	17.1	39.1
H　運輸・通信従事者	2.4	3.1	0.3	2.1	6.2
I　生産工程・労務作業者	1.6	1.1	0.1	1.7	7.4
無　職	19.7	11.8	0.5	25.6	84.2

注：1）出生順位とは、同じ母がこれまでに生んだ出生子の総数について数えた順序である。

（女子人口千対），母の年齢（5歳階級）・母の職業（大分類）・出生順位[1]別
female population), distributed according to mother's age
rates by mother's occupation (major groups), and by live birth order[1]

平成12年度
FY 2000

30 ～ 34	35 ～ 39	40 ～ 44	45 ～ 49	50歳以上 50 years and over	不詳 Not stated	母の平均年齢 Mean age of mother
数	Live births					
176 078	50 556	4 616	96	-	-	30.4
38 430	13 260	1 411	39	-	-	31.2
14 285	5 264	556	12	-	-	31.8
489	317	45	-	-	-	32.9
12 144	3 918	371	14	-	-	31.2
2 526	948	110	2	-	-	30.8
2 762	903	109	2	-	-	30.5
179	47	7	-	-	-	30.0
529	189	36	3	-	-	30.4
151	43	4	-	-	-	30.9
2 227	593	68	3	-	-	30.1
3 138	1 038	105	3	-	-	31.0
137 648	37 296	3 205	57	-	-	30.2
率	Live birth rates					
41.5	12.8	1.2	0.0	-	・	
16.8	5.8	0.6	0.0	-	・	
30.5	11.6	1.2	0.0	-	・	
98.7	35.3	3.3	-	-	・	
13.5	5.0	0.5	0.0	-	・	
9.4	3.6	0.4	0.0	-	・	
11.8	3.5	0.3	0.0	-	・	
33.7	12.5	1.8	-	-	・	
21.3	4.1	0.5	0.0	-	・	
11.6	4.0	0.4	-	-	・	
6.4	1.4	0.1	0.0	-	・	
72.1	22.9	2.5	0.0	-	・	

Note:1) Live birth order refers to the number of children to-date born alive to same mother.

第1表　出生数・母の平均年齢及び標準化出生率・出生率
Table 1 Live births and live birth rates (per 1,000 and mean age of mother, age-standardized live birth

第3子
3rd child

母の職業 Occupation of Mother	標準化出生率 Age-standardized live birth rates	総数 Total	15～19歳 Years	20～24	25～29
		出		生	
総数　Total	・	139 556	49	4 336	34 357
就業者総数　Employed	・	31 133	2	495	6 090
A　専門的・技術的職業従事者	・	9 904	-	63	1 304
B　管理的職業従事者	・	600	-	7	84
C　事務従事者	・	8 633	-	117	1 763
D　販売従事者	・	2 993	-	83	742
E　サービス職業従事者	・	2 984	2	73	773
F　保安職業従事者	・	131	-	6	34
G　農林漁業作業者	・	1 173	-	30	303
H　運輸・通信従事者	・	157	-	-	41
I　生産工程・労務作業者	・	2 416	-	59	603
J　分類不能の職業	・	2 142	-	57	443
無職　Unemployed	・	108 423	47	3 841	28 267
		出		生	
総数	3.1	2.5	0.0	1.1	7.3
就業者総数	1.2	1.2	0.0	0.2	2.0
A　専門的・技術的職業従事者	2.0	2.7	-	0.1	2.1
B　管理的職業従事者	11.5	3.0	-	8.7	31.3
C　事務従事者	0.9	1.2	-	0.1	1.3
D　販売従事者	1.0	0.9	-	0.2	1.9
E　サービス職業従事者	1.1	0.8	0.0	0.2	2.5
F　保安職業従事者	2.3	2.6	-	0.6	3.0
G　農林漁業作業者	5.0	0.9	-	3.4	20.2
H　運輸・通信従事者	1.1	1.5	-	-	2.3
I　生産工程・労務作業者	0.6	0.5	-	0.2	1.7
無職	6.1	3.7	0.0	2.9	18.1

注：1）出生順位とは、同じ母がこれまでに生んだ出生子の総数について数えた順序である。

(女子人口千対), 母の年齢（5歳階級）・母の職業（大分類）・出生順位¹⁾別
female population), distributed according to mother's age
rates by mother's occupation (major groups), and by live birth order¹⁾

平成12年度
FY 2000

30～34	35～39	40～44	45～49	50歳以上 50 years and over	不詳 Not stated	母の平均年齢 Mean age of mother
数	Live births					
65 720	31 643	3 362	89	-	-	32.3
14 907	8 619	996	24	-	-	33.0
4 747	3 416	370	4	-	-	33.8
275	212	21	1	-	-	33.9
4 256	2 254	237	6	-	-	32.9
1 326	742	97	3	-	-	32.5
1 344	693	95	4	-	-	32.4
56	33	2	-	-	-	32.0
591	208	40	1	-	-	32.2
76	34	6	-	-	-	32.6
1 186	507	58	3	-	-	32.3
1 050	520	70	2	-	-	32.8
50 813	23 024	2 366	65	-	-	32.1
率	Live birth rates					
15.5	8.0	0.9	0.0	-	・	
6.5	3.8	0.4	0.0	-	・	
10.1	7.5	0.8	0.0	-	・	
55.5	23.6	1.6	0.0	-	・	
4.7	2.9	0.3	0.0	-	・	
4.9	2.8	0.3	0.0	-	・	
5.8	2.7	0.3	0.0	-	・	
10.5	8.8	0.5	-	-	・	
23.8	4.5	0.6	0.0	-	・	
5.9	3.2	0.5	-	-	・	
3.4	1.2	0.1	0.0	-	・	
26.6	14.1	1.9	0.0	-	・	

Note:1) Live birth order refers to the number of children to-date born alive to same mother.

参考第1表（5-5）

第1表　出生数・母の平均年齢及び標準化出生率・出生率
Table 1 Live births and live birth rates (per 1,000 and mean age of mother, age-standardized live birth

第4子以上
4th child and over

母の職業 Occupation of Mother	標準化出生率 Age-standardized live birth rates	総数 Total	15〜19歳 Years	20〜24	25〜29
		出		生	
総数　Total	・	31 085	4	384	4 590
就業者総数　Employed	・	7 168	-	45	777
A 専門的・技術的職業従事者	・	1 728	-	2	104
B 管理的職業従事者	・	194	-	-	14
C 事務従事者	・	1 728	-	7	208
D 販売従事者	・	965	-	8	116
E サービス職業従事者	・	936	-	9	137
F 保安職業従事者	・	27	-	-	6
G 農林漁業作業者	・	417	-	2	48
H 運輸・通信従事者	・	61	-	1	10
I 生産工程・労務作業者	・	612	-	7	80
J 分類不能の職業	・	500	-	9	54
無職　Unemployed	・	23 917	4	339	3 813
		出		生	
総数	0.7	0.6	0.0	0.1	1.0
就業者総数	0.3	0.3	-	0.0	0.3
A 専門的・技術的職業従事者	0.4	0.5	-	0.0	0.2
B 管理的職業従事者	2.8	1.0	-	-	5.2
C 事務従事者	0.2	0.2	-	0.0	0.2
D 販売従事者	0.3	0.3	-	0.0	0.3
E サービス職業従事者	0.3	0.3	-	0.0	0.4
F 保安職業従事者	0.5	0.5	-	-	0.5
G 農林漁業作業者	1.4	0.3	-	0.2	3.2
H 運輸・通信従事者	0.5	0.6	-	0.1	0.6
I 生産工程・労務作業者	0.2	0.1	-	0.0	0.2
無職	1.4	0.8	0.0	0.3	2.4

注：1）出生順位とは、同じ母がこれまでに生んだ出生子の総数について数えた順序である。

(女子人口千対), 母の年齢（5歳階級）・母の職業（大分類）・出生順位[1]別
female population), distributed according to mother's age
rates by mother's occupation (major groups), and by live birth order[1]

平成12年度
FY 2000

30 ～ 34	35 ～ 39	40 ～ 44	45 ～ 49	50歳以上 50 years and over	不詳 Not stated	母の平均年齢 Mean age of mother
数	Live births					
11 966	11 296	2 740	104	1	－	34.3
2 626	2 931	754	34	1	－	35.0
584	821	206	11	－	－	35.8
57	88	35	－	－	－	36.2
654	695	159	5	－	－	34.8
356	354	127	4	－	－	35.0
339	360	86	5	－	－	34.6
6	13	2	－	－	－	34.3
165	159	37	5	1	－	34.9
27	19	4	－	－	－	34.1
228	240	54	3	－	－	34.6
210	182	44	1	－	－	34.6
9 340	8 365	1 986	70	－	－	34.1
率	Live birth rates					
2.8	2.9	0.7	0.0	0.0	・	
1.1	1.3	0.3	0.0	0.0	・	
1.2	1.8	0.4	0.0		・	
11.5	9.8	2.6	－	－	・	
0.7	0.9	0.2	0.0		・	
1.3	1.4	0.4	0.0		・	
1.5	1.4	0.3	0.0		・	
1.1	3.5	0.5	－		・	
6.6	3.5	0.5	0.0	0.0	・	
2.1	1.8	0.4	－	－	・	
0.7	0.6	0.1	0.0		・	
4.9	5.1	1.6	0.1	－	・	

Note:1) Live birth order refers to the number of children to-date born alive to same mother.

Ⅲ. 用語の解説

職　　業　　平成12年度職業・産業別統計で使用した職業分類で、日本職業分類を基に、平成12年国勢調査に用いられた職業大分類に準拠している。

職業略称名	職業（大分類）
専門・技術職	専門的・技術的職業従事者
管理職	管理的職業従事者
事務職	事務従事者
販売職	販売従事者
サービス職	サービス職業従事者
保安職	保安職業従事者
農林漁業職	農林漁業作業者
運輸・通信職	運輸・通信従事者
生産工程・労務職	生産工程・労務作業者
分類不能	分類不能の職業

就業形態　　有職者の就業形態

常勤	勤め（常勤）
パート・アルバイト	勤め（パート・アルバイト）
その他	自営業・家業・内職・その他

出生順位　　同じ母がこれまでに生んだ出生子の総数について数えた順序

市　　郡　　21世紀出生児縦断調査対象児の調査時点における住所地
・13大都市
東京都区部、札幌市、仙台市、千葉市、横浜市、川崎市、名古屋市、京都市、大阪市、神戸市、広島市、北九州市、福岡市
・その他の市
13大都市以外の市
・郡　部
13大都市、その他の市以外

結婚期間　　出生届における「同居を始めたとき」から「生まれたとき」までの期間をいう。ただし、出生届における「同居を始めたとき」は、結婚式を挙げたとき、または、同居を始めたときのうち早いほうを記入することになっている。

学　　歴　　最後に卒業した学校

中学校	中学校
高校等	専修・専門学校（中学校卒業後）、高校
短大・専門学校等	専修・専門学校（高校卒業後）、短大・高専
大学・大学院	大学、大学院

同居構成	子どもと同居している家族の構成

核家族世帯　：「父母」と同居し「祖父母等」は同居していない世帯
　　　　　　　＝父＋母（＋きょうだい）

三世代世帯等：「父母」と「祖父母等」が同居している世帯
　　　　　　　＝父＋母＋祖父母等（＋きょうだい）

母子世帯　　：「父」が同居していない世帯（父が単身赴任中を含む）
　　　　　　　＝母（＋きょうだい）（＋祖父母等）

注：上記における「祖父母等」は、祖父または祖母または父母の兄弟・姉妹等のうち1人以上

ふだんの保育者　日常、時間の長短に関係なく、調査対象の子を保育している者の組合せ。

母・父母のみ　　　　　：「母のみ」または「父母のみ」

母・父母と祖父母　　　：「母と祖父母」または「父母と祖父母」

母・父母と保育士等　　：「母と保育士等」または「父母と保育士等」

母・父母・祖父母・保育士等：
　　　　　「母と祖父母と保育士等」または「父母と祖父母と保育士等」

注：上記における「祖父母」は祖父または祖母のうち1人以上

平日の日中の保育者　平日の日中に子どもと一緒にいる時間が1番長い者

保育士等　保育所・託児所の保育士（保母・保父）、保育ママさんやベビーシッター

収入

母の収入	母が働いて得た収入
父の収入	父が働いて得た収入
出生前1年間の収入	平成12年1年間の税込みの収入
出生後1年間の収入	平成13年1年間の税込みの収入
平均収入	収入なしの者も含めた収入の平均（不詳のデータは除いて算出）
全収入	働いて得た収入の他、祖父母からの仕送り、相続・贈与収入、家賃・地代・利子・配当金等の収入、児童手当・失業保険等の社会保険給付金、退職金、冠婚葬祭の祝い金・香典等も含む

標準化出生率　年齢構成の異なる人口集団の間での出生率について、その年齢構成の差を取り除いて比較ができるようにした出生率をいう。

基　準　人　口　　　昭和60年のモデル人口を用いている。

15歳以上人口，年齢（5歳階級）別

年齢	基準人口
総　数	95 272 000
15～19歳	8 655 000
20～24	8 814 000
25～29	8 972 000
30～34	9 130 000
35～39	9 289 000
40～44	9 400 000
45～49	8 651 000
50～54	7 616 000
55～59	6 581 000
60～64	5 546 000
65～69	4 511 000
70～74	3 476 000
75歳以上	4 631 000

付　録

Appendix

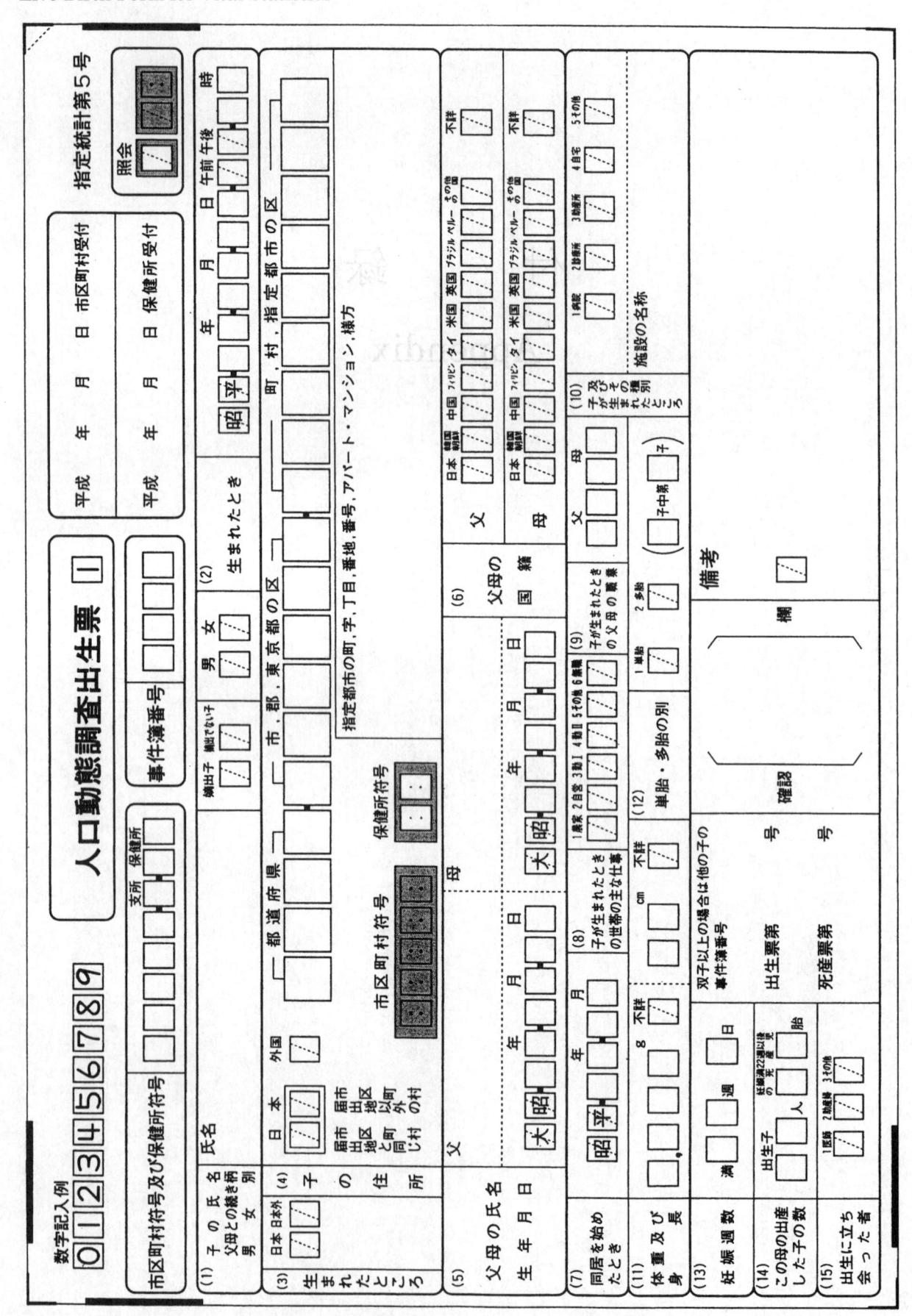

人口動態統計出生票
Live Birth Form for Vital Statistics

出生届
Notification of Birth

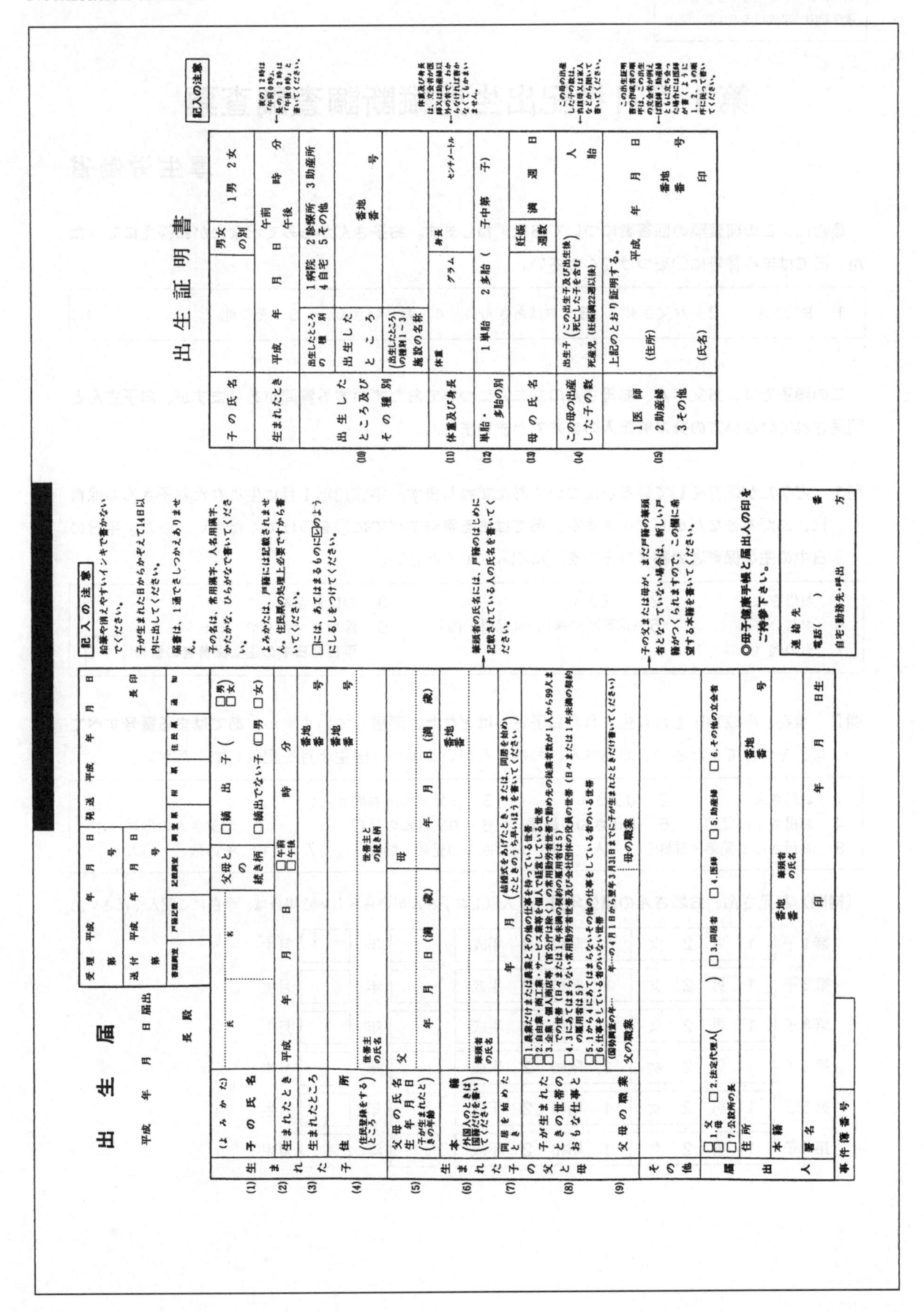

総務省承認 No.22332
承認期限 平成14年4月30日まで

第1回21世紀出生児縦断調査調査票

厚生労働省

最初に、この調査票の回答者についておたずねします。お子さんからみてどなたがお答えになったか、あてはまる番号に○をつけてください。

| 1 お母さん　2 お父さん　3 おばあさん　4 おじいさん　5 その他（　　　　） |

この調査では、お父さん、お母さんのお二人についておたずねする質問がありますが、お子さんと同居されていない方の分は無記入のままでかまいません。

問1 どなたが保育をしているかについておたずねします。平成13年1月に生まれたお子さんの保育は、ふだんどなたがしていますか。**あてはまる番号すべてに○をつけてください。**また、平日の日中の主な保育者の番号ひとつを□に記入してください。

| 1 お母さん　　　　　2 お父さん　　　　　　　　　3 おばあさん |
| 4 おじいさん　　　　5 保育所の保育士（保母・保父）　6 保育ママさんやベビーシッター |
| 7 その他（　　　　　）　　　　　　　　　　　　　　平日の日中の主な保育者の番号 □ |

問2 現在、平成13年1月に生まれた**お子さんはどなたと同居していますか。あてはまる番号すべてに○をつけてください。**お兄さん、お姉さんがいる場合は出生年月を記入してください。

| 1 お母さん　　　　2 お父さん　　　　3 お兄さん・お姉さん（　　）人 |
| 4 お母さんの父親　5 お母さんの母親　6 お父さんの父親　　　7 お父さんの母親 |
| 8 お母さんの兄弟・姉妹（　　）人　9 お父さんの兄弟・姉妹（　　）人　10 その他（　　）人 |

（補問）お兄さん、お姉さんの出生年月（7人以上お子さんがいらっしゃる場合は、余白にご記入ください。）

第1子	1 男　2 女	1 昭和　2 平成	年	月生
第2子	1 男　2 女	1 昭和　2 平成	年	月生
第3子	1 男　2 女	1 昭和　2 平成	年	月生
第4子	1 男　2 女	1 昭和　2 平成	年	月生
第5子	1 男　2 女	1 昭和　2 平成	年	月生
第6子	1 男　2 女	1 昭和　2 平成	年	月生

問3 **出産1年前（平成12年1月）と現在の就業状況等について**おたずねします。あてはまる番号に
○をつけてください。「勤め（常勤）」の方は、右の「企業規模・官公庁」のあてはまる番号に○
をつけてください。

	【お母さん】		【お父さん】	
	就業状況等	企業規模・官公庁	就業状況等	企業規模・官公庁
出産1年前	1　無職 2　学生 3　勤め（常勤）→ 4　勤め（パート・アルバイト） 5　自営業・家業 6　内職 7　その他（　　　）	1　1～　4人 2　5～99人 3　100～499人 4　500人以上 5　官公庁	1　無職 2　学生 3　勤め（常勤）→ 4　勤め（パート・アルバイト） 5　自営業・家業 6　内職 7　その他（　　　）	1　1～　4人 2　5～99人 3　100～499人 4　500人以上 5　官公庁
現在	無職┌1　仕事を探している 　　└2　探していない 3　学生 4　勤め（常勤）→ 5　勤め（パート・アルバイト） 6　自営業・家業 7　内職 8　その他（　　　）	1　1～　4人 2　5～99人 3　100～499人 4　500人以上 5　官公庁	無職┌1　仕事を探している 　　└2　探していない 3　学生 4　勤め（常勤）→ 5　勤め（パート・アルバイト） 6　自営業・家業 7　内職 8　その他（　　　）	1　1～　4人 2　5～99人 3　100～499人 4　500人以上 5　官公庁

（補問）現在、「4　勤め（常勤）」の方のみにおたずねします。

平成13年1月生まれのお子さんの育児にあたって、**育児休業を取得**していますか。あてはまる
番号**ひとつ**に○をつけてください。また、**1～3**のいずれかに○をつけた方は、取得（予定）期
間を記入してください。（産後休業（休暇）や勤務時間の短縮などの部分休業は含みません。）

【お母さん】
1　すでに取得した
2　現在、育児休業中である　　→　取得（予定）期間　□か月
3　これから取得する予定である
4　職場に育児休業制度はあるが取得しない
5　職場に育児休業制度がない
6　職場に育児休業制度があるかどうかわからない

↓ **取得しない理由をひとつ選んで番号に○をつけ
てください。**
1　職場の雰囲気や仕事の状況から
2　経済的なことから
3　仕事に早く復帰したいから
4　夫が育児休業をとっているから
5　その他（　　　　　　　　　）

【お父さん】
1　すでに取得した
2　現在、育児休業中である　　→　取得（予定）期間　□か月
3　これから取得する予定である
4　職場に育児休業制度はあるが取得しない
5　職場に育児休業制度がない
6　職場に育児休業制度があるかどうかわからない

↓
1　職場の雰囲気や仕事の状況から
2　経済的なことから
3　仕事を続けたいから
4　妻が育児休業をとっているから
5　その他（　　　　　　　　　）

問4 最近1週間の家事・育児以外の労働時間についておたずねします。あてはまる番号に○をつけてください。

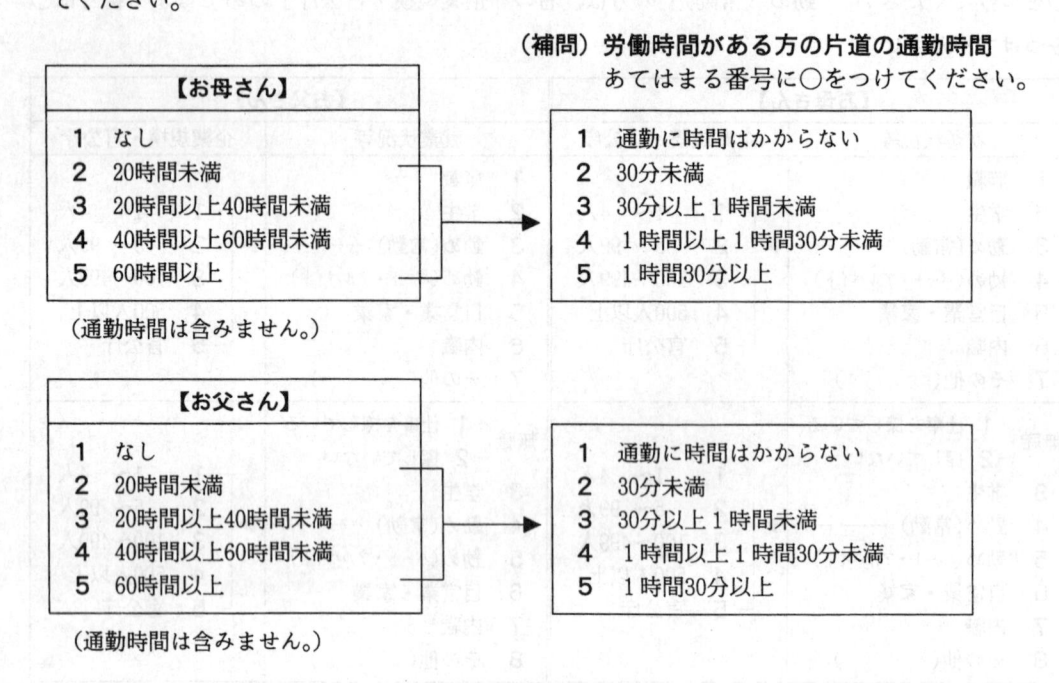

【お母さん】
1. なし
2. 20時間未満
3. 20時間以上40時間未満
4. 40時間以上60時間未満
5. 60時間以上

（通勤時間は含みません。）

（補問）労働時間がある方の片道の通勤時間
あてはまる番号に○をつけてください。

1. 通勤に時間はかからない
2. 30分未満
3. 30分以上1時間未満
4. 1時間以上1時間30分未満
5. 1時間30分以上

【お父さん】
1. なし
2. 20時間未満
3. 20時間以上40時間未満
4. 40時間以上60時間未満
5. 60時間以上

（通勤時間は含みません。）

1. 通勤に時間はかからない
2. 30分未満
3. 30分以上1時間未満
4. 1時間以上1時間30分未満
5. 1時間30分以上

問5 育児や家事の分担状況についておたずねします。①～⑥のそれぞれについて、あてはまる番号にひとつずつ○をつけてください。

		【お母さん】 いつもする / ときどきする / ほとんどしない / まったくしない	【お父さん】 いつもする / ときどきする / ほとんどしない / まったくしない
育児	① 食事の世話をする	1　2　3　4	1　2　3　4
	② おむつを取り換える	1　2　3　4	1　2　3　4
	③ 入浴させる	1　2　3　4	1　2　3　4
	④ 寝かしつける	1　2　3　4	1　2　3　4
	⑤ 家の中で相手をする	1　2　3　4	1　2　3　4
	⑥ 散歩など屋外に連れていく	1　2　3　4	1　2　3　4
家事	① 食事をつくる	1　2　3　4	1　2　3　4
	② 食事の後片づけをする	1　2　3　4	1　2　3　4
	③ 部屋等の掃除をする	1　2　3　4	1　2　3　4
	④ 洗濯をする	1　2　3　4	1　2　3　4
	⑤ ゴミを出す	1　2　3　4	1　2　3　4
	⑥ 日常の買い物をする	1　2　3　4	1　2　3　4

問6　現在のお住まいの広さについてどのように感じていますか。あてはまる番号に〇をつけてください。

```
1  手狭だと感じている
2  必要な広さはある
3  十分にゆとりがある
4  あまり考えたことがない
```

問7　出産1年前（平成12年1月）以降、引っ越しや住宅の増築をしましたか。あてはまる番号に〇をつけてください。

```
1  引っ越しや増築をしていない
2  今回の妊娠・出産がきっかけで引っ越した
3  今回の妊娠・出産がきっかけで増築した
4  その他の理由で引っ越しや増築をした
```

問8　たばこを吸っていますか。あてはまる番号に〇をつけてください。「吸っている」と答えた方は**家庭ではどうか**の補問にお答えください。

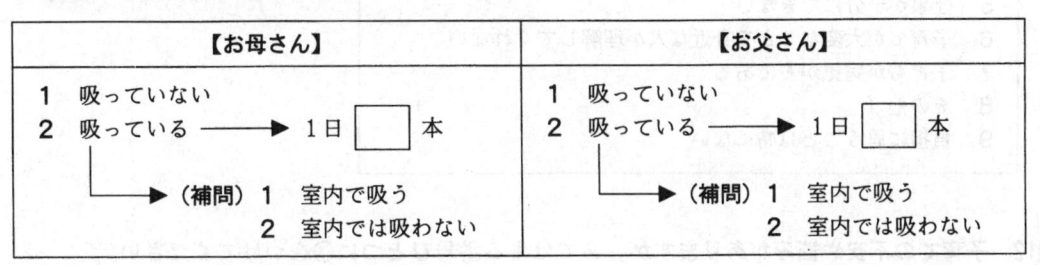

【お母さん】	【お父さん】
1　吸っていない 2　吸っている　→　1日　□　本 　↓ 　（補問）　1　室内で吸う 　　　　　　2　室内では吸わない	1　吸っていない 2　吸っている　→　1日　□　本 　↓ 　（補問）　1　室内で吸う 　　　　　　2　室内では吸わない

問9　日ごろ、子育てで意識して行っていることは何ですか。あてはまる番号すべてに〇をつけてください。

```
1  よく話しかける
2  よくだっこする
3  よい音楽をきかせる
4  外気浴をさせる
5  子どもの生活リズムをくずさない
6  その他（　　　　　　　　　　　　）
7  特に意識して行っていることはない
```

問10　平成13年1月に生まれたお子さんをもってよかったと思うことは何ですか。あてはまる番号すべてに○をつけてください。

```
1  家庭が明るくなった
2  身近な人が喜んでくれた
3  生活にはりあいができた
4  上の子に弟・妹ができた
5  子育てを通じて自分の友人が増えた
6  子育てを通じて自分の視野が広がった
7  その他（　　　　　　　　　　　　　　　）
8  よかったと思うことは特にない
```

問11　平成13年1月に生まれたお子さんをもって負担に思うことは何ですか。あてはまる番号すべてに○をつけてください。

```
1  子育てによる身体の疲れが大きい
2  子育てで出費がかさむ
3  自分の自由な時間が持てない
4  夫婦で楽しむ時間がない
5  仕事が十分にできない
6  子育てが大変なことを身近な人が理解してくれない
7  子どもが病気がちである
8  その他（　　　　　　　　　　　　　　　）
9  負担に思うことは特にない
```

問12　子育ての不安や悩みがありますか。あてはまる番号ひとつに○をつけてください。

```
1  すごくある
2  少しある
3  ほとんどない
```

（補問）そのことで相談する場合は、誰に相談しますか。あてはまる番号すべてに○をつけてください。「ほとんどない」方もお答えください。

```
1  配偶者            2  自分の両親       3  配偶者の両親     4  親戚
5  友人・知人         6  医師            7  保健婦          8  助産婦・看護婦
9  保育士（保母・保父） 10  カウンセラー（電話相談を含む）
11  育児サークルの仲間  12  その他（　　　　　　　　　　　　）
13  誰にも相談しない
```

問13　平成13年1月に生まれたお子さんに、**母乳、人工乳（粉ミルク）**を何か月間与えましたか。あてはまる番号に○をつけ、与えた期間を記入してください。混合して与えた場合はそれぞれに記入してください。

母乳	1　与えた（与えている）　→　☐　か月 2　与えなかった 3　初乳のみ与えた	人工乳	1　与えた（与えている）　→　☐　か月 2　与えなかった

問14　平成12年1年間のご夫妻の年収（税込み）についておたずねします。収入がある場合は、それぞれの金額を下欄に記入してください。（「その他の収入」には、親からの仕送り、家賃・地代等の財産収入、児童手当等の社会保障給付金などを含みます。）

12年の収入	お母さんの働いて得た収入	お父さんの働いて得た収入	その他の収入
	1　☐　万円 2　収入なし	1　☐　万円 2　収入なし	1　☐　万円 2　収入なし

問15　**平成13年7月中の養育費**についておたずねします。平成13年1月に生まれたお子さんにかかった子育て費用を記入してください。子育て費用とは、人工乳などの食費、紙おむつ代、衣類、保育料、絵本、おもちゃ代などの合計です。

　　　　子育て費用　☐　万円

そのうち、保育料（保育園や保育ママさんなどに支払った費用）があれば記入してください。

　　　　保育料　☐　万　☐　千円

※ 最後に、お子さんを育てておられてふだん感じていること、この調査に関することなど何でも結構ですので、自由にご記入ください。

ご協力ありがとうございました。

8月10日（金）までに、同封の返送用封筒にてご投函ください。
なお、この調査の結果は、まとまり次第皆様のもとにお届けします。
今後ともご協力をいただきますようお願いします。

※ この調査についての連絡・お問い合わせ先

厚生労働省 大臣官房 統計情報部
人口動態・保健統計課
電　話　（03）3595-2413
Eメール　c-cohort@mhlw.go.jp

総務省承認 No.22984
承認期限 平成15年4月30日まで

第2回21世紀出生児縦断調査調査票

厚生労働省

この調査票は、全部で8ページ、質問は問1から問19まであります。
ご記入もれのないようにお願いします。

最初に、この調査票の**回答者**についておたずねします。お子さんからみてどなたがお答えになったか、**あてはまる番号**に○をつけてください。

1 お母さん	3 お母さんの母親	5 お父さんの母親	7 その他（　　　）
2 お父さん	4 お母さんの父親	6 お父さんの父親	

【ご家族について】

問1 現在、平成13年1月生まれのお子さんはどなたと**同居**していますか。**あてはまる番号すべて**に○をつけてください。（03の兄弟姉妹の人数には、平成13年1月生まれのお子さんは含みませんが、双子、三つ子の場合はこの調査票以外のお子さんも人数に含めてください。）

※ 単身赴任等で長期（おおむね3ヵ月以上）にわたって不在の方は含みません。ただし、定期的に帰宅する方は同居に含めてください。

01 お母さん	04 お母さんの母親	08 お母さんの兄弟・姉妹 □人
02 お父さん	05 お母さんの父親	09 お父さんの兄弟・姉妹 □人
03 兄弟姉妹 □人	06 お父さんの母親	10 その他（　　　） □人
	07 お父さんの父親	

→（補問）前回の調査時（平成13年8月1日）以降**兄弟姉妹が増えた場合**、そのお子さんの性別、出生年の元号に○をつけ、出生年月を記入してください。

1 男　2 女	1 昭和　2 平成	□年 □月生
1 男　2 女	1 昭和　2 平成	□年 □月生
1 男　2 女	1 昭和　2 平成	□年 □月生

問2 平成13年1月生まれのお子さんの**保育**は、ふだんどなたがしていますか。**あてはまる番号すべて**に○をつけてください。

1 お母さん	4 お母さんの父親	7 保育所・託児所の保育士（保母・保父）
2 お父さん	5 お父さんの母親	8 保育ママさんやベビーシッター
3 お母さんの母親	6 お父さんの父親	9 その他（　　　）

（補問）そのうち、**平日の日中**にお子さんと一緒にいる時間が**一番長い**のはどなたですか。
あてはまる番号ひとつを□に記入してください。　□

問3 平成13年1月生まれのお子さんが、おばあさん、おじいさんとこれまで**行き来した回数**はどの程度ですか。**あてはまる番号ひとつ**に○をつけてください。

【お母さんの母親】	【お母さんの父親】	【お父さんの母親】	【お父さんの父親】
1 同居している	1 同居している	1 同居している	1 同居している
〔別居している〕	〔別居している〕	〔別居している〕	〔別居している〕
2 ほとんど毎日	2 ほとんど毎日	2 ほとんど毎日	2 ほとんど毎日
3 週に2～3回程度	3 週に2～3回程度	3 週に2～3回程度	3 週に2～3回程度
4 月に2～3回程度	4 月に2～3回程度	4 月に2～3回程度	4 月に2～3回程度
5 月に1回程度	5 月に1回程度	5 月に1回程度	5 月に1回程度
6 数回	6 数回	6 数回	6 数回
7 行き来しなかった	7 行き来しなかった	7 行き来しなかった	7 行き来しなかった
8 いない	8 いない	8 いない	8 いない

【平成13年1月生まれのお子さんについて】

問4 平成13年1月生まれのお子さんの**食事で気をつけていること**についておたずねします。**あてはまる番号すべて**に○をつけてください。

```
01 いろいろな種類の食品を食べさせるようにしている
02 子どもが好きなものを食べさせるようにしている
03 子どもが嫌いなものでも食べさせるようにしている
04 多くの量を食べさせるようにしている
05 子どもの健康や成長によくないといわれるものは食べさせないようにしている
06 決まった時間に食べさせるようにしている
07 子どもが欲しがる時に食べさせるようにしている
08 家族がそろった中で食べさせるようにしている
09 その他（                              ）
10 気をつけていることは特にない
```

問5 平成13年1月生まれのお子さんがふだん**何時ごろに寝るか**おたずねします。**あてはまる番号ひとつ**に○をつけてください。

```
1 午後7時前
2 午後7時台
3 午後8時台
4 午後9時台
5 午後10時台
6 午後11時以降
7 不規則である
```

問6 平成13年1月生まれのお子さんの**遊び**のようすについておたずねします。

(1) **誰と一緒に**遊んでいますか。**あてはまる番号すべて**に○をつけてください。
（休日に遊ぶ人も含めてください。）

01 兄弟姉妹	05 同い年ぐらいの子ども	09 一人遊びが多い
02 お母さん	06 年上の子ども	10 その他（　　　）
03 お父さん	07 親せきや近所のおとな	11 わからない
04 お母さん・お父さんの親	08 保育士や保育ママさん、ベビーシッター	

(2) どんな遊びが多いですか。**主な番号3つまで**に○をつけてください。

01 積み木・ブロック	06 ビデオ・テレビ	11 三輪車などの乗り物
02 人形・ぬいぐるみ	07 歌・踊り	12 お散歩
03 ままごと	08 砂遊び・水遊び	13 子ども向けのプレイルーム
04 お絵かき	09 すべり台など戸外の遊具	14 その他（　　　）
05 絵本・お話	10 ボール遊び	15 わからない

問7 平成13年1月生まれのお子さんには、この1年間に病院や診療所などに通った（通っている）**病気やけが**がありましたか。**あてはまる番号すべて**に○をつけてください。

01 水ぼうそう	09 ぜんそく	17 その他の病気（　　　）
02 百日ぜき	10 下痢、腹痛、便秘	18 打撲、切り傷
03 風しん	11 とびひ	19 骨折
04 はしか	12 アトピー性皮膚炎、湿疹	20 やけど
05 突発性発疹	13 その他の皮膚炎	21 その他のけが〔外傷〕（　　　）
06 結膜炎	14 先天性の病気	
07 中耳炎、外耳炎	15 けいれん、ひきつけ	
08 かぜ、気管支炎、肺炎	16 食物アレルギー	22 病院や診療所に通うほどの病気やけがはなかった

（補問）そのうち、**入院した（している）病気やけが**の番号を記入してください。（6つ以上ある場合は、余白に記入してください。）　□□□□□

問8 平成13年1月生まれのお子さんには、この1年間で次のようなことがありましたか。**あてはまる番号すべて**に○をつけてください。（病院や診療所などに通わなかった場合も含めてください。）

01 ベッドや階段、いすなどから転落した
02 ドア、窓などに手足などをはさまれた
03 刃物やガラス片など鋭利なものに触れ、手足などを切った
04 動物にかまれた、ハチなどに刺された
05 浴そうや池などでおぼれた、おぼれそうになった
06 コイン、化粧品、洗剤、たばこなどを誤って飲んだ
07 目・耳・鼻に異物が入った
08 アイロンや熱い鍋などに接触したり、熱湯を浴びた
09 交通事故にあった
10 その他の事故等（　　　）
11 特になかった

問9 平成13年1月生まれのお子さんの現在の**身長・体重**を記入してください。母子健康手帳の「1歳6か月健康診査」の記録を見て記入していただいても結構です。

身　長 □□ . □ cm　　体　重 □ □ . □ kg

測定した日　平成 □□ 年 □□ 月 □□ 日

【お母さん、お父さんについて】

問10 平成14年8月1日現在の**就業状況**についておたずねします。**あてはまる番号ひとつに○をつけて**ください。01、02に○をした方は09または10のいずれかにも○をしてください。

※ 現在育児休業中などで休業中の方は、復職するときの仕事に○をつけてください。

【お母さん】	【お父さん】
01 家事（専業）→ ┐09 仕事を探している 02 無職 ─────┘10 探していない 03 学生 04 勤め（常勤） 05 勤め（パート・アルバイト） 06 自営業・家業 07 内職 08 その他（　　　　　　）	01 家事（専業）→ ┐09 仕事を探している 02 無職 ─────┘10 探していない 03 学生 04 勤め（常勤） 05 勤め（パート・アルバイト） 06 自営業・家業 07 内職 08 その他（　　　　　　）

※ 単身赴任やその他の理由で別居中の方の分についても記入してください。

（補問）お父さんは**単身赴任中**ですか。番号に○をつけてください。

| 1 はい |
| 2 いいえ |

問11 お母さん、お父さんが最後に**卒業した（あるいは在学中の）学校**についておたずねします。**あてはまる番号ひとつに○をつけてください。**

【お母さん】	【お父さん】
1 中学校 2 専修・専門学校（中学校卒業後） 3 高校 4 専修・専門学校（高校卒業後） 5 短大・高専 6 大学 7 大学院 8 その他（　　　　　）	1 中学校 2 専修・専門学校（中学校卒業後） 3 高校 4 専修・専門学校（高校卒業後） 5 短大・高専 6 大学 7 大学院 8 その他（　　　　　）

※ 単身赴任やその他の理由で別居中の方の分についても記入してください。

問12 育児や家事の**分担状況**についておたずねします。①〜⑥のそれぞれについて、**あてはまる番号**にひとつずつ○をつけてください。

		【お母さん】 いつもする / ときどきする / ほとんどしない / まったくしない	【お父さん】 いつもする / ときどきする / ほとんどしない / まったくしない
育児	① 食事の世話をする	1 2 3 4	1 2 3 4
	② おむつを取り換える	1 2 3 4	1 2 3 4
	③ 入浴させる	1 2 3 4	1 2 3 4
	④ 寝かしつける	1 2 3 4	1 2 3 4
	⑤ 家の中で話し相手や遊び相手をする	1 2 3 4	1 2 3 4
	⑥ 屋外へ遊びに連れていく	1 2 3 4	1 2 3 4
家事	① 食事をつくる	1 2 3 4	1 2 3 4
	② 食事の後片づけをする	1 2 3 4	1 2 3 4
	③ 部屋等の掃除をする	1 2 3 4	1 2 3 4
	④ 洗濯をする	1 2 3 4	1 2 3 4
	⑤ ゴミを出す	1 2 3 4	1 2 3 4
	⑥ 日常の買い物をする	1 2 3 4	1 2 3 4

※ お子さんと同居していない方の分は無記入のままでかまいません。

問13 お母さん、お父さんの**食習慣**についておたずねします。それぞれ**あてはまる番号ひとつ**に○をつけてください。

【お母さん】

① 1日3回の食事をとるようにしている	1 はい	2 いいえ
② 夜食や間食をすることが多い	1 はい	2 いいえ
③ 朝食はとるようにしている	1 はい	2 いいえ
④ 食事は決まった時間にとるようにしている	1 はい	2 いいえ
⑤ いろいろな種類の食品を食べるようにしている	1 はい	2 いいえ
⑥ 塩分のとり過ぎに気をつけている	1 はい	2 いいえ
⑦ 糖分のとり過ぎに気をつけている	1 はい	2 いいえ
⑧ カロリーのとり過ぎに気をつけている	1 はい	2 いいえ

【お父さん】

① 1日3回の食事をとるようにしている	1 はい	2 いいえ
② 夜食や間食をすることが多い	1 はい	2 いいえ
③ 朝食はとるようにしている	1 はい	2 いいえ
④ 食事は決まった時間にとるようにしている	1 はい	2 いいえ
⑤ いろいろな種類の食品を食べるようにしている	1 はい	2 いいえ
⑥ 塩分のとり過ぎに気をつけている	1 はい	2 いいえ
⑦ 糖分のとり過ぎに気をつけている	1 はい	2 いいえ
⑧ カロリーのとり過ぎに気をつけている	1 はい	2 いいえ

※ お子さんと同居していない方の分は無記入のままでかまいません。

問14　平成13年1月生まれのお子さんと遊んだり、食事をしたりして**一緒に過ごす**時間は、通常1日平均どのくらいですか。**あてはまる番号ひとつに**○をつけてください。（お子さんが寝ている時間は除いてください。）

※　「家事（専業）」のかたは、ご家族の休みの日を休日としてご記入ください。

【お母さん】		【お父さん】	
平　日	休　日	平　日	休　日
1　なし	1　なし	1　なし	1　なし
2　30分未満	2　30分未満	2　30分未満	2　30分未満
3　30〜60分未満	3　30〜60分未満	3　30〜60分未満	3　30〜60分未満
4　1〜2時間未満	4　1〜2時間未満	4　1〜2時間未満	4　1〜2時間未満
5　2〜4時間未満	5　2〜4時間未満	5　2〜4時間未満	5　2〜4時間未満
6　4〜6時間未満	6　4〜6時間未満	6　4〜6時間未満	6　4〜6時間未満
7　6時間以上	7　6時間以上	7　6時間以上	7　6時間以上

※　お子さんと同居していない方の分は無記入のままでかまいません。

【収入、子育て費用について】

問15　平成13年1年間のお母さん、お父さんの年収（税込み）およびその他の収入についておたずねします。それぞれの金額を記入してください。分けられない場合は、どちらかにまとめて記入していただいて結構です。　※　1万円未満は四捨五入してください。

13年の収入	お母さんの働いて得た収入	お父さんの働いて得た収入	その他の収入（親からの援助、家賃・地代等の財産収入、児童手当、出産育児一時金等の給付金等を含みます。）
	1　□□□　万円 2　収入なし	1　□□□　万円 2　収入なし	1　□□□　万円 2　収入なし

問16　平成14年7月中の子育て費用についておたずねします。平成13年1月生まれのお子さんに日常的にかかった費用（紙おむつ代、衣類、保育料、絵本、おもちゃ代、おやつ代など。）を記入してください。　※　ご家族共同で利用するものの購入や住宅の増改築の費用は含めないでください。

　　子育て費用　□□□　万円　　　※　1万円未満は四捨五入してください。
　　　　　　　　　　　　　　　　　　　5千円未満または子育て費用の支出がない場合は「0」を記入してください。

そのうち、保育料（保育所、託児所、保育ママさんやベビーシッターなどに支払った費用）があれば記入してください。

　　保育料　□□　万　□　千円　　※　千円未満は四捨五入してください。
　　　　　　　　　　　　　　　　　　　保育料がない場合は空欄のままにしてください。
　　　　　　　　　　　　　　　　　　　月額が500円未満は0を記入してください。

【子育てについて】

問17　平成13年1月生まれのお子さんを育てていて**よかったと思うこと**は何ですか。**あてはまる番号すべて**に〇をつけてください。

```
1  家族の結びつきが深まった
2  子どもとのふれあいが楽しい
3  毎日の生活にはりあいができた
4  上の子に、兄・姉の自覚がめばえた
5  子育てを通じて自分の友人が増えた
6  子育てを通じて自分の視野が広がった
7  その他（　　　　　　　　　　　　　）
8  よかったと思うことは特にない
```

問18　平成13年1月生まれのお子さんを育てていて**負担に思うこと**は何ですか。**あてはまる番号すべて**に〇をつけてください。

```
01  子育てによる身体の疲れが大きい
02  子育てで出費がかさむ
03  自分の自由な時間が持てない
04  夫婦で楽しむ時間がない
05  仕事が十分にできない
06  子育てが大変なことを身近な人が理解してくれない
07  子どもが病気がちである
08  目が離せないので気が休まらない
09  その他（　　　　　　　　　　　　　）
10  負担に思うことは特にない
```

問19　平成13年1月生まれのお子さんを育てていて**不安や悩み**がありますか。**あてはまる番号ひとつ**に〇をつけてください。

```
1  すごくある    2  少しある    3  ほとんどない
```

（補問）　そのことで相談する場合は、**誰に相談**しますか。**あてはまる番号すべて**に〇をつけてください。「ほとんどない」方もお答えください。

```
01  配偶者             06  その他の親せき     11  保育士（保母・保父）
02  自分の親           07  友人・知人         12  カウンセラー（電話相談を含む）
03  配偶者の親         08  医師               13  育児サークルの仲間
04  自分の兄弟姉妹     09  保健婦             14  その他（　　　　　　　　）
05  配偶者の兄弟姉妹   10  助産婦・看護婦     15  誰にも相談しない
```

※　最後に、平成13年1月生まれのお子さんについて、この1年で特に印象に残ったこと、子育てをしていて最近特に感じていることなど何でも結構ですので、自由にご記入ください。

ご協力ありがとうございました。

8月16日（金）までに、同封の返送用封筒にてご投函ください。
なお、この調査の結果は、まとまり次第皆様のもとにお届けします。
今後ともご協力をいただきますようお願いします。

※　この調査についての連絡・お問い合わせ先

厚生労働省　大臣官房　統計情報部
人口動態・保健統計課
電　話　（03）3595-2413
Eメール　c-cohort@mhlw.go.jp

電話による問い合わせは、平日の月曜～金曜の午前9時30分から午後5時30分までにお願いします。

平成16年10月25日　発行		定価は表紙に表示してあります。

出生前後の就業変化に関する統計
人口動態統計特殊報告

編　　集	厚生労働省大臣官房統計情報部
発　　行	財団法人　厚　生　統　計　協　会
	郵便番号　106-0032
	東京都港区六本木5丁目13番14号
	電　話　03－3586－3361～3
印　　刷	統計印刷工業株式会社